面 向 2 1 世纪课程教材
Textbook Series for 21st Century

Shehui Zhengce Gailun

普通高等学校社会工作专业主干课系列教材

社会政策概论

（第三版）

中国社会工作教育协会 组编
关信平 主 编

高等教育出版社·北京

内容简介

本书主要向社会工作、社会学和其他相关专业的本科学生介绍当代各国社会政策的基础理论和基本知识。主要目标是帮助学生理解当代社会政策的基本概念，了解各国社会政策的发展历史，了解我国和当代各国社会政策的结构、过程、环境和运行机制，以及我国社会政策各个领域的基本情况。第三版将最新的实践和理论发展纳入社会政策的知识体系中，以便学生能了解我国社会政策的理论前沿和最新实践发展情况。

本书主要供高校社会工作及相关专业教学使用，也适用于就业和社会保障、医疗卫生、住房、教育、社会福利以及工青妇等部门、团体和机构的行政人员、非营利机构中的管理者及各类社会工作者阅读。

图书在版编目（CIP）数据

社会政策概论／关信平主编；中国社会工作教育协会组编. -- 3版. -- 北京：高等教育出版社，2014.10 (2018.11重印)

普通高等学校社会工作专业主干课系列教材

ISBN 978-7-04-041320-5

Ⅰ. ①社…　Ⅱ. ①关…　②中…　Ⅲ. ①社会政策-高等学校-教材　Ⅳ. ①C916

中国版本图书馆 CIP 数据核字(2014)第 240273 号

策划编辑　张　然　　责任编辑　张　然　　封面设计　赵　阳　　版式设计　范晓红
插图绘制　郝　林　　责任校对　胡美萍　　责任印制　陈伟光

出版发行　高等教育出版社
社　　址　北京市西城区德外大街4号
邮政编码　100120
印　　刷　北京明月印务有限责任公司
开　　本　787 mm× 960 mm　1/16
印　　张　30.5
字　　数　550千字
购书热线　010-58581118
咨询电话　400-810-0598

网　　址　http://www.hep.edu.cn
　　　　　http://www.hep.com.cn
网上订购　http://www.landraco.com
　　　　　http://www.landraco.com.cn
版　　次　2004年 9月第1版
　　　　　2014年10月第3版
印　　次　2018年11月第10次印刷
定　　价　52.00元

物 料 号　41320-00

本书编写者（按所写章序排名）：

关信平　陈树强　程胜利　葛忠明
涂道稳　彭华民　郑飞北　向德平

总　　序

20世纪80年代中期，国家教委决定在高等学校设立社会工作与管理专业（后改为社会工作专业），北京大学等几所高等学校在多方支持下开办了该专业。到90年代中期，社会工作专业获得了一定发展。近几年来，社会工作专业在规模上获得了快速增长，这与我国体制改革的深入和社会进步的要求，以及高等教育的发展密切相关。

教材建设是学科建设的重要组成部分。在社会工作专业建立之初，编写高水平的专业教材，对于我国社会工作教育学者来说是具有挑战性的，因为社会工作专业教育在我国高等学校中断了30多年，我国社会工作教育学者对国际社会工作专业理论和知识不甚熟悉，另外，学者们对我国本土的社会工作（社会服务）的理论和实践的研究也不够深入。十多年来，各校社会工作专业教育同仁在这方面做了积极的努力，也取得了一些成果，但总的来讲教材建设还相对滞后。

中国社会工作教育协会于1994年成立之初便决定把教材建设和学科规范化作为工作的重要内容。基于国内同行的知识积累和现实要求，协会决定着手组编社会工作专业教材。从1997年开始，经过5所高等学校14名有丰富教学经验的学者两年多的努力，由高等教育出版社出版了王思斌教授主编的《社会工作概论》，迈出了由协会统筹、各高等学校共同编写教材的第一步。该书出版之后得到了同行专家的好评，它不但被许多学校当做教材，而且在2002年获得教育部全国普通高等学校优秀教材二等奖。实践说明，集中各校有丰富教学经验的学者共同编写教材这条路是可行的。

随着高等教育的快速发展，教育部进一步提出和明确了加强各专业主干课教程建设的要求和措施，其中包括确定各专业主干课程，编写和颁布“主干课程教学基本要求”。在这种情况下，受教育部委托，教育部高等学校社会学学科教学指导委员会几次召开会议，在各校系主任、专业负责人和资深教师的广泛参与下，确定了社会学专业和社会工作专业的主干课程，并协助教育部编制了“主干课程教学基本要求”。中国社会工作教育协会在组编《社会工作概论》经验的基础上，积极承担了组编社会工作专业主干课教材的任务。2002

年7月，中国社会工作教育协会召开教材编写研讨会，确定了专业主干课程的教学基本要求和各主干课教材的编写人选，同时决定教材编写实行主编负责制。协会计划在2—3年内出版全部专业主干课教材，并出版一批专业教育急需的其他教材和教学参考书，以及研究性学术书刊——《中国社会工作研究》。行内学者积极地参与了这一重要的学科建设过程，参加教材编写的学者在繁忙的教学、科学研究过程中，付出巨大努力精心编写教材。可以说，这些教材是当前我国社会工作专业教学和研究水平的展示。

应该特别提出的是，香港凯瑟克基金会对我国社会工作教育给予的重要支持。香港凯瑟克基金会是一个以支持社会服务为主的非营利组织，多年来，以亚太区社会工作教育协会香港中国小组为中介，该基金会对中国内地的社会工作教育给予了多方面的支持。在得知中国社会工作教育协会的上述发展计划之后，香港凯瑟克基金会决定无条件地给予经费方面的资助，这对我国内地社会工作教育学者是一个极大的激励。所以，这套主干课程系列教材的出版，要由衷地感谢香港凯瑟克基金会，当然也感谢为我们搭起桥梁的香港社会工作教育界的同仁。

编写高水平的专业教材谈何容易。虽然参与编写这套主干课程系列教材的都是有丰富教学经验和一定研究成果的教育学者，但是毕竟中国内地的社会工作专业教育恢复重建时间尚短，所以，这套教材肯定会有一些不尽如人意之处。一个学者是不愿意将自己不甚成熟的著述拿出来示众的，但是学无止境，社会工作专业的快速发展使得我们不能再等下去，因为大量新开办的社会工作专业的师生迫切需要既能介绍国外先进理论和知识，又对我国社会工作实践有一定理论总结和分析的教材。在这种情况下，为了规范社会工作专业教育，这套教材将陆续面世，供大家使用，并欢迎读者提出批评、改进的意见和建议。教育部在制定“专业主干课程教学基本要求”时的指导思想是“一纲多本”，即在遵循上述“基本要求”的前提下，鼓励编写有不同特点的教材，相互比较，竞争发展。希望这套教材能在这方面发挥积极的作用。

在中国内地社会工作教育的发展过程中，本人受多方同仁的启发，曾指出学科建设既要遵循国际通则，又要注重我国社会实际，并对社会工作本土化提出一些看法。在编写专业主干课教材问题上，我也希望重申上述观点。我们必须充分尊重和借鉴国际社会工作、社会福利学术界的研究成果，相信在诸多方面人类知识具有共同性，要客观地、全面地介绍那些有价值的理论和知识。另一方面，社会工作的务实特点要求必须将理论和中国实际尽可能紧密地结合起来。在这方面，必须强调社会工作研究，其中包括理论研究、实务研究、教学研究等。在这里，社会工作的本土化研究和本土社会工作经验的研究都是重要的，而二者的整合将使中国社会工作的理论和实践达到一个新的水平。显而易见，要做到这一点，需要社会工作教育学者积极而深入地参加社会工作实践。如果社会工作专业教材能达到这一水平，那么就可以说，我们对中国社会工作教育和社会工作实践的发展作出了更大贡献。

感谢教育部高等教育司、教育部高等学校社会学学科教学指导委员会、高等教育出版社对出版这套教材的支持。在研讨和设计这套教材的时候，教育部高等教育司给予了具体的指导和部分经费支持。教育部高等学校社会学学科教学指导委员会，特别是主任委员郑杭生教授、副主任委员宋林飞教授、谢遐龄教授对社会工作专业的发展和本套教材的编写给予了大力支持。高等教育出版社王方宪同志对这套教材的编写提出了参考意见，在教材编写过程中，高等教育出版社的编辑于健航、干咏昕等同志做了大量推动和建设性工作。

各方为社会工作专业在中国的发展做出了积极的努力，但愿它顺利成长并尽快成熟，并为中国人民的福祉作出自己的贡献。

中国社会工作教育协会会长

王思斌

2003 年 10 月

第三版前言

《社会政策概论》自最初出版以来，已经有十年的时间，其修订版（第二版）也出版五年了。在过去的十年，尤其是第二版出版以来的五年里，承蒙使用本教材的各位老师和学生的厚爱，本教材的第一版和第二版都分别印刷8次，在十年间已经印刷了16次。这说明本教材得到了社会政策教学的老师和学生的认可。这也鼓励着我们通过修订以不断更新知识和提高本教材的质量。

过去的十年是改革开放以来我国社会政策发展最快的时期。在本书第二版出版以后，我国社会政策的实践与理论又有新的发展。我国在宏观战略发展中更加强调民生和社会发展，促进了社会政策的发展。同时，在各项社会政策的制定和实施中更加强调社会公平与公民的社会权利。尤其是在2012年中共十八大的报告中再次强调了社会建设及其在“五位一体”的总体发展格局中的作用，并且将“保障和改善民生”放到重要位置。在2013年中共十八届三中全会上通过的《中共中央关于全面深化改革若干重大问题的决定》中对教育政策、医疗卫生政策、社会保障政策、住房政策等方面的改革作出了具体的部署和要求，在2014年李克强总理所作的《政府工作报告》中又进一步强调了“社会政策要托底”的要求。所有这一切都说明，我国政府对社会政策越来越重视，社会政策在国家治理与发展行动体系中的作用越来越重要。

从具体的实践发展看，过去五年里我国社会政策确实发生了明显的变化，有了长足的发展。一方面，社会政策体系更加完善，尤其是农村养老保险体系的建立和新农合的进一步发展，进一步弥补了过去农村社会政策体系的不足。同时，我国社会政策中普惠型项目的上升趋势也较为明显，在教育、社会保险、医疗卫生政策等方面的普惠性福利水平都有所提高，医疗保险基本上做到了对城乡居民的全覆盖，养老保险也基本上做到了制度全覆盖。再有，更为重要的是，在过去五年中我国各级政府在社会政策领域的实际投入水平也持续上升，从绝对数和相对数（占GDP的比例）来看目前都已达到改革开放以来的历史最高水平。最后，在中共十七大报告中提出“基本公共服务均等化”的原则后，过去我国社会政策发展的不均衡得到了一定的纠正，均衡发展水平在逐步提高。

过去五年中，我国社会政策各个领域都有不同程度的发展。在教育政策领域基本上实现了义务教育的免费入学，实现了财政性教育经费占GDP4%的目标，并且在教育资源分配中比过去更加重视公平；在医疗卫生政策方面，这五年是实行“新医改”政策的关键性时期，政府在医疗卫生事业方面的投入明显增大，城市基层社区卫生服务和农村三级医疗卫生体系得以明显加强，城乡医疗服务的公益性质有所增强，普通民众“看病难、看病贵”的问题有了好转。在社会保障方面，过去五年里相继颁布实施了《社会保险法》《社会救助暂行办法》等法律法规，在实现养老保险和医疗保险制度全覆盖的基础上，实现了城乡居民养老保险体系的合并实施，并且基本上建成了较为完善的综合性社会救助体系。在就业政策方面，我国在出台了多部法律的基础上，在过去五年里进一步强化了对《劳动合同法》《就业促进法》等法律法规的实施，强化了对劳动者权益的保护，推动了构建和谐劳动关系的行动，并且在全国范围内加强了对农民工等劳动者的职业培训。在住房政策方面，在过去五年中有突出的进展，在国务院的大力推动下，全国各个城市都大规模开展了保障房建设，并且基本确立了以公租房为主的城镇住房保障制度。此外，在过去五年里，我国针对老年人、儿童、残疾人以及农民工和流动人口的权益保护和社会服务也有不同程度的发展。

总体上看，过去的五年是我国社会政策发展较快的五年，我国的社会政策在保障和改善民生、促进社会和谐等方面都取得了明显的成就。但是，与许多发达国家相比，目前我国的社会政策仍然处在较低水平。一是我国社会政策的总体水平和对贫困者和弱势群体的社会保护水平还很低。与我国的经济发展成就相比，社会政策的发展水平和成就还相对落后。二是我国社会政策的公平性问题仍然突出，在教育、医疗卫生服务、社会保障等方面仍然存在较为严重的资源分配不均衡问题，各个群体在这些方面获得的保障和服务水平还有较大的差距，公众对此意见很大。三是我国社会政策的制度体系还需要进一步优化，以进一步提高其可持续性和制度运行的效率。四是我国目前面临着以人口老龄化、快速城镇化和转变经济发展方式为特征的新的经济—社会转型，这正在给我国的社会政策的发展提出要求，并带来新的挑战，要求我国的社会政策必须通过进一步的改革来更好地适应未来社会的需要。

然而，社会政策是一个复杂的行动体系，在价值观念、制度建构、资源投入、运行管理等方面都有许多难题需要进一步解决。并且目前我国社会对未来社会政策如何发展还没有形成高度的共识。在如何处理福利与市场的关系、政府责任与社会参与的关系、普惠型与选择型的选择，以及在总体福利水平和各级政府的财政责任分担等重要议题上仍然存在着不同的观点。所有这些问题都还需要更多的学术研究和公众讨论来逐步增大共识。

社会政策知识体系也是一个复杂的体系，其中既包括了关于价值的讨论和建立在此基础上的各个理论流派，同时也包括了社会政策各个方面的经验研究及客观的知识体系；既包括了社会政策的历史发展和国际比较的知识，也包括了对本土社会政策特点的认识。更重要的是，社会政策是一个开放的和动态的知识体系，尤其是在我国，过去五年里社会政策实践和理论都有了很大的变化，因此作为一本教材应该及时跟进，更好地反映实践和知识体系的变化。为此，本教材第三版修订的主要目标是要及时反映在第二版出版以来我国和国际上社会政策实践和理论的发展，及时将最新的实践和理论发展纳入社会政策的知识体系中，让使用本教材的学生和其他读者能够了解我国社会政策的理论前沿和最近实践发展情况。按照这一目标，本次修订中我们没有对第二版的章节体例做出大的改动，而是在原有各章的框架下更新知识。删掉了一些过时的知识介绍，增加了一些关于最近几年来各个领域政策发展的知识。

在修订工作中，各章作者对相关领域社会政策的发展进行了梳理和分析，力图将最新的和重要的发展纳入本版教材中。但是由于时间的匆忙和水平的有限，我们的修订工作仍然会存在不足之处。敬请各位读者给予批评指正，帮助我们以后进一步提高编写水平。

关信平

2014 年 7 月

再版前言

本教材自2004年面世以来，已经过了四年。四年来，8次重印，它被许多的院校课堂使用，为我国的社会政策教学服务，有了众多的读者。值此修订之际，我们感谢使用此教材的教师和同学，以及广大的其他读者。在这四年里，我们从各种渠道得到了读者对此教材的评价和意见，我们要感谢大家的鼓励，更感谢大家的批评和建议。

四年来，我国的社会政策经历了很大的发展。首先，从社会政策实践上看，过去的四年里是改革开放以来社会政策发展最快的时期。党的十六届六中全会通过的《中共中央关于加快社会主义和谐社会建设的决定》中重点指出了当前我国社会中存在的各种突出的社会问题，并明确了要通过各项社会政策行动解决问题的方针，这说明社会政策已经进入党和政府的重要议事日程。中央的这一方针在党的十七大上得到了重申。十六届六中全会和十七大后，社会政策领域有了大发展的势头。各级政府更加关注民生问题，在进一步完善社会保障制度、调整医疗卫生政策和加大医疗卫生事业投入、重视教育事业发展、加强劳动就业立法以及加快农村各项社会事业发展和为农民工提供社会服务等方面都有快速的进展。为此，人们高兴地将其称为“社会政策的春天”到来了。

其次，在过去四年里，社会政策的学科建设和学术研究也有了长足的发展。越来越多的高校开设了社会政策的本科课程和硕士生及博士生的研究方向，以社会政策为题目的研究课题，以及相应的论文、专著和研究报告加速问世。社会政策领域的学术活动和学术交流日趋活跃。这些都说明，社会政策正在得到学术界越来越多的重视，正在越来越多地进入大学的课堂，正在成为一门“显学”。同时，与四年前相比，目前社会政策的知识在我国社会上已有较迅速的普及；社会政策的概念已经被党和政府的一些重要文件采用，并正在进入政府公共管理、社会发展和社会服务的话语体系中。这说明社会政策的概念、理论和知识已逐渐走出学术界，进入广泛的政治、经济和社会生活领域，对我国的社会发展产生着越来越重要的影响。

社会政策实践和学术大发展的形势给从事社会政策教学的人员提供了越来

越多的机会，同时也提出了很大的挑战。四年来，开设“社会政策概论”或类似课程的学校越来越多，要求我们必须跟上我国社会政策实践和学术的发展，不断提高教材编写质量，为学生提供优质的教材。从这个角度来看我们四年前出版的这本教材，其中部分内容已显过时。我们为这本四龄教材的过时内容而感到欣喜，因为它说明了我国社会政策实践和学术的快速发展。同时，我们也感到压力，它迫使我们必须要紧跟理论和实践发展的前沿趋势，抓紧时间对教材进行修订，以适应提高教学质量的需求。

此次修订我们本着两个原则。其一是新颖性和前沿性原则。修订此教材的最大目标之一是要反映我国和国际上社会政策最新的发展，尤其是要反映近年来我国在社会主义和谐社会目标的指引下，政府在社会建设及社会发展方面新的理念，以及社会政策发展的最新趋向和各个领域的具体进展，同时还注重反映社会政策学科发展的最新成果。作为一本应用性学科的教材，对其最大的要求之一就是要反映该领域实践和理论的最新发展。尤其是在我国社会政策快速发展的背景下，及时反映其最新发展的前沿是一本高质量教材必须要做到的。其二是逐渐本土化的原则。当代社会政策的知识体系是从国外传入中国的，因此在最初的发展阶段，对国外的社会政策的理论与实践介绍得比较多。而随着这一领域实践和学术的发展，本土的知识将越来越多。因此，我们在修订此教材时力图反映这四年来我国的社会政策理论与实践的发展，一方面可以推动社会政策学科在我国逐步扎根和发展，为本国社会政策实践和教学服务，另一方面也为国际社会政策学科的发展作贡献。

此次修订中，在第二编的最后增加了“经济全球化背景中的社会政策”一章，除此之外没有对原书的结构做大的调整，而是在原书结构的基础上，根据需要对各章的内容进行了不同程度的增减。在修订中我们还对第一版的一些缺误进行了修改，并压缩了一些烦琐和过时的内容。

尽管在过去四年中我国的社会政策实践和学术研究都有了很快的发展，但总的说来我国的社会政策研究还处于初级阶段。与国际学术发展的前沿相比，我国在社会政策的理论和实际问题的研究上还相对比较落后。此次修订教材，我们力图比较全面地反映国内外社会政策理论与实践的发展，但由于研究水平有限，因此肯定还存在不少的偏误和不足。在此我们再次恳请使用此教材的教师和学生，以及广大的其他读者给我们提出宝贵意见，以利于我们将来的再次修订。

关信平
2008 年 8 月

前　　言

人类进入工业化社会以来，各国在经济与社会制度方面有两大发展，一是充分认识和利用了市场机制，二是国家对经济与社会生活大规模的干预。在现代社会中，市场机制给个人行为注入了动力，也给社会的运行注入了活力，并因此而有效地推动着经济和社会的发展。但市场体制能给当代社会带来巨大物质财富，却难以完全满足社会中每个人的需要，也难以解决失业、贫困、社会分化和不平等的问题。因此当代社会除了利用市场机制以外，还普遍通过国家干预的方式去弥补市场、家庭和个人能力的缺陷，以求更加公平地分配社会财富，并向社会成员提供各种必要的社会服务，更好地满足人们的各种需要，解决各种社会问题。当代各国政府在这些事务方面行动的总和，就构成了各国的社会政策体系。

在长期的农业社会中，国家对社会福利事务只有零星的干预。1601 年英国的《济贫法》（Poor Law）是西方国家政府在社会福利领域的第一个较大规模的制度化行动。19 世纪 80 年代，德国俾斯麦政府的《社会保险法案》被认为是现代社会政策的开端，它开创了在工业化社会中政府通过大规模的社会立法行动来建立社会保障制度，满足民众的需要和维护社会稳定的现代社会政策模式，而在第二次世界大战以后的西方的“福利国家”，社会政策体系和社会主义国家计划经济体制下的社会福利制度则将各国的社会政策行动推向了高峰。在当代各国，政府在社会保障、公共医疗卫生、教育、就业、住房、社会福利服务以及其他各个方面广泛采取行动，为民众提供各种服务，并在解决各种社会问题方面发挥着重要作用。各国的社会政策体系在其经济、政治和社会生活中都占据重要的地位，产生着重大而复杂的影响。各国的社会政策体系已经成为政府整个公共政策体系中最重要的方面之一。社会政策行动已经深深植根于各国的政治经济制度和文化意识形态之中，成为各国政治、经济和社会生活中最重要的内容之一。政府在社会政策行动中调动的经济资源在各个国家的 GDP 中都占了相当大的比例，对经济发展和分配制度产生着巨大的影响。同时，政府和政党的社会政策方案成为政治领域争论的焦点问题之一，政府的社会福利计划对广大民众的日常生活也产生着重要的影响。总而言之，当代各国的社会政策体系不仅对各国的政治、经济和社会发展产生着巨大的影响，而且还与每个社会成员的切身利益密切相关，因此社会政策在各国都是受到从政府首脑到普通民众普遍关注的重要问题。

由于社会政策如此的广泛和重要，它自然也会成为学术界关注的重点领域之一。在古代的学者中就有对社会福利问题的反映，在古典经济学等近代学科中也有关于政府社会福利行动的理论分析。从19世纪后期开始，学术界对政府社会政策行动及其相关问题的研究开始增多。尤其是自20世纪50年代以来，随着各国政府社会政策行动的扩展、加深和日趋复杂化，需要对此做出大量的研究，并需要大批专门的管理人才，因此带动了社会政策领域研究和教学的迅速发展。关于社会政策的问题不仅成为了经济学、政治学和社会学等学科所关注的焦点问题之一，而且从20世纪50年代初伦敦经济学院建立社会政策的教学和研究体系开始，一门以社会政策为专门对象的学科“社会政策学”逐渐发展起来。经过半个世纪的历程，社会政策学科已具有了较完整的知识体系，并且在世界各发达国家和许多发展中国家的重点大学里都建立了从本科到博士的社会政策教学体系。因此，从全世界范围看，社会政策学科已发展成为一门成熟的学科，成为了当代社会科学体系中重要的学科之一。

然而，当代各国社会政策的发展远非一帆风顺。第二次世界大战以后在各国确立的社会政策基本原则和各种曾经有效的社会政策模式到后来都在不同程度上遇到了难题。这些问题的产生既有社会政策模式本身的缺陷，也有由于经济结构调整、经济体制转型、人口老龄化和经济全球化冲击等外部因素的影响。为此，20世纪80年代以来，各国都在不同程度上对其社会政策进行了改革。由于当代各国的政治、经济和社会生活各个方面都日趋复杂，受其影响，各国在社会政策方面所面临的问题也越来越复杂。各国社会政策的决策者常常面临着各种难题，而在社会政策研究的学术领域也出现了越来越多的学派和不同的理论观点。

在我国，社会政策是一门正在兴起，但却具有悠久历史渊源的学科。从孔夫子的“仁者爱人”到孙中山的“民生主义”，历代的学者和政治家对社会福利问题提出了各种见解。并且，从古代的“六极之旨”、“九惠福祉”和“仓储救荒”、“义田扶贫”等制度到民国时期的“四大政策纲领”，不同时期的政权和民间社会都在社会福利方面采取了一些行动，甚至提出过较大规模的行动方案。中华人民共和国成立以来，新政府从一开始就直接介入社会福利事务，不仅通过具体的行动去解决城乡居民的失业、贫困等问题，而且从1951年的《中华人民共和国劳动保险条例》开始，逐步建立起新中国的社会政策体系。在计划经济时期，我国更是由政府全面安排经济与社会事务，建立了“国家—

企业保障制度”，并在医疗卫生、教育、就业、住房和社会福利服务等方面为劳动者和居民群众提供了广泛的服务。改革开放以来，我国在社会政策的各个领域中都进行了较为彻底的改革，将过去依托于计划经济体制的社会政策转变为适应社会主义市场经济体制的社会政策体系。但是，在学术领域中，我国在过去几十年里一直没有建立起统一的社会政策学科。在计划经济时代，由于受意识形态对立的影响，以及在社会政策体制上的差异，发源于西方的当代社会政策理论基本上没有对我国产生实质性的影响。长期以来我国一直没有采用“社会政策”的概念，没有统一的社会政策研究及人才培养体系。

我国过去一直没有采用“社会政策”的概念主要有以下一些原因。首先，从历史上看，我国政府在经济与社会事务方面的行动与西方国家有很大的不同。在西方国家，政府对经济和社会事务的行动一开始是要弥补市场机制和民间社会服务的缺陷和不足，因此“社会政策”概念的最初含义是指政府在社会事务方面的“干预”，而社会政策研究中最基本的问题是要确定政府干预的合理范围和限度。而在我国，随着公有制和计划经济体制的建立，政府在经济与社会事务方面的行动不是“干预”，而是“包揽”，即所有的经济与社会事务都要由政府来安排（尽管并非所有的人都能同等地获得国家的福利待遇）。在这种制度下，政府所面临的最基本问题是如何建立一套经济和社会服务的体制，即如何安排在经济与社会服务方面的制度与组织体系，而不是如何确定政府行动的界限与范围，以及公共行动与市场机制的界限。因此，我国在经济和社会领域中过去一直比较强调“制度”和“体制”的概念，而不太强调“经济政策”、“社会政策”等概念。即使在一些行动中使用了“××政策”之类的概念，往往也只是指在相关行动中对一些具体操作的制度规定，并重点是指一些特殊保护或优惠的制度规定，而不是指在此领域的行动总体。其次，在过去计划经济体制下，政府在劳动保险、社会救济、教育、医疗卫生、住房、社会福利服务等方面的行动都是分门别类地进行，分别由政府中不同的部门来管理。因此，我国过去虽然有劳动保险、社会救济、教育体制、医疗卫生制度等，但却没有统一的社会政策体系。

然而，改革开放以来，上述情况发生了很大的变化。一方面，随着从计划经济体制向社会主义市场经济体制的转型，政府在经济领域和社会领域的行动都逐渐从过去的“包揽”转化为“干预”。在社会服务领域，政府既不能安排一切，也不能无所作为，而是要根据民众和社会的需要来采取相应的公共行动。同时，政府干预也不是独家行动，而是要动员全社会的广泛参与，并与其他各类组织协调行动。再有，在市场经济条件下，政府在社会服务方面的行动能力也是有限度的，它不再能够任意地无偿调拨各种资源，而是要依法采取相应的资源调动方式。这一切都表明，政府不再需要和能够去建立和包揽整个社会福利制度，而只需要根据社会需要和自身的能力去确定自己在此领域的政策行动。另一方面，随着社会成员各种需要和社会问题的日趋复杂和相互交织，政府在满足人们需要和解决社会问题方面的行动也不能再局限于过去那种分门别类的方式，而是需要建立社会事务方面的总体行动框架，并在此指导下对各类问题既分别处理，又综合治理。因此，政府比过去任何时候都需要有统一和协调的社会政策体系。

20世纪80年代以来，社会政策各个领域重大的改革和发展带动了相关研究和人才培养的发展。尤其是90年代以来，随着各种社会问题的增多、人民群众各种需求的提高，以及经济和社会发展的需要，政府在社会政策各个领域加强了改革与促进发展的行动，各种非政府机构在社会政策相关领域的参与也越来越多，学术界在社会政策各个领域的研究也随之出现了蓬勃发展的局面。社会政策实践和各个领域学术的大发展越来越需要建立统一的社会政策研究和教学体系。在这种形势下，统一的社会政策学科正在我国兴起。目前，在我国一些重要的社会科学院所和大学里已经建立了专门的社会政策研究机构及社会政策人才培养计划。在社会工作专业和其他一些相关专业中也将社会政策列为重点课程。

社会政策与社会工作有着密切的联系。从实践体系上看，当代各国的社会工作都在不同程度上被纳入了政府社会政策的体系中，成为由政府社会政策建构的社会福利体系中的重要组成部分。社会工作的组织、体制、经费和社会工作者的职业实践在很大程度上都受到政府的社会政策的规定或影响。因此，不了解当代各国的社会政策，就很难理解各国的社会工作体制。这也是政府的社会政策实践往往被看做“宏观社会工作”的重要领域之一，并且在各国社会工作教育的课程体系中都包含了社会政策课程的主要原因。因此，我们编写这部《社会政策概论》教材，既是为了我国高校社会政策学科发展的需要，也是为了社会工作专业教学的需要，并且还可以供社会政策、社会工作及其他相关领域的研究人员作参考。

本教材主要向高校有关专业的学生介绍当代社会政策的基础理论和基本知识。作为一部概论性的教材，本书的主要目标是帮助读者理解当代社会政策的基本概念和各国社会政策的发展历史；了解当代社会政策的基础理论及社会政策分析的基本原理和方法；初步了解当代各国社会政策的结构、过程、环境和运行机制；了解我国社会政策各个领域的基本情况，以及社会政策的未来发展趋势。本教材编写中注意了以下几点：首先，注意把握理论与实践的关系，既注重介绍社会政策的理论体系，又要对各国（尤其是我国）的社会政策的实践做出较全面的分析介绍。其次，注意把握科学性与价值观的统一，既客观地介绍和科学地分析当代社会政策的理论和实践，又帮助读者理解当代各国的社会政策理论和实践中的价值问题，帮助学生培养在社会政策问题上进行价值分析的视角和能力。再有，注意把握社会政策的国际发展和本国实践的结合，既注意较全面地介绍当代各国社会政策的理论与实践，又重点介绍和分析本国社会政策的理论与实践的发展。

当前各国社会政策概论课程中包含的内容和教学的重点角度不尽相同。本教材根据我国社会政策学科发展的需要，以及社会工作专业的培养目标和知识体系的要求，对教学内容的广度、深度和角度做了恰当的安排，力求比较全面地介绍当代社会政策知识体系的主要内容。按照这一目标，本教材分为以下三编。

第一编，导论：社会政策的概念和发展。作为整个课程的导论部分，本部分主要介绍社会政策的基本概念、社会政策实践的历史发展，以及社会政策学科的发展及主要的理论。

第二编，社会政策基本原理。本部分从人的需要入手，介绍社会政策分析的主要视角和当代各国社会政策的制度基础，并且对社会政策的主体、对象与资源以及社会政策的过程进行较全面的分析与介绍，以帮助学生了解当代社会政策的基本要素、运行机制和发生发展的规律。本部分同时还分析和介绍影响社会政策发展的基础及环境因素，其中包括社会政策的价值基础，社会政策的经济环境、政治环境与社会环境以及全球化时代社会政策发展的国际环境，帮助学生较全面地把握社会政策与社会其他方面的制度性关系，及其与整体社会运行和发展的相互作用关系。

第三编，社会政策的主要领域。本部分主要结合我国的情况，介绍社会政策实践各个方面的基本情况。本部分的教学主要有两大特点：一是在国际社会政策的背景下重点分析和介绍我国社会政策各主要领域的情况；二是在前面较全面和深入的理论分析基础上，重点介绍我国在社会政策各个领域的基本实践情况（包括一般情况、特点及存在的问题等）。我们希望通过本部分的教学，帮助学生较全面地了解到我国社会政策各个领域的情况，为学生将来的深造和毕业后的就业打下良好的基础。

当代社会政策理论与实践的内容都相当丰富和复杂，在一本书里难以概括其全部内容。并且，我国社会政策领域的学术研究还处于初始阶段，本书作者在此领域的研究水平也还有限，因此难免会有偏漏甚至错误之处，希望使用本教材的教师、学生和其他读者提出批评和建议，帮助我们在再版时改进。此外，作为一本教材应该反映本学科中成熟的和已经为学术界都接受的理论、方法和知识体系，我们在本书编写过程中也力图做到这一点。但由于社会政策领域本身有着大量不同的理论观点，并且我国社会政策学科的学术研究还不太成熟，因此在本书的一些内容中难免带有主编和作者个人的学术观点。我们相信，随着当代社会政策实践的发展，以及我国社会政策学术研究和教学的发展，尤其是通过各种不同观点的争鸣和交流，这一学科的理论将越来越完善，我们的教材也将越来越成熟。最后，社会政策各个方面的内容都是一个动态的过程，尤其是在我国当前阶段，政府在社会政策的各个方面的改革和发展速度很快，因此教科书对现状的反映总是相对滞后的。对此，我们只能希望使用本教材的教师在教学过程中加以补充，并且，我们将通过今后的再版而予以更新。

关信平

2004 年 4 月 24 日

目　　录

第一编　导论：社会政策的概念和发展

第三编 社会政策的主要领域

第一编

导论：社会政策的概念和发展

与其他学科一样，学习社会政策的学生在刚刚进入这一学科领域时，首先需要了解这一领域中的基本概念。从全世界范围看，社会政策已经是一个相当成熟的学科领域。近年来，国内学术界越来越多地采用这一概念，政府正式文献也开始使用这一概念。但是在中国，社会政策仍是一个较新的学术领域，许多人对“社会政策”的概念还比较生疏。对于学习社会政策的学生来说，了解一个学科的知识体系首先应该从了解基本概念入手，然后要了解社会政策实践和社会政策学科的来龙去脉。本书第一编的第一至第三章主要介绍社会政策的基本概念及社会政策实践和社会政策学科的历史发展。

社会政策概念是对社会政策实践领域的概括。经过多年的讨论和研究，在世界范围内的社会政策研究者对什么是“社会政策”，它包括哪些方面的内容等基本问题已有一些基本的共识。但当代各国的社会政策实践是一个复杂的领域，各国政府在社会事务方面的干预行动相当广泛，各种行动的目的、意义、对象和方法都不尽相同，因此如何界定社会政策的实质性内涵，哪些政策行动应该属于“社会政策”的范畴等问题，在不同的研究者那里也存在不同的认识。尽管在研究政府的社会政策行动时不必受概念的约束，但在建立我国社会政策学科体系时则应该对此学科涉及的范围做出大致的界定。

了解一门学科的基本情况还应该从其历史发展入手。社会政策学科是对各国社会政策实践的理论总结。但它不是对社会政策实践的简单反映，而是在一定的价值观的指导下，按照一定理论范式去系统地反映社会政策的实践。因此，了解社会政策的历史应该既了解社会政策实践的历史发展，同时也了解社会政策学科及其理论发展的历史。通过了解社会政策实践和学科理论发展的历史，我们可以更清楚地看到在各国和各个时代社会政策的共同点和不同点，看到各国的社会政策都面临哪些基本的问题，以及它们是以什么样的方法解决这些问题的，等等。

第一章　社会政策的基本范畴

作为本书入门的一章，本章主要介绍和分析在社会政策学科领域中最基础和最核心的“社会政策”概念。在现代社会中，社会政策是政府公共政策体系中的一个重要类别。因此在分析“社会政策”基本概念之前，首先要简要地讨论什么是“公共政策”，然后界定“社会政策”概念中“社会”的含义，即这一概念所概括的政策行动的具体领域。而要理解什么是“公共政策”，又首先需要对什么是“政策”做一简要的分析。

第一节　政策与公共政策

一、政策

“政策”一词是当今各国政治、经济和社会生活中最常用的术语之一，但在各种不同的场合，“政策”一词有不同的含义。我们需要从其一般的含义入手，深入分析这一概念在政治、经济和社会生活中更广泛的意义。按照《现代汉语词典》的定义，“政策”是指“国家或政党为实现一定历史时期的路线而制定的行动准则”，即政策主要是指政府和政党有关行动的规则体系。但要对政策概念进行更加科学的定义，还需要先对政策的基本特征进行简要的分析，以便更清楚地把握政策概念的本质属性，以及政策行动与其他社会行动之间的关系。

1. 政策的基本特征

（1）政策是规则体系与行动体系的结合

在人们的日常生活和政府部门的日常工作中，人们常说“严格执行政策”“认真按政策办事”等，这说明“政策”一词常常用来指在某一行动领域中正式的规则体系。但是从广义上看，“政策”概念，以及后面要分析的“公共政策”“社会政策”等概念所包含的内容都远远不止是规则体系。除了规则体系的含义以外，“政策”还包含了行动体系的含义。从行动的角度看，政策既可以是各类组织为某类活动制定规则体系的行动，也可以是各类组织具体实施或参与的活动，并且在很多情况下是兼有制定规则体系和实施具体的行动。

因此，政策是规则体系与行动体系的结合。作为规则体系，它表现为各种法律、条例、规定等；而作为行动体系，它又表现为各类组织为完成各项任务而制定各种计划、方案、措施和具体项目的行动过程，以及在此过程中所投入的人力和经费等。

（2）政策是制度化的行动体系

所谓制度化的行动体系，是指政策行动是按照一定的规则体系，由特定的组织发起和实施的行动体系。也就是说，政策行动是由特定的组织制定方案和规则，并按照预定的方案和规则来调动资源和实施行动的过程。从这个角度看，政策行动不同于群众自发形成的活动，也不同于一般意义上的社会运动。从广义上看，社会中几乎所有的正式组织都可以独立地制定和实施特定的政策，或参与政策制定和实施的过程，但是当代各国，政府和重要的政党组织所制定和实施的政策最多，其政策的社会影响也最大。

（3）政策具有明确的目的性和方向性

所谓目的性，是指政策是达到组织目标的重要手段，其本身具有明确的目的指向。任何政策都有具体的目标，它们或者是为了实现长远的组织目标，或者是为了有计划地处理眼前的各种事务，或者二者兼有。没有明确目的的随意行动不能被看成是一种政策。所谓方向性，是指政策对组织中的各种行动具有规范和引导方向的作用。在当代社会中，为了使组织的行动有序化，使其能够在错综复杂的环境中始终保持明确的方向，就需要通过制定相应的政策来规范和整合各种具体的行动，以便使各种行动能够服务于组织的目标。因此，社会中的各类组织（尤其是担负复杂任务的政府组织）都需要通过一定的政策来保证各种具体行动的方向性和计划性。

（4）政策具有明确的行动内容

任何一项政策除了具有一定的目标之外，还必须要有明确的行动内容。这一点是一个组织的政策与组织目标的不同之处。组织的目标对政策起指导的作用，而政策则是实现目标的具体行动。例如，一个政府或政党要将保护环境作为自身的目标，当这个目标还只是政府或政党文件中的一般性口号时，我们还不能说这个政府或政党已经制定了环境保护政策。只有当这个政府或政党在这一目标的指引下，着手制定了一系列有关环境保护的法规，或者在此方面制定了具体的行动计划，并且有了完成这一计划的具体行动内容、方案和手段时，才能说这个政府或政党已经有了环境保护的政策。

2. 政策概念的定义

根据以上对政策基本特征的分析，我们可以对“政策”概念做出如下的定义："政策是指政府、政党或其他组织为实现其目标而制定的各种规则和采取的各种行动的总和。"这一定义包括了三层含义：第一，政策的主体可以是社会中的各种组织，但政府和政党的政策体系在社会中的影响最大；第二，政策的目标是为了实现组织的目标，以及围绕组织的目标而有序地处理各项日常事务；第三，政策包含了规则体系和各种具体的行动。

3. 政策与制度的关系

"制度"（或"社会制度"）主要指一种规范体系，以及与其相对应的结构（组织或群体等）和必要的物质条件。而政策是一个组织为达其目标而制定和实施各种规则和方案而采取的行动。政策与制度之间有许多相通之处：首先，政策中包含了规则的要素，这与制度是相通的；其次，绝大部分政策往往都是在既定的制度基础上制定和实施的；最后，政策行动可以建立一套新的制度或改变现有的制度，即政策行动的成果可以转化为一定的制度。

但另一方面，政策与制度也有一些不同之处。首先，从基本视角上看，制度主要是指一套既定的规则、结构和行为规范，而政策则主要是指一个组织在一个领域中的行动体系。制度概念是从静态的视角，而政策概念则主要是从动态的视角去反映一个领域的状况。其次，就规范的要素而言，尽管政策和制度都包含了规范的要素，但制度概念所反映的规范要素主要是一种客观的、既定的规范体系。而政策概念中的规范要素主要是指一个组织制定和实施规范的行动。最后，从产生的方式上看，制度既可以是自上而下规定的，也可以是以约定俗成的方式自然形成的；而政策则是一个组织有目的地制定和实施的。或者说，制度可以是自发和自然形成的，但政策却是人为的。

二、公共政策

在当代社会生活中，公共行动领域在逐步增大，导致政府在社会生活中的作用大大增强。过去传统农业社会中主要由地方社区权威管辖的民间公共事务和工业化早期主要由企业按照市场原则运行的经济事务，后来都越来越多地被纳入了政府的管辖和干预范围。当今各国，从军事到外交，从经济活动到社会事务，从环境治理到预防犯罪，从全球性问题到基层社区居民的社会生活……无不体现政府的干预及其所产生的深远影响。当代各国都已形成庞大的政府机构，政府的触角已延伸到社会生活的各个角落，形成了一个相当庞大的行动体系，政府所掌握的经济资源在各国 GDP 中都已占到相当大的比例，因此政府的行动对整个社会的运行、经济与社会发展、民众的生活和群体之间的利益分配等方面都产生着举足轻重的影响。这种情况下，政府能否以更加公平、合理和高效的方式去治理社会和引导社会发展，就越来越成为全社会关注的焦点问题，各国对政府公共政策的研究也越来越多。由于社会政策是公共政策体系中的重要方面之一，因此在学习社会政策学之前，应该对公共政策的一般概念和特点做一简要的分析。

1. 公共政策的基本概念

迄今为止，国内外公共政策研究者们已经从不同的角度对公共政策的概念做出了很多的定义。由于研究者们从不同的侧面去分析公共政策的概念，所做出的定义也有很大的差异。归纳起来看，研究者对公共政策定义大致有以下几个角度：

公共政策是由政府或社会公共权威制定的；

公共政策包含了法律、法规或行为准则；

公共政策包含了政府为管理社会、处理公共事务和解决各种问题而采取的行动；

公共政策是在特定目标指引下，对社会公共利益的选择和分配。

根据以上分析，我们可以将公共政策概念定义为“政府或社会公共权威机构为有效管理社会、处理公共事务和解决社会问题而制定的行动方案和行为准则”。

2. 公共政策的基本特点

“公共政策”体现了政府对社会中各种公共事务的干预，它不只是为了解决眼前的和局部的问题，而且是着眼于整个社会的长期发展，通过长期性的、带有明确目的性和计划性的行动体系去调节经济与社会的运行，引导社会的长期健康发展，以实现其经济与社会发展的目标。概括起来看，政府的公共政策具有公共性、权威性、价值性以及群体性与社会性的统一等基本特点。

（1）公共性。“公共政策”最突出的特点之一在其政策行动的公共性。所谓“公共性”，是指公共政策是面向社会公众，与社会中的公共事务有关的政策，而不是处理政府或其他组织的内部事务。或者说，当代各国政府在处理社会中的各种事务时，是把它们当成是“公共事务”，即能够对公众产生共同的影响、需要大家共同决定和采取共同行动的事务，而不是像以前帝王那样把国家的事情当成自己的“家务事”来处理。

公共政策的公共性具体体现在一些重要的方面：首先是政策主体的公共性，即公共政策是由代表社会中公共权威的组织（一般是政府）来制定和组织实施的；其次是政策对象的公共性，即公共政策是面向社会公众的，而不是仅与特定的政府组织的成员有关；再次是政策目标的公共性，即政府制定公共政策的基本目标不是为了政府自身的利益，而是为了社会的公共利益；最后是政策过程的公共性，即从政策的制定、实施和资源调动方式等方面看，公共政策都需要有公众广泛的社会参与，并且政策的程序、方法、内容及其他相关信息一般都应该公开化。

（2）权威性。公共政策的权威性包含两个方面的含义：一方面是政策制定中的权威性，即公共政策要由政府等具有公共权威的组织来制定。政府制定公共政策的权威性来自于几个方面：首先，在当代民主社会中政府的权威最终是来自民众的授权；其次，政府具有在国家机器支撑下的强制性的社会管理权；再次，政府具有超越地方社区以上的大范围的行政控制体系，而社区权威则只局限于比较狭小的范围；最后，一个国家的政府可以通过国家主权的原则而抵制来自国外的干预，以保持自己在国内公共事务中至高无上的权威。另一方面是指政策实施中的权威性，即公共政策一旦做出，就必须得到有效的执行。公共政策在处理公共事务时具有高度的权威性，在政策主体的管辖范围内，所有有关的个人、群体和组织都应该遵循其行事。

（3）价值性。公共政策的价值性是指公共政策反映了政府的价值目标，决策者在制定公共政策的过程中首先要对各种政策行动的价值优先性做出判断，然后以此为基础来决定公共政策的走向。所谓政策行动的价值优先性，则是指某种政策行动相对其他行动而言的重要性程度，这种相对的重要性不是纯粹由客观事实来决定的，而是在一定的客观现实的基础上，由社会中的组织、利益群体或个人以其利益及价值观为基础做出的主观判断。例如，在特定的条件下对儿童福利、老人福利和残疾人福利政策，以及公共教育与公共卫生等政策行动的重要性程度做出选择时，常常很难仅从客观的指标来说明哪一方面更重要，因而不得不由决策者来对此做出一定的价值判断。价值选择之所以能够起重要的作用，主要是基于公共政策过程中的几个基本条件：一方面，在社会中需要政府解决的问题很多，公共政策可能行动的领域是相当广泛的；另一方面，政府公共政策行动能够获得的资源又总是有限的，因此政府总是不得不在许多应该做的事务中选择一部分最重要的来重点或优先解决。

（4）群体性与社会性的统一。一方面，公共政策致力于实现一些人类所共同遵循的价值目标，制定和实施的某些公共政策有时能够符合全社会的共同利益，因而得到全体社会成员的一致拥护。因此，公共政策的目标具有社会一致性的一面。但另一方面，在迄今为止的任何一个社会中都在不同程度上存在着群体之间的利益分化，而公共政策往往处于这些利益矛盾的焦点上。因此，公共政策的走向往往与某些群体的利益密切相关。实施公共政策实际上就是政府在各个利益群体之间实施强制性的利益再分配，在这一过程中，有些群体可能会得到更多的“实惠”，而另外一些群体则可能相对受到利益损失。在利益得失的驱使下，各个不同的利益群体往往会对特定的公共政策采取不同的态度，有时甚至产生相当尖锐的冲突，因而使公共政策带有鲜明的群体性特征。由于各种客观和主观的原因，政府的公共政策行动常常很难摆脱利益群体的影响，但同时政府也应该尽力使其公共政策在各个群体之间的利益冲突中寻找平衡，尽可能兼顾各群体的利益。

3. 公共政策的层次与领域

（1）公共政策的层次。由于公共政策的主体（政府或其他公共权威）和对象（公众）是分为不同层次的，因此公共政策体系也是分为不同层次的。从自下而上的顺序看，公共政策行动的主要层次有：

基层社区：可以由社区权威机构制定和实施的基层社区公共政策行动，例如制定一些乡规民约，并通过公共性的行动来解决社区中的一些公共问题。同时，各级政府的公共政策行动常常也通过社区组织来实施。尽管单个的基层社区范围比较小，其公共资源也比较少，但众多的基层社区加在一起，在全社会的治理和服务体系中所发挥的作用也相当可观，因此政府应该重视基层社区在公共政策体系中的作用。

地方性公共政策体系：地方政府（包括省、市、县各级政府）具有制定和实施公共政策的权力，他们都可以根据管辖区域中的实际情况来制定相应的地方性政策，以解决相关的问题。

全国性公共政策体系：中央政府负责制定和组织实施应用于全国范围中的公共政策体系。

国际性、区域性及全球性公共政策体系：在全球化的影响下，跨国之间的公共政策行动正在迅速发展。这种超越民族国家权力范围之上的公共政策体系，包括一定区域中有关各国共同制定的公共政策体系（如欧盟的公共政策体系），具有某种共同特点及共同利益的国家（如石油输出国组织等）联合制定的协调性政策体系，以及全球性国际组织的政策体系，包括联合国、世界银行、世界贸易组织，以及全球性的劳工、卫生、妇女、儿童等方面的组织都在不同程度上制定和实施了一些面向全球的公共政策。当然，国际组织在制定公共政策方面的作用仍然是有限的，其政策体系在权威性和强制性程度在总体上还不能与主权国家政府制定的公共政策的作用相提并论。

由于在社会的各个层次上都有一定的机构在制定和实施公共政策，但哪一级政府在公共政策体系中扮演更重要的角色，各国之间有很大的差异。有些国家主要由中央政府来制定全国性的政策体系，中央政府的责任、权力和掌握的资源都很大，但另外一些国家则在更大的程度上依靠地方政府。但无论是哪种模式，都需要各级政府之间在公共政策的责任、权力、资源分配等方面达成协调，以避免政策冲突或政策缺失。

（2）公共政策的主要领域。公共政策是由各种具体的政策体系组成的。随着当代社会中公共事务的领域日趋扩大，并且政府对公共事务的干预越来越多，政府公共政策的领域也已经扩展到了社会的每一个角落，公共政策的外延几乎可以与社会中所有公共事务相一致，以至于很难将公共政策的所有领域都列出来。同时，各国社会中的公共事务以及政府对公共事务的干预程度并不完全一致，因而各国政府的公共政策的具体内容也不完全一样。但从各国的情况看，众多的公共政策一般都可以概括为若干大类。各国政府比较重要的政策类别主要有国防政策、外交政策、经济政策、社会政策、环境政策等几大类，以及其他一些特殊的政策。有些研究者比较强调"公共政策"概念特指政府面向国内公众的政策，因此认为这一概念不包括国防和外交政策，而只包括面向国内的经济政策、社会政策和环境政策等。

4. 公共政策的目标与意义

明确公共政策的目标是制定和实施公共政策的基础。从一般意义上讲，公共政策的基本目标是为了维护社会中公众的共同利益，而不是特定的组织或个人的利益。但是，在具体的公共政策实践中，其目标的确定又具有很大的复杂性。功能主义认为，在人类的共同生活中确实存在着超越各个群体之上的社会实体，以及超越群体利益之上的社会整体利益。政府的公共政策的目标应该是代表和促进社会整体的利益。在此过程中可能在一定的时期和一定的程度上牺牲一些群体的和局部的利益。但是，按照经典马克思主义的观点，在资本主义社会中，无产阶级和资产阶级处于严重的阶级对立之中，因此两大阶级之间根本谈不上有共同的利益。同时，当代社会学中的冲突学派也认为，社会中各个群体经常处于利益冲突之中，很难找到全社会的共同利益。各个群体为了使自身的利益最大化，往往会使用他们所掌握的各种经济、政治和社会资源，使社会中的经济、政治过程朝着有利于自身利益的方向发展。因此，政府的各种公共政策往往是各个群体冲突的结果，它自然会更多地体现优势群体的利益，而不是去追求全社会的共同利益。

综合上述两大理论流派的观点，我们可以看到，虽然政府的公共政策也不可避免地会受到各个利益群体的影响，但社会共同生活中确实存在着全体社会成员的共同利益。这一点是政府公共政策的社会基础。因此，政府公共政策应该是以全社会的共同利益和长远利益为最基本的出发点，在政策过程中最大限度地考虑社会中各个群体的利益差异，尽可能地兼顾和协调各群体的利益。在政府公共政策的实践中，最关键的一点是要努力坚持其公共性原则，尽最大努力使公共政策符合所有社会成员的利益。

第一，公共政策应该通过利益综合性原则而代表社会中大多数群体和个人的利益。所谓利益综合性原则，是指在公共政策的决策中要最大限度地考虑到各个群体和各类社会成员的利益关系，在各种不同的利益关系中达成一种相对的平衡，以使公共政策最大限度地符合大多数人的利益。

第二，公共政策应该通过利益分配原则兼顾少数弱势群体的利益。在此过程中，政府的公共政策一般遵循两个原则：一是社会关照原则，即对弱势群体的基本生活和各种社会权利加以关照和保护，使其免遭市场机制和其他经济与社会因素的损害；二是补偿原则，即对于少数人由于经济转型、社会变迁或其他公共政策的实施所导致的损害加以补偿。

第三，公共政策应该通过合理的利益选择原则考虑社会成员的根本利益和长远利益。所谓利益选择，是指政府按照一定的价值判断去选择社会中需要优先考虑的利益，并在此基础上使公共政策向这些方向倾斜，以使公共政策更好地符合社会成员的根本利益和长远利益。

第四，公共政策应该兼顾个人利益、地方利益和社会整体的利益。国家利益和个人利益在总体上和长远目标上应该是一致的，但在特定的时期和特定的政策上也可能出现利益矛盾的现象。介于国家与个人之间的还有地方社区的利益和各个群体的利益。因此，政府在制定公共政策时必须要兼顾和协调国家利益和公民的个人利益、中央利益与地方利益以及各不同群体之间的利益关系。

第五，公共政策应该注重全人类的共同利益。其要求包括：一个国家的国内政策应该在立足于国家利益的基础上，充分考虑到全人类的共同利益；国内政策在其规则体系上应该尽可能与国际惯例接轨；采取跨国的和超国家的公共政策行动，以协调各国的利益关系，并解决全人类所面临的共同问题等。应该指出，迄今为止公共政策的全球视角并没有改变公共政策上国家主权和国家利益的基础，而只是在承认和维护国家主权的基础上，将公共政策的着眼点扩大到全人类共同利益和解决全球性问题的范围，并在公共政策的行动上进行更多的国际合作。

第二节 社会政策的基本概念

社会政策（Social Policy）的概念起源于欧洲，第二次世界大战以后，随着社会政策实践和社会政策学科在欧洲和全世界的发展和扩展，这一概念也为越来越多的国家所使用。但是在各国使用这一概念时仍然存在着一些不同的理解。在本节中，我们主要分析这一概念的基本含义。关于社会政策学科的基本知识将在第三章做更详细的介绍。

一、社会政策的定义与实质

如上所述，社会政策是公共政策中的一个领域。在公共政策的概念框架中理解什么是社会政策，其实质就是讨论如何从整个公共政策体系中划分出应该属于“社会政策”的专门领域。从这个角度看，定义社会政策概念或划分社会政策领域可以从两个不同的方面来进行：一是仔细分析社会政策概念中“社会”一词的含义，从而清楚地把握这一概念的内涵和外延；二是具体看看各国政府在公共政策实践中是如何划分社会政策与其他公共政策的界限的，从政策实践中总结出我们对社会政策概念的理解。

1. 社会政策的定义

对社会政策的定义可以从这一概念的词义和政府社会政策的实践两个方面去理解。

首先，从概念上看，社会政策中的“社会”一词是取其狭义的用法。它不是指整个社会生活中的所有领域，而是指其中某些特定的领域。一般说来，狭义“社会”概念包含了这样几层意思：它直接与社会中人们的具体生活有关，具有非经济性的特征，一般只局限于国内事务，具有社会性的目标等。其中关键的一点是，政府的社会政策具有社会性的目标，这种目标在各国可能有所不同，但一般包含满足社会成员的基本需求、维护社会公平、解决社会问题、保持社会稳定和提高社会生活质量等方面的目标。

由于社会政策具有多重目标，而不同的研究者往往从强调其某一个方面入手对社会政策做出不同的解释，因而就产生了对这一概念不同的定义。有的定义较宽泛，有的理解则较狭窄；有的从社会政策的价值角度去定义，而另外一些则更重视其具体的行动；有的学者认为社会政策的主要目标是为了满足社会成员的各种需要，因此把社会政策定义为政府旨在满足社会成员基本需要的行动，甚至将其局限于主要是为了满足贫弱群体的基本需求；而另外还有许多学者更倾向于把社会政策定义为政府为解决各种社会问题而采取的行动（Iatridis，1994；Jansson，1994；Baker，1995；李钦勇，1996）。

尽管研究者们对社会政策的理解和定义有所不同，但在一点上是基本一致的，即社会政策是政府在某种社会性价值的指导下，为达到某种社会性的目标而采取的社会性行动的总和。这里所说的社会性价值，是指在社会中具有广泛代表性的价值体系，或者是能够代表大多数人利益的价值诉求，而不是只反映少数群体的价值立场。在当代社会中，社会公平是人们最为看重的社会价值，因此也是社会政策最重要的指导原则。所谓社会政策的社会性目标，是指它一般不是为了直接促进经济发展或整个社会物质财富的增多，而是为了通过更加公平地分配各种资源而满足大多数人（尤其是下层群体）的各种基本需要，以增强社会的整合和稳定，解决社会问题和提高社会生活质量。进一步看，社会政策的长远目标还包括促进人的全面发展和社会进步。所谓社会政策的社会性行动，是指社会政策是社会成员广泛参与的行动。尽管社会政策一般也是由政府主导的，具有自上而下的特点，但与其他许多公共政策相比，政府的社会政策所直接涉及和间接影响的人群数量要广泛得多。并且，在社会政策过程中，社会成员往往并不只是被动地受影响，而是在很多情况下都积极参与社会政策的行动过程。

其次，从政府公共政策实践的角度看，社会政策是政府向社会成员提供社会服务和实施社会管理的政策体系。从政策实践上看，政府的社会政策首先旨在向广大的社会成员，尤其是其中的困难群体提供各种社会服务。工业化以来，各国政府为社会成员提供的各种社会服务越来越多，其范围包含了教育、医疗卫生、住房、就业、社会保障以及对老年人、残疾人、儿童、移民和贫困者等特殊困难群体提供的各种服务，在很多国家都已经形成了范围很大的社会服务体系。而政府正是通过一定的社会政策在这些社会服务领域建立运行规则、调动必要的资源以及建立组织体系等。

同时，社会政策还与社会管理有关。在工业化社会以前，各国政府一般只靠国家机器的“专政”和在文化方面的“教化”去管理社会。19 世纪 80 年代德国社会保险制度的建立，标志着政府开始通过一定的社会政策，通过向人们提供各种必要的服务来达到社会管理的目标。20 世纪中叶以来“福利国家”体制的形成，使社会政策与社会管理更紧密地结合在一起。此后，各国政府都广泛实施各项社会政策，通过满足社会成员的基本需求、解决社会问题以及树立公平的社会观念来达到加强社会管理的效果。

最后，从运行原则上看，社会政策属于福利性原则的领域。不论从理论上还是在政策实践上，社会政策的一个基本特征是其非商业性运行的原则。社会政策是政府向公民提供的社会服务的政策，但这种服务之所以被称为“社会服务”，主要是由于其服务的性质和过程坚持了非商业化的原则，即不是按照市场的价值去等价交换，而是以社会关照、社会补偿等原则为基础。在这一点上，社会政策明显不同于以促进经济发展为目标的经济政策。因此，在一些教科书中直接将“社会政策”等同于“社会福利政策”的概念。

根据以上的分析，我们可以将社会政策定义为“政府或其他组织在社会公平等价值目标的指导下，为了达到满足民众基本需要、解决社会问题，进而维护社会稳定和提高社会生活质量等社会目标而采取的各种福利性社会服务行动的总和”。

2. **社会政策的实质**

社会政策的实质是政府在社会福利事务领域中的干预行动。在过去很长的历史中，国家的统治者一般不直接关照老百姓的生活问题，对各种社会事务也很少直接管理。普通老百姓一般通过自给自足和一定的市场交换去满足他们的各种需要。家庭、邻里、社区组织和其他民间机构也提供着各种补充性的或保障性的服务。同时，社会管理一般也在地方社区中进行。但是自工业化以来，随着经济和社会条件的巨大变化，原来的家庭和地方社区的社会服务体系和社会管理体系不再奏效，因而需要政府的介入以满足个人和社会的需要。从这个角度看，政府的社会政策行动是在原来的社会福利制度体系中实施干预：通过在社会福利事务上建立必要的强制性规则，以引导社会福利体系向良性方向发展，并通过在各种社会服务方面投入必要的公共资源，以满足民众的需要。

应该重点指出的是，政府“干预”社会福利事务与政府“包揽”社会福利事务是不同的概念。政府包揽社会福利事务模式的含义是政府为民众的社会福利需求负完全的责任，并且整个社会福利制度都由政府来安排。而政府干预模式的基本含义则是政府只是针对现有经济制度与社会福利制度的不足而采取行动。政府的行动并不是要取代市场机制，而是要在“市场失灵”的情况下才进行干预；政府并不是要替代家庭、社区、企业和非政府组织等在提供福利服务方面的作用，而是要组织和协调各个方面的行动，并在其他组织难以发挥作用的方面承担责任；同时，政府采取社会政策行动并不是要广大社会成员放弃其个人责任，而是要尽可能地调动广大民众广泛参与。

二、社会政策的主要领域

由于国情和社会发展的状况不同，各国政府的社会政策领域有一定的差异。但从总体上看，当今世界各国政府所采取的社会政策主要体现在以下一些方面：

1. **社会保障政策**

在当代绝大多数国家中，社会保障政策是政府社会政策体系中最基本、最重要的组成部分之一。社会保障政策是政府通过公共行动向社会成员提供基本生活保障的政策体系。各国对社会保障的界定宽窄不一，比较狭窄的界定只包括对特殊困难者的现金帮助，如养老保险、医疗保险和社会救助等。而较宽泛的界定则包含了所有满足社会成员基本需要的公共服务项目，包括健康服务、住房等方面满足基本需求的保障项目。

2. **公共医疗卫生政策**

公共医疗卫生政策是政府或其他组织开展的公共卫生事业和为社会成员提供医疗服务的政策，包括公共卫生和公共医疗服务两个主要方面。公共卫生政策是指在向社会提供预防性卫生服务方面采取的公共性行动，其中包括疾病控制、预防接种和卫生知识普及等方面的公共行动。由于这些预防性的卫生服务具有公共产品的特性，难以按照个人付费和商业化的方式来提供，因而不适宜私人机构来运作。因此，基本公共卫生服务的责任一般只能由政府来承担。公共医疗服务政策是政府为社会成员提供医疗服务的政策。一般有由政府投入资金建立公立医院或补助私立医院，以免除或降低病人接受医疗的费用；政府投资促进医疗技术发展；政府向特殊困难者提供医疗救助等方面的政策。

3. **公共住房政策**

公共住房政策是指由政府或其他组织以福利性的方式为社会成员提供公共住房或住房补贴的政策。公共住房政策是现代都市环境下解决城市居民，尤其是贫困者住房困难问题的一个重要途径。由于现代都市生活中住房困难现象相当严重，许多城市居民，尤其是经济困难群体在住房方面的条件相当差，并且他们仅靠自己的努力难以解决这一难题，因此需要政府通过福利性的方式来帮助他们解决。在当今各国，城市住房政策都是政府社会政策体系中的重要方面。

4. **公共教育政策**

公共教育政策是指由政府或其他组织兴办教育事业，向社会成员提供免费或低费教育服务的政策。由于教育对个人和社会发展都具有重要的意义，因此接受教育或发展教育事业既是社会成员个人的需要，也是整个社会的需要。从这个角度看，政府应该在教育事业发展方面承担责任。同时，教育是一个高成本的过程，如果完全按商业性的方式运行，将使许多下层家庭的孩子难以获得足够的教育，从而不仅会造成整个社会人力资本的降低，还会破坏“起点平等”的社会公平原则，同时也会由于子女教育水平的差异而使社会不平等产生代际传递。因此，各国普遍要求政府在教育方面加强公共投入，以便能够促进教育事业的发展，并更加公平地分配受教育机会。政府公共教育政策包括政府投资教育基础设施和师资队伍建设，以降低学生受教育的费用，以及政府为贫困家庭子女提供奖（助）学金等。广义的教育政策还包括政府在教育发展规划、教育结构、教学内容以及学制等方面的政策行动。

5. **劳动就业政策**

劳动就业政策一般是指政府或其他组织为劳动者提供就业机会、合理地分配就业机会、解决失业问题和保护劳动者权利而采取的各种公共行动的总和。工业化社会以来，就业不足一直是困扰各国的难题之一。20世纪中叶以来，各国政府都在不同程度上实施了劳动就业政策，干预劳动力市场，以促进就业发展。同时，由于在就业领域中劳资双方常常发生冲突，并且被雇佣者一般处于权力较弱的一方，其基本权利和工资福利等待遇经常受到影响，因此需要政府在此领域也制定相应的政策，以为劳动者提供必要的保护，并协调劳资关系。

6. 社会福利服务政策

社会福利服务是指直接面向社会成员，尤其是社会中具有特殊需要的个人或群体而提供的福利性服务。社会福利服务包括的内容很多，既有针对普通居民的日常服务，也有针对某些特殊群体的专门化服务。在服务方式上，既有在社区中为居民提供的各种服务，也包括在各种院舍机构中对某些特殊困难者的集中服务。迄今为止，各国政府都尽力促进社会福利服务事业的发展，并鼓励民间机构或个人采取各种方法促进这一事业的发展。

7. 针对专门人群的社会政策体系

当代各国社会政策体系的许多内容都是面向所有社会成员的，但也有一些社会政策重点针对某些具有特殊需要的群体，其中重点包括针对老年人、儿童、残疾人、妇女、移民等群体的专门化社会政策。这些群体或者具有比其他人更多的社会服务需要，或者在生理、经济或社会等层面处于相对弱势的地位，因而需要更多的社会保护。

8. 社会政策的其他内容

除了上述主要内容之外，社会政策还包括其他一些政策行动领域。如有的国家将对越轨行为者的“行为矫治”也划入社会政策领域，另外有些研究者将家庭政策、社区发展政策等都纳入社会政策的范围。社会政策在其实践和研究两个方面都是一个不断发展的领域，其边界一直是开放性的。随着社会的发展，将可能有更多的政策行动被纳入“社会政策”的范畴中。

三、社会政策与其他类似概念的关系

1. 社会政策与社会福利

(1)“社会福利”概念的含义

“社会福利”（Social Welfare）一词在日常生活、政治活动和学术研究中都是常用词，但同时也是一个歧异很大的概念，在不同国家和不同领域中有很大的差异。归纳起来看，“福利”一词有以下三种常用的含义。

首先，从最一般的意义上看，“福利”一词常常指人们社会生活的一种良好的状态和总体上的利益。“福利”的这种含义包含了富裕、幸福、平等等人们追求的价值目标，或者按照某些理论中的用法，凡是对人或社会有效用的东西都可以看成是福利。

其次，“福利”是一种按照实际需要而进行的财富分配方式，如福利性住房分配制度、福利性医疗制度等。福利性分配是当代社会中与按劳分配和按资本分配并列的三大分配方式之一。

最后，“福利”指对特殊社会成员提供特殊服务的方式。在一些国家（如美国）的日常用语和正式文献中，“社会福利”一词常常指一些专门针对特殊困难群体（如贫困者、残疾人、孤寡老人和孤儿等）的社会救济和专门化服务。

在以上三种福利概念中，从社会政策的角度看，第一种的外延太大，包含的内容太广，而第三种福利概念又太窄，所包含的行动内容太少。因此，多数国家使用的“社会福利”概念是指第二个层次上的含义。从这个意义上看，社会福利一般指不以直接的商业性交换为原则，而是按照人们的实际需要来提供物质产品和服务的制度。更具体说，所谓社会福利，就是在公共资金的支持下向社会成员无偿或低偿提供物质产品或服务的制度和过程。这里有两个基本的含义，第一，社会福利是以非商业化的方式为社会成员直接提供物质产品和服务的过程；第二，福利性项目应该有公共资金的支持，因此能够无偿或低偿地提供给受益者。

福利性的分配方式又分为两种，一种是将某种财富（物质产品或服务等）在所有社会成员中平均分配或共同使用，或在某类群体中进行平均分配的方式。例如，所有的社会成员都享有政府对物价的补贴，某些为老年人、残疾人或儿童普遍提供的补贴或优惠等。第二种福利性分配是向具有特殊需要的人提供物质产品或服务帮助（例如社会救助）。此外，社会福利项目是直接面向个人和家庭提供的具体的物质产品或服务，而不包括政府在城市公共事业、交通运输等基础设施建设以及文化娱乐设施建设方面的项目，尽管这些项目的成果也是由公共开支支持的，并且也可以是为社会成员平等和无偿（或低偿）使用的。

（2）社会政策与社会福利的关系

由于在当代社会中社会福利项目大多数都是由政府或其他非营利机构直接投入并管理的，因此，划分是否属于社会福利项目，只需要看它是否在公共资金或优惠政策的支持下向社会成员提供非商业化的物质和服务帮助，因而使服务接受者可以免费或低费获得这些物质产品和服务。从这个角度看，许多国家和许多研究者所使用的“社会政策”与“社会福利”这两个概念所指的行动领域可能是一致的，以至于在许多文献中这两个概念可以互换使用。

另一方面，这两个概念在表达问题的侧重点上也有所不同。首先，这两个概念表达问题的角度仍有很大的不同。“社会福利”是指一种既定的制度和过程，它可以是人为设计的，也可能是自然形成的。相比之下，社会政策概念则重点强调政府或其他组织在社会福利领域的干预行动，包括制定规则和投入资源。或者说，社会福利概念侧重反映既有的社会福利制度（包括正式的和非正式的制度）及与其相关的实践操作模式，而社会政策概念则主要反映政府（或其他组织）在社会福利方面所采取的各种干预行动。其次，在不同的国家，这两个概念所包含的外延也并不相同。一些国家在使用社会政策概念时采用其广义，包含了比较广泛的内容，而使用社会福利概念时相对比较狭窄，因此导致二者的外延出现一定的差异。因此，在阅读这一领域的文献时，应该注意作者对有关概念的具体界定。从研究和学科体系来说，是冠以“社会政策”还是“社会福利”，则主要取决于各国以及不同研究者的习惯。除了美国等少数国家在使用“社会福利”概念时所指对象比较狭窄以外，其他多数国家的教学和研究体系中这两个概念的外延范围大致上是一致的。

2. 社会政策与社会保护

（1）社会保护的基本含义

社会保护（Social Protection）是指由政府或其他社会组织建立各种保护性的制度和措施，以避免或减弱某些社会群体在社会经济变迁（包括经济、政治、社会和文化等方面的制度和结构变化）过程中所受到的利益损害。“社会保护”概念是在“社会保障”的基础上提出的，但前者包括的内容要多于后者。社会保障主要是指由社会（主要是政府）以社会保险、社会救助和其他一些社会福利的方式向失去劳动能力和劳动机会的公民提供基本的生活保障。而社会保护的含义除了包括向公民提供基本的生活保障之外，还包括在就业、教育、医疗、消费者权利以及其他一些方面的保护。从其目标上看，社会保护的目标主要是为了避免或降低“社会损害”，即它主要着眼于抵消社会经济和文化变迁对某些群体的损害。

社会保护又分预防性和治疗性两种。前者主要是通过各种手段来提高社会成员的就业能力和就业机会，以增强他们自身抵御不利条件的能力，而后者则主要是对社会中受到损害和被排斥的成员提供帮助。预防性保护有两个主要原则：一是基本权利保护，即制定各种制度以保护所有社会成员（尤其是贫弱群体）在各个方面的基本权利；二是增能（Empowerment，亦称为“增权”“充权”等），即通过教育培训、增加人力资本、社会资本和政治能力等途径而增强弱势群体自身的能力。在治疗性保护方面也遵循两个重要原则，一是补偿原则，即认为贫弱群体所受到的损害是由于社会所引起的，社会应为其负有责任，而受损者为社会的发展做出了牺牲，因此社会（政府）应该给予其相应的补偿；二是社会关照原则，即不论贫弱群体的不幸境况是如何造成的，社会（政府）都应该给他们提供帮助，以体现社会（政府）在人道主义和人权基础上对贫弱群体的关照。

（2）社会政策与社会保护的关系

社会政策与社会保护是两个既相互关联，又不完全相同的概念。在提出社会保护概念的最初阶段，其含义主要指向社会对弱势群体的保护，并主要着眼于最基本的生活保障和权利保护，从实践上看只是社会政策体系中的一小部分，因此与社会政策概念的差别较明显。但后来随着人们认识的发展，社会保护的概念也有了很大的扩展。目前，社会保护概念的内涵已经不再局限于对贫弱群体的保护，而是强调对所有社会成员的保护，并且不再是基本生活的保障和最基本权利的保护，而是要提高生活质量，并且强调平等权、发展权等较高层次的权利。社会保护的外延也已从传统的社会保障领域扩展到医疗卫生、教育、就业、住房等各个方面。因此，社会保护与社会政策在内涵和外延上都越来越接近。欧洲一些研究者甚至认为这两个概念基本可以等同使用了。

3. 社会政策与社会行政

（1）社会行政的基本含义

社会行政（Social Administration）一般指政府行政机构在其职权范围内代表国家在社会事务方面采取的各种行动的总和。社会行政的概念有三层含义：首先，社会行政代表着政府管理社会事务的领域。在政府所管辖的众多的事务中，有一部分属于社会性事务，这部分事务往往被称为政府的社会行政领域。其次，社会行政代表管理社会事务的政府机构，如教育行政管理机构、公共卫生与医疗行政管理机构、劳动与社会保障行政管理机构、社会福利行政管理机构等。最后，社会行政概念还代表政府管理社会事务的规则与程序体系。此外，广义的“社会行政”概念还包含公共社会服务机构管理的含义。

（2）社会政策与社会行政的关系

社会政策与社会行政的关系密切。从学科术语的角度看，在早期的社会政策学科中，这两个概念基本上是同义使用的。目前世界各国通行的“社会政策”学科第二次世界大战后在英国最初发端时其名称不叫社会政策，而叫“社会行政”。直到目前，这两个概念之间仍有密切的关系。首先，至少绝大多数的社会政策，无论其是否通过国家立法，一般都是由政府行政机构或其委托的机构来组织实施。因此，社会行政系统可看成是社会政策的执行系统。其次，政府行政机构在社会政策制定过程中常常起到关键性的作用。他们或者独立地制定社会政策，或者向国家立法机构提出社会立法议案，并且在国家法律的框架下制定社会政策的实施细则。同样，政府行政机构在社会政策制定中的作用与一个国家的政治体制和政治过程密切相关。在行政为主导的政治体制中，政府行政机构在社会政策制定中的作用更为重要。

4. 社会政策与社会建设和社会治理

（1）社会建设与社会治理的基本含义

中共十八大报告中确立了社会建设是“五位一体”的发展战略中的重要方面之一。社会建设是在党的领导和政府主导下，社会中各类组织和广大群众广泛参与，以保障和改善民生及加强和创新社会治理为目标的社会行动体系。社会建设的具体内容包括优化社会结构、创新社会体制、发展社会事业和加强社会服务等方面。其中，优化社会结构和创新社会体制主要属于社会治理的内容，而发展社会事业和加强社会服务的任务主要是解决保障和改善民生的任务。应该注意的是，在社会建设体系中，社会治理与民生事业是不能割裂的两个方面，它们都是社会建设行动体系中的重要环节。尤其是按照中共十八届三中全会通过的《中共中央关于全面深化改革若干重大问题的决定》的要求，社会治理的总体目标是“确保社会既充满活力又和谐有序”。也就是说，社会治理的目标并不仅仅是“维稳”，因而其手段也不能只是简单的社会控制。社会治理的主要方向是以人民利益为基础，通过大力发展民生事业在内的多方面途径来达到增进社会和谐、增强社会活力、确保平安中国、维护国家与社会安全、保持社会安定有序的目标。

（2）社会政策与社会建设和社会治理的关系

概括地讲，社会政策与社会建设和社会治理的行动范围有较高的一致性，因此社会政策可以被看成是社会建设和社会治理行动的政策体系，是政府在社会建设和社会治理行动领域制定和实施各种规则、计划、项目的行动。更具体看，社会政策在社会建设和社会治理体系中仍具有一定的侧重点。社会建设包括了保障和改善民生，以及加强和优化社会治理两大方面的任务，而社会政策的行动更加侧重保障和改善民生方面。从某种意义上说，社会政策就是政府为保障和改善民生而制定和实施的公共政策体系。同时，在创新社会治理行动中也需要通过各项社会政策去化解社会矛盾、调节社会利益、维护社会稳定。因此，社会政策也是创新社会治理行动的重要组成部分，应该在其中发挥重要作用。

第三节　社会政策的法规体系

一、社会政策与法律和法规

国家和政府部门的社会政策常常是以各种法律和法规的形式表达的。国家和政府部门通过制定各种法律法规等规范性文件以明确其政策规则，并通过执行各种法律法规落实各项政策。因此，人们常常把社会政策与相关法律法规联系在一起，称为“政策法规”。要深入了解一个国家社会政策的具体内容，理解其社会政策的原则和具体内容，必须从对其法律和法规体系的深入了解入手。

政策与法律和法规是密切关联但又不同的概念。在日常的工作中，人们对法律、法规和政策的概念有不同的理解。在很多情况下，人们将政府部门比较正式的规范性文件称为“法规”，而把一些指导性的文件称为“政策”。但事实上国家的很多法律和政府的各种规范性文件中表达的是其政策的规则系统。因此不应该从文本类型上来划分法律法规与政策的概念。更加合理的区分是：法律和法规是政策规则系统的文本表达方式。政策概念除了包含相关的行动规则的内容以外，还包含为完成政策目标而进行的资源投入和组织实施等具体的行动。因此，政策的概念内容更广泛，而有关的法律法规一般只是相关政策的规则系统。

二、我国社会政策的法律法规体系

当代各国社会政策体系内容庞大，包含在多种形式的法规当中。各国的政治体制、法制体系和行政管理体制不同，因此法规体系也不同。我国现阶段的社会政策法规体系主要包括以下一些种类。

1. 国家宪法和法律

宪法是一个国家的根本大法。在我国的宪法中包含了制定和实施各项社会政策的最高依据。国家法律是由全国人民代表大会及其常务委员会制定的各种法律的总称。由国家立法机构制定正式的法律来规定社会政策行动的基本规则，是当今各国普遍的做法。各国的政治体制和政治过程不尽相同，立法程序在社会政策制定中的作用也各不相同。一般说来，由国家法律来制定并颁布实施的社会政策越多，说明一个国家社会政策体系的法制化程度越高。在我国，以前由国家法律来制定和颁布实施的社会政策不太多，但随着我国依法治国制度和实践的发展，以及政府社会政策行动的增强，通过国家法律来制定和颁布实施的政策越来越多。

2. **行政法规**

在我国法律法规体系中，“行政法规”特指国务院根据宪法和法律制定的有关行政管理等方面的规范性文件。国务院通过各项行政法规一方面规范经济和社会生活，另一方面也规定政府的各项政策行动。按照国务院《行政法规制定程序条例》① 的规定，行政法规的名称一般称“条例”，也可以称“规定”“办法”等。

3. **国务院部门规章**

国务院部门规章是指国务院各部、各委员会、中国人民银行、审计署和具有行政管理职能的直属机构等部门根据法律和国务院的行政法规、决定、命令，在本部门的职权范围内依照《规章制定程序条例》制定的规章。部门规章的名称一般称“规定”“办法”等。国务院部门规章在其制定部门权限范围内具有行政约束力。

4. **地方性法规**

地方性法规，是指根据宪法和立法法等有关法律的规定，省、自治区、直辖市和较大市的人民代表大会及其常委会，根据本行政区域的具体情况和实际需要，在不与宪法、法律、行政法规相抵触的前提下制定的规范性文件，以及自治州、自治县的人民代表大会依照法定职权和程序制定的自治条例和单行条例。地方性法规可以称“条例”。

5. **地方政府规章**

地方政府规章是指省、自治区、直辖市和较大市的人民政府根据法律、行政法规和本省、自治区、直辖市的地方性法规，依照《规章制定程序条例》制定的规章。地方性规章的名称一般称“规定”“办法”。

三、其他政策文件

与其他各国政府一样，我国政府也经常用“白皮书”“××计划纲要”等形式发布社会政策方面的纲领性和指导性的文件。其中，白皮书是政府官方向国内外公开公布其某一方面政策立场和政策发展状况的文件。我国政府在社会政策方面也经常使用白皮书的方式向国内公众和国际社会公布我国某一方面社会政策的原则立场和发展状况。而各种“计划纲要”之类的文件则是政府向全社会提出在某一时期内在某一方面政策行动的宏观发展目标和总体的行动计

---

① 为行文方便，本书对法律法规一般用简称，特殊注明的除外。

划，对特定时期内的政策行动有指导性的意义。

中国共产党的政策文件也常常具有很强的国家政策性质。作为执政党，中国共产党对我国经济、政治、社会、文化等各个方面的总体发展起着重要的宏观领导作用，在社会政策方面也是如此。中国共产党通过其全国代表大会、中央全会和其他一些重要会议的报告、决议等文件对我国社会政策的发展起到重要的引领方向和宏观规划作用，并且常常通过党中央的文件对我国社会政策某一领域的发展提出方向性的纲领。

除以上法规和政策文件以外，各级政府还有其他一些规范性文件。一般说来包括中共中央与国务院联合发布的规范性文件、国务院与有关社会组织联合发布的规范性文件；国务院部门以及省、市、自治区和较大市的人民政府及其主管部门对于具体应用法律、法规或规章做出的解释；县级以上人民政府及其主管部门制定发布的具有普遍约束力的决定、命令或其他规范性文件。

四、各种法律法规之间的关系

上述规范性文件共同构成了我国的法规体系。但各种法律、法规和规章之间的效力和约束力程度是不一样的。在效力方面，根据立法法规定，首先，宪法具有最高的法律效力，一切法律、行政法规、地方性法规、自治条例和单行条例、规章都不得同宪法相抵触。其次，法律的效力高于行政法规、地方性法规、规章。在政府行政部门颁布的各类规章中，其效力按照制定规章机构的行政级别而排序。此外，民族自治地区和经济特区可以依法和根据授权而对法律、行政法规、地方性法规作变通规定，并在本地区适用。

在约束力程度方面，法律、条例、对法律和条例的解释和实施细则，都具有完整的约束力，必须严格执行。国务院及其行政部门和地方政府制定和发布各种“决定”“通知”“规定”“办法”等文件也具有约束力，在其规定的范围内应该按照办理。各级政府及其行政部门发布的各种“意见”的约束力相对较弱，而指导性的意义较强。各级政府及其行政部门发布的各种“批复”“答复”等文件，在其直接针对的地区和部门及单位具有约束性效力，但对其他地区、部门和单位则具有参照性效力。

综上所述，政府社会政策的各类文本在正规化和具体化的程度上有很大的差异。政府可以根据需要采用不同类型的政策文本。一般说来，宪法和中国共产党的重要文件对社会政策的发展起着基础性和根本性的规范作用和总体方向性的引领作用，而国家的有关法律和政府的行政法规在社会政策行动中具有很强的规范性作用。在任何一个比较重要的、长期性的社会政策领域中，都需要采用国家或地方的法律文本或国务院行政法规的形式来对有关政策做出规定。

同时，在社会政策的动态发展过程中，也需要有大量较灵活和简便的政策文本来对社会政策行动随时做出调节。尤其是在社会政策的改革发展和新政策的制定过程中，往往是先发布一些指导性、框架性的和临时性的政策文本，然后在各种条件比较成熟以后，再制定条例或法律等比较正规的和严格的政策文本。

思　考　题

1. 什么是政策、公共政策和社会政策？
2. 在当代社会中公共政策有哪些基本特点？
3. 当代各国社会政策有哪些主要内容？
4. 社会政策与社会福利和社会保护概念有何异同？
5. 社会行政对社会政策有何作用和意义？
6. 简述我国社会政策法律法规体系。

主要参考文献

李钦勇．社会政策分析．台北：巨流图书公司，1996.

陈国钧．社会政策与社会立法．台北：三民书局，1984.

白秀雄．社会福利行政．台北：三民书局，1981.

谢明．公共政策导论．北京：中国人民大学出版社，2002.

彭和平．公共行政管理．北京：中国人民大学出版社，1995.

张良，何云峰，郑卒．公共管理导论．北京：三联书店，1997.

Iatridis D. Social Policy: Institutional Context of Social Development and Human Services. Belmont, C A: Brook / Cole Publishing Company, 1994.

Jansson B S. Social Policy: From Theory to Policy Practice. 2nd ed. Pacific Grove, CA: Brook / Cole Publishing Company, 1994.

Spicker P. Social Policy: Themes and Approches. London: Prentice Hall, 1995.

Baker R. The Social Work Dictionary. 3rd ed. Washington, D C: NASW Press, 1995.

第二章　社会政策实践的历史发展

社会政策既是一个实践领域，同时也是一门学术学科。本章从实践领域的社会政策的角度，简要地阐述社会政策实践在国内外的发生及发展，为了解社会政策学科的历史发展奠定一个基础。

第一节　发达国家社会政策实践的历史发展

现代社会政策实践发端于欧美国家，并且迄今为止发达国家中的社会政策体系仍然处于领先地位，其政策模式、机制、组织方式等方面的原则广为流传，对其他国家的社会政策发展也有很大的影响。因此，在研究各国的社会政策体系及其历史发展时，一般都首先介绍发达国家社会政策的历史发展。

一、社会政策实践的发端

尽管在古代农业社会中，国家在社会福利事务方面就有了一些行动，但制度化的社会政策则是在工业化时代以后才建立起来的。从世界范围看，社会政策体系最早诞生于欧洲国家。从中世纪后期起，英国就开始以国家立法的形式对穷人提供社会救助。进入工业化社会以后，为了解决各种社会问题，德国率先建立了社会保险制度，标志着现代社会政策实践的开始。

1. 1601 年《伊丽莎白济贫法》及其影响

西方社会政策实践的发端最早可以追溯到 1601 年的英国《伊丽莎白济贫法》。在此之前，中世纪的欧洲受到饥荒、战争、农作物歉收和黑死病等社会负面因素的影响，很多人流离失所，孤儿寡妇、伤残老弱、精神病患者剧增。需要帮助的人数越来越多，而教会和私人救助的方法越来越难以应付所需。为了解决这个社会问题，英国从 14 世纪到 19 世纪通过了一系列不同形式的济贫法，首次以国家行政命令、社会政策、地方财力和征集税款的方式筹集资金、组织和提供不同类型的福利服务来满足贫困者的需要。其中以 1601 年的《伊丽莎白济贫法》对后来社会福利发展的影响最大。该法规定教区（Parish）应负责供养区内得不到亲属供养的无依贫民。该法在施行救济的过程中建议应对不同类型的贫民采用不同的救济方法来满足他们的基本需要，体力健全的贫民需要送入劳动工场，对不能工作的贫民送入救济院或者施以院外救济，为失依儿童安排学徒训练机会。

这种做法虽然意味着政府已开始着手为有需要的人提供福利服务以满足他们的基本需求，但当时这种救助的主要目的是社会控制多于改善穷人的生活状况。因此，济贫法严格规定受惠人的资格，所提供的援助极为有限，并以短期性为主。同时，受惠者还以付出个人的尊严和自主权作代价，并且还会受到耻辱烙印所带来的负面影响。但无论如何，这项济贫法奠定了400年来英国政府社会福利政策的基础，并为其他国家所效仿。虽然这项济贫法在后来的执行过程中经过这样或那样的修订，但其基本原则和内容变化并不大，甚至1834年的《新济贫法》也仍然沿袭1601年老济贫法的这种济贫原则（Friedlander & Apte，1980）。

2. 欧洲工业化对社会政策实践的促进作用

欧洲各国大规模的社会政策实践是在工业化的促进下，在19世纪以后才发展起来的。工业革命以后，西欧各国的经济和社会状况，以及劳动者的生产和生活条件都发生了很大的变化。首先，与农业经济相比，在工业生产活动和城市生活中，劳动者因工伤、失业、生育、年老等原因而丧失劳动能力和劳动机会的风险大大增加。其次，大量的城市产业工人不掌握生产资料，因而传统农业社会中靠财产（如土地）保障生活的模式失去作用。最后，城市生活中流动性增大，家庭趋向于小型化，因而导致传统的社区和家庭在经济保障和生活服务方面功能降低。由于以上诸种原因，西欧工业革命在给社会普遍带来财富的同时，也使得大量的劳动者生活质量降低、生活风险增大，导致贫困等社会问题严重。并且，人们越来越认识到，这些贫困和风险不再仅仅是由于个人原因造成的，而更主要的是由于社会的原因即社会制度的不合理而造成的。为此，需要有一种新的社会保障制度来专门解决这些问题。

但是，工业化过程的早期阶段，英国等主要欧洲国家的政府仍然奉行“不干预主义”，并没有立即通过社会政策的行动来解决这些问题，因而使各种社会问题越来越严重，社会矛盾日趋尖锐，结果在19世纪导致了大规模的阶级冲突。19世纪的工人运动不仅在经济方面提出了提高工资和福利保障的要求，而且在马克思主义的指导下，在政治上提出了推翻资产阶级专政和建立社会主义制度的要求，对资产阶级国家的统治造成了威胁。在这种情况下，西欧各国政府不得不重视解决劳动者的各种问题，以避免资本主义制度的彻底崩溃。因此，尽管现代社会政策的诞生不是马克思主义的直接产物，但19世纪的马克思主义及其指导下的工人运动对社会政策的诞生起到了积极的推动作用。

另外，19 世纪中叶以后，西欧国家中许多学者对城市工业劳动者的劳动和生活状况做出了实际的调查研究，揭示了劳动者的贫困境况，并纠正了过去将失业和贫困等问题归因于贫困者的“懒惰”“愚昧”的流行观念，指出造成贫困的主要原因在于社会制度的不合理，从而一方面促使全社会重视贫困问题，另一方面也促使各国政府社会功能的加强，逐渐从“不干预主义”转向在经济和社会事务方面发挥更大的作用、承担更多的责任，以国家的力量来解决这些问题。

3. 19 世纪 80 年代德国社会保险制度的建立

虽然德国的工业革命比英国晚约半个世纪，但发展速度相对较快。至 19 世纪后期，其煤矿、铁矿、采矿、冶金和化学工业等已跃居欧洲各国之首。但经济的发展并没有同时使工人阶级的状况得到改善，工人阶级仍处于劳动条件极其恶劣、房荒严重、工伤事故和职业病激增的境况之中，因事故、疾病等原因丧失劳动力的工人也得不到任何生活保障。与此同时，工人的实际工资不断下降，粮食和房租的价格却不断上涨。这种局面导致贫富不均现象日益悬殊，靠工资收入生活的工人阶级的处境尤为不利，因而出现了许多严重的劳工及社会问题，罢工事件层出不穷。

为了应付这种局面，当时的德国首相俾斯麦采取了“胡萝卜加大棒”的政策：一方面镇压社会民主党的革命运动；另一方面则由国家出面，通过立法实施了一些社会政策和社会立法，以保护劳动者。1883 年颁布了《工人医疗保险法》，规定对工人实行强制性医疗保险；1884 年颁布了《工伤事故保险法》，规定在工作中发生事故的人或死难者家属可以依法从保险联合会中得到抚恤金；1889 年颁布了《伤残和养老金保险法》，规定 70 岁以上的人可以获得养老金，伤残者可以获得伤残救济金。这些保险法案采取风险分担的保险原则，集合工人、企业主及政府的财力，保障工人遇有疾病、伤害、老残、死亡时，支付保险给付，以应付风险之需。此外，还以法令规定了工人星期日休息，并限制童工、女工的最长工作时间。

社会保险与以往的贫困救济有着根本不同。保险费与保险金的数额是由法律规定的。因为保险金的经费是从平日所交纳的保险费而来，当遇到风险事件而领取保险金并非有失尊严的事，因而比较有效地缓解了当时的劳资矛盾。工人情绪逐渐稳定，生活逐渐改善，社会渐趋安定。在此基础之上也形成了德国社会保险制度的雏形。

德国社会保险制度的初步确立，为其他国家起到了示范作用，一批欧洲国家以及少数美洲和大洋洲国家开始社会保障立法。19 世纪末立法的有 16 个国家，20 世纪初立法的有 8 个国家。除新西兰于 1898 年、澳大利亚于 1902 年、美国和加拿大均于 1908 年分别制定了工伤保险法以外，其余 20 个均为欧洲国家。它们是：德国（1883）、比利时、波兰（1884）、奥地利、捷克、斯洛伐克（1887）、丹麦、瑞典、匈牙利（1891）、挪威、芬兰（1895）、英国、爱尔兰（1897）、法国、意大利（1898）、西班牙（1900）、荷兰、卢森堡（1901）、俄罗斯（1903）、冰岛（1909）。以上 24 个国家中，有 18 个国家首先从工伤保险立法开始，有 5 个国家从疾病保险立法开始，1 个国家从养老保险立法开始（史探径，1999）。

二、第二次世界大战后西方“福利国家”社会政策体系的形成与发展

1. 欧洲“福利国家”体制形成的历史背景

“福利国家”一词首见于英国坎特伯雷大主教威廉·邓普（W. Temple）1941 年所著《公民与教徒》一书。邓氏依据 Welfare 和 Warfare 在字形和读音的相似之处，巧妙生动地提出，应该由 Welfare State（福利国家）来代替纳粹德国式的 Warfare State（战争国家）（史探径，1999）。福利国家是一种工业国家的国家形态，它不只是社会保险或公费医疗，也不只是家庭福利或社会救助计划，甚至也不能完全等同于社会保障或社会政策，而是它们的总和（顾俊礼，2002）。

20 世纪初期，英国人民面临着严重的失业问题，煤矿工人尤其悲惨，失业者及其家属急切地需要救助。但是，1834 年《新济贫法》所规定的设救济院进行收容的简单办法根本不能解决这一问题，私人慈善事业也力量薄弱，无法应付成千累万失业家庭的需要。在此情形之下，英国政府在德国之后也于 1911 年通过了“国民保险”（National Insurance）法案，试图用社会保险的方法来解决失业等社会问题。从某种意义上来说，20 世纪初期的这种变革为后来的《贝弗里奇报告》和福利国家铺平了道路。

虽然 20 世纪初期的变革为后来的发展做了铺垫，但从总体上来讲，1945 年以前的社会福利体制依然存在很多问题（Laybourn，1995）。第二次世界大战促使人们对英国社会服务进行重新思考和重新组织。在战争之前，人们对政府干预经济和社会政策的效率与道德合理性有着怀疑，但政府在战争期间成功地动员了全社会的力量而赢得了战争，这使人们在战争后期发生了观念上的转变，比以前更加信任政府，并期望在恢复和平以后政府可以而且也应当在社会福利事务方面做更多的事。此外，战争期间工人阶级显示出了强大的力量，他们不但有权利获得政府的咨询，而且有权利进入政府的决策过程。因而政府制定社会政策时也不得不考虑到工人这个强大集团的利益。

同时，20 世纪 30 年代凯恩斯主义经济学的兴起也对欧美福利国家体制的形成起到了积极的推动作用。凯恩斯主义破除了古典经济学的“不干预主义”的教条，从经济学的角度论证了国家干预经济的必要性和合理性，使人们认识到政府可以并且应当通过财政、货币政策和再分配政策来刺激需求和促进就业，从而为“福利国家”体制的建立提供了关键性的经济学理论支持。

2.《贝弗里奇报告》的诞生及其影响

在以上背景下，英国在第二次世界大战后期就采取了一系列的行动，探讨在战后应该如何改进其社会保障及福利体制。其中最重要的就是为战后重建社会福利而由贝弗里奇委员会于 1942 年 11 月提出的《关于社会保险和相关服务》的报告，即《贝弗里奇报告》（又称“贝弗里奇计划”）。

贝弗里奇的目的是要消除社会中的“五大病害”：匮乏、疾病、无知、肮脏和懒惰。他所提出的设想并不仅仅是扩充和改进已有的社会保险计划，而是要在战后建立一个新的、统一的、综合的和基本上涵盖全体人民的社会保险体制，以取代旧的国民保险计划。新的社会保险体制的主要特点有：以均等缴费和均等待遇水平为基础，充分满足最低限度的生计需求，由被保险者、雇主和政府三方共同负责其经费来源。当然，社会保险不可能把所有的国民都包括在内。因而对于社会保险范围以外的人，贝弗里奇提议建立一个国民救助系统予以救助，以补充社会保险系统的不足。贝弗里奇明确指出，社会保障体系是否能够成功将取决于另外三个基本条件：第一，由政府建立一个家庭津贴系统，对第一个儿童以下的每名儿童，每周予以津贴；第二，引入一个综合的健康和康复服务，为全体人民提供免费的卫生和康复服务；第三，由政府承担起维持充分就业的责任，借兴办公共工程，维持人民的全面就业。贝弗里奇相信，只要政府在这些领域中都建立起了必要的社会福利项目，社会保障制度就可以充分发挥其作用。

3. 欧洲“福利国家”体制的形成

“贝弗里奇计划”为战后英国福利国家的形成和发展奠定了基础。从 1944 年到 1948 年，英国政府以《贝弗里奇报告》为蓝本通过了一系列社会立法，初步建成了“福利国家”的基本体制。这些立法包括 1944 年的《就业政策白皮书》《教育法案》，1945 年的《家庭津贴法案》，1946 年的《国民保险法案》，1948 年的《国民救助法案》《国民健康服务法案》《城乡规划法案》《儿童法案》等。

《贝弗里奇报告》的发表和“福利国家”基本体制的创立，在英国社会福利发展史上具有重要的意义。战后英国“福利国家”用一个新的统一的和综合的以社会保险为主的社会保障制度取代了以往的济贫系统和 20 世纪初期的

“杂乱安排”，其不论地域、收入，每个人均可获得一样的服务的公民普遍权利原则；每个人均应获得基本保障，因而不会因失业、疾病、生育、残疾、老年而导致生活陷入最低生活标准之下的原则；中央政府全面介入社会福利事务，并依法负责为国民提供各种福利服务的原则对后来各国的社会政策产生了深远的影响（林万亿，1994）。继英国之后，北欧国家瑞典、丹麦、挪威以及其他西欧国家法国、联邦德国、奥地利、比利时、荷兰、瑞士、意大利等经济发达国家，从20世纪40年代后期起也纷纷按英国模式实施社会福利政策，建设自己的“福利国家”（史探径，1999）。

4. 美国社会政策体系的形成和发展

美国在20世纪前，差不多是依据英国早期的《济贫法》模式为本地的贫民提供服务的。20世纪30年代，美国遇到经济大衰退，失业人数不断上升，促使美国人改变了对贫困和社会福利的看法，开始明白贫困是一个社会问题，而不只是个人的问题。当时的美国总统罗斯福相信，社会保障（包括公共援助）不应当是一种慈善，而应当是一种公正。他断言，在一个文明社会中，每一个人都有权利达到最低水平的生活。他认定自由同保障是同义语，如果人们在经济上没有保障，最终将会绝望和造反。所以，美国联邦政府终于在罗斯福总统的引领下，承担起了满足国民基本需要的责任，于1935年颁布了一项影响深远的《社会保障法案》，开创了美国社会福利史新的一页，也为世界带来新的社会福利发展契机。

美国1935年的《社会保障法案》是一个划时代的法案，其原始内容基本上包括了两个社会保险计划和三个现金援助计划。社会保险计划包括老年及遗属保险和失业保险。参与老年及遗属保险的人要每月交纳保险费，然后在退休后分期领取退休金，直至死亡为止。老年及遗属保险计划具有明显的社会福利特点，其目的是要保障退休者和其遗属的最基本生活，使他们可以安享晚年。同时，这项社会保险计划还为工人的配偶和未成年子女提供基本的现金照顾，以使工人死亡后其遗属可以获得基本生活保障。失业保险要求工人的雇主代为交纳保险费，其目的是要为暂时或非自愿性失业的工人提供失业津贴，以维持其基本生活所需。同时，美国各州也均有自行设计的失业保险，其投保和领取的数额都不统一。三个现金援助计划是分别为盲人、孤儿和未列入老年及遗属保险范围内的老年人而设的津贴计划。这几项现金援助项目中受惠者无须交纳保险金。这些现金援助计划是由联邦政府、州政府和地方政府合力推行的。

美国《社会保障法案》标志着美国的社会福利体制从过去以私人福利为主的模式向强调更多的政府开支的公共政策模式转变；从地方社会福利模式为主向联邦政府承担更多责任的模式的转变。它标志着美国以一种新的、创造性的方式形成了政府在社会福利方面的责任意识，并确定了美国直到现在以来的社会福利体系的基本架构（Haynes & Holmes，1994；Federico，1983）。

《社会保障法案》通过之后到20世纪50年代初期，美国在社会福利方面没有大的进展。但从50年代中期开始，社会不平等和两极分化以及少数民族和弱势群体的问题加剧，给美国社会发展带来了很大的负面影响，引起了越来越多的人的关注。在这种情况下，人们认识到，贫困不能只归结为个人缺乏动机或个人选择的结果，而更多的是由于社会制度不合理，不能为全体公民提供平等的机会。要想改变穷人的状况，不仅要帮助贫困者个人，而且更需要改革不合理的社会制度。

在上述情景之下，美国社会比以往更加关注公平问题。1961年肯尼迪当选总统后，提出了“新边疆”（New Frontier）计划，为社会发展提供更多的机会。在其任职期间，先后通过了《社会保障修订案》《再发展法案》和《人力发展与训练法案》，创立了“食物券”以帮助穷人满足其食物需求。此后的约翰逊总统沿着其前任的方向提出了“伟大社会”（Great Society）的概念，认为伟大社会可以想象为一个完美的社会，在这个社会里，通过满足公民的需要而实现社会公平。在此概念之下，相应地通过了一些重要的社会福利法案，涉及对穷人的援助、对老年人的医疗保险、对公共学校的联邦援助、对穷人的健康照顾、对弱势青年的工作训练、对少数民族权利的保护、对妇女和幼儿的营养和健康计划、对移民工人的健康照顾，等等。

由此可见，50年代中期到60年代是美国社会福利的扩张时期。这一时期，在肯尼迪和约翰逊两任总统的推动下，联邦政府在社会政策的各个方面承担了更多的责任，大大增加了对社会福利计划的资助，并提出了大量的新计划（Haynes & Holmes，1994）。如果说1935年的《社会保障法案》集中于落实社会保障的经费，那么五六十年代的社会政策则主要集中在为人们提供平等的机会（Haynes & Holmes，1994）和更多地强调保护少数民族及妇女等弱势群体的权利，并满足他们的基本需要，从而使美国的社会政策有了进一步的发展。

三、20世纪70年代中期以来“福利国家”社会政策的改革

1. 西方“福利国家”危机

从福利国家诞生到20世纪70年代中期，西方的社会福利体系总的趋势是扩张（林万亿，1994）。战后历届政府均把福利国家作为所谓战后政治共识的主要政纲来维持和发展（Laybourn，1995）。但是，福利国家不断扩张的同时，其内在的问题也不断地暴露出来。从60年代起，学者们就从不同的角度对“福利国家”体制提出了批评。左派方面指责保守党政府使福利国家衰退了，

而右派学者则批评福利国家制度，认为福利国家体制想通过向所有人提供普遍性的福利服务去消除贫困只是幻想，应该通过更多地运用选择性福利模式，将福利帮助更多地对准穷人（Fraser，1984）。同左派不同，右派学者以哈耶克和弗里德曼的思想为准则，认为福利国家至少有几个方面是值得质疑的。第一，福利国家否定了人们对服务的选择；第二，福利国家的再分配制度使在经济中创造财富的人受到了损害；第三，福利国家导致了高税收和政府借贷；第四，福利破坏了工作伦理和文化；第五，国民保险的原则是一个骗局（Laybourn，1995）。

此外，西方福利国家体制还受到新马克思主义和女性主义者的批评。新马克思主义认为福利国家体制没有从根本上解决资本主义国家中的阶级剥削的问题，因此不可能从根本上消除无产阶级贫困化的问题。女性主义的批评主要集中于“福利国家”的社会政策体系对妇女的负面影响。他们认为，“福利国家”体制并没有保证妇女与男子同等的权利和地位，相反，它的所作所为使针对妇女的传统歧视性价值和态度合法化了（Laybourn，1995）。

但是，对福利国家影响最大的是来自经济方面的冲击。早在西方福利国家鼎盛的时期，其社会政策中就已经潜藏着财政方面的问题和对经济的负面影响问题，这些问题到了20世纪70年代石油危机后集中地爆发了出来。1973年的石油危机冲击了整个世界经济，导致在70年代出现了严重的通货膨胀，引发了大量的失业人口，并导致西欧各国社会政策体系出现了严重的财政困难。同时，70年代出现的“滞胀”也给凯恩斯主义经济学提出了严重的挑战，并使新自由主义的经济学理论逐渐占据上风。在这种情况下，各个党派都不得不重新审视“福利国家”的社会政策体制。尽管各派在社会政策的基本理念上仍持各自的立场，但大家都意识到应该对原有的社会政策体制进行改革，以适应新的经济形势（Fraser，1984）。

2. 西方“福利国家”危机产生的重要原因——经济全球化

关于西方“福利国家”危机的原因一直存在着很大的争论，但进入20世纪90年代以后，西方学者们逐步认识到，自60—70年代以来越来越明显的经济全球化是导致西方福利国家危机的重要原因。在战后最初的二三十年里，西方国家在世界经济体系中享有优越的地位，并且西方国家政府对国内经济、政治和社会都有很强的掌控，因此其经济和社会政策都很少受到来自其他国家的竞争和挑战。在这种情况下，西方国家内部事实上形成了劳工和资方之间以及社会各利益群体之间“强制性的合作”。尽管各方的利益并不一致，甚至在某种程度上还可能是严重对立的，但由于各方都离不开对方，因此只能通过谈判妥协来达成一致。在这种条件下，企业中的劳资双方必须通过谈判和妥协来维持劳资关系，社会中的各利益群体也只能通过谈判妥协来维持“社会伙伴关系”，而政府则依托劳资关系、社会伙伴关系和大众民主来推行“福利国家”的社会政策。在战后特定的条件下，西方福利国家的这种政治—经济模式可以维持其“福利国家”的运行和发展，但在这种模式中，劳工和选民对社会政策的发展具有很大的发言权和影响力，其结果是在各派经济与政治协商互动中不断提高社会福利水平，导致政府财政负担越来越重，又进而导致整个经济发展的成本越来越高。这一过程越往前走，其经济—社会—政治结构和过程中的压力也就越来越大，最终会爆发严重的问题。

60 年代以后经济全球化的发展打破了过去的平衡，使西方“福利国家”内部不断聚集的压力终于转化成了现实的危机。经济全球化对西方福利国家最大的冲击，在于它打破了过去西方国家内部“强制性合作”的格局，从而削弱甚至摧毁了全社会的“福利国家共识”。在全球化的世界经济体系中，资本不再局限在本国，而是可以在全世界寻找更加有利可图的投资场所。因此，在面对劳资利益冲突的时候，资方不再像过去那样通过谈判妥协来解决问题，而是更多了一个资本转移的选择。在全球化条件下，不仅劳工无法控制资本的转移，而且政府也难以控制资本的跨国流动，尤其是难以控制跨国公司大规模的资本流动。资本全球流动的自由化使西方国家许多产业面临来自全球的竞争，进而扭转了过去的劳工—资本之间的权力地位关系，导致了全球性的“强资本、弱劳工”的格局，同时也导致政府越来越难以维持过去的“福利国家”社会政策体系。在 20 世纪 70 年代全球性“石油危机”的冲击下，福利国家危机终于到来，对社会政策的改革势在必行。

3. 西方国家社会政策的调整与福利改革——以英国为例

在西方各国中，英国的社会政策发展道路最具有典型性。它是战后最早实施“福利国家”社会政策体制的国家，也是受 20 世纪 70 年代经济危机影响最大的国家之一，同时还是在 70 年代末以来最早开始社会政策改革的国家。从 60 年代起，英国的福利国家体制就出现了问题。在其实行高福利制度的同时，经济发展滞缓、通货膨胀严重，形成了战后的“英国病”。在石油危机的冲击下，情况越发严重，福利国家遭遇严重的危机，不得不对其加以改革。自 70 年代中期以来，无论工党政府还是保守党政府均已采取紧缩政策，但同以往贝弗里奇原则决裂的最彻底的要算 1979 年上台的撒切尔夫人的三届保守党政府。

在第一个任期，撒切尔夫人把失业作为一个政策工具，并进而放弃了贝弗里奇的充分就业原则。此外，撒切尔夫人把抑制公共支出作为政府的另一个政策目标。她领导的保守党政府废除了一些社会保障的项目，削弱了人们依法获得其他福利补贴的权利基础，并降低了选择性福利补贴的实际价值。在撒切尔夫人看来，控制公共支出不仅在财政上是必要的，而且也是符合社会发展目标的。在财政上它可以遏止和扭转政府福利经费的上升趋势，从社会发展的目标看，它可以使人们更加注重个人的责任，降低对国家的依赖，从而使整个社会更加充满活力。虽然撒切尔夫人的改革只获得了部分成功，但它开创了一个新的、更加强调个人责任和反对依赖国家的保守主义的社会政策体系。

在撒切尔夫人的第二个任期中，由于大量的失业人口、老年人口和“贫困陷阱”使得社会保障的费用不断上升，因而社会保障体系成为她改革的主要目标。其采取的改革办法由两部分构成：从程序来看，它改变了社会保障待遇的计算基础，将社会保障待遇只与价格同步增长，而不再与一般生活水平同步增长。这种改革的结果，不仅增大了失业者和在业者之间收入的相对差距，而且使失业保障津贴变成为需要纳税的。从结构来看，自 1984 年起，政府对社会保障系统进行了一次为期两年的检讨，明确提出需要引入税收措施来鼓励私人保险计划，并用收入支持取代了补充保险，用家庭信贷取代了家庭收入支持，用社会基金取代了酌情支付。

撒切尔夫人的第三个任期主要在四个方面进行了改革的尝试。首先，政府引入了人头税来代替地方税，要求所有的人向地方当局交纳均等的税款。其次，1988 年制定的住房法案允许私人机构管理地方公共住房。再次，同年的教育改革法强化了父母对子女教育应承担的责任，并将地方教育当局的学校转化为直接由中央政府资助的学校。最后，80 年代后期，英国政府开始对其国民健康服务进行改革，建议在国民健康服务中引入一个内部市场或准市场。政府不再向医院提供全额经费，并且不再直接管理医院的内部事务，而是成为医疗服务的购买者，而医院之间则将为了获得更多的经费而展开竞争。

撒切尔夫人的经济与社会政策是当代西方新自由主义经济与社会政策在实践中最重要的代表。撒切尔夫人对英国社会政策的改革，在很大程度上改变了战后英国“福利国家”社会政策的进程，帮助英国逐步走出了 70 年代以来的经济与社会困境。撒切尔夫人的经济与社会政策不仅在其长达十一年半的执政期间发挥着作用，而且在其离任后也仍然在很长的时期里保持着影响。但撒切尔夫人的社会政策改革并没有完全有效地解决英国的社会问题，她在解决旧的矛盾和问题的同时，又造成了新的矛盾和问题，甚至是造成了新的经济衰退和社会危机。因此，不仅英国人，而且全世界的学者、政治家和媒体对撒切尔夫人社会政策改革都有着不同的评价，有些还是严重对立的评价，并且各种矛盾对立的评价一直延续到 2013 年这位著名政治家的去世。

撒切尔夫人之后，两届梅杰政府的社会政策均是撒切尔夫人政府政策的延续和发展（Sullivan，1996）。1997 年工党重新执政后，奉行“第三条道路”的社会政策，主张权利与责任平衡、用积极的或投资型的国家代替福利国家。在实践层面，英国自 1997 年开始实施“新政”计划，力图使人们从依靠福利转向依靠工作，分别为青年人、长期失业者、单身父母、残疾人或长期患病者以及失业的失业者配偶等五种失业者分别制订了不同的行动计划，并且采取了一系列的政策和措施，其中主要包括：由专业人员为失业者提供灵活、专业化和个人化的咨询服务，根据个人的具体情况提供实用的求职和工作帮助，保证他们在就业的头 12 周内照领救济金等；通过工作家庭税收减免（包括儿童看护税收减免）、修改社会保险缴费规定、改革所得税制，以及规定最低工资等手段来提高工作的价值，增加工作对福利领取者的吸引力；政府承诺承担起改善公民就业机会的责任，同时要求有能力的个人也相应承担起自己的责任。政府要求 25 岁以下青年失业者必须从事一种与劳动力市场积极接触的活动，不能再坐等救济金；第一次无正当理由拒绝安置会导致扣罚两周救济金的处罚，第二次拒绝则会被扣罚四周的救济金（黄婧，2006）。

4. 近年来国际金融危机和欧洲债务危机下西方社会政策面临的新问题

通过 20 世纪 80 年代初到 20 世纪末 20 年的改革，西方各国的社会政策经历了从高福利模式到后来的新自由主义改革，再到后来的“第三条道路”的改革道路，基本上完成了一个“正—反—合”的过程。到 20 世纪末，西方发达国家的社会政策体系基本上走出了 70 年代福利国家危机时的困境，并且在 20 世纪的最后几年和 21 世纪的最初几年里在经济领域获得了较为稳步的发展，并且在经济发展的基础上维持了较高水平的社会政策。以欧盟国家为例，根据欧洲统计局（Eurostat）的统计数据，2008 年国际金融危机爆发前的十年里，欧盟 27 国的 GDP 增长率除了有少数年份偏低之外，在大多数年份都在 2% 以上，最高的 2000 年达到 3.9%。同期政府总支出占 GDP 的比例基本上保持在 46% 左右，而政府总支出中的“社会支出”（即政府在教育、医疗卫生、住房、社会保障和就业等社会政策方面的支出）总额占 GDP 的比例也基本上维持在 1/3 左右。（Eurostat，相应年份的数据）这说明了几点：一是通过 20 世纪 80—90 年代的改革，尤其是通过科技革命、产业转型和教育的发展，欧盟国家的经济维持了较为稳定的增长，这为其社会政策提供了较好的经济基础；二是在经济稳步发展的情况下，欧盟各国政府的财政开支相对稳定；三是在经过了福利改革以后，欧盟国家的社会政策仍然维持了全世界最高的福利水平。

任何国家的社会政策都要以其国家和地区的经济发展为基础。当经济发展较为平稳顺利的时候，维持较高水平的社会政策是可行的，但当经济发生波动的时候，社会政策也将受到波及。2008年由美国次贷危机而引发的国际金融危机，以及后来在部分欧盟国家发生的债务危机对部分西方国家的社会政策又带来新的挑战。2008年的国际金融危机以及随后出现的经济不景气严重影响了西方国家的经济发展和政府的财政收入。当面临经济不景气时，企业可以通过裁员、降低工资或倒闭来应对财务方面的压力，将这种负担推给社会，但政府所承担的福利责任却难以推脱或降低支出水平，甚至还会由于失业者的增多而需要更多的财政支出。在财政收入不足的情况下，政府只能通过更多的借债应对不断扩大的社会需要，而越来越多的借债自然会给政府带来越来越大的债务压力。一些国家（如美国）通过"量化宽松"等货币政策去缓和债务压力，但在欧洲，由于欧元区国家的政府没有发行货币的权利，也就无法通过货币政策去平衡政府的财政收支和缓解债务负担，因此就导致了政府债务负担越来越大和债务成本越来越高的恶性循环，最终导致了政府难以还债的"债务危机"。

欧洲债务危机给部分欧洲国家的经济、政治和社会等各个方面都带来了严重的负面影响，并且与社会政策也有一定的关联。一些人甚至将欧洲债务危机的原因归结为欧洲高福利的社会政策，甚至有些人还就此提出要警惕"福利陷阱"，似乎是福利拖累了经济。但这种观点并没有可靠的事实根据，也没有得到广泛的认可。在欧洲发生债务危机的国家并不是政府社会支出水平最高的国家，而是经济发展相对活力不足、受国际金融危机影响较大的国家。因此，与其说是福利拖累了经济，还不如说是经济乏力阻碍了福利的发展。

无论如何，国际金融危机和欧洲债务危机都对西方国家的社会政策产生了深远的影响，并且给西方国家的社会政策带来了新的挑战。当前西方国家正在反思，在经济全球化的新形势下，以及在人口老龄化日益加深的情况下，如何实现经济与社会的协调发展，如何使社会政策既更好地发挥社会保护的功能，又在激发经济与社会活力方面发挥更大的作用。

第二节　发展中国家和地区社会政策实践的历史演变

一、拉丁美洲国家的社会政策

拉丁美洲国家社会政策的出台晚于欧洲国家，但要早于亚洲国家和地区。19世纪末20世纪初，拉美一些经济发展较快的国家已形成一定规模的社会化大生产，资本主义生产关系正在形成，工人阶级队伍日益壮大，工会组织成为重要的社会政治力量，劳资冲突十分尖锐。为了促进经济发展、缓解社会紧张、缓和劳资矛盾和安定劳动者人心，各国政府纷纷效仿欧洲国家，自20世纪初开始先后制定了一系列的社会保障政策。

1. 拉丁美洲国家社会政策发展的一般情况

拉美社会保障政策的发展可以分为三个阶段（刘沅，1995）：

第一个阶段从20世纪初至40年代，为社会保障制度出台时期。在此期间，阿根廷、智利、乌拉圭和巴西先后推出社会保险法案，建立起社会保险制度。阿根廷从1904年开始，先后为国家公务员、铁路工人以及公用事业部门、金融界、新闻出版界、商业和工业企业的职工，设立了养老基金。智利在1916年颁布了《工伤事故法》和《幼儿园法》，1918年设立了铁路工人养老金，并于1924年形成了较为完整的《社会和劳工法》。乌拉圭1914年通过《工伤法》，1919年颁布第一部《老年、工伤残疾及死亡保险法》。巴西从1923年开始先后为铁路工人、商业职工、工业部门工人设立退休和遗属基金，到1939年形成了庞大而复杂的社会保险体系。

第二个阶段从20世纪40年代至70年代，为社会保障制度形成时期。该阶段由两个时间段构成。第一个时间段从40年代到60年代，是社会保险制度普遍实行时期。在这个时期，墨西哥、玻利维亚、哥伦比亚、厄瓜多尔、巴拉圭、秘鲁、委内瑞拉以及中美洲国家和加勒比海国家相继建立起社会保险制度，并形成两大目标：为疾病、老年、残疾、死亡、工伤和妊娠提供津贴；为包括自由职业者在内的人口提供基本的和现代的免费医疗保健服务。第二个时间段从60年代至70年代，是社会保险制度向社会保障制度发展的时期。其特点表现为：其一，社会保险的覆盖面和覆盖内容迅速扩大，许多国家都贯彻了社会保障法，有的国家还把农村人口包括在内；同时，提供了许多传统上并不由社会保险提供的相当广泛的社会服务。其二，在社会保险制度建立早、发展较为成熟的国家，社会保障制度扩展与资金紧缺的矛盾已相当突出。其三，这一时期建立的社会保障制度大都吸收了早期国家的经验，一开始就以建立统一的社会保障制度为目标。

第三个阶段是自20世纪70年代以来，为调整和改革时期。60年代末70年代初，拉美一些国家开始调整社会保险政策，解决社会保障制度存在的问题。一方面从改革组织机构入手，调整和改组管理机构，以解决社会保障机构混乱和不平等的问题；另一方面小改小动，通过提高工资税等手段解决收支不平衡问题。尽管80年代以前已有这些调整和改革，但对拉美各国社会保障制度影响深远的改革要属智利于80年代初率先对传统社会保障制度进行的改革。

2. 拉丁美洲国家社会政策的改革——以智利为例

自20世纪80年代开始，智利在拉美国家中独树一帜，率先对传统的社会保障制度进行改革，在社会保障运作中引入私营部门的参与和管理。而这种改革的特征突出地反映在智利养老保险制度的变革上（和春雷，2001）。改革之前，智利养老保险制度采取的是现收现付模式，在人口老龄化与国内通货膨胀率居高不下的双重影响下，不仅对政府财政构成巨大压力，而且难以维持退休者的正常生活。为了扭转这种局面，智利在1980年推出《养老保险法》，试图将养老保险由现收现付制改为完全积累制，并主要交由民营机构经营运作。具体来讲，改革后的新模式是以个人资本为基础，实行完全的个人账户制，并由私人养老基金管理公司负责经营管理，保险费完全由个人缴纳，雇主不需要承担供款义务。从其运行来看，最大的特点就是劳动者的养老问题个人负责制，同时将政府的管理责任转移给私人管理公司，利用资本市场进行有偿运营，投保者既能够分享较高的收益回报，也可能因投资失败而遭受损失。这样，政府的直接责任被缩小到最小限度，而个人的责任却被扩大到极大程度，从而成为社会保障私有化的一种典型的表现形态（郑功成，2001）。

智利对养老保险制度的改革取得了一定成效，并对其他拉美国家社会保障制度的改革起到了示范作用。然而2008年金融危机使得全球养老金严重缩水，智利政府以此为契机进行了新一轮的养老保障制度改革。巴切莱特总统于2008年3月11日正式签署了改革法令，从而揭开了智利第二轮养老保障制度改革。此次改革基本维持了原来的制度框架，改革的亮点主要在于以下方面（袁中美，2012）。

一是增加制度覆盖率的措施：首先，建立了新的团结养老金制度以替代原来的社会救助养老金计划和最低保障养老金计划。对65岁以上无任何养老金来源的人提供全民性的基金养老金，而对有较少养老储蓄的人提供团结储蓄补充年金（它随着养老储蓄的增加而减少）；其次，为鼓励中低收入人群积极参与自愿储蓄计划，政府不仅向为职工提供配套缴费计划的企业提供税收优惠，还为职工提供15%的奖励以提高养老金待遇；再次，为18—35岁且工资低于1.5倍最低工资的工人在工作的前24个月提供补充缴费，其额度相当于按最低工资进行养老金缴费的50%。二是增强养老金制度内部性别平等的措施：鉴于女性的缴费期短、工资水平低、存活期长，而制度在待遇给付阶段没有任何的性别再分配，导致了男性和女性在待遇水平上存在显著差异。此次减少性别不平等的措施主要有：为妇女生育或收养一个孩子提供额外津贴，其相当于按最低工资水平计算的18个月的养老金缴费；在离婚时，可以要求转移个人账户养老金而获得经济补偿，其最高转让额度不超过自结婚以来共同积累的养老基金的50%；男性和女性分别签订残疾保险和生存保险以防止由女性向男性的反向补贴等。三是增强养老基金管理行业竞争的措施：引入竞争性招标程序，新的养老制度参保人将自动进入在招标中提供最低佣金的基金管理公司，该公司可以在两年内不断获得新会员；简化费用结构，要求养老基金监管局按应税收入的固定比例征收一个唯一的佣金；允许养老基金监管局在运营与管理规模较大时可以将诸如后勤工作、公共操作等大规模活动外包出去，专注于提高投资管理效率和服务质量；允许保险公司设立养老基金管理子公司等。四是增强投资体制弹性的措施：要求养老基金监管局组建由独立专家组成的投资技术委员会以负责制定明确的投资政策、进行投资决策、解决利益冲突；以养老基金投资组合的风险测量和控制取代基于资产类别的投资数量限制；取消海外投资的限制，其投资的最高比例可达养老基金资产总值的80%。

二、亚洲国家社会政策的基本状况

1. 日本社会政策发展简况

在亚洲，日本是最早走上资本主义道路的国家，亦是最早建立社会保障制度的国家。明治维新后，出于政治上的需要，日本于1875年至1884年期间相继颁布了《海军退隐令》《陆军恩给令》《官吏恩给令》，以恩赐的方式确立了军人和官吏的退休保障，在公务人员中率先建立起养老保险。从1875年至1944年，日本的社会保障事业稳步发展，建立了以受雇者为中心的养老、医疗保险（郑秉文等，2002）。第二次世界大战结束后，随着社会经济的发展，日本又不断建立、完善了不同种类、多种形式、覆盖面广泛的现代社会保障制度。

大体上来讲，日本战后现代社会保障制度的发展可以分为三个阶段：第一个阶段是从1945年至1957年的初创期。此间，在美国占领军当局的影响下，形成了战后日本社会福利的基本框架。从1948年至1953年，日本相继颁布了关于生活保障、儿童福利、残疾人福利、失业保险、工伤保险、职业安定等方面的保障法规，为现代社会保障制度的发展奠定了基础。第二个阶段是从20世纪50年代至1973年的扩充期。随着国民经济恢复到战前的水平并开始走上迅速增长的轨道，日本于1957年至1961年开始推进并最终实现了"国民皆年金"（全民养老保险）和"国民皆保险"（全民健康保险）计划。并在70年代先后颁布了《身心障碍者对策基本法》《儿童津贴法》《老人福利法修正案》《妇女劳动福利法》《公害损害健康补偿法》等，扩充了社会保障制度。第三个阶段是从1974年至20世纪80年代中后期的政策转换期。以石油危机为转折点，日本开始对上一时期出现的社会保障制度向西方福利国家发展的势头进行调整，强调个人、家庭、企业及团体的作用，以减轻国家的负担。在养老金、医疗保险、福利设施和福利服务等方面进行改革，进一步明确了国家与民间团体、个人在社会保障方面的分工，强调国家的社会保障基本上限于民间机构难以提供的范围，进一步将社会保障的责任和实施委托给都道府县和市町村等地方政府，减轻国家的财政负担，提供了个人和企业交纳保险金和税金的额度（郑秉文等，2002；顾俊礼，2002）。

进入21世纪以来，日本的社会政策有了一些新变化。在年金方面，2004年对年金制度进行了改革。以“缴费确定制”取代了以往的“给付确定制”，即先通过法律固定保费的上限，然后在保费收入范围内决定支付水平。而且，支付水平不仅是跟物价和工资连动，而是采用了包括老龄化因素在内的“宏观经济连动方式”。在医疗制度方面，2002年因为医疗保险的财政恶化，进行了所谓“三方一两损”的医疗制度改革，即患者（被雇人员本人）的自我负担比率由20%提高到30%，降低医疗机构的诊疗报酬（医疗费支付标准），同时提高保费。2003年3月，政府确定了“关于医疗保险制度体系和诊疗报酬体系的基本方针”，包括：（1）创建新的老年人医疗制度；（2）保险者（承保机构）的重编和统合；（3）关于改革诊疗报酬体系的“基本思路”与“基本方向”。接着在2005年10月，厚生劳动省发表了“医疗制度的结构改革试案”，就“新设老年人医疗制度”“保险者的重编和统合”等问题提出了建议。在介护保险方面，2005年，为了抑制保险支出和保费的上升趋势，日本进行了介护保险的制度改革。在住房政策方面，2005年6月，小泉内阁制定了与住宅相关的三部法律，对以往由公营住宅、住宅公团、住宅金融公库为3个支柱的20世纪50年代以后的住宅政策进行了根本性的改革。根据这些措施，公团不再出售住房和建设新小区，已有的公团住宅由住宅再生机构管理。公营住宅制度，在地方分权的大趋势下，改为对地方政府管理的“社区住宅”提供交付金制度。公库则在2007年4月被解散，改为住宅金融支援机构，其主要作用是支援民间金融机构的住宅贷款的稳定供给。接着，为了应对新住宅政策，小泉内阁在2006年废除了住宅建设计划法，制定了“住宅生活基本法”。以前，自1966年以后每五年政府就制定“住宅建设计划”，此计划包括公团住宅、公营住宅等政府介入的住宅建设户数和民间部门的建设户数（总共有8期建设计划）。但是随着公库、公团、公营住宅的废止和缩小，制定住宅建设计划不再有意义。住宅生活基本法就是取代住宅建设计划成为住宅政策的指标（武川正吾，2007）。

2. 韩国社会政策发展简况

20世纪60年代以前，韩国没有社会保障制度。60年代之后，政府把建设福利国家定为国政目标，制定了十多个有关社会保障方面的法律。其社会政策的发展大致经历了以下五个阶段：

第一个阶段是60年代，以发展社会福利为重点。朴正熙在1961年5月政变上台后，把发展经济和建设福利国家定为国政目标，在宪法里明确提出国民的生存权和福利国家义务，并制定了一批有关社会福利的法律。但由于国家财政有限和奉行“先增长，后分配”的成长策略，这方面的政策仅停留在救济和抚恤上。尽管制定了十多个法律，但它们是巩固政权的政治需要，付诸实施的很少，实行的只有公务员年金、军人年金等特殊部门的社会保险和产业灾害补偿保险。

第二个阶段是70年代，以发展社会救济为重点。进入70年代以后，韩国经济有了较大发展，政府拟实行扶贫为主的社会福利政策，分别在1970年制定了《社会福利事业法》、1973年制定了《国民福利年金法》，并于1976年修改了1963年制定的《医疗保险法》。

第三个阶段是80年代，以发展社会保险为重点。60年代“先增长，后分配”成长策略造成的后果，是产生了收入分配扭曲、两极分化等许多副作用，因而政府开始着手改变单纯追求经济增长的战略，重视社会开发。于是，在1980年制定的《第五共和国宪法》中增加了追求幸福权、适当工资请求权、社会福利权、环境权等内容，而且在经济条款中规定了保护社会上的弱者。1982年开始的第五个五年计划也改名为“经济社会发展计划”，并就社会保障问题制定了有关法律。1986年后，韩国落实了全民医疗保险、国民年金、最低工资制等三项措施。1993年金泳三政府上台后，社会保障方面的重点放在现有制度的落实上，新出台的是雇佣保险，它超出了失业保险范围，包括预防失业、促进就业、改善雇佣结构以及劳动者的能力开发等。

第四个阶段是90年代后期以来，以生产性福利为重点。1997年后期的经济危机造成了大量的破产和失业，由此出现了收入中断、家庭解体、流浪人员的增加及自杀率的上升等连锁社会问题。金大中政府提出应该为有劳动能力的人提供工作岗位，其他人则应该由国家保障其最基本的生存权利。这一时期的社会政策是以应对经济危机的生产性福利理念为基础的，基于这一理念对社会保险和社会救助进行了再设计。这一时期整顿的社会保险将所有国民都纳入了对象范围之内，但临时工等非正规就业劳动者还是被排除在社会保险制度之外。此外，《国民最低生活保障制度》得以颁布。

第五个阶段是21世纪以来，以参与性福利和能动性福利为重点。卢武铉政府在执政初期就将“参与”和“脱离威权主义”设立为政治方向。参与性福利在变化的社会中反映出新的福利需求和市民社会的成熟。这一时期的社会政策度是以参与性福利理论为背景，继承和发展金大中政府的生产性福利。李明博政府上台以后，奉行新自由主义政策，这反而加剧了社会两极分化。由于李明博政府针对支持他的富裕阶层实施了大规模减税，这就弱化了对社会福利的投资力，主张实施“能动型福利”政策。“能动型福利”是在市场功能上引进福利概念的，它意味着为受益者提供不必等候的上门服务（李相文，1998；张宝仁、张慧智，2000；郑秉文等，2002；韩克庆、金炳彻、汪东方，2011）。

3. 新加坡社会政策发展简况

新加坡的社会保障制度由社会福利和社会保险两部分构成。社会福利包括住房补贴、生活救济、教育补助、医疗补贴、就业服务、儿童补贴、交通补贴和武装部队补助等项目（和春雷，2001）；社会保险则以中央公积金制度而闻名。其中央公积金制度从倡议至今，大体经历了四个发展阶段：

第一阶段从1950年到1955年7月为初创时期。为了改变处于英国殖民统治之下，人民生活条件恶劣，失去工作能力的人缺乏必要的社会保障的状况，1951年5月17日，由两名立法议员倡议的公积金法案正式提交议会讨论。1953年10月，殖民地政府的特选委员会向议会提呈有关的总结报告，对公积金的性质、用途、缴纳率以及管理等问题提出了具体意见。1953年12月11日，公积金法令终于获得通过。1955年7月，政府成立了专门负责管理公积金的中央公积金局。至此，作为一项强制实行的制度——中央公积金制度正式建立并开始实施。

第二阶段从1955年到1965年为磨合时期。重点工作是理顺各方面的关系，如明确已在养老金制度下受雇的公务员不受公积金制度的影响、本身已有雇员福利基金的公司可以要求豁免等。此外，通过多种形式，统一各界人士对公积金制度的认识，从心理上增强公民对新制度的适应性。

第三阶段从1965年8月到1994年7月为调整发展时期。1965年8月9日新加坡独立以后，顺应社会各界舆论要求，在公积金的范围和用途上进行了积极的探索。1968年9月1日，动用公积金存款购买政府建造的公共住房的“公共住屋计划”开始实施，标志着新加坡中央公积金的使用范围开始放宽。此后，新加坡政府根据社会发展的实际需要，陆续推出了退休、保健、住屋、家庭保障、增进资产等5大类16项计划，使一项简单的养老储蓄制度发展成为一个具有综合功能的社会保障体系。

第四阶段从1994年底至今为改进完善时期。重点对未来30年内国民年龄构成、生活水平状况、公积金积累以及与社会保障体系的适应程度等诸多方面情况的变化走向进行超前预测，分步采取改进完善措施。在加强社会保障的账户积累上。保健账户的年度提取额从1998年的3 348万新元增加到2009年的6 008万新元；在住房方面，年度提取额相对比较稳定，一些年份受到经济发展的影响，提取额度有所下降；家庭保护计划的提取额从1998年的58.99万亿新元增加到2007年的82.5万亿新元。在调整最低存款额度方面，1995年修改了最低存款额度，调整为4万新元，其中现金最少为4 000新元，其余可以为财产抵押。之后最低存款额度不断提高，每年提高5 000新元，2003年达到8万新元，其中现金最少为4万新元。从2004年开始，最低存款根据每年的通货膨胀情况进行调整，2013年将达到12万新元。在加强公积金储蓄的投资方面，从2009年5月起，特别账户的投资门槛从2万新元增加到3万新元，继而进一步增加到2010年7月1日以后的4万新元。保证留足普通账户的2万新元和特别账户的3万新元，成员可以将剩余的储蓄投资于固定存款、政府债券、法定机构债券、购买年金、购买保险和信托基金等等（王韬，1997；季明明，2000；龙玉其、刘巧红，2013）。

三、中国台湾和香港地区的社会政策

1. 台湾地区的社会政策简况

中国台湾地区的社会保障制度发端于第二次世界大战后的50年代，其发展过程大体上经历了三个阶段。

第一个阶段是20世纪五六十年代的初创时期。此间，台湾地区的经济发展尚处于恢复与奠基阶段，台湾当局无心建立全面的社会保险体系，只是出于维护国民党的统治和稳定社会的考虑，为劳工阶层和军公教人员制定和实施了一些社会保险制度。在劳工保险方面，先后颁布了“台湾省劳工保险办法”（1950）、“台湾省职业工人保险办法”（1951）、“台湾省渔民保险办法”（1953）、“劳工保险条例”（1958）等；在军公教人员保险方面，相继公布了“军人保险办法草案”（1950）、“公务人员保险法”（1958）、“退休人员保险办法”（1964）等。

第二个阶段是80年代的逐渐完善时期。进入80年代以后，台湾地区的经济渡过了“起飞”阶段，逐步走向经济成熟阶段，社会各类矛盾日益突出，各种社会力量通过各种渠道表达自己的政治经济诉求，对岛内的社会稳定提出了新的挑战。为了应付这种局面，台湾当局通过修“法”逐步完善既有的各种社会保障制度，同时建立起新的社会保险制度。在完善方面，台湾当局先后公布了“私立学校教职员保险条例”（1980）、“公务人员眷属疾病保险条例”（1982）、“退休公务人员配偶疾病保险办法”（1985）、“私立学校教职员眷属疾病保险办法”（1989）等；在创新方面，则相继公布了“农民健康保险条例”（1989）、“台湾省各级地方民意代表村里乡长健康保险暂行要点”（1989）、“低收入户健康保险暂行办法”（1990）等。

第三个阶段是90年代以来的重大改革时期。自90年代以来，台湾当局加

大了社会保障制度的改革力度，建立了新的社会保障制度。一是建立了“全民健康保健制度”，使社会保障制度趋于完善；二是完善失业救济制度，并于1999年建立起失业保险制度；三是研究“国民年金”制度，并已完成规划；四是完善养老保险制度。

时至今日，台湾地区基本形成了劳工权益保障、医疗健康保险和职业性保障三大社会保障体系，按受保人群分类，又可分为公、军、劳、农四大体系。从保障品种的成长、特定对象受保水平和完备程度来看，军公教人员所享受的保障待遇显然优先于劳工、农民和其他职业者。相比于劳工、农民保障体系的不健全，军公教人员除长年享受个人收入所得税减免待遇外，还受惠于以普遍保险为核心的基本保障体系，本人及其眷属享有生、老、病、死等全方位的保障，其中的政治色彩十分昭显（于宗先，1999；郑秉文等，2002）。

2. 香港地区的社会政策简况

香港的社会福利事务历史上一直由民间团体或宗教慈善机构办理，直到20世纪60年代中期港英当局才开始进行干预（周永新，1993），其发展历程亦可以划分为如下三个阶段。

第一个阶段是从60年代中期至70年代中期的形成期。第二次世界大战结束后，香港经济有了迅速发展，到60年代经济水平已经接近西方国家，而且随着经济的发展，产业工人队伍不断壮大、劳资关系趋于紧张。此外，由于市民特别是青年人对现状的不满，亦酿成了1966年和1967年的两次街头动乱。为了回应这些挑战，港英当局开始着手进行一系列干预。首先是对福利服务提出了系统的政策，而后是建立了劳工保障制度，到1971年建立公共援助计划，1974年提出医疗和卫生服务计划，在短短的10年间形成了香港社会保障的基本框架。

第二个阶段是从70年代中期到1997年的成长期。这个时期港英当局在原有的制度框架上不断提出新的内容，福利的力度不断加大。在住房方面，政府推出了一些新的计划，使福利住房的供给大大增强；在福利服务方面，政府又提出新的工作目标，并强调儿童服务工作；在劳动保障方面，开始加强对工伤的干预。

第三个阶段是1997年香港回归祖国以后的改革期。其主导思想不是增加社会福利，而是采取新自由主义的原则，力求减少政府的责任，加大个人的自我保障。其中最重要的举措是在养老保障方面确定了强制性养老公积金计划，并从1999年开始实施。另一项重要举措是探索医疗保障改革，建立医疗保险制度，通过个人投保来支付医疗成本，以改变原来由政府向医院拨款的做法（郑秉文等，2002）。

第三节　中国大陆社会政策发展概况

1949年新中国成立后，为了解决社会问题，满足人民需要，促进社会发展，政府先后制定了一系列的社会政策。从新中国成立至今，社会政策在我国经历了曲折的发展道路。本节将从改革开放以前和改革开放以来两个时期简要地阐述我国社会政策的发展历程。

一、我国改革开放以前的社会政策

1. 计划经济时代社会政策体系的建立

从1949年至1957年，是我国社会政策初创阶段。新中国成立后，国家面临着整顿治安、恢复生产的任务，政府除采取一些措施处理旧社会遗留下来的问题外，亦开始着手建立社会保障制度。1950年6月，政务院颁布了《救济失业工人暂行办法》；1951年2月，政务院颁布实施了全国统一的《中华人民共和国劳动保险条例》，这是我国第一部比较完整的社会保障法规。上述两个文件对职工的医疗、生育、养老、病假、伤残、死亡、失业等待遇做了最低标准的规定。此外，在50年代，政府还在社会救助、医疗卫生等方面陆续颁布了系列的政策法规。到1957年，我国的社会政策的制度框架已基本形成（卫兴华，1994）。

2. 计划经济时代我国社会政策的内容和特点

尽管过去较长时期我国一直没有采用“社会政策”的概念，但从计划经济时代起，在我国社会主义公有制和计划经济体制中比较全面地包含了社会政策的各个方面，其中包括：（1）在城市中建立了基本生活资料的定量配给和低价供应制度，以及充分就业制度；在农村建立了依托集体经济的充分就业和基本生活资料保障制度。（2）在城乡建立了由政府投资或依托集体经济的公共医疗卫生和公共教育体制。（3）在城市中通过国营企业为劳动者提供了充分而稳定的就业，通过计划性的劳动工资制度为职工提供医疗、养老、工伤等方面的保险和基本的福利性服务。（4）在城市和农村中都建立了基本的社会救助体系。

当时的社会政策主要体现了政府基本的政治、经济与社会目标，即在经济不发达和人均收入较低的情况下，通过增大基本生活资料分配及基本社会服务中的福利性而满足人民群众最基本的生活需要；通过建立较为完善的基本社会保障和福利体系调动劳动者的生产积极性，以促进生产效率的提高。社会政策的政治目标是要体现共产党领导下的社会主义的优越性。

二、我国改革开放以来社会政策的改革与发展

虽然在计划经济时代已经基本形成了社会政策体系，但这套体系是依托于当时的计划经济体制，因此，随着经济体制的改革，社会保障和福利制度与新的经济体制的不适应性就立刻显现出来，需要改革。

1. 改革初期阶段

20 世纪 80 年代是我国社会政策改革的初期阶段。在 70 年代末，随着“文革”的结束，大批下乡知青集中返城，就业安置的困难和住房严重不足的问题一下子集中爆发出来。1979 年出现了新中国成立以来第二次失业高峰，形势十分严峻，给社会稳定带来巨大的压力。在当时资源严重不足的情况下，政府事实上已经不可能再靠过去计划经济时代的方式去解决这些问题，传统的计划性制度安排与老百姓对就业和住房的需求之间的体制性矛盾强烈催发了中国城镇就业制度和住房制度的变革。在就业政策方面，我国在 80 年代初开始打破过去“统包统配”的计划就业管理制度，采取了劳动部门介绍就业、自愿组织起来就业和自谋职业相结合的“三结合”的就业方针，劳动者就业和企业用人的主体地位初步得到体现，劳动力市场开始发育。新的就业政策获得了明显的成功，不仅在短短三年时间里绝大多数城市都基本上解决了过去积累下来的包括返城知青在内的城镇失业问题，而且还开创了通过市场化、社会化和放松管制的方式来解决经济与社会问题的制度实践。在住房制度方面，为了应对 70 年代末我国城市住房严重短缺的问题，国家一方面拿出相当的资金用于住房建设，另一方面在一些城市中实行住房出售的试点，随后各省市区也开始了试点，开启了住房改革的道路。

同时，在养老保险方面，为了平衡新老企业之间畸轻畸重的养老负担，中央政府在传统年金制度框架内设置社会统筹机制，于 1984 年在全民所有制企业开始退休费用社会统筹试点。1985 年，由当时的劳动人事部发出《劳动人事部保险福利局关于做好统筹退休金与退休职工服务管理工作的意见》，为各地国营企业养老金社会统筹确立了基本的政策框架。1986 年，中央政府决定国有企业新招的工人一律实行劳动合同制，并规定了合同工与固定工不同的养老金筹资模式与受益规则，这标志着我国开始探索建立新型的社会养老保险制度。

2. 深化改革阶段

进入 90 年代以后，我国社会政策的改革逐步深入。为适应我国经济体制改革的总体要求，我国在社会保障制度、医疗卫生、住房体制、社会福利服务以及对老年人、未成年人、残疾人和妇女各类群体的权利保护和社会服务等方

面都进行了比较深入的改革；在社会政策各个领域从运行机制、模式类型、项目构成、待遇水平、管理社会化等方面进行了深层次的改革与创新，颁布了大量新的法律法规。

1991 年，为扩大传统养老金计划的缴费基础，国务院发布了《关于企业职工养老保险制度改革的决定》。1995 年，国务院又发布了《关于深化企业职工养老保险制度改革的通知》，奠定了基本养老保险计划的体制基础。在医疗保险方面，1988 年，经国务院批准由八个部委组建的医疗制度改革研讨小组推出《职工医疗保险制度改革设想》，提出医疗成本由国家、企业、个人三方合理负担、个人负担部分医疗费用等重要改革原则。1992 年 9 月，正式出台的《关于试行职工大病医疗费用社会统筹的意见》确立了此项改革的基本框架。1993 年中共中央十四届三中全会《关于建立社会主义市场经济体制若干问题的决定》明确指出，要构建由单位与个人共同负担、实行统账结合的社会医疗保险制度。1994 年 4 月，国务院四部委发布《关于职工医疗制度改革的试点》，推动医疗保险制度改革试点工作。在失业保险方面，出台了《国有企业职工待业保险规定》（1993），初步建立了我国的失业保险制度。1994 年颁布的《中华人民共和国劳动法》中正式确认了我国的失业保险制度。

3. 形成新的框架阶段

90 年代后期至新世纪初期是我国形成新的社会政策制度框架的阶段。第一，在社会保险方面形成了新的制度体系。在养老保险方面，1997 年，国务院颁布了《关于建立统一的企业职工基本养老保险制度的决定》，确立了现行的职工基本养老保险制度。此后又发布了《关于实行企业职工基本养老保险省级统筹和行业统筹移交地方管理有关问题的通知》（1998）、《社会保险费征缴暂行条例》（1999）。在医疗保险方面，1999 年，国务院正式出台《国务院关于建立职工基本医疗保险制度的决定》，从而确立了我国新型医疗保险制度的基本框架。在失业保险方面，国务院 1999 年颁布了《失业保险条例》。

第二，在社会救助方面，为了规范城市低保制度，保障城市居民基本生活，我国于 1997 年在全国范围建立了城市居民最低生活保障制度，并于 1999 年颁布实施了《城市居民最低生活保障条例》。

第三，在医疗服务体制方面，在这一阶段基本完成了公共医疗机构朝向市场化的改革，通过引入市场机制来提高医疗机构的运行效率和降低对政府财政的依赖。

第四，在这一时期加快进行了社会福利社会化改革。一方面允许并且鼓励个人和各类社会组织出资兴办社会福利机构；鼓励基层社区组织利用各种资源举办社区服务项目，并且鼓励企事业单位的社会服务设施向社会开放；同时，开始促进慈善事业发展，调动民间资源投入社会福利事业。

第五，城市住房制度有了根本性的转型，比较彻底地废除了过去由政府和单位负责的福利性住房供应和分配制度，代之以商品化的住房供应体系。

总的说来，从改革开放到新世纪初期的二十多年时间里，我国的社会政策发生了根本性的制度转型。我国的社会政策彻底摆脱了过去僵化的体制机制，民众的社会福利观念发生了重大的变化，逐步降低了依赖性，增强了自主性、自我责任心和竞争意识。社会政策的这种转型对于我国社会主义市场经济体制的形成，我国经济融入全球化的世界经济体系，以及我国经济连续20多年的高速发展都起到了积极的作用。但同时，这一阶段的社会政策改革在一定程度上忽视了社会公平，导致了社会保护水平的降低，使许多社会问题长期难以解决。并且，在这一阶段中我国农村社会政策发展缓慢，农村社会保障、医疗卫生、社会福利服务体系以及一些边远地区的基础教育等方面发展都相对缓慢。同时，这一阶段的改革没有考虑到农民工的问题。因此，从总体上看，这一阶段的社会政策改革只能说是成功了一半，它必须通过下一阶段的调整来实现另外一半的成功。

三、新世纪以来我国社会政策的最新发展

1. 我国社会政策指导思想的发展

从新世纪初以来，我国的社会政策又有新的发展。近年来我国社会各界都要求更加重视社会公平和民生问题，要求更加有效地解决各种社会问题，因此促使社会政策进行调整。同时，随着经济的快速发展，人们更关注社会发展问题，要求对未来的发展设计长期稳定可持续的发展道路。在这样的背景下，党和政府面向民族复兴和和平发展的长远目标，立足于解决当前问题和为未来发展设立明确的方向和指导原则，提出了“和谐社会”的目标和“科学发展观”的基本原则，并在这一原则的指导下将“社会建设”列为党和政府工作的一个重要方面。中央对我国未来发展方向和原则的重新调整，给社会政策的改革与发展带来了新的思路。再有，经过多年经济高速发展后，我国的经济实力大大增强，尤其是政府的财力大大增强，具备了更好的条件去实施各项社会政策，进而推动社会建设。

在科学发展观的指导下，近年来我国的社会政策发展中出现了一些新的趋势。第一，社会政策更加注重以人为本，以民生为基础，以满足民众基本需要和维护社会稳定并重为政策制订的原则。第二，近年来的社会政策更加强调社会公平和基本权利的保护。第三，近年来的社会政策更加强调向弱势群体倾斜，残疾人、农民工、长期贫困者、儿童等群体得到了更多的关注。第四，在

社会政策的主体责任方面，中央政府责任明显增大，中央财政在社会政策行动中的投入增大，地区之间再分配（转移支付）水平提高。第五，在福利水平方面，这一阶段福利水平总体回升，政府社会开支占GDP的比例明显提高。

进入新世纪第二个十年后，我国社会政策的目标和理念进一步提升。在2012年中共十八大报告和2013年的十八届三中全会通过的《中共中央关于全面深化改革若干重大问题的决定》中，都反映出执政党和政府社会政策目标和理念的提升。一是提出了"五位一体"的国家发展战略，更加强调了社会建设在其中的重要地位；二是明确提出了"加强和改善民生"是社会建设的基本目标之一，更加强调了民生事业的重要性；三是进一步强调了"基本公共服务均等化"的目标和原则；最后，也是最重要的一点是，更加突出地强调了社会公平的重要意义，明确提出了权利公平、机会公平、规则公平的原则和目标。此外，在2014年的第十二届全国人民代表大会第二次全体会议上李克强总理的《政府工作报告》中明确提到了"社会政策要托底"的要求。这是我国最高层级的政府文件中第一次明确使用了"社会政策"的概念，并且是明确地对社会政策的作用提出了要求。所有这些目标和理念都将为我国社会政策的发展起到积极的促进作用。

2. 进入新世纪以来我国社会政策中的主要行动

从具体行动上看，进入新世纪以来，我国完善社会政策的行动加速，主要有以下一些进展（关信平，2008；以及其他）。

第一，针对社会保险制度的不完善问题，进入新世纪以来，我国陆续出台改革政策，逐步完善社会保险制度。首先，为了解决上一阶段城市社会保险制度改革中存在的一些问题，从2001年起，陆续在东北三省进行了完善城镇社会保障制度的试点行动，其主要任务是要通过做实个人账户而解决城市职工基本养老保险中的空账问题，以及通过将"下岗"与失业保险制度并轨而解决前一阶段国有企业改革遗留的下岗人员问题。从2007年起，试点扩大到更大的范围。其次，为了解决"农民工"参加城镇职工基本养老保险的问题，政府主管部门出台了新的养老保险转移接续的政策。再有，在2012年中共十八大的报告中提出了社会保障制度要"要坚持全覆盖、保基本、多层次、可持续方针，以增强公平性、适应流动性、保证可持续性为重点，全面建成覆盖城乡居民的社会保障体系"的总方针。在2013年中共十八届三中全会通过的《中共中央关于全面深化改革若干重大问题的决定》中，进一步提出了"建立更加公平可持续的社会保障制度"的原则和多项具体政策主张。

第二，为了进一步发挥城市居民最低生活保障制度在反贫困体系中的作用，从2002年起通过中央政府的直接投入而进一步加强了城市低保制度，并着力建设综合性的城市社会救助体系。在短短几年里，城市低保覆盖面从过去的只有几百万人迅速扩展到2 200多万人。同时，从2003年起，在我国城乡中陆续建立起医疗救助制度、法律援助制度、流浪乞讨人员救助制度，进一步完善了住房救助制度，修订了《农村五保供养条例》，并且于2007年在全国普及了农村最低生活保障制度。在新世纪第一个十年结束时，我国基本上形成了较为完备的社会救助项目体系，在反贫困和保障民生方面发挥了重要的作用。进入新世纪第二个十年后，我国社会救助制度体系进一步发展，主要任务一是完善制度体系，二是规范基层操作，三是推动法制建设。2014年2月，国务院发布了《社会救助暂行办法》，并于同年5月1日开始实施，这标志着我国社会救助的法制化建设和制度发展进入了一个新的阶段。

第三，进一步重视劳动者权利保护。全国人大常委会2007年通过了《劳动合同法》《促进就业法》和《劳动争议调解仲裁法》三个重要法律，进一步完善了促进就业的政策行动和保护劳动者就业权利的法规体系。近年来我国就业压力一直较大，尤其是大学毕业生的就业压力突显。从2008年到2012年，全国每年城镇新增劳动力均在1 100万人以上，2012年高达1 266万人（见《2012年度人力资源和社会保障事业发展统计公报》）。2013年高校毕业生高达699万人，创历史新高，但就业岗位不增反减。为推动新形势下的就业，党的十八大报告提出，要贯彻劳动者自主就业、市场调节就业、政府促进就业和鼓励创业的方针，第一次将鼓励创业纳入就业方针，并要求引导劳动者转变就业观念，鼓励多渠道多形式就业，促进创业带动就业。各地加强了公共就业服务，并对就业困难者提供就业援助。同时，各地强化了《劳动法》《劳动合同法》等规范作用，积极落实劳动者保护的相关政策，大力推动构建和谐劳动关系。

第四，进一步重视城市居民的住房保障。2004年起实施了《城镇低收入家庭廉租住房管理办法》，2005年发布实施了《城镇最低收入家庭廉租住房申请、审核及退出管理办法》，并于2007年发布了新的《廉租住房保障办法》，同年12月1日起正式实施。此外，各地还针对当前的住房困难问题以多种方式探索普通居民的住房保障途径。中共十八大报告中提出了要“建立市场配置和政府保障相结合的住房制度，加强保障性住房建设和管理，满足困难家庭基本需求”。按此要求，在国务院的统一部署下，近年来各地积极开展保障性住房建设，逐步缓解城市贫困户、低收入户和其他一些困难家庭的住房困难。

第五，快速推进教育事业发展，进一步重视教育公平和教育保障。进入新世纪以来，我国进一步重视教育事业的发展。中央和地方政府都加强了对教育事业的投入，高校连续多年扩大招生，大大提高了年轻人接受高等教育的机会。同时，通过各种政策抑制教育领域的商业化行为，全社会都更加注重教育公平问题，并且通过政府投入而免除了贫困地区农村儿童接受义务教育费用，有效地保障了受教育的权利。2008 年，政府还着手建立免除城市义务教育学杂费的制度，到目前已全面实现了城乡免费义务教育。针对目前教育事业发展不均衡等问题，中共十八大报告中提出要“努力办好人民满意的教育”，并且突出强调了教育公平和教育均衡发展。十八届三中全会的《决定》中进一步提出了增强教育公平和教育均衡发展的多项具体政策措施。

第六，大力推动医疗卫生体制改革和加快发展医疗卫生服务事业。2003 年建立了新型农村合作医疗制度，2003 年建立了农村医疗救助制度，2005 年建立了城市医疗救助制度。从 2006 年起加快了新农合的发展进度。此外，为了从根本上缓解群众看病难、看病贵的问题，2009 年发布了《中共中央国务院关于深化医药卫生体制改革的意见》，着力推进医疗卫生制度的进一步改革，纠正卫生资源的不合理分配，切实解决看病贵、看病难问题。一方面强化了公共卫生及疾病控制体系，加强了公共卫生服务体系建设；另一方面更加强调医疗卫生改革要以普及基本医疗卫生服务，保障群众基本医疗为目标。近年来，各级政府加大了对医疗卫生事业的公共投入。2009 年，国家确立了基本公共卫生服务项目，并且到 2013 年大幅度扩展了项目范围。同时还实施了国家重大公共卫生服务项目。此外，近年来针对医疗服务领域中的一些重要问题，国家进一步加强医院和医疗体制改革以及药品供应体制改革；针对食品药品中的问题，进一步加强了食品药品安全的法规政策建设和具体工作，着力保障人民群众的健康。同时，针对精神疾患增多的情况，政府逐步加大了在精神疾患方面的干预。

第七，进入新世纪以后，政府对农村的社会政策经历了逐步重视、“覆盖城乡的社会保障制度”到城乡一体化发展的进程。进入新世纪以后，政府开始重视农村社会政策，逐步建立和完善农村社会保障和公共服务体系，农村社会政策被纳入到新农村建设的行动体系中。进一步完善了农村“五保户”制度，建立了农村医疗救助制度，普及了新型农村合作医疗制度和农村最低生活保障制度，试行了农村计划生育家庭养老保障等制度和行动。中共十七大报告中提出了要“加快建立覆盖城乡居民的社会保障体系”，并且 2009 年在全国建立了新型农村养老保险制度。十八大报告和十八届三中全会《决定》进一步强调了在社会保障等方面的城乡一体化建设，在 2014 年出台了《国务院关于建立统一的城乡居民基本养老保险制度的意见》，开始了城乡居民养老保险制度的合并实施。

第八，开始重视针对农民工和流动人口的社会政策议题。从 2002 年起，中央政府开始强调农民工在就业、社会保障和社会服务方面平等权利的问题。2005年以后加快了这一进程。一方面，强化了农民工参加城镇社会保险的要求，各地设立了一些适合农民工的社会保险项目；另一方面，积极探索解决养老保险关系转接等制度性难题；另外，在中央政府的推动下，各地陆续将农民工子女受教育纳入城市公共教育体系，并且积极探索在更大范围中将农民工和流动人口纳入城市社会福利、社会救助和公共服务体系的问题。

第九，进一步加强了社会福利服务和对特殊困难群体的保护和救助。进入新世纪以来，政府进一步加强了对城市公共服务体系的建设。各地都在不同程度上加大了对公共服务设施建设的投入，并加强了城市社区公共服务建设，使社区的公共服务功能进一步增强。此外，在这一阶段政府还进一步加强了对一些特殊困难群体权利的保护和救助。全国人大常委会修订了《残疾人保障法》(2008)，进一步强化了对残疾人基本权利的保护。中央政府及其有关部门发布了《关于加强孤儿救助工作的意见》(2006)，《残疾人就业条例》(2007)。2012新修订了《老年人权益保障法》，对老年人权益保障做出了许多新的规定。同时，政府有关部门还出台了一系列政策文件，以及各个领域在“十二五”期间和2011—2020年期间的发展规划，积极推动针对老年人、妇女、未成年人、残疾人等专门人群的社会保护和社会促进事业。

第十，加快社会工作专业体制和社会工作人才队伍建设。2006年中共中央十六届六中全会上明确提出了要建设一支宏大的社会工作人才队伍的号召。在中组部的牵头下，从2007年起在全国范围内开展了建设宏大的社会工作人才队伍的调研工作。经过几年的实践和研究，2011年中共中央组织部等十八个部门和组织联合发布了《关于加强社会工作专业人才队伍建设的意见》，这是近年来我国社会工作人才队伍建设的一个重要指导纲领，从多个方面对社会工作专业人才队伍建设提出了具体的要求。2012年，中共中央组织部等十九个部委和群团组织联合发布了《社会工作专业人才队伍建设中长期规划(2011—2020年)》，对未来十年里我国加强社会工作专业人才队伍建设指导思想、基本原则和战略目标，以及各项具体工作做出了规定和规划。过去几年里，我国社会工作人才培养方面也有突出的进展。人事部、民政部于2006年7月联合印发了《社会工作者职业水平评价暂行规定》和《助理社会工作师、社会工作师职业水平考试实施办法》，并且于2008年6月举行了首次全国性的社会工作师、助理社会工作师职业水平考试，到2014年已连续组织了七次全国性的考试。在社会工作高等教育方面，到2013年底，全国已有300多所大学设立了社会工作本科专业，60多所大学设立了社会工作硕士专业学位(MSW)，并且有部分学校设立了社会工作的博士学位点或博士研究方向。上述这些举措都将对我国社会工作人才队伍建设，以及社会工作职业化专业化体制的建设和发展产生积极而深远的作用。

思考题

1. 简述1601年英国《伊丽莎白济贫法》在社会政策发展史上的历史地位。
2. 德国社会保险法的社会控制性质包含哪些内容？
3. 简述福利国家社会政策产生的社会历史背景。
4. 试述20世纪80年代智利养老保险改革及其意义。
5. 简述新加坡中央公积金制度的主要内容。
6. 改革开放以来我国社会政策改革与发展经历了哪几个重要阶段？
7. 近年来我国社会政策有哪些新的发展？

主要参考文献

DiNitto D. Social Welfare: Politics and Public Policy. 4th ed. Mass: Allyn and Bacon, 1995.

Eurostat（欧洲统计局），相应年份的统计数据，见欧洲统计局网站：http://epp.eurostat.ec.europa.eu.

Federico R C. The Social Welfare Institution. Washington D C: Heath and Company, 1983.

Fraser D. The Evolution of the British Welfare State. 2nd ed. London: Macmillan Press, 1984.

Friedlander W A, Apte R Z. Introduction to Social Welfare. 5th ed. Englewood Cliffs, N J: Prentice-Hall, 1980.

Haynes K S, Holmes K A. Invitation to Social Work. New Jersey: Longman Publishing Group, 1994.

Laybourn K. The Evolution of British Social Policy and the Welfare State. Keele, Staffordshire: Keele University Press, 1995.

Sleeman J F. The Welfare State: Its Aims, Benefits and Costs. London: George Allen & Unwin Ltd., 1973.

Sullivan M. The Development of the British Welfare State. London: Prentice-Hall/ Harvester Wheatsheaf, 1996.

Zastrow C. Introduction to Social Welfare: Social Problems, Services, and Current Issues. Belmont, C A: Wadsworth, Inc., 1990.

顾俊礼．福利国家论析．北京：经济管理出版社，2002.

关信平．改革开放30年以来我国社会政策改革与发展的三个阶段．甘肃社会科学，

2008（5）.

韩克庆，金炳彻，汪东方. 东亚福利模式下的中韩社会政策比较. 经济社会体制比较，2011（3）.

和春雷. 社会保障制度的国际比较. 北京：法律出版社，2001.

黄婧. 英国福利制度改革. 学习时报. 2006 年 7 月 17 日.

黄艳. 我国社会保障立法的历史发展. 四川三峡学院学报，2000（3）.

季明明. 国家社会福利保障体系的成功典范——新加坡中央公积金制度研究. 改革，2000（2）.

蒋正华，张羚广. 中国社会保障制度过去与未来. 中国软科学，2002（8）.

李相文. 韩国的社会保障制度. 中国社会科学院研究生院学报，1998（1）.

林万亿. 福利国家——历史比较的分析. 台北：巨流图书公司，1994.

刘沅. 拉美社会保障制度的发展及其问题. 拉丁美洲研究，1995（5）.

龙玉其，刘巧红. 新加坡中央公积金制度的改革及其启示. 改革与战略，2013（11）.

史探径. 世界社会保障立法的起源和发展. 外国法译评，1999（2）.

王韬. 新加坡的中央公积金制度. 中国软科学，1997（2）.

卫兴华. 中国社会保障制度研究. 北京：中国人民大学出版社，1994.

武川正吾. 21 世纪初日本社会政策的动向. 社会保障研究（北京），2007（2）.

于宗先. 台湾经济成长与社会福利//徐滇庆，等. 中国社会保障体制改革. 北京：经济科学出版社，1999.

袁中美. 智利"两轮"养老保障制度改革的启示. 保险职业学院学报，2012（1）.

张宝仁，张慧智. 韩国的社会保障制度分析. 人口学刊，2000（4）.

郑秉文，等. 当代东亚国家、地区社会保障制度. 北京：法律出版社，2002.

郑功成. 智利模式——养老保险私有化改革述评. 经济学动态，2001（2）.

周永新. 社会福利的观念和制度. 香港：中华书局，1993.

2012 年度人力资源和社会保障事业发展统计公报. http://www.clssn.com/html/Home/report/79217-1.htm.

第三章　社会政策学科的历史发展与理论体系

社会政策学科是对社会政策实践的理论总结，是关于社会政策实践的学术研究体系。在从社会政策实践的角度对社会政策在一些国家和地区的发生与发展作了简要阐述后，本章再从作为一门学科的角度讨论社会政策学科的基本情况，包括社会政策学科的发生与发展、研究对象和性质、理论体系、研究方法等内容。

第一节　社会政策研究的发展

与其他学科一样，社会政策学科也有一个发生和发展的历史。从社会政策概念的提出算起，对这一领域的研究已有一百多年的历史，社会政策学科的形成也有半个多世纪的历史。在其发生和发展的历史过程中，社会政策学科随着各国社会政策实践的变动和发展而不断地成熟和扩大其研究的领域，并逐步形成了自身的理论体系和不同的学派。了解社会政策学科发展的历史，将有助于我们全面地把握这一学科的知识体系和深入地理解当今社会政策学科中的各种理论。

一、社会政策研究的缘起

1. 社会政策概念的提出

“社会政策”一词最先是由德国人提出来的，对社会政策的研究也发源于德国。在 19 世纪，德国新历史学派的休谟纳、瓦格勒、施穆勒、布伦坦诺、桑特巴等想在亚当·斯密的旧资本主义学说与马克思的共产主义学说之间另外开辟一条中间路线的学者，于 1873 年发起创立德国“社会政策学会”，鼓吹劳资协调，主张国家干预经济生活，实施社会政策，保护劳动者正当权益，以抑制共产主义思想（刘脩如，1982；陈国均，1987）。

2. 社会政策学科的发源

虽然德国人最先提出了“社会政策”一词并提出了一些社会政策主张，但作为一门学科的社会政策的产生却要归功于英国人。英国工业革命后，出现了很多社会问题，引起了人们的广泛关注。作为对这些社会问题的一种回应，慈善组织会社首先在英国发展起来。其中的一些社会工作者负责调查贫困家庭的需求和弄清楚他们是否是“值得帮助的人”。这些社会工作者的工作确立了社会个案工作在社会中的地位，进而使贫困和不平等问题引起了中等阶级志愿者和社会改革者的极大关注。另一方面，记者、激进政治家和其他评论家撰文披露了许多英国贫困者骇人听闻的生活处境。他们所提供的关于贫民窟生活的第一手资料和生动的描述震惊了整个英国社会。于是，一些慈善家开始拿出资金用于研究贫困和社会问题，并用于直接帮助穷人。当时受到资助的两项著名的关于贫困的研究（“伦敦人民的生活与劳动”和“贫困：城镇生活研究”）显示，英国的贫困状况是极为严重的，也是相当普遍的。也正是在这个时候，即 19 世纪末 20 世纪初，作为总结、理解这种社会问题的社会学也开始流行起来。费边主义者利用社会学研究的一些成果，主张国家应当通过实施社会政策解决这些社会问题。正是这些关于社会状况的研究和关于社会问题的知识积累，促进了社会工作方面新型训练课程和大学学位课程在英国的发展。20 世纪初，在伯明翰大学和伦敦经济学院等一些较新的大学中，社会工作、社会学和“社会行政”被融合起来。因而，社会政策学科的早期渊源（或它的前身社会行政）是和实际行动（社会工作）及研究（社会学）紧密结合在一起的（Blakemore，1998）。

二、西方社会政策学科的形成与发展

1. 社会政策学科的形成

1950 年，英国著名学者蒂特马斯（R. Titmuss）被聘为伦敦经济学院第一位社会行政学教授，标志着该学科“到达法定年龄”，并迅速在许多其他英国大学中被承认是一门大学学科（Blakemore，1998；Midgley，2000）。蒂特马斯被聘为伦敦经济学院第一位社会行政学教授后，在五六十年代对该学科发挥了核心的影响。蒂特马斯是一个多产的作家和研究者，他研究的目的不仅仅是为了学术发展，而且更重要的是要维护社会公平，揭示现实社会中的贫困、不平等和现行政策中的缺陷。蒂特马斯一方面坚决捍卫现存的社会福利体系，另一方面也强烈批评当时社会中被掩饰的不公正和不平等。

2. 早期社会政策学科的特点

早期的社会政策学科以“社会行政”为其名称，其特点可以以蒂特马斯的研究为代表。米什拉认为蒂特马斯的社会政策研究取向有三个长处和两个不足（Mishra，1986）。就长处来讲，首先，蒂特马斯肯定了价值在社会科学中的作用，认为社会政策研究不可能是价值中立的。社会政策分析不是一件简单地找出适当的研究方法和用来解决特定问题的技术性事务，而是包含着基本价值选择，揭示这些价值选择和它们的含义是社会政策研究的任务之一。其次，蒂特马斯认为社会科学既不是价值中立的，也不能离开客观事实，因此主张把关于社会政策的研究结论和建议建立在事实与可以检验的证据基础之上。换言之，社会政策的研究不仅包含着鉴别道德价值（应当是什么），而且包含着鉴别社会事实（是什么）。最后，对于蒂特马斯来讲，社会政策的论题比社会服务广泛得多。不仅包括社会福利，而且包括职业福利和财政福利。

米什拉也剖析了蒂特马斯社会政策研究取向的两个不足。其一，单一价值取向。在强调价值和价值冲突在社会政策中的角色的同时，蒂特马斯非常执著于费边主义的价值观和他自己的福利观，以至于他总是拒绝其他的价值观点。更重要的是，由于他在社会行政学界显赫的地位，使整个学科倾向于认同单一的价值立场。因此，费边主义的价值观在学科内部被认为是理所当然的，从来没有受到过真正的反思，而其他的价值立场从来没有被认真采纳过。其二，非理论的取向。蒂特马斯的社会政策分析取向是特别的、非系统的和非理论的。他回避明确的理论，没有想过要提出可供选择的理论。由于对抽象的普遍化理论持怀疑态度，他怀疑通过经验性调查能否证明一定的理论或主题。事实上，蒂特马斯的研究方法主要是把各种经验证据编排起来，从中得出一定结论。

尽管蒂特马斯社会政策研究取向中存在着局限性，但他的研究仍然被学者们认为为社会政策学科的发展奠定了基础（Blakemore，1998）。然而，20 世纪 60 年代后期的一些发展对蒂特马斯的社会政策研究取向提出了挑战。第一，社会行政学作为一门学科在大学和其他高等教育机构中获得了长足的发展。第二，马克思主义社会科学的复兴，提醒人们注意还存在着具有其他取向的理论。第三，女性主义者的批判把人们的注意力引向了福利国家背后的父权主义的假设。第四，资本主义经济的长期危机进一步降低了社会民主主义的形象和人们对社会发展的信心，并促使学术界对当代社会福利体系中的重大问题做出系统的理论反思。

在这种背景之下，社会行政学科在 20 世纪 70 年代经历了两个重要的发展。首先，人们越来越认识到，社会政策研究不能只局限于费边主义，而是应该认真研究和采纳其他各种价值体系。这促使社会行政学逐渐从以前那种受单一价值范式支配的社会改革运动，转化为一种承认多元价值立场和力求对它们进行分析的学术事业。其次，研究者已经开始认识到，对社会政策的建议应该建立在对社会和社会制度的理论研究与经验总结的基础之上。这两个发展指明了该学科理论核心的方向，每个发展都对原有的理论造成了冲击。第一个发展对自由、平等、公正、共同体等同政策有关的社会价值进行了重新分析，冲击了原有的规范性理论或社会哲学；第二个发展强调要认真研究社会政策在社会中实际上是如何发展的、有什么预期和非预期的后果，从而冲击了原有的解释性理论。换言之，社会行政成为一个既关注规范（社会价值/社会哲学），也关注实证或解释（事实/社会科学）的社会福利方面的学科。正是在这个时候（20 世纪 70 年代），“社会政策”开始取代“社会行政”作为该学科在大学课程中的名称（Blakemore，1998）。

3. 美国政策科学研究体系的形成和发展

在 20 世纪 50 年代英国形成社会政策（社会行政）学科的同时，在大洋对岸的美国产生了“政策科学”（Policy Science）。1951 年，美国政治学家拉斯韦尔（Lesswell）和勒纳（Lerner）撰写出版了《政策科学：范围和方法的最新发展》一书，首次提出了政策科学的概念和体系，从而也第一次使政策研究具有了科学的形态，这标志着西方政策科学研究的开端（桑玉成、袁峰，1997）。

政策科学在美国的产生和发展是与其政策分析（Policy Analysis）实践密切相关的。帕特和斯普林格（Putt & Springer，1989）在阐述美国政策分析的发展时，把其划分成三个阶段。第一个阶段是从 1930 年至 1960 年的“政策研究的实验期”。在此期间，政策研究被广泛地应用于社会生活的各个领域，尝试去解决所面临的社会问题。这些最初的研究者把政策研究应用于公共问题，它们表明了收集同政策问题有关的系统信息的可能性，以及政策分析在决策当中的重要作用。

第二个阶段是从 1960 年至 1980 年的“探索政策解决方案时期”。肯尼迪总统相信政府有能力也有责任改善社会状况，并致力于把这种信念转换成为一系列社会立法。在这个过程中，政府官员越来越多地求助于政策专家提出解决社会病症的方法和有关的信息及其分析，而许多政策分析者也响应政府的号召，并充分肯定科学分析方法在解决各种政策问题方面的能力。在这一阶段，方案监控、方案评估、理性预算系统和种种其他管理信息工具大幅度增加，使政策研究对公共政策实践的重要性大大增强。解决大规模社会问题的努力又增加了对政策研究的需求，并促进了政策研究专家数量的迅速增长，而政策分析技术的进步又进一步提高了政策研究的水平。

第三个阶段是从 20 世纪 80 年代以来的“促进政策过程时期”。在此阶段，人们开始对前一个阶段进行反思，认识到政策分析的技术方法在解决人类问题方面的能力是有限的。政策分析只能是有助于决策者的政策决定，而不是取代政策决策过程。所以，这个阶段的政策分析不是产生解决方法，而是从多个侧面提供信息和分析；不是离开决策过程而单独运作的，而是渗透在政策过程本身之中。此外，在这个阶段，各种不同的组织和群体从不同的角度去解释和利用政策研究的信息。政策研究帮助政府澄清自己所面对政策议题的实质，帮助政策规划者审视正在出现的政策问题，协助政策执行者认清所面临的组织问题，并向政府和其他有关机构提供有关公民群体的愿望等信息。简而言之，在这个阶段，政策研究较全面地服务于政策决策和政策实施的各个方面，但另一方面人们也逐渐认识到政策研究的局限性，在实际的政策决策过程中更加注重全面考虑和权衡各种不同的理论观点和研究结论。

4. 西方社会政策学科最近的发展

20 世纪 50 年代以来，社会政策在英国的发展以及政策科学在美国的发展，为社会政策学科的成长奠定了基础并取得了一定的成就。近年来，随着经济全球化趋势的发展，各国社会经济结构的转变，社会中涌现出新的社会问题，相应地社会政策研究也出现了一些新的发展趋势。概括地来讲，这些新的趋势表现为：

第一，理论研究的多元化并向纵深发展。布莱克莫尔（Blakemore，1998）指出，从现在的高度来看，以往发生在 20 世纪 70 和 80 年代的关于社会政策的许多争论似乎已经过时了。“新右派”把市场机制放在至高无上地位的主张经过 20 年左右的尝试，已证明是不可取的。同样，激进左翼的思想，由于它们迷恋关于阶级冲突、异化和资本主义终结等过于抽象的理论，似乎也陈旧了。实践证明，两个极端的理论倾向都不太符合社会政策发展的实际。阿尔科克（Alcock，1998）则明确指出，现在的社会政策是以理论上和地理上的多元主义为特征的。学科的焦点从福利国家转向福利组合（Welfare Mix）。在理论研究多元化的同时，其深度也进一步加强了，突破了国家—市场的简单对立，进一步探讨国家—市场的结合，加强了对各种非国家因素在社会保障和救助过程中等角色的研究，从以补偿收入为目标的福利提供向非收入补偿转化等（李秉勤和贡森，2003）。

第二，研究对象的范围进一步拓宽。李秉勤和贡森（2003）指出，在过去几十年中，社会政策研究发生了根本性变化，其表现之一即是外延的扩大。其中涉及社会服务领域的政策及管理实践研究（包括社会保障、医疗、教育、就业、社区照顾和住房等），各种社会问题研究（包括犯罪、残疾、失业、老龄问题等），关于社会弱势群体问题的研究（包括种族、性别、贫困等）以及对相关问题的集体性社会反映等方面的研究。

第三，研究范式发生了转移。过去30年间，国际学术界对于社会政策的解释发生了很大变化。20世纪60年代的主流意见认为，社会政策是由政府决策并实施的对市民福利有直接效果的政策，包括社会保险、社会救济、住房、教育等等，即沿袭了社会行政的传统。到了80年代，社会政策被理解为“决定不同社会群体的资源、地位及权利的分配”。90年代以来，对于社会政策的解释进一步深化，从关注经济性资源分配发展到更加关注社会关系（地位及权利）的分配，认为正是社会关系的分配影响了社会部门（家庭、学校、社会福利、教育、社区等）与经济部门（市场）之间的关系；社会政策不仅属于政府的行为，还反映了不同社群在社会资源及社会关系方面的分配结果，左右社会政策产生不同结果的是社会、经济及政治部门的制度安排（杨团，2002）。

第四，从政策理论到政策实践的转变。历史上，社会工作教育者和实践者倾向于把社会政策看做是一套指引社会工作实践的法律、法规和规则。他们认为，这些法律和法规主要是由参与者制定的，而不是由社会工作者制定的。他们的政策概念局限于对书面政策的分析和理解。只有少量的社会工作规划者和政策分析者参与政策制定。基本上来讲，许多社会工作实践被认为是发生在决策领域之外的。进入上世纪80年代以来，西方学者已充分认识到，社会工作对改变个人的过分强调，已经严重偏离了社会工作的专业使命。他们提出政策实践（Policy Practice）的概念，以平衡社会工作的微观和宏观这两个焦点。尽管学者们提出的政策实践定义繁简不同、角度有异，但它们均强调政策实践主要是对政策的改变而不是改变个人。或者用巴鲁克（Barusch，Amanda Smith）的话说：如同“个人实践”（Individual Practice）企图改变个人一样，“政策实践”把焦点放在改变政策上（马凤芝，2014）。

三、我国社会政策学科的发展

我国在社会政策方面的制度实践和对相关问题的研究都有较长的历史。改革开放以后，随着经济体制改革和对外开放的发展，我国学术界对社会政策的研究也逐渐发展和不断成熟。目前已经初步形成了社会政策的研究体系，社会政策的学科体系也正在形成。

1. 早期发展的历史

我国早在先秦时期的诸子百家中就有很多关于贫困与福利问题的思想。在后来长达两千多年的中国社会思想发展中形成了比较丰富的中国社会福利思想。近代以来，一些学者引进了西方的社会福利思想，进一步丰富了中国的社会福利的思想体系，并且最终在孙中山先生民生主义的社会福利政策主张中得到了体现，对后来民国时期的社会政策基本构架的形成起到了积极的作用。此外，在新民主主义革命时期，共产党领导的中央苏区和陕甘宁边区还在马克思列宁主义的指导下，探索了建立新型劳工福利的制度实践。

社会政策概念和研究体系很早就传到了我国。在20世纪早期，我国学术界就开始介绍西方的社会政策概念和理论，并且结合我国当时早期工业化社会的实践而展开了对社会政策的研究和教学。早期的社会政策研究成果包括杜国庠的《工业政策及社会政策讲义》（1912）、荊可恒的《社会政策》（1920）和《社会政策：二编》（1920）、胡钧的《社会政策》（1920）、郑斌的《世界各国新社会政策》（1928）以及朱亦松的《社会政策》（1934）。其中郑斌的《世界各国新社会政策》分析了社会政策的概念，并且比较全面地介绍了西方工业化国家在劳工保护等方面的政策；朱亦松的《社会政策》比较系统地分析了社会政策的概念、性质和伦理意义，以及社会政策的研究方法和主要的政策内容。这些成果表明，我国学者在20世纪初到30年代在社会政策研究和知识普及方面曾经有过一段比较高潮的时期。

中华人民共和国建立以后，我国在计划经济的制度框架下建立了劳动保险体系和社会福利制度，并且进行了相关的研究。在计划经济时代关于劳动保险与社会福利制度的研究有两个基本特点。一是以马克思列宁主义理论为中国劳动保险和社会福利制度的指导思想，主要是论证计划经济体制下劳动保险和社会福利制度的合理性。二是以批判性的眼光看待西方社会政策的理论与实践，按照马克思主义的阶级理论，从政治上批判西方福利国家的理论与实践。在意识形态对立和经济、政治和社会制度完全不同的情况下，我国一直没有采用发源于西方的社会政策概念，也没有发展起相应的学科。

2. 20世纪80年代的社会政策研究

我国学术界与政府部门从20世纪80年代早期开始进行了对社会政策各个方面的研究。首先，随着城市经济体制改革的开展，引发了城市全民所有制企业劳动保险制度中的问题，带动了对社会保障制度的研究。从1985年起，社会保障的研究逐渐成为了横跨社会学、经济学等学科的一个重要的应用性研究领域。80年代在社会政策领域的研究还包括对劳动就业问题的研究。在社会保障和劳动就业问题研究的基础上逐步形成了后来的劳动与社会保障专业。同时，80年代还有农村贫困问题研究、住房问题和住房政策研究、医疗卫生政策的研究、人口老龄化及老年人问题的研究等。

其次，在80年代随着社会学学科的恢复与发展，一些社会学者开始应用社会学的理论与调查研究方法来为政府的社会政策决策服务，通过对社会问题和居民的需要进行研究来为政府的社会政策提供决策依据。并且，在80年代我国学者对国外社会政策的理论和实践做了较多的翻译介绍和分析，开始了学习消化西方社会政策理论与方法的过程。虽然在80年代我国学术界仍未系统地采用“社会政策”的概念，并且仍是分门别类地研究，但当时对一些实际问题的研究和对西方理论的介绍为我国社会政策学科的发展打下了较好的基础。

3. 20世纪90年代的社会政策研究

概括起来看，90年代社会政策的研究主要有以下几个方面的进展。首先，我国学者围绕着各种社会问题展开了比较广泛的社会政策研究，研究的重点包括城乡贫困问题和反贫困政策研究，以及围绕着社会保障、医疗卫生、住房制度、社会福利、教育体制等方面的改革而发展起来的社会政策研究，形成了较多的理论和应用性研究成果。其次，在90年代，我国学术界对西方社会政策理论的介绍和分析进一步增多，分析更加深入，并结合中国实际加以评论，对国外理论和实践的研究逐渐与本国的实际相结合。此外，在90年代，我国研究者开始科学地分析和应用社会政策的概念，并逐步开展对社会政策理论的研究，逐渐形成了用社会政策的概念来概括和反映相关领域的政策理论与实践，与此同时，社会政策研究体系也逐渐明确。最后，在90年代，社会政策的教学开始进入大学课堂，一些大学设立了“社会政策概论”课程，并在社会学硕士专业中建立了“社会政策”的研究方向。到90年代末，“社会政策概论”课程成为我国社会工作本科专业必修的课程之一。社会政策科学概念的引用和社会政策教学的建立和发展，为进入新世纪后我国社会政策学科的大发展奠定了重要的基础。

总的说来，20世纪90年代是我国社会政策研究起步的重要阶段，在这一阶段中，我国社会政策发展开始展示出一定的理论倾向，逐渐突破对社会政策问题的分门别类研究，开始在“社会政策”概念框架下的社会政策理论体系研究。对社会政策议题的研究逐渐走向相对独立的社会政策研究视野，将社会政策与社会发展问题联系起来，开始探索我国长期性的社会政策模式，并且逐渐形成了我国社会政策的概念和基本理论框架。但是，在90年代我国的社会政策的学科仍然处于初期发展阶段，理论体系尚不完整，社会政策的教学尚不普及，政府也没有采用社会政策的概念。

4. 进入新世纪以来我国社会政策研究体系的逐渐形成

进入21世纪以后，我国的经济、政治和社会发展的环境都发生了很大的变化，我国社会政策的理论研究和实践也随之发生了较大的变化，进入了一个快速发展的时期。在这一时期，我国社会政策研究项目和研究成果大大增加，社会政策研究逐渐成熟，社会政策的教学体系逐渐形成，社会政策的学科体系也正在形成之中，并且社会政策研究的社会影响逐渐增大。

首先，进入新世纪以来，社会政策研究的规模加速增长。国家社会科学基金的社会学类从2001年起开始有了“社会政策”为研究题目的项目，并且在最近几年中，社会政策领域的研究者承担了包括国家哲学社会科学基金重大项目、教育部哲学社会科学研究重大攻关项目等在内的一系列重大的研究课题。从研究成果上看，根据“中国期刊全文数据库”的搜索，在1994—2000年的七年间，我国学术期刊篇名中包含“社会政策”的论文共有63篇；而在2001—2007年的七年间，增加到了254篇，是前一个七年的4倍多。此外，在2001—2007年，我国出版的书名中包含“社会政策”的中文图书专著和教材至少已有50部左右，而在2000年以前出版此类书籍相当少。

其次，社会政策研究领域逐渐扩大，研究内容逐渐丰富和深化，已经形成了包括基础理论研究、应用基础研究和应用性研究等不同层次的研究体系，在各主要领域都有不同程度的研究。同时，社会政策研究的内容不断深化，研究质量不断提高。在理论研究方面正在形成关于我国社会政策的理论基础和理论体系，并且结合我国实际，探索我国社会政策的宏观模式。在研究方法方面，研究者们探索通过经验研究的方法来进行社会政策的理论和应用研究。在对国外社会政策理论和实务的研究和国际比较研究方面，研究者更加注重国外最新的研究成果，如全球化背景下的社会政策发展的理论、发展型社会政策理论、资产建设社会政策理论与实践、社会排斥与社会政策等较新的理论，并且能够将这些理论与中国的实际相结合。在对实际问题的研究方面，社会政策研究者与政府部门密切配合，积极参与政府在社会政策方面的重大决策，承担或直接参与政府部门的政策研究项目，利用国内外的社会科学研究资源来研究具体社会政策问题，并向政府提交研究报告。总之，进入新世纪以来，社会政策研究内容发展最快，结合实际密切，参与政府政策问题研究增多，对解决社会问题、促进社会发展作出了重要的贡献。

再次，进入新世纪以来，我国社会政策领域的学术活动越来越活跃。从2005年起，由中国社科院社会政策研究中心、南开大学社会工作与社会政策系、中国社会工作教育协会、北京师范大学社会发展与公共政策研究所、清华大学公共管理学院等五家学术机构联合举办了一年一度的社会政策国际论坛和系列讲座，从2008年起改为由中国社会学会社会政策专业委员会主办，产生了很大的影响，为推动社会政策研究水平的提高、社会政策知识的普及，以及社会政策学科的发展起到了积极的作用。此外，在社会学界和社会工作教育界的重要学术会议上，社会政策越来越成为一个重要的议题。

最后，社会政策教育和学科有了长足的发展。进入新世纪以来，在社会工作专业发展的推动下，开设“社会政策”课程的学校越来越多。同时，在“社会政策”课程的质量提高及教材建设上也有很大的进展。在2000年以前基本上没有正式出版“社会政策”课程的教材，而到2008年国内已经至少出版七部，如《社会政策概论》《社会政策导论》（或其他类似书名）等教材。不少重点大学都在不同程度上形成了包括本科、硕士和博士在内的社会政策人才培养体系。同时，从20世纪90年代末以来，越来越多的学术机构建立了社会政策方面的教学与研究机构。2013年，国家学位委员会在调整学科目录时，正式采纳了将“社会管理与社会政策”作为社会学一级学科之下的二级学科，这表明社会政策已成为我国学术界和官方均承认的学科。2014年，南开大学正式建立了“社会工作与社会政策”博士和硕士点学科，为我国高校第一个建立的社会政策学科。此外，2007年，中国社会学会成立了社会政策专业委员会，标志着这一领域中已经形成了比较成熟的学术研究队伍。

进入新世纪以来，我国社会政策研究和教学长足发展的动力主要来自于社会的需要，即在政府构建社会主义和谐社会目标的引导下，全社会对社会政策的重视和期望有了很大的提高，我国各级政府对我国社会政策研究的投入加大，从而带动了社会政策研究、教学和学科发展。可以说，目前我国社会政策研究已初步形成体系，其重要性越来越为社会所认识。

5. 当前中国社会政策研究的主要任务及发展前景

尽管已经取得长足的进展，但社会政策研究在我国仍然还不成熟。为了达到构建社会主义和谐社会的长远目标，尤其是落实以改善民生为基础的社会建设任务，要求我国的社会政策研究有更好更快的发展。从目前情况看，我国社会政策研究有以下一些方面的主要任务。

首先，目前政府部门开始采用社会政策的概念，在中央重要文件中也提及这一概念。2014年，李克强总理在第十四届全国人大第二次会议上的报告中明确使用了“社会政策”的概念。但总体上看，社会政策的概念还没有成为政府在社会建设和社会发展宏观决策中重要的和普及使用的概念。因此，需要继续普及社会政策的概念和发展社会政策的理论体系。其次，我们应该尽快促进在高校和科研机构中社会政策学科和专业的发展，以促进其研究和人才培养的发展。再次，社会政策研究应该进一步扩展和深化，应该在构建社会主义和谐社会和发展社会建设目标的指引下，加快建立本国社会政策理论体系。同时要面对未来我国社会主义市场经济改革的深入发展、经济全球化的加深、我国转变经济发展方式、城镇化的加速及人口老龄化的加剧等重大的挑战，探讨能够应对未来各种挑战的、具有可持续发展能力的，既具有长期稳定的结构，又具有灵活调节能力的社会政策基本制度体系。最后，社会政策研究应该更加积极地参与政府社会政策的决策、规划和具体的实施过程，一方面为政府社会政策的宏观发展模式提出政策建议，另一方面在社会政策各个具体的行动领域中向政府提供更多更好的政策建议。同时还应该与专业社会工作的发展进一步协调，共同为我国的社会建设作出更大的贡献。

第二节 社会政策的理论基础与理论体系

具有完整的理论体系是一门学科成熟的标志之一。经过多年的发展，社会政策学科已经形成自身的理论体系。社会政策的理论体系是依托社会科学领域中多门基础学科中的基础理论体系，并在不断对社会政策实践进行理论概括的基础上逐渐发展起来的。本节主要介绍社会政策理论基础和理论体系的基本要点。

一、社会政策的理论基础

1. 社会政策的多学科理论基础

如前所述，社会政策具有综合性。这种综合性表明，社会政策学科的产生和发展是建立在多学科的理论基础之上的。一方面，从事社会政策研究的学者来自许多学科和专业背景，譬如，经济学、政治学和社会学等学科。另一方面，当他们进行社会政策研究时，往往依靠社会学、统计学、管理学、历史学、法学、经济学、政治学、哲学、地理学和社会心理学等学科所使用的方法和理论来探讨社会福利问题。因此一些学者认为，社会政策并没有一套独一无二的方法、概念和理论，它更多的是一个多学科的研究领域（Erskine，1998）。

虽然社会政策是建立在多学科理论基础之上的，但和社会政策研究尤为密切相关的是经济学、政治学和社会学等三个学科的相关理论。迪尼托（DiNitto，1995）在谈到美国的社会政策时就曾经指出：为了了解当代社会福利政策，有必要研讨一些社会、经济和政治因素，它们塑造了美国的社会福利政策。由于这三个学科的理论与社会政策学科关系密切，所以在本节中我们重点讨论社会政策的经济学、政治学和社会学理论基础。

2. 社会政策的经济学理论基础

社会政策是政府决定做什么或者不做什么的政策，但无论政府决定做什么还是决定不做什么都会涉及资源的利用。诚如波普尔和莱宁格（Popple & Leighninger，1998）所言，社会福利政策包含着大量的经费支出，因此会带来重要的经济后果。经济学研究从稀缺性概念出发，关心如何选择分配稀缺资源的议题；而社会政策与资源配置密切相关，因此经济学不会忽略社会政策的议题。此外，社会政策的选择问题又会涉及效益、效率和公平等问题，对这些问题的不同看法又导致形成了不同的经济学理论流派。因此，各个不同的流派会从不同的角度反映社会政策的议题，并且当代宏观经济学和微观经济学都涉及社会政策议题。尤其是，凯恩斯主义主张国家干预的经济学对第二次世界大战以后西方福利国家社会政策体系的建构和发展起到了积极的支持作用，而20世纪80年代以后西方国家和一些发展中国家社会政策的改革则在很大程度上受到新自由主义经济学的重要影响。

3. 社会政策的政治学理论基础

政府在决定做什么或者不做什么时除会涉及资源的利用外，在决策过程中还会涉及公共权力的使用和政治过程的影响，因而社会政策包含着一系列政治议题。简而言之，从政治学的角度看，社会政策是围绕着由贫困和不公正以及社会中其他问题所引发的政治斗争（DiNitto，1995）。在拉斯韦尔看来，政治学主要关注的问题是“谁人获得什么，何时获得，如何获得”（DiNitto，1995）。在“传统的”政治学中，焦点集中在政府的制度性结构和哲学依据，包括研究宪法上的安排，例如联邦主义、分权和司法的回顾；官方实体如国会、总统和法院的权力和责任；政府内部的关系；立法、行政和司法机构的组织和运作。也就是说，传统的研究描述社会政策在其中形成的那些制度。现代“行为”政治学则基本上聚焦于同政府有关的过程和行为，包括研究个人和群体行为的社会学和心理学基础；投票和其他政治活动的决定因素；利益群体和政党的功能；立法、行政和司法领域中不同行为和过程的描述（Dye，1995）。在现代政治学中，针对“谁制定政策”和“政策是如何制定出来的”议题，形成了多元论、公共选择理论、精英主义模式、理性决策、渐进主义、冲突理论等理论流派（Popple & Leighninger，1998）。

4. 社会政策的社会学理论基础

虽然社会政策涉及资源分配和政治过程，但其起点却是由于社会问题。从这个角度来讲，社会政策研究亦离不开社会学理论的贡献。事实上，在社会政策学科产生和发展过程中，社会学家对社会问题的研究贡献良多。正是布思和朗特里对贫困问题的研究，构成社会政策学科最先在英国产生的催化剂之一。内格尔（Nagel，1984）指出，尽管政治学在社会政策研究中扮演了一个重要角色，但实际上这个领域是交叉性的。政治学探讨社会政策的可行性，经济学探讨社会政策的成本、效益以及以最小的成本获得最大的效益，而社会学的着眼点则在于社会问题、社会阶级和社会统计。艾因宾德（Einbinder，1995）

亦指出，一些社会学家探索社会政策如何影响社会制度和社会行为。此外，社会学家还开发精致的方法去评估社会政策及其方案的效果及影响。同时，社会学中较宏观的结构功能理论和冲突理论，以及较微观的交换理论和符号互动理论亦构成了社会政策研究的理论基础之一。

二、社会政策的理论体系

社会政策是和社会福利密切相关的，其理论体系是围绕着对社会福利的诠释而建构起来的。美国著名社会政策学者米奇利（Midgley，2004）曾把社会政策理论区分为三种：

1. **描述性理论**（Representational Theory）

在社会政策理论研究中，描述性理论是通过分类等方式，把复杂的社会政策现象简化成更加容易处理的类别，并通过这种方式，促进对不同的社会政策取向的更好的理解。一种有代表性的描述性理论是由威伦斯基和黎贝克（Wilensky & Lebeaux，1965）提出的关于社会福利的“剩余性模型”和“制度性模型”。剩余性模型假定家庭和市场经济是满足个人需要的两个“自然”的渠道和优先性的福利供给结构。但有时这些制度不能充分地发挥功能，例如家庭生活被打乱，经济发生问题，或因年老或疾病等原因而无法通过这些渠道去满足基本需要。只有在这种情况下，第三种机制即社会福利制度才会开始发挥作用。因此，社会福利是一种补救性的制度，它只是在其他制度失效时才发挥紧急的功能，而一旦正常的家庭和经济系统等渠道重新适当地发挥作用后，它就应当撤离出来。与之相反，制度性模型把社会福利看做是现代工业社会中帮助个人达到自我实现的一个适当的合法的功能。制度性模型认为，在复杂的现代生活中，人们往往没有能力为自己可能遇到的风险和困难做好充分准备，家庭和就业往往也难以满足人们的全部需要，因此，社会需要预先设立一套规范化的社会福利制度，去帮助个人和家庭满足需要和解决问题，而不是等家庭和就业都失效后才去补救。蒂特马斯（1974）后来对剩余性模型和制度性模型的分类进行了扩展，进一步提出了“工业成就—表现模型”：该模型把社会政策与经济联系起来，并根据人们的长处、工作表现和生产力来提供福利服务。

艾斯平–安德森（Esping-Andersen，2003）提出的“三个世界模型”是20世纪90年代以来在社会政策领域另一个影响很大的理论。艾斯平–安德森运用“非商品化指数”工具，把福利资本主义分为三种模式。所谓“非商品化”是指个人所获得的各种福利和社会服务相对地独立于其收入之外，不受其购买力影响的保障程度。第一个模式是具有自由主义特点的昂格鲁—撒克逊模式。

在此模式中，公共福利的责任范围较窄，并主要是针对穷人；而大多数人更愿意通过私人市场去满足他们的需要。第二个模式是欧洲大陆传统模式，其前提是就业和贡献相关联的公共社会保险计划。这一制度也具有相当大程度上的“家庭化”特点，因为许多福利要由家庭本身来承担。第三个模式是“社会民主”模式，主要是指斯堪的纳维亚制度，它与其他两种制度有着明显区别。首先，它的前提是普遍性和平均性的给付原则，既与特殊需求无关，又与就业记录无关，而只与公民资格有关，在这一方面，此模式在涵盖人口的社会风险方面明显占优势。其次，毫无疑问，在这种模式中对家庭的依赖最少——尤其在儿童和老人照顾和服务方面。

2. **解释或分析性理论**（Explanatory or Analytical Theory）

解释性理论是回答关于社会政策的本质、社会政策在社会中的功能和社会政策产生和变化的原因等多种多样的问题。大体上来讲，解释性理论又可以分为两类，一类探讨福利国家产生的原因，另一类论证福利国家存在的合法性。

在探讨福利国家产生的原因理论中，除前述威伦斯基和黎贝克的理论也可归入其中外，还有另外两种理论。一是马克思主义理论。在马克思主义者看来，阶级冲突和剥削是资本主义经济体系的基本特征。虽然剥削和冲突的程度与具体原因会有所不同，但资本主义本身无法消除这些剥削和冲突。因此，国家投入社会福利只是为了防止社会骚乱和保护资本主义的利益，而不是为工人阶级和劳动人民的根本利益着想（George & Wilding，1994；Midgley，2000）。二是社会民主主义理论。社会民主主义者在解释福利国家的产生上和马克思主义者不同，他们在肯定资本主义制度的前提下，不是强调阶级对立与冲突，而是主张改良。因此，他们并不认为福利国家的产生是资本主义国家阶级斗争以及对其进行控制的结果，而是工人阶级运动和他们联合起来利用国家作为追求社会进步的斗争结果（Midgley，2000）。

在探讨福利国家合法性的理论中，第一是公民权理论。该理论的主要代表人物为英国学者马歇尔（T. Marshall）。在他看来，政府的社会福利供给是公民权历史演进的结果。从历史上来看，公民权最初并没有被给予所有的人。奴隶、农工、劳动者和工人并没有被看做是公民，并且没有被准许分享贵族所享受的权利。然而，随着公民身份的逐步扩大，广大民众获得了司法民权和而后的政治权。马歇尔认为，公民身份的发展也要求社会权的扩大。公民社会权的扩大要求国家必须保证人民有权利获得充分的收入、卫生、住房和教育等。国家必须在法律上建立这些权利，并保证它们实施。马歇尔的理念强调社会权和司法民权及政治权同样神圣，必须由国家来实施，这为国家介入社会福利奠定了规范性基础（Midgley，2000）。第二是集体道德责任说。蒂特马斯把强烈的伦理因素注入争论当中，主张社会福利应当是公民的集体道德责任。因为国家代表其公民，公民通过国家来担负其集体责任和表达他们的利他主义行为。国家福利制度是表达民众利他主义行为最有效的方式。而利用市场则不仅是无效的，而且在道德上也是不相容的。国家不仅有权威和资源来有效地满足人们的需要，而且它的介入有积极的道德结果：促进利他主义行为、增强团结、促进社会接纳、养成同情心。如果人们承认他们“拥有”国家，以及国家代表他们的集体利益，那么他们就会愿意支付税款来资助社会服务方案，不仅帮助穷人，而且提升所有人的福利。因此，社会政策服务于基本的道德目的（Midgley，2000）。

3. 规范性理论（Normative Theory）

规范性理论是指关于社会政策价值基础的理论。在许多国家中，由于各个政党、群体和理论家所持的价值立场、意识形态、政治目标、宗教观点等方面不同，他们对社会政策的规范性理论解释也不同，因此而形成“左翼”“右翼”和“中间派”等不同的派别。关于规范性理论的具体内容，请参见本书第八章。

第三节 社会政策研究的基本方法

作为一门社会科学学科，社会政策学科在长期的研究活动中形成了自身的方法体系。社会政策的研究方法广泛借鉴社会科学各门学科中的方法，并在研究实践中形成了自身的特色。在本节中主要介绍社会政策研究方法的基本内容和特点。

一、社会政策研究的方法论基础

1. 社会政策学科的方法论基础

社会政策学科是随着社会政策实践逐渐发展起来的。尽管仍有学者认为社会政策仅仅是一个多学科的研究领域，但在当今许多国家中，社会政策事实上已经成为社会科学中的一门专门的学科。本书认为社会政策是一门建立在多学科知识体系基础上的社会科学学科。它不但是立足于经济学、政治学和社会学等学科的理论体系之上的，而且在研究活动中也借鉴这些学科所使用的方法。

2. 社会政策作为一门应用性学科的方法论特点

从其学科特点来看，社会政策是一门应用性的社会科学。其产生是和社会工作实践密不可分的，其发展也离不开对社会中社会福利问题的回应，其研究目的则是促进社会政策实践的发展以解决社会问题。威廉姆斯（Williams，

1989）对社会政策的应用性做出了清晰的表述，他认为主流社会行政（社会政策）基本上是经验性和实用性的，其主要目标是收集有关社会问题（例如贫困程度）的事实和证据，以便影响政府改进其福利供给。

和社会学等理论学科有所不同，作为一门应用性学科的社会政策研究在方法论上具有一些特点，其中最主要的特点是社会政策研究包含比较强烈的价值诉求，强调价值在社会政策的制定、执行、评估等过程中的重要性。关于社会政策研究的价值关联性和价值中立性问题将在第八章第一节中做较为详尽的讨论。

二、社会政策分析的方法

1. 什么是社会政策分析

关于什么是政策分析，学者们有不同的看法。邓恩（Dunn，1994）认为，政策分析是对政府所面临的不断出现的问题和危机的一个回应；科克伦和马隆（Cochran & Malone，1995）认为，政策分析是通过对调查资料的分析而为决策者提供准确和有用的信息；多贝尔斯坦（Dobelstein，1996）认为，政策分析的目的是为决策者提供可靠的信息，以便为他们解决社会问题的决策活动提供帮助。概括起来看，社会政策分析是应用科学的分析方法而对社会政策的制定和实施过程，及其对各种环境条件做出深入的研究和分析，以帮助决策者更好地把握公众对社会政策的需要、社会政策面临的各种社会影响因素，以及社会政策过程中存在的各种问题。

2. 社会政策分析的基本视角

社会政策学者在利用理性分析研究社会对社会福利问题的回应时，往往会采取不同的取向，即社会政策分析中不同的基本视角。概括来讲，学者们所采取的取向主要表现为：

第一，描述性分析。描述性分析一般是指对现有政策的陈述，它主要解决“是什么”的问题。戴伊（Dye，1995）在谈到政策分析中的问题时曾经指出，透过描述，我们可以了解公共政策……我们可以了解政府在福利、国防、教育、公民权、健康、环境、税收等方面正在做什么或者没有做什么。

第二，过程分析。同描述性分析相比，过程分析有不同的着重点。如果说描述性分析主要是回答“是什么”的问题，那么过程分析则主要是回答“如何”的问题。波普尔和莱宁格（1998）指出，同政策内容相比，过程分析更多地涉及一项政策是如何形成的。这种分析方法的焦点是许多政治因素在社会政策过程中的相互作用，包括政府机构、官员、传播媒介、专业协会和其他特殊利益群体在社会政策过程中的相互作用。

第三，评估。评估虽然也回答“如何”的问题，但它的着眼点并不是政策是如何形成的以及政策目标是如何实现的，而是要对社会政策的诸方面做出一个评判。波普尔和莱宁格（1998）明确地指出，评估不是简单地描述或解释社会政策，而是要对社会政策做出判断。评估过程可以判断一项政策的逻辑一致性、评价它的效果和效率、分析它的伦理特点。所以，他们把评估进一步细分为逻辑评估、定量评估和伦理评估。

第四，规范性分析。规范性分析包含着有关“应当是什么”的价值判断。科克伦和马隆（1995）把政策分析分为实证性的政策分析（Positive Policy Analysis）和规范性的政策分析（Normative Policy Analysis），并且认为规范性的政策分析集中研究应当通过什么样的社会政策去改进一般福利。

第五，价值或目的取向。莫罗尼和克里西科（Moroney & Krysik，1998）把政策分析取向划分为“强调过程”和“强调目的”两种。前者主要是技术分析，后者则采取一种系统地把价值渗入分析之中的观点。在他们看来，价值渗透在整个政策过程之中，影响着对具体政策议题的选择，以及该议题将如何被界定。价值是确定政策目标、选择政策方案和评估政策效果等各项工作的基础。

从总体上看，自从政府开始通过社会政策去解决社会问题，并且社会政策被作为一个研究对象以来，在社会政策分析这个领域中已经发展出了多种分析取向。这些分析取向各有自己的着眼点和目的。但实际上它们只是社会政策分析取向的“理想型”。在现实的社会政策分析实践中，各种分析取向之间存在着许多交叉，并没有划分得如此清晰。而且，在现实的社会政策分析过程中并不存在任何一种大家都一致同意的分析取向。因此，当我们选取社会政策分析取向时一定要广泛地考虑各种可能的选择，考虑自己的工作责任、功能层次和哲学取向（Flynn，1992）。

三、社会政策研究中收集与分析资料的方法

作为一门社会科学，社会政策研究所使用的收集和分析资料的方法如同其他社会科学尤其是社会学一样，也是采用定量研究方法和定性研究方法。这两种研究方法在学术界被看做是两种不同的研究范式，它们在哲学本体论、认识论、方法论及具体研究方法上有所不同，因而适用于不同的研究目的。

1. 定量研究方法

定量研究从特定假设出发将社会对象数量化，计算出相关变量之间的关系，由此得出“科学的”“客观的”研究结果。在收集和分析资料上，定量研究方法往往使用随机抽样方法获取研究样本，例如简单随机抽样、等距抽样、

分层抽样、整群抽样和多段抽样等，然后利用结构性或半结构性问卷去收集资料。其所收集的资料通常量比较大且以数字的形式呈现出来，因而其对资料的分析一般是通过统计分析去描述或解释一个样本的特定特征，并且把在样本中发现的特定特征推论到整个总体之中。

2. 定性研究方法

定性研究强调研究者深入社会现象之中，通过亲身体验了解研究对象的思维方式，在收集原始资料的基础之上建立"情境化的""主体间性"的意义解释（陈向明，2000）。定性研究方法和定量研究方法不同，它一般不要求有较大规模的调查样本，而是通过对少数具有典型特征的个体进行深入分析而揭示研究对象的各种特征及其背后的原因。在收集资料方面，定性研究常常采用深入访谈、小组座谈等方法。其所收集的资料一般以文字的形式呈现出来，因此其对资料的分析通常为定性分析，首先对文字资料进行编码，然后形成主题或理论，进而形成新的发现以增加对社会现实的了解。

思　考　题

1. 蒂特马斯的社会政策研究取向及其长处和不足是什么？
2. 社会政策科学在国外的发展历程是怎样的？
3. 社会政策研究在我国的发展历程是什么？
4. 比较关于福利国家的公民权理论和集体道德责任说。
5. 社会政策研究的方法论基础是什么？

主要参考文献

霍华德·格伦内斯特. 英国社会政策论文集. 北京：商务印书馆，2003.

陈国均. 社会政策与社会行政. 台北：三民书局，1987.

陈向明. 质的研究方法与社会科学研究. 北京：教育科学出版社，2000.

多吉才让. 中国最低生活保障制度研究与实践. 北京：人民出版社，2001.

考斯塔. 艾斯平-安德森. 福利资本主义的三个世界. 郑秉文译. 北京：法律出版社，2003.

李秉勤，贡森.《社会政策译丛》出版说明//霍华德·格伦内斯特. 英国社会政策论文集. 李秉勤，贡森译. 北京：商务印书馆，2003.

厉以宁，秦宛顺. 现代西方经济学概论. 北京：北京大学出版社，1983.

刘脩如. 中外社会政策比较研究. 台北："中央"文物供应社，1982.

桑玉成，袁峰. 推进政策科学研究的新发展. 天津社会科学，1997（1）.

孙炳耀. 当代英国瑞典社会保障制度. 北京：法律出版社，2000.

杨团. 社会政策研究范式的演化及其启示. 中国社会科学，2002（4）.

马凤芝. 政策实践：一种新兴的社会工作实践方法. 东岳论丛，2014（1）.

Alcock P. The discipline of social policy//Alcock P, Erskine A, May M, eds. The Student's Companion to Social Policy. Oxford: Blackwell Publishers Ltd., 1998.

Blakemore K. Social Policy: An Introduction. Philadelphia: Open University Press, 1998.

Bogdanor V. The Blackwell Encyclopedia of Political Science. 2nd ed. Oxford: Blackwell, 1987.

Cochran C L, Malone E F. Public Policy: Perspectives and Choices. New York: Mcgraw-Hill, 1995.

DiNitto D M. Social Welfare: Politics and Public Policy. 4th ed. Boston: Allyn and Bacon, 1995.

Dobelstein A W. Social Welfare: Policy and Analysis. Chicago: Nelson-Hall, 1996.

Dunn W N. Public Policy Analysis: An Introduction. New Jersey: Prentice-Hall, 1994.

Dye T R. Understanding Public Policy. 8th ed. New Jersey: Prentice-Hall, 1995.

Einbinder S D. Policy analysis//Encyclopedia of Social Work. 19th ed. Washington, D C: NASW Press, 1995.

Erskine A. The approaches and methods of social policy//Pete Alcoak, ed. The Student's Companion to Social Policy. Oxford: Blackwell Publishers Ltd, 1998.

Flynn J P. Social Agency Policy: Analysis and Presentation for Community Practice. 2nd ed. Chicago: Nelson-Hall Publishers, 1992.

George V, Wilding P. Welfare and Ideology. New York: Harvester Wheatsheaf, 1994.

Ginsberg L H. Understanding Social Problems, Policies, and Programs. 2nd ed. South Carolina: University of South Carolina Press, 1996.

Iatridis D. Social Policy: Institutional Context of Social Development and Human Services. California: Brooks / Cole Publishing Company, 1994.

Jansson B S. Social Policy: From Theory to Policy Practice. 2nd ed. Pacific Grove, C A: Brooks / Cole Publishing Company, 1994.

Midgley J. The institutional approach to social policy//Midgley J, Tracy M B, Livermore M. The Handbook of Social Policy. Thousand Oaks, California: Sage Publications, 2000.

Midgley J. Social policy for development: local, national and global dimensions//Anthony H, James M. Social Policy for Development (chapter 1). London: Sage, 2004.

Mishra R. Social policy and the discipline of social administration. Social Policy & Administration, 1986, 20 (1).

Moroney R M. Krysik J. Social Policy and Social Work: Critical Issues on the Welfarestate. New York: Walter de Gruyter, 1998.

Nagel S S. Contemporary Public Policy Analysis. Alabama: The University of Alabama Press,

1984.

Popple P R, Leighninger L. Policy-Based Profession: An Introduction to Social Welfare Policy For Social Workers. Boston: Allyn and Bacon, 1998.

Putt A D, Springer J F. Policy Research: Concepts, Methods, and Applications. New Jersey: Prentice-Hall, 1989.

Spicker P. Social Policy: Theme and Approaches. London: Prentice-Hall, 1995.

Wilensky H L, Lebeaux C N. Industrial Society and Social Welfare. New York: The Free Press, 1965.

Williams F. Social Policy: A Critical Introduction: Issues of Race, Gender and Class. Cambridge: Polity Press, 1989.

Pierce, Dean. Policy practice//Midgley J, Tracy M B & Livermore M. The Handbook of Social Policy. (53-63). Thousand Oaks, California: Sage, 2000.

第二编

社会政策基本原理

对于一个初学社会政策的学生来说，首先会想到的问题可能是“什么是社会政策?”然后可能就是“政府为什么要制定和实施社会政策?”对于这两个问题，我们在第一章中都做了讨论。但是通过仔细观察就会发现，在世界各国，通过政府实施社会政策的方式并不是满足人们需要和解决社会问题的唯一办法；同时，在各个时代各国政府的社会政策体系中，对同样的问题常常有许多不同的解决办法：同样是满足医疗需求，有些国家搞全民健康服务，而另外一些国家则搞医疗保险；同样是发展高等教育事业，有的国家几乎完全由国家负责，而另外一些国家则在很大程度上是一个市场化的过程；同样是为老人提供服务，有的国家很依赖政府的投入，而另外一些国家则更强调家庭的作用……这些情况都说明，各国政府在处理这些问题时并不是只面临唯一的选择。相反，在国家或地方政府面前常常有多种政策方案，而政府的社会政策过程在很大程度上就是一个对各种方案的选择过程。并且，正是有着多种方案的选择，使得各国的社会政策都变得纷繁复杂，充满了各种变量和不确定性，从而使社会政策分析成为了一个充满挑战性的工作。

因此，接下来的问题就是：“在这种多样化的政策方案中，政府是如何选择的?”或者“应该如何选择?”进一步看，这一问题又包含了以下一些问题：

——什么样的社会政策是一项好的社会政策?（评价和选择社会政策的标准）

——哪些因素在影响着政府的社会政策决策和实施?（社会政策的影响因素）

——政府是如何制定和实施社会政策的?（社会政策的动态过程）

对于一个学习社会政策的学生来说，搞清楚这些问题是理解社会政策的关键。而对于社会政策的决策者、执行者和专业研究者来说，就更需要对这些问题有深入的分析和把握。

在本部分从第四章到第十一章的内容中，我们就从各个方面对上述问题的基本原理做基本的介绍和分析。

第四章　社会政策与人的需要及社会问题

在当代社会中，政府之所以要制定和实施各项社会政策，其最基本的目的是要满足人们的社会需要，解决各种社会问题。因此，从某种角度看，社会政策是对个人、群体、社区的各种需要的制度性回应，是针对社会问题采取的应对措施。社会政策分析的内容之一，是要分析政策的需要基础以及社会政策与社会问题之间的关系。确定在特定范围内，哪些人面临什么样的问题，他们有何需要，是政策决策者进行社会政策规划的基础，也是提供政策执行方案以及对方案进行评估的基础。本章将主要讨论个人需要和社会需求的概念及其对社会政策的导向作用、社会问题的基本性质和特征及其与社会政策的关系、当代社会问题的主要方面以及社会政策在解决社会问题中的作用、有限性等问题。

第一节　社会政策与人的需要

当代社会政策的基本目标之一是要为不能通过其他途径来满足自身基本需要的人提供福利性的帮助。因此，不论从理论上还是在社会政策实践中，社会成员的基本需要都是社会政策行动的基础。从理论上看，满足人的基本需要是社会政策的出发点；从实践上看，各项社会政策行动的范围、水平和实施方式都要从人们的实际需要出发。然而，人的需要是复杂的，既有基本的需要，也有高层次的需要；既有个人需要，也有集体的、社会的需要。因此，在进行社会政策分析时，首先要对人的需要做出仔细的分析和明确的界定。

一、个人需要与社会政策

1. 个人需要及其社会含义

对人类需要（needs）的研究涉及社会科学的各个领域。经济学、政治学、社会学等学科的理论都有关于人的需要的分析；社会政策的形成以及执行，所依据的也是政策受益人口的需要假设。因此，研究社会政策离不开对人类需要的研究。

广义的需要概念涉及整个生物界，可以指植物、动物、个人及人类社会的一种摄取状态，以此保证主体的生存和发展（张乐天，1997）。社会政策中的需要概念是相对狭义的概念，指个人和社会的需要，即个体和社会为了维系其生存并求得发展而必须设法获得满足的摄取状态。人的需要首先表现在个人的需要，即人类个体在其生活中具有的各种需要。与其他生物一样，个体首先具有各种基本的生理性需要。但与其他生物不同的是，人一方面具有更高层次的需要，另一方面，人的需要，尤其是较高层次的需要具有社会性的意义。因此从这一角度看，个人的需要在不同程度上反映了社会的需要，是社会需要在个体层次上的表现，或说是个体层次上的社会需要。

个人需要的社会属性可以这样来理解：第一，社会的整体需求往往通过众多的个体表达出来，表现为个体的需要，但这种需要的满足，从功能上来说，不仅维系了个体的生存，也维系了社会整体的整合。第二，个人需要的产生也是社会性的。个人的需要没有纯粹自然性质的，往往需要用社会的标准来衡量，并以社会性需要的形式表达出来。第三，个人需要的满足往往以社会的途径来实现，即便是传统的以家庭、邻里、社区为主要满足手段的那些需要，也因为在社会关系中表达并得到解决，从而使其带有社会的性质。所以，个人的需要实际上不是单个人的需要，即使表现为个体的需要，也不能因此而忽视其社会的性质。归根到底，个人需要应该是社会成员的社会需要。

2. 人的需要与需求

人的需要与需求是两个密切联系，又有一定差异的概念。在许多社会科学文献中使用这两个概念时并没有做出严格的区分和界定。但在社会政策研究中对这两个概念做出区分是有实质性意义的。从一般意义上看，需求（Demand）是指在特定条件下人们现实的、可以指望得到满足的需要。从抽象的意义上看，每个人都会有很多需要，但是其中只有那些有望在现实条件下得到满足的需要才会对人的行为产生实质性的影响。经济学中更经常地采用需求的概念。经济学一般是按“有支付能力”来定义现实的需求，而没有支付能力的，即不具备满足条件的需要一般不具备经济学意义。例如，我们要达到较高的生活水平可能都需要有高级小轿车、高级住宅等物品，但只有那些有现实或潜在支付能力的人才会对这些商品产生实际的或潜在的需求，也才会进入经济学的视野。相比之下，社会政策主要关注人们的基本需要，而这种基本需要的满足不应该受其支付能力的限制：如果本人没有能力满足基本需要，则应该得到社会的帮助。

3. 个人需要的内容和基本类型

不同理论对社会政策中所讲的个人需要的内容有不同的看法。社会行政的观点认为，个人的社会需要是个人或人群中发生的各种问题，如贫困、失业、住房不足或居住环境不良、儿童和老年依赖、健康问题、越轨等等，其中儿童和老年问题也被认为是贫困或疾病所带来的问题。《贝弗里奇报告》中所提到的“五大病害”，即匮乏、懒惰、疾病、无知和肮脏，就是这种观点的表现。这实际上是以社会问题来界定个人的需要。经济学的观点认为，所谓需要其实就是人们的“偏好”（Preference）与“要求”（Demand），可以由货币来支付购买。因此，需要就是以购买力为基础的对某些产品与服务的要求。政治经济学的观点认为，需要应该用“目标”（Goal）和“策略”（Strategy）来定义。所谓需要是与特定的目标相联系的，并必须以某种策略去达到。在这里，“需要”（Needs）和“想要”（Want）是不同的，后者更多地带有个体主观的色彩。应该说，个人的需要就内容而言，与人类的生物、情绪、社会和精神层面都有关系。

英国学者布莱德萧（Bradshaw，1977）对需要概念进行了分类。他认为存在着四种需要：第一，规范性需要（Normative Needs）。这种需要是业已建立起来的标准与实际存在的状况比较之下所产生的。就是说，只要个人或团体的现状未能达到已被视为“规范”的期望标准（Desirable Standard），需要就会产生。贫困线实际上就是这样的一种标准，它使我们认定处于贫困线之下的人有特定的消除贫困的需要。第二，感觉的需要（Felt Needs）。这是侧重于由个人表达引起个人的感觉与经验的需要，与前面提到的“想要”关系密切。感觉的需要实际上是个人与环境互动的结果，所以，如果个人的信息不全，真正的需要会有所偏差而不能正确表达出来。第三，表达的需要（Expressed Needs）。这是感觉的需要转化为实际行动的结果，即在行动上表现为“要求”。弱势群体的示威请愿活动所表达的就是这类需要。第四，比较的需要（Comparative Needs）。当一些人所获得的产品和服务少于同类的其他人时，就会产生需要的感觉。应该说明的是，所有的需要或多或少地都带有主观的性质，即便是规范性需要，所建立的标准也是人为的，因而也是社会的、文化的。

4. 个人需要的层次及其刚性与弹性

马斯洛把人类的需要按其对人的生命的意义，从低到高进行了排列，共有七个层次，即生理的需要、安全的需要、社交的需要、尊重的需要、认知的需要、美的需要和自我实现的需要。在人的各种需要中，有些需要是基本的，这些需要往往被认为具有普遍性，其意义对任何人都是一样的，如“生存”、“健康”等等，这类需要被界定为人类的基本需要（Basic Human Needs）。从社会政策的角度看，所谓“基本需要”，是指在特定的社会生活条件下每个人都必须得到满足的需要。也就是说，如果一个人没有满足其基本需要，他就没有达到“人”的最低生活状态。社会政策最基本的目标是要满足人的基本需要。在当代社会，个人在收入维持、健康、就业、住房、教育与个人社会服务方面的最低的需要标准一般被认为是人的基本需要。

人类的某些基本需要是整个社会必须保证其满足的，这意味着人的某些基本需要是社会政策所面对的具有不变性质的“刚性”的需要。但社会政策的实践表明，基本需要的“刚性”并不意味着没有任何“差异”和“变化”。事实上，人类的基本需要会随着社会的发展，在不同的时空中有不同的表现。某些需要可能在不同的社会形态里与不同的历史阶段上都能保持其性质，这些需要的刚性特征就表现得更充分一些；但即便是这些刚性需要，也都表现出一定的弹性，其需要的满足程度会发生变化。例如，当代社会不可能采用过去农业社会中的基本需要标准；经济发达的城市地区的基本需要与边远落后地区人们的基本需要也不一样。因此，个人的基本需要也是社会定义的，是具有相对意义的概念。

基本需要的相对性直接导致难以对其进行完全客观的和准确的经验测量。在当代社会中对人们基本需要的测量都不可避免地带有主观性，受到社会和政治的影响。具体来说，个人基本需要的界定受下列因素的影响：第一，经济。需要的满足必须以一定的经济条件为前提，在不同的经济发展阶段和水平上，社会政策所应对的人类需要在满足范围和满足程度上都有变化。沃德福格（Waldfogel，2000）较充分地论述了社会政策的经济维度，认为在济贫法时代最低“维生”的需要发展到当代“福利国家”的“体面生活”要求，就与社会的经济条件有关。第二，政治。不同政治形态下人们的基本需要会有不同的界定，因为政治目标的实现需要得到社会成员的支持，所以，界定人们的需要也受到政治体制的影响。新自由主义的批评家往往批判“福利国家”的社会政策，认为这种社会政策扩大了社会成员的基本需要，就如市场迎合了顾客的要求一样，福利国家迎合了选民的要求。第三，文化、价值和意识形态。任何社会政策的规划和实践都与其背后的文化，特别是在社会中居主流地位的价值观和意识形态有密切的关系。不同文化、价值和意识形态下社会政策的不同，主要就是由于对人们的基本需要的界定不同，以及满足需要的手段选择的不同。在保守的资本主义、革新的资本主义、渐进的社会主义和激进的社会主义等各种社会政策模式中，济贫、社会保障和福利国家等社会政策观往往有很大的差异（李明政，1998）。个人需要的刚性与弹性问题，充分表现出对于人类基本需要的界定的主观性特征。

5. 满足个人基本需要的方式

从古到今，人们以各种方式满足个人的基本需要。这里首要的原则是，每个人首先应该通过自己的劳动来满足自己包括基本需要在内的各种需要。但是当因种种限制而无法满足自己基本需要的时候，就需要他人的帮助。从社会政策发展的历史看，在1870年以前，国家在满足人类需要方面的作用很小。在传统社会中，满足人类基本需要的主要途径是家庭和家族、亲友、邻里以及民间慈善团体，包括宗教慈善组织。家庭、邻里与民间慈善团体的确能在某种程度上满足人们的基本需要，但这些群体与组织常常本身也缺乏足够的资源，而且，它们在提供服务和满足人们需要的制度化方面也有欠缺。此外，市场机制也是满足人们需要的一个途径。如私立医院、私立学校、商业保险、私人养老院，等等。然而，虽然对社会中上层的社会成员而言，市场机制在满足其需要的过程中起到了十分有效的作用，但对无收入或低收入的人们而言，市场机制的局限性就十分明显。

前面几种满足人们需要的途径都缺乏专业性，并且市场机制还常常是以营利为目的。这样，非营利机构和专业团体就显示了其价值。这种途径是在市场和国家之外的一种服务传递方式，许多个人的需要都可以通过这种方式得到满足。但在社会整体层面上，由于这种途径缺乏统一性，并且过分强调了服务的"专业性"，因而往往会影响受益者的人数，并造成地区差异。

6. 社会政策在满足个人基本需要中的作用

社会政策是当代社会中满足人们基本需要的主流方式。按凯瑟琳·琼斯（Catherine Jones）的观点，社会政策是国家/政府应对社会问题，为满足人们的需要而进行的资源配置。满足个人的基本需要在当代社会中已经成为了社会成员的社会权利。因此，不管哪种"主义"的社会政策，都在不同程度上肯定政府在满足人们需要方面的主体责任。建立在民主社会主义理念基础上的福利国家制度更是用国家福利的方式，试图满足全体社会成员的需要。当代几乎所有的国家都针对人们的基本需要，形成了相应的社会保障政策、公共卫生及医疗服务政策、公共住房政策、公共教育政策、劳动就业政策和公共服务政策体系。

一个值得注意的问题是社会政策在满足个人需要中的有效性与局限性。应该说，社会政策在满足个人需要方面有很好的效果。社会保障政策利用社会保险、社会救助和社会福利等形式，在一定程度上保证了社会成员的基本收入；公共卫生及医疗服务政策在治疗和预防疾病方面也满足了人们的健康需要；同样的，住房需要的满足通过公共住房政策来实现，而人们的教育、就业以及个人社会服务方面的需要，也是通过相关政策来满足的。说一种社会政策是有效的，实际上是说这种社会政策能够满足人们的需要，并因此产生良好的社会效果。社会政策由于能有效地调动社会资源，在全社会的范围内针对人们的种种需要进行有效的资源配置，解决人们面临的社会问题，因此，在满足个人需要方面，社会政策表现出较高的有效性。

但另一方面，社会政策在满足个人需要方面的局限性也是十分明显的。主要表现在：第一，社会政策只能满足人们的基本需要。尽管一些社会政策的研究者和政策实践者认为社会政策应该随着社会经济的发展而逐步满足人们更高层次的需要，但在现实社会中，个人的需要在内容和层次上都是很复杂的，任何一项社会政策都不可能满足人们的所有需要。第二，在现实的社会政策实践中，即使是基本需要也无法完全通过社会政策来满足。也就是说，迄今为止各国的社会政策实践都只是部分地满足人们的基本需要。过去多年里一些发达国家尽管实施了高水平的社会政策，但并没有消除贫困，这从一个侧面说明了社会政策的局限性。第三，社会政策总是表现出非个性化特征。个人需要是千差万别的，而社会政策却具有一般化的性质，因此很难满足个性化的特殊需要。总之，社会政策在满足个人需要方面是有效的，但也有局限性。

二、社会需要与社会政策

1. 什么是社会需要

所谓“社会需要”，也可以表述为“社会的需要”，是指社会整体的需要。传统功能主义和现代功能主义都强调社会是一个如有机体一样的系统，该系统的某些特定的需要必须得到满足。就社会需要的内容和层次看，首先是社会的整合，这是社会最低层次的需要。社会整合是指一个社会的各个部分之间保持联系的状态。在传统社会中，社会整合主要是通过共同的情感和宗教；工业化之后的现代社会则主要通过劳动分工来实现社会的整合，但按涂尔干和帕森斯的观点看，社会分化基础上的整合还必须有一种团结的集体所具有的共同情感作保证。追求秩序是社会需要的第二个层次。有序的社会是人们在行动上具有一致性的社会。社会稳定及和谐是构成社会需要的第三个层次。现代社会是分化的社会，社会阶层之间和不同的社会群体、职业、种族之间如果发生紧张关系，就会影响社会稳定及和谐。社会需要的第四个层次是发展，包括经济发展和社会发展。经济发展主要是“物”的发展，主要解决物质资料的扩大再生产；社会发展主要以满足社会成员的生存、享受、发展的需要为中心。经济发展的最终目的是社会的发展；而社会发展也为经济发展提供了重要的保证（郑功成，2000）。

2. 社会需要与社会政策的关系

按照功能主义理论，当代社会对社会政策具有功能性的需要，而社会政策在满足这种社会需要方面是有效的。现代社会政策产生于工业革命、社会进入资本主义阶段之后。工业资本主义的发展引发了许多社会问题和社会冲突，而政府通过实施社会政策而干预市场经济，通过分配的形式而部分地消除了工业化带来的消极后果。尤其是在实行“福利国家”社会政策的国家中，社会政策在满足社会需要方面的确起到了良好的作用。

社会政策能够有效满足社会的需要，其有效性具体表现在：第一，国家通过制定和实施合理的社会政策而有效调节社会成员之间的社会关系，从而满足社会的整合需要；第二，社会政策已经成为社会政治制度和意识形态的有效组成部分，具有社会控制的作用，能够引导和规范社会成员的社会行为，从而满足社会的秩序需要；第三，社会政策可以通过资源的再分配而缩小不同地区和不同利益群体之间的差别，从而有效地消除或减弱社会中的矛盾冲突，满足社会稳定及社会和谐的需要；第四，政府通过制定和实施社会政策，可以有效地调节经济发展和社会发展之间的不平衡问题，使社会发展和经济发展能同步进行，使人类社会日益接近既追求“效率”又追求“公平”的社会目标，从而满足了社会发展的需要。

但是另一方面，社会政策在满足社会需要过程中也有一些局限性。首先，通过社会政策而调节社会群体之间的利益关系，常常会影响到既有的利益格局，因而导致新的矛盾冲突。例如，一些西方国家中的中产阶级批评民主社会主义取向的社会政策，认为损害了中产阶级的利益。其次，仅靠社会政策常常也难以整合社会成员的观念与行为，社会秩序的实现还需要其他社会控制制度的配合才是可能的。最后，社会政策试图通过对市场经济的干预而实现经济与社会的协同发展。但如何把握社会政策与市场机制、社会发展和经济发展之间的关系，研究者们仍有许多争论。自由主义一派认为市场机制是解决问题的最好机制，个人与社会的需要都能在市场上得到满足；推行积极的社会政策必然导致公共部门的扩大，从而产生新的社会问题，影响经济的发展。西方有的学者还认为，社会政策的制定和实施严重依赖政府，而政府行为如果出现问题，也会导致社会政策出现问题。因此，社会政策在满足社会整体需要的过程中，总是有其局限性的。

三、个人需要与社会需要对社会政策的导向作用

1. 个人需要对社会政策的导向作用

人们的各种需要对社会政策具有导向的作用，在一定意义上看，社会政策的制定和实施是对个人和社会需要的反应。需要的导向作用首先表现在个人需要方面。具体来说，个人需要对社会政策的导向作用体现在以下三个方面：第一，从基本需要满足的方向上看，随着社会经济的发展，人们的基本需要总是

在不断地扩大，社会对人类需要的认识也在发生变化，由此而带动社会政策范围的不断发展和扩大。过去的社会政策只是满足人们的基本生活，而后来随着经济和社会的发展，要求政府的社会政策逐渐扩大到教育、健康、住房、就业、社区与家庭服务等方面。第二，从基本需要满足的程度上看，随着经济与社会的发展，人们对基本需要满足的程度也会逐步提高，因而要求社会政策的水平也不断提高。例如，过去的社会救助政策的目标是满足于维持贫困者的基本温饱，而随着经济与社会的发展和人均收入水平的提高，要求在社会救助方面也要逐步提高水平，不能仅仅维持温饱，而是要让穷人也能分享经济与社会发展的成果，过上有尊严的生活。第三，从基本需要满足的方式上看，由于个人具有多层次的需要，因此要求有多层次的社会政策体系。并且要求社会政策在满足人们高层次的发展性需要时采取不同于满足基本温饱等低层次需要的方式。

从上述情况看，一个国家的社会政策的成功与否在很大程度上取决于它是否合理并充分地满足了民众的需要。我国近年来不断强调以人为本的社会政策发展原则，在各项社会政策的制定和实施中强调要以民众的实际需要为出发点和落脚点；强调要保障和改善民生；强调社会政策要托底。总归一句话，社会政策要满足人们不断提高的基本需要。

2. 社会需要对社会政策的导向作用

除了个人的基本需要对社会政策有导向作用以外，社会整体的需要也会对社会政策的发展产生明显的导向作用。社会政策必须对经济与社会发展、社会平等、社会和谐、社会稳定等社会整体的需要产生反应，做出贡献。社会整体需要对社会政策的导向作用有时候可能与个人需要的导向作用发生矛盾。例如，如果一个社会特别强调社会的经济发展，公共社会开支就可能受到影响，进而在一定时期内影响到某些群体的福利。由于要面对各种不同的个人需要和社会整体需要，社会政策的制定和实施往往面临复杂的决策影响因素。尤其是在社会分化比较严重的情况下，各种人群对社会政策的需要有很大的不同，社会政策要满足不同利益群体的不同需要，这会使社会政策过程更加复杂。

个人需要和社会需要对社会政策的导向作用在我国近年来社会政策的发展中得到了最为明显的表现。在新近的社会政策发展中，一个明显的变化是我国的社会政策正呈现出“重视民生”和“以人为本”的倾向，并强调福利供给中政府的主导责任。例如，教育的公共开支得到了大幅提升，达到并超过了GDP的4%；全民性的公共卫生和医疗服务体系基本建成；由于“新农保”和“新农合”的推行，以往社会政策中城乡二元分化/区别对待这一弊端将得到最大程度上的克服；普惠性/全民性的养老服务正在部分农村地区进行试点和推广。可以预见的是，中国的社会政策将越来越强调政府的责任，越来越“以人为本”“重视民生”，越来越具有“去商品化”的特征，把人的社会需要真正当作“权利”来看待。应该说，社会政策上的这种新变化，与政府的重视相关，但与个人、社会的需要存在着更为直接的关系。

第二节　当代社会问题与社会政策

社会政策行动从一开始就具有解决社会问题的意义。在过去一百多年的历史中，各国政府都采用社会政策行动去解决各种社会问题。在当代社会中，社会政策的重要性与社会问题的增多和复杂化有着密切的联系。因此，在进行社会政策分析时应该深入了解社会问题及其对社会政策的影响。

一、社会问题的基本含义与特点

1. 社会问题的基本含义

对什么是社会问题，不同的学者有不同的看法。国内有学者对这些关于社会问题的理论解释进行了整理，认为在社会问题的解释上存在着下列不同的观点（雷洪，1999）。

社会病态论——19 世纪末受生物进化论影响，由查尔斯·汉德森（Charles Henderson）和萨谬尔·史密斯（Samuel Smith）提出，认为社会问题是违背社会道德的现象，社会群体的道德病态或社会本身的道德不健康状态就是社会问题。

生物社会论——社会问题是由于人类的生理因素造成的某些行为现象。

社会解组论——美国早期社会学家库利（Charles Cooley）、托马斯（W. I. Thomas）和奥格本（William Ogburn）认为，所谓社会问题就是社会变迁导致的社会失控现象。

文化失调论——来源于社会解组论的观点，奥格本认为，在社会变迁过程中，相互关联的各部分的文化变化速度的不同导致社会整体的混乱现象，这种现象即为社会问题。亚文化论可视为其中的一支。

越轨论——社会行为与社会目标和制度化手段，或说社会期待与社会现实之间的差距，就是社会问题。

冲突理论——包括福勒（Richard Fuller）和麦尔斯 1948 年提出并在 20 世纪 60 年代成熟的价值冲突论，认为社会问题是价值矛盾和冲突造就的社会后果。另外，奥斯丁·塔克（Austin Turk）和里查德·昆尼（Richard Quinney）也从冲突论角度研究了犯罪问题。他们认为社会中的冲突现象不仅表现在价值方面，也表现在权力和利益方面，冲突的结果可以体现为社会问题。

人格论和心理失调论——有的学者用心理学概念解释社会问题，形成了人格论和心理失调论，把社会问题视为人格或心理失调的外在表现。

标签理论（Labeling Theory）——这是另一种具有较大影响的理论，它较为重视社会问题的主观定义取向，有时也被称为越轨的社会反应理论。标签论受符号互动论的影响，最初由埃德温·莱默特（Edwin Lemert）和霍华德·贝克尔（Howard Becker）提出，后来埃里克森（Erikson）、西克雷尔（Cicourel）和基特苏斯（Kitsuse）作了进一步发展。贝克尔认为，社会问题是由社会群体导致的，因为社会群体标定了哪些人的行为属于违反规则的行为。特定的社会群体能把规则用于特定的人，使他们被贴上越轨标签而成为“局外人”（Outsiders）。标签论的核心观点是：社会问题是社会的主观定义，即人们对某些人、某些行为、某些现象所作的主观性社会反应。

文森特·帕里罗等认为（2002），除了20世纪80年代兴起的后现代理论取向以外，在社会问题的理论解释中，大体上存在着三种取向，即功能主义、冲突论和互动论取向。社会病态论、生物社会论、社会解组论、文化失调论等，可以纳入功能主义的范畴；价值冲突、群体冲突和阶级冲突等理论，都体现了冲突论的观点；标签论的视角实际上是符号互动论在社会问题研究上的具体应用。帕里罗等认为，界定社会问题要考虑四个因素，即一种社会现象是否给社会和个体成员造成了严重的损害；是否触犯了社会中某些权力阶层的价值标准；是否能持续存在；针对这些现象是否有一系列的解决方案。

在上述社会问题界定中，这些学者既重视问题的客观性质，认为某种特定的社会条件是社会问题的必要条件，同时也强调主观的一面，认为价值在社会问题的界定中起到重要作用。并且，针对特定社会现象的集体行动也成为社会问题的构成要素。综合而言，社会问题可以被认为是对社会成员和社会整体造成负面影响、社会主流价值不能接受因而需要采取集体行动进行干预的社会现象。在社会政策领域内，社会问题应该是众多的个人或社会整体的某种需要得不到满足的一种社会状况，而社会政策就是试图用集体的行动去改变这种状况。

2. 社会问题的特点

一般来说，社会问题具有以下特点：第一，客观性。在社会科学领域占主流地位的实证主义依然认为，社会问题就是某种特定的社会状况/社会条件，依然把社会现象作为社会问题的必要条件。所谓的客观性主要是指社会问题的存在是一种客观的现象，它独立于人们的意志之外，其产生与发展有其自身的规律，人们可以减轻社会问题的危害程度，却不能彻底地解决社会问题。同时，对于社会问题的认识只能在社会问题产生之后，而不可能在此之前（朱力，2002）。

第二，主观性。社会事实本身不会成为社会问题，只有在特定的利益群体和权力阶层就社会事实做出社会反应以后，社会事实才能形成为社会问题。福勒和麦尔斯的价值冲突论以及默顿功能主义的社会越轨论在界定社会问题的时候都注意了社会问题的主观的一面，并引入了主观定义的视角。主观性还表现在社会问题的文化性上，不同文化背景中人们在价值、道德、宗教信仰、思维方式等方面都有差异，对社会问题的认识和界定也因此而不同。

第三，社会性。社会问题的社会性可以表现在社会问题产生的原因的社会性、社会问题的内容和形式的社会性、社会问题后果的社会性、社会问题责任的社会性以及解决社会问题方法和过程的社会性等方面。社会问题的社会性使社会问题区别于个体性的现象。

第四，过程性。过程性的含义一是其历史性。由于经济社会发展水平的不同，也由于人们对社会问题的评判标准不同，在特定的历史阶段上，会存在特定的社会问题。所以，引入时间维度，可以发现社会问题是历史的、变化的。过程性的另一含义表现在社会问题的认称过程上（Problem Claiming）。这与社会问题的主观性特点有关。社会问题的形成和界定，是在不同的社会群体，尤其是在特定社会事态中的人群、拥有话语权的社会群体，如媒体和学者群体以及国家（政府）三者之间进行问题认称的过程中实现的。另外，社会问题还有一些其他的特点，如普遍性、持久性、群体性等。

二、当代社会问题的主要方面

当代社会问题的范围十分广泛。一般说来，当代各国都共同面临以下一些社会问题。

1. 社会不平等问题

社会不平等及其所带来的贫困和他各种社会问题是严重困扰当代各国的社会问题之一。在当代社会中，社会不平等的主要原因是由于权力和其他各种资源分配中的制度性差异，导致各类不同的人在社会财富分配中所占有份额的不同，以及各个群体的声望及社会地位的不同。适度的社会不平等可以在激励人们劳动积极性方面起到积极的作用，但不平等程度过大，尤其是当不平等的分配与人们的表现和贡献并不直接相关时，其负面的影响就会表现得更加突出。在当代社会中，不平等表现在各个层面上。在一个国家内部的不同城市与农村之间，各个不同的地区、不同的职业、不同文化程度以及不同种族的人之间都存在着结构性的不平等。根据亚洲开发银行的数据，反映贫富差距，即经济上不平等的基尼系数，中国从 1993 年的 0.407 扩大到 2004 年的 0.473，达到了拉丁美洲的平均水平，远远高于印度、韩国（亚洲开发银行，2007）；而中国 2007 年的基尼系数则达到了惊人的 0.48（顾严，2007）。如果这一趋势继续发展下去，贫富分化问题将是我国的一个十分严峻的社会问题；幸运的是，近年来我国的收入差距扩大趋势有所缓和。根据国家统计局的最新数据，中国 2013 年的基尼系数是 0.473，比 2007 年有所降低，与 2004 年持平（国家统计局，2014a）。

社会不平等会带来很多负面的社会后果。首先，由于财富的不平等分配，导致一部分人难以合理分享经济与社会发展的成果，严重时还会导致一部分人长期处于贫困状况。当代各国的贫困问题都在不同程度上与社会不平等有关。尤其是许多发展中国家中严重贫困问题既与其国内的不平等有关，也与国际之间财富分配的不平等有密切的关联。其次，严重的社会不平等还会导致社会中犯罪增多和社会不稳定，严重时会导致一个社会内部或国际之间出现严重的政治冲突，甚至战争。为此，当代各国政府都在不同程度上注意通过各种方法去控制社会不平等，而社会政策行动是其中重要的途径之一。

2. 贫困问题

与社会不平等有关的另一重要社会问题是贫困问题。在当代社会，尽管各国在经济发展方面已取得重要的进展，但贫困问题依然严重存在，并严重阻碍着各国的社会发展和部分社会成员合理分享经济与社会发展的成果。中国在反贫困方面做了很多工作，取得了相当大的进展。根据国家统计局的最新数据，按照年人均纯收入 2 300 元（2010 年不变价）的农村扶贫标准计算，2013 年农村贫困人口为 8 249 万人。按城乡社会救助的口径推算，2013 年年末全国共有 2 061.3 万人享受城市居民最低生活保障，5 382.1 万人享受农村居民最低生活保障，农村五保供养 538.2 万人（国家统计局，2014b）。也就是说，目前我国仍有近 1 亿人处于贫困之中。因此，中国目前的贫困问题依然严峻。社会政策在维持公民收入安全，满足人的最基本需要方面，依然存在巨大的挑战。关于贫困问题的基本理论与当代各国的贫困问题，在本书后面的章节将有专门的论述。

3. 人口老龄化与老年人问题

人口老龄化是指老年人在总人口中的比例逐步加大的过程。到 2013 年末，我国人口中 60 岁以上的老年人比例已达到 14.9%，而 65 岁以上的占到了 9.7%（国家统计局，2014b），均已超过国际上的老龄型人口的标准，标志着我国已进入老龄化社会的门槛。在老龄化社会中，老年人问题往往会成为突出的社会问题。老年人问题是指老年人的特殊需要得不到满足，因而引起社会反应，并需要采取集体行动予以回应的过程。随着一个社会步入老年型人口阶段，老年人问题也随之产生和发展，并成为一个严重的社会问题。这些问题主要表现在：第一，老年人的收入保障问题；第二，健康保障问题；第三，生活质量问题，包括生理状况、心理状况和人际关系等方面内容；第四，老年人的家庭照顾和精神需要的满足问题；第五，社会参与和社会融合问题。

导致老年问题的真正原因既有客观的社会前提，也有主观的观念变化。就客观条件而言，新的分配机制使老年人的收入与年轻人的收入相比有较大差距，老年人的经济独立性能力降低，对社会风险的抵抗能力也随之降低。就主观认识而言，人们对老年人观念的改变是老年问题形成的原因之一。传统社会中老年人被认为是智慧和经验的化身，而在现时代的人们的观念中，老年人已经失去了知识的权威地位，由此产生了对老年人的社会排斥和对老年人的特殊需要不加理会的状况，从而形成老年人问题。中国是世界上老年人口最多的国家，而且，老年人人口比重有不断上升的趋势。据预测，到 2025 年，我国 60 岁以上的老年人口将达到 2. 8 亿，占总人口的比重超过 18%；到 2050 年，老年人口将有 4 亿，占人口的比重将超过 25%。如果这些老年人的需要得不到满足，老年人问题将更加严重（朱力，2002）。2014 年的人口政策正在发生重大变化，即“单独”的二胎政策正在各地逐步推行，希望这一政策有助于减慢我国人口老化的过程，缓解老年问题的压力。

4. 环境、资源与生态恶化的问题

环境、资源与生态问题在当代社会中是一个值得特别关注的问题。地球的环境正在恶化，资源正在枯竭，自给自足的生态系统正在失去原有的自然平衡。这一切都与人口压力有直接的关系。人口的增长意味着对环境破坏的加剧和对自然资源的要求不断地扩大和提高，结果是整个生态系统原有平衡的打破，引发了极其严重的生态问题。环境、资源与生态系统的变化之所以是个严重的社会问题，是因为这种变化使整个社会的发展遇到了极其严峻的挑战。任何发展的最终目的都是人本身的发展，如果发展是以牺牲人类赖以生存的环境、资源和生态系统为代价的，那么人类就应该反思这样的发展。

5. 犯罪与其他越轨行为问题

犯罪问题是各国长期面临的严重社会问题之一。除了犯罪行为以外，吸毒、色情等其他一些问题也长期困扰着当代各国。改革开放前，中国的犯罪率一直很低，维持在每 10 万人 30 起至 60 起刑事案件的水平，每年刑事案件不过 20 万至 30 多万起，是世界上发案率最低的国家之一。中国犯罪率 1980 年以后逐年上涨（王立峰、张玉鹏，2005；张正丹、丁辉，2007）。在 1995 年，全国公安机关立案的刑事案件合计达到 1 621 003 起，到 2012 年更达到了

6 551 440 起（国家统计局，2014c）。犯罪或其他越轨行为固然有其个人行为方面的原因，但从社会的角度看，这些问题也是社会问题。一个社会的犯罪率和其他越轨行为的发生率与其经济和社会状况有密切的关联，控制犯罪和越轨行为除了要采取加强法治行动去加以打击以外，还需要通过社会性的行动去消除或降低产生犯罪和越轨行为的社会根源。

6. 社会歧视的问题

所谓社会歧视，是指社会中的某些个人和群体因其性别、种族、出生地域以及其他一些先天或后天的特点而在经济、政治和社会活动中受到不公平的对待。社会歧视不仅会使被歧视者难以获得与其他人一样的发展机会，并因此在实际生活中和心理上产生负面的后果，而且还会造成社会的分化，并带来社会冲突、犯罪和其他各种社会问题。在当代社会中，社会歧视既表现为各种制度性的歧视，也表现为人们的个人偏见，而个人的偏见常常是植根于社会文化之中。因此，社会歧视是一种社会问题，需要通过社会性的行动而加以消除。

7. 健康与疾病问题

健康是人的基本需要之一，在当代社会中随着经济的发展和生活水平的提高，人们对健康的要求也越来越高。但是环境的恶化、生活节奏加快和新疾病的流行等因素仍然严重影响着当代人的健康。并且由于社会不平等、贫困和卫生服务资源的分配不合理等原因，当代社会中仍有许多人在受到疾病的困扰时难以得到必要的医疗服务。在当代社会中，个人的健康有赖于自然与社会环境的改善，以及全社会卫生服务体系的健全，因此需要通过公共性的行动来加强疾病控制和普及医疗卫生服务。

8. 居住环境中的问题

良好的居住条件既是人们的基本需要，也是提高生活质量的关键。但在当代社会中仍然有许多人难以满足基本的居住条件。在当代大都市中，由于城市人口的膨胀、住房价格的昂贵以及贫困等原因而造就了许多无家可归者和棚户区。居住环境中的问题既严重影响着部分人的生活质量，同时也是产生其他各种社会问题的根源。为此，各国都通过公共性的行动来加以解决或缓解。

9. 其他各种社会问题

当代人面临的社会问题还有很多，如婚姻家庭中的各种问题，儿童与青少年成长中涉及的各种问题，残疾人、移民和其他一些特殊群体所面临的各种问题，以及由于战争、民族和宗教冲突而导致的各种问题，等等。

三、社会政策在解决社会问题中的作用

当代各国都以各种方式积极地解决社会问题，其中社会政策是重要的方法

和途径之一。社会政策本身就是针对社会问题而形成并展开的活动过程，在社会问题的解决中发挥着作用。

1. 社会政策在解决社会问题中的积极作用

社会政策在解决社会问题中可以发挥积极的作用。首先，政府通过社会政策积极地干预市场和社会生活，可以扭转因市场失灵和社会生活中的功能缺陷而导致的各种社会问题。其次，社会政策具有权威性、严肃性和强制性，因此在解决社会问题方面具有很强的有效性。再次，社会政策可以通过科学的研究方法比较准确地诊断社会问题，通过比较科学的政策决策方法来合理地配置资源，以更加科学合理地解决社会问题。最后，社会政策行动可以动员广泛的社会参与，从而形成全社会的力量去解决社会问题。

2. 社会政策在解决社会问题中的局限

社会政策在解决社会问题方面也存在一定的局限。首先，社会政策是政府主导的公共行动，但由于各种原因，使政府行动中也存在着“政府失灵”的危险，因而降低了社会政策解决社会问题的有效性。其次，在一定的时期和一定的条件下，政府的社会政策往往要重点解决一部分问题，有时候会忽略其他一些社会问题。再次，社会政策行动需要比较复杂的组织过程，有时候会由于利益群体影响等人为的因素而使决策和实施过程偏离合理的目标和路径，从而影响社会政策的效果。此外，由于社会问题本身的复杂性，当通过社会政策来解决一个问题时，可能带来其他的问题。例如，如果社会政策的福利水平较低，就无法有效地解决贫困和贫富差距扩大等社会问题；但如果社会福利水平太高，又可能导致福利依赖、政府财政开支膨胀等问题，影响经济发展。最后，社会政策在解决社会问题的行动中并不是“包医百病”的，它需要与其他各种行动相配合才能更好地发挥作用。

总之，通过社会政策去解决社会问题，既是一种有效的和必不可少的方式，同时也存在着缺陷。我们应该针对具体的社会问题，根据具体的社会条件，科学地制定和实施社会政策，使社会政策在解决社会问题中发挥更大的作用。

思　考　题

1. 什么是个人需要和社会需要？社会需要与社会政策间的关系是什么？

2. 如何理解个人需要的刚性与弹性？

3. 什么是社会问题？社会问题有哪些特征？你认为中国当下最严重的社会问题是什么？为什么？

4. 社会问题与社会政策的关系是什么？

5. 结合我国情况，分析当前存在哪些主要的社会问题？存在的主要原因是什么？

6. 如何理解社会政策在解决社会问题中的作用和有限性？

主要参考文献

顾严. 股市楼市双膨胀的收入分配效应，见 http://news.tj.soufun.com/2007-11-16/1338914.htm.

国家统计局（2014a）. 2013 年全国居民收入基尼系数为 0.473. 新华网，2014 年 1 月 20 日，http://news.xinhuanet.com/2014-01/20/c_119040570.htm.

国家统计局（2014b）. 中华人民共和国 2013 年国民经济和社会发展统计公报. 中央政府门户网站，2014 年 2 月 24 日，http://www.gov.cn/gzdt/2014-02/24/content_2619733.htm.

国家统计局（2014c）. 国家数据. 国家统计局网站，http://data.stats.gov.cn/workspace/index? m=hgnd.

李明政. 意识形态与社会政策. 台北：洪叶文化事业有限公司，1998.

林万亿. 福利国家——历史比较的分析. 台北：巨流图书公司，2000.

雷洪. 社会问题——社会学的一个中层理论. 北京：社会科学文献出版社，1999.

刘福合. 新华报业网讯，2008-02-28，见 http://news.xhby.net/system/2008/02/28/010210449.shtml.

文森特·帕里罗等. 当代社会问题. 北京：华夏出版社，2002.

王立峰，张玉鹏. 当代中国的犯罪状况与防治对策. 中共中央党校学报，2005（3）.

张正丹，丁辉. 从社会环境角度看中国安防市场的发展. 中国公共安全（综合版），2007（1）.

亚洲开发银行. 亚洲的分配不均. 见 http://www.fatianxia.com/blog_list.asp? id=27120.

郑功成. 社会保障学. 北京：商务印书馆，2000.

朱力. 社会问题概论. 北京：社会科学文献出版社，2002.

张乐天. 社会工作概论. 上海：华东理工大学出版社，1997.

Bradshaw Jonathan. The Concept of Social Need//李钦涌. 社会政策分析. 台北：巨流图书公司，1994.

Waldfogel Jane. Economic Dimensions of Social Policy//Midgley, Tracy & Livermore, eds. The Handbook of Social Policy. Thousand Oaks, California: Sage, 2000.

第五章　社会政策的基本要素

社会政策是政府和社会为满足民众的需要和解决社会问题而采取的公共行动。但是，要完成一项社会政策行动，必须首先要确定由谁（什么机构）来提供社会服务，为谁提供服务，从哪里获得必要的财政和人力资源，以及以什么方式来提供必需的服务。这几个方面构成了社会政策行动的基本要素，即社会政策的主体、对象、资源和运行方式。政府的社会政策行动不是一种随意的行动，而是在一定的政治、经济和社会制度框架中采取的制度化的行动。所谓制度化的行动，首先就是指对上述几个方面做出制度化的安排，即通过法制过程规定由特定的机构、按照特定的方式调动所需要的资源、为特定的对象提供特定的服务。当代各国社会政策的制定、实施和改革，以及对社会政策的理论研究都主要围绕着这几个方面而展开。因此，了解社会政策行动的基本要素是理解各国社会政策改革与发展的基础，也是进一步分析当代社会政策理论的基础。

第一节　社会政策的主体

社会政策行动首先需要明确具体的行动主体，即社会中的哪些组织或群体应该为社会政策行动具体承担责任。明确社会政策行动的主体既是一项社会政策行动的开端，也为整个行动模式的确定奠定基础。因此，在社会政策实践和研究中，社会政策的主体问题都是一个最基本的问题。

一、什么是社会政策的主体

1. 社会政策主体的基本含义

社会政策行动的主体是指发起社会政策行动或提供相关服务的行动者。社会政策行动是由“提供服务”与“接受服务”两个方面构成的行动过程。其中提供服务一方的行动者即为社会政策行动的主体，而接受服务一方为社会政策行动的对象。在当代社会中，社会政策行动一般是由政府组织的公共行动，政府是社会政策行动主体中最主要的部分。但政府在社会政策行动中需要广泛动员其他各类组织和个人参与。因此，社会政策行动的主体还包括社会中各种各样的组织、群体和个人，他们以各种各样的方式发起或参与社会政策行动，为社会政策行动作出贡献。

在当代各国，社会中的各类组织、群体和个人以不同的角色参与社会政策行动，但他们参与社会政策行动不是随意性的，而是按照某种制度化的安排而行动。社会政策的制度化安排是在长期的社会政策实践中逐步形成的，并且已经在很大程度上通过国家的立法或行政权威而明文规定，因而被嵌入了整个国家的政治和社会制度体系之中。因此，社会政策的主体是一个制度化的行动者体系，在其中每个行动者都被要求按照一定制度规范而担负一定的责任，扮演一定的角色，并具有与其责任和角色相适应的权力。

2. 社会政策主体的不同角色

在现实的社会政策实践中，各类组织、群体和个人以各种方式参与社会政策行动，在社会政策的主体实践中担当着各种不同的角色，为社会政策行动作出各种不同的贡献。概括起来看，社会政策主体主要包含以下几个方面的角色。

（1）社会政策行动的责任者。社会政策行动的主体首先是为满足民众的基本需要和解决社会问题承担责任的组织或个人。在当代社会政策行动体系中，主体的责任是指为推动和完成社会政策行动所负有的法定义务，其中包括总体上的责任和各个方面的责任，前者是为社会政策行动的总体规划和组织行动而负有的责任，后者是指在社会政策的各个环节上的责任，包括为社会政策行动提供各种资源和具体的服务。社会政策行动的责任要具体落实到特定的组织或个人，每个社会都以制度化的方式规定各类组织与个人在社会政策行动中应该分担的责任。

（2）社会政策行动的组织者。社会政策行动是一种有组织的公共行动，它除了需要社会各个方面的参与之外，还需要由特定的机构来承担组织的任务，包括制定政策法规、调动各种资源、协调各方行动等等。

（3）资源提供者。社会政策行动需要大量的资源支持，其中包括财政资源、人力资源和物质资源等。作为一项公共行动，社会政策的资源从总体上看是来自全社会。但在具体的社会政策行动过程中，需要社会中各类组织和个人以不同的方式向社会政策行动提供各种资源，这些资源的提供者也就直接或间接地成为了社会政策主体的一部分。

（4）社会服务的直接提供者。社会政策行动包含了大量社会服务（例如医疗卫生、教育、老人服务等），这些社会服务分别由医院、学校、公共养老院等各类专业机构提供。所有在社会政策框架内以各种方式参与提供相关社会服务的机构和个人都在不同程度上担当了社会政策行动主体的任务。

3. 社会政策主体的不同层次

在社会政策的制度化体系中，每个主体行动者都具有不同的责任、担当不同的角色、承担不同的任务。因此可以从各种不同的角度将社会政策的主体行动者分为不同的层次。

（1）责任层次。各类行动者在社会政策行动中所负责任的大小是不同的，并由此在各个国家和各个不同的时期中，形成了不同的主体责任模式。可以按照各类行动者在社会政策行动中所负责任的大小而将他们划分为不同的责任层次。

当代社会福利理论中用“制度模式”和“补救模式”的概念来概括两种不同的政府社会政策责任模式。所谓“制度模式”（Institutional Model）的基本含义是指社会福利是一种基本的社会制度。这种制度模式的特点是首先由政府的福利计划来满足社会成员的各种需要和解决各种社会问题。而“补救模式”（Residual Model，又称“剩余模式”“残补模式”）则是指首先由其他各种方式（包括通过市场、就业，或通过家庭、社区、民间组织等）去满足人们的各种需求，而只有当这些方式都失效时，才由政府通过社会福利的方式去解决。从社会政策主体责任层次的角度看，社会福利的制度模式体现的是以政府为主的责任模式，而补救模式则体现的是其他主体为主的责任模式。

（2）角色层次。在参与社会政策行动的各类行动者中，按其所担当角色的重要性差异可将其分为不同的角色层次。其中最高的角色层次是社会政策行动的总体责任者，即全面负责社会政策行动规划和总体行动的组织者，在当代各国一般都是由政府，尤其是中央政府担当此类角色。其次是社会政策行动的资源提供者，其中最主要的是经费提供者。最后是具体的社会服务提供者。

（3）公共行政层次。由于当代各国的社会政策体系一般在总体上都是由政府负责规划、组织与协调的，因此从公共行政体系的角度看，社会政策的主体行动者包括中央政府—省级政府—地方政府—社区组织等层次的梯次结构。社会政策体系中的公共行政层次的关键意义在于其行动扩及或管辖范围的大小，而并不一定意味着高层次的组织就一定担负更多的财政责任。各级政府或其他组织在社会政策行动中所负责任的大小在各国、各个时期乃至各类不同的社会政策行动中都有所不同。在有些国家和有些行动项目上，中央政府负有很大的责任，甚至是完全的责任，但在另外一些国家或另外一些项目中则可能是地方政府的责任更大。

在公共行政层次上的责任划分有两种相反的原则，一种是“低层次责任原则”，另一种是“高层次责任原则”。低层次责任原则要求在满足民众需要的公共行动中首先由较低层次的机构负责，只有当低层次机构确实无法满足需要时，较高层次的组织才介入。因此，人们首先应该通过个人和家庭来满足自己的需要，当个人和家庭无法满足需要时，应该由地方社区，然后是地方政府，而中央政府应该是最后介入。低层次责任原则的最大特点是注重调动各个方面的责任，降低在社会政策行动中可能发生的"福利依赖"。高层次责任原则持相反的要求，它强调通过较高层次的机构来采取更广泛的社会政策行动，以加强社会政策行动的力度，并达到更好的再分配和公共资源分配均等化的效果。

我国的政府体系层级较多，厘清各级政府之间在社会政策方面的责任关系相当重要。概括起来看，目前我国各级政府在社会政策方面的责任关系可以被概括为一种"混合负责制"，即中央政府和地方各级政府都承担一定的责任。我国社会政策各个领域既有由中央政府制定的全国性法规与政策文件，对全国各地的社会政策实践发挥着指令性或指导性的作用，同时也有各级地方政府制定的地方性政策法规或对全国性政策的具体实施方案。在社会政策领域的财政投入也是中央和地方政府共同负责的方式。基本做法一般是由地方财政承担基本的责任，由中央政府视各地的财力情况而通过中央财政转移支付的方式给予地方政府以财政补贴。

二、社会服务领域中的组织体系

各国在特定时期中社会服务的组织体系特征反映了其政府社会政策的基本理念和主导的社会价值取向，并进而对社会政策运行方式和福利水平的高低都产生着直接或间接的影响。因此，在研究一个国家的社会政策体系的特点时，首先要关注各类组织在社会政策体系中的地位和作用。当代各国社会服务领域的组织和群体可以概括为以下几大类别：

（1）商业性服务机构：包括各类企业和个体商业化服务者，他们通过市场交换的方式为消费者提供商业化的服务，其基本目标是获取利润。

（2）初级群体：包括家庭、亲属、朋友和邻里等，他们以初级关系为纽带，向其成员提供无偿的或互助的服务。

（3）互助组织：包括各种正式建立的民间互助组织，其成员按照权利—义务对等和互惠互利原则相互帮助，或按照风险分担的原则为其中的困难者提供帮助。

（4）就业组织（用人单位、雇主）：包括各类企事业单位和机关团体，以及一些个体雇主，它们在不同程度上向其雇员提供各种福利性服务。

（5）志愿者组织：按照自愿奉献的原则建立的组织，他们向困难者提供无偿服务。

（6）民间非营利组织：按照非营利的原则建立的组织，其组织不以营利为目标，他们向社会成员，尤其是困难者提供福利性服务。

（7）政府组织：代表国家向全体社会成员，尤其是向困难者提供必要的福利性服务。

在以上各类组织或群体中，政府组织向全体社会成员提供的服务属于公共性服务，这类服务行动是社会政策行动中最主要的部分。在其他几类组织或群体中，互助组织、就业组织、志愿者组织、民间非营利组织的服务都在不同程度上具有一定的公共性，因此都可以纳入到政府的社会政策体系中，成为社会政策行动的主体之一。相比之下，商业性服务机构是以营利为目标的，是专门的一类服务组织，一般不属于社会政策的范畴。初级群体是以初级关系为纽带，公共性特征很弱，一般也不属于社会政策主体的范畴。从其重要性程度上看，在当代各国的社会服务体系中仍是以政府的社会政策行动最为重要，但同时民间非营利组织在各类社会服务方面的作用也明显呈增强趋势。为此，在本节后面的内容中将重点分析政府和民间组织在社会政策体系中的作用。

三、政府在社会政策体系中的主体作用

1. 当代各国政府在社会政策体系中主要的责任和作用

作为当代各国社会政策行动主体中最首要的部分，政府组织在社会政策行动中承担着最主要的责任。其责任和作用可以概括为以下几个方面。

（1）社会政策行动的组织者。政府在社会政策行动中的责任和作用首先体现在它作为社会政策行动的组织者方面。其中包括为满足社会成员的基本需要和解决各类社会问题承担最首要的责任，负责把握社会需要的状况；制定社会政策法规体系和行动计划，规范社会各类组织和个人在社会政策行动中的角色和责任，协调各类组织在社会政策体系中的行动，组织社会政策方案的实施等。

（2）资源提供者。政府在社会政策行动中的另一个重要角色是资源提供者。当代社会政策是一个庞大的公共行动体系，需要大量公共资源的支持。而在当代社会中，只有政府有能力有效地调动如此庞大的公共资源。政府在资源提供方面最基本的方式是按照法律的规定，依托其公共行政体系，通过税收和公共财政等方式筹集资金，并直接向社会政策行动提供必要的财政支持。同时，政府还负责监督各类组织依法承担其在社会政策行动中应负的财政责任，以及通过各种政策优惠和宣传鼓动等方式鼓励各类组织向社会政策行动体系投入一定的资源。

（3）社会服务提供者。在当代社会中，政府还在不同程度上扮演着服务提供者的角色，即政府直接建立和管理公共社会服务机构，包括公立学校、公共医疗服务机构、国办养老院、儿童福利院等社会服务机构，它们向社会成员提供各类社会服务。

2. 当代“国家福利模式”的优点与缺陷

所谓“国家福利模式”是指由国家（政府）负责为民众提供各种社会福利服务的社会福利模式。从其优势方面看，首先，依托政府的社会政策行动可以为全社会提供普遍性的社会保障和其他大规模的社会服务，而其他组织和群体在此方面的能力都不能与政府相比。其次，当代各国政府具有很强的公共行政能力，通过政府的社会政策体系可以更好地调动各类社会资源，包括调动财政资源和协调各类组织，因而能够保证社会政策行动的稳定性与持久性。最后，由政府来组织大规模的社会政策行动能够更好地体现福利性特点，更好地贯彻社会再分配的原则，因此在体现社会公平、社会保护和其他社会价值方面具有更好的效果。

从另外一个方面看，国家福利模式也有其缺陷：首先，政府部门提供的社会福利服务在经济效率方面常常受到质疑，因为与私人部门相比，政府的许多公共部门常常缺乏改进其工作效率和降低成本的动力。其次，在国家福利模式下，如果福利水平过高并且制度建构不合理，可能导致一些人产生对政府福利的依赖，从而降低他们通过自身努力去改变其困难状况的内在动力。最后，政府过多包办福利事业可能导致在社会服务领域的垄断，从而抑制在这一领域内的竞争并妨碍受益者个人对服务的自由选择。

3. 关于政府在社会政策体系中责任和作用的不同观点

尽管当代各国政府在社会政策体系中都承担着最主要的责任，扮演着相当重要的角色，但在各国其责任和角色的重要性程度上还是有很大差异的。在有些国家，政府几乎承担了完全的责任，而在另外一些国家，政府的责任和角色要弱得多。各国在社会政策实践上的这些差异反映了各国政府和学者在此问题上的不同理念和理论观点。概括起来看，关于政府在社会政策体系中应该承担何种责任、扮演何种角色，主要有马克思主义的观点、民主社会主义的观点、新自由主义的观点以及“第三条道路”等学派的观点。在本书关于社会政策的政治分析部分里将简要介绍以上各派关于国家在社会政策中角色的理论观点。

四、当代民间非营利组织在社会政策中的角色和作用

最近20多年里，各国社会政策发展中的一个突出特点是民间非营利组织

在社会政策行动中的作用明显增强。因此，此类组织的行为在社会政策研究中受到了越来越多的关注。

1. 当代民间组织的基本性质

所谓“民间组织”是指政府组织体系之外的各种民间非企业性组织的总称。它们以其民间和非营利两个方面的特点而与政府组织和企业组织区分开来。首先，民间组织在产权和管理上是独立于政府组织体系之外的，它们一般具有独立的法人地位，并有权在法律规定的范围内自我管理和独立活动。其次，民间组织不专门从事商业性的活动，即民间组织不包括企业组织，而是主要包括各类政治、文化、社会服务及其他类似的组织。在国际上通常将政府组织体系之外的民间组织称为“非政府组织”（None Governmental Organization），或简称为“NGO”。在我国的官方话语中对这类组织有“民间组织”和“社会组织”两种称谓，但近年来越来越多地使用“社会组织”的概念。

2. 非营利组织及其特点

与“民间组织”或“社会组织”相近的一个概念是“非营利组织”。所谓“非营利组织”指不以营利为目标的民间社会服务组织。这一概念通常只被用到民间的社会服务组织，而不包括各类民间的政治组织和其他非社会服务性组织。从提供的服务内容上看，非营利组织与企业等商业性服务组织比较接近，都是向社会成员提供各种服务产品。二者最大的不同在于是否以营利为目标。同时，与政府组织相比较，非营利组织是属于民间组织的序列，在产权和管理上独立于政府系列之外。研究者们根据其特点而将此类组织称为“第三部门”（The Third Sector，又称“第三域”）。所谓“第三部门”指的是在社会服务领域中在公共部门（政府）、私人部门（企业）之外的另一个部门，即各种非营利性的民间组织、第三部门又被称为“独立部门”（Independent Sector）、“非营利部门”（Non-Profit Sector）、“利他的部门”（Altruistic Sector）等。

近20年来，世界各国对民间和非营利组织有越来越多的研究。综合研究者们的观点，非营利组织有以下一些基本的特征。

首先，非营利组织最大的特点是它的非营利性，即它不以营利为目标。这类组织在运行过程中需要在财务上做到收支平衡，但不营利。如果有了财务结余可以投入到下一期的服务活动及业务扩展中，而不能作为机构的利润而由个人分红。

其次，非营利组织所提供的服务具有福利性特征。由于非营利组织不谋求利润，政府为了鼓励非营利组织往往会以减免税收、直接财政补贴或政府购买服务等方式给予支持，社会各界也会以不同的方式给予捐助，从而可以使其服务价格进一步下降，福利性进一步增加。因而在其他条件相同的情况下，其提供的社会服务往往价格会低于同类的营利性机构，有些项目还可以免费提供。

再次，非营利组织具有公共性的特点。其服务项目一般具有公益性目标，是为了促进社会公共利益，或满足弱势群体的基本需要。为此，它们的资产和运行费用中有一定比例是来自公共资源的支持，它们所提供的福利性服务在一定程度上代表了政府和社会在社会福利方面的努力，具有公共性的目标。

最后，非营利组织有多样化的资源支持系统。它们既不像营利组织那样完全通过商业化的经营活动而获得资金，也不像政府机构那样主要靠政府公共财政资金支持。当代各国非营利组织的资源支持渠道比较多样化，它们除了在不同程度上通过收费服务而获得一定的资金补偿以外，还从政府和民间获得大量的财政及人力资源。在一些非营利组织发展较好的国家里，对非营利组织的公共资金资助和社会捐助已经比较制度化，有力地促进了非营利组织的发展。

3. 当代各类非营利组织在社会政策体系中的角色与作用

当代非营利组织主要以两种方式在社会服务领域中发挥着重要的作用。第一种方式是以中介组织的方式介入。所谓“中介组织”，是指在社会服务所需资金的筹集和分配中担当中介作用的组织。社会服务的资源来自于社会中各类组织和个人，但需要通过一定的组织来筹集和分配各种资源（详细内容将在本章第三节中讨论）。在当代社会中许多民间的基金会、慈善会等非营利组织担当了此类中介角色，积极参与筹集和分配社会服务的资源。它们从民间捐赠者那里筹集资金，或从政府获得资金，然后将其分配给直接提供社会服务的机构。非营利组织在社会服务领域的另一种介入方式是直接提供社会服务。各种非营利的民办学校、民办医疗机构、私人养老院以及在老年服务、残疾人服务、儿童服务和其他各种福利性服务方面的非营利组织都属于这一类。它们或者通过自筹资金，或者通过政府公共资金或民间中介机构的支持，或者通过综合性的资金来源渠道，积极地为各类社会成员提供社会服务。

4. 国外民间组织的发展及其在社会福利事务上的作用

民间组织在社会福利事务中发挥作用已经有很长的历史。早在欧洲中世纪后期，教会组织就开展了较为制度化的社会救助活动。在工业革命以后，欧洲国家的各类工会、互助会和慈善会等组织积极帮助失业者和贫困者，在现代社会保险制度建立和政府大规模介入社会福利事务之前曾经在社会福利事务中发挥了重要的作用。第二次世界大战以后，欧洲“福利国家”制度曾在一定程度上抑制了民间非营利组织的发展，但在美国等国家中非营利组织仍然发挥着重要的作用，并且在最近20多年里非营利组织在欧洲又有了新的发展。

当前各国非营利组织在社会服务方面的发展趋势可以概括为以下几个方面。首先，从总体上看，各国的非营利组织在机构的数量、规模以及在所提供的服务数量等方面都呈上升趋势；其次，非营利组织在社会服务方面日趋专业化，服务质量不断提高；最后，非营利组织的国际化趋势越来越明显，国际非营利组织的数量和规模都在扩大，并且发达国家政府及联合国等国际组织对发展中国家社会服务方面的援助也越来越多地以国际非营利组织为中介。

5. 我国民间组织的发展及其在社会福利事务中的作用

民间社会福利在我国有很长的历史。在长期的农业社会中，我国地方社区中的家族、宗族和各类地方民间组织一直在社会福利事务上发挥着作用。近代以来，随着工业化的发展、大规模社会组织的出现以及外国教会和其他民间组织的进入，我国的民间社会福利组织曾有较大的发展。新中国成立以后，随着“国家—企业福利”模式的确立，以及农村集体经济组织承担了社会福利事务，民间社会福利组织的作用大大降低。改革开放以后，随着我国经济、政治和社会的发展变化，以及政府社会福利理念的转化，政府和社会对民间社会福利组织逐渐持允许和鼓励的态度。尤其是20世纪90年代以后的“社会福利社会化”改革和社区建设的发展，带动了各类民间社会服务组织的发展。

从组织建立的方式及其特点看，目前我国有各种各样的民间组织。既有由政府举办和直接管理的社会服务组织，还有由妇联、工会、共青团等组织管理的社会服务组织，有城乡社区中的社会服务组织，还有一些跨社区甚至是全国性的非营利组织，同时还有一些由企事业单位举办和管理的社会服务组织。在我国，个人也以独自创办、合股兴办、承包经营等方式成立民间组织，从事社会服务工作。除此以外，国际非政府—非营利组织也越来越多地进入我国，在许多领域中都参与我国的社会服务事业。

从功能上看，我国的民间组织主要有三种形式：一是社会团体，二是民办非企业单位，三是基金会。社会团体是指由我国公民自愿组成，为实现会员共同意愿，按照其章程开展活动的非营利性社会组织。民办非企业单位是指企业事业单位、社会团体和其他社会力量以及公民个人利用非国有资产举办的，从事非营利性社会服务活动的社会组织。我国的基金会是指利用自然人、法人或者其他组织捐赠的财产，以从事公益事业为目的，按照其条例的规定成立的非营利性法人。此外，改革开放以来在城乡基层社区中越来越多地出现了多种多样的基层群众性的组织。它们规模不大，形式多样，以满足居民多种多样的需要为目的。

据民政部的统计数据，截至2012年底，全国共有社会组织49.9万个；吸纳社会各类人员就业613.3万人；形成固定资产1 425.4亿元；社会组织增加值为525.6亿元，占第三产业增加值比重为0.23%；社会组织接收社会捐赠470.8亿元（民政部，2013）。这些社会组织在教育、医疗、养老、社会服务等各个领域的社会服务体系中发挥着越来越大的作用。此外，我国还有众多没有登记的社会组织，他们也在社会服务的各个领域发挥作用。

但是，我国的社会组织发展仍很不充分。美国在1998年有160多万个登记在册的社会组织（刘旭亮，2012），在社会组织数量上，我国与美国相比还有很大的差距。此外，2012年我国事业单位总数约为126万个，从业人员约3 000万人（汪玉凯，2012），而民间社会组织的数量不到事业单位的一半。2012年直接从事各类社会服务的民办非企业单位只有27.1万个（民政部，2013），仅为事业单位的五分之一左右。从人数上看，社会组织全部从业人员仅为事业单位总人数的五分之一。按单位平均人数看，全国事业单位的平均人数约为23.8人/单位，而社会组织仅为12.3人/单位。也就是说，社会组织的平均规模仅为事业单位的一半左右。因此，从总体上看我国的社会组织的力量仍是比较薄弱的。为此，中共十八届三中全会上提出了“增强社会组织活力”的要求，要通过各种方式加强社会组织的能力，使他们在社会服务方面更好地发挥作用。

五、其他组织在社会政策体系中的作用

除了政府和民间非营利组织以外，其他各类组织也在社会政策体系中发挥着作用。其中包括就业组织、社区组织和各类志愿者组织等。

1. 就业组织在社会政策体系中的主体作用

所谓就业组织，是指人们在其中就业的组织，我国一般称其为“用人单位”。一个组织只要是为了完成其任务而雇用了员工，它就属于就业组织。包括企事业单位、政府机关、社会团体、军队、社会福利机构、民办非企业机构以及农村集体经济组织等。在我国，人们所属的就业组织被简称为“单位”。一般说来，一个就业组织由雇主和雇员两部分人构成。雇主是就业组织的产权所有者或其委托代理人，而雇员一般是以从事职业活动的身份加入该组织。

在一个纯粹的市场情景下，就业组织中雇主和雇员只是市场交换关系，双方依法签订劳动合同，雇员向雇主提供服务（劳动），而雇主则向雇员支付劳动报酬。在工业社会的早期阶段，企业等就业组织基本上处于社会福利体制以外，雇主并不在工资以外另行负责其雇员的养老、医疗、工伤、失业等方面的保障，也不负责为员工提供各种福利性服务。19世纪80年代，德国俾斯麦政府的社会保险立法第一次规定雇主必须为其员工的社会保险项目投保，从而将就业组织纳入了政府的社会政策体系之中。

就业组织参与社会政策行动的基本特点是其责任对象主要是本组织的雇员。此外，各类就业组织还在不同程度上为政府的社会政策行动和全社会的社

会福利事业作出贡献。在各个国家和各个不同的历史时期中，企业等就业组织在社会政策体系中的地位和作用有很大的差别。但概括起来看，就业组织在社会福利体系中主要有以下一些方面的责任。

（1）承担雇员基本社会保障费用。从俾斯麦社会保险立法以来，就业组织在政府社会政策体系中的最基本的责任是完全承担或分担其雇员基本社会保障的费用。当今各国的各类就业组织都在工资以外还承担或分担员工的养老保险、医疗保险、失业保险、工伤保险和生育保险等方面的财政责任。就业组织在基本社会保险方面的财政责任一般是由法律规定的强制性义务。

（2）为员工提供必要的社会福利服务。当代各国各类就业组织还普遍地在不同程度上为其雇员提供各类福利性服务，其中包括医疗、教育、托幼、食堂等方面的福利性服务。在我国计划经济时代，就业组织提供这些福利性服务是由国家法律或政府强制规定的，因而是政府福利体系的一部分。而在市场经济体制下，就业组织提供的福利服务更多的是雇主自主选择的经营方式。从实际效果来看，就业组织的福利服务会增大组织内部的福利水平，并且一般也会增大整个社会的福利水平。

（3）为政府的社会政策行动和社会福利事业提供财政支持。当代各国企业和其他就业组织还以各种方式为政府的社会政策行动和社会福利事业提供财政支持。首先，企业向政府缴纳的税费是政府社会支出的重要来源之一。其次，各国企业向各类社会服务项目的无偿捐助也为社会福利事业作出了很大的贡献。为此，各国都普遍规定对企业捐助社会公益事业的款项予以减免税收。

我国计划经济时期，企业及机关事业单位完全承担了本单位职工的社会保障责任，并向本单位职工提供全面的福利性服务。改革以后企事业单位在社会政策体系中的责任和作用普遍地降低了，但目前仍然承担着为其员工的社会保险投保的基本责任，并且在不同程度上存在着单位福利。

2. 社区组织在政府社会政策体系中的作用

在我国，城乡社区是按照地域来划分的居民生活共同体。城市中的社区组织是居委会，农村中是村委会。我国城乡社区都纳入了政府的社会政策体系中，成为社会政策体系中的基层行动组织。我国城乡社区在政府社会政策体系中主要发挥以下一些作用：首先，政府许多社会政策行动项目都通过基层社区来实施和管理。其次，社区组织为本社区居民提供着广泛的社会服务。最后，在国家和企业组织的社会服务相对比较弱的农村地区，社区组织在社会服务方面的作用更加明显。农村社区组织的社会服务活动是传统与现代的结合，它们一方面是传统地方社区社会服务功能的延续，另一方面也被纳入现代政府社会政策体系之中，成为整个国家社会政策行动的一部分。本书的第十章里将更加详细地讨论社区与社会政策的关系。

六、现阶段社会政策主体发展变化的一般趋势

1. 社会政策主体模式变化的国际趋势

在过去长期的历史时期中，政府并没有大规模和制度化地干预民间的社会福利事务。在工业化社会以前，民众的各种需要都是由家庭、家族、地方社区以及教会等民间组织来满足。直到工业革命后的100多年的时间里，欧美工业化国家中在关于政府的责任和角色的理论上一直是“不干预主义”占上风。19世纪80年代德国社会保险制度的建立标志着政府在社会福利事务中的角色发生了大的转变，从此以后欧美各国政府逐渐加强了对社会福利事务的干预，在社会福利事务中的主体地位逐渐增强。在第二次世界大战以后，欧洲各国以凯恩斯主义理论为指导，以《贝弗里奇报告》为蓝图而建构了“福利国家”的社会政策模式，其中政府在社会政策行动中的责任达到了最高峰，而其他组织和个人的责任则大大降低。可以说，“福利国家”的最基本的实质之一就是“国家福利”，即由政府来承担为民众提供福利服务的主要责任，甚至几乎是全部的责任。

在20世纪80年代以后的社会政策改革中，政府在社会政策中的地位和角色也是改革的重点领域之一。在新自由主义社会福利理念的影响下，各国的社会福利改革在不同程度上主张降低政府在社会政策行动中的责任，并要求和鼓励其他各类社会组织和个人在社会政策行动中承担更多的责任。尽管迄今为止在绝大多数国家中，政府仍然在社会福利体系中承担着最重要的责任，但相对于第二次世界大战后“福利国家”体系的情况而言，目前在许多国家中政府在社会福利体系中的责任和作用已经在不同程度上降低了。

2. “多元福利模式”的发展

最近20多年来，各国社会政策主体方面最显著的变化可以被概括为从过去的国家福利模式向“多元福利模式”的转化。所谓“多元福利模式”是指社会政策的主体的多元化。与“多元福利模式”相近的一个概念是“混合福利模式”。后者是指各种福利体制的混合，其中包括多种福利主体并存，以及在社会政策及社会服务中多种机制的同时运用。因此，“多元福利模式”是指“混合福利模式”中福利主体多元化的侧面。

“多元福利模式”主要是相对于第二次世界大战以后的国家福利体制和新自由主义主张的私人福利体制两个极端而言的。“多元福利模式”的主张者认为，国家福利体制过分强调了国家的责任，从而带来了一系列的弊病，而私人福利又可能大大损害社会公平原则和贫弱群体的利益。因此这两个极端都是不

可取的，而应该在其间选择一个中间道路，而“多元福利模式”的理论和实践正是这种努力的结果。“多元福利模式”的基本要求是政府在整个社会福利体系中仍然扮演最主要的角色，承担最基本的责任，但同时其他各类组织和个人也以制度化的方式参与社会政策行动，并在其中分担责任。

3. 当代社会政策体系中政府与民间组织的关系

在“多元福利模式”中要解决的关键问题之一是如何处理政府与民间组织在社会政策体系中的关系。一般说来，政府与民间组织在社会福利事务中各有其优势与不足。政府是社会政策体系中最基本的和不可缺少的主体。但政府社会政策体系同时也面临着一系列的弱点和难题。相比之下，民间组织以其灵活性、高效率和自由选择等特征可以在很大程度上弥补国家福利体制的不足。因此二者应该形成分工与合作的关系，而不是此消彼长、相互对立的关系。

政府与民间组织的合理关系可以概括为分工、合作和监督等方面。二者首先可以在社会政策体系中形成分工关系。其分工既可以是纵向分工也可以是横向分工。纵向分工是在社会政策的不同阶段和各种任务之间的分工。例如，由政府负责调动社会政策的资源（资金保障），而由民间组织负责提供具体的社会服务，等等。二者之间的横向分工是指在各个社会服务领域之间的分工。例如，由政府负责最基本的社会保障及大规模的社会服务项目，而将一些补充性的、临时性的和小范围的项目交给民间组织承担。此外，政府与民间组织之间在社会政策行动上还可以有广泛的合作，共同承担和完成社会服务项目。从宏观上看，民间组织可以大量地参与政府的社会政策规划，在社会政策行动中发挥重要的作用；政府也可以通过“政府购买服务”等方式给民间组织以财政支持。从微观上看，双方可以通过各种方式合作举办社会福利项目，以发挥双方的优势。例如，各种“官办民助”“民办公助”和“政府购买服务”的社会福利项目都是双方合作的例子。再有，政府和民间组织之间还应该在相互信任的基础上建立社会政策行动的监督机制。政府可以按照一定的法规对各类民间组织在社会政策体系中的行为加以评估和监督，而民间组织也可以通过各种方式对政府的福利计划及其实施加以监督，从而使双方在社会政策行动中的行为都更加合理化。

4. 我国改革开放以来的“社会福利社会化”及政府与民间机构关系的重组

20 世纪 80 年代以来的福利改革从各个方面对原来旧的社会福利财政主体关系进行了很大的调整。在我国过去计划经济时代的“国家—企业模式”为主的社会政策主体责任体系中，政府负有很大的责任。而在最近 20 多年来随着“社会福利社会化”的改革，政府和企业在提供社会福利方面的责任都降低了，而要求个人、社区和民间组织承担更多的责任。这种改变主要体现在财政责任主体和社会服务机构主体两个方面的变化。

(1) 我国社会政策财政责任主体的变化。在财政责任主体方面，过去计划经济时期城市的社会保障和福利体系虽然是由企业直接负责，但当时的国有企业隶属于政府，在财政上也是由政府负责，因此从财政关系上看，当时的企业保障和企业福利实质上仍是国家保障和国家福利。并且当时个人基本上不直接承担社会保障和福利服务的经济责任，各种民间组织在社会福利事务方面的作用也降到了最低。改革以后，企业与政府在财政上基本上脱钩，企业以独立法人的地位参与社会保障制度，依法承担为其员工社会保障投保的财务责任，成为了社会政策体系中一类独立的财务责任主体。同时，各种民间组织和社区组织等也积极参与社会福利事务，成为社会政策行动中的另一类财务主体。再有，个人在社会保险和其他一些社会服务中也要承担一定的经济责任。概括起来看，目前我国的社会政策行动主体正在从过去基本上由政府负责的模式，转变为以政府为主，包括企业、社区、民间组织和个人在内的多元化的社会政策主体模式。

(2) 我国社会服务机构主体的变化。过去十几年里，我国社会服务组织体系方面最大的变化是社会服务组织性质和构成的改变。在改革之前，我国在福利性社会服务方面的组织机构相对比较单一。在城市中主要是依托企事业单位举办社会福利服务，并且有一些由地方政府举办的社会性服务机构，在农村则基本上都是依托集体经济组织。而改革以来我国社会福利服务组织出现了很大的分化，其典型特征是组织成分的多样化。原有由政府主办的社会福利服务机构在管理和财政上与政府的关系弱化；一批由国有企事业单位主办的社会服务机构与其原有的主办单位脱钩，成为独立的经营者；并且新办的社会服务机构大都采用民营的方式。目前，福利性社会服务体系包含了政府举办的福利服务组织、各类社会团体举办的社会服务、社区福利服务、跨社区的非营利公益事业、企事业单位的社会福利服务以及私人举办的社会福利服务项目等。此外，目前的社会服务组织在性质上也发生了较大的变化。以前的社会服务组织的所有制性质基本上属于全民所有制或集体所有制，而现在不仅一些私人所有制的组织加入到社会服务领域，而且还出现了新的“社会所有制”的组织，使社会服务主体的性质变得越来越多元化。

第二节 社会政策的对象

政府的社会政策行动主要是针对社会成员的，但是任何一个国家或地区的社会政策都不会是完全无差别地针对所有社会成员，而总是根据各类社会成员的需要状况而有区别地对待。同时，由于社会政策具有福利性特点，大多数社会成员都希望能够在不同程度上从政府的社会政策中分得一定的利益。因此，围绕着社会政策的对象问题就产生了许多的争议，甚至引发许多政治冲突。在各国社会政策实践中，社会政策的对象问题都是社会政策理论与实践中的焦点问题之一。这一问题不仅涉及价值选择和利益分配等基本原则，而且还会影响到社会政策的规模和运行机制等具体行动方案方面的问题。

一、社会政策对象的界定

1. 什么是社会政策对象

所谓“对象”，一般是指一个行动所指向的客体，即行动的接受者。社会政策对象就是指社会政策行动的接受者，是接受社会政策帮助的个人或家庭，或者说是受社会政策行动影响的人。如果说社会政策主体的问题主要是“应该由谁提供服务”的话，那么社会政策对象的问题主要就是“应该给谁提供服务”。

与其他公共政策相比，社会政策的突出特点之一是它更多地直接面向个体社会成员。其他许多公共政策行动的基本目标更多的是社会整体取向的，更加侧重从整体上改善社会环境、维护社会秩序，而社会政策行动则更多的是个体和群体取向的，直接面向个人和群体，其直接的目标就是为了解决社会中个人和群体所面临的各种困难，通过解决个人和群体的问题而促进社会的整合与发展。因此，如何确定对象的问题在社会政策行动中具有更大的重要性。

2. 社会政策对象的分类

社会政策的对象可分为一般性对象和专门对象，以及普遍性对象和选择性对象。

首先，从其基本原则上看，社会政策既要一般性地满足广大民众的福利性需要，又要重点满足社会中某些群体的专门需要。因此，社会政策的对象可以分为一般性对象和专门对象。所谓社会政策的一般性对象，是指社会政策指向社会中的普通民众。在各国的社会政策体系中都有一些面向广大社会成员的行动，例如我国计划经济时代对基本生活用品的物价补贴，广泛的公共卫生事业，目前义务教育阶段免费入学的政策，以及城市社区中的福利性服务项目等都大致属于此类项目。社会政策的专门对象是指社会中需要某些专门化社会服务的群体。例如老年社会保障和老人福利服务项目、儿童福利事业、残疾人福利事业等等。与一般性对象和专门化对象相对应，社会政策行动也可以分为一般性社会服务和专门化社会服务。二者最大的区别在于：前者直接面向所有的社会成员，而后者则只是面向某些专门的群体。

其次，按照社会政策行动的运作方式看，社会政策的对象还可以分为普遍性对象和选择性对象。所谓普遍性对象，是指在社会政策行动中不考虑个人需要的差异，面向全社会或某些群体中的所有成员都提供无差异的福利服务。例如一些国家的全民医疗服务为所有社会成员都提供免费或低费的医疗服务，一些普惠型儿童福利项目向所有的家庭中的儿童都提供等额的现金补贴，不少国家对所有的老人都减免公共交通或其他社会服务的收费，等等。社会政策的选择性对象是指社会政策行动有针对性地帮助社会中某些具有特殊困难的个体成员。按特殊需要来确定对象的最典型例子是社会保障体系的社会救助项目。只有按照一定标准和程序而界定的贫困者才能成为社会救助项目的对象。普遍性对象和选择性对象最大的区别在于，前者将整个群体都确定为社会政策行动的对象，而不论其中的成员是否真正具有特殊的困难；而后者则是要看一个人是否真有特殊困难。

3. 社会政策行动中的普惠型福利模式与选择性福利模式

社会政策对象的确定方式与一个国家社会政策的基本目标、基本原则和基本运作方式有关。在不同的社会政策模式下可能采取不同的方式去确定社会政策的对象。有些国家或地区的社会政策比较侧重面向普遍性的对象，而另外一些国家或地区则更加侧重面向选择性对象（特殊困难者）。这两种政策倾向分别代表了社会政策行动的两种基本模式，即普惠型福利模式和选择性福利模式。所谓“普惠型福利模式”（Universal Welfare Model），是指社会政策行动倾向于不加区分地给全社会或某些群体中的所有社会成员都提供相同的福利待遇，而不论他们每个人是否都有没满足的需要。而“选择性福利模式”（Selective Welfare Model，又译“特惠型福利模式”）则是指社会政策行动更倾向于首先要界定社会中或一个群体中哪些人真正具有特殊困难，将福利项目集中提供给那些最困难的个人或家庭。普惠型福利模式更多地体现了“普遍性社会权利”的原则，即享受福利服务是每个人的权利；而选择性福利模式更多地体现的是“特殊社会关照”的原则，即社会首先应该关照那些特殊困难的成员。持普遍主义原则的社会政策倾向于增大政策行动的覆盖面，让更多的人受益，哪怕是在较低的平均水平上受益；而持选择性原则的社会政策体系则希望缩小覆盖面，以保证将有限的资金更多地用到最需要的人群和最需要的地方。以儿童福利为例，普惠型的儿童福利政策往往倾向于向所有的儿童都提供福利性服务；而选择性倾向的儿童福利政策则希望将有限的资金用到儿童中最需要的部分，如孤儿、残疾儿童或贫困家庭儿童。又如教育政策，普遍主义的教育政策一般倾向于比较普遍地提高公共教育水平，对所有的学生都免费入学，让更多的学校和学生能够从政府的公共教育资金中获益；而具有选择性倾向的公共教育政策则更主张政府教育经费的集中使用，或者更集中于投入到帮助最贫困地区的学校或贫困家庭孩子的入学，或者是更多地投入到创办或支持条件最好的名校。

普惠型福利模式和选择性福利模式各有利弊。首先，普惠型福利模式的社会福利对象面宽、操作比较简便、能够防止或降低"贫困烙印"（因接受福利救助而被标定为"穷人"，并因此而感到自卑或受到其他人歧视的现象），并且还能够更好地促进社会整合，降低各类群体之间因福利分配的差异而导致的社会矛盾。但另一方面，普惠型福利模式因其对象面宽而常常导致福利开支巨大，并且一些人认为普惠型福利的效率和效果都不好，因为给并不真正困难的人提供福利服务会导致福利资源的浪费。相比之下，选择性福利模式最大的优点是能够集中使用福利资源，从而提高社会政策行动的效率，避免或降低福利资源的无效使用，并且还可以降低普通人对福利的依赖。此外，选择性福利专门针对困难者，也可以收到较好的再分配效果。但另一方面，选择性福利因需要有专门的受益者选择机制，因此操作一般比较复杂。并且一旦对受益对象的选择失误，既可能导致福利资源的无效使用，又可能导致一些真正需要帮助的人被排除在外。同时，这一模式还较难避免"贫困烙印"现象。

工业化时代早期以前，各国的社会福利一直是以选择性福利模式为主。19世纪80年代社会保险制度的建立标志着普惠型福利模式的出现。第二次世界大战以后，在欧洲的"福利国家"社会政策体系中，普惠型福利模式占据了主导地位。但最近20多年以来，一些国家的社会政策又逐渐向选择性福利模式倾斜。在学术界，不同的社会福利理论流派对此问题也持不同的理论立场。民主社会主义的社会福利理论强烈地支持普惠型福利模式，认为这是满足人们需求、消除贫困和防止贫困烙印的最佳模式；而新自由主义的理论家们则反对普惠型福利模式，主张在社会政策行动中更多地采用选择性福利模式。

我国计划经济时代的社会政策体系明显具有普惠型福利模式的特点，但经过最近20多年的改革，选择性福利的特点又逐渐突出。近年来，我国一些政府部门和学术界对前一阶段选择性福利的发展倾向有新的反思，提出了应该适度增大普惠型福利供应的建议。

二、社会政策的受益者分析

从政府的文献中常常能够看到"为人民服务""为老百姓办实事"等说法。这些说法一般性地概括了政府公共政策行动的目标，即公共政策是面向全社会的，最终应该使全社会的成员都受益。但通过更仔细的分析可以看出，事实上没有哪项具体的公共政策能够使所有的人都同等受益。在社会政策体系中，受益的不均等性就更加突出，并常常导致各个群体和个人围绕着社会政策行动而发生争议，甚至带来政治冲突。因此，在社会政策过程中，“谁是政策的受益者”是人们普遍关心的问题，也是社会政策分析中最基本的问题之一。

1. 什么是“社会政策的受益者”

从一般意义上讲，“社会政策的受益者”是指从一项社会政策行动中具体获得好处的个人或群体。大多数社会政策行动都有其特定的受益者指向。例如，教育政策的受益者主要是学生和教师，养老保险主要是老年人，社会救助主要指向贫困者，等等。从狭义的角度看，社会政策行动的受益者在外延上应该等同于社会政策的对象。但从广义上看，社会政策的受益者还包括从各项社会政策中间接受益的个人和群体，例如某些社会福利服务的提供者、相关物品的供应商，等等。在许多情况下，政府部门在制定社会政策时往往更多的是从解决问题的角度去考虑问题，而不是首先考虑哪些人会从一项社会政策中更多地受益。但如果忽略受益者的问题可能会导致社会成员在福利受益方面的结构性不平衡，并因此而产生一些负面的社会及政治影响。因此，研究者常常关注此问题，帮助政府进行社会政策的受益者分析，以便把握社会政策受益者分布及其受益的合理性情况。

2. 社会政策受益者分析的基本视角

对社会政策受益者可以从各种不同的角度进行分析。可以将这些分析概括为事实分析和价值及道德分析两大类。

（1）对受益者的事实分析。对社会政策受益者的事实分析是通过对客观情况的分析，发现或预测社会政策事实上的受益者，以及受益者确定的原则及方式。其中包括对受益者人群及范围的事实分析和对受益者确定过程的事实分析。也就是分析“哪些人获得了利益，是如何获得的”。社会政策的受益者常常是比较复杂的，许多单项的社会政策虽然有专门的对象，但事实上的受益者往往远超出其直接的服务对象；从总体上看，一个国家或地区的社会政策体系包含了大量具体的政策行动，而这些行动的受益者既各不相同又交叉重叠。因此需要通过专门的分析来揭示该社会中哪些群体从社会政策的总体行动中获得的利益最大。

（2）对社会政策受益者的价值和道德分析。在受益者分析中，还需要从价值和道德的角度去分析受益的个人或群体的受益是否符合社会公认的价值和伦理道德。或者说，应该从价值和道德的角度分析社会中的哪些个人或群体更应该从社会政策行动中受益。

首先，从社会价值的角度看，社会政策的受益应该体现该社会所重视的社会发展、社会公平、社会平等、社会关照以及维护社会稳定等基本的价值。如果部分社会成员从一项社会政策受益符合上述之一的价值标准，那一般会被认为是合理的受益。例如，政府对教育事业的投入将有利于经济的长期持续发展，因此学生和教师从中受益会被认为是合理的。政府对贫困者提供社会救助符合社会关照的价值，因此贫困者的受益也会被认为是合理的。

其次，对社会政策的伦理道德分析主要是看福利受益者的行为是否符合社会规范。例如在讨论是否应该对贫困者提供救助的问题时，人们一般首先会问导致贫困的原因是什么。过去在很长的历史时期中，贫困被认为是由于个人的懒惰、愚昧所导致，因此很多人并不主张给穷人提供很多的帮助。工业化社会以后，人们逐渐认识到大规模的贫困问题主要是由社会的原因所导致的，因此贫困者得到社会救助逐渐被认为是符合道德的。比较极端的民主社会主义理论家认为在实施社会福利项目时没有必要去分析受益者陷入贫困的个人原因，因为个人原因总是与社会原因交织在一起的。但新自由主义社会福利理论对此提出了批评，认为在福利计划中应该注重对贫困者个人原因的分析。迄今为止，在许多国家的社会福利体系中仍然对贫困者的致贫原因进行分析，强调政府只应该救助“值得救助的穷人”，即那些由于自己无法控制的原因而导致贫困的人，而不应该救助那些因个人懒惰而陷入贫困的人。在我国的社会救助体系中也一直有“不养懒人”的原则。

（3）受益者标准及其操作难题。在选择型对象模式下的社会政策中，一般需要在特定的价值和道德原则下制定相应的受益者标准。如在社会救助项目中要确定受益者的收入、财产、劳动能力、家庭人口等方面的标准，只有符合标准的人才能成为受益者。设立受益者标准是为了使一个社会政策项目更加准确地“瞄准”应该受益的人，这一方面是为了使社会政策的受益者符合特定的价值和道德标准，另一方面也是为了控制社会政策对象规模和政府投入的成本。但是在许多选择型社会政策的实际运行中，受益者标准往往难以精确操作。这主要是由于社会政策特殊对象（如贫困者）的情况千差万别，常常难以用简单的标准和流程去甄别。要强化标准的作用，则可能带来很高的成本。例如，如果我们在社会救助制度实践中要对受益者严格把关，则需要有足够数量的专业化管理机构和管理人员去严格执行最低生活标准，还需要采用“入户调查”“家庭财产比对”等方式去把握申请者的客观情况，而这些都是要耗费很多人力财力的。因此，以社会救助制度为代表的选择型社会政策在其实施过程中常常处于一种两难的境况：在社会救助制度中建立一套能够有效运行的标准管理体系需要有很高的经费投入，而政府往往忽略或不愿意在此方面加强投入，其结果就会使受益者标准管理方面出现漏洞，导致对受益者的把关不严。例如出现“人情保”“关系保”等现象。而这样一来就会导致受益者选择的偏差，并受到批评。这种情况还可能被一些本来就反对社会福利的人（如一些国家中的右派学者和政治家）加以利用，他们常以“福利养懒人”为名，对整个社会救助制度都加以批评。

3. 社会政策的直接受益者和间接受益者分析

（1）直接受益者分析。所谓社会政策的直接受益者是指一项社会政策行动直接帮助的对象。例如，社会保险项目的直接受益者是参加保险的劳动者，社会救助的直接受益者是获得救助的贫困家庭。绝大多数社会福利项目都有其具体的直接受益者。

（2）间接受益者分析。社会政策的间接受益者是指从一项社会政策行动中实际获得好处的其他个人和群体。从广义上看，一项社会政策的实施，往往不仅会使其直接的对象受益，而且还会给为直接受益者提供服务的组织或个人带来好处。例如，政府对高等教育投入的增加将使高校扩大招生，这不仅将使大量的学生受益，还会使学校及其教职员工受益。同时，教学用品的供应商、学校附近的服务行业等多方面的组织和个人也将获得一定的利益。同样，政府在医疗卫生、老年人福利方面支出的变化也将使医疗服务机构、药品供应商及养老服务机构的利益受到不同程度的影响。由于在社会政策行动的直接受益者之外还存在着更为广泛的利益相关者，因此一项社会政策的制定和实施将牵涉更加广泛的利益关系，并且社会政策将受到来自社会各个方面的关注。

三、社会政策的受损者分析

从某种角度看，政府的社会政策行动是一个利益分配过程。在其中有的群体受益很多，另外一些则受益较少或不受益，甚至还有一些人的利益从中受到损害。各类群体往往会由于其利益的不同而对政府的社会政策持不同的态度。因此，在社会政策分析中除了分析受益者之外，还应该分析其中的利益受损者。

1. 什么是社会政策的受损者

社会政策的受损者是指在社会政策行动中利益受到相对损害的个人或群体。在现阶段各国都还做不到让每个公民都自觉地为他人和社会做出无私奉献，还需要政府以强制性的方式规定每个人和组织不均等地负担税费，而许多个人或组织往往会因自己负担的税费过高而感到利益受到了损害。另一方面，在社会福利资金的分配和使用过程中，各类群体之间若存在明显的福利水平差异的话，受益较少的群体也可能会因自己在公共资金的分配中获得的份额太少而感到利益受到了损害。

2. 哪些人和群体是社会政策的受损者

一般说来，社会政策的受损者并不固定在某些特定的群体。在各种不同的福利模式和税收制度中，各类群体的受益和受损的情况是不一样的。并且在不同的社会文化背景下，人们对其在社会政策过程中利益得失的感觉也是不一样的。在“高福利”的社会政策模式下，政府庞大的社会支出需要很高的税率来维持，因而导致社会中的工薪阶层要负担很高的税率。尤其是在累进税制度下，以工资收入为主要经济来源的中产阶层更有可能感到有较重的税费负担。此外，在社会福利支出中，如果政府的社会政策更多地倾向于中产阶层，那么低收入阶层会感到利益的缺失；而如果政府将很多的福利经费投向帮助贫弱群体，其他阶层的人也可能因自己能享受到的社会服务太少而感到利益的损失。

除了个人和群体之外，一些组织也会在社会政策过程中有利益得失。例如，企业组织对政府的税收、社会保险项目和其他一些福利项目的变动都比较敏感，因为这些方面的变化都会在不同程度上影响到企业的利润。此外，政府福利开支的变化还可能对一些专业服务机构及相关产品的供应商带来影响，如政府福利开支紧缩可能使这些组织在不同程度上陷入财务上或市场上的困难。

3. 对受损者的价值与道德分析

与对受益者的分析一样，对受损者也应该从价值和道德的角度进行分析。从古到今一直有人批评国家的社会福利计划是“杀富济贫”或“奖懒罚勤”，并认为这不利于经济发展。但是也有更多的人认为，当代社会中政府公共福利开支是必需的，依法为社会政策行动做出贡献体现了每个公民基本的社会责任。高收入阶层在社会政策过程中虽然要牺牲一些经济利益，但由此可以换来社会关系更加和谐以及社会发展更加顺利，从而使包括高收入阶层在内的所有社会成员都会受益。

在不同的价值体系中，人们对此问题也有不同的看法。在集体主义占主导的文化背景中，维持社会的整合会被认为具有很高的价值，因而政府的高福利社会政策会得到更多的支持，而较高的税率和累进税制一般也更容易被人们接受。而在个人主义占上风的文化中，人们更倾向于强调个人的责任，因而纳税较多的群体可能会反对福利支出的扩大。同样，社会政策行动中的利益受损感也与人们的道德观念有关。当纳税人认为政府的社会政策是一种道德行为时，“纳税光荣”的观念会更加深入人心；而当他们认为政府的社会政策不恰当地鼓励了非道德行为（如懒惰、愚昧、不负责任的行为等）时，则可能会产生更强的利益损失感。

4. 受损者对社会政策的反应

社会政策中的利益受损者会以各种方式表达他们的反应。首先，一些人或组织可能会逃避自己的责任。例如，在社会保险等项目中，一些投保率高而受益低的个人或企业可能不愿意加入。因此各国的社会保险计划一般都需要依法强制实施，并加强对投保者的管理。其次，从政治方面看，在实行普选制的国家中，税负较高的群体可能会更多地支持减税立场的竞选者。最后，在经济活动中，在其他条件相同的情况下，国际投资可能更多地流向税费率比较低的国家或地区。因此，社会支出的总体水平，以及企业和劳动者的税费负担情况会对吸引外资产生一定的影响。

四、社会弱势群体及其在社会政策体系中的地位

“弱势群体”（Vulnerable Groups）是一个在国际上比较通用的概念。近年来这一概念越来越多地在我国学术讨论中出现，并逐渐在社会上流行。由于弱势群体现象与社会政策有密切的关联，因此在学习社会政策时应该对这一概念加以讨论和分析。

1. 什么是“弱势群体”

“弱势群体”是一个比较笼统的概念，它并不特指哪一类或哪一些特殊的群体，而是笼统地描述社会中各类由于各种原因而导致其社会经济地位比较低下的群体。更具体看，弱势群体概念一般包括以下几层含义。

首先，弱势群体是指那些在经济、政治和社会活动中能力相对低下的群体。这些群体或者因为生理方面的残缺或衰退（如残疾人、老年人），或者由于文化技术水平的低下而导致其在经济活动中的竞争力和在社会生活及政治活动中的能力低于其他群体。

其次，弱势群体是指社会经济地位低下的群体。在每个社会中都有一些群体处于相对低下的社会经济地位。其中包括平均就业率和收入水平的低下，社会声望的低下，以及对政治过程的影响较弱等方面。

再有，弱势群体的概念是按照人群的某种外部特征来划分类别，它往往泛指具有某种特征的一类人。因此，弱势群体的“弱势”，是就该群体的总体情况而言的，而不意味着其中的每一个体都处于弱势。例如，尽管老年人、残疾人、流动劳动力等群体在总体上是处于弱势，但他们当中也不乏富有的、有权势、有地位的个体。

此外，弱势群体的概念一般还包含着一定的价值和道德评价。一般说来，只有那些由于自身不可克服的能力障碍，或者由于社会的原因而导致弱势的群体才会被认为是弱势群体。因此，弱势群体一般是应该得到社会帮助的群体。而那些由于本身行为的不正当而导致地位低下的群体一般不会被纳入到弱势群体范畴。例如，罪犯、吸毒者、非法移民等一般会被认为是由于从事了非法或

不道德的行为而处于困境，因此在许多文化体系中一般不将他们看成是弱势群体而给予特殊关照。

2. 哪些群体容易成为弱势群体

在各个不同的社会中，以及在一个社会的不同时期中，弱势群体可能会有不同。一般说来，在当代社会中，残疾人、老年人、文化技术水平低下者、失业者等自身能力不足或缺乏经济机会的群体一般会被看成是弱势群体。此外，在社会歧视（如种族歧视、性别歧视或对外来移民的歧视等）比较严重的社会里，少数种族、妇女和外来移民容易成为弱势群体。再有，在经济发展不平衡的社会里，处于边远落后地区的人往往处于更加弱势的地位。

3. 社会政策在帮助弱势群体中的作用机制

一般说来，弱势群体很难完全通过自身的努力去摆脱弱势地位，因此需要政府和社会的帮助。在当代社会中，政府普遍通过社会政策行动对弱势群体提供帮助。其方式主要有以下几个方面：

（1）福利救助。对弱势群体成员提供一定的福利救助是帮助他们的最基本的方式。这种方式一般主要针对最为弱势的群体，或者弱势群体中最为弱势的成员。福利救助包括现金救助、实物救助和服务救助等不同的方式。

（2）提供机会。政府和社会向弱势群体提供就业等经济机会往往是一种更加积极有效的帮助方式。向弱势群体成员提供机会包括多种途径，其中主要的途径一是通过公共行动而直接向弱势群体成员提供就业机会，二是通过立法等手段消除在就业等领域中的歧视。

（3）增能。对于弱势群体，除了提供机会以外，还需要提高他们利用机会的能力，否则即使有机会他们也利用不上，或即使一时得到了机会，将来也很可能再丧失。因此，更为积极的帮助方式是通过各种途径去增强他们的能力，从而从根本上改变其弱势的地位。所谓“增能”，就是指通过各种方式去提升弱势群体自身的能力，以改变其弱势的状况。通过社会政策行动而使弱势群体增能的具体方式有很多，一般包括通过公共卫生保健计划去改善他们的健康状况，以提高其生理能力；通过公共教育培训计划去提高他们的文化技术能力；通过强化权益保护机制及改善其社区和组织的状况去提高他们在政治过程及公共事务中的影响力；通过增大弱势群体的社会资本而提高他们的社会及经济活动能力，等等。

第三节　社会政策的资源

在当代社会，社会政策已成为了一个庞大的公共行动体系。如此庞大的行动体系需要大量的资源来支撑。因此，如何调动资源是各国社会政策行动中一个重中之重的问题。

一、社会政策资源概述

1. 什么是社会政策的资源

所谓“社会政策的资源”是指维持社会政策行动所需要的各种物质和社会条件。在当代社会政策体系中，政府和其他各类组织在社会政策行动中需要调动大量的人力、物力和财力来完成社会福利计划，所有这些都属于社会政策资源的范畴。

2. 社会政策资源的形式

社会政策行动中需要各种各样的资源。从政府或其他组织资源投入的方式上看，大致上可以将这些资源分为资金性资源和非资金性资源。所谓资金性资源是指直接投入资金，或者投入可以换算成资金的物资。所谓非资金性资源，一般是指不能换算成资金的投入项目，例如志愿者服务等。在市场经济体制下，一个国家或地区在社会政策方面的投入绝大部分是资金性投入。因此，政府为推动社会政策行动必须筹集大量的财政资源。

二、社会政策资源的调动方式

在社会政策行动中，政府和其他各类组织以各种方式调动资源，以满足社会政策行动的需要。可以从政府调动资源的方式和民间组织调动资源的方式来分别分析各种资源调动方式。

1. 政府调动社会政策资源的方式

（1）税收。在当代各国，政府通过税收制度来筹集资金是社会政策财政资源主要的来源之一。政府的税收分各种不同的税源和不同的征税方式，它们分别具有不同的再分配意义。在大部分情况下，政府是通过统一的税收来得到财政收入，然后再根据需要来安排社会事务方面的财政支出。但在有些情况下，政府也可能根据某项社会政策行动的特殊需要而在一定时期中设立一些专门的税收项目。通过税收来筹集财政资源最大的好处是其强制性和稳定性，并且政府可以根据经济发展情况和社会需求情况，以及按照政府的公共政策目标来调整税收政策。但由于税收涉及各个群体的利益，因此政府的税收政策往往是各利益群体在经济和政治领域关注的重点问题。

（2）专项收费。除了税收以外，政府还经常通过一些专项的收费来筹集社会政策行动所需要的资金。政府规定的收费项目一般也具有强制性的特点，但其程度不及税收。与税收不同的是，政府的收费一般是针对专门的开支项目，更具有专款专用的特点。在与社会政策有关的收费项目中，按照其贡献与受益的关系大致可以分为“受益者付费”和“非受益者付费”两大类。前者是由受益者缴费，如参加社会保险项目的个人和组织缴纳社会保险费（投保），或一些社会福利机构向服务对象的收费。后者则要求受益者之外的人或组织缴费，因此具有一定的再分配意义。通过税收以外的收费来筹集社会政策行动的资金既有优点也有缺点。其主要的优点是比较灵活，便于基层政府和其他相关组织根据当地的需求情况来调节。同时，在受益者付费的项目中也更能够体现贡献与受益挂钩的原则。但其最明显的缺点是不易统一管理，如果地方政府在设立收费项目时任意性太大，可能会导致老百姓负担太重。

除了税收和专项收费以外，政府还可以通过国债、利用外资以及其他各种途径筹集资金，以支撑社会政策行动的财政开支。

2. 民间组织的资源调动方式

在政府行为之外，各种非政府组织及个人和群体也在以各种方式调动各种资源，以满足人们对福利性社会服务的需求。其中主要的方式包括社会集资、捐赠、国际援助、志愿者服务等。

（1）社会集资。社会集资是指在一个组织、社区或一定范围的人群中，通过参与者共同交纳资金的方式来兴办一些社会服务项目，以满足人们在某些方面的需要。例如集资办教育、集资建住房以及集资兴办其他一些公共服务项目。社会集资最大的好处是贡献与利益挂钩，因而能够调动参与者的积极性。同时，社会集资项目更能体现人们通过小范围集体行动的方式自我解决困难的主动性，既能降低对政府的依赖，又比商业化服务的价格低廉。但是社会集资一般只能在较小的范围中进行。在政府实施大规模社会政策行动以后，社会集资行动就只是一种辅助性的行动了。同时，对社会集资行动需要依法加强管理，以防止其中的不规范行为。

（2）社会捐赠。社会捐赠是指公民个人或组织在自愿的原则上向社会公益事业提供捐助。社会捐赠是一种古老的社会事业筹资方式，但在当代社会中仍具有重要意义。社会捐赠最大的特点在其自愿性。捐赠者的动机可能是多种多样的，他们大多出于对弱者的同情，以及对社会的责任感而慷慨解囊，也有人是出于宗教信念而自愿帮助穷人，或者出于追求声誉，甚至为了商业利益而做出捐赠行动。但不管捐赠者的动机如何，其结果都是帮助了社会中的弱势群体，并促进了社会公益事业的发展。因此各个国家都普遍地鼓励各种社会捐赠行动，对捐赠行动给予精神鼓励和一定的物质回报，例如对向社会公益事业提供捐赠的个人和企业减免其相应的纳税额等。由于大规模的社会捐赠主要通过民间非营利组织作为中介，因此在许多国家社会捐赠的增多也带动了民间非营利组织的发展。

（3）国际援助。发展中国家的社会政策行动常常获得国际资金的援助。国际资金包括国际组织的援助、外国政府的援助和国际民间组织及个人的援助。在社会政策行动中，国际资金援助是国际社会政策体系的一个重要方面，它体现了国际人道主义和国际社会关照等原则，以及全球人类发展的共同目标。当代各发展中国家在社会政策行动中都积极争取并合理利用国际资金援助。但是，国际援助对小国社会政策发展的影响作用较大，但对大国的影响作用不大。在我国改革开放后的早期阶段，来自国外的资金曾经对我国的社会政策起到了积极的促进作用，但后来随着本国的经济发展和政府财力的增大，国际援助的作用就逐步降低了。

（4）志愿者服务。志愿者服务是指人们在自愿的基础上利用其业余时间无偿地或低偿地为社会提供公益服务。志愿者服务分个人性的志愿服务和有组织的志愿者服务。前者是指个人主动为他人提供志愿服务，也即人们通常说的“做好人好事”。而后者则是志愿服务者首先参加志愿者组织，然后按照组织的安排去从事各类志愿者服务工作。志愿者组织不等同一般的非营利组织。一般的非营利组织只是其组织的目标不是为了营利，但其中的正式成员一般是在从事有报酬的职业工作。而志愿者组织则不仅其组织的目标是非营利的，而且其成员在该组织中的工作也不是为了报酬。志愿者服务也是一种历史悠久的社会服务方式，但在当今社会中仍发挥着重要的作用。在当代各国都有一些志愿者组织，它们活跃在社会事业的各个领域，从各个方面向社会提供着服务工作。由于这类组织及其服务工作的性质更能体现社会的价值理想，对促进社会进步能起到积极的作用，因此在各国都普遍受到鼓励。

（5）社会网络与社会资本。社会学的研究表明，个人社会资本的拥有量对个人在经济与社会活动中的能力具有重要的影响，贫弱群体所需要的并不仅仅是增大其物质资本或人力资本，而且也需要增大其社会资本。因此在社会政策的发展中应该引进社会资本的视角，即以增大贫弱群体的社会资本的方式来推动一种更加积极的社会行动。从这个角度看，社会网络资源应该是社会政策行动中的又一种重要资源。在具体的社会政策行动中，政府、社区和各类社会组织不仅应该注重对贫弱群体提供直接的经济资助和一般的服务帮助，而且应该重视帮助其建构社会网络，并有效地利用社会网络去提升自身的能力。

三、政府对社会政策的经费投入

足够的经费是保证社会政策得以有效实施的物质基础，经费量的大小往往是衡量一个政府的社会政策水平的最重要的指标。因此，经费来源是社会政策运行过程中的一个基本问题，任何社会政策在决策和实施时都通过各种方式解决经费的问题。

1. 政府社会支出

（1）什么是社会支出。所谓政府社会支出（Social Expenditure）是政府在社会政策各个领域所做的财政投入量的总和，也是指政府财政总支出中用作实施社会政策的部分。当代各国政府的社会支出都是实施社会政策所需经费中的主体部分。

（2）对社会支出的测量及统计指标。由于各国对社会政策行动领域的界定和各个领域经费来源的方式不完全一样，因此对“社会支出”的官方统计口径有所不同。我国官方的统计体系中迄今为止仍没有采用统一的“社会支出”的统计指标，而是分别采用“教育事业支出”“卫生事业支出”“社会保障及就业服务支出”“住房保障支出”等项指标，这些指标加在一起，大致等同于其他一些国家采用的“社会支出”指标。同时，我国的社会保险等项支出也没有包括在政府财政支出项目中。因此，在进行比较研究时应该注意将各国不同的统计方式转化为可比较的指标。

衡量一个国家政府的社会支出水平常用三类指标：

人均支出额：政府社会支出总额/总人口；

政府社会支出占政府财政支出总额的比例：（社会支出额/政府财政支出总额）×100 %；

政府社会支出占 GDP 的比例：（政府社会支出/GDP）×100 %。

在第九章中将更详细地分析以上几类指标在评价社会政策水平时的实际意义。

（3）社会支出的结构与类别。对社会支出的分析，不仅要看其总支出额，而且还要看其中支出的结构，即社会支出总额中各项支出额及其比例。政府社会支出的结构体现了在一定时期中政府在社会政策领域重点投入的方向，也体现出政府社会政策的倾向。

此外，政府社会支出中还包括了不同类别的支出。其中包括预算内社会支出与预算外社会支出。前者是指政府列入了财政预算的支出，其制度化和稳定性较高；而后者则是没有列入预算、其他经费渠道的支出项目，常常用做临时性的开支。同时，社会支出总额中还包括了中央财政支出的部分和地方财政支出的部分。中央财政社会支出与地方财政社会支出的比例从一个角度反映了一个国家社会政策体系中中央与地方政府之间的责任关系。

2. 政府对社会福利的其他资助方式

除了财政支出的经费投入以外，政府还经常性地通过其他方式直接或间接地帮助特定的人群，资助社会福利事业，其中主要有以下一些方式：

（1）项目配套资金。所谓项目配套资金，是指在政府对一个项目提供经费资助时，接受资助的地区、部门、机构或个人也对该项目投入相应比例的资金。要求受益方投入项目配套资金是社会政策行动中一种比较通行的做法。通过这种方式可以调动各方的积极性，集中各方的资源来共同完成一项社会政策行动，同时也可以增强受益者在社会政策行动中的主动性，并降低他们对政府或外界资金的严重依赖。但最为贫困的受益者有时难以承受强制性的配套资金。

（2）减免税费。减免税费是各国政府在社会政策行动中常用的投入方式之一。减免税费包括对个人减免税费和对组织减免税费。对个人减免税费包括对捐赠者减免税费和对特殊困难者减免税费。在对特殊困难者减免税费中，又包括在普通税收中的依法减免税费和一些临时性的减免收费。例如，许多国家的税收制度中都规定对穷人和特殊困难者减免收税，在我国许多城市中对贫困者减免水电气等项城市公用事业收费，等等。此外，政府还对承担社会福利功能、提供社会福利服务和为社会政策行动做出贡献的组织减免各项税费。以我国为例，比较重要的税费减免项目有企业社会保险开支的税前列支、企业捐赠公益事业的税费减免、对民办非企业单位的税费减免，等等。

政府减免税费虽然会导致政府财政收入的减少，但其效果则是支持了社会福利事业，并帮助了穷人和特殊困难者，因此它与政府通过财政社会支出的办法在目标上是一致的。尽管在正式的财政统计中一般不将税费减免包括在社会支出项目中，但从其实质上看也应该算是另外一种方式的政府社会支出。

（3）人员调配和物资调拨。除了经费投入以外，政府有时还采用人员调配和物资调拨的方式支持社会福利事业和帮助困难群体。人员调配是指政府通过行政手段调动一些机关及下属机构的工作人员，去从事一些社会服务工作。这种方式在我国应用较多。例如我国各级政府都经常性地采用这种方式调动一些机关工作人员到贫困地区和基层单位去从事各种扶贫帮困的工作，支援落后地区的教育、医疗和其他各项社会事业的发展。这种方式的优点是可以在社会政策行动中更充分地利用各种人力资源。此外，政府有时还通过直接物资调拨的方式用于抢险救灾或支援落后地区，以及帮助贫困者和其他各种特殊困难者。实行市场经济以后，这两种方式的重要性都降低了。目前，不纳入政府经费支出的人员调动的方式仍然比较普遍，但物资调拨一般都纳入了经费支出项目中。

第四节　社会政策的运行机制

政府社会政策及福利性社会事业的运行机制对其运行的效率和预期的社会效益都会产生很大的影响，因此一直是社会政策领域中研究者和政府所关注的焦点问题之一。在国际上对此问题也有不同的理论观点和实践探索。

一、运行机制在社会政策过程中的重要性

1. 什么是社会政策运行机制

所谓社会政策的运行机制，是指社会政策行动各个环节运行的基本方式。这一概念在使用中有广义和狭义的不同层次。从广义上看，社会政策的运行机制涵盖了社会政策行动所有阶段和环节的运行机制，包括社会政策主体的组织方式、资源调动机制、受益者选择机制以及社会服务传递机制等各个方面。从狭义上看，社会政策的运行机制一般是指社会服务的传递机制。广义社会政策运行机制的许多方面在本书相应的章节中都作了分析和介绍，因此在本节中主要分析其狭义的含义，即社会政策的服务传递机制。

政府确定了福利预算以后，还需要通过一定的方式将社会福利资金转化为一定的服务，然后传递给服务的受益者。而“服务传递机制”就是指政府的社会政策资金如何以一定的方式转化为相应的服务而传递到受益者。从内容上看，社会政策行动中的服务传递机制包括在服务传递过程中的组织安排、资金运行方式、资金使用和服务活动中的各种规范等方面。

2. 社会政策运行机制的重要性

社会政策运行机制的重要性主要在于以下几个方面。

首先，通过有效的运行机制可以规范社会政策行动中各个行动者的行为。社会政策行动的服务传递中涉及主体行动者和受益者之间的互动。在这一过程中，需要通过一系列的规则和组织安排来规范社会政策行动，使各方的行为都朝向合理化的方向。

其次，通过合理的运行机制可以兼顾社会政策行动公平与效率的目标。一套合理的运行机制将使社会政策行动效率提高，使所投入的公共资金能够在维护社会公平等方面获得更大的社会效益，进而使政府的社会政策行动得到更多的社会支持。反之则会因其效率的低下而导致公共资金的浪费，进而使社会政策行动难以达到预期的社会目标，从而使政府的社会政策招致更多的批评。

最后，通过合理的运行机制可以更好地兼顾公共服务方式与个人自由选择。与市场化服务相比，政府提供的公共服务常常难以兼顾服务对象的自由选

择。其结果是政府投入了大量的公共资金，但仍然难以有效地满足每个人的特殊需要。因此，多年来各国的社会政策研究者一直在探索如何通过改革社会政策行动的运行机制来兼顾社会政策公共服务方式与个人自由选择，以便使个人在公共服务体系中的受益最大化。

二、社会政策行动中的资金供应模式与服务传递模式

从其具体运行过程来看，大量的社会政策行动都可以被看成是一个“资金供应—服务传递”的过程。因此，分析一个社会政策行动的运行机制也主要从其资金供应和服务传递的方式展开。在这一过程方面，当代各国的社会政策形成了各种不同的模式。

1. 社会政策行动的资金供应模式

在实际的社会政策过程中，影响资金供应量的基本因素主要有社会福利需要和可调动的财政资源。但在不同的社会政策体系中，政府对这两个基本因素的反应是不同的，从而形成了社会政策行动中资金供应的两种不同模式：一是需要导向型，二是预算约束型。在需要导向型模式下，社会福利主管部门倾向于按照社会对福利的实际需要来计划社会政策行动方案及其所需的财政支出，然后要求政府财政部门提供相应的经费；而在预算约束型的模式下，则是政府财政部门事先在财政总支出的计划中给社会政策各个领域划分一定的数额，然后社会福利等部门在事先的预算总额内安排具体的行动及资金使用方案。第二次世界大战以后，欧洲“福利国家”的社会政策体制中很大程度上是遵循了需要导向型模式。这种做法的最大好处是能够在很大程度上保证满足社会福利的需要，但其缺点则是容易导致财政支出不断膨胀，使政府的财政压力增大，因而不得不提高税收，并进而由于税收越来越高而导致经济运行中的困难和纳税人的不满。20世纪80年代以后，许多国家都对这种模式进行了改革，纷纷从需要导向型转到预算约束型。其结果的确约束了政府社会支出的过度膨胀，但同时又在一些国家带来了福利水平下降、贫困问题增多和社会事业发展缓慢等问题。

2. 社会政策行动的服务传递模式

从服务传递过程的角度看，社会政策行动中涉及服务受益者、服务机构和政府三个方面的关系。在这种关系中，这三个方面的角色分别是：

服务的受益者（如学生、病人、老人、残疾人等）是服务的需求方；

社会服务机构（如学校、医院、老人院、残疾人康复中心等）是服务的提供方；

政府或民间资助者是服务项目的付费方。

这三者之间的基本关系是：社会服务机构向服务的需求方提供服务，以满足其需要，而这种服务所需的费用完全或部分由政府来支付。但在具体的运行过程中，以上三者之间的关系可以有多种模式。

模式一：政府直接经营社会服务机构（付费方与服务供应方合一）。在这种模式中，政府组建公立学校、公共医院、国办养老院等服务机构，由这些机构直接向应该获得服务的人提供相关的服务。在这一过程中，政府一般根据需要来建设各种社会服务机构，并且给社会服务机构提供运行所需的经费，以使他们能够招募工作人员并担当起为社会成员提供福利性服务的任务。这也就是人们通常所说的"政府办服务机构"的模式。这种模式是第二次世界大战以后欧洲福利国家社会服务体系和我国计划经济时期社会服务体系中的主导模式。其最大的好处在于能够保证有稳定和充分的服务供给，能够按纯福利的方式提供服务，并且能最大限度地提高社会服务的公共性，避免政府的公共资金流入私人机构。但这种模式也有一些弊病。一方面，在这种模式中服务的接受者一般都没有选择服务机构的自由，而是由政府按照计划来安排服务机构（如按居住区域分片），因此服务机构能够保证获得足够的资金和一定数量的服务对象，因而没有市场竞争的压力，缺乏通过改善服务水平和质量来争取更多的服务对象，进而获得更多的资金的动力。相反，还可能会产生排斥服务对象的倾向，因为政府一般是按服务机构工作人员数或级别等机构自身的因素来给其预算和划拨资金的，而与其提供服务的具体数量无直接关系。因此对于社会服务机构来说，就可能出现服务越多、质量要求越高，机构就越亏的现象。另一方面，在这种模式中，服务机构扮演着"无偿提供者"的角色，而服务对象则是一种"不付费的接受者"，因此不仅服务供应方会放松对服务质量的重视，而服务的接受者也往往会因自己没有付费而在心理上降低对服务质量的要求。因此，这种模式可能导致服务机构的高开支和低效率，进而使政府公共开支膨胀，同时还可能导致服务质量的降低。

模式二：政府补贴供应方。这种模式是政府不负责建设和直接经营公共服务机构，但可以按照"政府购买服务"的方式，向服务机构（包括公共的和私人的机构，也包括非营利机构和商业性服务机构）购买服务。社会服务机构按照与政府的合同向服务对象提供服务，并以此而从政府获得相应的经费补贴。这种模式在不少国家和地区都已比较普遍，在我国也开始出现。这种公共资金补贴可以在两个层面上进行：一是一般性地补贴服务机构，使其能够降低向服务对象的收费，从而使更多的人能够接受相关的服务。这种补贴一般只给非营利机构，因为它们不会将政府补贴的公共资金转移为私人利润。二是按服务项目而向服务机构提供专门性补贴，以换取它们承担政府向某些特殊服务对象提供专门服务的任务。例如，政府向私人养老院提供补贴，以换取它们能够免费或低费收养辖区中的贫困老人。这种补贴一般既可以提供给非营利机构，也可以提供给营利性机构，关键看它们是否按合同承担政府委托的福利服务任务。

这种模式中，政府一般不是全面负责服务机构的费用，而只是部分补贴服务机构，因此一般可以节约公共资金的投入。另一方面，政府公共资金的投入可以直接与机构的表现挂钩，通过评估公共服务机构的表现来决定给其经费投入的多少，或按合同要求服务机构在福利性服务方面达到一定数量和质量标准。再一方面，在这种模式中，由于政府面对着众多的服务机构，因此可以在各个服务机构之间形成竞争，这样就有利于政府对服务机构的服务质量提出要求和实施宏观控制。但这种模式的缺点仍然是需方（福利受益者）很难处于"服务购买者"的自主地位，在政府与服务机构签订的购买服务的合同中，服务对象往往没有自主选择服务机构的权利，因此服务机构受到来自服务对象的压力仍比较小。而受补贴的服务机构长期与政府打交道以后，会形成应付政府检查评估的"对策"，从而使对机构的约束降低，甚至使来自政府机构的检查评估流于形式。

模式三：政府补贴需求方。这种模式的基本特点是政府既不经营也不直接补贴社会服务机构，而是按照实际需要直接补贴给需方（个人或家庭），然后由接受了补贴的需方自己到服务市场中去购买所需的服务。这种做法一般用在选择性福利模式中，即政府并不普遍性地为所有或大多数人提供福利性服务，而是只给少数特殊困难者提供特殊帮助，而这些受益者一般是要通过一定的资格审查而确认。被确认为符合条件的受益者从政府那里得到具有一定现金价值的服务补贴额度（如"食品券""福利券""奖学金""医疗费额度"等），然后用这种补贴到服务机构中去"购买"服务。服务机构在提供了服务以后，就可以凭其回收的各种"服务券"从政府那里获得相应的资金补偿。这种模式最大的特点和优点是服务的需求者在获得福利性补贴的同时，也掌握着选择服务机构的权利，因此对他们自己来说兼顾了自由与福利，对服务机构来说则可以促进其提高服务水平和质量。因为在这种被称为是"用脚投票"的模式中，需求方是"受补贴的消费者"，如果一个机构忽视了服务质量，它将很快被"消费者"抛弃，因而也难以从政府的公共福利资金中获得补偿。但是，从现实的过程中看，这种模式也存在一些薄弱环节。首先，在这种模式中，政府虽然在很大程度上省去了直接管理服务机构的难题，但却要面对更加众多的个体福利申请者。在对他们进行资格审查和动态管理的过程中仍然要消耗很多的人力和财力。其次，由于"消费者"所掌握的信息不充分，以及他们在选择服务机构时存在的非理性行为，导致他们有时也很难对服务机构的真实情况做出客观的评估，进而扭曲本来应该有的市场选择机制。

三、社会政策行动的纯福利模式与准市场模式

从社会政策的资金运行和服务传递的全过程看，可以按其福利性程度的高低而将社会政策体系大致分为纯福利模式和准市场模式。

1. 纯福利模式及其优点和弊病

在第二次世界大战以后的几十年里，欧洲福利国家按照民主社会主义的社会福利理论，在福利性社会事业中形成了一种“纯福利”的运行机制。其要点包括：福利性社会事业完全由政府直接管理，或者由政府委托的“准政府”部门管理；在社会事业中广泛实施再分配和收入转移；几乎所有的福利性社会服务都由政府的公共资金支持，受益者可以获得无偿的福利性服务而无须直接付费。当时认为这种纯福利的机制可以在更大的程度上体现社会公平，并满足各类人群的福利需要，尤其是弱势人群的需要。但 20 世纪后期以来，这种“纯福利”的运行机制受到来自“新右派”的批评。他们认为，纯福利的运行机制一方面降低了福利性社会事业运行的效率，导致了大量的浪费，另一方面也使福利性社会服务的实际收效降低，再一方面是政府对福利性社会服务事业的垄断损害了人们的自由选择。同时，纯福利机制还可能导致受益者福利需要的不合理扩大，进而导致政府公共开支的不合理增加，给国家带来严重的财政负担，最终将损害经济发展。基于这些认识，从 20 世纪 80 年代起，一些国家在社会政策方面做出了一些调整，逐步改变了原有的纯福利机制，在福利性社会事业的运行中引入了市场机制，建立了准市场的福利运行机制。

2. 准市场模式的基本含义

所谓准市场机制，主要是指在社会政策行动中引入一定的市场机制。过去长期以来，无论是左翼还是右翼的社会福利理论都在不同程度上将社会政策的福利性目标与市场机制对立起来，认为二者是无法兼容的。市场原则只能用到经济领域，而不能用到福利性的社会服务领域。其结果要么任由社会政策行动中效率低下的情况长期存在，要么主张大量削减社会政策行动，以减少其对整个社会经济效率的损害。但在 20 世纪 80 年代的市场社会主义理论率先打破了这种僵化的认识，提出了可以在“社会主义”的目标和原则下引入市场机制，从而在不损害社会福利目标的情况下，使社会福利体系具有更高的效率和活力。进入 90 年代以后，这种观点经“第三条道路”理论的进一步发挥，目前已成为社会福利理论中占重要地位的理论观点。概括起来看，“准市场机制”的基本要点有：

（1）在公共部门和福利性项目中引入市场竞争机制：打破在福利性服务中的垄断，通过服务机构之间的横向竞争而提高机构和项目的运行效率和服务质量。

（2）改变政府拨款方式：将面向机构的“按人头拨款”方式改为按服务项目的数量和质量来拨款，并进一步转向面向服务对象的“政府购买服务”方式。

（3）增大受益者的选择：扩大服务对象对服务机构的自由选择，通过服务对象“用脚投票”的效果来促进服务机构重视效率和质量。

（4）增加福利使用者的付费，通过使用者的付费一方面体现受益者的个人责任，并约束其福利需要，另一方面也增加服务机构的资金来源，并降低政府的财政负担。

（5）加强对服务机构的业绩考核和评估，并在业绩考核和评估中强化效率和质量的指标。

3. 在社会政策实践中引入市场机制的优点与问题

对于政府来说，在社会福利服务中引入市场机制的最大好处一是可以降低对福利服务机构的财政负担，二是能够限制服务对象不合理地接受服务行为，并约束其过度的服务需要。这两个方面都会进而降低社会福利服务中的浪费和减少政府的社会支出。对社会服务的接受者来说，在社会福利服务中引入市场机制一方面可以使他们在获得服务方面享有更加自由的选择，并获得更加优质的服务，但另一方面也不得不为之而承担更多的个人付费。对于普通居民来说，他们在个人付费方面的损失在较大程度上可以由其获得的优质服务而加以补偿。但对于贫弱群体的成员而言，则意味着越来越难以获得相应的社会服务。换言之，如果没有相应的补救措施，市场机制的引入将可能导致社会福利服务对贫弱群体的可及性降低。

从总体上看，在福利性社会服务中引入市场机制是一把“双刃剑”，它既可以促进服务效率和质量的提高，也可能损害对贫弱人群的社会保护。因此，对于引入市场机制需要因时、因地、因人和因条件而确定采用何种方式，并采取有效的措施完成其配套政策，降低其可能的负面影响。

4. 我国社会政策运行机制的改革

我国改革前的福利性社会事业在较大程度上是按照“纯福利”的方式运行的。政府和企业负责建立并管理各种福利性服务机构（医院、学校、养老院、儿童福利院以及企业的和社会的各种福利设施等），向居民和职工提供各种各样的福利性社会服务。职工和居民群众接受各种福利性服务一般不用付费或只付较低的费用。但是从20世纪80年代开始的福利改革，尤其是90年代以来的改革强调在福利供应中引入市场机制。在服务的提供方（服务机构），政府对许多公办社会服务机构不再按照其实际需求而全额拨款，尤其是不再完全按照机构的规模和工作人员的数量拨款，而是视情况而采取差额拨款的方式，同时要求社会服务机构按照“以服务养服务”（以商业化服务的利润来支持福利性服务）的方式，通过向居民提供商业性的或准商业性的服务（收费服务）而补偿其资金缺口，进而促使各种公办社会服务机构进一步走向市场，通过向服务对象提供更多更优的服务来维持自己的生存，并且在一些领域中提出和探索了“产业化”的道路，要求社会服务机构通过不断开拓服务市场来获得自身的发展。

毫无疑问，通过引入市场机制，社会服务机构自身的发展具有了更强劲的内在动力，这将促使机构提高其服务的数量、质量和效率，并降低政府财政的负担。但另一方面，不少社会服务机构在市场机制的引导下，日趋偏重对市场需求的反应，而对市场以外的需要（如对弱势群体的社会保护）则越来越多地表现出无能为力，甚至将不能付费的需要者拒之门外（例如有些医院将不能付费的病人拒之门外）。这意味着社会服务机构的公益性和福利性目标正在发生偏离。这些问题在一些社会服务机构显现出来，但根本的原因却在于政府社会政策的导向。因此，要解决这些问题还需要政府在社会政策方面做出相应的调整。

为了解决这些问题，使社会服务机构能够更好地兼顾效率、质量和社会保护，政府重新调整了政策方向，逐步加大对社会服务机构的投入，以增强其公益性和福利性，并尝试通过“政府购买服务”的方式改革公共资金对社会服务机构的投入机制。为此，中共十八大强调了要“改进政府提供公共服务方式”。并且在经过了多年的研究探索之后，2013 年 9 月，国务院办公厅下发了《国务院办公厅关于政府向社会力量购买服务的指导意见》（国办发〔2013〕96 号），明确指出：“政府向社会力量购买服务，就是通过发挥市场机制作用，把政府直接向社会公众提供的一部分公共服务事项，按照一定的方式和程序，交由具备条件的社会力量承担，并由政府根据服务数量和质量向其支付费用”，并且较为系统地提出了政府购买服务的具体要求。此文的发布，将会对我国社会政策运行机制的改革发展起到积极的推动作用。

最后需要指出的是，要提高社会政策运行的效率，除了要有合理的运行机制外，还需要对其加强管理。有关社会政策行动的管理问题将在第七章中专门讨论。

思 考 题

1. 社会政策主要有哪些主体？它们各自在社会政策行动中扮演何种角色？
2. 结合我国实际分析社会政策有哪些一般对象和重点对象。
3. 结合我国实际分析社会政策行动有哪些资源调动的方式。
4. 合理的运行机制对社会政策有何意义？
5. 什么是社会政策的准市场机制，其具体内容如何？

主要参考文献

刘旭亮. 国外加强社会管理的经验教训及启示. 领导科学，2012（28）：54–57.

汪玉凯. “分类推进事业单位改革 促进服务型政府建设”. 中国共产党新闻网. 2012年07月05日. http://theory.people.com.cn/n/2012/0705/c49150-18448176.html（原文载光明日报）.

民政部《2012年社会服务发展统计公报》. 民政部网站. 2013年6月19日. http://cws.mca.gov.cn/article/tjbg/201306/20130600474746.shtml.

王俊华. 变财政投入为政府购买公共卫生服务体制的新改革. 中国行政管理，2002（12）.

唐钧. 社会政策：国际经验与国内政策. 北京：华夏出版社，2001.

杨雪冬，薛晓源. “第三条道路”与新的理论. 北京：社会科学文献出版社，2000.

Dominelli L, Hoogvelt A. Globalization and the technocratization of social work. Critical Social Policy, 1996, 16, 2 (47), May.

McDonald D. Issues in international social work: Global challenges for a new century. International Social Work, 1999, 42, 2, Apr.

Midgley J. The institutional approach to social policy//Midgley J, Tracy M B, Livermore M. The Handbook of Social Policy. Thousand Oaks, California: Sage Publications, 2000.

第六章　社会政策的制定过程

社会政策是为了满足人们的需要和解决社会问题，但与其他公共政策一样，政府的社会政策往往不能自动地或简单地对社会问题做出反应。社会中各类人群有各种各样的需要，社会中也存在各种各样的社会问题，但并非所有问题都能一下子就进入政府的视野。即使进入了政府的视野，在资源有限的情况下，往往也难以同时都得到有效的解决。政府一般要按照一定的原则和标准对人们的需要或社会问题做出分析，判断其轻重缓急，然后再采取相应的政策行动。因此，一项社会政策的出台，除了有其客观的社会背景以外，政策决策者对问题的判断也是很重要的。面对复杂的客观因素，为了使社会政策具有更好的针对性，能更好地发挥作用，就需要有一系列的程序来保证在社会政策制定过程中的信息准确和决策正确，这也就使得社会政策的决策过程变得很复杂。

所谓社会政策的制定过程，是指社会政策的主体（政府）为了满足全体或某些社会成员的需要，或解决某些社会问题而制定相应的社会政策的全过程。社会政策的制定是一个复杂的过程，其中包括了收集和分析社会需要和社会问题的信息，政策方案的设计、论证和试点，最终政策的通过和发布等一系列的步骤，并且在各个环节中都可能受到来自政府内部和外部各个方面的影响。对于学习社会政策的学生来说，一方面需要了解社会政策决策的一般程序，以及在每个步骤上相应的规则和惯例，另一方面也需要了解影响社会政策决策的各种内部和外部的因素。在本章中，我们将重点介绍社会政策决策过程的一般程序，并结合我国的情况，简要分析影响社会政策制定过程的一些因素。

第一节　社会政策决策的内容和决策模式

一、社会政策决策的内容

所谓“决策”，是指制定政策的行动。而社会政策决策的内容，也就是指社会政策的制定过程中所要决定的事项。从根本上讲，社会政策是政府对人们的各种需要和各种社会问题的积极反应，因此，社会政策的决策的实质就是当社会具有一定需要或出现社会问题时，政府在是否采取相应的行动和如何采取行动方面做出决定。从实践上看，社会政策决策的内容一般包括是否采取政策行动、政策涉及的范围和福利水平、资源调动方式、制度设计、组织设计以及其他配套政策等一系列的内容。

1. 决策内容之一：是否采取政策行动

社会政策决策的首要内容之一就是面临一定的需要和社会问题时，政府是否采取相应的行动，也即决定是否制定、修改或取消一项或多项社会政策。例如，当社会中许多人都面临“看病难、看病贵”的问题时，政府就需要做出决定是否要采取专门的行动，解决这一问题。在绝大多数社会政策的制定过程中，是否行动是其最基本的决策内容。

2. 决策内容之二：社会政策行动的受益者范围

所谓行动的范围，是指一项行动所覆盖人群的范围，也即一项社会政策直接受益者的范围。一些具体的社会政策行动往往有其专门的对象群体，因此，这些社会政策行动的覆盖面一般只限于这些特殊的群体。同时，有些社会福利项目虽然具有普遍适用性，但由于财政资源及管理等方面的限制，在一定时期中政府只为社会中的某些群体提供社会福利。在社会政策的制定过程中，决策者要根据社会需求情况和可以利用的资源的情况来决定某项社会政策行动的覆盖面，即受益者的范围。

3. 决策内容之三：福利水平的高低

福利水平是指在社会政策项目中由政府财政或其他公共资金给付的平均水平，也即福利性项目受益者的平均受益程度。例如，在城市居民最低生活保障制度的设计中的一个基本内容首先是要确定最低生活保障标准，其主要意义除了据此标准大致确定受益者人数外，同时也确定平均受益水平，即政府给受益者提供救助的平均水平。同样，福利水平的高低也是受社会需要和政府财政资源共同影响的。

4. 决策内容之四：资源调动方式

在制定社会政策过程中，一般应该将实施该项政策行动所需要的资源及其调动方式，即经费总量和经费来源也做出规划。有明确的经费来源是社会政策能够得到有效实施的重要保障。除了经费来源以外，在社会政策制定过程中常常还需要对完成该项社会任务所需要的人员和物资做出计划安排。

5. 决策内容之五：社会政策项目的运作方式

在社会政策制定过程中，在资源调动方式确定后，还需要策划和确定该项任务具体的运作方式。所谓运作方式，是指一个社会项目的具体运行规则及实施方案。各类社会政策各个项目的运作方式很不相同，但一般来说在项目设计时应该考虑到受益者资格、资金分配比例、资金给付方式或服务传递方式、社会服务的组织设计和社会福利项目的管理模式、与该项社会政策行动有关的配套政策体系等等。对社会福利项目运作方式的设计是一个复杂的过程，其中既包含基本运行方式和相关制度的设计，也包含一些具体实施细则及相关技术设计。并且，对运作方式的设计和调整会一直延续到实施阶段，有时还会贯穿整个社会项目从决策到实施的全过程。对上述各方面的具体内容在本书第五章和第七章中有更详细的介绍。

二、社会政策的决策层次与决策模式

1. 社会政策的决策层次

综上所述，社会政策决策的内容相当广泛。但是在现实的社会政策制定过程中，所有这些决策的内容并非都是由一个机构来完成的，也不是通过一个过程就完成的，而是往往由不同层次的机构，在不同的过程中，以不同的方式来完成。

一般说来，社会政策的决策过程有以下几个层次。

（1）宏观政策决策。在宏观层次的政策制定是政治领导人在大政方针层次上的决策。它包括对社会政策基本目标、资源调动规模以及基本的制度模式等重大的问题做出决策。这些问题涉及政府和执政党基本的价值立场，基本的政治、经济和社会发展目标等战略性的问题，因此必须由执政党、政府或人大（议会）等方面的政治领导人或人民代表来做出决定。在这一层次上，对社会政策的价值分析比技术分析更加重要。政治领导人往往会从重大的经济与社会发展战略、解决重要的社会问题、保持社会稳定以及获取民心、赢得选举等方面去考虑社会政策问题，而不拘泥于一些技术细节。

（2）技术手段设计。社会政策能否有效实施，不仅取决于领导人的决心和资源保障情况，还取决于是否具备有效的技术手段。尤其是在一些比较复杂的项目中更是如此（如养老保险、医疗保险等）。因此对技术手段的设计在社会政策的制定过程中也是很重要的。所谓社会政策的技术手段，是指一项社会政策行动在服务、管理、资源调动、费用控制等方面能够采用的技术及物质条件。从社会政策制定过程的开始阶段起就需要有技术手段的设计，需要通过严密而有效的技术手段来将宏观决策转化为具体可操作的方案。

技术手段设计一般是由技术专家来完成。相对于基本制度模式而言，技术设计居于从属性的地位，并具有灵活可变的特点。一般说来，技术设计要遵循“简单化”的原则，即在其他条件不变的情况下，一项社会政策所需要的技术手段越简单越好，因为这意味着成本越低。但具体的技术手段的采用要根据基本体制的设计及其运行情况而定。在政策制定过程中可以通过技术手段去预防可能出现的问题。例如，当一个医疗保险制度存在着较大的费用控制漏洞时，可以通过精心设计的管理制度和费用控制机制及其相应的技术手段（如计算机联网管理体系）来加以弥补。

（3）运行方案设计。所谓社会政策的运行方案，是指一项社会政策在具体运行过程的各个环节上所采用的具体操作方式。它应该包括一项社会政策行动的基本程序、运行机制（服务传递方式）、组织体制及管理方式、资源调动及费用控制的具体方式等方面的内容。运行方案的设计是在宏观政策决策以后，在技术手段可行的范围内对上述各个方面做出有关的规定。运行方案设计一般又分两个层次，一是基本方案的设计，二是实施细则的规定。基本方案设计属于政策决策阶段应该完成的任务。而实施细则的制定一般属于政策实施阶段的任务，因为一般要根据在实施过程中具体地区和具体部门将面临的实际情况来制定具体的规定。

2. 社会政策的决策模式

所谓社会政策的决策模式，是指在社会政策决策过程中的基本的决策体制、制定政策的基本程序和基本决策方法等方面的综合特征。社会政策是公共政策体系的一部分，其决策模式受国家公共政策决策模式的影响。一个国家公共政策决策模式主要是由其政治体制（政党制度、选举制度、政府体制）、政治文化以及基本经济体制等方面的因素所决定。由于各国的政治、经济及社会文化条件不同，因此在公共政策的决策模式上也存在很大的差别。但是与其他公共政策不同的是，社会政策与民众的利益关系更加密切、更加直接，因此其决策过程往往受到民众更大的关注，并且往往也会受到各个利益群体更多的影响。

依其决策民主化程度的高低，社会政策的决策方式可以是从完全民主化决策到完全集中化决策两个极端之间众多不同的模式。完全民主化决策模式的基本方式是全面公决式的决策，即以“公投”来决定。但这种完全民主化的决策模式成本很高，往往只能用到极少数需要全民来共同决定的重大决策上。并且这种决策方式往往只能在人数较少的小国采用，而在大国很少采用。另外一个极端是完全的集中化决策，即只由少数人，甚至一个最高权力者来做出决策。民主型决策模式中人民群众可以以各种方式参与其中，并且能够对公共政策的制定起到实质性的影响。相反，集中型决策则是制定公共政策的权力被掌握在少数人手上，广大的人民群众或者难以有效参与，或者虽然参与，但对其过程和结果的影响不大。

民主型决策模式与集中型决策模式各有其优缺点。民主型决策模式最大的优点是它能够在最大限度上使公共政策代表广大人民的利益和愿望，并且得到多数人拥护的政策在执行过程中也将更加顺利；但是这种决策缺点则是它往往成本偏高，效率较低，并且也不能绝对避免被少数人利用而使公共政策偏离公共目标。并且在民主化决策中少数人（如富裕社会中的穷人）的利益有时也会受到忽略。集中决策的优点和缺点正好与民主型决策相反，其优点是成本低、效率高，而缺点则是在缺乏民众有效参与和监督的情况下更容易偏离真实的公共目标等。鉴于这两种模式各自具有一定的优缺点，因此当今各国在公共政策决策过程中都采用一些具体的决策模式而尽量综合两个方面的优点，而避免其缺点。具体的方式有人民委托其选举出来的代表来做决策的代议制民主决策模式，以广泛征求群众意见基础上的领导班子集体决定为特点的民主集中制的决策模式，以及以专家在决策过程中发挥重要作用为特征的精英决策模式等。

另外，公共政策的决策模式与决策体制有很大的关系。决策体制一般可以分为行政主导体制与议会主导体制。这种划分的基本标准是看政府行政机构和议会（人大）在公共政策决策过程中谁的作用更大。在有些国家（或地区）中，议会掌握着制定公共政策的重要权力和关键性的资源（如拨款权），所有比较重要的公共政策都要通过议会的严格审议通过，因此属于议会主导体制。另外一些国家（或地区）中则政府行政部门的权力更大，而议会的权力有限。议会主导体制下的决策模式更加民主化，而政府行政主导体制下则会更加集中化。

第二节 社会政策决策的主要影响因素

由于资源和能力的限制，任何政府在一定的时期中都只能优先满足社会成员的部分需要，并优先解决部分社会问题。因此，社会政策决策过程事实上就是在各种需要和各种问题之间做出优先性选择的过程。由于不同的优先性选择的结果会涉及各类人群不同的利益关系，因而政策决策中的有关各方和社会中的各类群体自然会自觉或不自觉地通过各种方式去影响政策制定的过程，以使自身利益最大化。因此，不了解影响社会政策制定的各种复杂因素，就很难全面而深入地理解一项社会政策。

一、影响社会政策决策的基本因素

一项社会政策是否能够出台，首先取决于一组基本的因素，主要包括该项政策的需求情况、政府的目标、该项政策的预期效果、社会政策行动的成本和政策可利用的财力以及制度和技术的可行性等。

1. 社会政策的需求情况

所谓社会政策的需求情况，是指社会对政府的某项社会政策的需求情况，即社会成员是否有某种需要得不到满足，或者社会中是否存在着某种问题，需要政府通过制定相应的社会政策去加以解决。然而，社会成员的需要和社会问题存在的情况对政府社会政策的影响也是有一定弹性的。当政府发现部分社会成员的某些需要得不到满足，或发现存在着某些社会问题以后，往往要首先对这些需要和问题的严重性程度做出评估，然后再决定是否采取行动，在多大程度上采取行动。当评估结果发现人民群众普遍存在着某种需要，或者某种社会问题已经受到社会普遍关注时，政府往往就会重视并着手解决这些问题。这时，制定社会政策（或其他公共政策）的一个基本条件就具备了。

2. 政府和政党的目标

在社会中存在着对社会政策的需求只是政府制定一项社会政策的必要条件，但还不是充分条件。政府的社会政策决策同时也要依据政府自身的政治、经济和社会发展目标。应该说，在任何国家中满足人民群众的基本需要和解决各种社会问题都是政府和执政党的基本目标和基本职责之一，因此任何政府都会采取一定的社会政策行动去满足这些需要和解决社会问题。但是由于任何政府（或政党）同时也还有其他的目标和职责，在有些情况下对一项社会政策行动必要性或重要性的评估不得不服从政府更为基本的、更为急迫的目标及任务。

3. 社会政策的预期效果

在很多情况下，社会中存在着各种需要和问题，要求通过政府干预来解决。但解决这些问题具有多样化的方式，政府面临着多种模式的选择。政府在评估各种政策方式的优先性时，不仅要考虑与自身基本目标的关联性程度，还要考虑各种政策行动的成本和效果。所谓社会政策的效果，是指一项社会政策能够达到其目标的程度。例如，给穷人提供现金救助是缓解贫困的重要方式之一。但如果通过分析评估发现，当现金救助达到一定水平后，继续提高其待遇水平可能会使穷人更加依赖政府救济而丧失自己努力的动机，因此可能导致现金救助的边际反贫困效果下降，而在这种情况下增大服务救助可能更加有效。重视社会政策的预期效果实质上是要求政府不仅要有满足人民群众需要和解决社会问题的动机，而且还需要寻找有效的方法。

4. 政府的财政能力

由于社会政策在很大程度上要依赖政府的财政投入，因此政府的财政能力对社会政策的决策具有重要的约束作用。所谓政府在社会政策中的财政能力，是指政府调动资金以投入社会政策行动的能力。一个国家政府在社会政策方面的财政能力既取决于该国经济发展水平和全社会的财富状况，同时也受其政治体制、国家（政府）经济和社会事务方面功能，以及在特定时期中政府的经济与社会发展目标等因素的影响。更具体地看，政府在社会政策行动中的财政能力一方面受其总体财政实力的约束，另一方面也受其对社会政策重视程度的影响。

5. 社会政策的成本

在社会政策的决策中，各国对社会政策的成本都很重视，尤其是财政能力较弱的国家，或在财政能力较弱的时期更是如此。所谓社会政策的成本，是指实施一项社会政策所需要的财政开支（经济成本）和需要付出的其他各种代价。一项社会政策所需要财政投入的大小是影响该项政策方案能否得到批准的重要因素。在许多情况下，社会福利部门预期花费太大的社会福利项目难以得到政府财政部门的支持，或者在议会（国会）的预算审查时受到严格的审查。政府对社会政策成本的重视程度与其财政能力和其社会政策的基本倾向有关。在第二次世界大战以后欧洲福利国家的社会政策模式中，曾经比较忽略社会政策行动的成本，而只重视其效果，有时为了达到某种效果而不惜采取高额的投入，结果导致政府财政开支难以控制，不仅影响了经济发展，还引起许多纳税人的不满。从 20 世纪 80 年代以来，许多国家在社会政策方面都加强了预算控制，成本因素对社会政策决策的影响明显增大。

在现实的社会政策决策中，社会政策的成本一般是与社会政策的需求及预期效果联系在一起考虑的。在其他条件不变的情况下，成本低、收效好的项目会受到优先考虑，而成本高、收效不明显或不确定的项目则很难通过。并且，在面临高成本的困难时，政府往往也不是立刻放弃一项行动，而是看看是否有节约资金的变通办法，或者看能否通过一些途径去调动社会资源，以分担政府的财政负担。例如，在面临老龄化的挑战时，政府不会因费用太大而放弃推动老年福利事业，而是通过诸如“社会福利社会化”等方式来调动社会资源，以达到发展老年福利事业的目标。

从广义上看，社会政策的成本还包括政治与社会成本，这些问题将在本书的第十章“社会政策的政治与社会分析”一章中加以讨论。

6. 制度方案和技术条件

除了上述因素以外，一项社会政策能否确立，还需要有合理可行的制度方案和必要的技术条件。制度方案和技术条件是保障一项社会政策能够正常运行、有效实施和高效率达到其目标的重要条件。在一些情况下，由于缺乏合理可行的制度设计和技术条件，往往会延缓一项社会政策的决策。

二、社会政策的可行性

社会政策制定过程要受以上各种因素的影响。是否具备上述各种条件，意味着社会政策是否具有可行性。所谓社会政策的可行性，从总体上看是指一项社会政策能够有效实施并取得预期效果的可能性。更具体看，社会政策的可行性包括了“可能性”“合理性”“有效性”和“可接受性”等若干方面的意义，并且可以分为经济可行性、政治可行性和技术可行性。

1. 社会政策可行性的实质内容

从一般意义上看，社会政策可行性的实质性内容主要是指社会政策所需要的条件能否被满足，能否达到预期目标，其手段是否合理，以及实施此项政策的后果能否被接受。更具体地分析，社会政策可行性的实质内容包含了以下方面：

（1）政策的可能性：在财务、技术、人员和组织方面在多大程度上具备实施此项政策的条件。

（2）政策的合理性：从政治、经济、文化等方面看，此项政策是不是最合理的方式。

（3）政策的有效性：此项政策在多大程度上能够达到预期的社会目标。

（4）政策的可接受性：实施此项政策的后果会带来哪些新的问题，其结果对社会各方面的负面影响有多大，这些负面影响在多大程度上可以被公众、领导人和相关组织所接受或容忍。

可行性是上述几个方面的综合效果。具有可行性的方案起码在一定程度上是可能的、合理的、有效的和可接受的，但不能要求它同时在这几个方面都是最好的，甚至不能要求它一定要在某一个方面最突出。一个可行性最高的方案可能在以上几个方面均不是最佳的，但应该是在这几方面的综合效果最佳的。

2. 社会政策可行性的主要方面

尽管社会政策只是政府在社会事务方面的行动，但其所需的条件和所产生的影响会超越狭义的社会领域，而与政府和社会的政治、经济和其他社会方面都密切相关。因此，社会政策的可行性可以分为经济可行性、政治可行性和技术可行性。

（1）经济可行性：即财政上的可能性及政策可能对经济运行带来的后果。在其他条件不变的情况下，对财政投入要求越少、对经济运行所带来负面影响越小的项目所具有的经济可行性越高。

（2）政治可行性：即社会政策可能对政府、政党或领导人产生的政治影响。有些社会政策在政治上会对政府不利，如某些社会政策的改革导致某些群体原来所享有的福利水平相对降低，因而引发他们对政府的不满。如果这种结果会对政府（或政党）带来严重的政治影响的话，此项改革的政治可行性就比较低。

（3）技术可行性：即社会政策在技术上的可实施性，其中包括在项目的管理、服务及配套行动的过程中所需要的各种技术设备、有效的制度安排和合格的专业人员。有一些社会政策在此方面有较高的要求，包括比较复杂的制度安排，以及由此而带来的对管理体制、管理人员和技术设备较高的要求。例如，养老保险体系需要有严格的保险精算技术、养老金筹集和发放的控制机制以及相应的电脑管理网络等。

三、影响社会政策决策的其他因素

1. 社会政策的信息系统

社会政策的制定依赖于充分和准确的信息。并且随着社会变得越来越复杂，其异质性越来越强，在社会政策决策时所需要的信息也越来越多。社会政策所需要的信息包括关于社会成员基本生活各个方面需求的信息、关于社会问题状况的信息、关于公众对社会政策态度的信息、关于现有政策与制度及其运行情况的信息等等。

在社会政策决策中的各个阶段都需要有充分并且准确的信息。首先，在最初阶段对政策问题的发现实际上是一个收集和传递信息的过程：某些机构或个人在日常工作或调查研究中收集到某些信息，并通过某种机制或媒体传递到一定的决策者或其智囊机构中。当这种信息从多个方向不断传来时，就会对决策者产生越来越大的影响，使其注意到这些问题的严重性。决策者在工作、生活或调研中也可能亲自收集到一些信息，直接促使其注意到问题的严重性。其次，在政策设计阶段，需要有足够的信息来支持各种方案的设计。这时，社会政策的研究者会通过收集已有的文献资料以及进行专门的调查研究和其他资料收集工作来进一步收集所需要的数据。例如，在许多社会福利项目设计时都要依据大量的统计数据，同时往往还需要做专门的调查。

为了为社会政策的制定提供足够的信息，当代许多国家都已经建立了庞大的信息收集和信息传递网络，并且广泛运用各种科技手段来收集信息，以此来为社会政策的制定提供足够的信息支持。但是，在现实的社会政策决策过程中仍经常出现信息不充分或信息不准确的情况。导致这种情况的原因很多，既包括信息收集和传递过程中的一些客观障碍，也包括有关机构和工作人员的一些主观因素。由于信息的不充分、不准确或不及时，常常影响社会政策的有效制定，并且常常是导致一项社会政策不成功的原因。

信息不足对社会政策决策的影响主要有以下方面：

（1）信息不及时，导致社会政策不能对需求和社会问题及时做出反应。

（2）缺乏有效的信息或信息不完整，导致决策者难以做出决策。

（3）信息被扭曲，可能导致真实的情况被忽略，或者被夸大，从而导致决策者做出错误的政策判断。

（4）信息被一些组织或个人利用，他们通过控制信息而在很大程度上影响政策的走向。

2. 利益集团

由于社会政策的制定和实施将对社会中各个群体的利益产生不同的影响，因此社会中各个利益集团将会以各种方式对社会政策的决策过程施加影响，以维护本群体的利益。因而围绕着社会政策决策就会有复杂的利益冲突。或者说社会政策的决策可能会在复杂的利益冲突中进行。在本书第十章第一节社会政策的政治分析就利益集团对社会政策的影响做了专门的分析。

3. 公共舆论和大众传媒

公共舆论是民众对社会中各类组织、公众人物及公共事件的评价、意见和建议等方面的表达方式。其中最主要的是对执政党和政府各项政策的态度。公共舆论对政府各项政策的反应有正面肯定和负面批评之分，并且其反应的强度一般与该项政策与民众的切身利益的密切程度有关。与其他公共政策相比，政府的社会政策对民众的影响更加直接，因此公共舆论对政府社会政策的反应一般也更加强烈。

公共舆论有各种不同层次的表达方式。在最基本的层次上，它表现为普通人之间就某一问题或政府某一政策的非正式议论和态度交流，这种议论和交流可以形成一种社会心理场，使许多人都受到感染，并使政府决策者和工作人员受到某种心理压力。进一步，这种态度的表达会发展为在非正式场合和小范围内的公开表达，在局部出现对政府政策的公开批评。再进一步，随着公众对这一问题关注的增多，大众传播媒体会加入进来，使得这种讨论和态度一方面更加集中，另一方面在更大范围中扩散。如果是批评性的意见为主，则会对政府决策者和工作人员产生很大的压力。

大众传播媒体对公共政策的影响作用早已为人们所熟知。在当代社会中，大众传媒信息传播的速度快、范围广，它们能够在很短的时间内让广大民众了解或关注某一问题。再有，由于在各个传媒之间存在着竞争，它们为了提高自身的收视/收听率或发行量，往往会更加关注并努力反映社会舆情。因此，当大众传媒与社会舆情相结合后，会大大加强社会舆情的程度及其对政府社会政策的影响。在我国，随着全球化的扩展，网络技术和大众传媒的发展，社会分化的加剧和利益关系的复杂化，以及风险社会特征的凸显和突发事件的增多，舆情的传播及其对老百姓日常生活和政府社会政策的影响也越来越大。因此，认真研究社会舆情，把握舆情发生发展及其产生社会影响的规律，是摆在社会科学研究者和各级社会政策决策者面前的一项重要任务。

4. 领导人偏好和主管部门

在社会政策制定过程中，除了各个群体利益的影响以外，各级领导人、政府的各个职能部门及其负责人和工作人员都可以在不同的程度上对社会政策的制定产生影响，从而使社会政策的制定过程具有更大的不确定性。

首先，领导人的个人偏好会对社会政策的制定产生不同程度的影响。所谓领导人的个人偏好，是指领导者个人在理解和处理公共事务时的主观倾向。其中包括领导人的价值倾向、社会态度、处理事务的原则，有时还包括个人性格等方面的综合特点。在社会政策制定过程中处于权力中心的领导人包括一个国家和地区的政治领导人和政府行政部门的主要官员，他们在社会政策的制定过程中具有不同程度的个人权力空间，这使他们能够对社会政策的方向、水平和发展速度等方面产生影响，有时还是很大的影响。各国领导人在处理社会政策及有关的事务中常常带有其个人倾向的特点。例如，有些领导人对社会福利持积极的观点，而另外一些领导人则持比较保守的态度；有些领导人比较重视发展教育，而另外一些领导人则更加重视对穷人的救助，等等。从原因上看，尽管领导人的决策倾向与其党派的政治立场有关，同时还经常受来自利益集团等方面客观因素的影响，但同时也存在着个人偏好的因素。

其次，除了领导人的主观偏好外，政府有关的职能部门及其负责人在社会政策的制定过程中也会发挥很大的作用。在政府行政部门的分工体系中，有若干部门主管着相应的社会政策行动。这些主管部门在其主管的社会政策领域中扮演着相当重要的角色。一般说来，他们在其主管的领域中要负责收集有关信息并评价有关社会需要和社会问题的严重程度，提出相关的政策议案，监督社会政策行动的实施过程，并对社会政策的效果进行评估。在有些体制下政府主管部门还直接管理社会福利项目和社会服务机构。由于主管部门在社会政策行动中具有重要作用，因此它们的表现如何就将直接影响到社会政策的制定与实施。主管部门负责人及工作人员的工作积极性和创造性、社会责任心、理论和知识水平、经验和能力，以及他们的价值立场、个人偏好等方面都会对其主管的社会政策产生不同程度的影响。

5. 突发事件

所谓“突发事件”是指事先没有预料到的，在一定的时间和区域中突然发生的，对社会产生比较严重影响的事件。在社会生活中经常会发生一些突发事件，包括自然事件和社会事件，如严重意外事故、严重社会骚乱、新的严重疾病传播，以及其他一些偶然的、个别的事件等。突发事件从其表现形式上看是一种偶然事件，但从其本质上看却有必然的原因。许多研究都指出，尽管当代社会在科学技术能力、社会管理体制与水平等方面都有很大的发展，但人们在生活、工作等各个方面仍然面临着各种风险，即在许多方面都面临着发生破坏性突发事件的可能性，甚至是灾难性事件的可能性。因此，社会学家们指出，当代日趋复杂的社会越来越具有“风险社会”的特点，在其中不时会发生一些突发性事件。

突发事件对社会政策的影响主要有以下几个方面：首先，突发事件可以暴露出社会中已经存在的社会问题，从而促使公众重视这些问题和政府制定相应的社会政策去解决这些问题。例如，一个社会中已经存在着严重的社会不公平和社会矛盾，但政府往往不能及时认识这些问题的存在，因而也就没有采取相应的社会政策行动。而一场导致社会危机的事件可能将这些问题较彻底地暴露出来，因而也就为政府的社会政策行动提供了条件。其次，突发事件通常可以暴露社会政策体系中的薄弱环节，而这将有利于促进改革和强化政策体系。如一场大的洪水可能暴露出防灾体制中的弊病，疾病的爆发流行暴露出公共卫生体系的薄弱环节，等等。最后，在发生突发事件的情况下，政府往往受到更大的压力要去解决相关的社会问题，公众也会比平时更加赞同政府在某一领域中的行动。例如，我国在公共卫生方面的财政投入多年来一直偏低，但这种情况长期被政府和民众忽略。而2003年“非典”流行的严重后果促使政府对我国公共卫生体系的缺陷做出迅速的反应，在很短的时间内就做出了一系列政府财政投入的决策。在这种突发事件的影响下，政府和民间都可能更加支持增大对公共卫生的投入，因而将有力地促进公共卫生事业的发展。

6. 社会政策制定过程中的宣传与社会协商

社会政策涉及千家万户的切身利益，在结构和利益分化的社会中，各类人群对某项社会政策的态度自然会有差异，有时一项社会政策的制定过程还会带来很大的社会矛盾。因此，在社会政策的制定过程中，政府应该通过各种方式向全社会宣传，并通过各种方式在各个群体、组织之间开展社会协商，让社会了解并支持正在制定的社会政策。

首先，政策制定过程中的宣传工作是非常重要的，其目的是让公众充分了解正在制定的社会政策的内容和对全社会的积极意义，尤其是对解决社会问题、促进社会发展的积极意义，以化解部分群众的疑虑和反对意见，最大限度地调动全社会的支持和参与。社会政策的宣传可分为沟通型宣传和协调型宣传。沟通型宣传的主要对象是普通大众，其目的是向群众提供相关的政策信息，让群众了解社会政策的内容和意义，说服群众支持社会政策的制定。协调型宣传的对象是针对某些特殊的群体和组织，其目的是为了让代表各个利益群体的组织及其领导人充分了解政府在制定社会政策方面的立场和态度，以及制定社会政策的意义，以化解因利益矛盾而导致的某些组织对社会政策的反对声浪，协调各群体和组织的立场，使各组织能最大限度地统一认识，支持政府的社会政策。社会政策宣传成功与否的关键是真实和全面，要让全社会充分掌握有关信息，了解社会政策制定的真实目标和意义，使公众从被动的接受转为主动的支持和参与。同时，社会政策的宣传应该有多种方式：理论分析与普及宣传相结合；事实分析与价值分析相结合；眼前问题分析与长远利益分析相结合，等等。再有，政策制定过程中的宣传应该是一种双向的沟通，在向群众和各类组织进行宣传的同时，也应注意听取群众和组织的意见。互联网的发展为这种双向的沟通提供了很好的平台，被越来越广泛地运用于社会政策的制定过程中。

其次，除了公开的宣传之外，在社会政策的制定过程中政府还常常与有关的组织进行协商。在许多国家中，政府与代表各种利益群体的组织之间的协商常常是社会政策制定过程中的一个必不可少的环节。在我国，政府制定社会政策的时候，常常在政府的不同部门之间，以及中央政府和地方政府之间进行协商，在必要时还会与各民主党派、社会团体等组织进行协商。

我国和其他许多国家的经验都证明，宣传和协商工作做得比较好，社会政策的制定就顺利得多。反之，就可能遇到许多的问题和阻力，尤其是在一些利益矛盾比较大的政策方面。

第三节　社会政策制定过程的主要环节

各国社会政策和其他公共政策的制定过程都是按照一定的步骤来进行的。在一般情况下，制定社会政策的步骤只是过去多年的政策实践中逐步形成的一种惯例，但有的也是正式规定的正规程序。按照一定步骤和程序来制定社会政策，其最大的好处之一是能够在更大程度上保证社会政策制定过程的严肃性和规范性，避免草率行事或少数个人的任意决定，并最终有利于社会政策符合社会的公共利益。

由于各国的决策模式不同，社会政策的决策过程也有较大的差异。并且在一个国家中，对不同的社会政策，在不同情景下制定社会政策，其程序和步骤都可能有所不同。制定社会政策是有成本的，需要投入相应的财力和人力。程序越复杂，制定政策的成本也越高。因此，一般说来，比较复杂的、社会影响面大的和资源调动规模较大的社会政策，其政策制定过程也相应更加复杂，而比较简单的政策往往会省略一些程序，以节省决策成本。同时，在平时制定一项社会政策时，政府可能更倾向于按部就班地完成各个步骤，但在比较紧急的情况下，政府则可能省略其中很多的步骤，在很短的时间内就通过一项社会政策。本节只是从一般情况下去分析政府社会政策制定行动的大致规律。

从我国的情况看，在一般情况下社会政策的制定过程大致要经过确立政策议程、设计政策方案、可行性研究与试点、初步方案征求意见和修改、审批与通过社会政策、发布政策文本等阶段，并在每个阶段中都有一些具体的步骤。

一、确立社会政策议程

社会政策制定过程的第一步是确定社会政策的议程。哪些社会成员的需要能够优先得到满足，或者哪些社会问题能够优先得到有效的解决，要看它们当中哪些能够首先进入政府社会政策的决策议程。

1. “社会政策议程”的基本含义

所谓“社会政策议程”，一般特指政府根据各项任务的轻重缓急而安排的制定社会政策的计划。政府社会政策议程的实质是政府对解决各种问题的优先性安排，即哪些问题应该优先解决。从内容上看，社会政策的议程包含了两层含义：一是政府在制定各种社会政策中的时间安排：将急需的和比较重要的政策放在前面；二是决策过程的资源配置结构：对重要的政策行动投入更多的资源，以集中力量尽早完成政策制定过程，而对不太重要的问题则可以留给少数机构和人员慢慢研究。从形式上看，政府社会政策的议程体现在政府各部门有关社会政策规划的文件中，其中包括中长期发展规划、年度计划和其他一些特殊的政策规划文件，同时也体现在其日常工作的安排中。再有，主要领导人重要的视察和讲话、政府的重要会议、官方媒体中的重要文章等等方面都能体现出政府及其领导人对某些问题的优先重视和社会政策的议程安排。

广义的社会政策议程概念除了政府的议程以外，还包括公众的议程，即公众对哪些问题应该优先解决的态度。从一般意义上讲，公众的议程是通过社会成员的广泛参与和讨论形成的相对的共识。从根本上讲，社会政策的公众议程代表大多数社会成员对问题的认识和态度。但在其中，各种利益集团及其领袖人物、知识分子和技术专家、大众传播媒体等方面常常发挥着更加重要的作用。从公众议程形成的过程上看，人们对某一问题的重视和相关的社会反应一般是首先从与该问题有直接关联的群体中发生，然后逐步扩散到所有的社会成员。这一过程的快慢和最终引起公众重视的程度，除了由问题本身的性质和程度决定以外，还受到重要的利益集团、知识分子、技术专家和大众传媒的影响。

2. 社会政策议程产生的方式

一个社会问题能否进入社会政策的程序，最终要通过相应的政府议程来完成，但在政府议程的形成过程中又与公众议程有密切的关系。在社会政策的政府议程和公众议程的关系方面一般有两种模式：一种是公众议程先于政府议程，即首先是公众意识到和重视一个问题，形成一定的公众议程，然后通过各种方式去影响政府，促使产生相应的政府议程。另一种模式是政府议程先于公众议程，即首先是政府部门和领导人发现并重视了某一问题，然后采取相应的行动，再通过宣传使公众也认识和重视该问题，形成公众的议程，并支持政府的行动。

在现实的社会中，公众对某一问题的认识和关注可以通过非正式群体和日常交往传播，但要形成对政府议程有影响力的公众议程，在很大程度上需要通过一定的群体性行动和媒体的报道而使其表现出来。因此，政府一般是通过媒体和社会群体的活动来认识社会政策的公众议程。这就难免有一些媒体和社会群体的领袖按照自己的理解在公众议程中进行表达，从而造成对公众议程的扭曲和对政府议程的误导。为了避免这一问题，许多国家在公众议程中通过媒体和群体领袖的表达之外，还广泛采用民意调查的方式直接地了解公众的各种需要，以及他们对各种社会问题和各项社会政策的态度。在我国，政府了解公众议程的途径也越来越多样化，包括媒体反映、人大和政协会议上的发言和提案、专家研究报告以及越来越多采用的官方和民间机构所做的民意调查。

虽然政府议程要受公众议程的影响，但前者并不是对后者的简单反应。首先，政府机构及其负责人可以先于公众发现问题和形成政府议程。其次，在公众议程在先的情况下，当政府面临来自公众（包括利益群体、知识分子和媒体）的压力时，一方面需要采取一定的行动以面对社会的压力，另一方面需要启动自己的决策程序，对相应的问题进行分析，以决定该问题能否进入相应的政策议程。在这一阶段，政府一般的行动包括：

（1）组织调查研究，广泛收集相关的信息；

（2）对各种信息进行分析，以掌握确切的情况，包括需求的程度和社会问题的严重程度；

（3）初步评估该问题可能在社会各个方面产生的后果，以及对执政党和政府基本目标的影响程度。

经过了上述的分析和评估，政府及其领导人就会就这一问题是否进入社会政策议程而做出相应的决定。在这一阶段中需要决定的主要内容有：

(1) 是否启动一项社会政策行动：是否着手制定、修改或终止一项社会政策。

(2) 新政策的基本方向：加强或减弱在某一领域的福利水平；提高或降低政府对某一领域的财政开支，等等。

3. 社会需要和社会问题进入社会政策议程的影响因素

社会政策议程的形成过程实际上是政府和公众对满足各种社会需要和解决各种社会问题优先性的选择过程，而在这一过程中有各种因素起着重要的影响作用。

首先，从客观事实上看，社会成员的某种需要或某个社会问题能否进入社会政策议程，取决于以下几个方面：一是在社会成员中是否存在某种尚未得到满足的需要，或者某种社会问题是否真正存在，其严重性程度如何。这是影响社会政策议程的最基本的因素。二是上述情况是否被公众或政府清楚地认识。在很多时候，部分社会成员的需要和社会问题早已存在，但没有被政府和主流社会清楚地认识到，因而长期受到忽略。三是一定的社会结构影响着政府及公众对某些群体的需要或社会问题的重视。例如，在严重不平等的社会中，下层群体的需要和问题往往难以及时被政府清楚了解。四是政治体制影响着相关信息在体制内的传递速度和保真程度，以及在社会上的公开传播程度，同时影响着政府对某种社会问题反应的灵敏程度。五是官僚主义、工作懈怠等因素的影响。这些因素常常导致一些政府部门和官员无法及时注意到民众的需要和社会问题。

其次，从社会成员方面看，各种不同类型的人员以各种不同的方式影响着社会需要和社会问题进入社会政策的议程：

普通公民：普通公民对自己的不利境况会做出各种反应，并以各种方式表达其改变境况的意愿。有些民众可以通过他们的代表性组织（如工青妇组织等）来表达；有些可通过人大代表和政协委员等人士来代言；有时候也可用通过大众传媒来表达。在其他一些国家一些民众常常采用请愿或游行示威的方式去表达，在我国则有“上访”的表达方式。组织性较强、政治上活跃的、过去曾经或现在正处于较高社会地位的群体往往会对自己在某些方面的不利境况做出较强的反应，并归因于社会，因而会对政府提出较多的要求。相反，一些真正的弱势群体往往在政治上不活跃，其利益表达能力较差，因此更容易受到社会的忽略。

政治家：公共价值观或社会使命感的强弱程度，以及相关政策问题与自己或本党派的利益关系，影响其对社会需要和社会问题的关注。

研究者和专业人士：研究者和专业人士可以通过其专家身份影响社会政策

议程。但研究者的选题和研究结论受本人价值立场、学术偏好的左右，并常常受政府和利益集团的影响（通过政治影响和财政资助影响等方式）。同时，学术圈中的学术评价方式也影响学者对现实社会问题和政策的关注程度。

利益集团：社会成员的某种需要或某项社会问题进入社会政策议程是否与本集团的利益有关。

大众传媒：大众传媒对社会政策议程有重要的影响。但大众传媒对社会问题的反映常常受其是否具有“炒作”的价值，是否会提高媒体的收视（听）率或发行量的影响。

知名人士：社会中的知名人士包括知名学者、科学家、教育家、知名文艺体育工作者、知名企业家、社会活动家、退休著名政治家和前政府官员等，他们对社会需要和社会问题的反应会对其进入政府的社会政策议程起到积极的作用。

社会工作者：社会工作者是在社会基层工作，与普通百姓密切接触的专业工作者。他们更容易发现老百姓的各种需要和社会的各种问题，并且能够对此进行专业性的分析和界定，再加上他们具有专业的和社会的渠道传递信息，因此他们往往能够比较好地促进基层群众的需要和问题进入决策议程。

总而言之，各种客观和主观的因素对社会政策的影响主要集中在社会政策的制定阶段，而在这一阶段中，又更加集中在能否将社会问题纳入政策议程的过程中。此外，与其他公共政策相比，社会政策更加直接地涉及社会成员及利益群体的利益，因此在社会政策议程的形成过程中往往有着更多的利益冲突。

二、社会政策的方案设计

在确定了社会政策的议程以后，接着就是确定具体政策行动方案。任何社会政策都必须通过一系列的具体行动来达到其总体目标，一个具体的行动往往被称为一个“项目”。例如，促进教育发展的政策需要通过校舍建设项目、师资培养项目、学生奖学金计划等具体的项目来实施。所谓社会政策方案，是指社会政策行动的具体项目的行动计划，包括政策行动项目的基本内容、规模和水平、受益对象、资源调动方式、运行机制、组织方式及具体的实施方案等内容。在方案设计阶段也有不同的步骤，其中包括基线调查、初步方案设计、多个方案的比较、可行性研究、试点和最终方案的确定等一系列步骤。

1. 基线调查

所谓基线调查，又称基础情况调查，是指在一项政策行动开始之前，就该行动所要解决的问题以及其他相关问题的现状做详细调查。基线调查一般会包括对社会政策对象的基本需要进行调查的内容，还包括其他各方面基本情况的调查。例如，一项为城市贫困者提供医疗救助的项目，在项目设计之前需要对项目区内贫困者的数量、收入情况、生活贫困状况、健康状况与卫生需求、医疗行为模式以及医院的情况和与医疗卫生及贫困救助有关的政策等各个方面有全面而深入的了解。只有较充分地掌握了这些信息，才能对此项目所需要的经费投入数量与经费分配方式、受益者界定、服务项目、救助方式、管理体制等方面做出合理的设计。

一般说来，基线调查的意义主要有两个方面。一方面是收集当时当地与该项目主要行动有关的数据，以便为项目设计提供基本的数据。另一方面是掌握在项目开始时所及区域中与项目有关的主要问题的现状，以便将来与项目执行后某一时点的情况进行比较，以评估项目执行的效果。就后一方面而言，基线调查就如一次实验中的“前测”：掌握实验开始前被试者在与实验有关的方面的状况，以便与实验以后的“后测”数据进行比较，以评估项目实施的效果。

2. 初步方案设计

在方案设计阶段，首先要根据社会政策的目标和实施条件，经过研究设计拿出初步的方案。在项目初步方案的设计中，一般要解决以下一些问题。

首先是明确社会政策的目标，其中包括总体目标和具体行动的目标。总体目标是指制定一项社会政策要解决哪些问题。如发展老人服务的社会政策是要改善老年人的生活状况；教育政策要促进教育事业的发展和入学率的提高；公共卫生政策是要全面促进居民的健康水平等。社会政策的具体行动及其目标是对每一个特定项目的任务和具体目标都应该有明确的界定，即在特定的时期内，某一项目应该完成哪些任务，获得哪些具体的预期成果。如老人政策行动中的建设老年活动中心的数量，教育政策行动中的平均入学率提高的百分点数，公共卫生政策行动应该使各种疾病的发病率降低的比例等。社会政策行动具体目标的设计要依据通过基线调查或其他方式所获得的关于需求和问题现状的数据，并根据对现状的分析而提出一项行动应该获得的具体成果。

其次是明确可调动的资源：为实施该项政策或特定的项目需要投入的经费和人力等资源，以及资金和人力等资源的具体来源。

再有是确定社会政策的基本体制、项目运行机制以及管理体系。对于社会政策行动或具体的项目需确定采用何种方式运行。例如，医疗政策中是采用社会保险制还是全民医疗服务；在社会养老保险方面，是实行现收现付制还是基金累积制，或者是二者的结合；在教育发展计划中，是重点投入学校基础设施建设，重点改善教师待遇，还是重点帮助贫困学生入学；等等。在社会政策组织管理体系方面应该规定一项政策的主管部门、参与行动的机构、基层管理及服务机构等方面，明确各个机构的责任和权力。

最后还应对社会政策的受益者及预期后果进行分析：大部分社会政策行动都有特定的受益者，政策方案中应该确定受益者和受益程度。

总而言之，在初步的方案设计阶段，一般都会尽可能地将社会政策行动的具体内容及其相关的条件和配套措施做出比较全面和细致的安排。

3. 各种方案的比较和最优方案的初步选择

初步方案的设计很可能是在不同的地区同时展开，或者是委托不同的机构同时进行设计，并且同一机构也可能同时提出多个方案。因此，所得到的初步方案就很可能不止一个。在初步方案阶段结束以后，决策者需要对多种方案做出评估和选择。在这种评估和选择中，决策者要依据一定的价值原则和技术标准。在价值原则方面包括各方案在多大程度上符合政府的政治、经济和社会发展目标，对政府和执政党能产生多大程度的正面或负面影响，以及可能对社会各群体之间的关系产生何种影响，并因而导致何种社会反应等。在社会政策的技术标准方面包括各项方案达到社会政策预期目标的程度（能否有效地解决问题），对政府各种目标的兼容性程度（在解决某一社会问题的时候，是否同时也能有助于其他问题的解决），各种方案实施中的效率（资源投入—产出的关系），以及可行性程度等各个方面的情况。

在初步方案的比较过程中，决策机构可能将各种方案交给各个方面的专家加以讨论，并可能通过各种方式在不同程度上征求社会各界，尤其是利益相关者的意见。通过讨论研究和集中各个方面的意见，政策制定机构可以在原有的多个方案中初步选择一个或少数最优方案。初步的最优方案确定以后，对于一些比较简单的社会政策行动，就可以直接提交最高决策层审批，而后就进入正式的实践。但一般的社会政策方案则要进入其政策制定过程的下一阶段：可行性研究和试点。

三、社会政策的可行性研究

可行性研究，有时也称可行性分析，是指运用各种社会调查及其他的技术和方法，分析社会政策方案是否可以实施，确定社会政策方案在实践中获得成功的可能性。由于社会政策的可行性不仅涉及技术和方法上是否可行，而且涉及政府的价值选择，涉及政府与公众的关系，涉及各个群体之间的利益关系、各地区之间关系，乃至各个部门之间关系的复杂问题。因此社会政策的可行性研究比其他大多数政策体系的可行性研究更加复杂。

1. 可行性研究的一般内容

从内容上看，社会政策的可行性分析一般从政治、经济和技术等方面进行深入的调查和分析。

在政治方面首先需要分析社会政策方案与现行的法律、法规、执政党的主导意识形态有无矛盾。其次需要分析社会政策方案可能将在社会上产生何种后果，这些后果对政府和执政党会带来什么样的影响。最后需要分析社会政策方案可能对社会中各个群体产生什么样的利益关系，它会招致各党派和利益集团什么样的反应，这些反应又会给政府和执政党带来何种影响。例如，在对一个比较激烈的社会福利改革方案进行可行性分析时，要集中分析它将使哪些人受益和哪些人受害，是否会招致民众或某些群体的反对，尤其是势力强大的利益集团的反对，这种反对将在多大程度上导致政府在政治上陷入被动，甚至是否可能导致政府陷入政治危机等。因此，政治方面的可行性分析实际上就是对一个社会政策方案的政治风险的评估。对评估为高政治风险的方案，决策者一般会非常慎重。

在经济方面的可行性研究，首先，是对一个社会政策方案所需要的资金进行测算和评估，并分析政府的财政能力能否够支持社会政策项目。其次，还需要对社会政策将给经济发展带来的影响做出分析，以使决策者清楚把握实施该项社会政策将在经济方面产生的代价。最后，需要分析实施一项社会政策将对整个社会的经济权力的分配产生何种影响，而这种影响又会带来什么样的经济及政治影响。

在技术方面则主要分析社会政策方案需要哪些管理和技术手段，当前社会中的技术水平能否满足其需要，以及采用各种管理和技术手段的成本和效果等等。有些比较复杂项目的可行性研究内容还会扩展到社会文化、历史分析、国际因素等更宽广的领域。

2. 可行性研究的方法特点

从研究方法上看，社会政策的可行性研究广泛采用科学的社会调查研究方法和政策分析方法，通过科学地收集和处理社会资料而对有关问题做出细致的分析。与一般的社会研究方法相比，社会政策可行性研究中所采用的方法有以下几个特点：

（1）实证性研究与规范性研究相结合。社会政策的可行性分析不仅要求从经验事实的角度分析社会政策是否可行，并且还要从价值判断的角度分析社会政策是否可取。因此从方法上看，它应该是实证性与规范性研究的结合。或者说，社会政策的可行性研究常常不是只站在价值中立的立场上去对某些客观事实做出判断，而是还需要对社会政策的方案做出价值判断，并在此基础上对各种可能的方案做出价值优先性的排序。

（2）定量分析与定性分析相结合。定量方法和定性方法在社会政策的可行性研究中均有广泛的应用。既需要用定量方法来对社会政策方案的实施及其各种影响因素做出分析，并且还可以在此基础上建立社会政策的动态模拟模型；同时也可以采用定性研究的方法进行深入的个案分析，以具体把握社会政策与各种不同人、群体和组织之间的关系。

（3）民众的意见与领导人意见、部门意见、专家意见相结合。在可行性研究中，首先要了解民众对这项政策的意见，尤其是与该项政策有直接利益关系群体的意见。但同时也要注意领导人的意见、相关部门的意见，以及相关专家的意见。征求各个方面的意见不仅仅是为了把握相关的需要、专业知识和技术等客观方面的信息，而且更重要的是要了解各个方面对该项社会政策方案的态度，以分析它在实施过程中可能得到的支持和遇到的障碍。

（4）多学科和多种具体方法的集合。社会政策涉及社会、经济、政治、公共管理、法律等多个领域，因此在对其进行可行性研究时需要多学科的知识。同时，在具体的社会调查中也需要采用多种方法，例如问卷调查、个案访谈、小组访谈、文献资料分析、社会实验等方法。与其他社会调查研究所不同的一点是，在社会政策的可行性分析中经常采用“德尔菲法”来进行专家调查，以分析和汇集各种专家及各类群体在某项社会政策方面的意见和态度。

3. 可行性研究的结果

从结果上看，社会政策的可行性研究可能会否定、支持或有条件支持一项社会政策方案，或者是在多个社会政策方案中选择可行性最高的方案。一般说来，总体上可行性比较高的方案是那些在各个方面的可行性比较均衡的方案，它们可能并不是在所有方面都具有最高的可行性，但一般不能在某一方面有特别低的可行性。也就是说，如果一个方案在各个方面的可行性都不是最好的，但也不是很差的，这种方案有可能得到支持。而一个虽然在多数方面的可行性都很高，却在某一个方面可行性很低的方案，则常常很难得到完全的支持。一般说来，大多数可行性研究报告都会对所分析的方案的修改、完善和增加配套措施等方面提出具体的建议，以供决策者参考。

在社会政策的制定过程中，可行性研究报告对政府决策者起着重要的参考和咨询作用。政府一般会根据可行性报告的结论和建议而做出相应的政府回应。或者通过修改社会政策方案而使其更加完善，或者通过宣传教育和政策解释而使各个群体更多地理解政府社会政策方案的意义。在这一过程中，一方面要求政府的社会政策方案本身能够更广泛地协调各个群体的利益，另一方面也需要政府有较强的公关能力，以争取各个群体对相关社会政策有更多的了解、理解和支持。

四、社会政策的试点

在经过可行性研究以后，一个初步的方案就基本确定了。一些比较简单的社会政策方案就可以直接交给相关的决策机构审批，审批通过后就付诸实施。但对于影响范围较大、较为复杂的社会政策行动，在正式审批和实施前一般还需要先在局部地区进行试点。有时候试点过程还可能反复进行。

1. 社会政策试点的含义与意义

在社会政策制定过程中的“试点”，是指决策者为了验证社会政策方案的可行性，发现其存在的缺陷，而在正式实施该方案之前先在局部区域或组织内将社会政策的方案做实验性的实施，并在此过程中掌握有关社会政策实施过程及其效果的实际情况，以便为进一步的修改完善与正式实施做好准备。试点是社会政策制定过程中的一个重要环节。因为当代社会变得越来越复杂，而政府的社会政策是一个庞大的社会工程，一项社会政策的实施会给社会带来不同程度的影响，很多情况下还会有很大的影响。同时，社会政策还是一个复杂的系统工程，其正式实施的过程一旦全面启动，常常难以随时对其行动方案做大的修改。因此，在制定一项社会政策并在将其付诸实施之前，必须要相当慎重。尽管在社会政策方案的设计阶段和在可行性研究的过程中，政策研究人员和政府行政部门可能已经做了大量的调查研究，并且还可能对真实的实施过程做了科学的模拟运算，但由于实际的社会过程和人的行为本身相当复杂，其中许多因素是很难在调查研究和人工模拟中完全掌握的。因此，在正式实施一项社会政策方案时，仍需要将它放到完全真实的社会环境中试运行，以检验方案的可行性。

从这个角度看，社会政策的试点是一种局部的社会实验，其主要目的一是为了检验某项社会政策方案的可行性和效果；二是为了发现该方案存在的缺陷，以便进一步修改；三是为了发现该项社会政策方案的实施可能带来的社会后果，尤其是其负面的后果，以便在正式全面实施该项政策方案之前做好相应的准备。

2. 社会政策试点的一般程序和要求

从程序上看，试点工作一般都包括选点、展开试点工作、试点工作的总结及效果评估等环节。但由于各种具体的社会政策在重要性、复杂性和紧迫性等方面都有很大的差异，因此其试点工作的范围、时间长短及安排方式等方面很不一样。从试点方案及“点”的数量安排上看，试点工作可以有“单方案一处试点”“单方案多处试点”和“多方案多处试点”等不同的安排。从时间安排来看，也有多处同时进行和在一处或多处相继进行等不同的安排。

作为一种局部的社会实验，社会政策的试点应该按照科学的方法，在一种客观的、真实的社会环境中进行。试点工作的环境和条件都应该尽量保持真实的社会环境和条件。这种要求体现在试点工作的选点、试点工作的进行过程和最后的结果评估等各个环节中。试点工作是社会政策制定过程的重要环节，它对一项社会政策能否最后确立，在全面实施之前能否最后发现其缺陷并加以修改具有重要的意义。因此，领导人和政策研究人员以及相关的利益群体对它都会很重视。在社会政策制定过程中的各种影响因素也会在不同程度上带到试点工作中，从而使试点工作也受到价值冲突、利益矛盾和其他利害关系的影响，严重时可能破坏试点环境和结果的客观真实性。因此，社会政策试点工作的一个基本要求是在其各个环节中都应该注意保持客观性、真实性与科学性。

首先，在选点过程中，应该注意所选出的点具有典型代表性，即在其主要的社会特征方面能够在最大限度上与更大范围的社会相一致。在现实的试点工作中，选点时常常受到一些客观和主观因素的影响，使其偏离真实性的目标。例如，在选点时常常会排除反对者所在的地区和单位，因而导致所有被选中作为试点地区和单位的领导人都是支持该方案的。另外，在选点过程中还可能存在有些领导为了要在试点中取得“好成绩”而故意选取条件较好的点，从而破坏试点工作的客观性和真实性。因此，作为试点工作的第一步，对选点工作应该进一步规范化，重视试点地区和单位的代表性。如果条件允许可选多个具有不同特征的点同时进行试点工作，以尽量包含真实社会的各个方面的多样性。但如果只能选一个点时，则一般选取各个方面综合起来具有更大代表性的点。

其次，在试点过程之中，应该尽量保持客观、真实的社会条件，以使社会政策的方案能够在真实的条件下得到真正的检验，并发现问题。从实际情况看，有两种情况最可能破坏试点工作的客观真实环境。第一种情况是上级领导为了取得试点工作的“好成绩”而给试点地区或单位提供特殊优惠的条件。这样一来，虽然试点工作结束后可以取得表面上的“好成绩”，但却破坏了试点工作的真实性要求。第二种情况是有些时候试点地区或单位的领导及群众对于自己的地区和单位被选为试点单位而感到荣耀，认为这是上级对本地区或单位工作成绩的肯定，并期望通过试点的“成功”而再获政绩或得到新的优惠政策，从而对试点工作给予了过分的重视，过多地调动了本地区或本单位的资源去完成试点工作任务。这样实际上也是破坏了试点工作真实性的要求。

最后，对于试点工作的总结和评估，更应该实事求是，全面总结和评估试点工作的结果，尤其是要充分总结和分析试点过程中发现的社会政策方案的不足之处。领导人和政策研究人员不能为了保留自己喜欢的政策方案而低估其弱点，或为了反对自己不喜欢的方案而高估其弱点，更不能为了证明本地区或本单位的工作有成效而“报喜不报忧”。

鉴于在社会政策的试点工作中可能存在着以上问题，各国政府和政策研究人员对此做了大量的研究和改进。例如，在我国比较注意选“点”的代表性，即从决策的普遍实施和预示实施结果的角度来选择试点。同时，在试点工作中开始注意不给试点地区和单位提供特殊条件。再有，在对试点工作结果的总结和评估中，将以前主要由上级领导来评价，普遍改为专业论证与领导评价相结合的方法。过去20多年来，在试点过程中还越来越注意将计算机技术、模型模拟、实验法等科学的方法应用到试点过程之中（朱光磊，1997）。这些改进的措施将有助于提高试点工作的科学性、真实性和实际效果。

3. 试点工作的评估结果

一项社会政策方案在试点总结和评估中可能得到几种后果：一是获得无条件通过；二是有条件通过，即总体方案可行，但细节需要修改；三是经过修改后重新试点；四是被否定。在社会政策实践中，第四种情况比较少，因为绝大部分社会政策方案在进入试点前都有很多的研究和论证。因此，除了那些原来争议就比较大，或原来就被认定为是高风险的方案以外，一般的方案在试点中被完全推翻的可能性比较小。但对于一些经过试点后发现不成熟的方案也可能被暂时搁置。大多数社会政策方案在经过试点评估后，需要根据试点的结果来进行一定的修改，然后进入下一个阶段，即政策的征求意见，以及在征求意见的基础上进一步修改。

五、社会政策方案的征求意见和修改

一项社会政策的方案初步确定后，在正式审批前还需要征求各个方面的意见，并根据各方面的意见而加以修改。

1. 社会政策方案征求意见的必要性

社会政策的制定过程应该充分地考虑到社会各个方面的利益和意见。尽管在前面各个环节中已经有了很多的征求意见的途径，但由于社会政策往往涉及各方不同的利益，会为社会各界、各级政府和政府各个部门所关切，因此应该尽可能地协调各方的意见和利益，不仅在社会政策决策议程的前期阶段了解社会各方的需要和态度，而且在初步的方案出来后，还应该就方案本身去征求各方意见，以便使出台的社会政策能够尽可能地实现各方利益的“最大公约数”。从实际情况看，对社会政策对象的需求的调查、社会各方面对社会政策制定过程的一般意向和建议等前期了解到的信息，与政策制定者拿出初步方案来以后人们的评价和建议往往是不完全一样的。因此前面各个环节的调查研究不能替代就方案本身的征求意见程序。此外，社会政策的制定和实施所涉及的因素都很复杂，因此在初步的方案出来后，再次向社会各界征求意见，可以在正式出台前再次修改，对社会政策方案精益求精。

2. 社会政策方案征求意见的主要对象

社会政策方案征求应该向各种不同的对象征求意见，其中包括以下一些方面：一是向社会政策的对象征求意见，例如：社会保险改革方案可向社会保险参与者（职工和企业）征求意见；二是向社会政策的专业人员征求意见，包括社会政策的研究人员，以及具体实施相关社会政策的专业工作人员及其机构等；三是向有关的政府部门征求意见，包括向同级其他职能部门和下级政府相关部门征求意见；四是向社区及社会组织征求意见；五是面向一般公众征求意见。具体的社会政策决策过程中，可根据需要选择适宜的征求意见对象。

3. 社会政策征求意见的主要方式

社会政策初步方案出台后，可采取多种方式向社会征求意见，其中主要的方式包括：一是采用传统的发布文件的方式征求意见，这主要用于政府部门之间的征求意见；二是采用听证会的方式，邀请有关方面的代表参加讨论；三是采用座谈会的方式，定向地邀请一些方面的人士进行讨论，如邀请相关专家对社会政策初步方案进行讨论；四是采用向社会公开征求意见的方式，如通过各种大众传媒征求社会公众的意见。

4. 社会政策初步方案的修改

征求意见结束后，可根据征求意见的情况对社会政策方案进行进一步的修改和完善。

六、社会政策的审批与文本发布

1. 社会政策的审批

通过试点评估、征求意见和最后修改后的社会政策方案就会进入最后的审批程序。所谓对社会政策的审批，就是将经过前面各个阶段而得到的社会政策方案交给最高决策层讨论，以决定是否批准实施的过程。社会政策的审批是社会政策制定过程中核心的环节之一，它决定着一项社会政策方案最终能否被确立并进入实施。社会政策的审批是一个在不同意见的背景下采取集中行动的过程，即在各种不同的意见中选择一种统一行动。在许多情况下，摆在社会政策审批者面前的有多种方案，或者虽然只有一种政策方案，但不同的地区、部门或不同的政策研究人员对这一方案的意见会有一定的差距，有时还是很大的差距。在最后的决策过程中必须要在多个方案中选择一个，或者是在多种意见中选择一种意见。因此，在审批过程中会有大量的外部影响因素，而这些因素会围绕着审批者、审批模式和审批程序等各个方面展开。研究社会政策的审批过程，一般要关注审批者、审批模式和审批程序等基本要素。

审批者：审批者即负责审查和批准一项社会政策的机构和个人。由于各国的政治体制不同，社会政策（以及其他的公共政策）的审批者也不尽相同。在有些国家中，绝大部分社会政策都由国家或地方的立法机构审批，因此最后的社会政策都以国家和地方法律的形式出现。但在另外一些国家，中央和地方的政府行政机构在社会政策的审批中负有更大的责任，并具有更大的权力。我国的社会政策审批长期以来具有明显的行政主导特点，政府行政机构在社会政策的最后审批中具有很大的权力。但随着政治体制和决策体制的改革和发展，国家和地方立法机构在社会政策的审批中发挥的作用也越来越大。

审批模式：所谓社会政策的审批模式，是指在社会政策审批过程中集中各种意见的基本方式。社会政策的决策模式主要体现在其对社会政策方案的最后审批模式上。从当代各国的情况看，主要的审批模式有领导个人审批模式、领导集体审批模式和民主审批模式。领导个人审批模式是指由领导人个人来负责社会政策的审批；领导集体审批模式是指通过领导班子的集体讨论来审批一项社会政策；而民主审批模式则是指在立法机构中通过表决的方式来决定一项社会政策最后能否确立。在我国，社会政策及其他公共政策的审批模式比较多样化，其最主要的模式是领导集体审批的模式。例如，我国大量的社会政策是以政府行政法规的方式制定的，根据国务院《行政法规制定程序条例》规定，行政法规草案由国务院常务会议审议，或者由国务院审批，最后由国务院总理签署国务院令颁布实施。我国近年来在社会政策的审批方面也加快了民主化的进程，越来越多的社会政策以法案的形式被送到人民代表大会审议，或者在政府审议过程中人大和政协等机构的意见受到越来越多的重视。

审批程序：在不同的审批模式下，社会政策的审批程序有所不同。我国国务院的行政法规审批的大致程序如下（中华人民共和国国务院，2001）：

第一步：由某项社会政策的主管部门（国务院各部委办局等）会同国务院法制机构起草政策法规草案。在此过程中既可以是一个主管部门，也可以有多个部门联合提出政策草案。

第二步：国务院常务会议审议行政法规草案，并且由国务院法制机构或者起草部门作说明。国务院常务会议审批过程中将决定是否通过，并提出修改意见。

第三步：国务院法制机构根据国务院的审议意见，对行政法规草案进行修改，形成草案修改稿，报请总理签署国务院令公布施行。

第四步：行政法规在公布后的一定时间内将报全国人民代表大会常务委员会备案。

此外，需要通过人大立法的社会政策法案按照相应的立法审批程序办理。同时，由国务院下属部委级机构制定的社会政策则按照相关部委内部的工作程序办理，或按其相互之间协作的工作程序办理。

2. **政策文本的发布**

一项社会政策经过决策者审批通过后，就将以一定的文本形式向外发布。在这一过程中主要的事项一是确定社会政策文本的形式，二是社会政策文本发布的方式。

在不同的情况下，社会政策对社会事务的干预程度是不同的，也就是说政府各个社会政策行动的强制性程度是不同的。有些社会政策具有很高的强制性程度，一旦发布，就要求在所规定的范围内必须执行，而另外一些则具有较大的灵活性，主要对下级和基层社会的行动起一定的指导作用。同时，不同的社会政策事项对具体行动规定的详细程度也不一样，有些对所涉及的行动做了很细致的规定，而另外一些则只制定了一些大的行动框架或主要方向。此外，不同类型的政策文本具有不同的法律地位和不同的行政强制性。各种不同层次、不同类型的文本的发布程序也不同。

国家正式的法律文本是由国家立法机构（人民代表大会）通过正式的立法程序通过的法律文本。这种正式的法律文本在人民代表大会或其常务委员会投票通过后，经国家主席签署，以“中华人民共和国××法”的名义发布。其发布的方式是在主要报刊上和政府官方网站上全文登载法律文本，并且在主要报纸、电台、电视台和网站上报道有关新闻。同时通过一定的权威出版社出版该法律的单行本，并将之编入权威的法律汇编。国家法律文本一旦发布，就具有最高的权威性和强制性。

行政法规由国务院组织起草，由国务院的部门具体负责起草工作。行政法规草案在经国务院法制部门征求各个方面意见，并进行审查和修改后，由国务院常务会议审议，或者由国务院审批。审批通过的行政法规由国务院总理签署国务院令公布施行，并及时在国务院公报和在全国范围内发行的报纸上刊登。国务院行政法规颁布实施以后，如果其条文本身需要进一步明确界限或者做出补充规定的，由国务院解释。国务院法制机构研究拟订行政法规解释草案，报国务院同意后，由国务院公布或者由国务院授权国务院有关部门公布。行政法规的解释与行政法规具有同等效力。

国务院部门规章可以由一个部门单独制定，涉及国务院两个以上部门职权范围的事项也可以由相关的部门联合制定规章。部门规章经制定部门负责人签署同意后公布实施，并报国务院备案。

地方省级人民政府可以根据本地的情况制定地方性法规，一方面是为了执行法律、行政法规的需要，根据本行政区域的实际情况做出一些具体规定，另一方面是针对地方性事务制定在本地区有效的法规。

国家法律和政府行政法规、部门规章和地方性法规等一般都要规定开始实施的时间。由于许多政策在新旧政策之间的前后衔接及过渡需要一定的时间，因此新的政策一般会在公布之日之后的一定时间内开始实施。

思 考 题

1. 社会政策决策一般包括哪些基本内容？
2. 社会政策决策有哪些基本模式，各种模式各有哪些优缺点？
3. 社会政策的决策过程常常受到哪些因素的影响？
4. 社会政策制定过程一般包括哪些主要环节？
5. 结合实例分析我国社会政策制定过程中各个环节有哪些主要的任务。

主要参考文献

中华人民共和国第321号国务院令．行政法规制定程序条例．2001年11月16日．

谢明．公共政策导论．北京：中国人民大学出版社，2002.

《公共政策》编写组．公共政策：上、下．北京：中国国际广播出版社，2002.

朱光磊．当代中国政府过程．天津：天津人民出版社，1997.

李钦涌．社会政策分析．台北：巨流图书公司，1994.

查尔斯·E. 林布隆．政策制定过程．朱国斌，译．北京：华夏出版社，1988.

第七章　社会政策的实施、评估与变动

一项社会政策在完成其决策过程以后，就进入具体的实施阶段。社会政策的实施过程也是一个复杂的社会行动过程，其中包含具体行动方案的设计、社会政策的组织及管理体系的建立、社会福利项目的建设和社会服务行动的展开、对政策行动的日常管理和阶段性评估等方面。在这一过程中需要社会政策的执行者在政策实施行动的各个环节上发挥很大的主动性。另外，许多社会政策的实施过程都具有阶段性特征，当政策行动进展到一定阶段时，需要根据政策评估的结论对社会政策行动做出变动，包括修订政策方案、改革政策体制和终止政策行动。

一个社会政策行动能否成功地达到目标，不仅取决于合理的决策，而且也取决于能否有效地实施。因此，社会政策的实践者和研究者不仅应该重视政策决策过程，也应该重视政策的实施过程。由于各项社会政策的内容和具体的实施方式各不相同，其实施过程的情况也不完全一样。本章将主要总结和介绍社会政策实施、评估和变动过程的一般规律。

第一节　社会政策实施过程

所谓社会政策的实施，是将一项社会政策行动的方案付诸具体行动的过程。从一般意义上看，社会政策的实施过程是一个执行政策的过程，即社会政策的执行机构按照已经确定的制度规范和行动方案去采取具体行动的过程。但是在政策实施阶段中仍然有大量的具体实施细则需要根据具体条件而确定。同时，社会政策的实施行动往往会在社会上引起经济的、政治的和社会心理方面的后果，并引起各种社会群体的复杂反应，因此需要政策执行者在社会政策的实施过程中不断地发现和解决各种具体问题，有时还需要对原有的方案做出一定的调整，以适应具体的社会条件。

社会政策实施过程中的行动主要包括制定实施细则、确定具体的资金及其他资源的来源及使用方式、建立高效率的服务传递模式、建立有效的组织及管理模式等内容。在本节中主要介绍制定实施细则、资金分配方案、服务传递模式等内容。社会政策行动的组织和管理方面的内容将在本章第二节中专门介绍。社会政策资金及其他资源的调动方案是社会政策实施过程中的重要行动之一，但有关的内容已经在前面的章节中进行了较详细的分析和介绍，在本章中不再重复。

一、社会政策方案的实施细则

在政策制定阶段，政治领导人和政策决策机构往往集中考虑社会政策行动的基本目标、原则和基本的制度框架及总体的方案，而将制定实施细则的工作留给政策执行机构去处理。对于政策执行者来说，在实施社会政策过程中首先要完成的任务就是制定实施细则。

1. 制定实施细则的主要方式

（1）对社会政策条文的解释

制定社会政策实施细则的过程首先是对政策条文的解释过程。由于各种原因，社会政策最初的文本可能是比较原则性的，因此需要通过政策执行者的解释后才能具体应用到实践中。对社会政策条文的解释包括语义解释和操作化解释两个方面。

社会政策条文的语义解释。由于政策文本使用的语言可能存在歧义性，有时会采用一些非大众化的表述方式，甚至可能是比较含混的语言，因此需要政策执行者在制定实施细则时首先对政策文本进行语义解释。语义解释主要是对政策文本中的歧义性语言、非大众化的专业术语以及一些模糊性语言做出具体的解释，以便使参与政策实施的机构和工作人员能够准确地把握政策的含义，并使公众也能够正确地理解相关社会政策的真正含义。

社会政策条文的操作化解释。实施社会政策的关键性要求之一是要准确地把握政策的对象、政策标准，以及时间和空间范围等，但最初的政策文本往往为了简明扼要而不对相关标准做具体说明，或者政策制定者为增大社会政策在不同条件下的适用性和社会政策实施中的灵活性而有意只做一般性的表述，而让下级的政策执行者根据部门和各地的具体情况而制定具有更大适应性的具体规定。因此在社会政策的实施过程中需要政策执行者将有关的标准加以具体的界定。也就是说要将最初政策文本中的一般性标准加以操作化。所谓对政策标准的操作化，是指将最初政策文本中原则上规定的各种标准和条件加以具体的界定，使之在政策行动中能够具体操作。例如，在一些最初的政策文本中可能提到“失业者”“城市贫困者”“住房困难户”等概念，但并没有给出具体的界定。而在制定实施细则时就需要采用必要的量化标准对这些概念加以具体的界定，以便在相关社会政策的行动中能够具体地将这些人区分出来。

对社会政策条文的解释过程体现了政策执行者在社会政策实施过程中的主动性。政策的执行者需要通过更进一步的调查研究而将最初政策文本中的基本原则与实际情况相结合，制定出既符合社会政策基本目标和原则，又切合具体实际情况的实施细则。另一方面，对社会政策条文的解释过程也是一个政策决策者与政策实施者之间的互动过程。决策者对政策条文规定的详细程度与执行者解释空间的大小一般是成反比的。如果社会政策的决策者将最初的政策文本规定得过细，政策执行者的解释空间就比较小，这时社会政策比较容易僵化，在实施过程中缺乏弹性。但如果最初的政策文本表述比较笼统和含混，给执行者留的解释空间太大，有时也会使执行者在地方利益或部门利益的驱使下而使社会政策行动偏离基本方向。在政策实践中的“上有政策、下有对策”的现象有时就是由于下级执行者的解释空间过大而造成的。

（2）社会政策规划

在很多情况下，最初的政策文本只规定了社会政策行动的主要内容，而没有对政策行动设立具体的工作计划。因此政策执行者在制定实施细则时需要根据具体情况做出具体的社会政策规划。所谓社会政策规划，是指为一项社会政策的实施设立具体的行动计划。由于社会政策行动常常涉及面广、行动复杂、规模浩大，因此在设立行动规划时常常需要对政策行动体系进行分门别类的计划。例如，在社会保险项目中需要将整个政策行动分为资金筹集行动、资金管理行动和资金给付行动等部分，并对每一部分都设立具体的行动方案。同时，许多社会政策行动需要分阶段进行，因此还需要设立阶段性的行动步骤，并对每一阶段的行动设立阶段性目标、阶段性的资源调动方案和具体行动方案。

（3）政策行动的程序化

所谓社会政策行动方案的程序化，是指在实施社会政策的过程中，政策执行者根据一项社会政策行动的特点及相关的社会条件而编制社会政策行动的具体程序。在社会政策实施过程中的行动程序包括政策实施者（政策主体）方面的工作程序和社会政策受益者（政策对象）方面的程序。前者主要用于规范政策实施者的工作步骤，而后者则是为受益者的受益过程制定相应的规范。与其他公共政策不同的是，社会政策行动常常为众多分散的个体提供福利性服务，因此对服务对象的管理是保证社会政策有效实施的重要条件。在面对组织性较差的分散个体受益者时，社会政策的实施机构往往不得不采用较为严格的程序来加强管理，以增强公共资源使用的有效性和效率。例如，我国城市居民最低生活保障制度的政策实践中，基层政策实施机构面对着来自社会各个方面的分散的个体申领者。由于低保对象（申请者和实际受益者）在很大程度上处于无组织状况，很难通过一个有效的组织体系去对他们实施有效的管理，因此政策的执行者不得不在申请、审核、动态管理等方面都设立比较复杂的程序，以加强管理。

社会政策行动的程序化，尤其是对政策对象申请和受益过程的程序管理对社会政策行动的有效进行具有重要的作用，但同时也可能给政策行动带来负面的影响。常见的负面影响包括增大政策实施的成本，“一刀切”似的程序管理难以照顾众多个体对象的差异性，并且有时还会导致管理机构的官僚主义作风等等。在社会政策实践中，各种具体行动的程序既不能任意放松，也不是越严格越好。程序不严会导致社会政策行动的混乱，使公共资源无效流失；但程序过严又会导致政策行动缺乏弹性，难以应付复杂的具体情况，并给社会政策对象的申请和受益带来较大的困难。因此，社会政策行动的程序化应该适度，既要有严格的程序，也需要给基层实施者提供必要的酌情处置空间，以应付一些特殊的情况。

（4）附加规定

社会政策进入具体实施阶段以后要面对大量复杂的问题，而许多具体的问题在政策制定阶段常常是被忽略的，因此在制定实施细则过程中政策执行者往往在最初政策文本的基础上再增加一些附加的规定。附加规定往往是对最初政策文本的某种补充或修正，它既可以是扩充性的（如扩大受益者范围或提高受益标准），也可以是限制性的（限制受益者类别和数量，或降低标准），还可以是结构性的调整（限制某些群体但扩大另外一些群体的受益，或降低某些方面的给付水平但提高其他方面的受益标准），或增加阶段性的安排，等等。增加附加规定的做法能使社会政策的实施方案更符合部门和地区的具体情况，并使社会政策文本更具可操作性。但增加附加规定的做法如果处理不当有时也会带来新的矛盾。一方面可能导致上级政策在传递过程中的失真，并因此而影响法律或上级政令的权威性；另一方面也可能在基层各个群体中产生新的利益冲突。

2. 社会政策实施细则的一般内容

社会政策实施细则的内容比较广泛，每个特定的政策行动都需要根据自身运行的要求而制定相应的实施细则，各个部门和各个地区的政策执行者也会根据本部门或本地区的情况来制定一些细则。因此对社会政策实施细则的具体内容只有结合具体部门和地区以及具体的政策才能加以具体的说明。但一般说来，社会政策实施细则比较多地包含以下一些方面的内容。

（1）受益者资格及其认定方式

许多社会政策项目有其特定的受益人，有些还有特定的受益单位或受益地区等。在社会政策制定或实施过程中，除了要一般性地界定其受益者范围以外，还需要具体地制定出确认受益者资格的标准和认定方式。所谓确定受益者资格的标准，是指要在某种自然或社会的属性上做出定性或定量的规定，以此作为划分受益者的界线。在确定受益者的过程中，除了要有一定的标准之外，还需要有一套程序来审查申报者的资格。资格审查的方式和程序也需要在社会政策实施之前加以设计和规定。一般的程序是先由申请人自己提供相应的数据以证明自己符合受益者的标准，然后社会项目的管理机构对数据进行审核，以判定申请者是否符合受益者标准。鉴于某些申请者（个人或机构）可能会有意或无意地提供不真实的数据，因此有时还需要采用一些技术手段来确认数据本身的真实性。

（2）对受益标准的具体规定

许多社会政策行动都需要对受益者的受益标准做出规定，尤其是对面向众多个体受益者的福利性项目更需要有严格的受益标准。有些社会政策在政策制定阶段中没有对受益标准做出规定，或者只做出了笼统的规定（如只有定性的规定或平均水平的规定），因此，政策执行者需要通过制定实施细则而对受益标准做出更加具体和精确的规定。例如，职工基本医疗保险项目需要对不同的人、不同的病种和不同的医疗服务制定具体的报销比例；失业保险项目也需要对不同的人、不同的缴费情况和不同的失业时段制定具体的给付标准；等等。

（3）对受益者及相关机构权利义务的具体规定

当代各国社会政策的特点之一是将受益者的受益行为建立在权利的基础上，因此，一个人一旦被界定为有资格的受益者，他就在某一或某些社会福利项目中具备了一定的受益权利。同时，社会政策过程中还常常要求受益者及相关机构在受益的同时也承担某些义务。例如，社会保险项目的受益者及其所属的就业组织必须要按规定缴纳社会保险费；许多社会救助项目的受益者有义务向特定的公共管理机构提供个人和家庭收入的信息，并接受公共部门的调查；某些社会救助项目要求有劳动能力的人积极寻求就业等。对受益者及相关机构权利义务及其操作方式的细节往往也需要在实施细则中加以具体规定。

（4）其他配套政策及措施的设计和运行

所谓“配套政策”，是指与某项政策配套运行的政策措施。制定配套政策具有几个方面的意义。首先是通过制定配套政策以保障新政策的顺利实施。例如，在城市建立了职工基本医疗保险体系后，需要同时对医疗制度也进行配套的改革，以有利于建立医疗费用控制机制，否则基本医疗保险体系将在控制开支上面临很大的难题，甚至就此导致新政策的失败。其次是通过制定配套政策来防止或降低新政策可能带来的负面影响。例如，在公共教育的改革中提高大学生学费的政策可能导致一些贫困家庭的年轻人失去受教育的机会，因此应该有配套的奖学金计划或贷款项目来解决这一问题；住房商品化改革可能导致城市贫困者的住房更加困难，因此应该建立廉租房制度来解决贫困者的住房问题等。

配套政策第三方面的意义是解决新老政策之间的衔接问题。在很多情况下，由于政策改变而出现一些过去老政策遗留但新的政策又解决不了的问题，因此需要以配套政策来解决。这种以配套政策的方式来解决遗留问题的做法，在很多社会福利项目的改革中都可以看到。所有这些配套政策最好能在社会政策的制定阶段就做出设计和安排，但由于配套政策涉及很广泛的政策行动，最初的政策起草者更倾向于解决基本政策的问题，而难以在短期内顾及更为广泛的政策配套问题。尤其是在一些以解决眼前问题为目标的"应急性"政策行动中，这种特点更加明显。因此，许多社会政策行动的配套政策方案及相关措施往往会留到政策实施阶段来处理。

二、社会政策项目的资金分配与服务传递

1. 资金使用方案与分配比例

许多社会政策行动都是综合性的行动，需要多个或多级组织的参与，通过共同的行动来达到预期目标。在这种综合性的行动中，各个方面需要合理分工，而分工又伴随着资金在各个部门或子项目之间的分配。例如，在贫困地区扶贫开发项目中，既需要集中开发的项目，又需要分散扶持家庭户的项目。在许多情况下，社会项目的资金还需要用在维持或加强管理机构和对管理及技术人员提供培训方面。因此，在许多项目中都涉及资金如何分配的问题。资金分配的问题是一个比较复杂的问题，其中既涉及技术方面的考虑，即如何分配资金才能使最后的综合效益最大化；也涉及政策制定者的目标和价值选择：在多重目标的项目中把什么目标放到最优先的地位。例如，在一个对穷人提供医疗服务的项目中，是把使穷人能够获得基本医疗服务，还是把加强基层卫生机构建设放到最优先的位置？在这一过程中还涉及不同群体的利益关系：不同的资金分配方式将使不同群体的实际受益不同。

2. 服务传递方式

在社会福利项目中，有些是直接给受益者提供现金或实物保障，如养老保险、社会救助、廉租住房或住房补贴等，而另外一些则是通过一定的服务机构向受益者提供福利性的服务，如通过学校提供公共教育、通过卫生机构提供公共卫生服务、通过老人福利院为老人提供服务或通过儿童福利院养育孤儿等。

但是，不论是哪种类型的项目，都需要按照一定的程序和规则来提供相应的服务。在给付现金的项目中（如社会保险或最低生活保障项目），需要确定给付方式，其中包括给付的时间、机构、领取方式等。在非现金性的服务项目中，则需要确定服务传递的方式。

在本书第五章中关于“社会政策的运行机制”的部分里专门分析了各种服务传递方式的利弊。在存在着多种服务传递模式以及各有利弊的情况下，在社会政策的实践过程中就需要对此做出选择。一般说来，在涉及公共资金投入和政府付费的情况下，政府都应该在其运行过程中起主导作用，也就是说一般是由政府来决定采用什么样的付费方式。因此，对服务传递方式的选择应该是社会政策实施过程中的重要内容之一。政府一般要根据具体情况，选择社会效果和效率两个方面组合最佳的方案。

三、社会政策实施过程中的宣传

第六章中分析了社会政策制定过程中进行广泛宣传的重要性。进一步看，在社会政策条文及其实施细则确定以后，仍需要通过各种方式向全社会广泛宣传。宣传工作的效果对社会政策实施及其社会效益也具有直接的影响。

1. 社会政策实施过程中宣传的意义

由于社会政策的最大特点之一是它们往往服务于众多的个体，因此需要让广大社会成员，尤其是与社会政策行动直接相关的人深入理解社会政策的基本原则及实施细则。从这个角度看，在实施阶段社会政策宣传的意义类似于商业活动中的广告，其直接的目的是要让潜在的“消费者”（服务对象）了解社会服务“产品”。但与商业广告不同的是，社会政策实施中宣传的目的不是为了政府或社会服务机构自身获利，而是为了其服务对象的利益。更具体讲，社会政策实施中的宣传有以下几个方面的意义：首先，社会政策宣传是为了让广大社会成员了解社会政策的目标、原则及社会意义，从而在政治上自觉地支持政府的行动。其次，通过宣传使社会成员明确并主动承担自己在社会政策行动中应负的责任（如投保、纳税等）。再次，通过宣传使人们知道自己是否具备申请福利帮助的条件，从而一方面使符合条件的人能够申请福利帮助，另一方面也使不符合条件的人能够主动约束自己的要求。最后，通过对社会政策及其实施细则的宣传，可以使政府和社会服务机构的社会政策行动置于群众的监督之下，使整个社会政策行动过程的透明度增大，从而减少机构和官员行动的任意性和不合理行为，使其行动的效益和效率都得到提高。

2. 社会政策实施中宣传的方式和角度

在社会政策实施过程中可以通过多样化的方式进行宣传。首先，最基本的宣传方式是将政府社会政策文本及其实施细则及时公布于众，使广大社会成员及时并直接地了解社会政策的基本原则和具体内容。其次，可以通过各种大众传播媒体对社会政策行动进行反复宣传。再次，可以通过政府主管部门工作人员和专家学者对社会政策行动做出专业化的解释。另外，可以印制和分发各种简明手册，以通俗的语言向群众介绍社会政策行动的细则，使每一类人都可以明确自己在社会政策行动中应该承担的责任和可以享有的权利。最后，随着互联网的发展，社会政策的条文、实施细则及其官方的解释可以长期性地置于网上，供大家随时查询。

社会政策实施阶段中的宣传还可以从两种不同角度来进行。一种角度是以政策和机构为中心的宣传。这种宣传主要侧重于对各项政策和各类机构的服务项目及其要求进行宣传和解释。这种宣传可以使人们比较好地了解每项政策和每个机构的原则、细则和服务内容。但由于当代各国的社会政策都分门别类，项目繁杂，并且经常处于变动之中，使普通民众常常难以完全把握。因此还需要从服务对象（受益者）的角度去进行宣传。从服务对象角度的宣传是面向各类不同的群体，宣传和介绍每类群体可以获得的各项福利服务和应该承担的责任。以反贫困行动的政策宣传为例，以政策和机构为中心的宣传角度，往往由各个主管部门和服务机构分门别类地宣传“最低生活保障制度”“再就业优惠政策”“医疗救助制度”“教育扶贫政策”“廉租房政策”等；而从服务对象角度的政策宣传则分别面向失业者与下岗职工、低收入家庭、困难学生以及儿童、老年人、残疾人等不同类别的群体，向他们介绍可以获得的各类福利性帮助，以及相应的申请条件等。

第二节 社会政策行动的管理

与其他公共政策一样，社会政策行动的社会效果和效率也取决于有效的管理，而有效的管理则取决于良好的组织体系、合理的运行机制和有效的管理手段。与其他公共部门一样，承担社会政策的公共机构及各类社会福利项目如何提高管理质量一直是一个难题。第二次世界大战后西欧“福利国家”社会政策发展过程中曾忽视了这一问题，因此导致了社会福利部门效率低下的痼疾，并因此而成为导致“福利国家危机”和对“福利国家”社会政策体系批评的重要原因。为此，从20世纪80年代以来，各国普遍开始重视社会福利机构的效率和管理问题，对这一问题的研究也日趋增多。在这一节，我们主要结合我国的情况，简要分析社会政策行动的组织体系和管理模式。

一、社会政策行动管理的目标和原则

社会政策行动的管理是通过合理的组织体系、有效的规章制度和合格的管理人员队伍来保证社会政策行动有序地进行，以便高效率地达到社会政策预期目标的过程。从管理的一般意义上讲，社会公共部门的管理与企业部门对经济活动的管理有一致的一面，但由于社会政策行动在目标、对象和行动特点等方面与企业部门的经济活动有很大的不同，它们在管理的目标、管理的基本原则以及管理的对象等方面也有很大的差异。

1. 社会政策行动管理的基本目标

在社会政策的行动中，由于行动本身的社会性目标和非营利性特点，其管理的目标必须首先服从提高社会政策行动社会效益的目标。但社会政策行动同时也必须考虑资源的高效率使用，即要通过有效的管理而使投入—产出的比例最大化。因此，社会政策行动的管理具有双重目标：一方面要通过有效的管理而使社会政策行动的社会效益最大化，最大限度达到社会政策主体所预期的政治和社会效果，如更加有效地使“应该受益的群体”受益，并使公共资金在提高社会生活质量、促进社会整合以及社会政治稳定等方面更好地发挥作用；而另一方面也要通过有效的管理来提高社会政策行动的效率，使公共资金得到更加有效的利用。由于社会政策管理中的双重目标，使得这一过程中的影响因素更多，管理过程也更加复杂，管理工作的难度也更大。

2. 社会政策行动管理的基本原则

由于对社会政策行动实施管理具有兼顾社会效益和经济效率的双重目标，因此在社会政策行动管理的全过程中，包括在社会政策行动的组织设计、人员管理、规章制度设计以及在项目实施和评估过程中，都应该始终坚持社会效益和经济效率并重的原则。应该看到，社会政策的管理中注重社会效益和注重经济效率的两个原则并不是天然就协调的，它们有时会产生矛盾。由于双重原则并重的要求和两个原则之间矛盾的存在，使得社会政策行动的管理比一般的经济管理更加复杂和更加具有挑战性。它要求社会政策行动的管理应该设计更加有效的运行机制、更加精致有效的管理制度，配备高素质的管理人才，以便尽最大可能使社会政策行动的社会效益和经济效率同时最大化。

二、社会政策行动管理的层次与对象

与一般经济管理一样，对社会政策行动的管理也包含了管理组织、规章制度和管理人员等方面的基本要素。但社会政策行动的管理是多层次的，并且管理的对象也是多样化的。

1. 社会政策行动管理的层次

对社会政策行动的管理是在不同的层次上展开的，其中包含了政府行政管理层次、行业管理层次和社会服务机构管理层次。

（1）行政管理层次

社会政策行动的行政管理层次，一般亦称为“社会行政管理”，是指政府对社会政策行动的宏观管理体系。在这一层次上，政府一般通过三种途径对社会政策行动施加宏观管理：一是通过制定和监督实施社会政策的行动计划和实施方案，在宏观上把握社会政策行动的基本框架；二是依照国家的法律和政府的行政法规，规范各类社会服务机构及各类人员的行为；三是通过控制社会福利资源的分配，调节社会政策的宏观发展方向，并引导各类机构的行为及发展方向。

（2）行业管理层次

许多社会政策行动是在不同的行业中进行的，例如医疗卫生政策主要是在医疗行业中实施，教育政策主要是在教育行业中实施。在一个行业的范围内也存在对社会政策行动实施管理的必要性。所谓社会政策行动的行业管理层次，就是指在与社会政策相关的行业中建立的社会服务管理体系。在行业管理层次上，政府与行业组织共同发挥着作用。一方面，政府要通过建立和监督规章制度以及经费分配等手段来干预各个行业的社会行为及行业的发展；另一方面，许多行业都有行业组织，它们通过行业自律和互助的方式来干预所属机构的行为和机构的发展。在行业管理层次上存在着政府主管部门与行业组织之间密切的互动关系。一方面，政府主管部门需要行业组织行使部分社会行政管理的职能，以分担政府社会行政管理的任务；而行业组织也可以通过行使一定的社会行政职能而增强其行业管理及服务的能力。但另一方面，由于政府代表着全社会的利益，而行业组织从本质上讲主要代表本行业的利益，因此利益主体的不同也可能导致政府机构与行业组织出现目标不一致的情况。在这种情况下，如何协调全社会利益与行业利益之间的关系，是社会政策能否有效实施的关键之一。政府主管部门首先应该明确自身作为全社会利益的代表的身份，应该站在全社会的立场上去规范相关行业的行为，防止其过分追求行业利益而损害社会政策行动的社会效益；另一方面也应该在社会政策行动中照顾到行业本身长远发展的利益，使相关行业能够健康发展，并在社会政策行动中做出更好的表现。

在各种不同的社会政策体制下，行业管理层次在社会政策行动中的重要性有较大的差异。一般说来，在国家福利模式下，社会服务机构的经费来源在很大程度上是由政府提供的，因此政府在社会福利管理体制中的权力很大，而社会服务行业组织往往是政府主管机构的下属组织，其行为直接受政府主管部门的控制。政府主管部门还可以不通过行业组织而直接管理到具体的社会服务机构。但随着国家福利的弱化以及社会福利社会化和社会服务产业化等方面的发展，政府投入的社会福利经费减少，因此控制社会服务机构的能力也会降低，而社会服务机构的自主性逐渐增大，其行业组织的能力和作用也在增强。在这种情况下，行业管理层次在整个社会政策行动中的重要性程度也明显增大。政府和行业组织如何在行业层次上达成良性互动，如何在社会政策行动中合理协调全社会利益和行业利益，是当前社会政策行动管理中的一个重要议题。

（3）社会服务机构管理层次

社会服务机构是指直接向社会成员提供各种社会服务的机构，包括学校、医院、养老院、社会保险机构等。由于社会服务的质量、数量和效率如何直接影响着社会政策行动的社会效益和经济效率，因此对社会服务机构实施有效的管理也是社会政策行动管理中的关键性环节之一。在各种不同的社会福利体制中，社会服务机构在社会政策行动体系中的地位是不同的，因而对其的管理也是不一样的。在国家福利模式下，社会服务机构往往由国家兴办，属于社会公共部门，往往直接受政府社会政策主管部门的管理，其经费来源、机构设置、人员编制、规章制度和日常工作都由政府统一安排。它们在政府社会政策体系中担当服务提供者的角色，其基本任务是按照政府的社会政策规划而提供相应的服务。在这种模式下，对社会服务机构管理的基本着眼点是完成政府下达的社会服务计划。例如，学校要完成政府下达的招生计划，医院要完成为一定区域内居民提供医疗服务及相应的公共卫生服务的任务。由于社会服务任务和相应的人员及经费保障都是由政府的社会服务计划规定好的，因此社会服务机构自身在管理方面没有多大的自主权，同时也不需要太多地考虑如何提高机构运行和服务活动的经济效率。

相比之下，在社会福利社会化或私有化的模式下，社会服务机构更多的是独立的经营者。尽管许多社会服务机构在基本的产权上仍然是国有机构，但在机构运行过程中与政府主管部门之间的关系不再是直接的管理与被管理的关系，而更多的是合同关系，即社会服务机构按照合同承接政府社会政策行动中的社会服务项目，而政府则以“政府购买服务”等方式向社会服务机构提供资金补偿。在这种模式下，政府一般不再直接插手机构内部的管理，而只监督社会服务机构的行为是否符合各种法规，并且是否按合同完成了政府委托的社会服务任务。在这种模式下，社会服务机构的管理往往具有社会效益与经济效益的双重目标。一方面，它们由于承担了政府社会政策行动中提供社会服务的职能，因此要通过有效的管理来达到政府所要求的社会效益；但另一方面社会服务机构自身的发展又需要通过有偿服务来获得资金。尤其是在政府只给机构提供差额拨款或完全没有政府拨款的情况下，社会服务机构有时候会将服务活动的经济效益放到高于社会效益的位置。因此对社会服务机构来说，这种模式一方面使它们获得了较高程度的自主权，但另一方面也让它们面临更大的管理难题。

2. 社会政策行动管理的对象

在一般的企业管理中，管理的对象只是企业内部人员和生产过程，而一般不对其服务对象（消费者）实施管理。但与一般的企业管理不同的是，社会政策行动的管理不仅要对社会政策主体的活动实施管理，而且还要对社会政策的对象实施管理。也就是说，在社会政策行动中，既需要对内部的人员和工作程序实行管理，又需要对外部的服务对象（受益者）实行管理。因此社会政策行动的管理又可分为内部管理和外部管理。

（1）内部管理。社会行政及服务机构的内部管理是指对相关机构内部运行过程的管理，包括有关机构内部的组织设置、人员编制及培训、内部规章制度的制定等方面的工作。社会行政及服务机构的内部管理的性质与一般的企业管理类似，主要目的在于提高机构的工作效率和公共资金在机构内部运行的效率，同时也通过加强内部管理而提高社会政策行动的社会效益。

（2）外部管理。社会政策行动的外部管理是指对服务对象的管理。与一般的商业性服务活动所不同的是，许多社会政策行动并不是无差异地面向所有的人，而是有差异地向一部分人提供；并且在社会政策行动中的社会服务活动并不是服务提供者与受益者之间的交换行为，而是一种单向的给予行为。因此，在社会政策行动中需要通过外部管理而明确界定受益者，监督受益者合理行使其社会权利并依法承担其社会责任，防止不当受益及福利资源无效流失。例如，在强制性的社会保险项目中，社会保险机构要依照法规对规定范围内所有企业和职工的投保行为实施管理，防止逃避投保的行为；同时还要对所有社会保险受益人员实施管理，包括受益者资格审查、给付额和给付期的管理等，以拒绝不合格的受益申请，并及时发现受益资格失效者。在社会救助项目中更要有严格的外部管理，以使有限的公共资金真正用到最需要者身上，使社会救助项目能够高效率地发挥其社会效益。

三、社会政策管理的组织模式

适当的组织体系是保证社会政策能够得以有效实施的重要保障。尽管对组织的结构与体系、人员配备、相应的硬件和软件配备、组织体系本身需要开支的经费等问题在政策制定阶段就应该做出安排，但具体的组织过程要在实施阶段才开始。

1. **社会政策的主管部门**

一般说来，社会政策的各个方面都有对应的政府主管部门。政府主管部门除了在政策制定阶段要发挥主导作用之外，在社会政策的实施阶段也要比较全面地负责相应社会政策领域的政策规划、资源调动及分配、部门和地区间的行动协调、对民生需求的调研、对社会政策行动的评估和调整等事务。由于各国政府机构的体制不同，其社会政策的主管部门也不一样。并且，各国随着经济与社会发展以及社会政策的改革与调整，社会政策主管机构也在不断地变动。我国目前社会政策的各个领域分属于各级政府的民政部门、人力资源和社会保障部门、卫生与计划生育部门、教育部门、城市建设部门以及公安部门等机构主管。同时，各级政府的财政部门、发展与改革部门、机构编制管理部门等综合性的部门也对社会政策的管理负有一定的责任。此外，具有一定行政职能的工青妇残等人民团体也在各自的领域中承担一定的管理责任。

当代各国社会政策一般都依托于现有的科层制组织体系来组织实施。其优点是通过合理的分工负责制而使责任明确，并且便于指挥调度。其缺点则是机构环节繁多，工作程式化，缺乏灵活性。并且机构分化以后，各个机构逐渐会形成自身的利益，当机构过分关注自身的利益和责任时，就往往会只关注完成自己的任务和职责，而对其他机构工作的主动关注不够，因而可能导致在各个机构之间主动的合作性降低。

2. **跨部门的管理机构**

当一项社会政策行动需要两个或两个以上的政府部门共同参与，就需要建立多部门的联合主管机构，并在此联合主管机构之下设立相应的办事机构或具体的执行机构。我国比较通行的做法是成立跨部门的联合领导小组来处理新设项目和临时性行动中涉及多个部门业务交叉领域的事务。此类“领导小组”的“组长”多为本级政府的首脑或其副职，其职权一般要高于各个职能部门首长，并因而具有一定指挥权力和协调能力。领导小组的成员一般是各个有关部门的负责人。此类领导小组是决策和协调机构，只有在讨论重要的问题或需要就有关事务做出高层协调时才会启用，而日常工作一般都由其下设的办公室来担当，该办公室一般设在与该项目关系最密切的部门之中，并一般是由该部门主持其日常工作。

因此，从社会政策实践中看，在一个机构主管范围之内的事情往往执行较为有力，而处于两个或多个机构之间，或处于各个机构业务领域交叉，需要它们合作完成的任务则更容易出现组织协调方面的问题。尤其是一些新设的项目和临时性行动由于此前没有明确其业务主管部门，或者其事项超出了业务主管部门的权限以外，需要其他部门协作时，组织管理的问题就会变得比较复杂。例如，医疗卫生事业由卫生部门负责，因此往往责任明确，政令畅通；同时，给贫困者提供一般的社会救助归民政部门管，也会得以有效的执行；但是给贫困者提供特殊医疗服务的工作处于卫生和民政等多个部门的业务范围交叉地带，需要各个机构合作解决，因此在组织管理方面的难度就会更大一些。

3. 社会政策项目的执行机构

在社会政策的组织设计中除了主管部门的分工之外，还需要建立项目执行的组织体系。其中包括基层管理和服务网络，以及专门的社会服务机构建设等方面的内容。社会政策的执行机构既可以是现有的组织机构，也可以组建新机构。如果是前者，需要对组织内部的结构和人员分工进行相应的调整，以便能兼顾新的任务和以前的任务。如果是后者，则需要一个全新的组织结构设计过程。尤其是一些新的项目，必须就相关的基层管理和服务组织网络做出相应的安排。例如，城市居民最低生活保障制度项目由现有基层街道组织和社区居委会负责基层的管理和服务，养老保险项目则需要成立新的管理机构等等。

4. 社会政策管理机构设置和人员编制

管理机构设置及其人员编制是社会政策管理中的一个重要问题。一方面，随着社会政策行动的扩大，新的项目往往需要增加机构和人员；但另一方面，如果不加限制地扩大机构和人员，将会导致政府及基层公共服务部门机构和人员不断膨胀。由于机构和人员本身要消耗一定的公共资源，因此政府在机构设置和人员编制方面往往比较谨慎。如何既要根据业务扩大的需要设置相应的机构和人员，同时又要防止公共部门机构膨胀，是包括社会政策行动在内的公共管理领域的一个重要问题。近年来，各国政府探索采用服务和管理“外包”的方式，即将服务和管理的工作委托给其他社会组织的方式来解决这一问题。

四、社会服务的管理体制

对公共性社会服务活动如何实施有效的管理一直是社会政策和社会行政管理中的一个重要议题。多年来，各国根据其不同的政治和经济体制，不同的社会组织体系，以及不同的社会政策模式，在社会服务的管理体制上进行了大量的理论研究和实践探索。下面结合我国的情况简要介绍最主要的几种管理体制。

1. 政府管理体制

所谓政府管理体制，是指社会福利项目直接由政府机构管理。这种管理体制主要存在于“国家福利”的社会政策模式中。在这种模式下，社会政策行动的管理机构和大量的执行机构都属于政府所有（如公立学校、公立医院、国办养老院等）。政府的职能部门在其业务范围内一直管理到最基层机构和人员。我国改革前的社会服务机构管理就属于这一类体制，第二次世界大战以后许多欧洲国家的社会政策行动也属于这一类。政府管理体制的最大优点是经费投入主体与项目管理主体同一，因而管理比较直接，管理力度大，其社会效益往往较高，尤其适用于由政府直接投入经费的项目，如公共教育、公共卫生、社会救助、社会福利类项目。其缺点在于容易导致政府部门的机构膨胀和效率低下。

2. 政府与民间组织的合作管理体制

近年来，各国民间组织在社会服务管理中发挥的作用越来越大。政府与民间组织合作的管理体制一般存在于民间组织大量参与社会政策行动的模式下。在这种管理体制下，政府只负责社会政策的宏观管理，而将社会政策实施中对机构内部活动的管理和对受益者的管理等大量具体的管理工作交给参与其中的民间组织。而民间组织一方面可以自行负责对其机构业务活动的管理，还可以在行业管理层面上发挥重要的作用。这种体制的最大优点是政府可以从繁杂的具体管理事务中解脱出来，一方面节省大量的管理经费，另一方面也可以更加集中精力于政策制定、政策调研与评估、法制化建设、社会政策的改革等宏观层面的管理。这种体制的主要缺点是政府对社会福利机构行为的控制力度减小；并且由于存在众多的民间组织，往往难以在社会政策行动的管理中做到规范化和标准化。因此，要有效地实行政府与民间组织合作的管理体制，应该要有比较严格的法制体系、成熟的非政府组织、各类机构高度的行为自律意识、有效的行业管理体系以及严格的机构评估制度等条件。

3. 单位管理体制与社区管理体制

在我国计划经济时期长期存在着社会福利事务的企事业单位管理体制。在当时的体制下，各类社会政策事务都交给企事业单位，由单位负责各类社会事务的管理。改革开放以后，随着经济体制改革和社会福利制度的改革，单位所负责的社会政策事务的管理工作也逐渐交还给了政府和民间组织等部门。但各类单位仍在不同程度上保留了一定的单位福利项目，对这些项目仍然是由企事业单位管理。

此外，在我国城乡中广泛存在着社区管理体制，即城乡社区组织直接管理或参与管理各类社会福利项目。社区组织在社会政策项目中的管理职能体现在两个层次上。首先是社区组织参与政府社会政策项目的管理，政府许多社会福利项目的基层管理职能都交给基层社区组织负责最基层的管理工作。例如，城市居委会在城市居民最低生活保障制度中担当着重要的管理职能，在政府的促进再就业行动（社区就业）、福利性社会服务行动（社区服务）、公共卫生行动（社区卫生）等方面都在不同程度上参与管理。农村村民委员会在“五保户”制度、农村低保、灾害救济等项目中也都负责或参与管理。其次，在城市和乡村中都有不少社区自己举办的社会福利项目，在其中社区组织负责管理。

4. **社会服务机构管理体制**

所谓社会服务机构管理体制，是指各类独立的社会服务机构受政府的委托，在社会政策行动中担当一定的社会服务管理职能。从一般意义上看，医院、学校、养老院等机构，社会保险经办机构等社会服务机构在社会政策体系中的基本角色是社会服务的提供者。但各国政府都在不同程度上要求这些社会服务机构在其业务领域中承担一定的社会服务职能，对福利项目和受益者实施一定的管理。例如，政府要求学校承担所属辖区内公共教育的管理工作，由医院负责辖区内的公共卫生和为低收入者提供福利性医疗服务及其管理工作等。社会服务机构管理体制的最大好处是可以将社会政策行动中的服务行为与公共管理行为统一到一个机构中，减少服务购买方（政府）与服务提供方（社会服务机构）之间的利益冲突和行为的不协调。但其缺点是社会服务组织往往是专业性的组织，它们缺乏必要的社会管理网络和手段，因此常常难以有效地实施对众多福利受益者的管理。

五、社会福利机构的人员配备与规章制度建设

1. **社会福利机构的人员配备**

社会福利机构（包括社会福利管理机构和社会服务组织）的工作人员包括管理人员、技术人员和一般工作人员。合理的人员编制是高效率完成社会福利项目的重要保证，其中要求在人员的数量和结构上都要合理化。人员太少，难以完成任务，而人员过多，又可能导致“人浮于事”的低效率，消耗过多的公共资金。20世纪七八十年代以后欧洲“福利国家”的社会政策出现“危机”，并遭到很多批评的重要原因之一，就是其机构人员膨胀和效率低下。影响人员合理配备的主要因素首先是机构的运行机制。按工作人员人头付费的机制会鼓励机构不断地希望扩大编制；而按机构所承担和完成的任务来拨款的机制，将会更好地促使机构主动约束人员的膨胀。因此，在社会政策行动中一方面需要选择能够自动约束人员膨胀的机制，另一方面需要对社会福利部门工作人员的数量和结构做出合理规划，并在项目实施阶段中将社会福利机构的人力资源管理作为机构建设的重要方面，以使社会福利机构既能完成任务，又不至于规模过大。

2. 社会福利机构的规章制度

在社会政策行动的管理中，规章制度建设有两个层次的内容。第一个层次是社会政策的法规体系建设，第二个层次是社会福利机构的规章制度建设。从涉及的管理对象上看，社会福利机构的规章制度包含内部规章制度和外部规章制度两个方面。内部管理的规章制度主要是规范社会福利机构内部各个部门及工作人员的工作行为，其中包括针对机构日常运行的规章制度（如人事、财务、考勤等方面的规章制度）和与执行特定社会政策有关的规章制度（如在受益者审核、资金给付、专业服务工作等方面的工作程序及相应的规章制度）。社会福利机构外部管理的规章制度是指针对服务对象（福利受益者）的规章制度。例如关于资金筹集的规章制度（如投保规则）、受益人在申请和受益过程中应遵循的程序、社会福利受益的条件和受益标准、受益者应该担负的经济和社会责任等方面的具体规定。

3. 福利管理中的漏洞问题

所谓“福利漏洞”，是指在社会政策实践中因管理不善而造成的社会福利资金流失和浪费。福利漏洞首先包括社会福利机构方面的漏洞，即因内部管理不善而导致公共资金运行效率的降低。其表现一是因公共资金分配和使用的不合理而导致社会福利资源的浪费，即有限的公共资金没有被用到最急需的方面。二是由于社会福利机构的管理不善而导致机构膨胀，人浮于事，在社会福利机构内部消耗了过多的福利资源。三是由于管理不善导致机构工作人员非正常地消耗公共资源。这几种情况都会导致社会福利资源的低效率使用。

同时，福利漏洞还包括服务对象方面的漏洞，即由于外部管理的不善而导致福利受益者的行为偏差，从而使福利资源难以发挥其应有的作用。在此方面包括受益者的不当受益（即将不合格者也纳入受益者名单中）、超标受益（实际受益水平超出了法定的或合理的标准）、重复受益（受益者在不同的项目中重复受益）以及受益转移（即社会福利资金和服务通过合格的受益者而流向了其他不合格的受益者）。应该通过加强和改善对社会政策行动的管理而减少各种福利漏洞。

总而言之，对社会福利项目公共社会服务机构管理的研究还是一个相对比较新的领域。与企业管理相比，这一领域在理论和实践上都还相当薄弱，需要研究者和实践者投入更大的精力去探索更加有效的管理方式。

第三节　社会政策的评估与变动

社会政策的实施过程需要有经常性的监控体系，以随时把握政策行动的进展状况及其社会效果。在日常工作中，可以通过一定的记录、调研和信息反馈系统来监控社会政策行动的实施。当一项社会政策实施过程进行到一定阶段时，需要进行专门的政策评估，以全面了解和总结政策行动的阶段性进展及其效果。社会政策评估是社会政策过程中的重要环节，其评估的结论既可以检验社会政策方案，同时也可以为监控社会政策实施过程提供有用的数据。同时，社会政策行动是一个动态的过程，应该随着外部环境的变化而不断地改变行动方案。一些短期性的社会政策行动还将随着阶段性任务的完成而终止。因此，随时把握社会政策行动进展状况，对政策行动及时做出调整，也是社会政策实施过程中的重要任务。

一、社会政策评估

由于社会政策的实施过程是一个面临着复杂环境和需要积极解决各种复杂问题的过程，而不是一个能够按照预先设计的计划自动完成和自动取得预期效果的过程，因此，在社会政策实施过程中需要通过评估行动和其他各种方式把握政策行动进展状况。

1. 社会政策评估的含义和重要性

(1) 社会政策评估的含义

所谓“评估”，一般是指按照一定的价值和技术标准对一个行动方案或具体行动及其效果做出判断。从广义上看，对社会政策各个环节的评估工作贯穿于社会政策的全过程。具体而言，在社会政策过程中的评估工作包括两个层面的含义：一是指对政策方案的评估，二是指对社会政策具体行动及其效果的评估。对社会政策方案的评估工作属于政策方案可行性研究的一部分，其意义在于通过理论分析、实地调研和模拟实验等手段对一项社会政策方案的价值合理性及可行性做出判断。这类评估工作在第六章已进行了介绍。在本节中所分析和介绍的“社会政策评估”是指上述第二个层面的含义，即在社会政策实施阶段对具体的社会政策行动及其效果的评估工作。从这个层面上看，社会政策评估是指在政策实施到一定阶段以后，由社会政策的权威机构通过组织专门的调研及资料分析工作，对社会政策行动的实施过程及其已产生的效果做出科学判断的过程。

(2) 社会政策评估的特点

由于社会政策行动一般有比较广泛的社会影响，各类组织和个人都会在不同程度上关注各项社会政策的实施过程。许多个人和组织常常会以各种不同的方式对各项社会政策行动及其效果做出自己的评判。政府主管部门、政治家、学者和新闻媒体等也都会从各种不同的角度对社会政策行动做出分析和评价。

但是，这些评价意见及其公开的表达都不是正式的社会政策评估工作。一般说来，社会政策评估工作具有以下几个方面的特点：

社会政策评估是有组织的行动。社会政策评估工作首先是一个有组织的行动过程，而不是个人（包括某些机构的领导人或专家）对社会政策行动的随意评论。所谓有组织的行动过程，是指它一般是通过特定的组织，按照专门的计划而正式进行的工作。在许多社会政策行动中，政策评估的方案（包括评估的内容和组织方式）会作为整个社会政策行动方案的组成部分而预先设计好。

社会政策评估具有科学性和客观性。社会政策评估是一个科学的过程。它不是按照个人的主观态度或感受而发表意见，而是要通过科学的方法收集社会政策实施过程及其效果的客观资料，并通过对各种客观数据的分析得出科学的结论。

社会政策评估具有权威性。各种不同的个人和组织对社会政策行动及其效果可能做出各种不同的评论，但只有正式的评估工作及其结论具有最高的权威性。社会政策评估的权威性来自于两个方面，首先是评估组织者的权威性，只有具有相当权威的组织才有资格对社会政策的实施过程组织正式的评估工作。其次是社会政策评估者的专业资质及评估过程的科学性和客观性。由于这两个方面的权威性，使社会政策评估的结论具有权威性。尽管不同的人可能对某项社会政策具有不同的意见，但一般说来，相关的组织和个人都会尊重正式评估工作的结论。

（3）社会政策评估的重要意义

社会政策评估的重要意义可以从以下几个方面来看：首先，社会政策是一个复杂的过程，在实施过程中要受到来自各个方面的影响，再完善的决策和再精致的计划都难以保证社会政策实施过程能够自动地按照计划进行。因此需要对社会政策的实施过程加以监控，防止其发展方向发生偏差。其次，在许多情况下社会政策决策本身是一个不完善的过程，其产生的社会政策行动方案可能是一个尚待实践检验的方案。在这种情况下更需要在政策实施过程中通过政策评估等方式对政策方案不断地加以检验。再有，社会政策行动的效果常常具有很大的复杂性，因此需要采用专门的政策评估行动来判断其效果。在这一点上，社会政策行动与经济活动有很大的差别。一个企业的经济效益如何，一般只需要用几个简单的指标（如资金利润率等）就表现出来，但社会政策行动却往往需要考虑更多的指标，并且常常还需要做出多角度的、定量与定性的分析才能较清楚地看到。例如，在分析一项公共教育政策行动的效果时，不仅要看它建了多少学校，增加了多少教师，而且还需要综合性地调查和分析这项行动对入学率、师资水平、教学质量等方面的贡献，有时还需要分析政策行动的受益者，以及各类社会成员及组织对这项政策行动的评价等等。

因此，对于社会政策行动的效果往往不能只用简单的指标来做常规的日常检测，而是需要采取专门的政策评估行动来把握。综合起来看，社会政策评估对社会政策过程的作用体现在以下几个方面：首先，在社会政策实施过程中可以通过政策评估帮助社会政策的执行者准确地掌握社会政策行动的进程，发现并解决存在的问题。其次，通过政策评估可以使社会政策的执行者和决策者清楚地看到社会政策方案的阶段性效果，包括正面的收效和负面的效果，以便能够及时总结经验，为政策的调整、改革或新政策的制定提供必要的经验资料。最后，通过政策评估可以对社会政策的执行者加以监督，及时纠正某些机构或工作人员在掌握政策方面的偏差，使社会政策行动能够始终沿着正确的方向发展。

2. 社会政策评估的基本要素

（1）社会政策评估的主体

社会政策评估的主体是指评估行动的组织者和执行者。可以按评估机构主体和评估者主体来进行划分。按评估机构划分，有政府评估、服务机构评估和第三方评估。政府评估是政府代表公权力以及社会政策的出资方，通过对社会政策行动（项目）的实施情况进行评估而履行其监管的责任。政府评估的具体方式又有领导评估和主管部门评估。其中，领导评估是一种最直接的评估方式，常常采用领导听汇报、批文件、下基层视察并讲话等方式进行。由领导人主持或亲自进行评估社会政策行动的质量和效率，一方面可以缩短从评估结果到政策制定及调整过程之间的时间，另一方面也可以使基层官员和职能部门工作人员更加重视社会政策行动。但是，领导人评估也有许多不足之处，最大的弱点在于领导人往往因为工作太忙，或受专业知识的限制而无法对社会政策过程及其效果做出细致的调查和分析，并且有些领导人还可能因个人偏好而在评估中出现偏差。政府主管部门评估一般采用调研、审读有关材料和召开评估会等方式进行。与简单的领导人评估相比，政府主管部门评估一般会更加专业化和规范化。

社会服务机构评估是社会服务机构作为社会政策项目的具体实施者对其所承担的项目运行情况评估。社会政策实施机构进行政策评估最大的好处是它们大都具备相关的专业知识，熟悉政策实施过程中的各种情况，掌握第一手的资料，对政策方案本身及其运行过程中的各种问题都看得比较清楚。但其缺点是它们与所要评估的社会政策关系密切，有时会使分析问题的视角受其业务工作的局限。同时，它们与所评估的社会政策行动有利益上的关联（如评估的结果可能影响到相关机构的业绩及工作人员的晋升），因而公众可能对其评估的客观公正性提出质疑。

为了避免不同的利益对评估过程和结果的影响，在社会政策的评估中常常采用第三方评估，即社会政策的主管部门委托与社会政策项目没有直接利益关系的第三方来承担评估工作。这里的“第三方”经常是一些专业的机构，包括大学、科研机构和其他一些民间的专业机构。为了弥补领导人评估和政策执行者评估的缺陷，在社会政策评估中越来越多地采用了专家评估，即由社会政策各个领域的专家对该领域社会政策实施的质量和效率进行调研、分析和评估。专家评估的最大好处是能够利用专家的专业理论知识和专门的调研及分析方法，并且专家可以在一定的时间里专门投入到评估工作中，因此能够做出较细致的评估工作。同时，专家不是政策行动的当事人，因此可以增大评估的客观性。当然，专家评估也有其缺点。例如，专家本人的价值立场和主观偏好有时会影响评估；专家还可能受到利益群体的影响。同时，由于在很多情况下专家没有直接参与社会政策行动，可能会缺乏对社会政策行动过程及后果的直接感受，因而对这些行动的后果难以得到深入的理解。

为了弥补专家评估的缺陷，社会政策评估中还广泛采用群众评估的方法。所谓群众评估，就是让普通的群众以评估者的身份，参与到对社会政策行动的评估过程中。在群众评估法中，最常用的是服务对象评估法，即由一项社会政策行动或社会服务机构的直接服务对象来对这一行动和这一机构的服务质量做出评判。服务对象评估最大的好处是评估者对其评估的社会政策行动和社会服务机构有比较直接的了解，具备最直接的经验。同时，在评估者人数比较多的情况下，也可以更好地避免个人价值和偏好的影响及利益集团的左右。但服务对象的评估需要有比较复杂的调研和其他工作的组织安排，否则也容易出现偏差。而调研程序和组织工作过于复杂，评估过程的成本往往也会提高。

在现实的评估过程中，以上几种方法都在采用。我国以前比较多地采用领导人评估法和政策执行机构评估法。目前在我国社会政策行动中，领导人的直接评估逐渐减少，而越来越多地采用专家评估法，领导人和政策执行机构的评估也越来越多地参考专家的意见。但迄今为止，群众评估的方法采用得还比较少，尽管有逐渐增多的趋势。

（2）社会政策评估的对象

社会政策评估的对象，又称评估的客体，是指被评估的社会政策行动。评估的对象包括两个层面：一是政策方案本身，二是政策实施的行动。社会政策的方案与实施行动是影响社会政策行动的两个重要方面。一个成功的社会政策行动应该是在这两个方面都是成功的。这两个方面之间有一定的影响关系，即一个较好的社会政策方案可能会使其实施行动更加顺利。但是二者之间没有必然的因果关系，一个好的社会政策方案不会自动导致好的实施行动。换言之，有了好的行动方案以后，仍需要政策执行者在实施过程中的良好表现，才能最后使社会政策行动获得成功。因此，社会政策评估行动应该同时或分别对社会政策的方案和实施行动两个方面做出评估。在一个综合性的社会政策评估行动中，往往需要对这两个层面都做出评估。

（3）社会政策评估的内容

社会政策评估的内容比较广泛。对各种不同的社会政策，以及在具有不同目标和对象的社会政策评估行动中，评估的内容可能是不一样的。但总体上说社会政策评估一般包括三个方面内容，即社会政策方案是否合理、政策实施行动是否得力以及是否取得了预期的效果。

首先，在对社会政策方案的评估中，主要内容包括社会政策方案在实践过程中表现出来的必要性、有效性和可行性，即一项社会政策行动在多大程度上为社会成员所需要（必要性）；它能够在多大程度上达到预期目标，或解决预期的问题（有效性）；它在实践中可操作的程度如何（可行性）。其次，对于政策实施行动的评估主要看社会政策实施过程中的各项行动是否合理并有效，包括组织工作是否得力，机构设置是否合理，它们在社会政策行动中是否有效地发挥了作用，规章制度是否合理并完善，资金和其他资源调动是否及时并得到合理使用，等等。最后，社会政策实施效果评估的主要内容包括已经取得的阶段性成果数量、质量和价值，社会政策成果的政治、经济和社会意义分析，以及社会政策实施行动的效率，即成果/成本分析。

3. 社会政策评估的标准

与其他评估工作一样，在社会政策评估中也要采用一系列的标准，从各种不同角度衡量社会政策行动及其效果。所谓社会政策评估的标准，是指在评估过程中用来判断社会政策行动优劣的标准。社会政策评估中一般有以下一些种类的标准。

（1）行动标准、收效标准和效率标准

在社会政策评估中需要从行动本身、行动的收效及效率几个方面对社会政策行动做出测量和判断，因此需要采用行动标准、收效标准和效率标准。所谓行动标准，是指在社会政策评估中评判一项社会政策行动进展情况的标准，即已投入的资金和已采取的行动是否实现了预先的计划。例如，在评估一项教育政策行动时，要评估它在教育投入数量、建成校舍面积、为贫困家庭学生提供奖学金等方面的行动；在评估最低生活保障制度的进展时，首先要看它为多少贫困家庭提供了救助；在评估一项给城市贫困者提供廉租住房的政策行动时，也首先要看它为贫困者提供了多少套住房。

所谓收效标准，是评判一项社会政策行动收效大小及质量高低的标准，即已采取的行动是否取得了预期的效果，是否达到了该项社会政策预期的目标。例如，一项以提高入学率为目标的教育政策行动在多大程度上提高了本地孩子的入学率；一项最低生活保障制度的实施是否真正地收到了缓解贫困的效果，等等。社会政策的收效往往比较复杂，它不仅包含当前的收效和直接受益者的收效，而且还包含长期性的收效和更广泛的社会效益。因此，对社会政策行动收效的测量和分析中应该从受益者分析、社会效益分析和可持续性分析等多个角度进行。

所谓效率标准，是指对一项社会政策行动效率的评判，也即对其投入产出率高低的评判。当今世界各国的社会政策行动中，对效率的重视越来越高，效率评估也越来越成为社会政策评估中的重要内容。但是由于社会政策行动的一些固有的特点，使得对其效率的评估仍缺乏有效的方法。由于各社会政策行动的产出都不相同，并且很多都不能换算为货币单位来测量，导致在社会政策行动分析中无法将投入和产出换算成同样的测量单位，因此对社会政策行动的投入产出关系很难做到精确的量化分析和比较。例如，在教育政策、公共卫生政策、反贫困政策等行动中，政府投入的都是一定货币单位的经费额，但产出的是入学率或教学质量的提高、公民健康水平的提高、贫困率的降低等，而这些产出都难以换算为货币单位或其他可以直接比较的标准单位，因此无法在每个社会政策行动中进行投入产出的量化对比。这种情况曾长期制约着社会政策行动效率的评估，并且迄今为止仍然是社会政策评估中的一个重要难题。本书第九章中将对社会政策的效率难题做进一步的分析。

（2）事实标准与价值标准

在对社会政策行动进行评估时，既包含对社会政策过程中各种事实的评判与分析，也包含对其行动及其效果的价值评判。社会政策评估的“事实标准”，是指对社会政策实施过程及其收效中各种事实的评判与分析。例如，经费投入额是否实现预期计划、各种服务项目开展的具体情况、受益者数量及受益水平、达到预期效果的程度等等。事实标准中大多数是可以在经验中测量的，或者可以通过收集和分析定性资料得出客观结论。同时，社会政策行动涉及价值的问题，因此对社会政策的评估也需要有价值标准。社会政策评估的“价值标准”，是指对社会政策行动及其收效进行价值判断时所依据的标准。社会政策评估的价值标准一般包括：社会政策行动是否符合大多数社会成员的根本利益，是否坚持了社会公平的原则，是否有利于经济与社会的长期发展，是否促进了社会整合，是否有利于社会和政治稳定，等等。在社会政策评估中应用价值标准时存在着一定的复杂性。一方面，许多价值标准本身比较含混，不同的人有不同的理解，在具体操作过程中难以用客观的指标来界定。另一方面，社会政策评估者可能受自身的价值立场局限或受不同利益群体的影响，而在社会政策评估中比较重视某些价值标准，而忽略另外一些价值标准。为了弥补这一缺陷，在现实的社会政策评估中往往请多方面的专家参与评估，并且采用民意调查等方式广泛收集和分析社会各界的反映，以避免评估中出现大的价值偏差。

4. 社会政策评估方法与实施方式

社会政策评估的方法和程序是否得当对评估结论的科学性、公正性和权威性有较大的影响。在现实的社会政策评估中会采用各种各样的方法，但常用的有以下一些方法和实施方式。

（1）社会政策评估的常用方法

在社会政策评估中既有定性分析也有定量分析。定性分析主要通过深入解剖少数个案（个人、社区或组织）而获得对整个社会政策行动及其收效的深入了解。定性分析收集资料的方式主要有对个案的深入访谈、小组座谈、典型单位文献资料分析等方式。定性分析的最大好处在于能够深入分析社会政策行动的全过程，仔细地分析行动过程的成效和不足，并具体分析行动的收效，以及取得各种收效或失败的原因。定性分析的不足之处主要是它难以兼顾分析对象的广泛性。在异质性比较强的社会条件下，仅靠定性分析有时会导致评估结论的偏差。

社会政策评估中的定量分析主要通过广泛收集资料，并对资料进行统计分析和比较，从而获得对社会政策行动及其收效的数量分析结论。在现实的社会政策评估中大量采用定量分析方法。这类方法主要是采用一组客观的指标来分析社会政策行动是否达到预期目标，并通过对社会政策实施前后的情况进行定量比较，以及通过广泛的社会调查来分析社会政策实施的效果。例如，在对最低生活保障制度进展情况的评估中，可以采用“经费投入量”“受益者人数”“平均受益额”等可以衡量行动进展情况的指标来看其行动是否达到了预先计划的要求，并通过分析政策实施前后贫困状况改变的情况来分析政策实施的效果；还可以通过对受益者群体和普通居民的问卷调查来看这项社会政策的社会效果。在社会政策评估的定量分析中，常常采用社会政策行动的统计数据，以及“专家调查法”“受益者调查”“普通居民调查”等方法收集资料，并采用社会统计分析、前后对比、实验组对比等方法去分析资料。

（2）社会政策评估的组织及实施方式

社会政策评估一般需要按照严格的程序进行。评估工作的主要环节包括评估计划的拟订、评估者和评估机构的选定、评估的实施、评估报告的撰写等。评估计划的拟订是社会政策评估工作的首要环节。社会政策的评估计划的内容包括对评估工作的执行者、对象、内容、标准、方法与步骤等环节的具体规定，以及对评估工作需要的经费及组织方式的安排。选择合格和合适的评估机构和评估者是社会政策评估工作中的重要一环。评估机构分为评估的组织机构和评估工作的执行机构。前者主要负责制定评估工作的计划、组建或聘请评估的执行机构、验收评估工作的报告；而后者则负责评估工作的具体实施。依社会政策的重要性程度的不同，社会政策评估的组织机构分别可以是由最高决策机构、社会政策的主管部门或项目执行机构来组织评估工作。而社会政策评估的执行机构则可以是由评估组织者临时组建的评估工作班子，也可以委托政府研究部门、大学和相关的科研机构，以及一些商业性的政策评估机构等。评估者一般是由专家和政府官员担任，并且需要根据评估任务来选择不同类型的专家。

在评估工作中，评估者通过收集资料、整理和分析资料，得出评估结论，然后撰写评估报告。评估报告是评估工作的最终产品，其内容一般包括对评估工作进程及方法的介绍和说明、评估结论以及相应的政策建议等内容。评估者的报告一般应提交给评估工作的组织者，由后者提交给上级决策者或转发给相关的部门，供社会政策的进一步决策或指导下一步的实施。社会政策的评估报告有时也向社会公开发布。

二、社会政策的变动

社会政策的实施不是固定不变的，而是随着情况的改变而发生着变化。其变动的方式包括修订、改革和终止，导致变动的原因也是多种多样的。

1. 导致社会政策变动的基本原因

导致社会政策变动的原因来自各个方面。其基本原因包括来自政策本身、政策制定者和实施者，以及来自社会等方面。

（1）政策本身的原因。来自政策本身的原因有以下一些方面：首先，原定政策的不恰当会导致政策的变动。例如原定的政策目标过高或过低，或政策实施方案的不完善等。其次，政策实施的总体目标或阶段性目标已经达到或部分达到，需要调整政策，以追求更高的目标。最后，通过政策实施工作或政策评估，发现一项社会政策行动无法有效达到预期的目标，或者其运行效率太低，需要调整政策行动方案。

（2）政府方面的原因。来自政府方面的原因主要是由于政府社会政策目标的改变，因而需要在社会政策行动上做出变动。执政党和政府及主管部门负责人更替后常常会出现社会政策目标的改变。在多党选举的国家中，常常在政府更替后出现新政府社会政策目标在不同程度上的变化。在我国有时也由于政治领导人或政府机构负责人的变化而使社会政策目标或具体的行动计划发生不同程度的改变。

(3) 来自社会方面的原因。从公众方面看，导致社会政策变化的原因主要有社会各界对一项社会政策支持或反对的情况。来自社会方面的原因又分来自社会政策对象方面的影响、来自利益群体方面的影响和普通公众的态度等方面的原因。在不同的政治体制、文化背景和社会条件下，社会公众或各类利益群体以不同的方式表达对各项社会政策的态度，而这些态度都会在不同程度上对社会政策的实施及改变产生影响。

2. 社会政策变动的方式

社会政策变动的方式包括修订、改革和终止一项社会政策。

(1) 社会政策的修订。社会政策的修订是指对有关政策做局部修改。当一项社会政策在实践中遇到问题时，就需要对政策进行修订。对社会政策的修订一般只是在技术层面上进行，即在不改变基本的政策框架的情况下，只采取一些技术性的调整而解决遇到的问题。当一个现存社会政策的基本制度模式出现问题时，决策者往往并不因其有问题就马上将它抛弃，而是首先希望能够通过修改或增加一定的技术手段来解决这些问题，以保护其基本的政策构架。例如，当一个社会养老保险体系的资金运行出现严重问题时，决策者可能并不马上就否定这套基本的制度，可能也不是马上从根本上改变整体政策框架，而是先选择通过一定技术手段去解决：采用更加严密的测算、更严格的管理、适当提高投保额、适当推迟退休年龄、政府财政给予适当的补贴等技术性的方式来解决。在很多情况下，通过一定的技术手段去解决问题是奏效的。但当由于条件的改变而导致技术手段失效时，或者由于越来越复杂的技术手段导致管理成本过高时，或者出现了一个更加有效的基本制度方案时，再或者当新的领导人具有不同的价值取向时，就可能停止采用技术手段来维持有问题的基本制度模式。这时，对一项社会政策基本制度的改革就到来了。

(2) 社会政策的改革。社会政策的改革是指对一项社会政策的基本框架或社会政策体系做出带有根本性的改变。社会政策的改革往往涉及政策目标及基本行动框架的改变。一般说来，当原有社会政策已经严重不适应社会经济发展的需要，与政府的政治、经济和社会目标发生较严重矛盾，或者与现有的经济体制及社会制度等方面严重不协调，并且难以通过技术性的手段解决这些问题的时候，就需要对社会政策进行带有根本性的改革。例如，改革开放初期，我国原有社会政策的各个领域都在不同程度上表现出与新的经济体制不协调，因此需要通过改革来确立新的社会政策目标和建立新的社会政策制度框架。

（3）社会政策的终止。社会政策的终止是指政策制定者根据一项社会政策运行中的实际情况而决定停止实施该项社会政策的行为。一般说来，在对一项政策进行评估后，如果发现它有以下之一情况时，决策者会决定终止该项社会政策。

其一，一项社会政策已经完成了它的使命。任务已经完成，目标已经达到，原来需要解决的问题已经不存在了，因此该项社会政策没有继续存在的必要了。

其二，一项社会政策行动无法达到预期的效果。由于政策设计或环境改变等原因，可能导致一项社会政策在实施过程中难以取得预期的收效。它或者是一项多余的、不会带来收效的行动，或者是政策行动偏离了预期目标，而且难以通过改革来纠正。在这两种情况下，继续实施该项政策都会是浪费公共资源，因此应该及时取消该项社会政策行动。

其三，一项社会政策的负面影响太大。虽然该项社会政策具有一定的积极意义，但它引发了严重的负面影响，如果继续实施该项社会政策，将带来更加严重的负面后果。例如，实施一项社会政策导致了对经济效率的严重损害，或者对政府财政造成严重的负担，或者引起了很多人的强烈反对等。在这些情况下，如果难以通过改革来消除或降低其负面影响，政策制定者就应该根据情况考虑终止此项社会政策行动。

社会政策的终止也是一个复杂的过程。一方面，社会政策终止会使原来的政策受益者失去一些利益，因而带来新的利益分配格局，并可能导致新的利益冲突。另一方面，社会政策的终止不仅仅是原有政策活动的停止，而且还涉及相关机构的合并或撤销，人员的裁减或调动，因而会导致各种不同的群体、组织和个人对此产生不同的反应。因此，为了避免带来更多的矛盾，社会政策的终止过程常采用渐进的方式进行，包括采用政策行动逐步缩减、与其他政策合并、将一项政策行动逐步分解为多个行动，以及用新的政策行动来及时替代老的政策行动等方式来逐渐终止原有的政策行动。

思 考 题

1. 制定社会政策行动的实施细则有何意义，它一般包括哪些方面的内容？
2. 社会政策的宣传有何重要意义，它与商业性广告在目标和方法上有何异同？
3. 社会政策行动的管理与企业管理有何异同？
4. 结合我国情况试分析社会政策管理的组织体系。

5. 试分析社会政策评估的重要性与一般方法和过程。
6. 试分析导致社会政策变动的原因及变动的主要方式。

主要参考文献

谢明. 公共政策导论. 北京：中国人民大学出版社，2002.
《公共政策》编写组. 公共政策：上、下. 北京：中国国际广播出版社，2002.
朱光磊. 当代中国政府过程. 天津：天津人民出版社，1997.
李钦涌. 社会政策分析. 台北：巨流图书公司，1994.

第八章　社会政策的价值分析

作为一门规范性的社会科学，社会政策研究不可避免地要涉及价值和意识形态议题。本章首先阐述社会政策中的价值中立与价值关联，然后讨论社会政策中的主要价值争议和意识形态类型。

第一节　社会政策的价值中立与价值关联

价值中立与价值关联问题是社会科学研究中长期讨论的问题，也是社会政策研究者所关注的基本问题之一。分析这两个概念的含义及其相互关系，是进行社会政策价值分析的基础。

一、价值中立与价值关联

1. 价值中立的基本含义

价值中立与价值关联是包括社会政策研究在内的社会科学研究中的一个基本方法论议题。虽然对此议题不少学者有过阐述，但集大成者是马克斯·韦伯（赖金良，1996；郑杭生，2000）。韦伯赋予价值中立两层含义：第一，一旦课题按价值相关的原则选定，研究者就必须把价值放在服从的地位，而遵循事实材料所揭示的指导线索。研究者不能把价值强加给事实材料。相反，应该接受研究的事实结果，而不管这种结果是否有损于自己珍视的价值。这就是说，在研究工作中，研究者应以科学家的角色，而不是以公民的角色出现，应严格以客观、中立的态度进行分析，保证研究的客观性。第二，应把事实世界与价值世界、事实判断与价值判断、“实际是什么”和“应该是什么”的命题区分开来，并把事实判断作为科学基础，而不能从事实判断推论出价值判断（郑杭生，2000）。

2. 价值问题在社会科学中的意义

韦伯也承认价值在社会科学研究中的意义，也就是说，社会科学研究是与价值关联的。这种价值关联性主要表现为三点：第一，在确定课题阶段，价值因素不可避免地要进入研究者挑选其专攻问题的选择过程，所以价值相关的原则首先是“选择的原则”。第二，即使在研究（解释）阶段也同样有价值参与，社会科学家在分析政治、经济、宗教、文化等行动时，都必须探讨行动背后隐藏的意义，也即探讨行动表现的价值。在他看来，社会现象的意义是人为附加到现象上的，为了理解这种意义就必须探索行动者在什么观念驱使下做出这一行动，这就涉及价值，即与价值相关。第三，在课题成果的应用阶段，应用的目的性、应用的利益考虑，更是与价值相关的（郑杭生，2000）。

总体上来看，对于社会科学研究，韦伯既主张价值中立，也主张价值关联；不是把它们割裂，而是有机地结合在一起。在他看来，社会科学必须涉及价值，与价值相关，同时社会科学家应该将价值判断与事实判断区分开来。可以说，在韦伯的社会科学方法论中，价值相关与价值中立具有同等重要的作用（郑杭生，2000）。

二、社会政策研究与实践中的价值中立与价值关联

1. 社会政策研究与实践中主张价值中立的倾向

价值中立和价值关联是包括社会政策研究在内的社会科学研究中的一个基本方法论议题。就社会政策研究和实践来讲，同样面临着价值中立和价值关联的议题。早期的社会政策研究和实践偏向于价值中立，当时的研究者们相信，科学方法不仅可以被用来揭示自然现象，而且可以被用来了解和改善社会状况。

19世纪初期社会学和统计学的创立，促进了这种利用科学方法来研究社会福利问题的取向（Midgley，2000）。因此，那些早期的、以问题为焦点的社会政策研究具有强烈的科学取向，而且社会变革和社会行动的诉求也不是以良心或道德为基础的（Blakemore，1998）。到20世纪30年代，社会科学信息被经常运用在社会政策制定当中。譬如，关于大萧条中失业和贫困程度的统计资料在发展美国“罗斯福新政”社会政策当中就扮演了重要的角色。甚至时至今日，在社会政策研究和实践中仍然存在着一种趋势，即要避开意识形态并强调该事业的科学性质（Midgley，2000）。

2. 社会政策研究与实践中主张价值关联的倾向

尽管不少研究者主张在社会政策研究和实践中应当价值中立，但另一方面，在社会政策研究和实践的历史上也一直有一些学者主张要价值关联。米奇利（Midgley，2000）指出，即使那些打算为政府的政策提供实际资料的研究，也常常和规范性的偏好混合在一起。正是由于这个原因，许多社会政策学者承认价值和意识形态在这个领域中的关键角色，并强调必须阐明它们。事实上，如果说早期的社会政策研究和实践倾向于所谓的科学性和客观性的话，那么自

蒂特马斯以来的社会政策研究和实践则增加了价值的维度（Midgley，2000）。而且随着发展，这种价值维度不再是蒂特马斯最初的单一价值观，而是演化成多元价值观及多元意识形态（Mishra，1986；Alcock，1998；Blakemore，1998）。

3. 社会政策研究与实践中价值中立与价值关联的结合

当然，在社会政策研究和实践中，价值中立和价值关联也不是截然对立的，诚如布莱克莫尔（Blakemore，1998）所言：为了进行诚实和客观的鉴别，社会政策研究者必须和其他社会科学家一样，把个人的价值和政治见解放在一边。例如，如果一个男人的个人立场是特别反对向前妻支付抚养费，或者一个女性的个人立场是认为所有的离婚和分居的妇女都是受压迫的，那他和她都不适宜去做一个关于儿童问题的研究，因为他们过于极端的个人立场可能会影响其研究的客观性。另一方面，尽管客观性很重要，但作为一个学科的社会政策又是同时和价值纠缠在一起的。总体上来讲，虽然社会政策学者试图在价值中立和价值关联二者之间寻求平衡，但由于社会政策的规范性性质，大部分社会政策学者似乎更加强调价值关联在社会政策研究和实践中的重要性。譬如，蒂特马斯（1991）声称，以中立的价值立场讨论社会政策是没有意义的事情。亚特里迪斯（Iatridis，1994）也认为，比较社会政策分析必须包括社会政策的意识形态基础，“中立的社会政策”和“中立的分析”都只是充满矛盾的修饰。

第二节　社会政策中的价值争议

由于社会政策具有价值关联性，因此人们的价值立场不同会导致对社会政策的态度和评价的差异。与社会政策有关的价值争议主要表现在对公平与效率，自由与控制、个人与集体，以及人道主义与人权的价值立场和态度等方面。

一、公平与效率

1. 公平与效率的基本含义

公平与效率是社会政策研究及实践中经常遇到的一对价值，对它们及其关系的不同认识通常会影响到社会政策的目标追求。大体上来讲，学术界一般对公平作三种理解：第一，公平即平等（Equality）。这种意义上的公平是一种平均主义意义上的平等，它企图寻找保证人们在生活中享受到相同结果或成果，譬如相同的收入、相似水平的教育和健康等的途径。换言之，它所追求的是“同等的分享”（杨思基，1996）。第二，公平即公平本身（Equity）。这种意义上的公平可以看作是对平等概念的一个扩展，它主张为了达到相似的最后状态或结果，有必要公平地而不是平等地对待个人、家庭或团体。因而，公平意味着公正但有区别地对待人们，以便人们之间最终有某种平等。换言之，公平所追求的是“合理的分享”（杨思基，1996）。第三，公平即机会平等。如果说对公平的前两种理解更多的是从结果或后果的角度，那么机会平等则更多的是从起点的角度。它意味着社会所提供的生存、发展及享受的机会对于每一个公民来说都是同样的。也就是说，每一个公民都有同样的机会来参与社会允许的每一件事情，或者说能力相当且意愿相同的人，都应有权参加与其能力和意愿相匹配的活动（焦国成，2000；徐梦秋，2001）。

相对于公平概念的多重含义来讲，效率概念则要简单得多。它一般被学者们看作是一个经济学概念。譬如，袁贵仁（2000）指出，按照通常的理解，效率最根本的（不是全部）是指生产效率，是人们在解决人和自然关系中所表现出的水平，是生产力的外在表现。又如，焦国成（2000）认为，效率概念表示的是投入成本与产出收益之间的比例关系。投入成本低于产出收益，我们称之为有效率。投入成本越低，产出收益越高，其效率也就越高。相反，如果投入成本等于或高于产出收益，我们就称之为没有效率。

2. 公平与效率的价值取向对社会政策的影响

作为两种价值，公平和效率都会对社会政策发生影响。重视社会公平的人总体上都会把公平作为优先考虑的政策目标。譬如，国家干预主义学派的凯恩斯、萨缪尔森和加尔布雷思等学者就认为，公平是一种“天赋权利”，它不能用金钱来衡量和标价；效率本身不仅不代表“公平”，因为它可能来自于“不公平”。因而，在他们看来，如果听任市场机制充分发挥作用，收入就不可能公平地分配。也正是因为如此，他们强调要在政府干预下推行社会福利事业，缩小市场机制的调节范围以实现公平（袁银传，2002）。事实上，第二次世界大战后“福利国家”在世界各国的扩张，追求社会公平即是其动因之一。

效率对社会政策走向的影响也是显而易见的。对于那些追求效率的人来说，通过市场来配置和分配资源是最重要的。经济自由主义学派的弗里德曼、哈耶克和艾哈德等学者就主张，要通过市场机制来配置资源，要把与市场相联系的效率确立为优先的政策目标，因而极力反对政府通过行政干预的方式推行再分配，以达到以收入均等化为中心的“结果均等”，认为这是对社会经济发展的最大损害（袁银传，2002）。20 世纪 70 年代中期以来英美社会政策上的“反福利国家”或“返回过去”的趋势，不能不说和这种追求效率的自由主义思潮有关。

3. 当代社会政策研究与实践中公平与效率的结合

尽管公平和效率是两种不同取向的价值，但它们不是截然对立的（温克勤、赵士辉，1994；袁贵仁，2000；焦国成，2000）。主张公平与效率并重的思想家认为，公平与效率这两个价值目标同等重要，没有先后次序，二者必须兼顾。这里关键是要区分公平与平等的不同含义。公平是一个价值判断的概念，它与作为事实判断的效率在本质上是不矛盾的。但平等与效率均为事实判断的概念，二者之间有时可能会发生矛盾。但即使在平等与效率的关系方面也可以协调，即追求以最小的不平等换取最大的效率，或者以最小的效率损失换取最大的平等。奥肯主张，市场竞争机制需加以限制，但不能限制过分；同样，收入均等化措施必须要有，但也不能过度。因此，要解决平等与效率之间的矛盾，唯一可行的办法只能是在平等与效率、结果均等与机会均等之间达成某种妥协，即为了效率就要牺牲某些平等，而为了平等又要牺牲某些效率。罗尔斯也提出了所谓的“差异原则”（适量的不平等），主张每一项政策的基本目标都应当是平等。生活中的各种资源和机会，譬如教育和职业机会、福利服务、闲暇等，都应当尽量平等地分享。但他同时声称，一定数量的不平等（对于社会中境况较好的人刚好足够产生报酬和刺激）将不仅有益于优势者，而且也将有益于地位最低的弱势者。由于有适量的刺激，社会中境况较好的团体将以最适合程度的效率工作。如此每一个人将从良好运作的公共服务和商业组织中获益（Blakemore，1998）。如此看来，平等和效率这两种价值也并非完全没有调和的余地。事实上，20世纪70年代中期以来英美社会政策上的“反福利国家”或“返回过去”的趋势，也并不是完全放弃国家的责任，而是在保留国家责任的同时，引进了更多的市场机制，譬如政府把某些社会服务外包给非营利机构甚至营利机构就是一例。

在我国，过去计划经济时期过分强调平等，结果在一定程度上走到了绝对平均主义，对效率的损失很大。改革开放以后，我国在经济与社会政策中都强调效率，但又在不同程度上忽略了平等和共同富裕，导致我国收入分配差距越来越大。尤其是在理论和实践上弱化了公平的价值和意义，因而导致了一些思想上和行动上的混乱。近年来，政府和公众都越来越重视公平与效率的结合，尤其是强调通过社会政策去体现社会公平。

二、自由与控制

1. 自由与控制的基本含义

自由与控制是社会政策研究及实践中经常遇到的又一对价值理念，它们也会对社会政策研究及实践产生不同程度的影响。对于自由，简单地说是个人对其自身的事务具有自我决定（选择）的权利和能力。人的自由是在社会制度中的自由，它包含两个方面的特点：首先，个人的自由是与自我约束相关联的，人在具有自我决定权利的同时，也必须进行自我约束。其次，从内容上看，人的自由包括人们免于受到危害的自由，以及有权利决定自身事务的自由（Blakemore，1998）。

作为自由的对立面，社会控制是与天生的自我约束不同的另一种对人的行为进行约束的过程。它是通过社会性行动来调节人们的行为，以维护社会秩序和社会稳定。所以，所谓社会控制就是运用社会力量对人们的行动实行制约和限制，使之与既定的社会规范保持一致的社会过程（韩明谟，1997）。

2. 自由与控制的价值目标对社会政策的影响

自由与控制这两种价值对社会政策的影响是显而易见的。极端的自由主义者高扬自由的旗帜而反对控制，他们不相信国家，认为如果排除国家的干涉，那么社会就可以自己控制自己。因此，他们强调个人主义，主张严格限制政府的权力和大力发展自由市场经济，与此同时还强调要警惕不断扩展的国家对自由、私营企业、自由市场经济及个人私人空间所形成的威胁（刘军宁，1998；Spicker，1995）。这种强调自由反对控制的思潮反映在政府的社会政策上，即表现为政府缩小自己的作用范围，引进更多的市场机制。

虽然自由主义者反对政府施加在个人、市场及社会上的控制，但从社会政策实践的历史来看，无论是英国的济贫法，还是德国的社会保险制度，以及当今世界各国的社会保障制度，促成它们产生与发展的重要原因之一就是社会控制，是通过社会政策去加强和优化社会控制，以达到维护社会稳定的目标。

三、个人与集体

1. 个人主义与集体主义的基本含义

个人（主义）与集体（主义）也是社会政策研究及实践中经常遇到的一对价值。个人主义和集体主义在各个社会中都是存在的，但不同的社会通常会有或者以个人主义为主，或者以集体主义为主的主流文化（Gudykunst & Matsumoto，1996）。大体上来讲，英美等国家一般盛行个人主义，非洲、亚洲和拉丁美洲等国家一般奉行集体主义（Chung & Mallery，1999/2000；Eaton & Louw，2000；Fijneman & Willemsen，1996；Triandis，1993）。

特里安迪斯（Triandis）对个人主义和集体主义的各自特征作了如下描述：第一，集体主义者把自己看做是某个群体的组成部分，而个人主义者热衷独立于群体的自我概念，因而在互相依赖的自我和独立的自我之间形成鲜明的对照。第二，集体主义者拥有和其群体目标互相交叉的个人目标，当这些目标之间出现差异时，他们会视集体目标高于个人目标；而个人主义者拥有和其群体目标或交叉或不交叉的个人目标，当这些目标之间出现不一致情况时，他们会视个人目标高于集体目标。第三，集体主义者强调人们的社会行为应该遵从社会规范、职责和义务；而个人主义者则更强调人的态度、个人选择和人与人之间的契约对社会行为的意义。第四，在集体主义者方面，关系是最重要的，即使这些关系的成本超出报酬，他们也依然会维持这种关系。在个人主义者方面，当成本超过报酬时，他们就会中断这种关系（Niles，1998；Singelis & Triandis，1995）。

2. 个人主义与集体主义价值倾向对社会政策的影响

个人主义和集体主义的这些不同主张，在社会政策上有不同的反映。吉尔伯特和特雷尔（Gilbert & Terrell，2002）提出了一个由四个选择视角（分配、供给、传递和财政）、三条分析轴线（可能之选择、价值和理论）、两个分析层次（具体说明选择的视角和说明一定选择的背后的原因、依据）组成的社会福利政策分析架构。在这个分析架构中，价值分析占有重要的地位。他们以公共援助为例，阐述了个人主义和集体主义对社会政策选择的不同影响，并把其表示如下（表 8-1）：

表 8-1　选择的视角和相互竞争的价值取向

个人主义取向	选择的视角	集体主义取向
成本效益	分配	社会效益
选择的自由	供给	社会控制
不同意的自由	传递	效率
地方自主	财政	集中

从表中可见，在分配、供给、传递和财政等选择的四个视角上，个人主义价值观和集体主义价值观有不同的主张。就分配来讲，个人主义强调的是成本效益，而集体主义强调的是社会效益；就供给来讲，个人主义强调的是选择的自由，而集体主义强调的是社会控制；就传递来讲，个人主义强调的是异议的自由（传递系统主要根据民主路线来设计），而集体主义强调的是效率（传递系统主要根据官僚路线来设计）；就财政来讲，个人主义强调的是地方自主，而集体主义强调的是集中化。

四、人道主义与人权

1. 人道主义与人权的基本含义

人道主义有两个方面的含义：一个是作为世界观和历史观，一个是作为伦理原则和道德规范，这两方面既有联系又有区别。作为世界观和历史观的哲学范畴，人道主义主要包括下列几方面的内容：首先，关注人是什么，探讨人的本质、人性和人格等问题。其次，关心人和人、社会、世界的关系问题，强调以人为本，以人为中心，尊重人的尊严和地位。再次，关心人的权利和价值，主张平等、自由和人的全面完善的发展。最后，强调人性，特别强调人的理性是社会的发展动力，突出人的神圣使命。作为伦理道德的规范，人道主义主要有三个方面的含义：第一，强调个人的自由权利和价值。第二，主张人与人之间相互平等、相互尊重。第三，宣扬博爱，主张人与人之间要相互帮助、友爱、关心、同情和团结（柏元海，1998）。

人权是当代人道主义的重要组成内容之一，具体来讲，它至少包括以下因素：一是“人”包括一切社会成员；二是“权利”指基本权利和自由；三是人权包括应当拥有和实际享有的基本权利；四是“基本权利”包括生存权、政治权利、经济社会文化权利和发展权；五是人的权利受一定的物质文化条件的制约；六是人权需要通过法律来保障，尽管当代国际社会对人权问题已经达成一些共识和共同的行动，但迄今为止在法律上仍主要是属于国内法管辖的事项。

2. 人道主义与人权观念对社会政策的影响

人道主义和人权观念对社会政策的影响是显而易见的。由于人权是人的基本权利，是每一个社会成员都应享有的权利，所以作为政府和社会有责任采取有效的政策措施来加以保障。当代社会政策与人权保障密切相关，政府和社会要采取有效的政策措施来保障社会成员的生存权和发展权，而举办社会保障和其他社会福利事业正是体现政府的这种基本责任。

马歇尔的“公民权”和“社会权”理论实际上涉及人权在社会福利领域中的具体体现。公民权的发展分三个阶段，即法律权、政治权、社会权。社会权包括公民在受教育、社会福利与社会保障等方面的权利。简而言之，社会权是公民获得社会福利的权利。但是在当今世界，人们对人权的概念和内容还有不同的理解，各国对人权保障的程度及重点领域也有所不同，与人权保障有关的法制体系的健全程度和落实情况也不尽一致。在人权理论与人权保护实践方面的这些差异是导致各国社会政策发展水平参差不齐的原因之一。

3. 公民权观念的变化

在社会福利领域当中，以往讲人权和公民权是比较绝对的，认为只要是人，就有享受福利的权利；并且既然有享受福利的权利，那么无论工作与否，都可以过上社会认可的体面生活，即认为人不需要通过劳动来获得生存所必需的资源。但近年来这种比较绝对的人权和公民权观念发生了变化。譬如，米德

（Mead）即对马歇尔和蒂特马斯著作中的无条件的权利概念进行了严厉批评。他认为，公民权是与责任、义务及互惠等连在一起的。从社会获得福利帮助的人也应该有负责任的行为，应努力避免依赖福利，并应该为公共物品作出贡献。米德认为，过分强调个人权利的文化破坏了这些规则，造成了一个懒惰和越轨的下等阶级。对美国社会的最大挑战，不是贫穷、不平等或缺乏经济机会，而是不工作。未来的全部福利都要求解决这个问题（Midgley，2003）。

第三节　社会政策的意识形态类型

所谓“社会政策的意识形态”是指人们关于社会政策的价值、态度和理论体系的总和。它包括人们对社会政策的基本价值观，在基本价值观指导下对社会政策的基本分析视角，以及建立其上的关于社会政策的政治、经济和社会理论体系。关于社会福利的意识形态差异早在古代社会中就有雏形。在当代社会中，人们对社会福利问题和社会政策的研究视野更加开阔，对问题的分析更加深入，各种理论的表述也更加精致和完备，但研究者关于社会政策的基本价值立场仍然是分化的，并由此而导致了在社会政策研究学术界长期存在着多种不同的意识形态类型，以及由此而划分的不同学派。在当代社会中，社会政策的意识形态对学术研究和政府的社会政策实践都产生着重大的影响。了解当代主要的社会政策的意识形态类型是全面和深入理解当代各国社会政策变化发展的基础。本节就几种主要的社会政策意识形态进行阐述。

一、社会主义和社会民主主义

从19世纪以来，社会主义运动产生了众多不同的流派，其中马克思主义的社会主义和社会民主主义是两种既有相同点又有不同点的意识形态。它们对工业化社会中的经济、政治制度及社会政策做出了不同的解释，并产生了不同的影响。

1. 传统社会主义的社会福利理念

19世纪马克思主义的社会主义是在对资本主义的批判基础上产生的。马克思和恩格斯运用唯物史观分析资本主义生产方式，发现资本主义生产力与生产关系之间存在着对抗性矛盾。由于资本主义生产方式自身无法解决这一矛盾，因此资本主义的灭亡将是不可避免的。无产阶级将通过暴力革命等形式，推翻资产阶级的统治，用无产阶级专政或人民民主专政代替资产阶级专政，建设共产主义社会。在共产主义社会里，生产资料的公有制将取代私人所有，生产将按照全社会和每个成员的需求来进行调节；共产主义社会也将是一个消灭个人和其他一切人之间的敌对现象，用社会和平来反对社会战争并彻底铲除犯罪根源的社会，因而庞大的国家机器几乎成为多余；共产主义社会亦是一个能够为所有的人创造生活条件，以便每个人都能自由地发展他的本性，实现每个人的自由全面发展的社会。

一些当代西方马克思主义学者继承了传统马克思主义的社会主义立场，对资本主义社会中的社会福利制度多持批判的态度。首先，他们认为资本主义福利国家制度的产生是三个相互联系的原因的产物，即促进资本的需求或要求的国家行动、对阶级冲突的回应，以及用俾斯麦的方法破坏工人阶级激进主义的国家先发制人的行动（George & Wilding，1994）。其次，他们对资本主义的福利国家制度基本上采取批判的态度，认为福利国家是一种互相矛盾的社会形式：它包含着对工人阶级的让步，因而将是受欢迎的；但它也包含着对资产阶级的保护和支持，因而是不可以接受的（George & Wilding，1994）。也就是说，当代西方马克思主义虽然也承认国家的介入客观上会给工人阶级带来某些好处，但认为这种介入主要还是为了维护资产阶级的利益。第三，在马克思主义所设想的社会主义（共产主义的初级阶段）社会中，收入的分配将遵循“各尽所能，按劳分配”的原则；而经过社会主义的发展，在共产主义社会中，收入的分配将遵循“各尽所能，按需分配”的原则（George & Wilding，1994）。

从以上三点来看，当代西方马克思主义的社会主义在社会福利问题上有许多批判性的意见，但同时也有一些建设性的观点。米什拉（Mishra，1986）曾根据苏联的社会主义实践，概括出社会主义的福利概念，认为社会主义福利观的核心是“按需分配”的分配原则。换言之，诸如健康和教育这样的普遍性、综合性和免费的社会服务是一种集体消费，它构成社会主义的基本分配模型。国家代表整个社会，根据平均主义的原则分配收入和资源。米什拉还把社会主义的福利观念称作结构性的，并和资本主义的两种主要福利观念（剩余性的和制度性的）进行对比，以刻画它的主要特征。表 8-2 中的内容综合了米什拉关于福利类型的表述（Mishra，1986）。

表 8-2　福利的类型

主要特征	剩余	制度	结构
（1）国家在满足需求上的责任（国家介入的意识形态）	最低限度	最优的	总的
（2）需求为本的分配是一种价值（分配的意识形态）	边际的	第二位的	首要的

续表

主要特征	剩余	制度	结构
（3）法定服务的范围（而不是济贫法）	有限的	广泛的	综合的
（4）法定服务所覆盖的人口	少数人	多数人	全体
（5）给付的水平	低	中	高
其中花在国家服务上的国民收入的比例	低	中	高
（6）资产调查的使用	首要的	次要的	边际的
（7）案主的性质	贫民/穷人	公民	集体的成员
（8）案主的地位	低	中	高
（9）服务的取向	强制性的	功利主义的	团结一致
（10）非法定机构在福利中的角色	首要的	次要的	边际的

2. 社会民主主义的社会福利思想

社会民主主义本来与社会主义是一家，它是在反对资本主义的斗争中产生的，与现代社会主义具有共同的根源，乃至于现在大多数社会民主党人还标榜他们是真正的社会主义者。但是，100 年来，社会民主主义产生了深刻的演变，已从反制度的革命政党演变成为资本主义体制内温和的执政党（周穗明，2001）。从这个角度来讲，社会民主主义和社会主义既有相同点又有不同点。相同点表现在对资本主义批判的立场、接纳一切经济组织形式为我所用的思路、世界一体化眼光、主动应变的精神；不同点表现为指导思想、党的性质与作用、奋斗目标、变革现实的道路、对生产资料所有制的态度（杨玲玲，2000）。具体来讲，社会民主主义的基本观点可以概括如下：第一，世界观以多元主义为总体特征。第二，奋斗目标是"建立一个自由的新社会"。第三，改良主义是改造社会最重要的工具。第四，未来社会的价值原则是"自由、公正、互助"。第五，经济制度上主张多种所有制并存的"混合经济"模式。第六，国际政策奉行国际民主（杨玲玲，2000）。

在社会福利政策方面，社会民主主义是福利国家的积极支持者和建设者，认为自由资本主义导致了许多马克思所诊断出来的弊端，但又相信这些症状可以通过国家对市场的干预而得到缓解或克服。在他们看来，相对于家庭和市场来讲，社会福利最好通过政府机构来提供（Midgley，2000）。国家有义务提供市场无法提供，或者只能以零散的方式提供的公共产品。由于公共权力在一个民主社会中代表着集体意志，所以国家干预经济和社会的其他领域是正常的，同时也是应该的。不仅如此，国家对家庭生活的介入也不仅是必要的，而且是值得鼓励的。当个人由于这样或那样的原因而无法自食其力时，国家可以伸出手来助他们一臂之力（吉登斯，2000）。正是在社会民主主义引导之下，英国首先建成了福利国家制度，而后扩展到其他西欧国家。这些国家建立起以法定权威、公共资金、科层方向、普遍覆盖等为特征，提供给所有人口的、广泛的社会服务方案（Midgley，2000）。

3. 当代“新左派”的社会福利思想

在从左至右的各种意识形态类型中，社会主义和社会民主主义属于左派或中间偏左的派别（Spicker，1995）。自20世纪70年代之后，在社会主义意识形态阵营中又出现了所谓“新左派”。他们围绕着资本主义如何在赤裸裸的剥削关系中仍然能够维持有效性及资本主义如何在各种矛盾中发展的议题展开了讨论。奥康纳（O’Connor）认为资本主义必须满足两个基本的生存条件，一个是资本积累，另一个是合法性。资本主义国家一方面通过教育与卫生等方面的投资以提高劳动生产率，另一方面也通过社会福利以减轻工人的不满情绪，从而冲淡了对立的意识。因此，社会服务是资本主义体系的一个不可分割的部分：它们从资本主义体系中产生出来并构成资本主义经济与政治生存的基础（赵维生，1999；George & Wilding，1994）。高夫（Gough）认为，社会政策不但中和阶级矛盾并增加民众对资本主义的认可程度，同时也起到了劳动力再生产的作用。但他同时也试图表明，社会服务支出既可以改善也可以降低经济增长和利润。例如，20世纪六七十年代高的社会支出率是英国通货膨胀和经济增长率降低的原因（赵维生，1999；George & Wilding，1994）。奥菲（Offe）认为，资本主义的社会政策是回应资本主义制度的结构危机，而非受制于这些危机。国家行为取决于国家官僚的政策，换言之，国家体制有很大程度上的自主性，它的政策可以说是国家官僚的决策过程的结果。据此，奥菲提出为了平衡资本积累与合法性这两个具有相反作用的趋势，国家必须做到以下四项：尽量减少干预市场、鼓励投资、保护资本积累和制造保护全民利益的形象。所以在奥菲看来，资本主义不可以同福利国家同时存在，资本主义也不可以没有福利国家而存在（何国良，1999；George & Wilding，1994）。

二、自由主义与保守主义

1. 自由主义与保守主义的基本含义

大体上来讲，自由主义与保守主义是和社会主义与社会民主主义不同的意识形态。然而，对于自由主义与保守主义，尤其是新自由主义与新保守主义，它们是基本观点近似的意识形态还是两种不同的意识形态，在不同的语境及不同的时代有所不同。吉登斯（1998）指出：对于那些赞成市场力量无限扩张的保守主义者，可以一般性称为“新右派”，也可以称为“新自由主义”。

2. 自由主义的社会价值立场及其发展

自由主义是在资产阶级革命过程中形成和发展起来的，其代表人物包括洛克、边沁、穆勒和斯密等。他们都是以个人主义、个人自由为核心，以建立、维护资本主义私有制为目的。在政治领域，提倡个人自由和人身自由，反对对思想和言论的控制；主张个人应当享有政治权利，并且要维护和尊重少数人的权利；主张限制政府权力，实行分权原则。在经济领域，主张自由企业制度，给个人和企业以最大限度的自由放任；极力维护资本主义私有制，反对财产公有，认为剥夺私人财产会造成可怕的痛苦；主张不干涉主义，实行放任主义，认为“管得最少的政府就是最好的政府”，反对政府干涉任何私人经济活动。

20世纪初，一批自由主义者如美国的布兰代斯、杜威、罗斯福等，对传统自由主义作了一些修正。他们反对个人至上的旧个人主义，提倡依靠群体力量和智慧的新个人主义；反对个人为所欲为的旧自由主义，提倡把自由放到机会平等基础上的自由主义；反对不受任何干涉的放任主义，提倡国家政府的“积极干预”；既反对共产主义，也反对法西斯主义。这样，一种以提倡国家干预社会经济为特征的新的自由主义逐渐兴起，自由主义已经和它本来含义相反的内容相联系了（熊家学，1997；江莹和江兰，1999）。

然而，20世纪70年代末80年代初，“里根经济学”和“撒切尔革命”又启动了新一轮的“新自由主义”浪潮，形成了自由主义的又一次重大转折。他们所倡导的“新自由主义”强调自由市场活力，更注重企业的利益和改革经济增长方式。也就是说，当代“新自由主义”更注重恢复19世纪传统自由主义的市场和效率的线索，更尊崇20世纪哈耶克和贝勒兰山学派的传统自由主义理念。

3. 保守主义的价值立场及其发展

传统的保守主义是与资产阶级自由主义相对立的，它反对以个人自由、个人主义为核心的自由主义理论，认为人的本性是没有理性的、邪恶的，人不可能自我调节和自我限制。因此维护政治统治是必不可少的，尊重权威的统治是社会安宁必要的条件；认为人生而是不自由、不平等的，不尊重社会制度的自由是无政府主义的自由；要解决社会问题，就得节制自由，社会发展靠发扬旧传统、旧习惯、老经验，不能拆旧换新，强行变革；认为宗教是市民的团体，神赋予现存制度以合法性，一切权力来自上帝。总之，要崇尚过去，推崇传统，维护稳定，反对变革，维护神权，反对人民主权。

进入帝国主义阶段以后，传统保守主义逐渐演变为新保守主义。新保守主义包含着两种思想因素：一是源于传统自由主义，它使新保守主义承认国家在经济和社会领域具有一定的调节作用的同时，反对国家对经济和社会生活的更多干涉；二是源于传统保守主义，它使新保守主义承袭了保守主义崇尚过去、力求稳重的保守特性和某些政治观点。所以，新保守主义不是传统保守主义的再现，而是传统自由主义和保守主义在现代资本主义条件下的“新综合”。

新保守主义在哈耶克、弗里德曼、柯克及李普曼等学者的推动下日趋向新自由主义方向靠拢。哈耶克崇尚“自由放任”的自由主义思想，强调自由与个人，反对国家权力，坚持自由市场的观点，反对凯恩斯主义的经济学说，认为国家干预经济就破坏了市场机制的正常作用；反对自由主义的福利国家观，认为它使西方社会产生了一系列问题，结果经济上得不到发展，政治上却失去了自由；反对马克思主义和社会主义，甚至把社会主义计划经济与法西斯经济和凯恩斯主义混为一谈。再如，弗里德曼把自由视为政治的终极目的，把个人视为社会的实体，认为每个人都有要求自由和机会平等的权利。他声称发现了一个社会趋于自由的两条基本原则：政府的范围必须是有限的，政府的权力必须分散。而最好的方法是建立自由经济市场。他反对国家过多地干预社会生活，主张把政府的计划缩小到最小的程度（熊家学，1997；江莹、江兰，1999）。

从以上自由主义与保守主义的发展轨迹来看，虽然它们的起点不同，但在经过曲折的发展之后，它们现在在许多观点上已经变得越来越相似。这也就难怪吉登斯等学者要专门区分不同语境及不同时代下的自由主义和保守主义。从意识形态连续体来说，自由主义与保守主义，尤其是新自由主义与新保守主义属于右派或极右派（Spicker，1995），所以对（“新政”以来的）新自由主义与新保守主义又有“新右派”之说。

4. 新右派的社会福利理念

基于他们的基本理念，在社会福利政策方面，新右派对以福利国家为代表的国家福利制度进行了激烈的批判。他们认为，由于自然秩序的实质、理性规划及实现共同目的的不可行，建立一个综合的福利国家是不可能的；福利国家的出现是建立在对人类实质、社会秩序及福利的错误观念基础之上的；由于政府的扩张、理想社会的观念、平等主义及缺乏选择性，导致福利国家对自由造成了威胁。由于社会福利服务的提供依赖科层组织和专业组织、科层组织和专业组织的难以控制、服务的过度供给或供给不足以及普遍性服务的大量支出，导致了福利国家的低效率。由于减少了对成功的奖赏和对失败的惩罚，导致福利国家对经济造成了伤害。由于政府责任不断扩大以至于最终难以承担，并且由于福利国家造就了利益集团，导致福利国家在政治上陷入了困境。最后，福利国家还对社会造成了伤害，一方面表现为它消除了个人责任：没有认识到个人责任、个人责任的消除、无须为自己的行为负责、对人们选择权的剥夺、依赖文化的形成以及道德伤害等等，另一方面表现为消除了社会责任：损害了个人对社会的责任、使家庭不稳定、破坏了社会的“中间结构”等（George & Wilding，1994）。

三、“第三条道路”

1. “第三条道路”理论产生的背景

第二次世界大战后60多年来，西方资本主义国家经济相对迅速发展，政治上也获得了相对稳定，社会面貌有了很大改观，但资本主义制度的本质并没有改变，资本主义的固有矛盾依然存在，而且不断地导致经济危机，不仅有生产过剩危机，还有财政危机和货币信用危机，造成生产停滞与通货膨胀的困境。为了摆脱困境，资本主义国家不断进行自我调节。20世纪70年代前，西方国家普遍采用凯恩斯主义的理论，采用宏观调控手段和措施对经济活动实施国家干预；采取扩张性的财政政策，通过财政手段对国民收入进行大规模再分配，拉动“有效需求”的增长，以实现经济的稳定与发展，缓解了资本主义传统的生产过剩危机。同时，按照社会民主主义的理论，采取一系列社会福利政策，建立了社会保障体系，以缓解社会分配的矛盾。但在70年代后期，随着新科技革命的发展，劳动生产率的提高，产业结构的变化，阶级结构的变动，发生了持续的大规模的群众性失业，社会保障体系负担日益加重，对各国国民经济产生了巨大压力，出现了经济停滞和通货膨胀的并发症。对此，凯恩斯主义一筹莫展，民主社会主义的理论也遇到很大的困难。这时，新自由主义（新保守主义）崛起取而代之，推行以私有化、自由化和放松控制为核心内容的新自由主义政策，实行减税、减少政府开支、减少社会福利费用等措施。这些政策措施在当时起到了缓解经济危机、抑制通货膨胀、推动经济的作用。但到了80年代末90年代初，新自由主义的自由化、私有化政策造成了新的经济衰退和社会危机，威胁到资本主义自身的生存，面临着如何再发展的问题。

在社会民主主义和新自由主义都遇到严重困难的情况下，一些学者和政治家提出了“第三条道路”的理论，力图从新的方向回答和解决资本主义面临的矛盾和再发展问题。他们在反思凯恩斯主义和新自由主义的基础上，提出了要使传统的社会民主主义与新自由主义相结合，扬利抑弊地采取兼顾国家与市场、供给与需求、公平与效率、权利与义务相平衡的原则，塑造新经济、构建新福利、推行新政策，谋求使资本主义获得再发展。

2. “第三条道路”学派政治经济理念的要点

在吉登斯（1998）看来，所谓“第三条道路”指的是一种思维框架或政策制定框架，它试图适应过去二三十年来这个翻天覆地的世界，超越老派的社会民主主义和新自由主义。其总的目标是帮助公民在全球化、个人生活的转变以及与自然的关系等重大的时代变革中找到自己的方向。其口号一个是“无责任即无权利”，另一个是“无民主即无权威”。在政治方面，“第三条道路”主张对国家和政府进行改革，认为“第三条道路”政治是一个深化并扩展民主的过程。社会民主主义者一直热衷于扩大政府，新自由主义想要缩小政府，第三条道路则认为有必要重构国家：超越“认国家为答案”的左派和“把国家当敌人”的右派。它认为问题的关键并不在于是要更大的政府还是更小的政府，而是要认识到目前的治理方式必须适应全球化的新情况；而且，权威，包括国家的合法性，必须在一种积极的基础上得到重构。这包括国家必须对全球化做出结构性的回应、扩展公共领域的作用、提高其行政管理效率、通过“民主试验”重新建立政府与公民以及公民与政府之间的直接联系、提高管理风险的能力、具有全球性的眼光等。在经济方面，“第三条道路”主张建立新型的混合经济。老式的混合经济有两种不同的版本。一种涉及国家与私人领域的划分，但仍有许多企业掌握在政府手中。另一种在过去和现在都是一种社会市场。在两种情况下，市场都在很大程度上受制于政府。新型的混合经济则试图在公共部门和私人部门之间建立一种协作机制，在最大限度地利用市场的动力机制的同时，把公共利益作为一项重要的因素加以考虑。它既涉及国际、国家和地方各层次上的调控与非调控之间的平衡，也涉及社会生活中经济因素与非经济因素之间的平衡。

3. “第三条道路”学派社会福利理念的要点

基于其政治和经济理念，“第三条道路”在社会福利方面主张建设积极的福利社会。首先，“第三条道路”对福利国家制度采取了辩证的态度。一方面，它接受新右派对福利国家提出的某些批评，认为福利国家采用自上而下的福利分配制度的主要动机是保护和照顾，没有给个人自由留下足够的空间；某些类型的福利机构是官僚化的、脱离群体的、没有效率的；福利救济有可能导致违反福利制度设计初衷的不合理结果，等等。但另一方面，它并不把这些问题看成是应剔除福利国家的信号，而是把它们视为重建福利国家的理由。其次，“第三条道路”提出了责任与权利平衡的福利原则，即“无责任即无权利”。认为政府对于其公民和其他人负有一系列责任，包括对弱者的保护。但与此同时也认为在个人主义不断扩张的同时，个人义务也应当延伸。例如，领取失业救济金的人，应当履行主动寻找工作的义务。再次，“第三条道路”提倡积极的福利。他们认为，福利国家应该及时调整自己的政策，以便覆盖那些新型的风险，比如与技术变迁、社会排斥或者不断增加的单亲家庭有关的风险。因而他们倡导一种积极的福利，主张在可能的情况下尽量在人力资本上投资，而最好不要直接提供经济资助。这种积极的福利，除公民个人和政府以外，其他的机构也应当为此做出贡献，而且它还将有助于财富的创造。最后，"第三条道路"主张用"社会投资国家"取代"福利国家"。在这样的国家里，福利开支将不再是完全由政府来创造和分配，而是由政府与其他机构（包括企业）一起通过合作来提供。这里的福利社会不仅是国家，它还延伸到国家之上和国家之下。在积极的福利社会中，个人与政府之间的契约发生了转变，因为自主与自我发展将成为重中之重。

4. "第三条道路"社会福利理念对社会政策实践的影响

"第三条道路"的主张显然对西方国家的社会政策发生了影响。譬如，20世纪90年代末，英国工党上台执政后，相继把增加教育经费、培养开发人的潜能作为其新政策最优先考虑的领域。在新工党执政的第一年中，已把大量的财力转向了教育和卫生保健——3年达到400亿英镑；与此同时，为了鼓励年轻失业者重新回到工作岗位，政府取消了25万人的失业津贴，向24岁以下的青年人提出"新协议"，建议他们要么受雇于私营部门，要么在志愿部门和环保部门工作，要么接受全日制的基本技能教育与训练。针对英国人口中有100万成年人从未工作过的严峻局面，工党政府于1998年又特设了"从福利到工作"的预算，增拨11.9亿英镑用于技术培训（李宏，2001）。

总而言之，"第三条道路"学派已经形成了系统的社会福利理论并付诸实践，但他们所开出的福利处方的效果到底如何仍需要未来的实践检验。

四、发展性社会福利

1. 对剩余性福利和制度性福利的超越

20世纪90年代，在社会民主主义和新自由主义都遇到严重困难的情况下，一些学者和政治家提出了"第三条道路"的理论，力图从新的方向回答和解决资本主义面临的矛盾和再发展问题。与"第三条道路"作出的回应不尽相同，以米奇利为代表的一些学者把社会发展理念应用于社会福利，提出发展性社会福利理论加以回应。

米奇利和谢若登（Midgley & Sherraden，2000）指出，20世纪90年代以来保守主义取向对社会政策思考施加了强大的影响。一方面，保守主义批评福利国家养成了大众的福利依赖，造成了不可忍受的税务负担，并阻碍了经济发展。保守主义认为把资源从生产性的经济中拿出来转入非生产性的社会支出抑制了经济成长，把社会津贴转移给大量的穷人鼓励了懒惰、依赖和越轨行为。另一方面，制度性取向的倡导者并没有能够对这种批评作出有力的回击，从而使制度性取向的根基发生了动摇。

发展性社会福利理论则通过鼓励采用主要不是关注提供社会服务而是关注提升穷人参与生产性经济的社会方案超越了这些争论（Midgley & Sherraden，2000）。换言之，如果说保守主义和制度性取向争论的焦点主要在于政府介入的程度和范围的话，那么发展性社会福利理论则跳出了这个“怪圈”，在肯定政府介入的大前提下主要探讨政府介入的“方向”，进而超越了保守主义和制度性取向之间的争论。

2. 发展性社会福利理论的基本观点

第一，社会发展和经济发展是密不可分的。发展性社会福利理论认为，以往的剩余性福利取向和制度性福利取向，或者不触及社会发展与经济发展的关系，或者把社会发展置于经济发展的从属或依赖地位，因而受到社会发展阻碍经济发展的诟病。发展性社会福利理论则主张，要在一个更加广泛的发展过程内把社会政策与经济政策有效地整合起来。在发展性社会福利理论看来，社会发展和经济发展是一个硬币的两面，没有经济发展就不会有社会发展，除非经济发展伴随着整个人口社会福利的改善，否则经济发展也没有意义。因此，它获得了那些批评福利主义介入（把资源分配给非生产性的、消费为本的社会计划）的人的支持。同时，它使社会介入合法化了，并且使社会福利的社会责任原则制度化了。它也获得了潜在选民的支持，因为它从经济效率标准的角度论证了社会计划。通过表明社会支出如何为经济成长作出贡献，它构成了一个拥有政治可行性的互相妥协的、实用的立场（Midgley，1996）。

第二，社会福利可以为经济发展直接作出贡献。社会发展的支持者相信，参与生产性经济（Productive Economy）是许多人满足他们的社会需求的基本的手段。他们声称，目前接受社会津贴的许多人可以通过经济参与提升他们的福利。虽然仍有一些是经常需要社会支持的人，但他们是少数。与传统的社会服务取向不同，社会发展观点力求把重点从消费为本的和维持导向的服务转向可以为经济发展直接作出贡献的社会方案。这些社会方案不是减损经济成长，而是提升经济参与和为发展作出贡献。由于这个原因，社会发展取向也以社会政策的社会投资，或者更技术性的生产主义取向而著称（Midgley & Sherraden，2000）。

第三，经济发展应能给普通大众带来有形的好处。社会发展不仅关注转换传统福利系统的消费为本的社会服务取向，而且也关注保证经济发展能给普通大众带来有形的好处。它的焦点不仅集中在社会服务的接受者身上，而且集中在能够提升全体人口福利的经济政策上面。它的倡导者批评这样的经济观点，即自由市场本身将为所有人创造财富和繁荣。他们坚持认为，在保证普通大众拥有技术和知识以便有效地参与经济、就业和自雇机会最大化，以及经济成长的利益被平等地分配等方面，政府将扮演一个关键的角色。他们也相信，政府应当保护弱者免于经济剥削，并鼓励支付能够维持体面生活的工资。虽然少数的社会发展倡导者相信国家对经济的广泛管制，但他们要求创造出一种更加宽松的经济氛围，在这种氛围中，政府鼓励那些能够使收入最大化、资产建设、融合及平等的发展策略（Midgley & Sherraden，2000）。

第四，社会发展需要国家介入和公共支出。发展性福利理论认为，社会发展要求国家介入和公共支出。它不仅仅是要求社会福利对象在经济上成为生产性的，而且坚持认为只有（国家）拿出充分的投入才能保证这些服务拥有技术、知识、资源、机会、动机和补贴去有效地参与生产性经济。虽然社会投资通常是由国家发起和推进的，但许多社会发展的倡导者相信，政府的行动应当与个人及社区提升经济参与的努力相结合。虽然一些社会发展学者更加强调国家的角色而不是其他方面的角色，但他们承认社会发展在其取向上基本上是多元主义的（Midgley & Sherraden，2000）。

3. 发展性社会福利的实践策略

马凤芝（2014）在“社会发展视野下的社会工作”一文中，对发展性社会福利的实践策略进行了简要概括：

第一，人力资本投资计划。虽然人力资本投资计划主要关注反复灌输给人们有效参与生产性经济所需要的知识和技巧，但它们也包括健康和营养方面的投资。通过促进经济参与，这些计划可以为消除贫困作出贡献。人力资本是通过更广泛的教育和健康照顾系统产生出来的；然而，它也得到了发展性社会工作者的促进。成人识字、岗位培训、学前儿童照顾中心、妇女教育计划等类似的项目，全都是与低收入社区中的社会发展介入相连的。贫困儿童学前中心的角色是发展性社会工作者的特殊兴趣所在，这些中心在通过创建一种备选的社区为本的取向来重新配置传统儿童服务方面发挥了重要作用。

第二，就业和自主创业计划。发展性社会工作也赋予了就业和自主创业计划优先性地位。虽然雇佣就业可以产生收入和提高生活水平并得到了广泛承认，但就业活动在传统性社会工作中一直未被重视，尽管包括残疾人士、流浪儿童、失业青年等在内的许多社会工作案主迫切需要就业。从残疾人庇护就业开始，就业活动和安置计划逐年扩展，现在促进有特殊需要的案主在开放的劳动市场中就业。就业活动也被更广泛地运用在接受长期社会救助津贴的案主身上。这些“从福利到工作”（Welfare to Work）计划提供岗位介绍和安置、培训、支持，以鼓励经济参与。

第三，微型企业和小额贷款计划。更经常地使用微型企业和小额贷款计划拓展了就业安置计划。世界各地的许多非营利组织和政府现在支持这种类型的计划，借此提供技术援助、补贴、信贷机会。菲律宾政府是微型企业的主要推动者，孟加拉共和国格莱珉银行（Grameen Bank）的活动使这个做法普及化了。一些国际组织也支持微型企业，甚至商业银行也卷入其中。一般而言，它们会把贷款给予那些没有担保物以及几乎没有机会获得传统金融贷款的贫穷的个人和家庭。发展性社会工作广泛使用微型企业，推动穷人和有特殊需要的人的经济参与。

第四，以津贴补助工资的投资或者颁布最低工资或生计工资标准计划。以津贴补助工资的投资或者颁布最低工资或生计工资标准计划，也可促进参与生产性经济。倘若工资太低不足以维持体面的生活水准，或者假如雇主无耻地剥削工人，那么就业很难成为一个消除贫穷的有效机制。虽然最低工资法要求雇主满足规定的最低收入水平，但这个水平在许多国家经常会受到通货膨胀的侵蚀。在美国，最低工资愈来愈多地被生计工资补充。

第五，资产积累计划。虽然社会福利政策和计划一直主要关注维持收入，但资产积累的重要性也被认识到了，尤其是通过谢若登（M. Sherraden）的著作。谢氏批评社会福利中传统的消费取向，并为那种帮助低收入家庭积累财政资产的政策辩护。其最初提出的方案是在儿童出生时给予一个储蓄账户，后来修正为面向所有低收入储户提供配对的储蓄账户，即“个人发展账户”(IDAs)。

第六，社会资本计划。社会资本的概念在过往10年间已经在社会科学和政策圈中普及化了，如今被广泛地用作社区建设的同义语。然而，在普特南(R. D. Putnam）及同事最初的定义中，社会资本具有“经济的”含义，并指出市民契约（Civil Engagement）同经济发展正相关。自那时以来，发展性社会工作者已经认识到了一方面为社区组织和社区建设，另一方面为当地经济发展二者之间的联系。如今，已经做出更多努力，把社区组织和经济发展项目联系起来，包括获得信贷的机会、岗位开发、微型企业发展、资产建设。虽然社会工作历史上一直关注组织、规划和建设网络，但现在更多的兴趣是把这些传统活动同经济发展项目结合起来。

第七，消除妨碍经济参与的障碍并创造平等机会计划。发展性社会工作也强调消除妨碍经济参与的障碍并创造平等机会。借助于对社会正义的实际承诺的反思和倡导，发展性社会工作向经济参与的制度化障碍发起了挑战，这些障碍包括建立在种族和民族、性别、国籍、失能、年龄和其他因素基础上的歧视。倘若这些障碍不能消除，那么社会投资计划将是无效的。此外，阻碍人们实现其目标的收入和财富不平等也需要加以解决。虽然教育机会尤其是高等教育机会均等已被承认了许多年，但在美国等国家，由于高等教育成本不断攀高，这些机会已经消失了。

第八，使用有成本效益的介入，以及能够促进有效实践的证据为本方法。发展性社会工作要求使用有成本效益的介入，以及能够促进有效实践的证据为本方法。社会工作以往不强调需要严谨的评估，忽视对其介入是否有效的确定。人们通常假定，专业人员的判断和专长是有效性的保证。这使得专业遭到这样的批评：社会福利计划是浪费，是出于政治原因引入的，有料想不到的负面后果。近来，由于对社会工作和社会福利介入进行系统评估的需求获得了广泛认同，因而严谨地使用证据为本的介入也得到了倡导。由于发展性社会工作承诺使用那种对案主、社区和整个社会将产生积极回报的介入，所以迫切需要去证明，专业实践中的社会投资实际上实现了这个目标。

思　考　题

1. 价值中立与价值关联二者之间有什么关系？
2. 试述不同的公平与效率观对社会政策的影响。
3. 试述个人主义和集体主义对社会政策的影响。
4. 简述社会民主主义的福利观。
5. 简述新自由主义的福利观。
6. 简述“第三条道路”的社会福利理念。
7. 简述发展性社会福利理论的基本观点。

主要参考文献

刘军宁．保守主义．北京：中国社会科学出版社，1998.

吉登斯．第三条道路——社会民主主义的复兴．郑戈，译．北京：北京大学出版社，2000.

江莹，江兰．西方传统自由主义和传统保守主义为何出现位移．武陵学刊（常德师范学院学报）：社科版，1999（2）.

何国良．马克思主义论社会政策//陈锦华．新社会政策．香港：中文大学出版社，1999.

李宏．民主社会主义探索新福利制度．当代世界社会主义问题，2001（1）.

杨思基．平等与公平的定性分析和历史分析．齐鲁学刊，1996（5）.

杨玲玲．民主社会主义与科学社会主义的理论对立和思想关联．中共云南省委党校学报，2000（6）．

谷春德，辛向前．近年来人权理论研究概述．首都师范大学学报：社科版，1995（1）．

周穗明．社会主义与20世纪意识形态．当代世界与社会主义，2001（3）．

郑杭生．究竟如何看待“价值中立”？——回应《为“价值中立”辩护》一文对我观点的批评．社会科学研究，2000（3）．

柏元海．人道主义与社会主义市场经济．暨南学报：哲社版，1998（3）．

赵维生．西方社会政策理论发展的现况//陈锦华．新社会政策．香港：中文大学出版社，1999．

徐梦秋．公平的类别与公平中的比例．中国社会科学，2001（1）．

袁贵仁．关于效率和公平的若干理论问题．光明日报，2000-10-10．

袁银传．在公平与效率之间保持张力——简评西方经济学家有关公平与效率关系的三种理论．光明日报，2002-08-27．

崔凤．社会保障的人权基础．吉林大学社会科学学报，1999（5）．

温克勤，赵士辉．关于效率与公平的思考．天津师范大学学报：社科版，1994（6）．

焦国成．关于公平与效率关系问题的伦理思考．江苏社会科学，2000（5）．

蒂特马斯．社会政策十讲．江绍康，译．香港：商务印书馆，1991．

韩明谟．社会学概论．北京：中央广播电视大学出版社，1997．

赖金良．什么是社会科学以及社会科学的客观性．哲学研究，1996（6）．

熊家学．西方自由主义与保守主义关系的演变．湖南师范大学社会科学学报，1997（4）．

马凤芝．社会发展视野下的社会工作．广东社会科学，2014（1）．

Jones K，Brown J，Bradshaw J．社会政策要论．詹火生，译．台北：巨流图书公司，1987．

Alcock P. The discipline of social policy//Alcock P，Erskine A，May M，eds. The Student's Companion to Social Policy. Oxford：Blackwell Publishers Ltd，1998.

Blakemore K. Social Policy：An Introduction. Philadelphia：Open University Press，1998.

Chung T，Mallery P. Social comparison，individualism-collectivism，and self-esteem in China and the United States. Current Psychology，1996，28（2）.

Eaton L，Louw J. Culture and self in South Africa：Individualism-collectivism predictions. Journal of Social Psychology，2000，140（2）.

Fijneman Y. A，Willemsen M. E. Individualism-collectivism. Journal of Cross-Cultural Psychology，1996，27（4）.

George V，Wilding P. Welfare and Ideology. New York：Harvester Wheatsheaf，1994.

Gilbert N，Terrell P. Dimensions of Social Welfare Policy. 5th ed. Boston：Allyn and Bacon，2002.

Gudykunst W. B, Matsumoto Y. The influence of cultural individualism - collectivism, self construals, and individual values on communication styles across cultures. Human Communication Research, 1996, 22 (4).

Iatridis D. Social policy: Institutional Context of Social Development and Human Services. California: Brooks/Cole Publishing Company, 1994.

Midgley J. The definition of social policy//Midgley J, Tracy M B, Livermore M. The Handbook of Social Policy. Thousand Oaks, California: Sage Publications, 2000.

Midgley J. Assets in the context of welfare theory: A developmentalist interpretation, Working Paper No. 03-10, Center For Social Development, 2003.

Mishra R. Social policy and the discipline of social administration. Social Policy & Administration, 1986, 20 (1).

Niles F S. Individualism-collectivism revisited. Cross-Cultural Research, 1998, 32 (4).

Singelis T M, Triandis H C. Horizontal and vertical dimensions of individualism and collectivism: A theoretical and measurement refinement. Cross - Cultural Research, 1995, 29 (3).

Spicker P. Social Policy: Theme and Approaches. London: Prentice-Hall, 1995.

Taylor P. Equality, rights and social justice//Pete Alcock, Angus Erskine, and Margaret May, eds. The Student's Companion to Social Policy. Oxford: Blackwell Publishers Ltd, 1998.

Triandis H C. Collectivism and individualism as cultural syndromes. Cross - Cultural Research, 1993, 27, (3)-(4).

Wilson M. Citizenship and welfare//Michael Lavalette, Alan Pratt, eds. Social Policy: A Conceptual and Theoretical Introduction. London: Sage Publications, 1997.

Midgley J. Toward a developmental model of social policy: relevance of the third world experience. Journal of Sociology & Social Welfare, 1996, 23 (1): 59-74.

Midgley J & Sherraden M. The social development perspective in social policy//Midgley J, Tracy M B & Livermore M, eds. The Handbook of Social Policy. Thousand Oaks, California: Sage Publications, 2000.

第九章　社会政策的经济分析

任何一个国家的社会政策都是在一定的社会环境中制定和运行的，它必然要受制于外部的社会环境，并将对整个社会的运行和发展产生复杂的影响。对一个国家的社会政策进行分析的时候，除了要分析社会政策背后起基本推动作用的主导价值体系以外，还要分析该国在特定时期中的经济、政治和社会文化等方面对社会政策的复杂影响。在本章中，我们首先介绍对社会政策进行经济分析的基本视角和基本理论。

对社会政策进行经济分析是社会政策分析中的一个重要方面。这种分析视角之所以重要，主要是由于以下几个方面的理由。首先，任何一个国家的社会政策都是在一定的经济条件下发生和发展的，都会在不同程度上受到一定时期经济条件的影响。经济条件不仅会对社会政策的总体规模产生制约作用，还可能对社会政策的制度模式和运行机制产生影响。离开了一定的经济背景就无法理解一个国家的社会政策发展模式。其次，尽管社会政策具有非经济性的基本目标，但任何一项社会政策的运行过程都将是对经济体系的干预：它需要调动大量的经济资源，会在不同程度上改变人们的经济行为和一个国家的经济体制，并最终对经济发展产生实质性的影响。而在当今世界各国，经济发展普遍受到高度重视，常常被当成一个国家的首要目标和至高无上的任务。因此在对包括社会政策在内的任何一项公共政策进行评价时，都首先要看它与经济发展目标的关系：它能促进经济发展，还是会严重影响经济发展？最后，从某种意义上看，当代社会政策实质上是通过政府干预而对社会财富和机会进行再分配，因此各国的社会政策都不得不面临着如何处理福利机制与市场机制关系的问题。政府应该在多大程度上干预分配过程？应该给以市场交换为基础的经济分配模式留出多大的空间？以及在达到社会政策目标的过程中，是否可以，并且在多大程度上，以何种方式利用市场机制？

所有这些问题都说明，任何一个国家的社会政策都与该国的经济发展有着千丝万缕的联系，以至于社会政策的经济分析就成为了社会政策分析中的重要方面。当代各国社会政策中的各种问题广泛受到经济学家们的关注，从社会政策基本原理到具体的政策分析都有大量的经济学研究，并且有丰富的理论及应用性成果。

第一节　社会政策的经济基础

一个国家或地区的社会政策发展首先取决于财富总量，这与经济发展水平密切相关；其次取决于在财富总量中能用做福利性分配的比例，而这是与经济发展模式密切相关的。从这个角度看，所谓“社会政策的经济基础”，首先就是指一个国家（或地区）在一定时期中的经济发展水平，其次是指一个国家的经济模式。在本节中首先简要介绍关于衡量经济发展与社会政策水平的指标，然后简要分析经济发展水平和经济发展模式与社会政策的关系。

一、经济发展水平和社会政策水平的衡量标准

1. 经济发展水平指标

对一个国家或地区经济发展的水平，可以从其规模（存量）和速度（增量）两个方面来进行测量。所谓“经济规模测量”是指对一个国家在特定时间范围里能够生产出来的财富总量，包括从基本的生活用品到复杂的生产资料，再到各种文化和精神产品等财富的总量。在对经济规模的测量中最常用的指标是“国内生产总值”（GDP），它综合性地代表了一个国家或地区在一定时期内所生产的财富（物品和服务）的总和。此外，对经济规模的测量又分为对绝对规模和相对规模的测量。绝对规模测量只是测量一个国家或地区在特定时期内的 GDP 总量，而不论这一规模的 GDP 是多少劳动力创造出来的。而相对规模测量则要关心一个国家的人口（或劳动力数量）与其 GDP 总量之间的关系。在相对规模指标中，最常用的是“人均 GDP”指标。在经济发展速度方面，最常用的指标是“GDP 年增长率”。

2. 社会政策水平的测量指标

与对经济发展的测量相比，对社会政策水平的测量要更复杂一些。首先，社会政策是政府或其他组织在社会福利事务方面的行动，对这些行动的测量既可以从行动本身去测量，也可以从其成果方面去测量。其次，在对社会政策行动的测量中应该包括哪些行动，各国之间也有很大的不同。有些国家的社会福利主要是由政府提供，而另外一些国家则有大量的民间福利行为。最后，即使我们将对社会政策水平的测量只局限于政府所采取的福利性行动，我们也会面临以下问题：是测量为采取这些行动所调动的资源，还是测量这些行动本身？还是行动的成果或收效？如果是测量所调动的资源，是否能够将所有类型的资源都换算成统一的测量单位（如一定的货币单位）？由于存在着这些复杂性，

因此在社会政策研究中往往从各种不同的角度去测量社会政策的发展水平，而所有这些测量大致可以概括为投入测量、直接成果测量和收效测量等方面（表 9–1）。

表 9–1 社会政策发展水平的测量角度

<table>
<tr><th colspan="2">A. 社会福利投入指标</th><th>B. 社会政策的直接成果</th><th>C. 社会政策的收效</th></tr>
<tr><td>政府投入</td><td>政府财政投入；
政府非财政性投入（如无偿的人力和物资调动）</td><td rowspan="2">每个方面具体的成果，如：
各类社会保障的覆盖面和平均保障水平；
公立学校数、教师数；
公共医院数、床位数、医务人员数；
社会福利院舍数及床位数；等等</td><td rowspan="2">适龄青少年平均入学率；
人口平均受教育水平；
人口平均健康水平；
贫困率、犯罪率等降低的程度；
老年人、残疾人等特殊人口的生活水平，等等</td></tr>
<tr><td>民间投入</td><td>民间资金投入；
民间人力投入（如志愿者服务）；
民间物资投入（如民间物资捐赠）</td></tr>
</table>

在以上几种测量中，一般不从收效（C 类指标）方面去测量社会政策的水平，因为这些收效是经济、政治和社会发展的综合性后果，而不仅仅是社会政策行动的后果。可以通过 B 类指标来对社会政策行动的直接成果进行测量，但这种测量只能用到对社会政策的各个方面（如教育、公共卫生、社会保障等各个不同的方面）的水平进行分门别类的测量。尽管通过这种分门别类的测量和描述也可以间接地反映社会政策的总体水平，但无法将这些零散的指标合成一个综合性指标来对社会政策的总体水平做出准确的和可以比较的测量。

因此，对社会政策总体水平进行测量的最佳方案是采用投入指标（A 类指标），即以一个国家在社会政策行动领域中实际投入的资源总量来测量社会政策的水平。采用投入指标来测量一个国家社会政策的总体水平有几个明显的优势：一是投入指标可以将各种渠道、各种方式和在各个领域中的投入进行换算和相加，从而形成一个统一的指标；二是这一指标更加简洁，数据可靠并容易收集，因此在实际测量中更加准确；三是这种指标的测量结果可以进行国际及地区间的比较，因而可以进一步促进各国和各地政府更加重视在社会政策领域的投入。

当采用投入指标时，需要解决两个技术性的问题：一是如何处理资金投入与非资金投入之间的关系，二是如何处理政府投入和民间投入之间的关系。对于第一个问题，由于当代各国社会政策行动中资金性投入（通过投入资金去调动人力和物力）的比例和重要性程度远远大于非资金性投入，因此在测量社会政策总体水平时一般都忽略了非资金投入。对于第二个问题，由于当代各国政府社会政策投入在全社会福利投入总量中占的比例很大，因此从实际情况看，许多国家和地区都采用政府在社会政策行动方面的资金性投入的指标，即政府的“社会支出”指标来测量社会政策水平的高低（对“社会支出”指标的分析见第五章第三节）。

3. 社会政策水平的评价标准

社会政策水平的测量指标确定以后，就可以用它去采集数据，对社会政策的实际情况进行测量，然后用测量的结果去评价一个国家的社会政策水平。以采用“社会支出”指标为例，对于一个国家的社会福利水平或政府的社会政策水平可以从以下各种不同的层次进行评价。各种不同的评价指标具有不同的意义（表 9–2）。

表 9–2 社会政策水平的评价指标及其意义

评价指标	评价的意义
政府年度社会支出总量	社会政策行动的总体规模
政府年度社会支出人均量	社会政策的平均水平
政府年度社会支出占政府财政支出的比例	社会政策在政府公共政策体系中的相对重要性程度
政府年度社会支出占 GDP 的比例	政府社会政策所调动的资源在全社会经济资源总量中所占的比例

因此，在研究和制定政策的过程中，可以根据不同的要求来选择不同的评价指标。同时，还可以采用类似的指标对社会政策的各个领域进行分门别类的测量和评价，其原理与对社会政策总体水平的评价是一样的。此外，在上述几个层次的评价指标中，除了社会支出总量指标外，其他几个指标都具有在国际或地区之间的可比性，可以用来进行各种比较研究。

二、社会政策水平与经济发展水平的关系

社会政策水平与经济发展水平之间的关系是社会政策研究中的一个经典话题。社会政策的研究者们曾经对此问题做过大量的研究，存在许多的争论，目前已基本取得共识，建立了一些基本命题，并且通过经验测量和理论分析加以证明。

1. 对社会政策水平与经济发展水平关系的基本判断

关于社会政策与经济发展水平关系上有两个基本的判断。首先，任何一种

分配模式都是建立在一定财富总量基础上的，在其他条件不变的情况下，一个社会中生产出来的财富总量越多，可供政府用做福利性分配的数额也就越多。其次，在一个社会所创造出来的财富总量中，只有一部分是通过社会政策的福利性机制来分配的，而其他都还要通过市场机制来进行分配，而福利性分配与市场性分配的比例与一个社会所生产的财富总额没有必然的联系。

上述两个基本判断说明，任何国家社会福利的水平及发展都是建立在一定水平的经济发展基础上的，社会福利水平与经济发展水平有密切的联系。在其他条件不变的情况下，经济发展水平比较接近的国家之间，社会福利水平一般也比较接近（如发达国家内部和发展中国家内部）；而经济发展水平不同的国家中，社会福利总水平一般也差异较大（如在发达国家与发展中国家之间）。但同时，社会福利水平不完全由经济发展水平决定，在经济发展水平相当的国家中，社会福利水平也有差异。例如，在经济发展水平接近的发达国家中，各国社会福利的水平也有一定的差异。除了经济发展水平以外，还有其他许多因素也在影响着社会福利水平。也就是说，一个国家的福利水平是由其经济发展水平和福利分配与市场分配的比例关系所共同决定的。

对上述判断可以通过经验事实来支持。从事实上看，第一个判断可以解释发达国家与发展中国家之间在社会福利水平上的差异，而第二个判断则可以解释在经济发展水平相似的国家之间存在的福利水平差异。

2. 影响社会政策发展的其他经济条件

从经济分析的视角看，除了经济发展水平以外，各国经济发展中的其他各种因素也对社会政策水平及运行方式产生影响。在此方面主要有经济发展的基本条件、经济发展模式、经济体制等多种因素的影响。

首先，各国经济发展的基本条件的差异会影响到社会政策模式。其中包括经济发展的自然条件和社会历史条件。资源与禀赋比较好的经济发展条件会更加容易维持一个高福利的社会政策模式而不会对其经济发展造成很大的负面影响。例如，一些欧洲“福利国家”的高水平社会政策体系得益于它们当时优越的国际经济环境。而当代众多的发展中国家所面临的不利的经济发展条件则严重影响着社会福利水平的提高。

其次，各国的经济发展模式对社会政策产生着影响。一般说来，与技术密集型或资源密集型经济相比，劳动密集型经济对劳动力成本的变动更加敏感，因而对提高社会福利水平的制约更大。同时，与内向型经济（主要依托国内市场）相比，外向型发展模式（主要依托国际市场）对国际资本市场和国际贸易的依赖更多，因而在经济全球化的环境中其社会福利水平会更多地受到劳动力成本的制约。

最后，经济体制也对社会政策体制和运行模式产生影响。以我国为例，在计划经济体制下，社会福利制度与经济制度交织在一起，形成了“国家—企业福利模式”。而实行社会主义市场经济体制以后，社会福利体制也必须随之而改革，走社会福利社会化的道路。

总而言之，一个国家或地区的社会政策与其经济发展水平及其他各种经济因素之间存在着千丝万缕的联系。因此，经济分析成为了社会政策分析中最主要的方面之一。

第二节　社会政策行动的效率

社会政策经济分析中的另外一个基本问题是对社会政策的效率进行分析。虽然从其基本目标上看，社会政策是一个社会性的行动，但从其调动大量经济资源的角度看，它又是一个社会中经济体系和经济过程的一部分，因此需要对其运行效率进行分析。事实上，效率问题多年来一直是社会政策争论中的焦点问题之一，许多研究者都在试图回答：社会政策运行过程中是否应该讲求效率？以及社会政策会对社会经济运行的效率产生何种影响？

一、社会政策行动的效率问题

虽然从经济学的角度可以将社会政策过程看成是经济过程的一部分，但它与其他经济行动最大的不同点在于，社会政策在经济过程中只涉及对财富的分配和使用，而不涉及创造财富的过程。因此它不具有一个完整的经济学意义上的投入—产出过程。对于这样一个特殊的经济过程能否测量其效率？如何测量其效率？这一直是社会政策研究者关注的问题。在回答这些问题之前，我们首先需要分析在社会政策过程中效率的基本含义和社会政策过程中效率问题的特殊性。

1. 社会政策运行效率的概念和意义

要分析社会政策过程的效率，首先要分析社会政策过程中的投入和产出，及其与其他经济过程的不同。

（1）社会政策过程的投入。从经济学的角度分析，社会政策过程投入的是经济资源，包括资金以及可以换算成资金的人力和物力。从这个角度看，社会政策过程的投入与一般经济过程是一样的。所不同的是，对一般经济过程的投入采用“生产要素”、“资本”等概念，这意味着这种投入是可以获得经济回报的，而社会政策的投入则不用这样的概念，因为它的目标不在于获得直接的经济回报，而是在于产生社会效益。

（2）社会政策过程的产出。尽管社会政策投入的是资金或其他经济资源，但其产出的则是社会性的成果。例如，在政府的社会保障、公共卫生、公共教育、公共住房等行动中，投入的是资金，但产出的则是老年人生活保障水平提高、贫困率降低、人口健康水平提高、儿童入学率提高和穷人住房水平改善等社会性的成果。这些社会性的产出一般被称为社会政策的“社会效益”，即社会政策行动所获得的社会性收益。

通过下面的模拟图示可以更清楚地看到经济行动过程和社会政策行动过程的差异（图9-1）。

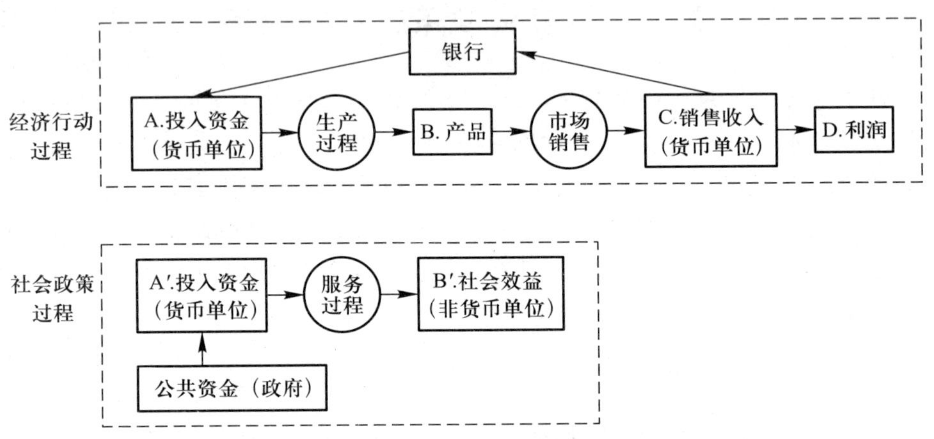

图9-1　经济行动过程与社会政策行动过程的差异

（3）社会政策运行效率的概念。与一般的经济过程一样，社会政策效率的概念也是指社会政策行动中投入和产出的关系：如果一个社会政策行动过程的资源投入越小，或产出的社会效益越大，其效率就越高。所不同的是，社会政策的产出不是经济收益，而是社会效益，因此在测量上与对经济运行效率的测量有很大的不同。

2. 社会政策行动效率测量中的特殊性

一般说来，要对一个行动过程的效率进行测量，一个基本条件是其产出与投入应该是相同的测量单位。如果产出与投入不是同样的测量单位，就不具备可比性，那在经验中就不具有直接的可测量性。而社会政策行动恰好就属于这种情况。

首先，社会政策行动的产出难以用货币单位来测量。一般的经济过程的投入（劳动力、资本等生产要素）与其产出（物质财富）可以用同样的货币单位去测量，而社会政策过程的投入可以用货币单位去测量，但产出则是无法以货币单位去测量的社会效益。

从图 9-1 中可以看出，由于经济过程中的投入和产出都可以转化成同样的测量单位（货币价值），因此比较容易对一个经济过程的效率做出测量。厂商所生产的任何产品在经过了市场销售以后都又还原为货币单位的销售收入，因此可以与投入的资金进行定量比较。例如，经济过程产出的钢铁、粮食、其他商品等都可以通过销售而转化成统一的货币单位去测量其价值。只要 C>A，则说明一个经济过程是具有正向效率，其比率越高，说明效率也越高。但在社会政策行动过程中，在 A′和 B′之间则无法进行定量比较。虽然投入的是资金（A′），但服务过程产出的是社会效益（B′），而社会效益是无法再进入市场中去转换成货币的，例如健康水平的提高、文盲率的降低等社会效益都难以直接用货币去衡量其价值，因此它们无法再还原为资金单位。也就是说，我们无法直接计算一项社会政策行动的产出能“值多少钱”，因此难以直接测量其投入和产出的关系。

其次，各类社会政策行动之间的效率难以比较。在经济过程中，由于投入和产出都可以转化成同样的测量单位，因此不仅可以对其效率进行测量，而且容易对各个经济过程的效率进行比较。例如，可以在一个制造业企业和一个连锁超市之间进行效率比较。但在社会政策行动中则很难达到这种效果。在现实的社会政策实践中，由于许多社会政策行动在投入和产出上测量单位是不同的，因此很难在它们之间进行效率的比较。例如以下两个模拟的例子：

例 1：政府投入 1 000 万元，新建了 10 所学校，使某地儿童入学率提高了 5%。

例 2：政府投入 1 000 万元，开展公共卫生行动，使某种疾病的发病率降低了 10%。

在这两个模拟例子中可以得出以下几个结论：其一，由于投入和产出的测量单位的不同，因此不能直接测量单个社会政策行动的效率。其二，由于不同的社会政策行动中产出的内容不同，且相互之间往往不能转化为相同的测量单位，因此无法在两个或多个不同类别的社会政策行动之间进行效率的比较。正因为如此，社会政策行动的效率分析比经济过程的效率分析更加困难。这也是公共部门（尤其是社会福利机构）的管理比一般的经济管理更为复杂和困难的主要原因之一。

最后，即使我们回到对同类社会政策行动的比较中，也会发现有很多的复杂情况。在商品市场中，消费者可以对同类产品的质量进行评估，质量低的产品市场价格也会低，从而使厂商的效率行为不能只关注提高产品的数量而不顾及质量。在对同类的社会政策行动的比较中，我们也需要从服务产出的数量和质量两个方面去评估其效率。现实的社会服务过程中，在同类的社会政策行动之间，以及在同类的社会服务机构之间存在着服务质量的差异。例如，同样是公立学校，一些重点学校的教学质量很高，而另外一些学校则教学质量可能差很多。在存在着服务质量差异的情况下，不能只以服务的数量去比较各个社会政策行动及社会服务机构的效率。

但在对同类社会政策行动的比较中，关键的难题之一是福利性社会服务的质量很难把握。对社会政策行动和福利性社会服务质量的测量存在很多困难。其原因一是对质量标准测量本身的复杂性和不确定性，二是公共福利部门质量受市场选择的压力不大，并且社会福利服务使用者因其享受低费或免费服务而不那么积极地去评价和监督政府社会政策行动和福利性社会服务机构的质量，因此获取质量数据比较困难。由于存在着以上一些复杂性，导致在社会政策行动和福利性社会服务过程中很难对服务质量进行测量和监督，从而导致对同类社会政策行动的效率评估存在难度。如何测量、评估和提高社会政策行动及福利性社会服务的质量，一直是吸引着社会政策研究者们的一个重要议题。

二、提高社会政策行动效率的基本要求

传统的社会政策理论只强调通过增大政府社会支出去为社会成员提供更好的服务，而相对忽略在公共部门及社会福利项目上通过加强管理优化运行机制而提高效率的意义。20 世纪 80 年代以来，在一些国家进行的新自由主义改革将效率的因素提高到了重要的位置，但往往又偏重于通过私有化、民营化和市场化的方式来改造传统的社会服务项目，以达到提高效率和服务质量的目标，其结果又容易导致对公平的忽略。问题的关键在于，为了满足广大社会成员，尤其是弱势人群的基本需要，我们必须认真研究在公共部门和福利性项目中提高效率和服务质量的问题。为了达到提高效率的目的，各国的社会政策决策者和研究者都越来越强调通过各种方式去提高社会政策行动的效率。

1. 在社会政策领域中重视效率问题

在社会政策的研究和实践中应该明确认识到，社会政策的运行过程是要讲效率的。在社会政策过程的社会效益和经济效率二者之间是可以协调的，因此社会政策必须兼顾社会效益和运行效率。一个合理的社会政策项目应该在坚持追求社会效益基本目标的基础上，同时也使其运行效率最大化，即对每项投入都应该注意使其产出在质和量两方面都最大化（提高社会效益）；或者在其产出一定的情况下使其资源投入最小化（节约资源）。

2. 建立和健全有效的公共管理体制

经济行动过程是通过建立严格的管理制度来达到提高效率的目的的。同样，在实施社会政策的过程中也需要引入效率导向的运行（管理）机制，以

提高社会政策行动的运行效率。但由于社会政策行动与经济行动的性质、内容和方式都很不一样，使社会政策行动的管理很难完全按经济管理的运行模式操作。因此，需要建立一套高效率的公共管理体制。随着政府在包括社会政策在内的各项公共管理中的任务越来越重，对公共管理的研究也越来越多。在世界许多国家里，以公共部门管理为对象的公共管理学正在成为一个日趋庞大和成熟的学科。

3. 采用各种方法对社会政策行动的效率进行测量和分析

尽管对社会政策行动的效率难以直接测量，但仍然可以采用各种方法进行间接的测量。在各国的社会政策实践中，已发展起一些比较有效的方法。

方法之一：同类行动比较法。

尽管对单一的社会政策行动难以进行效率测量，对不同类的社会政策行动之间的效率也难以进行比较，但可以采用同类行动比较法，即在背景相似的情况下，对同类机构和同类社会政策行动的效率进行比较，并通过比较去分析各个机构及其行动效率的高低。这种方法可以通过下面的模拟例子加以说明。

例 1：对甲贫困县，政府投入 1 000 万元支持农村教育，使 10 万人的平均受教育程度提高了一年。

例 2：对乙贫困县，政府投入 1 000 万元支持农村教育，使 20 万人的平均受教育程度提高了一年。

例 3：对丙贫困县，政府投入 500 万元支持农村教育，使 8 万人的平均受教育程度提高了一年。

在这三个例子中，如果对其中任何一个进行单独的分析，都很难测量和分析其效率，但可以通过比较的方式来看其效率的相对高低。在服务质量和其他背景因素都大致相同或相似的情况下，可以对它们的投入和社会效益之间的关系做出比较，并在比较中得出效率高低的结论。在上述三个例子中，在其他条件相同的情况下，应该是例 2 的效率最高，例 3 次之，例 1 最低。

方法之二：评估法。

如前所述，导致社会政策行动效率测量困难的主要原因之一，是对社会政策行动和福利性社会服务的质量难以做到定量测量，并且也难以像商业化服务那样完全由消费者来选择。为了解决这一问题，各国普遍采用了评估法来对社会政策行动的质量和效率进行间接的测量。评估法是当前对社会政策项目和社会服务机构进行效率测量中常用的方法之一。其含义主要是通过人们对一个社会政策项目和社会服务机构产出（服务）效果的主观评价来测量其服务质量，并以此来测量和分析其效率的高低。

4. 在社会政策行动中引入市场机制

本书第五章中对在社会政策行动中引入市场机制的问题做了专门的分析。目前，越来越多的人已认识到，市场机制和福利机制是可以兼容的，在社会政策行动过程中和社会服务机构的运行中可以引入市场机制。从过去十几年各国在此领域的研究和实践经验看，在公共部门和福利性项目中引入市场竞争机制的关键是打破在福利性服务中的垄断，通过服务机构之间的横向竞争而提高机构和项目的运行效率和服务质量。其中包括改变政府拨款方式，增大受益者对服务机构的自由选择，充分发挥受益者“用脚投票”的效果，增大社会服务机构所面临的市场压力，以促进服务机构重视效率和质量。

第三节 社会政策与经济运行：社会政策经济功能的微观分析

在当代社会中，社会政策不仅受一定的经济条件的影响，它还直接或间接地对经济过程的各个环节产生影响。这种影响发生在微观和宏观的不同层面上。在本节中，我们首先从微观的层面上分析实施社会政策对生产过程、分配过程及经济运行效率的影响。

一、社会政策对生产过程的影响

1. 社会政策对劳动力再生产的意义

在市场经济条件下，厂商组织生产的基本目标是获取利润，而各种生产要素的价格在其获取利润中起着重要的作用。因此，按照经济理性原则，厂商会尽可能地压低劳动力的价格。但另外一方面，劳动者参与生产过程中，其基本目标是获得工资收入和其他利益，因此按照经济理性原则，劳动者会要求尽可能高的工资。厂商和劳动者在工资水平的期望值上会处于矛盾对立状况。但是这种对立是在统一之中的对立，因为双方只有通过协商建立劳动合同，才能使双方的利益都得到满足。尽管具体的工资率会受到劳动力市场波动的影响，但对双方来说都有一个基本的标准。对厂商来说，劳动力价格一般不能高到使利润为零；而对劳动者来说，工资收入一般不能低到难以维持本人及家庭最基本的生活条件以下。也就是说，劳动者的工资收入要足够支付劳动力的再生产。而劳动力的再生产除了简单再生产费用（一般的衣食住行费用）以外，还需要有扩大再生产的费用（休息、子女教育、医疗、失业期间的生活费用以及养老等费用）。

在没有政府干预的纯市场情况下，劳动力简单再生产和扩大再生产的费用都包括在劳动者的工资里，厂商通过工资将所有这些费用都支付了，而具体的使用则由劳动者自己安排。但是，由于各种原因，这种模式往往难以保障劳动者实际支付其扩大再生产的费用。其主要原因有以下几个方面：首先，当劳动力供大于求时，劳动力的价格可能会被压得很低。而普通劳动者为了获得就业，也不得不按照只能支付当前劳动力简单再生产的工资标准去接受一份工作。这样一来，作为劳动力扩大再生产所必需的医疗、教育、失业、养老等费用就没有着落。其次，劳动力扩大再生产需要比较长时间的储蓄过程。因此即使在工资里已经包含了劳动力扩大再生产的费用，也需要劳动者做出合理的安排。但事实上一些劳动者很可能在消费过程中没有做到合理安排，因此其工资中所包含的劳动力扩大再生产费用就难以达到维持劳动力扩大再生产的目的。最后，个体劳动者在其生产和生活中面临的医疗、教育、失业、养老等费用是不确定的，有些人可能需要花费很大，如遇到严重疾病、长寿等情况。在这种情况下，要靠个人去应对的话，就需要很高的个人储蓄率。

以上分析说明，仅靠工资难以有效地满足劳动力扩大再生产的需要，或者说厂商需要支付高得多的工资才能满足劳动力扩大再生产的需要。因此，在考虑到满足劳动力扩大再生产需要以及厂商应该为此负责的情况下，采用社会保障和其他福利服务的方式比简单的工资更具有经济合理性。

2. 社会政策应对生产过程中各种风险的意义

现代工业化的生产过程中充满了各种风险，其中既有厂商所面临的各种市场风险、生产事故风险，也有劳动者所面临的疾病、工伤、失业等风险。在雇佣劳动的条件下，不论是厂商直接面对的风险，还是劳动者直接面对的风险，最终都应该由厂商来负责承担。因此，厂商除了要承担市场风险和生产事故等风险之外，还需要承担补偿劳动者疾病、工伤和失业等方面的风险。在没有政府干预的纯市场条件下，厂商应对这些风险有三种基本的方法：一是将补偿风险损失的费用包括在工资里，然后将风险责任转移给劳动者；二是由厂商自己承担风险的责任；三是由商业性的保险公司来提供保险服务。如果采用第一种方法，厂商虽然免除了风险的责任，但劳动者个人为应对风险需要付出更多的代价（例如需要很高的个人储蓄以应付未来的风险），而这些代价一方面会影响劳动者当前的消费，另一方面当劳动者遇到较大的风险事件时，个人储蓄的方式往往难以应付，劳动者就还不得不再找厂商提供补偿。如果是第二种方法，厂商将更多地直接面临风险的威胁，而难以转移其风险。在面临事故时不得不支付大笔的医疗和赔偿费用，遇到经济周期性波动时在解雇职工方面缺乏弹性，否则必须支付大笔的失业补偿。如果是第三种方法，厂商和劳动者的风险责任虽然都可以转移给保险公司，但商业保险本身要求较高的利润，因而使投保的厂商不得不付出额外的代价。

在这种情况下，可以通过政府干预，由政府组建社会保险项目或提供其他福利性社会服务的方式来承担风险。在当代社会中，由政府来组织社会保险是政府社会政策中关键的内容之一。经过一百多年经验的证明，尽管在具体运作方式上还有待于进一步改革，政府项目的效率也还有待于进一步提高，但这种由政府在全社会的范围内组织社会保险项目，以此为厂商和劳动者分担保险责任的方法是一种行之有效的办法。

3. 社会政策与人力资本

现代科学技术条件下的生产过程对劳动力质量的要求越来越高。厂商为了提高其产品的市场竞争力，愿意付出更高的价格去雇佣高素质的劳动者。而为了使自己获得更大的工资回报，劳动者也愿意付出更高的代价去提升自己的技术水平等各方面素质。当代经济学中用“人力资本理论”来概括这种现象，即劳动力（人力）也是一种可以通过投资而形成的，并且可以获得回报的资本，其资本量就是凝聚在劳动力中的教育培训、保健、迁移等方面投入的资金和时间价值。对劳动者在这些方面投入的资金和时间价值越多，其人力资本量就越大，将来在市场中获得的回报也就越多。为此，人们为了使自己在劳动力市场或其他市场中获得更多的回报，就必须对人力进行投资，以增大其人力资本。

与社会政策相关的问题是，人力资本的投资主体应该是谁？在纯市场的条件下，人力资本是一种经济资本，它与物质资本一样，也应该按照“谁投资谁受益”的原则运作。在经济活动中，提高人力资本的最大受益者是劳动者本人和厂商。因此，应该由劳动者本人和厂商来负责人力资本的投资。但是在现实的社会条件下，劳动者本人和厂商作为人力资本的投资主体都存在一些问题。

对于劳动者本人来说，对自身的人力资本进行投资具有最直接的经济意义，因此本人和家庭都愿意为此而投资。但是，对人力资本的投资是很昂贵的，需要付出很多的金钱和机会成本，因此比较贫困的家庭往往难以支付这种投资，从而导致穷人家庭中下一代的人力资本明显不足，从而形成贫困的代际传递。同时，如果大量的中下阶层家庭都难以支付昂贵的人力资本投资费用的话，那结果将会导致整个社会人力资本的严重不足，使整个国民经济受到影响。此外，对人力资本的投资也是一种风险投资，对每一个投资者来说，其回报具有较大的不确定性。以教育为例，尽管从总体上看教育水平与个人收入呈明显的正相关，但对每一个个体来说，眼前的教育与将来的收入之间并不具有必然的正向联系。并且，在教育方面的投资与个人收入的相关也不会总是线性的，当教育投资高到一定程度时，其个人教育投资的边际收益率可能会降低。以上几种情况都说明由个人和家庭来负责人力资本投资仍存在着一些缺陷和不足。因此，尽管个人和家庭应该是人力资本投资的主体之一，但不应该是唯一的主体。

厂商作为受益者，也应该负责为人力资本投资，即负责提供劳动力的教育培训和医疗保健等方面的费用。但是，厂商提供人力资本投资也存在着几个方面的缺陷。首先，按照投资与收益挂钩的原则，任何厂商都只会负责为本企业员工的人力资本投资，而不会为企业之外的人员负责。这样一来，社会上劳动者人力资本的拥有量将以其所属的企业的不同而不同，客观上会造成人力资本差距的拉大，并进而扩大劳动者收入的不平等。其次，按照“谁投资谁受益”的原则，企业只有在资本产权明确，能够获得确定收益的条件下才能进行投资。但是与物资资本相比，人力资本的最大特点之一是其产权不够明确。一个人的人力资本是附着在一个自由人的身上，尽管本人之外的其他投资者为他的人力资本进行了投资，但在现代经济理论和制度实践上都很难做到由本人之外的其他投资者去完全控制其人力资本的使用。现实的经济活动中我们经常可以看到，一些企业的职工在接受了企业大量的培训后，又“跳槽”到了另外的企业，使原来为其提供培训的企业蒙受了损失。在这种情况下，各个企业为了避免损失，可能宁愿花钱去其他企业“挖”人才，而不愿意提供昂贵的培训。因此，厂商作为人力资本的投资主体也存在很大的缺陷。

在个人和厂商作为投资主体都存在缺陷的情况下，政府作为人力资本投资主体的意义就凸显出来。首先，由于全社会的人力资本增大对整个国家或地区的经济发展、社会进步和国力的增强都有积极的意义，因此，政府应该代表全社会，运用全社会的资源进行人力资本投资。其次，政府向全社会的劳动者或潜在的劳动者提供教育培训和保健等各方面的服务，可以降低个人和家庭在人力资本投资方面的成本，使全社会人力资本投资率更高，最终所形成的人力资本总量更大。最后，政府投资于人力资本，可以使穷人也获得人力资本投资，从而使人力资本在所有劳动者中的分布更加均衡。

4. 社会政策对劳动力价格和生产成本的影响

社会政策不仅对生产过程有积极的意义，也有负面的影响。其中最主要的影响是在一定的情况下它会导致劳动力价格和生产成本的提高，从而给生产过程带来负面影响。由于在实施各项社会政策的过程中，政府通过各种方式调动大量的经济资源，为各类社会成员提供大量的社会服务。并且，政府提供的各种社会服务是面向全社会的，其中包括许多非劳动者（包括失业者、无劳动能力的老人、残疾人和儿童等），而提供这些服务所需要的经济资源最终要由劳动者和投资者来负担。因此，政府社会政策行动的范围越广，开支越大，最后加到劳动者和投资者身上的经济负担也越重。在其他条件不变的情况下，政府的社会支出越大，所需要的税收也越高。劳动者负担的税率提高后，又会要求有更高的工资，从而使劳动力的价格增高。而投资者则会由于对企业税收的提高和劳动者成本的提高而导致生产成本的提高和投资收益率降低。

二、社会政策在分配过程中的作用

对社会财富的分配是经济过程中的重要环节，也是经济过程中更具有社会、政治意义的环节，同时也是与社会政策具有更直接关系的环节。从某种意义上讲，实施社会政策的过程就是运用政府的力量对社会财富进行再分配的过程。这种再分配不仅会带来广泛的社会和政治影响，而且对经济运行也会带来直接或间接的影响。因此，在研究社会政策的经济意义时，不能忽略它与分配环节的关系。

1. 初次分配与再分配

与自给自足的小农经济相比，现代社会化大生产的主要特点之一是它有一个重要而复杂的分配过程。在社会化大生产的情况下，由于生产过程是一个集体化和社会化的行动，需要大量投入各种各样的生产要素，但对产出的经济财富则做不到无差别地共同消费，而是需要在社会成员中进行分配。在社会财富还不是极大丰富的情况下，由于分配过程涉和每个人的利益，因此每个社会都制定了严格的规则，以保证分配过程有序地进行。由于分配过程要服从不同的经济和社会目标，因此要应用各种不同的原则，如效率原则、鼓励贡献原则、平等原则和社会关照原则等。为了使各种原则之间不相互冲突，当代各国都将分配过程分为初次分配和再分配等不同的层次。

所谓初次分配，是指按照市场化的原则对社会产品进行的分配，其主要特点是按照人们对生产过程作出的贡献而进行的分配。在社会化的大生产中，人们向生产过程投入各种生产要素，包括投入劳动力、资本、土地、管理、技术等。在分配过程中，则按照每个人投入生产要素的数量和质量分配生产出来的产品，因此这种分配又称为“要素分配”。由于在生产过程中不同的人投入了不同类别、质量和数量的生产要素，因此这种分配过程是复杂的。在市场经济条件下，所有这些要素的分配关系可以通过市场机制来调节。每种要素所能够获得的单位分配额就是这种要素在生产过程中的价格。各种要素的价格可以通过厂商均衡和市场均衡而达成平衡。当某种要素供应减少时，其价格会上升，反之其价格则会下降。最终，各种要素的价格（其分配收益）会达到动态的平衡。当然，各种市场以外的因素经常也会干预其中，从而改变市场机制原有的格局。例如，政府为了某种政治或社会目标而干预市场分配，或者某种权力的因素或投机因素等介入市场分配等，都会改变原有的要素分配结果。

所谓再分配，是通过政府税收和社会政策（以及其他公共政策）来对已完成的初次分配实施再次分配。政府实施再分配的基本目标应该是改变初次分配中不符合社会价值目标的结局，或者说通过对初次分配结局的调整而兼顾更广泛的社会利益和政府的政治目标。例如，初次分配可能导致比较严重的不平等，使部分弱势群体的利益受到忽略，而政府通过再分配加以补偿，等等。再分配过程中不再采用市场手段，而是通过国家的法规或政府的行政手段来实行，即通过强制性的税收来集中一定比例的财富，并通过公共政策行动在不同的社会群体中重新分配这部分财富。

尽管各国的再分配占整个财富分配的比例有很大的差别，但总体上看当代各国的再分配过程都已占到了相当重要的地位。一般用“政府财政支出（包括预算内和预算外的支出）占 GDP”的比例来大概衡量各国再分配的比例。许多国家的这一比例都接近或超过了 1/4，有的国家甚至达到 1/2 以上，也就是说整个社会生产出来的财富中，有一半以上是由政府支配，其中有较大比例用做再分配。

此外，许多国家的再分配部分不仅包括政府的再分配行动，而且还包括各种民间组织的行动，即通过各种民间集资和捐赠而进行的再分配。尽管从总体上看民间的再分配行动在规模和影响上不能与政府相比，但在有些国家或局部地区，民间的行动已经占有重要的地位。再有，民间再分配的机制和方式与政府再分配有很大的不同，其最大的特点是通过自愿的原则来进行。由于这一重要的差别，一些研究者又将民间的再分配称为“第三次分配”，以区别于政府主导的再分配。

2. 社会政策在再分配过程中的作用

社会政策对分配过程的影响主要体现在对再分配环节的影响，而与初次分配的关联不大。很明显，政府的各项社会政策都在不同程度上具有再分配的意义。社会政策的再分配意义主要体现在政府的“税收—社会支出”过程中。在这一过程中，各类群体的贡献额和受益额不一致，因此可以达到再分配的作用。一般说来，富人纳税比穷人多，但在许多公共社会服务项目中的受益并不比穷人多，因而达成财富在富人与穷人之间的再分配。

在社会政策的再分配意义方面需要注意的一个现实问题是，并非所有的社会政策都一定有明显的再分配意义，并且并非所有通过社会政策实施的再分配都是有利于穷人的。在有的国家里，有些时候在某些社会政策上更强调“受益者的个人责任”，而对社会互济或社会关照强调不够，因而导致再分配的意义降低。还有，在有些情况下，政府的税收和社会政策甚至可能倾向于对富人有利，而对穷人不利。例如，在有些国家富人可以比较容易逃税；在有些国家里政府的公共卫生、医疗服务、公共教育、社会保障等社会服务项目更多地为城市里经济条件本来就较好的人服务，而真正的穷人则更难以获得这些服务，等等。

3. 社会政策在再分配过程中作用的差异性分析

在各种不同的社会政策模式下，其再分配的意义是不一样的。影响社会政策再分配意义的因素主要有以下一些方面。首先，从总量上分析，一般说来社会政策的总体水平与其再分配的功能成正相关。也就是说，社会政策的总体水平越高，其再分配的功能也越强。因此可以通过对税收（包括各种行政性收费）和各种社会政策项目的规模和水平的分析，来看社会政策对再分配起到的作用。即通过分析其税收总量，以及福利开支总量达到什么样的水平来评估其再分配的意义。

其次，从结构上分析，社会政策的再分配意义体现在其资金筹集的途径和方式，以及社会服务项目及受益者选择等环节上。在资金筹集环节，累进式的税收政策的再分配意义最大，而平均税率的再分配意义较小。同时，不同的税种体现了不同的再分配意义。例如，个人所得税主要对劳动收入实行再分配，财产税主要对财产收入实行再分配，而消费税则具有综合性的再分配功能。在项目和受益者选择方面，需要通过对政府的社会服务项目和社会支出进行仔细的分析才能看出其再分配的意义。一般说来，任何一个社会项目都有不同的目标受益者，或各种群体受益的程度不同。因此，对项目和受益者的不同选择将体现出不同的再分配效果。例如，同样是政府的公共教育投入，在经济繁荣的城市里建设高水平的学校和在贫困乡村中发展教育事业，其再分配的效果完全不同。即使都是在贫困乡村中发展教育事业，是集中建设乡镇中心学校，给乡镇附近的孩子和少数“尖子生”提供更好的教育条件，还是更广泛地发展学校网点，给最边远贫困山村中的孩子提供更好的受教育机会，也具有不同的再分配意义。

三、社会政策对消费、投资和贸易的影响

除了上面分析的生产过程和分配过程以外，实施各项社会政策还对消费、储蓄和积累等环节产生着不同程度的影响，并因此而导致对整个经济过程的影响。

1. 社会政策对消费和储蓄的影响

消费是经济发展过程中的又一重要环节。政府的社会政策对人们的消费行

为和整个社会经济过程中的消费倾向都会产生明显的影响。从理性分析的角度看，有两个基本因素决定着人们的消费行为：对物品和服务的需要与有足够的支付能力。人们现实的需求总是受其支付能力的限制的。早在20世纪30年代，英国经济学家凯恩斯就把这种现象概括为“有效需求”，即有支付能力的需求。在支付能力有限的情况下，人们会对个人和家庭的各种需要进行优先性排序，首先安排对生活最必需的消费。同时，当人们感觉未来的生活充满了风险或不确定性时（如可能患大病或失业等），或者意识到未来需要有大额的消费（如子女上大学、个人养老等），一般就容易倾向于压低当前的消费，而将收入更多地投入储蓄。当前我国居民的储蓄率很高，而消费不足，在较大程度上与我国在医疗、教育、住房等方面的公共服务不足有关。由于这些方面公共服务的不足使人们感受到了较大的风险，为了应对将来可能出现的风险事件，人们不得不增加储蓄，因而加剧了当前消费不足的问题。而加强在这些领域的社会政策则会改变人们对未来风险的预期，从而改变人们的消费行为。概括起来看，社会政策对消费行为的影响表现在以下几个方面：

首先，社会政策行动中有很大一部分本身就属于消费行为。例如，由政府直接提供公共产品或政府从市场购买、并向社会成员提供公共产品的行为本身就是一种消费行为，属于公共消费行为。公共消费是由政府支付费用，而满足社会成员的共同需要或部分特殊成员的特殊需要。政府付费的公共消费行为范围越广，水平越高，它对整个社会的消费水平的拉动也就越大。

其次，政府社会政策的再分配后果可以改变社会成员的有效需求状况。一般说来，通过社会政策的再分配过程以后，低收入阶层的实际收入得到了提高，他们在消费方面的有效需求也随之提高。当然，高收入阶层的收入减少也会导致他们在消费方面的有效需求降低，但是二者相比，在适度的再分配水平上，低收入阶层边际有效需求提高的幅度一般会大于高收入阶层边际有效需求相应减少的幅度，因此，有利于低收入者的再分配会使整个社会的总体消费水平提高。

最后，实施社会政策可以在许多方面改变人们对未来生活的风险感，从而改变人们的消费行为。例如，在建立了比较好的养老保险、医疗保险（或全民医疗服务）和失业保险的情况下，人们无须再为这些风险事件而担忧，因而就可能增大在当前的消费信心，从而增加当前消费并减少储蓄。

2. 社会政策对贸易和投资的影响

首先，从贸易的角度看，在一个封闭的经济体系中，社会政策可能通过影响消费率而间接影响国内贸易的总量，但由于国内各地的社会政策体系一般具有较高的一致性，因而它对贸易的地区性和结构性差异影响不大。但在全球贸易体系中，一个国家的贸易水平有可能受国内消费水平的影响较低，但更加依赖于本国产品在国际市场的竞争力。从全球贸易的角度看，一个国家的社会政策对本国产品在国际贸易中的地位具有很大的影响。其主要原因是，由于实施不同的社会政策会对劳动力成本产生不同的影响，进而影响本国产品的价格，尤其是对劳动密集型产业的产品更是如此。在其他因素不变的情况下，价格的升降对本国产品在国际市场上的竞争力会产生很大的影响，因此社会政策的走向会影响本国产品的出口贸易。

其次，从投资的角度看，实施社会政策对投资的影响分为两个方面。在一个比较封闭的国内市场上，实施社会政策会影响人们的消费和储蓄行为，而消费水平和储蓄率的升降会直接影响到投资。但是，在经济全球化的背景下，一个国家国民经济中的消费、储蓄和投资都受到来自国际市场的影响。因此，实施社会政策对投资产生影响的主要方面不再是通过国内消费和储蓄率的影响，而是通过对国际贸易和投资环境的影响而对国际投资产生影响。

所谓投资环境，是指在一个区域中能够对投资项目的成功和投资者的投资意愿产生影响的各种因素的总和。其中，劳动力成本是影响投资意愿的重要因素之一，其原因在于：投资意愿受对投资项目利润回报率的预期的影响；投资项目的利润高低取决于项目产品在国内与国际市场上的竞争力；投资项目产品竞争力的大小又与产品的质量和价格直接相关；在决定产品价格的各种因素中，劳动力成本具有重要的作用；并且越是劳动密集型产业，劳动力成本对产品价格的影响越大；实施社会政策，尤其是高福利的社会政策会在不同程度上推动一个国家或地区劳动力成本的提高，从而带动其产品价格的上升，导致产品在国际市场上竞争力的相对降低。

最后，实施社会政策对贸易和投资也有积极的影响。例如，从长期发展趋势看，一个国家或地区通过实施各种社会政策可以营造比较良好的政治与社会环境，这将有利于改善投资环境。同时，实施积极的社会政策，尤其是重视教育培训和公共卫生等重要领域的发展，可以使全社会的人力资本和劳动力素质得到提高，使整个国家产品的技术含量增加，从而提高其在国际市场上的竞争力，并进一步优化本国和本地的投资环境。

另一方面，由于社会政策与国际投资和国际贸易的关系密切，导致在全球化的条件下各国社会政策中出现许多新的问题。从积极的方面看，发展中国家国际贸易和吸引外资的争夺可以在为穷人提供就业机会和消除贫困，以及增强政府财政能力等方面起到积极的作用。同时，经济全球化背景下的国际经济竞争也可能促进各国进一步重视采取更加积极的社会政策，使教育、健康等方面的社会服务得到更快的发展。从消极的方面看，在激烈的国际经济竞争中，各国都可能通过降低福利水平和缩减社会支出来降低劳动力成本，以促进本国的出口贸易和吸引外资。尤其是一些自然资源不足和技术水平落后的发展中国家更是不得不依靠其相对廉价的劳动力资源来应付国际经济竞争。但如果各国都采用这种策略的话，将形成在降低劳动力成本方面的“探底竞争”，即由于国际经济竞争而促使各国竞相压低劳动力成本，直至降到最低点。其结果一方面是促使高劳动力成本国家资本大量外流，导致这些国家失业率的上升，另一方面是导致发展中国家社会福利水平进一步下降，甚至会损害对劳动者基本的社会保护，并引发严重的社会和政治问题。

因此，在全球化的条件下，随着国际经济竞争的加剧，一个国家的社会政策与贸易和投资之间的双向影响变得越来越重要。这些影响中既有消极的一面，也有积极的一面。在最近20多年里，在面临越来越严峻的国际经济竞争的情况下，各国的社会政策决策者和研究者们都在考虑如何更好地发挥社会政策中有利于促进贸易和投资的因素，并改革不利的方面，使之能够更好地与促进贸易和吸引投资的政策相协调。同时也积极地研究全球化过程中不利于社会政策的因素，以便通过更多的国际合作来解决人类所共同面临的这些难题。

第四节　社会政策与经济发展：社会政策经济功能的宏观分析

在分析了社会政策对经济运行过程的微观影响以后，还需要对其在宏观经济发展战略中的影响做出广泛的分析。

一、社会政策对经济发展的积极意义和消极影响

社会政策对经济发展的影响比较复杂。其中既包含积极的意义，也包含消极的影响。

1. 社会政策对经济发展的积极意义

概括起来看，实行社会政策对经济发展的积极意义可以体现在以下一些方面：首先，实施社会政策将有利于解决各种社会问题和保持社会稳定，从而给经济发展创造良好的政治和社会环境。其次，社会政策以公平的价值为基础，可以营造集体主义的氛围，并促进社会整合，从而比较好地调动劳动者的积极性。最后，通过实施公共教育、公共医疗卫生政策等积极的社会政策，促进全社会人力资本的增大，进而对长期经济发展产生深远的影响。

2. 社会政策对经济发展可能的负面影响

首先，实施社会政策会消耗一定的经济资源，尤其是高福利的社会政策会消耗较多的经济资源，从而使国内投资率下降。其次，高福利的社会政策会增大劳动力成本，从而给出口贸易和吸引外来投资带来不利影响。最后，高福利的社会政策体系可能会降低劳动者面对竞争的压力，从而可能导致部分人努力工作的动机下降。另外，高水平的福利供给和不合理的社会福利制度可能会在不同程度上造成部分社会成员对国家福利的依赖，从而使上述负面影响进一步加剧，形成恶性循环。

二、经济发展前提下社会政策的两种模式选择

从根本上看，社会政策与经济发展在其目标上有相同的方面，它们都是为了提高生活质量，满足人民群众的各种需要，并且都有助于解决各种社会问题。但在特定时期中，二者之间会存在一定的矛盾。例如，在特定的资源禀赋和科学技术水平等条件下，一个国家或地区如果过分强调增大福利供应，则可能在不同程度上导致本国经济竞争力的降低；相反，如果单纯强调经济增长，则有可能在不同程度上出现收入差异拉大、社会保护水平下降和部分弱势群体的利益受到忽略等问题，甚至因此而导致各种社会问题的增多和社会的不稳定。这些极端的情况对一个国家经济社会发展和人民的福利都是不利的，因此各个国家的决策者一般都避免走两个极端，而是在二者之间的政策空间上做出合理的选择。但在总体政策走向的选择中，各国政府仍然有其不同的倾向。可以将各国在强调经济发展的前提下在社会政策选择方面的基本倾向概括为经济导向型和福利导向型两大模式。

1. 经济导向型模式

经济导向型模式的基本倾向是强调通过发展经济去满足人民群众的各种需要，并解决各种社会问题。这一社会政策模式的基本假设是认为：保持快速的经济增长会带来就业岗位的增加，因而可以通过扩大就业而解决失业和贫困等问题；经济的高速增长会使全社会财富总量快速增长，并最终会使所有社会成员所分享的财富水平提高。

因此，这一模式认为促进经济快速发展将最终使所有的社会成员受益，因而主张通过发展经济去解决各种社会问题，反对扩大福利供给。当快速发展经济的政策与高福利的社会政策发生矛盾时，应该通过改革社会政策，使之适应经济发展战略。

应该看到，这种模式强调经济发展，对一个国家和地区的经济发展是有积极作用的。但是，这一模式的一个关键性薄弱环节在于，它难以解决经济高

速发展中财富分配差距扩大的问题。尽管财富总量的快速增加可能会使所有人都受益，但人们要求的并不只是能够分享财富，而是要求更加平等地分享财富。

2. **福利导向型模式**

福利导向型的社会政策模式的基本倾向是认为单靠经济增长难以解决各种社会问题，尤其是难以满足下层社会成员的各种需要，并常常使穷人的境况更遭，因此需要政府强化社会政策，扩大福利供给，提高社会保护水平，以满足广大社会成员，尤其是低收入阶层的各种需要。福利导向型模式的基本理念是，从人类发展和社会进步的角度看，平等、福利和社会保护的价值高于经济增长的价值。同时，在满足社会成员需求和解决社会问题方面，福利的手段优于市场的手段，因此，应该始终坚持通过福利手段去满足人们的需要，并解决社会问题。当经济发展与社会福利发生矛盾时，应该更多地通过改变经济发展战略来使之与现有的福利模式协调。

3. **两种模式的实例分析**

上述两种模式的差异不仅是在基本理念上，也不仅只是在对福利供应量上的分歧，还体现在处理各种问题时的基本政策思路和机制的不同，有时甚至是带有根本性的差异。下面以处理失业问题为例，分析这两种模式在政策思路上的差异（图 9–2）。

经济导向型模式

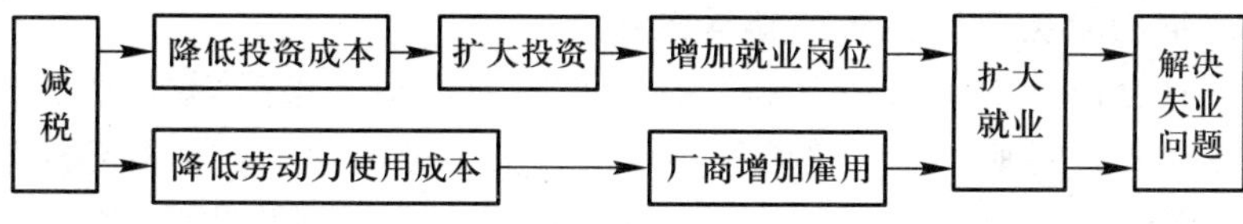

福利导向型模式

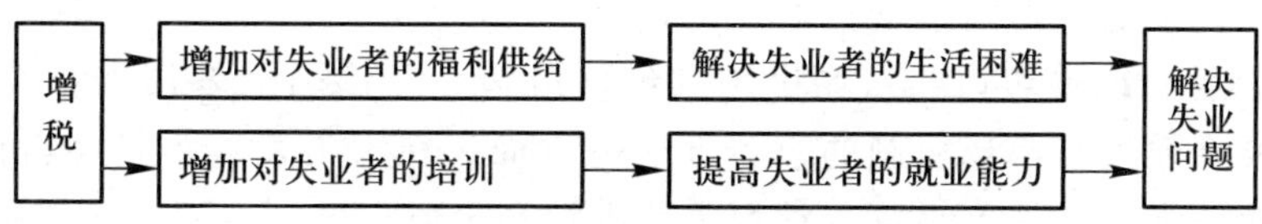

图 9–2　两种模式在处理失业问题上的差异

可以看出，同样是为了解决失业问题，但这两种模式具有不同的政策思路，并采取很不一样的途径。在 20 世纪 50—80 年代初的很长时间里，欧洲“福利国家”、社会主义国家和一些发展中国家中都采用了福利导向型的模式。但 80 年代以来，随着各国社会政策和社会福利体制的改革，许多国家社会政策的主导模式逐渐偏向经济导向型。

三、发展型社会政策模式

1. 什么是“发展型社会政策模式”

在社会福利理论和社会政策实践发展的历史上，一直存在着关于社会政策与经济发展之间关系的争论。传统的社会民主主义的社会福利理论认为，福利国家的社会政策目标不仅仅是要消除贫困，而且还应该追求全面的社会公平与社会平等，同时还认为只有通过政府的全面介入和推行普遍性的福利制度，才能达到公平和平等的目标。但新自由主义者则认为，通过实施高福利的社会政策将损害效率和经济发展，因此认为应该降低社会政策的目标和政府干预的程度，以恢复经济效率和自由选择。为此他们将社会政策的目标只定义为消除贫困，而不是要追求公平和平等。

应该说，社会民主主义和新自由主义的社会福利理论都是从其各自的价值目标出发，按照其自身的理论逻辑去强调问题的一个方面，但他们都忽略了问题的另一方面，因此在实践中都遇到了问题。在这种情况下，从20世纪90年代以后，社会福利理论中“第三条道路”的理论学派逐渐发展起来，他们超越了过去传统的“左派”和“右派”的争论，对社会政策目标进行了重新定位，认为社会政策应该坚持维护社会公平和平等的基本目标，但同时也应该强调促进经济发展。并且，他们特别强调社会政策与经济发展的协调性，被称为“发展型社会政策模式”。

2. 发展型社会政策模式的基本原则

（1）社会政策应该关注经济发展。发展型社会政策的基本原则之一是其关注经济发展的原则，即社会政策不仅应该关注分配问题，而且还应该关注生产过程和经济运行的其他环节，以使其能够对经济发展作出贡献。也就是说，社会政策不仅应该着眼于更加公平地分配财富，而且还应该着眼于更好地促进经济发展，以更快地增加社会的经济财富。

（2）社会政策可以与市场机制和经济政策互相融合。发展型社会政策模式强调社会政策与市场机制的兼容性。一方面，在大力发展市场经济的同时，可以也应该强调公平、平等、社会关照等社会价值；另一方面，在实施社会政策的过程中，也可以引入市场机制，提高其效率。

（3）社会政策的重点领域。发展型社会政策不再坚持以再分配和高水平的福利供给作为反贫困的唯一途径，而是更多地强调通过积极的社会政策而兼顾反贫困、社会福利与经济发展的目标。为此，提出将社会政策的重点领域转向以下一些方面：强调福利与劳动力市场的结合，通过增大在教育培训等方面的公共行动而促进失业者的再就业；强调通过积极的社会政策降低社会排斥，促进社会融入；合理界定基本社会需要和基本保障水平，以保持适度的社会福利总体水平。

发展型社会政策模式是在总结过去各种社会政策模式优缺点的基础上提出来的。这一理论由于兼顾了经济发展与社会福利，因此在解决现阶段各国社会福利与经济发展的矛盾方面具有积极的意义。为此它在发达国家和发展中国家都正在得到重视。但如何结合本国实际而采用这一理论，仍是摆在各国社会政策研究者和决策者面前的一项课题。

思　考　题

1. 什么是社会政策的经济基础？
2. 提高社会政策行动效率有哪些主要障碍？
3. 社会政策对生产过程有何影响？
4. 社会政策对分配过程有何影响？
5. 社会政策对消费和积累有何影响？
6. 社会政策与国际贸易和投资有何相互影响关系？
7. 经济全球化对社会政策有何积极和消极影响？

主要参考文献

关信平. 中国城市贫困问题研究. 长沙：湖南人民出版社，1999.

关信平. 全球经济竞争与社会政策发展. 江苏社会科学，2002（3）.

顾俊礼. 福利国家论析：以欧洲为背景的比较分析. 北京：经济管理出版社，2002.

周弘. 福利的解析：来自欧美的启示. 上海：上海远东出版社，1998.

唐钧. 社会政策：国际经验与国内实践. 北京：华夏出版社，2001.

杨雪冬，薛晓源. “第三条道路”与新的理论. 北京：社会科学文献出版社，2000.

王卓祺，雅伦·获加. 西方社会政策概念转变及对中国福利制度发展的启示. 社会学研究，1998（5）.

Deacon B，Hulse M，Stubbs P. Global Social Policy：International Organizations and the Future of Welfare. London：Sage Publications，1997.

第十章　社会政策的政治与社会分析

社会政策是一个复杂的过程，在其运行过程中不仅涉及复杂的经济因素，而且还涉及复杂的政治与社会因素。对于政府或政党，社会政策实际上是一个政治行动过程，它在目标和手段上都要服从政府或政党的政治目标，其决策和实施过程也受着一系列政治因素的影响。同时，社会政策行动涉及社会中的千家万户，与社会中的各个阶层、各利益群体和各类组织都发生着复杂的利害关系，并且对社会文化和社会发展产生着深远的影响。因此，在进行社会政策分析时，除了要对其进行经济分析以外，还要对其进行政治与社会分析。

第一节　社会政策的政治分析

自古以来，社会福利和社会政策行动一直与政治过程有着密切的联系。在古代社会中，统治者向穷人提供的福利帮助被认为是统治者施“仁政”的手段，其目的是要维系其政治统治。尽管当代社会中的社会政策是建立在民主政治和民众广泛参与基础上的，但社会政策的具体过程仍是政府和政党政治行动中不可分割的一部分。并且，在当代社会中，政府和政党与民众的关系更为密切，政府与政党要通过社会政策行动来体现其代表的社会利益，从而获得民众的支持；民众也通过政府和政党的社会政策行动去做出评判和政治选择。同时，由于社会政策行动中所调动的各种资源在整个社会财富中占据了很大的比例，因此各个利益集团都通过政治行动来影响政府的社会政策，以期使自身利益最大化。由此导致在许多国家中，社会政策行动都成为政治过程中的焦点问题之一。在当代社会中，一个政党或政府要维持其执政地位，或维护政治稳定，就必须要有一套合理的社会政策。并且，不了解社会政策的政治意义也无法准确把握社会政策的规律。

当代社会政策与政治过程的关系相当复杂，但我们大致可以从二者之间相互影响的两个方面来对这种关系进行分析，即一方面是社会政策对政治过程的影响，另一方面是政治因素对社会政策的影响。在本节中，我们将简要讨论社会政策的政治功能、社会政策与政治体制和公民权利的关系、社会政策与国家和社会的关系、社会政策与利益集团的关系及社会政策过程的公民参与等内容。

一、社会政策的政治功能

所谓社会政策的政治功能，主要是指社会政策在一个国家的政治行动中可能发挥的作用和对政治过程产生的影响。当代各国的社会政策都具有比较广泛的政治功能。在不同的政治体制下，社会政策所发挥的政治功能有所不同，但一般说来，社会政策的政治功能主要表现在支撑政治制度和政府的合法性、维护政治稳定和帮助实现政党政治目标等方面。

1. 社会政策与政治制度和政府合法性

现代国家政治制度和政府合法性有两个重要的基石：一是民主，二是民本。民主是指要由民众来选择和认可国家的政治制度，由民众来推选政府，并且民众能够参与国家的政治过程。民本则是指国家的政治制度要能够反映民众的意愿，政府要以民为本，能够将为民众服务，满足民众的需要作为其最高的目标。在当代国家中，这两个基石缺一不可。而社会政策是构建这两个基石的重要内容。一方面，社会政策是现代民主国家的重要行动内容，是调动民众参与政治过程的重要途径，也是民众评价和选择国家政治制度和政府的重要标准。另一方面，也是更重要的，国家要通过社会政策去实现其民本的目标和价值。没有一套合理可行并得到民众拥护的社会政策行动，“以民为本”将无从谈起。

自新中国成立以来，在努力构建社会主义民主政治体制的同时，重点强调通过国家的力量发展经济，建立基本的生活保障体系，普及基本的教育和医疗等方面的公共服务，并着力满足老百姓在住房和生活服务等方面的基本需要。事实证明，在改革开放以前经济不发达的历史条件下，以相对平均的分配和比较全面的社会服务来满足人民最基本的需要，这为支撑共产党执政的合法性和社会主义制度的优越性提供了坚实的基础。改革开放以后，党和政府大力促进经济发展，通过经济方面的巨大成就而加强了民众对我国政治制度和政府的支持。但另一方面，各种社会问题的增多和社会矛盾的加剧也会对党的执政基础造成损害。在执政实践中党和政府认识到，在大力促进经济发展的同时，还必须通过各项社会政策去积极解决社会问题，才能巩固其执政的基础。为此，党和政府提出了构建社会主义和谐社会的目标和科学发展观的基本原则，通过加强经济建设、政治建设、文化建设、社会建设和生态环境建设而实现执政党的目标和进一步巩固党的执政基础。其中，以解决民生问题为目标的“社会建设”任务的提出，说明党和政府已经清楚地认识到社会政策在实现执政党的目标和巩固其执政基础中的重要作用。

2. 社会政策与社会稳定

社会稳定，简单说就是保持正常社会生活秩序，避免大规模的社会冲突。社会稳定是一个国家的政治稳定的重要基础。社会福利与社会政策对维护社会稳定和政治稳定具有积极的意义，这一点早已为历代统治者和政治家们所关注。早在古代社会，历代开明的统治者就看到，国家统治的政治稳定性依赖于百姓的安居乐业。因此，各国早期的社会福利行动都在不同程度上具有维护社会稳定并进而维护国家统治稳定的意图。作为现代社会政策的开端，19 世纪 80 年代德国俾斯麦政府的社会保险计划在很大程度上也是为了解决当时严重的阶级冲突，以维护当时的基本政治体制。第二次世界大战以后，西方国家的“福利国家”社会政策体系在很大程度上也具有缓解社会矛盾、维护社会稳定的功能。西方国家的现代政治体制之所以能够保持较长时期的稳定，与其在社会民主的基础上广泛实施社会政策有密切的关系。

制定和实施社会政策对维护社会稳定的机制在于：首先，通过制定和实施社会政策可以有效地保障和改善民生，从而消除产生社会不稳定的最基本的社会根源。其次，通过制定和实施社会政策可以缩小社会分化和社会不平等，缓解社会各阶层之间的利益冲突，并解决各种社会问题，从而为社会稳定创造必要的条件。再有，通过制定和实施社会政策可以为促进经济发展和提高人民生活质量奠定重要的社会基础，从而提高社会整合，进而增强政府在社会中的凝聚力，并提高民众对政府和政治制度的认可和拥护的程度。

新中国成立以来，我国社会之所以能够保持长期的稳定，也与党和政府广泛实施社会政策有密切的关系。在半个多世纪的历程中，我国通过发展经济和实施各项社会政策而成功地缓解了贫困，保障了人们的基本生活，并且使我国人民的健康、教育和其他各个方面的福利水平都有了很大的提高，这些对维护社会的稳定发挥了积极的作用。改革开放以后，在经济与社会转型过程中出现了一些新的社会矛盾与社会问题，对社会稳定造成了一定的影响。党和政府高度重视这些问题，近年来加强了在社会政策各个领域的行动，尤其是通过加强社会保障体系的建设，实施城乡反贫困行动，以及加强在教育和医疗卫生方面的公共服务去解决基本的民生问题并协调各阶层之间的关系，同时通过实施积极的社会政策而扩大就业机会和促进经济的长期稳定可持续发展，从而为长期社会稳定打下基础。

但另一方面，我们也应该看到，如果过分重视社会政策在维护社会稳定中的工具性作用，也有可能本末倒置，忽略社会政策在保障和改善民生等方面更基本的目标。因为如果过分地重视社会政策维护社会稳定的工具性政治目标，政府或执政党在制定和实施社会政策时就有可能过分关注那些可能对社会稳定带来较大影响的群体，而忽略那些政治上不活跃、缺乏组织因而对社会稳定影响较小的群体，尽管后者可能具有更大的社会福利需要。

3. 社会政策在达到政党政治目标中的作用

在当代政治体制中，一个政党需要通过政治纲领赢得民众的支持，而社会政策的基本原则一般是其政治纲领中的重要内容之一。在多党选举的政治体制中，各个政党的社会政策纲领则是其赢得选举成功的重要条件。在非多党选举的国家里，社会政策也是民众评判执政党的依据之一。一般说来，各国的执政党都会通过合理地制定和实施社会政策来赢得民众的政治支持，从而维护其执政地位。社会政策与政党实现其政治目标之间的这种关系具有正反两个方面的意义。从积极的方面看，社会政策的这种政治功能促使各个政党，尤其是执政党重视社会政策，从而对社会政策的发展起到积极的作用。但另一方面，在多党选举制度下，社会政策往往会被置于政党的选举目标之下。在其他条件相同的情况下，那些对本党选举成功有直接意义的社会政策行动会受到优先的考虑，而那些人数较少、在政治和社会活动中相对弱势、对选举影响不大的群体在其社会政策中也可能会受到忽略。

二、社会政策与政治体制和公民权利

1. 政治体制与社会政策的关系

过去专制体制下的社会福利行为一般是为了表现统治者的“仁慈”，其主要目标是为了维护其政治统治。提供福利是统治者对老百姓的“恩赐”，因而一般会要求“受惠者”对统治者感恩戴德。而当代大规模的社会政策体系与过去专制制度下的福利行为有很大的不同。在当代民主政治制度下，政府应该是全社会利益的代表，政府的社会政策行为是其应尽的职责，并且政府的社会政策计划应该代表人民的意愿，应该是公开、公平的，并接受全社会的监督。

2. 社会政策与政治民主化的相互影响

在当代社会中，政治民主化与社会政策的发展有着密切的关系。首先，从历史发展看，现代社会政策的起源与政治民主化有着密切的关系，尤其是第二次世界大战以后，社会政策在各国的大发展与当代政治民主化更是密不可分。其次，从运行机制上看，在民主政治体制下民众对政府有更直接的约束力，政府和社会对人权的保护也更加有效，并更加强调社会公平。这些都是促进社会政策发展的有利因素。另一方面，通过广泛实施的社会政策也可以提高民众对政治活动和公共事务的参与，从而进一步促进政治民主化的发展。

但是，当代社会中的政治民主化与社会政策之间的关系也是一个复杂的现象。首先，当代各国存在着多种民主政治制度，既有多党选举基础上的代议制民主，也有一党领导、多党合作基础上的民主集中制。在各种政治体制下，民主化的程度和形式有所不同，对社会政策的影响也有所不同。其次，各国的政治体制将直接影响其社会政策的运行方式。在不同的政治体制下，社会政策的决策模式、实施方式、资源调动途径和民众参与的程度与方式等方面都有一定的差异，但从当代各国社会政策实践的情况看，政治体制的差异并不必然决定各国福利水平的高低。在实行多党选举的国家中既有“社会民主主义”的高福利社会政策模式，也有新自由主义倾向的社会政策模式。同样，在民主集中制的政治体制下，既可能实行高福利制度，但也可能受到新自由主义理念的影响而降低社会福利水平。最后，在多党选举体制下，民众在政治活动中有更加直接的参与，从而可能更加直接地影响政府的社会政策，但同时也可能由于利益集团的影响、政治家和媒体的操纵、“选民冷漠”等原因而使政府的社会政策偏离民众的实际需要，并且从实践上看，在当今各种政治体制下都存在着社会不平等和贫困问题。因此，不能简单地指望通过某种特定的政治体制就能够解决所有的问题。

概括起来看，以上情况说明了几个方面的问题：首先，民主政治是当代社会政策的重要政治基础，因此大力推进政治民主化是发展社会政策的重要的政治条件，对发展中国家来说更是如此。其次，当代各国的民主体制都对社会政策的发展起到了积极的作用，但同时也都还存在缺陷，需要进一步完善。再次，仅靠民主政治并不能保证一个国家达到高水平的社会政策体系，除了民主政治以外，社会政策还受到其他各种政治因素的影响。最后，不同的政治体制与社会政策之间存在着复杂的关系，对此问题需要根据各国不同的历史、文化和其他各方面的具体情况而做出具体的分析。

3. 社会政策与公民的权利和义务

当代社会政策另一个重要的政治含义，是国家向民众提供社会福利服务的行动基于民众基本的社会权利，是国家保护公民基本人权的重要内容。从政治的角度看，当代社会的人权不仅需要通过国家的立法来加以确认，而且需要通过政府在社会政策等方面的行动来加以具体的保障。例如我国宪法和法律规定，公民在就业、收入、受教育和社会保障等方面享有基本的权利，而在现实的社会生活中，需要政府通过现实的就业政策、教育政策和社会保障政策等社会政策行动来具体落实公民的这些权利。

此外，尽管当代社会在人权保护方面已有越来越多的国际行动，并越来越多地要求遵从国际标准，但从法制和政治过程的角度看，迄今为止，保护人权的基本责任和主要的行动仍然在民族国家的层面上。也就是说，各个国家的政府在保护本国公民基本人权方面负有基本的责任。从法制和政治的角度看，人权的具体体现是公民权，即一个公民在本国法律体制下所具有的基本权利。相应地，各国政府在保护人权方面的责任和主要的行动也局限在保护本国公民的基本公民权。由于各国的历史、文化和经济及政治体制的不同，在对公民权的界定和具体落实方面也有一定的差异，并因此而导致各国社会政策有所不同，各国公民所实际享有的公民权也不尽一致。

在当代社会中，公民除了具有社会权利以外，还负有相应的义务，例如向国家纳税、参加社会保险、接受义务教育、抚养未成年人和赡养老人、有劳动能力的人应该首先通过劳动来获得收入等方面的义务。同样，公民应尽的最基本义务也是通过国家的法律来加以确认，并且通过具体的社会政策行动来加以具体落实。

三、社会政策与国家和社会的关系

从某种意义上讲，社会政策是国家的一种职能。从各国社会政策发展的历史看，社会政策发展的程度与国家职能之间有着密切的关系。因此，对社会政策进行政治学研究要分析它与国家之间的关系。

1. 关于国家性质的理论

关于国家的基本性质是什么，多年来一直有不同的观点，这些观点可以概括为以下几种理论：一是“阶级国家”理论，认为国家是阶级和阶级斗争的产物，是阶级统治的工具。二是“战争国家”理论，认为国家的主要职能是战争。三是“福利国家”理论，其基本含义是：国家的主要目标是为了组织社会福利事务，向社会成员提供社会福利。四是“经济国家”理论，即强调国家在组织和推动经济发展中发挥着重要的作用，经济职能是国家最主要的职能之一。与“经济国家”相似的概念还有“发展型国家”，即国家是为了促进经济发展（Chen，1996）。上述对国家性质的不同观点实际上是从不同的侧面反映了国家的性质和功能。应该说，上述各种性质和功能在各个时期中各国的国家机器中都在不同程度上存在，但当代社会中国家的性质和功能更多地集中在发展经济和提供福利方面，因此其社会政策在体现国家性质和完成国家功能方面的作用越来越重要。

2. 国家在社会福利制度中的角色

在关于国家在社会福利事务中应该扮演何种角色，历来有各种不同的观点。可以将这些观点概括为以下几种基本的理论观点：

一是经典马克思主义的基本视角，认为在资本主义制度下，国家代表着资产阶级的根本利益，它不会主动地为无产阶级和劳动人民的利益着想。因此在资本主义制度下不能指望通过资产阶级的国家实施社会政策来解决贫困和其他各种社会问题，而只有通过推翻资本主义制度、建立社会主义制度，推翻资产阶级国家的统治、建立无产阶级专政的国家，才能最终解决无产阶级的贫困和不平等问题。同时，按照马克思主义的观点，在实现了生产资料公有制以后，社会主义的国家应该承担组织社会化大生产和为社会成员提供各项社会福利的责任，因此需要建立其社会政策体系。

二是社会民主主义的基本视角，认为国家是全社会利益的代表，政府是在社会民主的基础上通过选举而产生的，国家的基本职能是为民众提供社会福利服务，以解决贫困、失业、愚昧等社会问题，并通过再分配而实现社会公平、平等和大众福利的“社会主义”目标。并且，当代社会政策行动是一个庞大而复杂的公共行动体系，只有国家（政府）有能力组织好这一行动体系。因此国家应该在社会政策体系中承担最重要的责任。

三是新自由主义视角，认为国家干预社会福利事务有几大基本的缺陷，一是导致低效率，二是破坏个人选择的自由，三是降低了个人、家庭和社区在社会福利事务上的责任。因此，通过国家来满足人们各种需要的行动既是低效率的，也是无效用的；既浪费了大量的公共资源，也无法有效地满足人们的各种需要和解决各种社会问题。基于这一观点，新自由主义反对国家在社会福利事务上的广泛干预和实施大规模的国家福利计划，主张把国家在社会福利事务方面的责任和行动限制在最小的范围里，并鼓励各种私人和民间的行动者在社会福利行动中发挥更多的作用。

四是“第三条道路”等学派的观点，他们在此问题上的基本理论立场是介于上述社会民主主义和新自由主义之间，主张国家在社会政策体系中承担最主要和最基本的责任，但同时反对完全依赖国家，鼓励各类社会组织和个人在社会政策行动中发挥更大的作用。

上述各种理论观点从不同的侧面揭示了国家（政府）在社会福利制度中的积极意义和不足。概括起来看，国家在社会福利制度中的作用可以表现在两个方面：首先，当代国家（政府）在社会福利制度中应该担当主要的角色，发挥积极的作用；其次，国家在此领域的角色和作用又是有限度的。如何合理地发挥国家（政府）在社会福利制度中的作用，使其能够在其中担当起主导的但又不包办一切的角色，是当代各国社会政策发展中的一个基本议题。

3. 在社会政策领域国家与社会组织关系

除了国家之外，许多社会组织也在社会福利事项方面发挥着重要的作用。从组织体系的角度看，社会组织独立于国家政治及行政体系之外，行动上具有一定的自主性；从其功能的角度看，它们介于民众与国家之间，可以在社会福利事务方面发挥着重要的作用。尤其是20世纪80年代以后，随着西方“福利国家”体制的弱化，各种民间的非营利机构在社会福利服务方面的作用越来越大。

在对社会组织的研究中，最为重要的问题之一是社会组织与国家的关系。对此问题有各种各样的理论概括：一是认为社会组织可以参与，甚至被纳入国家的政治及公共行政体系中，成为整个“福利国家”体系中的一部分，并在其社会政策体系中扮演一定的角色。二是认为社会组织可以是对国家的一种制衡和对抗的力量，从而约束国家的不合理行为，保护公民的自由权利。三是认为社会组织与国家可以相互合作与功能互补。国家和社会组织在社会政策方面有共同的或相似的目标和价值，并在社会福利行动中各有其优势和不足。如果双方相互合作，则可以各自发挥其优势，而克服其不足。从过去几十年发展情况看，第三种观点最符合实际情况。国家与社会组织之间应该发展积极的合作关系。国家应该积极支持和引导社会组织的发展，使其在社会福利领域发挥更大的作用。中共十八届三中全会通过的《中共中央关于全面深化改革若干重大问题的决定》中提出要“增大社会组织活力”，并且近年来各级政府通过政府向社会力量购买服务和改革社会组织登记管理制度等方式加强了对社会组织发展的支持，正在社会政策领域逐步发展国家与社会组织支持—合作的行动体系。

4. 社会福利水平与政府社会、经济功能的关系

在其他因素相同的情况下，一个国家社会福利水平的高低一般会由其国家（政府）社会、经济功能所决定。在经济发展水平相似的情况下，一个强社会功能的国家的社会福利水平一般会更高。这种情况既可以从19世纪80年代德国俾斯麦政府建立的现代社会保险制度中看出，也可以从20世纪下半叶各国社会政策发展的经验中看出。20世纪80年代以来，鉴于国家大规模的福利计划在经济发展和其他方面的负面影响，一些国家开始弱化国家的社会功能，降低国家对社会福利事务干预的范围和程度，以建构“小政府、大社会”的有限国家干预模式。但由于在很多国家中民间组织迄今为止还不能替代政府的功能，因此国家干预的大规模降低会导致社会福利水平的下降，使部分社会成员的利益受到损失，尤其是对贫弱群体的社会保护水平下降。

在我国计划经济时代的社会政策体制中，国家在整个国民经济和社会福利事务方面都发挥了重要的作用。改革以后，国家首先通过对经济体制实行市场化改革而大大降低了对具体经济活动的直接干预。接着，国家又通过“小政府、大社会”和“社会福利社会化”的改革而逐渐降低对社会福利事务的直接包办。但由于我国民间社会组织的力量还很弱，因此国家（政府）还不能快速地减低其在社会福利领域的责任。尤其是鉴于过去十几年我国社会问题不断增多的现实，许多研究者指出，在现阶段我国仍需要加强政府的社会功能，以形成“强政府、大社会”的模式。

四、社会政策与利益集团

1. 利益集团及其与社会政策的关系

所谓利益集团，是指社会中具有某种共同特点并因此而具有共同利益的人所构成的集团。例如商界团体、工会、青年组织、老人协会、妇女组织、行业协会、残疾人组织、某些职业的联合会等都在某种程度上属于利益集团。20世纪50年代以后，在政治学、社会学和公共政策研究中都非常重视利益群体在政治和社会生活各个方面的影响，并且几乎所有的研究都显示，各个利益集团的活动会对社会政策和其他公共政策的决策过程产生很大的影响。

社会中的各个利益集团之所以会非常关注社会政策，并且经常采取各种方式影响政府社会政策的制定，其根本的原因是几乎每项社会政策都会在不同程度上对各个利益集团的利益产生正面或负面的影响，但是单个的社会成员在政府庞大的社会政策决策机构面前往往是无能为力的，因此需要通过群体组织的力量来反映他们的利益诉求。当这些群体中的成员意识到他们在某项社会政策中具有共同的利益时（或者受益，或者受害），就会更加倾向于联合起来为他们的共同利益而对社会政策的制定过程施加影响，以使自身的利益最大化。

2. 利益集团对社会政策的影响

利益集团对社会政策有不同程度的影响。首先，在最简单的程度上，利益集团是临时性的集体性活动。某些具有共同特点的社会成员（如一个地段上的居民、某一年龄段的人士、某一单位内的一些职工，或社会中其他具有某种共同特点的人等）可能会临时性地采取一些共同的行动（如推举代表向政府反映情况、上访、联名上书等）去表达他们的利益诉求，以期能够影响政府的社会政策。在这种程度上的利益集团还不是真正意义上的、有组织的利益集团。参加共同行动的人只是为了解决临时性的问题。一旦问题解决了，他们之间就不再有什么关联了。

其次，在中等程度上，利益集团可能具有某种长期组织形式和集团活动。当某些群体中的人意识到他们在社会政策或其他公共政策的很多方面都具有共同的、长期性的利益关系时，他们就更可能结成较为稳固的组织，而一旦形成了长期性的组织以后，正式的利益集团就形成了，并且他们会比较经常性地从各个方面对社会政策或其他公共政策的制定和实施过程施加影响。例如，一个国家或地区中的各种行业、职业或具有某些共同特点的人群一旦组织起自己的协会、联合会等组织以后，其常设机构及其负责人和专职人员就会经常性地关注其所属群体在各项社会政策中的受益或受害情况。他们会通过经常性地收集相关信息、通过媒体向社会呼吁、通过各种方式去游说议员或政府官员，或通过常规或非常规的渠道直接与政府机构或高层领导进行沟通，甚至组织集体请愿或抗议活动等各种方式来影响社会政策的制定。

最后，利益集团影响社会政策活动的最高程度是采取政治性的行动和长期性的文化和意识形态行动，以从根本上改变政府的社会政策方向和整个社会在社会政策方面的基本理念。在政治行动方面，各个利益集团可以通过积极参与选举来推选对本群体有利的政治领导人，并通过在议会中占有较多的议席来影响社会政策的决策。例如，在许多国家的大选中都能看到许多利益集团组织的频繁活动。同时，一些大的利益集团还通过广泛参与学术、文化、新闻出版等方面的活动而对一个国家的文化和意识形态施加深远的影响，以从根本上改变人们的价值观念和在社会政策方面的基本理念。

当今社会中，利益集团对社会政策的影响无所不在。小到一个社区，大到全国和全球领域都能够看到利益集团的活动。利益集团的活动还可能渗透到政府部门中。从某种程度上看，许多政府部门中存在的“部门利益”也是利益集团活动的一种表现。在全球化日益发展的今天，许多大的利益集团已经超越国界，正在产生着全球性的影响。从许多跨国公司的全球影响和许多国际民间机构的全球活动中，我们不难看出在全球化时代各个利益集团对各国社会政策的影响。

3. 利益集团对社会政策影响的后果

利益集团对社会政策影响的后果往往比较复杂。一方面，在社会分化日趋严重的现代社会中，政府在复杂的社会政策过程中有时很难考虑到所有群体的利益平衡，因此，通过利益集团的活动，可以使政府及时意识到某些群体的利益和某些社会问题的存在，因而及时纠正在社会政策制定过程中的偏差。从这个角度看，利益集团的活动对社会政策有积极的作用。但另一方面，由于社会中各个利益集团因其掌握的资源不同，它们对政治过程的影响力大小也很不一样，因而常常也会使政府的社会政策偏向力量比较强大的利益集团，从而使社会政策在不同程度上偏离公共目标。因此，对于政府来说，在社会政策过程中，应该客观、公平地对待各个利益集团的活动。一方面通过各个利益集团的活动来清楚地了解各个群体的需要和他们所面临的问题，采取一定的政策行动去满足各群体的需要，并通过一定的社会政策去平衡各个群体之间的利益关系；另一方面也应该注意把握和规范利益集团的活动，以防止一些利益集团从政府的社会政策过程中不正当地获取利益。

五、社会政策过程中的公民参与

广泛的公民参与是当代各国社会政策过程的又一特点。在当代民主政治制度下，广泛的公民参与是政府社会政策得到广泛政治支持的重要基础。因此，各国政府都将调动公民广泛的参与看成是其社会政策行动的重要内容。

1. 公民参与的含义

所谓“公民参与”，是指一个国家的公民以各种方式直接或间接地参与到社会政策行动之中。从政治学的角度看，公民对社会政策过程的参与体现了公民在政治活动和公共事务中的主体地位。社会政策过程不是一个“恩赐”与“受惠”的过程，而是一个公民自己当家作主，自己决定社会福利及相关公共事务的过程。公民参与包括了公民在社会政策过程中的基本权利和义务两个方面。从权利方面看，居民在社会政策行动中有知情权、投票权、批评建议权等基本的权利；从义务方面看，公民在关心公共事务、纳税和遵守政策法规等方面具有相应的义务。

2. 公民参与的意义

公民参与对当代政治生活和社会政策行动都具有重要的意义。首先，对公民来说，参与体现公民的主体地位以及公民在当代社会中所具有的基本的政治和社会权利。从政治学的角度看，社会政策是利用公共资源来处理各种公共事务的过程，而公共资源的所有者和公共事务所涉及的对象最终都是广大的公民。因此，公民在社会政策过程中具有主体的地位，有权参与到社会政策过程的各个环节，通过参与行动而维护自身的利益，并对社会政策行动作出自己的贡献。从社会政策的基本原则上看，只有通过公民的广泛参与才能保证社会政策符合最广大群众的根本利益，并且也只有通过公民的广泛参与才能真正成为一项公共行动。从经验事实上看，社会政策比较发达的国家其公民的集体主义精神往往也比较强，公民对社会政策等公共事务的参与比较多。并且，一个国家内部在社会政策过程中参与较多的群体往往可以从社会政策行动中获得更多的利益。

其次，对政府来说，公民的广泛参与也是其社会政策能够合理制定并有效实施的基本条件。一方面，通过广泛的公民参与可以防止或减少政府行为的偏差，弥补代议制民主制度的缺陷。另一方面，通过公民的广泛参与可以使政府的社会政策获得更多的政治支持。再一方面，通过公民的广泛参与可以更广泛地调动社会资源，为社会政策发展创造更好的条件。

3. 公民参与的方式

在当代各国，公民以各种方式参与社会政策的各个过程。首先，公民可以通过参与政治选举等各种有关的政治活动而从根本上影响社会政策的进程。其次，公民可以直接向政府机关提出对社会政策的批评或建议，或通过各种媒体发表自己的见解，从而影响政府的社会政策行动，有时甚至是以集体行动的方式表达某种观点和意愿。再次，公民可以通过积极参与各种调研和咨询活动，帮助政府做出合理的决策。其中民意调查、政策调研、听证会以及各种公开的政策咨询活动在当代社会政策的决策过程中都具有重要的作用。此外，在社区等领域里，居民也可以通过自办一些福利项目而参与政府的社会政策行动体系之中。最后，公民还应该依法承担与社会政策有关的各种义务，如遵守法规、交纳税费、赡养老人、关心儿童、帮助弱者等，还可以通过捐助和参加志愿者服务而积极参与社会政策行动。

概括起来看，公民参与社会政策行动的方式包括政治参与、意见参与、社会行动参与和资源投入等不同层次的方式。政治参与是通过积极参与政治活动而影响社会政策；意见参与是以各种方式发表自己对社会政策的意见；社会行动参与是具体参与行动过程中，包括履行自己的社会义务和职责、参与志愿者服务等；资源投入则是依法交纳税费与自愿提供捐赠。

4. 影响公民参与的因素

在当代各国的社会政策行动中，公民参与的程度是不一样的；一个国家内部各个群体在社会政策行动中的参与程度往往也有很大的差异。影响居民参与的因素有很多，概括起来看主要有以下一些方面：

首先，公民的参与机会与参与意识直接影响着他们实际的参与活动。所谓参与机会，是指公民能够有效参与社会政策行动的可能性和难易程度。所谓参与意识，是指公民参与社会政策行动的主动性。公民的参与意识对实际的参与活动产生很大的影响。

其次，公民对社会政策行动的参与还受许多社会因素的影响。一方面，居民社会参与的机会与一个国家的政治体制有关，包括公共政策过程及公共信息的公开化程度、政府对各种公共资源垄断的程度等。另一方面，社会平等化程度将直接影响各个群体及个人在信息获得、接触媒体等方面机会的多少，进而导致社会参与的机会不同。再一方面，一个国家或地区的政治文化传统、主导意识形态、居民的受教育程度以及社会组织成熟和居民自治发育状况等方面的因素都会对公民社会参与的意识产生明显的影响。

最后，一个国家的法律体系是公民参与的基础。一方面，公民参与社会政策行动的权利需要通过法律来保护，没有具体法律条文保护的权利往往是难以落实的；另一方面，需要通过一定的法律来规范各方参与社会政策的行动，以便使公民的社会参与能够健康有序地进行。

第二节 社会政策的社会分析

与其他公共政策相比，社会政策最大的特点之一是其直接面向广大人民群众，直接影响千家万户的生活以及社会各个群体和个人的实际利益，与家庭、社区、组织和阶级阶层关系等方面关系密切，并对社会发展和社会生活质量都有直接的影响。因此，民众对社会政策的关注程度普遍较高。从这个角度看，社会政策具有重要的社会学意义，对社会政策的社会学分析是社会政策分析中的重要方面。在本节里，我们将首先介绍关于社会政策的若干社会学理论视角，并分析社会政策与社会结构和社会发展等各个方面的关系。

一、不同社会学理论视角下的社会政策

社会学理论研究对社会政策和社会福利问题的关注由来已久。当代社会学的各个理论流派都在不同程度上涉及社会政策与社会福利的方面，并对此做出了不同的理论分析。在此我们主要介绍其中最主要的功能主义、冲突学派和女性主义的社会政策理论视角。

1. 功能主义的社会政策分析视角

当代社会政策研究中的功能主义视角泛指所有在对社会政策和社会福利进行解释时持功能主义基本立场的理论。功能主义关于社会政策的基本立场是，社会福利是社会的功能需要，在现代工业化国家中由国家来承担社会福利事务是社会整合和社会发展的功能需要。在功能主义理论的旗帜下，20 世纪五六十年代有一大批社会福利理论从各个角度论证了福利国家的社会政策体系是社会的功能需要。比较著名的理论有罗斯托（W. W. Rostow）关于社会福利的工业化理论，认为当代社会福利制度是工业化的产物，其目的是要弥补工业化社会和资本主义的不足（Rostow，1960）。同时，威兰斯基和莱比克斯（H. L. Wilensky & C. N. Lebeaux）认为，当代社会福利是为了解决工业化所带来的社会问题，因此不论其社会观念如何，只要是工业化国家，都会建立社会福利制度（Wilensky & Lebeaux，1965）。还有其他一些相关的理论研究也持类似的观点。此外，在同期其他一些学者基于功能主义的立场提出了关于社会福利的“文化决定论”等理论，从不同的角度对社会政策的差异做出了解释（Rimlinger，1971）。

2. 冲突学派的社会政策分析视角

当代社会学中的冲突学派持与功能主义不同的理论范式。在对社会政策的理论研究中，冲突学派的基本视角是强调在社会政策行动中各群体之间的利益

和价值的冲突，认为社会政策的过程是各个利益集团协商和妥协的结果。早在20世纪六七十年代，就有研究者通过对英国的国民健康服务（NHS）立法案的研究，以及对美国健康保险制度的研究而重点分析了社会政策过程中各个利益集团的冲突（Marmor，1968）。

3. 性别视角的社会政策分析

20世纪60年代以后，从两性社会差异的角度来审视社会政策的理论越来越受到注意。这种视角被称为“女性主义”（Feminism）或“社会性别”（Gender）的社会政策理论。性别视角的社会政策分析包含了各种各样具体的理论观点和方法，其共同点是从性别差异的角度看社会福利，并且主要是持批判的眼光。概括起来看，性别视角的社会政策理论的基本观点是：当代社会中女性受到男性的剥削，而现存的社会福利制度是有利于男性的。除此以外，性别视角的社会政策研究中各个流派之间存在着很大的理论差异，其分歧主要在于如何解释女性地位低下的原因以及如何解决这一问题。

性别视角的社会政策理论的主要派别有民主社会主义的性别视角理论、新自由主义的性别视角理论和激进的马克思主义的性别视角理论。民主社会主义女性主义的社会福利理论的基本观点认为，社会福利对女性有好处，因此支持以促进社会福利发展的方式来改变妇女的地位。新自由主义的女性主义的基本观点强调社会福利制度对女性的负面影响，认为福利是一种“社会父权”，因此反对给妇女提供特殊的保护和特殊的福利项目，主张在福利项目上两性之间的平等，反对依赖国家的力量去提高妇女的地位。当代激进的马克思主义的女性主义的基本观点认为国家是阶级统治的工具，因此也反对妇女依赖国家、依赖福利。

二、社会政策与社会阶层结构

社会政策与社会阶层结构之间的关系是对社会政策进行社会学分析时关注的重要问题之一。当代各国的社会政策与社会阶层结构有着双向的密切关系：一方面，当代各国的社会政策行动对社会阶层结构产生着影响；另一方面，各国的社会政策是在特定的社会结构中进行的，社会阶层结构对其社会政策产生着明显的影响。

1. 社会阶层结构和社会群体间利益关系对社会政策的影响

各国现实的社会政策实践都是在特定的社会结构中进行的，政府在制定各项社会政策时总是要考虑社会中的阶级阶层状况，以及各个阶层和群体的利益。社会中的各个阶层和利益集团也将以各种方式对社会政策的总体方向和具体政策施加各种影响。上一节在关于利益集团与社会政策关系的分析中对此问题进行了讨论。除此以外，社会政策不仅与现实的社会结构和不平等状况具有密切联系，而且与人们的平等意识也直接相关。在一个集体主义和平等主义意识比较强的社会里，民众会更多地支持政府通过社会政策来推进社会平等化的行动，而在个人主义意识形态较强的社会里则可能相反。因此，在当代社会中一些大的利益集团不仅通过现实的政治和经济活动而直接影响政府的社会政策决策，而且还通过影响大众传媒、学术活动和文化艺术等方面影响一个社会的意识形态和人们的价值观念，从而对政府的社会政策产生更加深远的影响。

2. 社会政策在调节社会利益冲突和缓和社会不平等中的作用

社会政策具有通过再分配功能而调节社会中各个阶级、阶层和群体之间利益关系，促进社会平等的作用。从现代社会政策的早期阶段起，政治家和学者们就注意到了这一点。事实上，作为现代社会政策的开始，19 世纪 80 年代德国俾斯麦政府的社会保险立法就明显具有调节当时阶级关系的目的。后来从费边主义到民主社会主义的社会福利理论一直强调通过实施社会政策来对社会财富进行再分配，以缓和社会不平等，达到社会公平的目标。在实践上，当代各国政府也都在不同程度上采用社会政策的手段去调节社会中各个群体之间的利益关系，缓和社会不平等。

然而，在各国和各个不同时期中，社会政策在调节群体间利益冲突和缓解社会不平等方面的作用有大有小，有时候甚至还会增大社会不平等。例如，在我国过去计划经济时期的社会政策体系中，城市人获得的福利水平明显高于农村，城市里的全民所有制部门的福利水平又高于其他部门，干部的福利又高于工人，其效果就倾向于增大不平等。改革开放以后，我国的公共福利资源分配中也存在着明显的不均衡。为此，近年来在中共十七大报告等重要文件中多次提出“公共服务均等化”的要求，以期增大包括社会政策在内的整个公共服务体系在再分配中的正面作用。

此外，从价值目标上看，一些学者也对以社会政策来消除不平等提出了质疑。例如，当代西方一些研究者从经典马克思主义的观点出发，认为资本主义条件下的社会不平等是资本主义制度本身的产物，只有通过消除资本主义制度才能消除不平等，而试图通过实施社会政策来消除不平等是不可行的。同时，一些持新自由主义观点的研究者则对通过高福利的社会政策来消除社会不平等的价值目标提出了质疑，他们认为社会政策再分配的实质是“惩罚勤劳，奖励懒惰”，其结果会使整个社会的经济活力和效率降低。

尽管存在着各种复杂的情况和各种不同的观点，各国通过广泛实施社会政策来降低社会不平等仍是解决社会问题的有效途径。迄今为止各国的社会政策行动还不可能完全消除不平等和贫困，但是如果没有大规模的社会政策行动，各国的贫困、社会排斥和不平等问题肯定会比现在严重得多。因此各国政府应该继续坚持通过社会政策来调节群体间的利益，降低因市场经济竞争和其他因素而导致的不平等。尤其是近年来随着经济全球化、经济与社会转型以及市场经济竞争加剧而导致了越来越多的贫困、失业和社会排斥等问题，要求各国政府更多地通过社会政策和其他行动去增大社会保护的力度，并在促进社会融合的基础上进一步促进社会的平等化。

三、社会政策与家庭、社区和组织

在过去长期的历史中，社会福利的功能一直是由家庭、社区以及一些社会组织等承担的。20 世纪以来，虽然政府通过社会政策在社会福利事务方面承担了主要的责任，但传统的社会结构仍然发挥着作用，并且与政府的社会政策行动有着密切的关系。因此，在对社会政策进行社会学的分析时，应该注意到社会政策与这些传统结构之间的关系。

1. 在现代社会中，家庭功能与社会政策的关系

家庭是社会生活的细胞单位，是人们最主要的活动场所之一。在长期的农业社会中，家庭一直是社会经济活动中最主要的基本单位，并且也是社会保障和满足人们各项服务的基本单位。进入工业化社会以后，家庭在生产方面的经济功能和在经济保障和各项服务方面的功能都大大弱化，因此需要建立和发展国家福利体制来弥补社会在这一方面的功能缺陷。但是，迄今为止，由于家庭仍具有较强的共同生活和共同消费功能，由此而使得家庭仍然具有一部分经济保障和各项服务的功能，并且在一些国家和地区，家庭的这些功能还继续发挥着重要的作用。

家庭与社会政策行动之间具有复杂的关系。首先，家庭的福利保障功能与社会政策行动之间存在着此消彼长的关系。由于家庭功能的弱化而需要国家采取更多的社会政策行动；但如果只是单方面注重由国家采取社会政策行动来提供福利服务的话，可能会进一步加速家庭功能的弱化。在这种情况下，国家或其他组织承担的责任越多，家庭功能的弱化也越快；而家庭功能弱化越快，对国家社会政策行动的依赖又会进一步增多。

其次，家庭可以在当代社会政策体系中发挥多层次的重要作用。在当代社会中，家庭不仅仍然是人们经济保障的重要来源之一，而且在抚养儿童、养老、残疾人服务等方面仍然可以发挥重要的作用。因此，在当代社会政策中，家庭至少可以作为社会福利体系的重要补充，以弥补国家福利的不足。有些观点还主张家庭应作为提供保障和服务的首要单位，即人们所需要的保障和服务首先通过家庭来获得。只有当家庭无法满足这些需要时，才由政府或其他组织

来提供。

因此，鉴于家庭在当代社会政策中的重要意义，政府在社会政策发展过程中应该更多地注意家庭的作用。一方面，在社会福利计划中应该重点考虑以家庭为单位的福利标准。例如，一些国家以家庭人均收入为单位来核算纳税标准，在福利给付计划中重点考虑没有家庭支持的或者家庭功能很弱的群体（如我国农村的“五保户”制度以及对孤儿、单亲家庭和其他困难家庭提供福利保障）。另一方面，在社会政策实践中注重通过政府的行动来加强（而不是削弱）家庭的经济及社会功能。

2. 当代社区发展与社会政策的关系

社区是指人们社会生活的共同体。生活在一个地域中的居民由于其频繁的交往而产生共同体的意识，并形成比较稳固的社会关系。在此基础上会产生出一定的组织形态，以进一步发挥社区功能、维系社区关系并推动社区发展。社区的基本要素有：社区成员有共同的居住地域，社区成员有共同的活动，社区成员之间有密切的社会交往，社区成员有共同的“归属感”。

从有人类社区以来就有了一定形态的社区组织。进入农业社会以后，国家组织不断成熟和发展，并在大范围的社会管理方面发挥了更加重要的作用，但人们的主要经济及社会活动仍是以相对狭小的地域为基础，因此地方社区对人们的经济和政治活动及社会生活的作用仍然很大，基层的社会管理和社会服务仍然主要依靠地方社区组织。工业化社会以后，人们的交往和共同的活动不再局限于狭小的地域，这一方面导致公共事务范围的扩大，另一方面也导致在一定区域中居住的居民不再具有共同体的各种要素，尤其是大城市中的居民更是如此。同时，大规模经济组织的出现和国家组织的加强并逐渐渗入基层社区当中，替代了许多原来社区组织的功能，并使社区组织形态发生了很大的变化。在20世纪中叶以后，随着西方“福利国家”的社会福利政策和公共行政体制的发展，以及社会主义国家中国家力量的迅速强大和国家在社会生活中作用的扩大，世界各国都在不同程度上出现了传统社区组织弱化以及社区组织被纳入国家组织体系中的现象。

然而，大规模的经济组织和国家力量的增强并没有完全取代社区的作用。在最近30多年的时间里，随着“福利国家”体制的弱化，各国都重新审视社区在基层社会管理和提供社会服务方面的重要性。在新的社区建设和社区发展过程中，地方社区组织又获得新的发展机遇，各种区域性、全国性乃至国际性的组织都纷纷进入社区，寻找其发挥作用的社区平台。在目前的全球化时代，人们已经开始在全球层面上构筑整个人类生活的共同体，但在全球化的强势发展中，地方性也在不断加强，这些情况都促使各国政府和研究者重新注意到社区在社会政策行动中的意义。社区在社会政策行动中的作用可以表现在两个层次：一是社区自身以自治的方式向居民提供必要的服务；二是社区参与到政府的社会政策行动之中，并在其中发挥重要的作用。由于各国的社区体制及社会政策体系的不同，社区在这两个层次上发挥的作用也不一样。因此，研究社会政策与社区的关系需要结合各国具体的情况加以分析。

在我国，社区既是一个居民自治组织，同时也在不同程度上承担着政府的公共服务和社会治理体系中基层单位的任务。一方面，作为一种居民自治的组织，社区组织承担着为社区居民提供各种福利性服务的功能，在满足居民各种需求方面发挥着重要的作用。目前在许多城市社区中都成立了综合性的“社区服务中心”，为社区居民提供全面的服务，其服务内容包括：为普通居民日常生活服务，以及环境卫生、治安保卫、教育、托幼、医疗卫生、心理辅导等方面的服务。同时还有一些针对特殊人群的服务，如向残疾人、老年人、儿童、贫困者等特殊群体提供的公益性服务。另一方面，作为政府公共服务和社会治理的一个基层单位，社区组织又在具体实施各项政府社会政策的行动中发挥着重要的作用。政府社会政策体系中的很多行动计划都需要通过社区组织来加以实施。例如，政府的社会保障、贫困救助、公共卫生、促进再就业等方面的社会政策行动都需要在社区层面展开。因此，社区对政府的社会政策的实施具有重要的作用。此外，我国的城市社区与农村社区的特点也不一样。相比之下，农村社区具有更多传统社区的特点，村民与社区组织的利益关联更紧密，因此对社区事务的参与性也更强。目前我国农村社会服务包括了公共教育、医疗卫生、社会救助以及针对各类特殊困难者的福利性服务。这些服务项目一方面依托地方社区自身的资源，另一方面也被纳入了政府的社会政策规划，并在不同程度上得到政府的资助。

3. 当代社会组织与社会政策的关系

社会政策的制定和实施与社会的组织化程度和社会组织方式有密切的关系。所谓社会的组织化程度，是指社会中各类组织的发展程度及其组织体系严密化的程度，以及个人被纳入正式组织中的程度。在当代组织化程度较高的社会中存在着严密的组织体系，众多的社会成员都被纳入各种不同的组织中。人们从组织中满足各种需要，并且人们的经济状况、社会地位以及所获得的福利保障水平等方面的情况都在不同程度上受到其所属的组织的影响。同时，人们所获得的社会服务也受各类专业化服务组织的影响。

普遍说来，在人们所属的各种组织中，就业组织（“工作单位”或“用人单位”）对个人的经济状况和福利保障状况影响最大。在计划经济体制下，几乎每个人都属于某一个“单位”，人们不仅在单位中就业并获得工资收入，而且还从单位里获得各种福利保障和其他公共服务。因此我国过去的社会保障模式可以被概括为“国家—单位保障模式”（郑功成等，2002）。在当时的农村则实行人民公社制，依托集体经济组织而建立起了比较好的教育、卫生、社会救助等公共服务体系。

改革开放以后，由于我国就业组织在向其员工提供福利保障方面以及在政府社会政策体系中的角色普遍地弱化，我国城市中从20世纪80年代起就开始推进“社区服务”活动，并从90年代起大规模地开始了“社区建设”，以加强城市社区组织的社会功能，适应人们从“单位人”向“社区人”的转变，以及社会政策和社会管理从“单位制”向“社区制”的转化。经过多年的努力，现在城市社区中的组织体系已初具规模，其功能也得到了加强。但由于其财政资源、居民参与等关键性的问题还没有完全解决，因此，迄今为止，城市社区组织在社会政策体系中还不能完全承担起以前由就业单位所承担的任务。在农村，随着集体经济组织的解体，以及后来农村经济发展的缓慢，导致乡、村组织在福利保障方面的功能大大减弱，农村社区的公共服务体系遇到比较严重的困难。总而言之，改革开放以后我国城乡组织体系的变化对社会政策行动产生了实质性的影响。建构新的城乡组织体系是我国未来社会管理与社会政策总体发展中的一个重要方面。从90年代以来，我国城市的社区建设中已经取得较突出的成就。近年来，在推动“新农村建设”的进程中，政府对农村公共服务体系建设的投入逐渐增大，这对带动农村各个组织体系建设也有重要的促进作用。如何将政府的公共投入与农村公共组织体系自身能力建设结合起来，使农村公共组织在为农村居民提供各种福利保障和其他公共服务方面发挥更大的作用，是未来农村社会政策和农村基层组织建设中的一个重要议题。

除了就业组织和社区组织以外，社会中的医院、学校、社会福利机构等专业化服务组织在社会政策行动中也扮演着重要的角色。从其承担社会政策行动任务的角度看，这类组织需要解决三个方面的问题，一是其所有制性质，二是基本目标，三是运行机制。首先，从所有制的方面看，以前的社会福利理论认为，承担社会政策行动任务的专业化服务组织都应该是公共部门的组织，即公有的组织，而私人机构一般只能提供商业化的服务，不能参与到社会政策行动中的公共服务活动。但最近30多年来，不少国家在社会政策的实践上都出现了将原有的公共社会福利机构私有化，以及将政府的社会政策项目委托给私人机构的做法。并且一些研究者也从理论上探讨了这种“福利私有化”做法的优缺点。“福利私有化”可以降低政府在社会福利方面的开支，并有助于社会政策行动效率的提高，但另一方面也可能导致各项社会服务的公益性和福利性的降低。总的说来，这种做法的综合性后果还有待于长期实践的检验。其次，社会服务组织的基本目标对其承担的社会政策行动也有直接的影响。从社会学角度分析，一个组织的目标将直接影响该组织的各种行为。因此，过去的社会福利理论认为，社会政策行动和社会福利项目不应该与营利性组织有关联。但最近 30 多年来，一些国家的社会服务组织在实践上突破了这一原则，将营利性目标与承担社会福利项目集于一身。最后，社会服务组织的运行机制与其承担政府社会政策项目也有密切的关系。这里最关键的问题是福利性的社会服务机构能否以及如何引入市场机制。本书第五章对此问题进行了讨论。

此外，当代社会中各种民间和非营利组织的发展也对各国的社会政策发生了重要的影响，本书相关章节对此问题已做了更详细的介绍。

四、社会政策与社会发展

社会政策的最终目标之一是要促进社会发展。社会发展是一个综合性的社会过程，其中包含解决各种社会问题、社会生活质量的提高、最终的人类发展水平的提高等多方面的内容。社会政策通过其具体的行动而影响个人生活质量的提高，并促进社会的发展。

1. 社会政策与社会问题

在本书的第四章里已经对当代社会的各种社会问题，以及社会政策在解决各种社会问题中的作用进行了分析。从社会学的角度分析，社会问题既可以被看成是社会运行功能紊乱的后果（功能主义解释），同时也可以看成是社会中各利益群体相互冲突的结果（冲突派的观点）。但不论从哪种角度看，社会问题都可以通过社会政策加以解决，或者说社会政策是解决社会问题的重要手段之一。满足社会成员的基本需要和解决各种社会问题一直是推动社会政策发展的两个最基本的目标，但社会政策在解决社会问题方面的目标使其对宏观的社会发展具有更重要的意义，即社会政策不仅仅局限于满足社会成员或某些群体当前的需要，而是着眼于整个社会长期的发展。通过解决社会问题和建构合理的社会结构而恢复社会功能，同时通过社会政策行动而建立更加和谐的社会关系，进而使整个社会保持良性运行。从这个角度看，社会政策行动既是“治疗型”的，即通过社会政策行动而“医治”当前的问题，同时也是“预防型”的，即通过“积极的社会工程”和主动的干预行动来防止或降低社会问题的发生。再有，社会政策还是“建设型”的，即通过社会政策行动而建构和维持人类社会长期持续发展的制度构架。为此，当代社会政策从一开始就着眼于预防和解决各种社会问题，并且在未来的发展中，解决社会问题的目标将一直是各国社会政策发展最基本的动力之一。

2. 社会政策与社会生活质量

人们生活在社会中，都在以各种方式追求着高质量的生活。社会学用“生活质量”的概念来综合衡量人们的生活状况。这一概念包括人们生活的客观条件和人们对生活的主观感受等方面的含义。同时，它既反映个人生活的质量，也反映社会生活的质量。在人们的现实生活中，生活质量的高低不仅仅取决于个人收入水平和家庭物质生活条件，而且还要受多种因素的影响，其中，一个国家的社会政策对个人和社会的生活质量会产生很大的影响。

首先，社会政策对个人生活质量有很大的影响。人们的生活质量首先取决于有足够的物质条件，包括稳定的职业和足够的收入、住房、交通、受教育机会、良好的健康与保健条件，等等。市场虽然可以在满足人们物质需求方面发挥基本的作用，但也会导致人们在获得这些物质条件方面的巨大差异，并且市场的不稳定性也常常使一些人陷入困境，从而使整个社会平均生活质量下降。相反，以公共物品的方式去给社会成员提供一些服务（如教育、医疗、住房等），将使人们的生活条件有很大的改善。同时，在社会不平等比较严重的情况下，通过社会政策行动实施一定的再分配，会使整个社会的生活质量得以提高。

其次，人们的生活质量不仅取决于物质生活条件，还取决于对生活的心理感受，而这种心理感受不仅受现实物质条件的影响，而且还受收入和生活的稳定性、经济保障、防范疾病和抵御各种生活风险的能力等方面情况的影响。而对个人生活来说，市场最大的缺点之一就是其防范各种风险的能力较低。市场竞争给人带来的精神压力虽然可以促使人们更加努力工作，但压力太大也会使人们陷入长期的紧张和焦虑，严重时还会带来各种心身疾病。这样一来，即使获得了一定的物质生活条件，总体上的生活质量也会下降。因此，通过社会政策行动以公共物品的方式为人们提供一定的保障，将大大缓解人们的精神压力，使生活质量明显提高。

最后，最关键的一点是，人们的生活质量不仅取决于个人和家庭的生活质量，而且还取决于社会生活的质量。如果生活在一个社会分化严重、社会矛盾尖锐、社会问题层出不穷、人际关系非常紧张的社会环境里，即使个人和家庭的物质条件再好，也很难有高质量的生活。因此，提高生活质量不仅要靠个人的努力，而且更重要的是要通过公共行动建构一个平等、稳定、和谐和整合的社会，只有在这样的社会中每个人的生活质量才会真正提高。从这个角度看，社会政策对提高人们的生活质量具有根本性的和长期性的影响。

3. 社会政策与人类发展

大量的研究已经表明，过去只以经济增长为目标的发展模式存在着严重的缺陷，在这种模式下，一个国家虽然可以在经济指标上取得成就，但人们从这种发展模式中获得的实际受益并不多。为此，人们重新审视发展模式，提出了新的人类发展视角。新的人类发展视角强调以人为中心的发展观，强调经济与社会发展要围绕着满足人的各种需要，提高人的生活质量，并解决人类社会所面临的各种问题。在这种新的发展模式中，社会政策将具有重要的作用。

首先，新的人类发展视角需要以综合性的发展指标去衡量经济与社会发展的成果，不仅要看经济增长的速度，而且要看经济增长的效率和质量；不仅要看经济增长，而且要看经济增长在满足人们需要和提高生活质量方面所起到的实际作用。因此，新的人类发展指标包括了经济增长的速度、效率和质量，各项社会事业发展状况，并且最终要落实到经济与社会发展的成果给人们带来的实际效用。从具体的指标上看，一些权威的国际机构往往用“人均收入水平”“识字率”“平均预期寿命”“婴儿死亡率”等指标来综合反映一个国家和地区人类发展的状况。这些指标的背后都包含了社会政策行动的意义。也就是说，经济发展只能为人类发展提供必要的物质基础，而要达到高水平的人类发展，还必须要通过社会政策行动去将经济发展的成果转化为满足人们实际需要和提高生活质量方面的实际收效。

其次，新的人类发展视角强调经济、社会、环境的协调发展，避免以破坏社会和环境为代价的经济发展模式。在社会发展方面，强调在社会公平原则下的民众参与和社会融入，避免社会排斥；强调社会整合与平等化，避免社会分化和贫困的扩大；强调通过扩大各项社会服务而更好地满足人们的各项需求，避免因过度的商业化而降低社会服务对部分群体的可及性。最关键的是，协调发展的理念应该贯穿于人类发展的全方位和全过程。毫无疑问，社会政策在这种协调发展的模式中应该发挥重要的作用。它一方面可以在社会发展方面直接发挥作用，是社会发展中最主要的推动力；另一方面它也可以为经济发展创造良好的社会条件，从而使经济与社会能够达成协调发展的模式。

再次，新的人类发展视角强调可持续发展的模式，即当代人的发展不能以牺牲未来下一代人的利益为代价。可持续发展的要求不仅表现在环境资源保护方面，而且还体现在社会层面上，即经济发展不能以降低社会整合、破坏社会文化、增大不平等、增多社会问题和降低生活质量等为代价。在社会方面也不能走“先破坏、后治理”的道路。我们这一代人将来留给下一代人的不仅应该有经济发展的成果，而且也应该有一个良好的社会。不应该为了加速发展经济而破坏了我们的社会，而迫使下一代人花更大的力气去纠正我们所造成的破坏。为此，在人类发展的全过程中始终需要社会政策行动去维持可持续的经济与社会发展模式。

最后，新的人类发展视角强调综合性的人类安全。在这种视角下的发展观不仅关注国家的安全，而且关注个人的安全，并且强调通过加强个人的安全而达到国家安全。在个人安全方面，强调社会要保障人们的综合性的安全，包括经济安全、政治安全、社区安全、人身安全、食品安全、文化安全等方面，而要达到这一目标，就需要加强社会政策行动，向人们提供综合性的社会保护。

综上所述，社会政策行动与人类发展的视角具有共同的价值目标，因此它在促进人类发展方面可以发挥重要的作用。对于各国的决策者来说，首先需要将新的人类发展和人类安全的理念作为其决策的基本导向，其次需要通过合理的社会政策行动去促进人类发展。

思考题

1. 社会政策有哪些政治功能？
2. 社会政策与国家和社会有什么样的关系？
3. 分析社会政策过程中公民参与的意义和方式。
4. 关于社会政策的社会学研究中有哪些基本的理论视角？
5. 社会政策与社会阶层结构有什么样的关系？
6. 结合我国情况，分析社会政策与家庭、社区和组织的关系。
7. 结合我国情况，分析社会政策对社会发展的意义。

主要参考文献

关信平，郭瑜．人类安全：分析框架及应对措施．学海，2008（1）．

谢明．公共政策导论．北京：中国人民大学出版社，2002.

郑功成，等．中国社会保障制度变迁与评估．北京：中国人民大学出版社，2002.

Macarov David．社会福利：结构与实施．官有垣，译．台北：双叶书廊有限公司，2000.

DiNitto D M. Social Welfare：Politics and Public Policy. Boston：Allyn and Bacon，2000.

Sullivan Michael. The Politics of Social Policy. New York & London：Harvester Wheatsheaf，1992.

Chen S. Social Policy of the Economic State and Community Care in Chinese Culture：Aging，Family，Urban Change，and the Socialist Welfare Pluralism. England：Aldershot Hants，Brookfield Vt. Avebury，1996.

Rostow W W. The Stages of Economic Growth：A Non - Communist Manifesto. Cambridge：Cambridge University Press，1960.

Wilensky H L，Lebeaux C N. Industrial Society and Social Welfare：The Impact of Industrialization on the Supply and Organization of Social Welfare Services in the United States. New York: Russell Sage Foundation, 1958.

Rimlinger G V. Welfare Policy and Industrialization in Europe, America, and Russia. New York: Wiley, 1971.

Marmor T R. Why Medicare Helped Raise Doctors Fees. Madison: Institute for Research on Poverty. University of Wisconsin, 1968.

第十一章　经济全球化背景下的社会政策

随着经济全球化的迅速推进，各国的社会政策受到了国际经济环境和国际组织越来越强烈的影响。传统上，社会政策局限于民族国家的范围内，通过国家对自由市场的干预，向因生、老、病、死、残、失业等原因无法维持基本生存的社会成员提供社会保护和社会福利。随着经济全球化的推进，经济竞争力的考虑对各国社会政策的影响日渐明显，国际移民的增多迫切要求有相关的制度安排保护移民的社会福利权益，而各国资本市场、劳动力市场的趋同又为世界银行之类的超国家机构介入社会政策提供了可能。在经济全球化背景中，社会政策越来越具有了国际性和超国家的性质。

本章首先考察全球化与社会政策的关系，重点是全球化对社会政策的影响。接着，介绍国际组织的社会政策行动，主要是世界银行、国际货币基金组织及国际劳工组织的社会政策行动。最后，讨论经济全球化背景下的一些社会政策议题，包括社会政策与经济竞争力的关系、社会倾销以及社会政策国际协作等内容。

第一节　经济全球化与社会政策

一、经济全球化及其与社会政策的关系

"经济全球化"是一个用得相当广泛而又充满争议的词。要理解经济全球化和社会政策之间的关系，首先必须对"经济全球化"的含义作一界定。

1. "经济全球化"的含义

人们往往用"经济全球化"一词来描述许多现象，比如商品、服务、技术和人员等要素的跨国界流动，自由贸易，国际市场，等等。一般认为，经济全球化包括以下方面的内容：金融市场日渐融为一体，外国直接投资的迅猛增长以及跨国公司占有的全球生产份额的不断上升，国际贸易的发展，跨国技术转让的增多，劳动力市场的国际化，人员的频繁跨国流动，现代通信方式的迅

速传播（Walker and Deacon，2003）。简言之，经济全球化指的是使世界各地经济运行日渐融为一体的进程。

2. 经济全球化与社会政策之间的关系

理解经济全球化与社会政策之间的关系，主要有四种视角。

第一种视角认为，随着资本主义占据世界经济的统治地位，经济全球化会导致社会政策的倒退。这种观点的代表人物是米什拉（Mishra）。他认为，全球化削弱了民族国家独立制定政策特别是实现充分就业和经济增长政策的自由，日益激烈的国际经济竞争会迫使各国削弱社会保护水平，削减社会支出，从而加剧各国内部及各国间的工资和劳动条件的不平等状况。

第二种视角认为，经济全球化不过是一种外生性的力量，对各国的社会政策影响不大。这种观点的代表人物是皮尔森（Pierson）。他认为，在全球化压力面前，福利国家并不会受到太大的影响，而是会继续存在下去。诚然，经济全球化给福利国家带来了某些压力，但这些压力并不会导致福利国家的解体，而是会促使人们就福利国家的制度安排重新进行审视，对福利国家进行结构调整，使其现代化。皮尔森认为，真正对福利国家构成挑战的不是全球化，而是社会经济的变迁，福利国家“成熟”带来的后果，以及人口老化等。

第三种视角认为，经济全球化对福利国家产生了影响，但其影响和作用却受到了各国政治形势和国家政策的制约。这种观点的代表人物是艾斯平·安德森。他认为，一国经济的发展的确离不开经济开放，而开放会加剧竞争，使各国更容易受到国际贸易、金融和资本流动的影响。结果，各国政府在制定经济政策及其他相关政策时，会面临更多的限制。为了应对全球化造成的困境，不同的国家制度会以不同的方式做出回应。对发达国家而言，福利受益者、福利国家的工作人员、工会等利益群体跟福利国家有着千丝万缕的联系，这意味着福利国家即使面临全球经济变迁和挑战，其变化也将是有限的、缓慢的。他得出的结论是，福利国家将继续存在下去，而不会出现“竞争性的紧缩”。

第四种视角认为，福利国家既推动了全球化，又限制着全球化的未来走向。这种观点的代表人物是黎格尔（Rieger）和雷布弗里德（Leibfried）。他们认为福利国家为第二次世界大战后的经济全球化提供了重要的前提条件，正是20世纪五六十年代“社会权利”的扩张，使失业或收入中断对个体生活的影响变小了，从而消除了贸易保护主义的社会壁垒，由此为自由贸易创造了宽松的社会环境，推动了经济全球化的发展（参见 Sykes，2008）。

研究表明，经济全球化的确给福利国家带来了种种压力，限制了各国福利筹资的能力，抑制了各国的福利扩张，影响了各国福利安排的可持续性。然而，并不能由此简单地认为经济全球化导致了福利国家解体或收缩。事实上，经济全球化与社会政策之间的关系特别复杂，不同国家体制、不同福利体制对经济全球化及其带来的机遇和挑战往往有不同的理解。因此，全球化和社会政策之间的关系，不是单向的（即全球化导致了社会政策的变迁），而是双向的，两者相互影响、相互作用（Sykes，2008）。

二、经济全球化对社会政策发展的影响

经济全球化对社会政策发展的影响主要表现为三个方面，一是全球化限制了本国社会政策的选择空间；二是全球化促进了政策学习，促进了各国社会政策安排趋同；三是全球化导致了社会政策的超国家化。

首先，经济全球化限制了民族国家的社会政策权能，迫使民族国家从全球化的角度审视其面临的政策问题，调整其社会政策安排。这方面的典型例子是福利国家的改革。第二次世界大战后，欧洲的经济环境并未完全放开，在这样的环境中，国家能够对资本进行有效的节制，使不同企业履行相同的社会保护规则，这才有了福利国家的黄金时期。然而，20 世纪 60 年代以来人员、商品的跨国流动，特别是资本的全球流动，逐渐使国家失去了对资本投资流向的控制，企业可能从税负重的地区撤资，转而在税负轻的地区投资，然后再将在负税轻的地区生产的产品以相对较低的价格出口到负税重的地区。一些研究者将这种情况描述为“社会倾销”。资本外流和“社会倾销”，一方面会导致经济增长减缓和就业岗位减少，另一方面也使奉行高福利社会政策的国家和地区难以维持其较高的社会开支，因而导致福利国家危机。尤其是在 20 世纪 70 年代“石油危机”以后，福利国家普遍感到了这种危机。在这种压力下，许多福利国家不得不对其社会政策进行改革。

其次，经济全球化推动了各国之间的政策学习。在互联网时代，新的政策理念、政策思路、政策举措以及成功的政策样板，对决策者的影响越来越大。同时，随着全球化的推进，各国与外部世界的交流日渐紧密，各国民众有更多的渠道去了解其他国家的福利制度，并据此评判本国某一政策领域的表现。在这种情况下，各国之间的政策学习日渐频繁，社会政策的趋同越来越明显。其具体表现就是各国在推行社会政策改革时，往往呈现出以下共同特征：第一，都重视社会保障的改革，且都以养老保险作为改革的重中之重。在改革举措上，中东欧转型国家大多参照世界银行的养老金模式改革本国的养老金制度，比如建立个人账户，实行基金制，养老金待遇与缴费水平挂钩等。与此相比，德国、法国等欧洲大陆国家则把改革重心放在调整养老金的关键参数上，比如提高退休年龄、延长最低缴费年限、改革养老金计发办法、限制提前退休等。虽然各国都在改革养老金制度，可改革举措往往不是如出一辙，就是大同小

异。第二，都重视改革社会服务的提供方式，且改革方向高度雷同，刚改革时强调引入市场机制提高服务效率和服务质量，而现在则强调政府购买服务。尽管改革的名目五花八门，但改革的内在逻辑却高度统一。

最后，经济全球化对社会政策发展的影响还表现为社会政策的“超国家化”（Super-nationalization）。随着冷战的终结和国际经济竞争的加剧，社会政策突破了民族国家的疆界，呈现出“超国家化”的特征。这种超国家化表现为三个方面，一是全球社会规制，即为了实现特定的社会保护和福利目标而对贸易条件和跨国公司的运作进行管理；二是国与国之间的再分配（如欧盟的结构基金）；三是超国家层面的社会福利供给（Deacon，1997）。与社会政策的超国家化相对应的是，国际组织在社会政策领域的影响力越来越大。

第二节　国际组织在社会政策中的作用

一、国际组织与社会政策治理

随着全球化的推进，国际组织或超国家的机构在社会政策领域的影响越来越大。一方面，资本、人员、商品、技术、服务等要素的跨国流动带来的一些共同议题，要求有一个跨国的平台来进行对话、磋商、协调、合作，这为国际组织提供了发出声音的机会。另一方面，国际组织往往带有某种特殊的使命感，他们对特定的社会政策议题往往有自己的立场，这使得国际组织有强大的动力去影响各国的社会政策，以推行自己的政策理念。上述两方面因素的结合，使得国际组织越来越多地介入各国社会政策过程中，影响各国社会政策的发展。

今天，国际货币基金组织、世界银行、经济合作与发展组织、国际劳工组织、世界卫生组织、联合国儿童基金会等国际机构以及欧盟等超国家机构，还有乐施会、盖茨基金会、福特基金会等众多的国际民间组织，对各国社会政策的发展发挥着越来越大的影响。具体来说，国际组织影响各国社会政策的方式主要有以下一些方式：一是作为对话、磋商平台，促使相关国家就某个特定的社会政策议题签订协定、公约，或是制订共同的社会政策行动方案。二是作为特定项目的出资方，在贷款或财政援助协定中增加与社会政策相关的条款，以此作为获得援助的条件。三是利用自身的特殊身份，在一些重大议题上表达自己的立场，或者提供相关的技术支持，从而影响各国社会政策的发展。此外，还有一些超国家的机构具有一定的跨国规制的权能。在这方面，欧盟就是个典型例子。由于成员国让渡了一部分权力，欧盟可以对成员国的某些社会政策进行直接规制，比如关于欧盟成员国的国民在各成员国之间自由流动时的养老保险权益问题，欧盟就出台了《1408/71 号规定》（Regulations No. 1408/71），规定成员国公民在另一成员国积累的养老保险权益可以累计。

目前，国际组织对各国社会政策的影响主要集中在就业、移民、社会保障、教育、养老金、卫生和社会服务、食品安全及人道主义援助等领域。当然，对某个国际组织而言，其关注的焦点往往是特定的议题。比如，国际劳工组织关注的主要是劳工的权益，世界卫生组织主要是在卫生领域发挥影响。

应该强调的是，对同一个社会政策议题，不同国际组织所持的立场往往不尽相同，有时甚至截然相反。即使是同一组织，有时也可能存在两种以上的立场。比如经济合作与发展组织，一方面认为福利是包袱，需要控制福利开支，另一方面又认为福利开支具有投资属性，应该获得足够的支持（表 11-1）。因此在某种意义上，为了影响各国的社会政策，不同国际组织之间，甚至同一国际组织内部的不同部门之间，存在竞争关系。不过，当不同国际组织对某个问题持有的立场接近的时候，也往往会联手起来共同行动。比如，在中东欧转型国家转轨的过程中，世界银行和国际货币基金组织在提供财政援助时要求这些国家按照世界银行的养老金模式推行养老金改革。

表 11-1 国际组织的福利立场

现有的福利是	
包袱	国际货币基金组织，经济合作与发展组织
向心力	欧盟，国际劳工组织，世界银行
投资	经济合作与发展组织，世界银行
再分配	
未来的福利应侧重于	
安全网	世界银行，欧盟
工作福利	国际货币基金组织
实现公民权	国际劳工组织
再分配	

资料来源：转引自 Baldock et al.（2012）

二、主要国际组织的社会政策行动

就各国社会政策的总体发展而言，目前影响力较大的主要有世界银行、国际货币基金组织和国际劳工组织等。

1. 世界银行 (The World Bank)

近几十年来，世界银行对各国尤其是发展中国家及转型国家社会政策的发展产生了重大影响。总体上看，世界银行主张补缺型福利，政府只作为最后一道安全网。与这种福利主张相对应，反贫困、社会安全网、养老金改革是世界银行重点倡导或支持的三大政策领域。

（1）反贫困。世界银行的两大主体机构是国际复兴开发银行（IBRD）和国际开发协会（IDA），前者的职能是向中等收入国家及具有良好信用的低收入国家提供贷款，促进其可持续发展，减少这些国家的贫困；而后者则负责给世界上最贫困的国家提供无息或低息贷款和无偿援助，推动其经济发展，消除不平等，改善人们的生活条件，进而消除贫困。国际开发协会的贷款偿还期限长达25~40年，另外还有5~10年的宽限期（即还贷头几年不必还本金只需还利息）。不过，要获得国际开发协会的贷款，首先必须满足两项贷款条件：一是人均国民收入（GNI）低于规定的收入标准，该标准每年进行调整，2013年为1 195美元；二是因缺乏信用难以获得商业贷款。截至2013年6月，先后共有108个国家获得了国际开发协会的援助贷款。现在仍符合援助条件的低收入国家有82个（其中有40个非洲国家），涉及25亿人口，占世界发展中国家人口的一半（IDA，2013）。

国际复兴开发银行和国际开发协会为广大发展中国家提供了大量贷款。2013年度，国际复兴开发银行的贷款额度达152亿美元，其中26亿美元用于改善道路交通，18亿美元用于卫生服务；国际开发协会共提供援助贷款163亿美元，其中用于改善道路交通、水和环境卫生、防洪减灾等基础设施建设的达61亿美元，用于教育卫生服务的达42亿美元。据统计，2002—2012年间，国际复兴开发银行和国际开发协会的援助项目，共修建了18.9万公里道路，招募或培训了400多万名教师，培训了270万卫生人员，给4.97亿儿童免疫接种，1.45亿人口改善了水源，给6 500万人提供了营养卫生服务，给1 000万人购买了卫生设施，给5 600万母婴提供了营养服务，帮助1.88亿孕妇获得了产前照料（World Bank，2013）。

除了提供援助贷款外，世界银行还通过《世界发展报告》及其他出版物，宣扬减贫的理念和策略。迄今为止，有不少《世界发展报告》（World Development Report，简称WDR）直接以贫困为主题，比如《世界发展报告1990：贫困》，《世界发展报告2000/2001：反贫困》，《世界发展报告2004：使服务惠及穷人》。此外，世界银行还通过其研究报告、政策研究论文、年度报告等定期出版物，宣扬减贫理念、介绍减贫做法、评估减贫项目的减贫效果。比如，世界银行2013年的年度报告《终结极端贫困、共享繁荣》，提出要加大教育卫生投资等手段，2030 年前将每天收入不到 1.25 美元的极端贫困人口减少到 3% 以下，促进社会公正（World Bank，2013）。为此，世界银行还提出了一个全新的共享繁荣指数（Shared Prosperity Indicator），评估各国低收入人口的收入增长情况。

（2）社会安全网。世界银行的另一个工作重心是推动各国的社会安全网建设。世界银行认为社会安全网有两大功能：一是再分配功能。社会安全网有助于将收入分配到穷人手中，可以对贫困和不平等产生直接的影响。二是生产功能。社会安全网有利于促进贫困家庭的人力资本投资（比如子女的教育投资和家庭成员的健康投资），并消除社会成员的后顾之忧，从而有利于社会推行大刀阔斧的改革，推动经济发展。基于此种认识，世界银行在给各国尤其是南亚和撒哈拉以南尚未建立社会安全网的国家提供援助贷款的时候，往往要求这些国家建立社会安全网，比如实行有条件的现金救助（Conditional Cash Transfer），发放社会养老金、残障津贴。对于已经建立社会安全网的国家，世界银行也会在贷款条件中要求其健全相关制度安排，比如提高瞄准效果、改进服务提供等，以便使社会安全网能够更好地与本国的反贫困战略等相配合，从而更好地实现减贫（Milazzo & Grosh，2008）。

（3）养老金改革。1994 年，世界银行在《防止老龄危机》一书中提出了三支柱养老金模式，即强制性的公共养老金（第一支柱），强制性的、基金积累制的私营养老金（第二支柱），以及自愿参加的个人储蓄（第三支柱）。该模式提出来后，世界银行利用其政策影响力和作为发放援助贷款的有利条件，并与国际货币基金组织、亚洲开发银行、经济合作与发展组织、美洲开发银行等联手，向许多国家特别是中东欧转型国家提供人力、财力和技术支持，支持各国政府按三支柱养老金模式推行养老金改革，产生了广泛的影响。拉美的智利、墨西哥、萨尔瓦多等，以及多数中东欧国家的养老保险改革都打上了世界银行养老金模式的烙印，其他不少国家的养老金改革也受到了世界银行养老金模式的影响（参见 Baldock et al.，2012）。

三支柱养老金模式在许多国家推行后，对低收入阶层的冲击特别大，该模式也因此而遭到了广泛的批评。有鉴于此，世界银行 2005 年在《21 世纪的老年收入保障》中，又提出了五支柱养老金模式，即不用缴费即可享受的最低养老金（“零支柱”），强制性的公共养老金（第一支柱），强制性的个人储蓄计划（第二支柱），个人自愿储蓄（第三支柱），以及家庭内部、代际的非正式养老安排（第四支柱）（Holzmann & Hinz，2005）。与以前的三支柱模式相比，五支柱模式突出强调了“零支柱”养老金的作用，旨在保障缴费能力不足的低收入者能享有最基本的养老金。不过，由于三支柱养老金模式的表现远低于政策预期，世界银行在这方面的政策影响力已大为削弱，因此五支柱养老金模式推出后，其影响力已大不如前。

2. 国际货币基金组织（International Monetary Foundation，IMF）

国际货币基金组织成立于 1944 年，其主要宗旨是促进各国之间的经济合作，维护全球金融稳定，促进全球经济增长。在全球化的今天，国际货币基金组织的主要职能有四个方面：一是促进各国就国际货币问题进行磋商、合作，二是促进国际贸易的发展以促进就业、经济发展和减贫，三是促进各国汇率稳定，四是通过给成员国提供外汇借款帮助其实现支付平衡。

过去几十年来，国际货币基金组织在全球化的世界经济中发挥了重要的作用。一方面，不少国家因社会经济动荡导致国家财政经济状况恶化，需要国际货币基金组织等金融机构提供大量援助，比如 20 世纪八九十年代的中东欧国家和近几年的埃及、约旦、利比亚、突尼斯、也门等阿拉伯国家。另一方面，东南亚金融风暴、东南亚金融危机、欧洲债务危机之类的区域性甚至全球性金融危机，导致不少深陷危机的国家急需国际货币基金组织提供的贷款和援助来解燃眉之急。由于国际货币基金组织提供的贷款额度往往较高，且国际货币基金组织提供的贷款额度往往影响欧洲央行、亚洲开发银行等其他金融机构的贷款额度，这样，对急需贷款的危机国家而言，国际货币基金组织的贷款就变得异常重要，从而使得国际货币基金组织有相当的政策话语权。在提供贷款的时候，国际货币基金组织往往会附加不少条件，比如实行自由贸易、汇率自由兑换、削减公共开支、实行抑制通胀的政策等。这些条件往往意味着要削减福利开支以实现"预算平衡"，从而对受援国的低收入阶层的生计带来巨大影响。

在更重要的意义上，国际货币基金组织秉持自由贸易的理念，使其社会政策立场天然接近于新自由主义。它把福利视为经济发展的包袱（参见表 11－1），反对国家提供过多的福利。因此，与世界银行类似，国际货币基金组织公开宣扬的社会政策也倾向于补缺型福利，搞社会安全网建设，给贫困人群发放救济金，以工代赈，公平配置医疗资源，以保护生活最困难的人群（Deacon，1997）。不过，由于向国际货币组织申请援助的国家往往处于危机之中，而国际货币基金组织在贷款条件中往往要求这些国家实行财政紧缩以减少公共开支，因此在实际中，它更重视的是短期宏观经济的稳定，而非长期的减贫。

3. 国际劳工组织（International Labor Organization，ILO）

国际劳工组织成立于 1919 年，原来是国际联盟的专门机构，后来又成为联合国的专门机构。国际劳工组织的宗旨是：（1）制定国际劳工标准，保障人们享有国际公认的劳动权，包括组织工会的权利、集体谈判权，禁止强制劳动，禁止使用童工，禁止就业歧视等；（2）就业促进，包括进行技能培训、促进企业可持续发展等；（3）社会保护，包括社会保障，改善劳动条件、职业安全与卫生，保护流动劳动力的权益，预防艾滋病，善待家务劳动者，就业保护，推进性别平等和体面就业等；（4）社会对话，推动雇主代表、雇员代表以及政府代表三方治理。

在社会保护领域，国际劳工组织有相当大的影响力，其社会政策理念源自于北欧国家合作主义的社会保护传统，主张由国家承担主要的福利责任，认为福利有利于提升社会的向心力，这种立场对广大发展中国家的劳动社会保障体系产生了广泛而深远的影响。不过，由于新自由主义思潮的兴起，世界银行、国际货币基金组织等国际金融机构在社会政策领域有了越来越大的话语权，在一定程度上削弱了国际劳工组织的影响力。表 11-2 是世界银行的养老金模式与国际劳工组织推崇的养老金模式的对比，从中可以看出国际劳工组织的社会政策立场，即主张普惠型福利、国家责任、社会共济。

表 11-2 国际劳工组织与世界银行的养老金模式

	世界银行	国际劳工组织
国家基础养老金	生计调查型	普惠型
第二支柱	强制性的个人账户	现收现付式公共养老金
第三支柱	个人补充储蓄	个人补充储蓄

资料来源：转引自 Baldock et al.（2012）

除了上述三大机构以外，联合国系统的其他许多专门机构（如世界卫生组织、联合国儿童基金会、联合国教科文组织、联合国开发计划署、世界粮食计划署等），也对各国社会政策相关领域有重大影响。世贸组织、经合组织、欧盟，对成员国的社会政策也有不少影响。再有，一些国际民间组织（比如乐施会、福特基金会、盖茨基金会等）对发展中国家反贫困和社会发展的援助也日趋增多，对后者的社会政策也有一定的影响。

总而言之，随着各类国际组织越来越多地介入各国社会发展和社会福利事务，社会政策已不再完全是一个国家的“内部事务”，而是越来越多地受到来自外部各类组织的影响。但应该注意的是，即使在同一组织内部，也可能出现不同的声音。因此，在看待世界银行、国际货币基金组织、国际劳工组织以及其他国际组织对社会政策的影响时，应当具体问题具体分析，而不应简单地认为这些组织代表的始终是某种一成不变的立场。

第三节　全球化背景下的社会政策议题

一、社会政策与经济竞争力

在经济全球化背景下，一个国家的发展繁荣与该国的国际经济竞争力更紧密地联系在一起。对于决策者来说，如何调整本国的社会政策安排以增强本国的国际经济竞争力，就成为一个现实的政策议题。那么，社会政策与经济竞争力又是什么关系呢？

从理论上说，社会政策与经济竞争力之间，可能有五种关系：第一，经济竞争力与社会政策水火不相容，社会政策水平越高，经济竞争力越弱；第二，经济竞争力与社会政策相辅相成，社会政策有利于增强国家的竞争力；第三，经济竞争力与社会政策无关，社会政策对经济竞争力没什么影响；第四，社会政策对经济竞争力有利也有弊，不能一概而论；第五，社会政策是否影响经济竞争力，取决于该国的经济、社会、政治制度，以及该国在世界经济中的地位（Gough，2000）。

从目前的情况看，第一种观点即认为经济竞争力与社会政策水火不相容的观点占据了主导地位。这种观点的潜在理论假设是，市场是实现资源配置的最佳机制，而社会政策对收入的再分配，改变了市场价格和工资水平，从而扭曲了价格机制的作用，导致资源配置的低效。而一个低效的经济，在全球经济竞争的环境中，不可能有竞争力。具体说来，第一，社会政策开支要求以高税收为支撑，会挤出民间投资，导致资本向税负低的地区流动，从而不利于本国的经济增长。第二，社会政策会带来福利依赖，减少劳动力的有效供给，从而扭曲劳动力市场的运行；同时，过高的税收会导致一些高技能劳动力的实际收入下降，导致他们向税负低的国家流动，从而影响本国的人力资源储备。

需要说明的是，上述论断只是逻辑上的推断，并没有有效的经验证据的支持。比如，认为高税负势必导致资本外逃或高素质劳动力流出这一观点，就忽视了资本和高素质劳动力并不是单纯根据税负高低而是根据综合利润或收益来决定其去向，忽视了资本或高素质劳动力流向税负低的地区未必能实现利润或利益最大化，特别是未必能带来长期利润或利益的最大化。因此，对于社会政策与经济竞争力的关系，尚待时间和实践的检验。

二、社会倾销与劳工权益

在开放经济条件下，资本和商品市场是开放的，而人员的流动则受到种种限制，由此导致了资本与劳动力的分离、商品市场与劳动力市场的分离，使得“社会倾销”成为可能。

“社会倾销”指的是将劳工标准较低的国家生产的商品出口到劳工标准较高的国家的行为。对劳工标准相对较高的发达国家来说，“社会倾销”意味着，第一，发达国家的商品市场被劳工标准较低的发展中国家生产的商品所抢占，而发达国家的劳工生产的商品将失去市场，导致发达国家的劳工失业。第二，由于劳工标准较低的发展中国家生产的商品可以在发达国家销售，因此，越来越多的国际资本会流向这些劳工标准较低的发展中国家，从而导致越来越多的商品涌入发达国家的市场，导致发达国家越来越多的劳工失业。因此，必须打破社会倾销带来的恶性循环，而打破这一恶性循环的最有效办法，是把劳工标准加入到世贸组织的协定中，由此强制发展中国家提高其劳工标准。

出于对“社会倾销”的担心，许多西方发达国家一直把劳工标准问题作为国际贸易谈判的重点议题。在乌拉圭回合谈判中，发达国家试图扩大国际贸易谈判的议程，希望将“社会条款”加入贸易协定中，明确规定发展中国家的商品要进入西方国家的市场，必须尊重劳工的权益，遵守最起码的劳工标准，确保劳工享有最起码的社会福利待遇，以防止发展中国家搞“社会倾销”。不过，该提案遭到了亚洲国家的反对，其理由是，发达国家提出的“社会条款”，只不过是改头换面的贸易保护主义，其目的不过是为了消除发展中国家在国际贸易中的比较优势而已（Banting，1995）。

“社会倾销”问题的争议在于，一方面，如果强制发展中国家提高其劳工标准，无疑将提高发展中国家的劳动力成本，从而使发展中国家失去相对低廉的劳动力这一最大的竞争优势，影响其经济发展，最终损害的是这些国家广大劳工的利益。另一方面，如果放任“社会倾销”，短期看，将导致发达国家已经享有较高劳工标准的劳工利益受损，发展中国家的劳工则可以获得更高的劳动收入，获得某种好处。但长期看，放任“社会倾销”，极有可能造成两种后果：其一，各国为了提高经济竞争力而主动降低劳工标准，形成“探底竞争”（race to bottom）的局面（关信平，2002），使发展中国家的劳工权益更得不到保障；其二，各国特别是那些已经从“社会倾销”中获益的发展中国家，为了维持本国的经济竞争力，不愿提高本国的劳工标准，使本国劳工的状况迟迟得不到改善。从这个角度说，还是应该建立一个磋商协调机制，来解决这个难题。不过，要想既能促进发展中国家的经济发展，又能增进发展中国家劳工的福祉，同时又不损害发达国家劳工的利益，实现这种“帕累托改进”并不容易。

虽然国际社会对“社会倾销”尚未达成广泛的政策共识，但对于一些面临类似挑战的国家来说，区域性的社会政策“趋同”是防止彼此间恶性竞争的有效方式。比如，欧盟的社会章程就要求各成员国履行最基本的社会责任，北美自由贸易协定对劳工标准也做出了明确的规定，以防止成员国之间的“社会倾销”。

三、劳动力跨国流动与社会政策跨国协作

在全球化时代，人员的跨国流动变得越来越频繁、越来越多。这些跨国流动的人员，除了短期旅游、出差、交流等的人员以外，主要分为两类：一类是国际移民，包括工作移民、永久性移民等；一类是外派劳动力。与此相对应的两个问题是，福利移民和社会政策的跨国协作。

1. 福利移民

“福利移民”指的是低层次劳动力向福利水平较高的国家或地区迁移的现象。其假设是，在人员可自由流动的情况下，高福利具有磁铁效应，会把那些低技能劳动力吸引过来，以期获得比较优厚的福利待遇。由于发达国家的福利水平相对较高，因此福利移民往往被用来解释发展中国家的低技能劳动力向发达国家迁移的现象，并被某些政治派别作为加强移民控制的理由。

需要指出的是，该理论忽视了一个基本事实，即发展中国家劳动力向发达国家流动并不是“自由”的。由于发达国家的移民签证政策和福利政策，低技能劳动力往往很难获得工作签证进入发达国家的劳动力市场，即使能进入发达国家的劳动力市场，也往往不能享受发达国家公民享有的高福利。从这个角度说，即使存在福利移民现象，也是因为发达国家需要这些低技能劳动力来补充其低端劳动力市场。而且，在更多的时候，发达国家往往充分利用其移民政策，发挥其高福利的优势，有选择地吸引能给本国带来福利的优质移民，而排斥那些可能给本国带来包袱的潜在移民申请者。

2. 外派劳动力

跨国流动的劳动力，大体可分为两类，一类是工作移民，即某个国家的劳动力自愿选择到另一国务工；另一类就是外派劳动力，即被本国企业派驻到另一个国家工作的员工。对工作移民来说，其最大的问题就是能否享有流入地劳工的同等权益，这往往需要劳务输出国与输入国进行磋商，但从社会政策层面来说，如何对待流入本国的外籍劳动力，在很大程度上仍然是本国的“内部事务”。特别是在劳动力单向流动的情况下（比如发展中国家向发达国家的劳务输出），跨国务工人员的权益保障在相当程度上仍取决于输入国的政策安排。

与此不同的是，外派劳动力并不属于移民（尽管其中有些人可能会成为

移民），从法律地位的角度看，他有两种身份，一是作为劳动合同的主体，其劳动关系、社会保险关系等都在本国，适用本国的劳动法、社会保险法等；二是作为提供实际劳动的主体，应适用派驻国的劳动法、社会保险等法律。问题是，目前各国的社会保险基本上都是按属地管理原则操作。这就意味着，外派劳动力既要参加本国的社会保险，又要参加派驻国的社会保险，由此导致双重缴纳社会保险费的现象，不仅加重了劳动者的负担，也加重了企业的经营成本。

解决上述问题的通行办法，是签署双边社会保障协定。近些年来，欧盟成员国、美国和日本等一些国家都在积极尝试与其他国家签署社会保障的双边互免协议，避免社会保障双重覆盖和双重缴费问题（王延中、魏岸岸，2010）。我国在这方面也已经开始起步。2001 年，中国与德国签订了《中华人民共和国与德意志联邦共和国社会保险协定》，这是新中国成立以来我国政府与外国政府签署的第一部社会保险方面的双边协定，规定派驻人员、外交机构人员等可免交养老和失业保险费。2003 年，中国和韩国签订了《中华人民共和国与大韩民国互免养老保险缴费临时措施协议》，规定派驻人员可免交养老保险费。2013 年 12 月，中国政府与丹麦政府签订双边社会保障协定，是我国社会保险法出台后中国政府与欧盟国家签署的第一个社会保障协定，该协定妥善解决了两国有关人员在对方国工作期间的参保问题。

在全球化的背景下，随着外派劳动力的增加，外派劳动力的社会保障及其他社会政策待遇资格问题，比如外派劳动力享受其他基本公共服务的问题、随迁子女的教育问题等，需要进一步加强国际合作尤其是双边合作，既避免外派劳动力的双重负担，又避免其待遇两头落空，以有效维护外派劳动力的基本权益，减轻派出企业的负担，促进经济发展和人才流动。

经济全球化提出了一系列全新的社会政策议题，需要相关各方有更多的政治智慧和付出坚实的努力。在目前情况下，以解决跨国劳动力尤其是外派劳动力的社会保障权益等问题为契机，与其他国家进行社会政策领域的双边谈判，在条件成熟时签署双边社会政策合作协议，将有助于推动我国社会政策的国际合作，更好地保护我国外派劳动力和在外投资企业的各项合法权益，有力地支持我国企业走出去投资，为我国经济的长期可持续发展提供一个更广阔的平台。

思 考 题

1. 如何理解全球化与社会政策两者之间的关系？

2. 结合某一国际组织的实例，分析国际组织对社会政策的影响。
3. 社会政策与经济竞争力之间有何关系？
4. 如何理解“社会倾销”与劳工权益之间的关系？
5. 双边社会保障协定对社会政策治理创新有何影响？

主要参考文献

关信平．全球经济竞争与社会政策发展．江苏社会科学，2002（3）．

王延中，魏岸岸．国际双边合作与我国社会保障国际化．经济管理，2010（1）．

Baldock J, et al. eds. Social Policy. 4th ed. Oxford: Oxford University Press, 2012.

Banting K. Social policy challenges in a global society//Morales-Gómez D A and Torres A M, eds. Social Policy in A Global Society. International Development Research Center, 1995.

Deacon B. Global Social Policy: International Organizations and the Future of Welfare. London: Sage Publications, 1997.

Gough I. Social Welfare and Competitiveness//Pierson C, Castles F G, eds. The Welfare State: A Reader. Cambridge: Polity Press, 2000.

Holzmann R and Hinz R. Old Age Income Support in the 21st Century. The World Bank, 2005.

IDA. The World Bank's Fund for the Poorest 2013. www.worldbank.org/ida.

Milazzo A. and Grosh M. Social Safety Nets in World Bank Lending and Analytical Work. SP Discussion Paper No. 0810. 2008.

Sykes R. Globalization and Social Policy//Alcock P, May M, Rowlingson K, eds. The Student's Companion to Social Policy. 3rd edition. Oxford: Blackwell Publishing, 2008.

Walker A and Deacon B. Economic globalisation and policies on ageing. Journal of Societal and Social Policy, 2003 (2).

World Bank. Annual Report 2013: Ending Extreme Poverty and Promoting Shared Prosperity. www.worldbank.org.

第三编

社会政策的主要领域

社会政策是一个由各种具体的政策行动构成的行动体系。在当代社会中，政府在社会生活的各个方面广泛干预，从各个方面向社会成员提供各种社会服务，因此形成了广泛的社会服务体系或社会政策行动体系。在学习社会政策的过程中，除了要一般性地了解社会政策的基本原理以外，还应该通过对社会政策各具体领域的分析，更加深入地把握和理解社会政策的性质与特点。

社会政策是政府公共政策体系中的一个重要的方面。当代社会政策学科对于在整个公共政策中哪些属于社会政策的范畴有大致的共识。一般认为，社会保障政策（含社会保险、社会救助和部分专门的社会福利服务等）、公共医疗卫生政策、公共住房政策、公共教育政策、就业政策、社会福利服务政策，向老年人、残疾人、妇女和儿童等专门人群提供社会服务的政策，以及城乡反贫困行动等方面的政策都是属于社会政策范畴。这些政策行动的共同特点是，它们都是直接向民众提供某种社会服务，通过福利性的行动来满足民众在社会生活各个方面的实际需要。同时它们也都是直接面向某种或某些社会问题，并通过提供社会服务的方式来解决这些问题。

当代各国的社会政策行动总是针对本国社会的实际需要而展开的。因此各国在各个不同时期中的社会政策在内容、特点和重点领域等方面有一些差异。并且，研究者们在总结归纳社会政策实践时也有一些差异。因此不同的教科书对社会政策行动领域的概括和划分也有所不同。本书是参考社会政策学科中的主流意见，并根据我国的情况对社会政策领域加以大致的划分。社会政策行动是一个宏大的体系，而在概论性的教科书中只能对其重点领域作简要介绍。同时，社会政策是一个开放的行动领域，其内容和重点会随着人们的需要和社会问题的变化而不断地增减和改变。

政府在社会事务各个方面的行动在最初阶段主要是为了满足不同的人在不同方面的需要，并解决各个方面的社会问题，因此具有零散和分门别类的特点。但20世纪50年代以后的社会政策体系更加强调社会政策行动的整体性和综合性。当代各国的社会政策体系内部尽管仍然是分为各个专门的政策类别，但从总体上看，各类政策行动之间在制度、功能和组织等方面都有着相当多的相关和交叉。就业政策与社会保障政策密切相关，在公共教育政策和医疗卫生政策方面有为贫困者提供教育救助和医疗救助的功能，等等。因此在学习和研究社会政策时，既要分门别类地了解社会政策各个领域的基本情况，也要注意各个领域之间的关联。

作为一本社会政策概论的教材，本书不求全面地罗列社会政策各个领域具体的行动项目和内容，而是力求对社会政策各个方面最主要的内容和特点加以分析，以便为学生在社会政策各个领域的继续研究提供入门的知识，并通过对各个领域的了解而更加深入地思考在本书第二编中所讨论的当代社会政策基本原理。

第十二章　社会保障政策

在迄今为止的人类历史中，劳动从来是人类生存和发展的必要条件。因此，任何一个社会都鼓励社会成员通过劳动来满足自己对生活资料的需求。然而，在所有社会中，都有一些社会成员完全或部分地、长期或临时地不具备劳动的能力或劳动机会，从而无法靠自己的劳动来谋取所需的物质生活资料，因此需要得到社会的帮助才能生存下去。从古到今的社会中都有一种对没有劳动能力和劳动机会的成员提供物质或服务，以保障其基本生活需要的制度，这就是社会保障制度。在长期的历史中，家庭、社区、民间组织等都在为社会成员提供保障方面扮演过重要的角色。而工业化社会以后，随着经济发展与社会变迁，各种传统的保障模式逐渐失去其效力，因而促使政府逐渐在此领域担当越来越重要的任务。

经过多年的发展，当代各国已形成国家主导下的庞大的社会保障体系。社会保障制度已成为一项重要的社会制度；各国政府在社会保障方面的政策行动也是整个社会政策体系中最重要的领域之一。因此，要全面地把握当代各国的社会政策体系就首先要对社会保障政策的理论与实践做出全面和深入的分析。为此，本章结合中国的情况，对当代社会保障政策的基本框架做一简要的介绍，主要内容包括社会保障的基本概念、基本功能和历史发展，当代各国社会保障的基本内容和主要形式，以及中国现阶段社会保障制度改革与发展。

第一节　社会保障政策概述

一、社会保障的含义和功能

1. 社会保障的基本含义

社会保障（Social Security）一词最早出自1935年美国的《社会保障法案》，后来，《大西洋宪章》（1941）和第26届国际劳工大会发表的《费城宣言》（1944）也使用这一名词，从此社会保障一词被广泛使用，但各国在使用和理解上都有所不同。在美国，社会保障以社会保险和社会救助为主；在英国，社会保障是指以国家为主体的公共福利计划；在我国，官方和学术界对社会保障均作宽泛的理解，大体接近西方发达国家的社会福利。在我国现阶段，社会保障制度的主题包括社会保险、社会救助、社会福利，并辅之以商业保险和慈善事业等保障人们基本生活的福利性社会服务制度体系。

社会保障是人类发展到一定阶段的必然要求，是工业化、都市化、现代化的伴生物，它是一个历史范畴，其内涵和外延随着社会的发展而不断变化。根据上述各国对社会保障的理解，我们可以总结出社会保障的特点：（1）社会保障的主体是国家或政府，同时也要动员全社会的力量；（2）社会保障需要通过国家立法强制实施，是现代国家中的重要制度；（3）社会保障的对象是全体社会成员；（4）社会保障通过国民收入的分配和再分配来实施，目标是化解社会风险，保障公民的基本生活需求，目的是维护社会稳定、促进社会发展。

2. 社会保障的基本功能

社会保障作为现代社会中一个重要的制度安排，在维持经济的正常运行和促进社会发展方面发挥着多方面的功能。

第一，保障基本需求的功能。在工业化和都市化的过程中，人们面临的风险越来越多，年老、疾病、工伤、失业和自然灾害等都有可能使人陷入生存困境而不能自拔。养老保险的出现保障了老年人的基本生活，工伤和失业保险为市场经济中的广大劳动者解除了后顾之忧，社会救助保障了弱势群体和劣势群体的基本生存权利，社会福利在慈幼安老、助残帮困、便民利民等方面提供各种社会服务，提高了人们的生活质量。因此，社会保障被称为现代社会的安全网。

第二，维护社会稳定的功能。现代社会是一个风险社会，如果国家不能有效地分散和化解社会风险，社会秩序就有可能因此而失去控制。社会稳定是社会制度正常运转的前提条件，也是社会保障制度的基本价值追求。社会保障制度的建立有效地消除或缓解了现代社会中的各种风险，使大多数人能够安居乐业，少数弱势群体的基本生活也能得到保障，从而有效地维护了社会的稳定和发展，被称为社会的稳定器或减震器。

第三，促进社会发展的功能。社会保障促进社会发展的功能主要表现在如下几个方面：一是促进经济的发展。社会保障对经济的促进作用一方面是通过解除劳动者对未来风险的后顾之忧而调动广大劳动者的工作积极性，从而提高工作效率，另一方面还可能通过社会保障基金的运营直接促进资本市场的繁荣，推动金融产业及相关产业的发展。二是促进社会的协调发展。社会保障制度是整个社会制度体系中的一个子系统，发挥着社会安全网和稳定器的作用，为社会成员的安全和福利提供制度支持，从而实现社会生活的良性循环，为其他社会子系统的健康运转和协调发展也提供了保证。三是促进人的全面发展。社会保障促使遭受不幸事件的社会成员重新认识发展变化中的社会环境，适应社会生活的变化；通过收入安全、医疗服务、社会服务、住房福利、教育福利向人们提供全方位保障，使人们过上有尊严的生活，为人的自由解放和全面发展创造条件。

第四，调节利益关系的功能。社会保障的调节功能主要表现在两个方面：一是政治方面。社会保障制度的背后具有深刻的政治理念和价值基础，它是各党派、各利益集团和各种价值观念较量的结果，也是调节利益关系的必要手段。在许多国家，社会保障已成为党派之争、政党政治和民主选举中的重要议题。二是经济方面。在经济领域，社会保障有效地调节公平与效率之间的关系。社会保障历来被认为是实施社会公平的有效制度，社会保障的水平越高、规模越大，表明国家在维护公平方面的作用越大。但这并不意味着社会保障的水平越高越好，社会保障水平维持在一个适当的限度，正是其调节功能所要考虑的问题。社会保障还调节国民收入的分配和再分配，主要表现在不同保障对象之间的横向调节，年轻人和老年人之间的代际调节，高收入和低收入阶层之间的纵向调节。此外，社会保障还调节着国民经济的发展，社会保障基金的征集、运营和分配直接调节着国民的储蓄和投资，社会保障支出的多少也调节着国民的有效需求和购买力。

二、社会保障制度的历史发展

1. 发达国家的社会保障制度

现代社会保障制度起源于德国。19 世纪 80 年代，德国先后通过疾病保险法案（1883）、工人灾害赔偿保险法案（1884）、伤残和老年保险法案（1889）。在后来的几十年内，西方发达国家相继建立社会保障制度。20 世纪 50 年代后，社会保障事业在欧洲发达国家获得充分发展，出现了以高福利为特征的“福利国家”。1973 年石油危机后，资本主义经济陷入滞涨的困境，“福利国家”面临财政负担过重、劳动力成本上升、国际竞争力下降、浪费严重、效率低下等问题。在新自由主义的影响下，各国政府不得不对社会保障制度进行以市场化和私有化为取向的调整和改革。20 世纪 90 年代后，西方“福利国家”掀起了新一轮福利改革浪潮，走所谓“第三条道路”。如英国新工党上台后，实施“第三条道路”政策，从重视救济转向促进就业，强调人力资本的投资和开发。1998 年工党政府启动“国家就业运动”计划，被称为“布莱尔新政”。新政的主要目标是让 25 万长期失业青年重新就业。“第三条道路”取得了较好的效果，并在理论和实践领域产生了广泛的影响（顾俊礼，2002）。

2. **发展中国家的社会保障制度**

在发展中国家，起初由非正式组织参与慈善事业，个别企业建立互助互济组织，对遭受工伤事故的工人予以救济，少数国家也有官方济贫制度。例如，乌拉圭1911年规定，对贫困的老人和肢体伤残者提供定期救济。在20世纪二三十年代，许多拉丁美洲国家都相继建立了现代社会保障制度，菲律宾在1936年也建立了工人赔偿法。但大多数发展中国家“二战”后才有社会保险立法，如土耳其是1945年，多数亚洲国家是50年代，而非洲国家是60年代。由于经济落后导致雇主责任难以落实，发展中国家的工人赔偿逐步被强制性的保险基金形式所取代，如菲律宾、赞比亚、埃及、伊拉克、塞浦路斯、毛里求斯等国家都实行了强制性社会保险。从70年代开始，发展中国家社会保险机构和保险范围逐渐扩大，残疾抚恤金、工伤、病休等保险是发展中国家普遍的社会保险项目；到70年代后半期，亚、非国家中有印度、印尼、缅甸、伊拉克、埃及、尼日利亚、肯尼亚和坦桑尼亚，保险制度扩展到国有部门、大多数企业以及大种植园和农场。由于发展中国家财力不足，社会保险基金中政府支付所占的比例较小（刘翠霄，1994）。

与其他发展中国家相比，拉丁美洲国家的社会保障制度发展最早也最充分。到20世纪60年代，几乎所有的拉美国家都建立了较为完善的社会保障制度，覆盖面和服务质量接近发达国家水平。但受人口老龄化和经济全球化的影响，传统社会保障制度的缺陷日益显现，自20世纪80年代开始，智利在拉美国家中独树一帜，率先进行社会保障制度改革，在社会保障运作中引入私营部门的参与和管理，对世界各国的社会保障制度改革产生了深刻的影响。

第二节 当代社会保障体系的内容和形式

当代各国的社会保障制度以不同的形式，从不同的方面向不同的人提供着各种社会保障。由于当代社会中不同的人群在基本生活保障方面具有不同的需要，因此各国都逐渐发展出针对各种不同对象和以不同形式来提供的社会保障项目。当代社会保障体系实际上就是由多种类别的社会保障行动所共同构成的一个体系。要理解这一总的体系，首先要了解其中各个方面的内容，以及它们运行和起作用的方式。

一、当代社会保障的主要内容

1. 老年社会保障

老年社会保障是国家和社会对老年人提供的各种经济保障和服务保障的总称。经济保障的基本含义是指维持退出就业的老年人的基本收入。老年人经济保障的主体是养老保险。养老保险是指达到法定年龄的劳动者退出劳动领域后由国家和社会向其提供保险补偿，以保障其基本生活需要的制度，表现为职工或雇员的退休制度。退休制度的主要内容有：退休条件，包括年龄、工龄、缴费年限和身体状况等；退休待遇，包括退休金、医疗待遇、死亡丧葬、供养遗属和异地安家补助等。

一般来说，养老保险有三个层次，即基本养老保险、企业年金（职业年金）和个人储蓄养老保险，也就是人们常说的三根支柱。养老保险的资金来源于企业、劳动者个人和国家，其筹集方式主要有现收现付、完全积累和部分积累三种模式。现收现付模式是用工作着的劳动者缴纳的保险费支付退休劳动者的养老待遇，当年提取，当年支付完毕，特点是以支定收，收入平衡。这种方式适合于人口稳定增长、新增劳动力和退休劳动力相对平衡的人口环境。完全积累的模式就是要求劳动者在业期间定期储存养老保险费，形成积累基金，用于退休后的养老金支付。这种模式适合于经济长期稳定增长，物价长期平稳的环境，其最大的问题是基金如何保值增值。部分积累模式是将现收现付和积累模式相结合的筹资模式，因此又称混合模式。我国统账结合的养老保险模式是部分积累模式的一种形式。

2. 失业社会保障

在现代工业化经济中，失业是对劳动者收入和生活威胁最大的风险之一，因此也是社会保障的重点领域之一。失业社会保障主要包括失业社会保险和对失业者提供社会救助。广义的失业社会保障还包括对失业者提供再就业培训和就业辅导等公共项目。当代各国有不同的失业保障模式：一是强制性失业保险制度；二是非强制性失业保险制度；三是失业救助制度，即政府对低于一定收入标准的失业人员提供补助；四是双重失业保障制度，即既有强制性的失业保险制度，又有由政府提供资金的失业救助制度。失业社会保险是对劳动人口中有劳动能力并有就业意愿的成员，当其因非自愿原因暂时失去劳动机会，无法获得维持生活所必需的工资收入时，由国家或社会为其提供基本生活保障的保险制度。失业保险制度要求所有雇员都要参加失业保险，但很多国家的失业保险尚不能包括临时性和季节性的工人。失业保险的资金一般来源于雇员、雇主和政府。享受失业保险待遇的资格条件一般包括应处于法定最低劳动年龄与退休年龄之间、非自愿失业、已交一定期限的失业保险费，而且具就业意愿。失业保险的给付标准通常与失业前的工资挂钩。此外，各国还规定了失业者享受失业保险金的最长期限。

3. 疾病和职业伤残社会保障

疾病社会保障又称为医疗社会保障或健康社会保障，是社会成员遭遇疾病或伤残而需要诊治时，由国家和社会依法向其提供医疗服务和物质帮助的社会保障制度。各国疾病社会保障有三种模式：一是国民健康服务。这种保障模式一般由政府出资，并惠及所有国民，目前英国及北欧福利国家实行这种模式。二是医疗社会保险模式。这种模式面向劳动者，费用一般由雇员、雇主和国家三方负担。目前多数国家采取这种模式。三是医疗救助，即由政府出资，为贫困者和某些特殊困难者提供基本医疗费用。如美国为65岁以上老人和收入低于贫困线以下的穷人举办医疗社会保险。

职业伤残社会保障，又称工伤保障，是指国家和社会依法为在生产工作中遭受意外事故或职业病伤害的劳动者及其家属提供医疗服务、生活保障和经济补偿的保障制度。1884年，德国颁布《工人灾害赔偿保险法》，成为第一个建立工伤保险制度的国家。随着这一制度的发展，工伤概念从单纯的工伤事故造成的伤亡扩大到职业病造成的伤亡。20世纪80年代以后，工伤保险计划与工伤事故预防和安全生产相结合的思想得到许多国家的重视。许多国家把安全生产与工伤保险费挂钩，安全生产不好，事故多发，则依法多缴保险费，反之则少缴保险费。在国际劳工组织的推动下，许多国家把伤残人员的康复作为社会政策目标之一，把职业康复与抚恤金发放相联系，实行“先康复后抚恤”的政策。目前，工伤预防、工伤补偿和职业康复是工伤保险中的三个重要环节。

4. 反贫困社会保障

贫困是困扰当代各国的严重社会问题之一，缓解乃至消除贫困是各国重要的社会政策目标。各国的反贫困行动是一个系统工程，其中包括社会政策行动和经济政策行动。而反贫困社会保障在各国都是整个反贫困行动中的重要一环。从广义上看，所有的社会保障项目都具有反贫困的意义。但其中养老、医疗、失业等方面的社会保险项目主要是起预防贫困的作用。而狭义的反贫困社会保障主要是指直接向贫困者提供物质和服务帮助的项目。在这个层面上的社会保障项目主要是针对贫困者的社会救助。其中包括直接的现金救助和为贫困者提供的医疗、教育和住房等方面的特殊补贴。

从更广泛的意义上看，政府为缓解贫困而实施的各项社会政策行动还包括促进贫困地区的经济发展和医疗卫生及教育事业的发展、促进贫困者的就业等方面的社会政策行动。从广义上看，这些行动都具有社会保障的意义，是更加积极的保障方式，因此从广义上常常也被称为反贫困社会保障。

5. 针对各类群体的专门社会保障

当代各国社会保障体系除了向一般社会成员和劳动者提供基本生活保障以外，还针对各类群体的特殊需要而提供一些专门的社会保障。其中包括对残疾人的社会保障、对儿童的社会保障、对女性的社会保障以及优抚安置保障等。

二、当代社会保障的基本形式

1. 社会保险

社会保险是19世纪末产生于德国的一种社会保障制度，它与工业化的进程相适应，在许多工业国家的社会保障体系中占有核心地位。社会保险是国家通过立法手段，要求劳动者和雇主共同投保，建立社会保险基金，在劳动者因年老、疾病、伤残、失业、死亡等特殊事件而失去生活来源时，由国家和社会对其本人或家属给予物质帮助的社会保障制度。可见，社会保险主要以劳动者为保障对象，强调受益者权利与义务相结合，采取的是受益者与雇用单位共同投保和强制实施的方式，其目的是解除劳动者的后顾之忧，维护社会的安定。此外，受益者的社会保险待遇与其收入水平或投保额（贡献）有不同程度的关联。社会保险的项目主要有养老保险、工伤保险、医疗保险、失业保险、生育保险、遗属保险等。

2. 社会救助

社会救助作为一项法制化的制度，起源于1601年英国的伊丽莎白济贫法，比社会保险的历史更源远流长。在当代各国，社会救助是指国家和社会向老弱病残和生活不幸人士等弱势群体无偿提供款物救济的一种基本生活保障制度，一般包括基本生活救助、受灾人员救助、医疗救助、住房救助、教育救助等方面的救助。在当代社会中，尽管许多国家社会保险都在整个社会保障体系中占据了主导的地位，但社会救助仍发挥着基础性作用。

现代社会救助具有如下特点：第一，社会救助是国家和社会的一项义不容辞的责任。国家向公民提供的社会救助不是一种恩赐，而是一种职责，公民在需要时接受国家的救助是应当拥有的基本权利。第二，社会救助不以受益者的贡献为前提，而是以实际需要为基础。公民生活陷入困境时，国家和社会有责任向他们提供最基本的生活保障，而受益者无需预先交费。第三，社会救助的目标是缓解贫困，目的是保障贫困人口的基本生活，因此社会救助的对象是有选择的，只有那些收入或财产低于法定标准的人才能得到国家和社会相应的救助。为此，社会救助制度往往要采用财产调查的方式去确认受益者的基本需要。第四，社会救助不是临时性的救急之举，而是经常性、制度化的措施，目的不单纯是维护社会的稳定，更重要的是保障基本民生，缓解贫困，促进社会的协调发展。

3. 社会福利

社会福利是在公共资金的支持下向社会成员无偿或低偿提供物质产品或服务的制度。在所有的社会福利服务项目中有一部分起着为社会成员提供基本生活保障的作用，因而被纳入社会保障的范畴。这类社会福利项目的基本目标一般旨在保障社会成员基本的物质生活和基本服务需要。其主要的特点有：首先，社会福利项目是为全体社会成员或某类群体中的全体社会成员共同受益；其次，它们一般是平均分配或按受益者的实际需要而分配；再有，社会福利的受益无须以先期的贡献为条件；最后，社会福利项目一般不是针对个人的特殊困难，而是为整个社会或整个群体提供基本保障，因此，它一般没有复杂的申请和审批程序，也不需要受益者提供收入或资产证明。

第三节　我国社会保障制度的改革与发展

一、改革开放前的社会保障制度

20 世纪 50 年代初，我国开始逐步建立社会保障制度。1951 年 2 月，政务院颁布《中华人民共和国劳动保险条例》，对具有一定规模企业的职工实行劳动保险，后来劳动保险的范围逐步扩大。国家机关和事业单位的工作人员实行由国家财政包揽的社会保障制度。在伤亡抚恤方面，1950 年 12 月经政务院批准，内务部颁布《革命工作人员伤亡褒恤暂行条例》，对工作人员伤残、死亡的待遇做了规定。在医疗方面，1952 年 6 月，政务院颁布《关于全国各级人民政府、党派、团体及所属事业单位的国家工作人员实行公费医疗预防的指示》；在退休待遇方面，1955 年 12 月，国务院颁布《国家机关工作人员退休处理暂行办法》和《国家机关工作人员退职处理暂行办法》。至此基本形成了以干部和工人为身份标志的城镇社会保障二元格局。

在社会救济方面，在农村主要是进行灾害统计、防灾备荒和难民救济工作；在城市对城市贫民进行救济。1950 年 5 月，政务院发布《救济失业工人暂行办法》，同时各大城市劳动部门普遍建立失业工人救济委员会，通过救济、职业介绍等手段解决失业问题。在职工福利方面，1956 年，全国总工会颁布《职工生活困难补助办法》，对困难补助的原则、对象、经费来源、补助办法做了规定；1957 年，国务院发出《关于职工生活方面若干问题的指示》，对职工住宅问题、上下班交通问题、职工生活必需品的供应问题、困难补助问题作了明确的规定。至此，初步建立了以社会保险、社会救济、社会福利为主的社会保障网络。

"文化大革命"结束后，1978年6月，国务院颁布《关于安置老弱病残干部的暂行办法》和《关于工人退休退职的暂行办法》；1980年颁布《关于老干部离职休养的暂行规定》；1982年颁布《关于军队干部离职休养的暂行规定》。1978年12月，民政部、财政部重新印发《抚恤、救济事业费管理使用办法》，重申继续执行该办法中抚恤救济费的使用原则、使用范围和发放办法；1981年1月，国务院办公厅批转民政部《关于进一步加强生产救灾工作的报告》，对妥善安排灾区人民生活、管理救灾物资、开展生产自救等方面做了规定。在职工福利方面，1976年以后，修改和增设了取暖补贴、交通费补贴、职工探亲补贴制度。在职工福利基金提取使用方面也有所修订，主要是增加职工福利基金的来源，改善了职工的物质文化生活。这期间的法规政策，只是把在"文革"中被破坏的社会保障制度恢复起来，实际上是"文革"前社会保障制度的延续。

二、改革开放后我国社会保障制度的改革

1. 社会保障制度改革的背景和目标

中国社会保障制度改革在20世纪80年代初由经济体制改革所驱动。尽管中国的经济体制改革最早发生在农村地区，但大规模的社会保障改革没有从农村开始。这主要是由于农村以前的社会保障制度就比较薄弱，而农村改革的初期阶段所导致的农户收入普遍提高在很大程度上弥补了社会保障制度缺失的影响。然而在城市，由于社会保障制度与经济制度关系更加密切，并且城市居民，尤其是国有企业职工对社会保障的依赖更大，因此经济体制改革从一开始就触动了社会保障体制的核心问题，并由此而带动了社会保障体制的改革。

20世纪80年代社会保障改革的主要内容是国有企业的劳动保险制度，目的是解决由于经济体制改革所带来的制度不协调问题。首先，为了解决因国有企业增大自主权后带来的企业之间"苦乐不均"的问题，各个城市对全民所有制企业养老保险和医疗保险进行了改革，逐步建立了退休金和医疗费的行业或地区统筹。其次，为了适应劳动用工制度的改革（打破劳动用工终身制）而在1986年建立待业保险制度。1986年7月，国务院要求各地从10月1日起开始实施《国营企业实行劳动合同制暂行规定》《国营企业招用工人暂行规定》《国营企业辞退违纪职工暂行规定》。由于新的制度必须解决职工合同到期或被辞退后的失业（待业）问题，因此国务院同时又制定了《国营企业职工待业保险暂行规定》。这种情况说明，当时全民所有制企业的改革客观上要

求社会保障制度作出相应改革，换言之，当时的社会保障制度改革是作为国有企业改革的配套工程来推进的。

进入90年代，社会保障制度改革进入了一个新阶段。由于计划经济时期形成的社会保障体制已严重不适应新的市场经济体制和新的经济发展，因此需要更为彻底的改革。社会保障制度改革的目标着眼于建立长期性的新型社会保障体制，形成适应社会主义市场经济体制的养老、失业、医疗、工伤等社会保险以及社会福利、社会救助和优抚事业有机结合的、具有中国特色的社会保障体系，逐步形成覆盖范围广、社会化程度高、资金来源的渠道多样、待遇合理、管理体制统一协调的社会保障事业新格局。

2. 社会保障制度改革的主要内容

（1）养老保险改革

经过十多年的探索，国务院于1997年发布了《关于建立统一的企业职工基本养老保险制度的决定》，基本形成了以社会统筹和个人账户相结合为主要特征的企业职工基本养老保险制度。2000年，国务院发布了《关于完善城镇社会保障体系的试点方案》，对养老保险费率结构进行调整。2005年，国务院发布《关于完善企业职工基本养老保险制度的决定》，要求各地确保基本养老金按时足额发放，扩大养老保险覆盖范围，逐步做实个人账户。从2007年开始，国家积极推进企业职工基本养老保险省级统筹，目前基本养老保险全部实现省级统筹。

长期以来，中国养老保险改革主要关注城镇职工群体，而忽视城镇无业居民、流动人口和农村居民。2009年，国务院发布《关于开展新型农村社会养老保险试点的指导意见》，建立了“新农保”制度。新农保制度面向年满16周岁（不含在校学生）、未参加城镇职工基本养老保险的农村居民，其目标是，按照“保基本、广覆盖、有弹性、可持续”的原则，实行社会统筹与个人账户相结合，与家庭养老、土地保障、社会救助等其他社会保障政策措施相配套，保障农村居民老年基本生活。2011年，国务院发布《关于开展城镇居民社会养老保险试点的指导意见》，建立了城镇居民养老保险制度（城居保）。该意见规定的城镇居民养老保险制度除了参保范围、缴费标准略有不同外，和新农保制度基本一致。2014年2月21日，国务院发布了《国务院关于建立统一的城乡居民基本养老保险制度的意见》（国发〔2014〕8号），将新农保和城居保两项制度合并实施，在全国范围内建立统一的城乡居民基本养老保险制度。

（2）医疗保险改革

经过多年的研究试点，1998年12月国务院颁布《关于建立城镇职工基本医疗保险制度的决定》，要求城镇所有用人单位及其职工都要参加基本医疗保险，保险费由用人单位和职工双方共同负担，基本医疗保险基金实行社会统筹和个人账户相结合。2002年，劳动和社会保障部发布《关于妥善解决医疗保险制度改革有关问题的指导意见》，重点在于多方筹集资金，采取不同方式，妥善解决困难企业职工特别是退休人员的医疗保障问题。从2003年开始，劳动和社会保障部先后发布多个文件，要求以解决灵活就业人员医疗保障问题为重点，以私营、民营等非公有制企业为重点，以与城镇用人单位建立了劳动关系的农民工为重点，以农民工比较集中的行业为重点，努力扩大医疗保险覆盖面。

与养老保险一样，农村居民和城镇无业人员的医疗保险较晚受到决策者的重视。2003年，以大病统筹为主的新型农村合作医疗制度（简称新农合）开始建立。新农合实行个人缴费、集体扶持和政府资助相结合的筹资机制，目标是减轻农民因疾病带来的经济负担，提高农民健康水平。2007年，国务院发布《关于开展城镇居民基本医疗保险试点的指导意见》。根据这一文件，不属于城镇职工基本医疗保险制度覆盖范围的中小学阶段的学生（包括职业高中、中专、技校学生）、少年儿童和其他非从业城镇居民都可自愿参加城镇居民基本医疗保险。与新农合类似，城镇居民基本医疗保险也是以大病统筹为主的医疗保险制度。

（3）失业保险改革

受计划经济思维影响，我国长期使用“待业保险”概念。1999年1月，国务院颁布《失业保险条例》，标志着我国失业保险制度进入一个新阶段。该条例对原待业保险制度作了若干重大修改：正式使用“失业保险”概念；“待业救济金”也相应改为“失业保险金”；失业保险的范围有实质性扩大，从国有企业职工扩大到各类企业事业单位；调整了失业保险的缴费比例，规定由用人单位和职工个人共同缴费；要求失业保险基金按地市级统筹；将失业保险金的给付标准与最低工资和最低生活保障线挂钩。2006年，《关于适当扩大失业保险基金支出范围试点有关问题的通知》规定失业保险基金可用于职业培训补贴、职业介绍补贴、社会保险补贴、岗位补贴和小额担保贷款贴息支出。这些政策把失业保险给付与人力资本投资、职业培训等因素结合起来，体现了积极的社会政策理念。

（4）工伤保险改革

在社会保障改革后的很长时间里，工伤保险没有得到足够的重视。1996年，劳动部发布了《企业职工工伤保险试行办法》，但是覆盖面一直不大。2003年，国务院颁布《工伤保险条例》，规定中国境内的各类企业、有雇工的个体工商户应当依法参加工伤保险，用人单位依法缴纳工伤保险费，职工个人不缴纳工伤保险费。2010 年 12 月，国务院对《工伤保险条例》进行了修订，修订的主要内容一是扩大了工伤保险适用范围。除企业和有雇工的个体工商户以外，事业单位、社会团体，以及民办非企业单位、基金会、律师事务所、会计师事务所等组织应当依照规定参加工伤保险。二是扩大了上下班途中的工伤认定范围、调整了不得认定工伤的范围。三是增加了工伤认定简易程序。对事实清楚、权利义务明确的工伤认定申请，应当在 15 日内作出工伤认定的决定。四是明确了再次鉴定和复查鉴定的时限。规定再次鉴定和复查鉴定的时限按照初次鉴定的时限执行。五是取消了行政复议前置程序。发生工伤争议的，有关单位或者个人可以依法申请行政复议，也可以直接依法向人民法院提起行政诉讼。六是大幅度提高了工伤保险待遇标准。七是增加了基金支出项目，减轻了参保用人单位的负担。八是加大了工伤保险的强制力度。

(5) 社会救助改革

为了应对经济体制改革所带来的城市贫困问题，上海等城市于 20 世纪 90 年代早期开始建立城市居民最低生活保障制度。1997 年 9 月，国务院发布《关于在全国建立城市居民最低生活保障制度的通知》，要求在全国城市中都建立城市居民最低生活保障制度。1999 年 9 月，国务院颁布《城市居民最低生活保障条例》，使社会救助制度步入法制化的轨道。2007 年，国务院要求在全国农村建立最低生活保障制度。2012 年，《国务院关于进一步加强和改进最低生活保障工作的意见》提出，“坚持应保尽保、坚持公平公正、坚持动态管理、坚持统筹兼顾”的基本原则，旨在解决农村低保发展不平衡、程序不规范、应保未保等问题。

在建立和完善低保制度的同时，其他专项救助制度也相继建立。2003 年建立农村医疗救助制度，2005 年建立城市医疗救助制度，2009 年，探索建立城乡一体化的医疗救助制度，在救助低保户和五保户的基础上，逐步将其他经济困难家庭人员纳入医疗救助范围。此外，有关部门对住房救助、教育救助等专项救助也做了有益探索。2014 年 2 月，国务院发布《社会救助暂行办法》，确立以低保制度为核心，以特困人员供养、受灾人员救助、医疗救助、教育救助、住房救助、就业救助和临时救助等专项救助为辅助的社会救助体系。

三、我国社会保障制度的现实状况和未来发展

1. 我国社会保障制度的现实状况

经过多年的努力探索，我国社会保障制度改革取得了重大成就：第一，由政府主导、多元主体共担责任的现代社会保障制度体系基本形成。这一体系主

要包括社会保险、社会救助、社会福利、优抚安置等内容，基本覆盖各类群体。第二，社会保障覆盖面显著扩大，养老和医疗两项主要的社会保障制度基本上实现了制度全覆盖。在养老保障方面，目前已有城镇职工基本养老保险，城乡居民养老保险和机关事业单位的退休金制度。在医疗保障方面，目前已有城镇职工基本医疗保险、新型农村合作医疗、城镇居民医疗保险以及部分机关事业单位的公费医疗的制度体系。这两项制度体系基本覆盖了所有的公民。到2012 年末，全国参加城镇职工基本养老保险人数为 30 427 万人，职工基本养老保险基金累计结存 23 941 亿元。全国 31 个省份和新疆生产建设兵团已建立养老保险省级统筹制度。到 2012 年末，国家城乡居民社会养老保险参保人数 48 370 万人，其中实际领取待遇人数 13 075 万人。城乡居民社会养老保险基金基金累计结存 2 302 亿元。全国有 2 566 个县（市、区）开展了新型农村合作医疗，参合人口达 8.05 亿人，参合率为 98.3%。2012 年度新农合筹资总额达 2 484.7 亿元，人均筹资 308.5 元。第三，社会保障法制化取得进展。2010 年 10 月 28 日《社会保险法》获得通过，并于 2011 年 7 月 1 日起施行。为了确保《社会保险法》的顺利实施，2011 年 6 月，人力资源和社会保障部公布《实施〈中华人民共和国社会保险法〉若干规定》，与《社会保险法》同时生效。《社会保险法》确立了我国社会保险制度的基本框架。此外，在社会救助制度方面国务院也出台了《社会救助暂行办法》。上述进展标志着我国社会保障法制化水平迈上新台阶。

2. 我国社会保障制度目前的问题

我国社会保障制度改革虽然取得了重大成就，但也存在一些突出问题。第一，社会保障体系呈碎片化状态。碎片化的直接后果是群体之间、区域之间、城乡之间的社会保障待遇差异悬殊，造成严重的社会不公和相对剥夺感。近年来，受到广泛热议的养老金双轨制就是碎片化的表现之一。早在 2008 年 3 月，国务院就决定在山西、上海、浙江、广东、重庆 5 省市先行开展事业单位养老保险制度改革试点，之后人力资源和社会保障部提出“事业单位的养老金按照企业模式计发”，2011 年政府工作报告也指出，要积极推进机关和事业单位养老保险制度改革，通过改革现行单位保障制度，统一公务员、事业单位和企业基本养老保险制度模式。但是，公务员和事业单位养老保险改革过去多年进展缓慢。

第二，多层次社会保障制度尚未形成。多层次即所谓“多支柱”。第一根支柱是基本养老保险，第二根支柱是企业年金或职业年金，第三根支柱是商业养老保险。目前，城镇居民退休收入高度依赖甚至全部依赖基本养老保险，而职业年金和商业保险发挥的作用很小。

第三，养老保险个人账户空账问题突出。我国实行统账结合的养老保险制度以来，个人账户一直处于空账运行状态。个人账户长期空账运行，使统账结合的养老保险制度效果大打折扣。2000 年，辽宁省试点做实个人账户，至 2012 年，试点省份扩大到 13 个，积累基本养老保险个人账户基金 3 396 亿元，空账金额仍超过 2.6 万亿元。中共十八届三中全会提出了“完善个人账户”。有学者提出，用名义账户制取代做实个人账户，认为名义账户制不但可以解决我国社会养老保障中遇到的转型成本的巨大困难，而且与统账结合制度的初衷相吻合，兼顾了公平与效率，可以克服缴费“搭便车”问题和“行政性的逆向选择”问题，有利于提高缴费的比率和扩大保险的覆盖面（郑秉文，2003）。

第四，延迟退休年龄的问题。与世界其他国家相比，我国退休年龄明显偏低，退休制度亟待改革。在我国，男性退休年龄为 60 岁，女干部为 55 岁，女职工则为 50 岁，明显偏低，既带来人力资源的巨大浪费，又给养老保险基金带来很大的支付压力。而且男女之间、女工人与女公务员之间退休年龄差异较大，没有体现性别公平。但是，延迟退休年龄是一个复杂的事项，涉及广大群众的不同利益，应慎重办理。为此，中共十八届三中全会通过的《中共中央关于全面深化改革若干重大问题的决定》中，明确提出了要研究制定渐进式延迟退休年龄政策，具体的方案正在研究制定过程中。

第五，社会保障管理水平有待提高。一是社会保障多头管理，突出体现在医疗保障方面。我国的医疗保障主要由三个部门分别管理：职工基本医疗保险、城镇居民基本医疗保险由人力资源和社会保障部门管理；新型农村合作医疗由卫生部门管理；城乡医疗救助由民政部门管理。二是行政主管部门和经办机构仍然存在政事不分现象。作为执行机构，社保经办机构本应是参保群体“代言人”和基金“守门人”，但由于与行政主管部门关系未能理顺，工作独立性受到影响，降低了管理的专业化水平和服务效率。三是社会保障管理服务平台未能有效整合，导致信息沟通、资金监管、管理能力等方面存在问题（叶响裙，2013）。

3. 我国社会保障制度未来发展方向

根据中共十八大和十八届三中全会的要求，未来我国社会保障制度发展的基本方向是建立更加公平可持续的社会保障制度。一方面，要坚持全覆盖、保基本、多层次、可持续方针，以增强公平性、适应流动性、保证可持续性为重点，全面建成覆盖城乡居民的社会保障体系。在社会保险制度方面，要坚持社会统筹和个人账户相结合的基本养老保险制度，完善个人账户制度，健全多缴多得激励机制，确保参保人权益，实现基础养老金全国统筹，坚持精算平衡原则。另一方面，要推进机关事业单位养老保险制度改革，整合基本医疗保险制度和继续完善城乡居民基本养老保险制度。要建立健全合理兼顾各类人员的社会保障待遇确定和正常调整机制，完善社会保险关系转移接续政策，扩大参保缴费覆盖面，适时适当降低社会保险费率。再一方面，加快健全社会保障管理体制和经办服务体系。还要加强社会保险基金投资管理和监督，推进基金市场化、多元化投资运营。制定实施免税、延期征税等优惠政策，加快发展企业年金、职业年金、商业保险，构建多层次社会保障体系。

在社会救助方面，要推进城乡最低生活保障制度统筹发展。在已经出台了《社会救助暂行办法》的基础上，应进一步完善社会救助制度体系，坚持托底线、救急难、可持续的原则，切实加强社会救助制度在保障和改善民生方面的托底作用，并且加强社会救助与其他社会保障制度的协调，提高其管理水平和运行效率。

此外，还要健全符合国情的住房保障和供应体系，建立公开规范的住房公积金制度，改进住房公积金提取、使用、监管机制。要健全社会保障财政投入制度，完善社会保障预算制度。

最后，在社会福利制度方面，要以扶老、助残、救孤、济困为重点，逐步拓展社会福利的保障范围，建立健全养老服务体系，鼓励居家养老，拓展社区养老服务功能，推动社会福利由补缺型向适度普惠型转变，逐步提高国民福利水平。

思　考　题

1. 什么是社会保障，社会保障有哪些基本的功能？
2. 社会保障有哪些主要的内容？
3. 社会保障有哪几种主要的形式，它们各自有哪些特点？
4. 我国计划经济时代社会保障有哪些主要特点、成就与问题？
5. 我国社会保障制度改革的背景和改革的基本方向。
6. 我国社会保障制度目前还存在哪些问题？
7. 我国社会保障制度未来发展方向。

主要参考文献

陈良谨. 社会保障教程. 北京：知识出版社，1990.

多吉才让. 新时期中国社会保障体制改革的理论与实践. 北京：中共中央党校出版社，1995.

龚家林．论我国社会保险法的立法完善．江西社会科学，2011（8）．

顾俊礼．福利国家论析．北京：经济管理出版社，2002．

郭崇德．社会保障学概论．北京：北京大学出版社，1992．

和春雷．社会保障制度的国际比较．北京：法律出版社，2001．

李晓林，王绪瑾．社会保障学．北京：中国财政经济出版社，1997．

林宝．中国退休年龄改革的时机和方案选择．中国人口科学，2001（1）．

刘翠霄．各国残疾人权益保障比较研究．北京：中国社会科学出版社，1994．

童星．社会保障与管理．南京：南京大学出版社，2002．

王素芬．理想与现实的调和：对我国社会保险法的反思与重塑．河北法学，2011（10）．

魏新武．社会保障世纪回眸．北京：中国社会科学出版社，2003．

叶响裙．论我国社会保障管理体制的改革与完善．中国行政管理，2013（8）．

张琪，刘雄．社会保障制度改革．北京：经济管理出版社，1996．

郑秉文．"名义账户"制：我国养老保障制度的一个理性选择．管理世界，2003（8）．

郑秉文．中国社会保障制度60年：成就与教训．中国人口科学，2009（5）．

郑功成．"十一五"期间社会保障工作新要求．中国劳动保障，2006（4）．

郑功成．社会保障学．北京：商务印书馆，2000．

郑功成等．中国社会保障制度变迁与评估．北京：中国人民大学出版社，2002．

第十三章　公共卫生和医疗服务政策

随着生活水平的提高和健康观念的转变，人们对健康的重视程度越来越高，对健康服务的需求也越来越高，这对国家的卫生服务能力提出了新的要求。与此同时，工业化、城镇化、人口老龄化、疾病谱变化和生态环境变化等，给公共卫生和医疗服务带来一系列新的严峻挑战，进一步加大了卫生服务的压力。如何应对这种压力，使卫生服务能够更均等地惠及所有国民，让民众尤其是低收入人群共享医疗技术进步和改革发展成果，增进人民的身心健康和家庭幸福，是医疗卫生政策亟待解决的一大难题。因此，继续深化医药卫生体制改革，优化卫生资源配置，提高公共卫生和医疗服务的可及性，满足人民群众日益增长的医药卫生需求，不断提高人民群众的健康素质，不仅是维护社会公平正义、提高人民生活质量的重要举措，更是全面建成小康社会的一项重大任务。

本章首先简要介绍医疗卫生政策的基本原理，然后考察我国公共卫生服务和医疗服务体系的相关政策问题。

第一节　医疗卫生政策概述

在当代各国，医疗卫生政策都是政府社会政策体系中的重要组成部分，对医疗卫生政策的研究也是社会政策学科中的重要内容之一，但因各国医疗卫生事业的规模和体制的不同，以及研究角度的不同，这一领域在理论和实践上存在着差异。本节首先对医疗卫生政策的基本概念、基本原理和基本内容做一简要概述。

一、健康问题在当代社会的重要性

世界卫生组织认为，“健康不仅是没有病痛，而且是一种生理的、心理的、社会的和精神层面的完好状态”（WHO，1998）。健康是生活质量的重要保证，是任何个体和社会充分发挥其功能的必要前提。因此，它既是人类发展最根本的目标，同时又是人类发展、社会进步的推动力。对个体来说，健康状况的好坏不仅关系到自己的就业机会、发展前景，更关系到自己的生活质量和家庭幸福。对社会来说，良好的国民健康素质是综合国力的重要组成部分，是经济社会发展的重要条件，也是经济社会发展成果的重大体现。

在当今社会中，健康已经被认为是一种社会权利。联合国《经济、社会、文化权利国际公约》第 12 条规定，“人人有权享有能达到的身心健康的最高标准”。世界卫生组织强调，“人人享有卫生保健”不仅是一项理想，而且是一项行动的原则。《中共中央国务院关于深化医药卫生体制改革的意见》（中发〔2009〕6 号）明确指出，深化医疗卫生体制改革，必须坚持以人为本，把维护人民健康权益放在第一位，以保障人民健康为中心，以人人享有基本医疗卫生服务为根本出发点和落脚点。

二、医疗卫生政策与健康的关系

人的健康状况受到基因遗传、性别、年龄等生物因素的影响，更受到卫生保健和医疗服务的影响。在生病后，人们首先想到的是找良医。“使圣人预知微，能使良医得蚤从事，则疾可已，身可活也”（《史记·扁鹊仓公列传》）。相反，如果像蔡桓公那样，“骄恣不论于理”，不遵医嘱，“则重难治也”。对于统治者来说，平时有御医，若遇到疑难杂症，则广征天下名医。“昭帝末，寝疾，征天下名医，延年典领方药。”（《汉书·杜周传》）当然，在古代社会，像扁鹊、华佗、张仲景、李时珍这样的名医毕竟寥若晨星，绝大多数平民百姓更多得靠民间郎中来提供医疗服务。虽然如此，良好的医疗卫生服务有助于改善人的健康状况，治病救人妙手回春，这种信念已经深入人心。

工业化社会以来，随着医院的迅猛发展，医疗卫生服务的普及程度大大提高，医疗卫生服务对民众健康的影响大大增强。一方面，公共卫生状况的改善和疫苗的发现，大大降低了霍乱、鼠疫、天花、麻风病、肺结核等致死性疾病的发病率，使越来越多的人尤其是接种疫苗的新生人口免于这些疾病的威胁。另一方面，现代医学的发展，大大提高了医疗服务能够治疗的疾病范围和治疗效果，从而显著提高了重症病人的存活率和一般疾病的治愈率，使妙手回春不再是例外而成为常态。

然而，伴随着现代医疗技术水平的发展，医疗服务的价格也不断攀升。因此，在现代医疗卫生服务快速发展的背景下，要求政府制定和实施医疗卫生政策，以公平合理地配置社会医疗卫生资源，确保医疗卫生服务的公平性，满足所有社会成员的健康需要。概括说来，国家介入医疗卫生领域有三个方面的必要性：

一是保证公共卫生服务的供应。公共卫生服务是一种特殊的公共物品，有助于增进社会成员的福祉。然而，单纯靠市场机制很难使这种公共物品的供应达到最优水平。尤其是在全球化时代，人口流动急剧增加，导致各种传染病大面积传播的可能性增大，因此需要由政府来建立庞大的和有效的公共卫生和疾病控制体系。

二是保证医疗服务的可及性，防止国民因病致贫。商业化的医疗服务会推动医疗水平和医疗服务质量的提高，但同时也会导致医疗价格的上升。在缺乏公共资金投入的情况下，高昂的医疗费用会降低医疗服务的可及性，尤其是可能导致低收入阶层难以获得基本的医疗服务，结果小病拖成大病，因病致贫、因病返贫，形成恶性循环。

三是纠正医疗卫生服务领域的市场失灵。在公共卫生领域，预防性卫生事业要求所有社会成员都参加，并常常是一种集体行动，因而难以以一种商业化的方式进行。在医疗服务领域，医疗服务的供方和病患之间存在严重的信息不对称，因此在一种“纯市场”的条件下，病人的权利往往难以得到保障，患者要么不得不支付高价，接受不必要的或劣质的医疗服务，要么由于逆向选择的原因，那些最需要医疗的人群往往得不到必要的医疗服务。比如，在商业医疗保险领域，缴费门槛使得低收入人群无法参与必要的医疗保险项目，这些人在生病时，往往得不到应有的医疗服务。通过政府干预可以规制这些市场的运作，有效降低医疗服务价格，提高医疗服务的可及性，从而提高民众的福利水平（世界银行，1993）。

三、医疗卫生政策的定义与基本目标

1. 医疗卫生政策的定义

由于各国的医疗卫生体制和内容不一样，并且研究者对这一领域主要内容的理解也有差异，因此对医疗卫生政策的界定不完全一致。概括一些研究者的观点，我们可以将医疗卫生政策的概念大致定义为：医疗卫生政策是政府通过配置医疗卫生资源，以预防疾病，促进、保护或恢复国民的健康为目标而采取的一系列规定和行动的总称。

2. 医疗卫生政策的基本目标

医疗卫生政策有三大目标：第一，通过降低死亡率和发病率，提高国民的健康状况；第二，保护国民免于因健康问题带来的经济风险；第三，满足公民的健康需要（Peters，et al，2002）。应当注意的是，随着国民健康状况和其他因素的变化，上述三大目标的优先次序也会相应变动。比如，在死亡率和发病率较高时，医疗卫生政策的首要目标是通过预防传染病、防止妇女儿童营养不良，提高国民的预期寿命和健康状况。随着人口结构的转型、流行病的变化和社会的变迁，医疗卫生政策的重点也应相应做出调整。

医疗卫生政策是社会政策体系的一部分，就社会目标而言，医疗卫生政策还应积极致力于消除健康不平等，即低收入阶层由于缺乏医疗卫生服务而导致其健康水平低于其他社会阶层的事实。这里需要说明的是，强调效率的市场机制并不能保证医疗卫生资源配置的公平性，特别是难以保证医疗卫生服务对低收入人群的可及性。与此相对照，医疗卫生政策有助于确保医疗卫生资源配置的公平性和医疗卫生服务的公益性，而政府的医疗救助计划可以使这些人得到基本的医疗服务，体现社会公正。

当然，公共医疗卫生政策也有一些不足。首先，公共医疗卫生政策是一定政策环境下的产物，决策者的政策取向往往会影响政策的设计，因而在某些情况下，公共医疗卫生政策不但不能改进医疗卫生资源的配置，反而会进一步强化不合理的医疗卫生资源配置。其次，公共医疗卫生政策具有再分配的意义，公共医疗卫生政策的实施，会形成一定的利益结构，各种特殊利益集团对政府的医疗卫生系统会产生影响，严重时还可能使公共卫生行动在一定程度上偏离公共目标（世界银行，1993）。

四、当代各国医疗卫生政策的基本内容

各国政府在医疗卫生方面的干预范围和程度不同，因此各国公共医疗卫生政策的内容也有差异。但一般说来，各国的医疗卫生政策包括以下基本内容。

1. 公共卫生政策的基本内容

由于对公共卫生的内涵有不同的理解，对公共卫生政策的基本内容的理解也不尽一致。大体而言，公共卫生可以分为两方面，一是疾病监控，二是公共卫生项目。公共卫生项目一般包括三个方面：（1）提供面向全部社会成员或部分人口的预防性卫生服务，比如计划免疫，急、慢性传染病的预防与控制，职业病、地方病和寄生虫病的防治等；（2）大众健康教育，主要是普及基本卫生知识和食品安全知识，使民众养成健康的生活方式，促进健康行为；（3）改善卫生环境，重点是改善对城乡居民生活、工作有直接影响的环境卫生、食品卫生、职业卫生、学校卫生和放射卫生等（世界银行，1993）。

2. 医疗服务政策的基本内容

从公平尤其是消除健康不平等的角度出发，医疗服务政策的基本内容包括以下两方面，一是医疗服务筹资政策，重点是如何使医疗服务筹资契合满足民众的医疗服务需求和支付能力，既保证筹资的公平性，防止筹资机制对低收入人群的排斥，实现人人享有医疗保障，又能避免筹资负担太重，保证筹资的可持续性。二是规制医疗服务提供者的政策，比如通过政策倾斜支持基层卫生服

务机构等特定医疗卫生机构的发展促进基本卫生服务的均等化，以及通过合理的补偿机制，促使医疗服务提供者向患者提供安全、有效、方便、价廉的优质医疗服务，消除"医患合谋"、"诱导消费"或过度医疗，节约医疗卫生开支，最大限度地提高国民的健康素质。

3. 针对专门人群的医疗卫生政策

这类政策主要包括六类：一是妇幼保健政策，包括妇女卫生保健和儿童卫生保健；二是老年卫生保健，包括老年病防治和为老年人提供更加优惠的医疗服务等；三是残疾人医疗康复事业；四是针对低收入群体和其他一些特殊困难群体的医疗卫生政策；五是农民工等流动人口卫生工作；六是针对精神病人的卫生服务。除了上述内容外，医疗卫生政策还包括其他内容，比如政府通过公共行动而促进医学教育和医学科学研究的发展，以及药品供应、医政管理体系等，这里不再赘述。

第二节　中国公共卫生体系及相关政策

公共卫生实践在我国已有较长的历史。在计划经济时代，我国依托各级组织建立了公共卫生服务机构网络，并通过群众性爱国卫生运动而推动了公共卫生事业的发展。改革开放以来的 30 多年，我国城乡公共卫生服务机构都有很大的改革和变化，其间既取得了一定的成效，同时又面临许多新问题、新挑战。在新的形势下如何进一步改革和发展我国的公共卫生事业，是我国社会政策发展中的一个重要议题。

一、改革开放以前的中国公共卫生政策体系

改革开放前，中国公共卫生政策的一个重要特征，是政府积极推行预防为主的方针。1949 年 9 月提出的全国卫生工作的总方针是"预防为主，卫生工作的重点放在保证生产建设和国防建设方面，面向农村、工矿，依靠群众，开展卫生保健工作"。1952 年底，中国政府正式确定了卫生工作的四大原则是"面向工农兵、预防为主、团结中西医、卫生工作与群众运动相结合"，并在全国广泛开展了爱国卫生运动，形成了覆盖城乡的公共卫生体系。

1. 城市公共卫生体系及相关政策

在计划经济时代，城市的公共卫生体系是较为完备的。这个体系的核心是以三级卫生防疫网为主的卫生防疫体系。1953 年 1 月，为贯彻预防为主的方针，全国各地开始建立卫生防疫站，负责疾病监测、控制、卫生监督和卫生宣传。根据此政策，省、地、县三级都建立了卫生防疫站，形成了三级卫生防疫

网。铁路、交通、大型厂矿企业等部门分别建立了本系统的卫生防疫站，负责本部门的各项卫生防疫工作。在国境口岸建立了海港、航空和陆地边境检疫等三类国境卫生检疫所。另外，还建立了一些专科的防治所，加强对传染病、地方病和职业病等的防治工作。在基层，工矿、机关、学校普遍拥有医院或医务室，居民委员会也设立了群防站、红十字卫生站等（当代中国丛书编辑部，1986）。

2. 农村公共卫生体系及相关政策

这个时期，农村公共卫生体系的重点是三级医疗卫生网，即以县级医疗卫生机构为中心，由县级卫生机构（县医院、卫生防疫站和妇幼保健站）、乡卫生院和村卫生所组成的一个较完整的医疗预防网络。这种网络的特点在于，县乡村三级卫生组织具有不同的医疗、预防、保健功能定位，三级组织之间的医、防、保功能互补，相互协调配合（郝模等，2000）。

计划经济时代的农村公共卫生政策有几大亮点，一是注重农村卫生人员的培养。政府以各种形式培养农村卫生人员，形成了以赤脚医生、卫生员和接生员为主体的农村卫生队伍。二是开展了大规模的基本公共卫生服务，包括儿童免疫，传染病、寄生虫病和地方病防治。这些措施使农村居民能够较便捷地获得初级卫生服务，有效防范了农村公共卫生风险，极大地改善了农村居民的健康状况。

二、20 世纪 80—90 年代中国城乡公共卫生服务体系的改革与变化

1. 改革的基本方向

在计划经济向市场经济转型的大背景下，我国的城乡公共卫生服务体系也进行了以市场为导向的改革。改革的目标是希望通过市场化方式刺激公共卫生服务机构提高效率，并通过为社会提供服务而获得经费补偿，而不是只依赖政府的财政拨款。通过改革，过去那种严重依赖政府和效率低下的局面有了很大的改善，但由于在改革过程中财政对公共卫生的支持不断减弱，导致公共卫生服务的社会效益出现了不同程度的滑坡，卫生资源配置也出现了重城市轻农村和重医疗轻预防的倾向，卫生服务的公益性和公平性受到了不同程度的影响。

2. 城市公共卫生体制的改革

由于政府投入严重不足，原本享受全额补助的城市卫生机构面临财政短缺的困境。在财政拨款不多、国家投入不足以支持的情况下，为了缓解卫生机构的经济困难，政府放宽了政策，允许卫生防疫等医疗卫生机构开展有偿服务。由于国家对预防保健机构的财政补助水平过低，许多预防保健机构为了维持生存，出现了重有偿服务、轻无偿服务的倾向，把相当多的人力用于搞创收上，

因而影响了疾病预防和公共卫生工作，弱化了基本卫生服务功能。一些经济不发达地区的卫生防疫机构更是面临生存危机。由于缺乏经费，许多卫生监督监测和公共卫生工作难以开展，对保健、防疫人员的专业培训停止，流行病的预防、监测和报告等机制完全缺失，一些传染病得不到有效的控制（国务院研究室课题组，1996）。

3. 农村公共卫生体制的变化

由于国家对农村卫生事业缺乏足够的重视，对农村卫生事业的投入严重不足，政府在农村公共卫生领域的作用逐渐式微，在改善农村的卫生条件方面没有发挥应有的作用。农村乡镇卫生院由过去公社办国家提供补助，逐步调整为在乡镇财政补助下实行多种形式经营。而村级合作医疗由于农村集体经济的解体而陷入困境。集体经济的解体使农村基层公共卫生保健机构失去了相对稳定的经济来源和组织基础，导致基层合作医疗解体，由集体经营变为个体承包经营。在缺乏经费支持和组织支撑的情况下，农村基层卫生机构的设施简陋，卫生人才缺乏，公共预防保健服务薄弱。同时，为了维持生存，许多基层防疫站、保健站等把主要精力用于开展有偿服务而轻视妇幼保健等公共卫生服务和大众健康教育。结果，疾病监测、地方病预防和农村人口的健康促进和健康教育这些基本的公共卫生服务都受到了影响，农村的疾病预防体系逐渐弱化。

三、新医改与城乡公共卫生服务体系

1. 新医改的新方向

鉴于前一阶段的改革中出现的上述问题，2009 年，中共中央、国务院印发了《关于深化医药卫生体制改革的意见》（以下简称《意见》），国务院印发了《医药卫生体制改革近期重点实施方案（2009—2011 年）》，全面启动了新一轮医改工作。与以往的医疗卫生改革相比，新医改在医疗卫生方面确立了以下几个原则：

第一，确立了公益性原则。党的十七大报告中强调，要坚持公共医疗卫生的公益性质。《意见》进一步明确了这一点，指出从改革方案设计、卫生制度建立到服务体系建设都要遵循公益性的原则，把基本医疗卫生制度作为公共产品向全民提供。

第二，明确了基本卫生服务均等化的原则。意见明确提出，必须促进基本公共卫生服务逐步均等化，逐步向城乡居民统一提供疾病预防控制、妇幼保健、健康教育等基本公共卫生服务，逐步缩小城乡居民基本公共卫生服务差距，促进城乡居民逐步享有均等化的基本公共卫生服务。为实现此目标，《意见》要求新增政府卫生投入重点用于支持公共卫生、农村卫生、城市社区卫生和基本医疗保障，同时加大中央、省级财政对困难地区的专项转移支付力度，以保证贫困地区基本医疗卫生服务的公平性、可及性和质量水平。

第三，强化政府责任和投入。《意见》提出，完善公共卫生服务经费保障机制，逐步提高人均公共卫生经费，逐步提高政府卫生投入占经常性财政支出的比重，政府卫生投入增长幅度要高于经常性财政支出的增长幅度，由此提高政府卫生投入占卫生总费用的比重，有效减轻居民个人基本医疗卫生费用负担。同时，完善政府对公共卫生的投入机制，专业公共卫生服务机构的人员经费、发展建设和业务经费由政府全额安排，乡镇卫生院、城市社区卫生服务中心（站）等城乡基层医疗卫生机构的基本建设经费、设备购置经费、人员经费和其承担公共卫生服务的业务经费由政府负责。

2. 进入新世纪以来我国公共卫生领域取得的成就

第一，普遍建立比较完善的公共卫生服务体系，提高了公共卫生服务和应急救治处置能力。经过十多年的努力，建立了以社区卫生服务为基础的新型城市医疗卫生服务体系。与此同时，由于2003年“非典”的影响，政府大大加快了疾病预防控制的制度建设，建立健全了中央、省、地、县四级疾病预防控制体系和应急医疗救治体系，大大加强了疾病预防控制的水平，提高了对严重威胁人民健康的传染病、慢性病、地方病、职业病和出生缺陷等疾病的监测、预防和控制能力，有效防控了2004年的禽流感，2008年的手足口病，以及近几年甲型H1N1、H7N9等流感疫情，最大程度地减轻了疫情对民众健康的危害和对经济社会发展的不利影响。

第二，实施了国家基本公共卫生服务项目和重大公共卫生服务专项。从2009年开始，为城乡居民免费提供居民健康档案、健康教育、预防接种、传染病防治、儿童保健、孕产妇保健、老年人保健、高血压、糖尿病等慢性病管理、重性精神疾病管理等国家基本公共卫生服务。在重大公共卫生项目方面，推动了艾滋病和结核病、血吸虫病等重大传染病防治，农村妇女住院分娩补助、适龄妇女宫颈癌乳腺癌检查等重大公共卫生项目。这些项目为城乡居民提供了安全、有效、方便的基本卫生服务，切实保障了人民群众身体健康。2003—2012年间，新生儿死亡率从18.0‰降至6.9‰，婴儿死亡率从25.5‰下降到10.3‰，5岁以下儿童死亡率从29.9‰下降到13.2‰，孕产妇死亡率从51.3/10万下降到24.5/10万（国家统计局，2013），主要健康指标总体位居发展中国家前列。

第三，农村卫生状况有显著改善。在环境卫生方面，过去十多年来，农村改水、改厕工作取得了长足进展。截至2011年底，已改水受益人口占农村人口的比例上升到94.2%，饮用自来水人口占农村人口的比例从2000年的

55.2%上升到2011年的72.1%，农村卫生厕所普及率从2000年的40.3%上升到69.2%，而无害化卫生厕所普及率则达到67.43%。在健康指标方面，2003—2012年间，农村新生儿死亡率从20.1‰降至8.1‰，婴儿死亡率从28.7‰下降到12.4‰，5岁以下儿童死亡率从33.4‰下降到16.2‰，孕产妇死亡率从65.4/10万下降到25.6/10万（国家统计局，2013），城乡差距大大缩小。

四、当前我国公共卫生领域存在的主要问题

就整体来看，当前我国公共卫生领域存在的主要问题有：

首先，公共卫生投入依然偏低，轻预防重医疗的问题并未从根本上解决。近十多年来，虽然政府加大了卫生投入的力度，但公共卫生投入却依然偏低。根据《中国卫生和计划生育统计年鉴（2013）》的数据（国家卫生和计划生育委员会，2013），2012年，政府卫生支出虽然达到了8 360余亿元，然而，其中给专业公共卫生机构的财政补助只有537.2亿元，只占6.5%。更重要的是，这些获得政府财政补助的专业公共卫生机构，仍有超过一半（54.3%）的总收入来自“业务收入”，财政补助只占45.7%。从类别看，疾控中心财政补助占总收入的比例最高，为62.0%；其他包括传染病、结核病、职业病防治在内的专科疾病防治机构，财政补助只占37.0%；妇幼保健院更低，财政补助占总收入的比例仅为20.2%。由于投入不足，公共卫生机构的软硬件条件都存在较大问题。这方面的一个明显例子是，专业公共卫生机构以及作为社区卫生服务主体的基层卫生机构的危房率显著高于医院。（国家卫生和计划生育委员会，2013）。

其次，城乡公共卫生资源仍存在较大差距，基本卫生服务均等化仍任重道远。虽然政府加大了农村卫生投入，但这只是改善了农村的卫生资源状况，并没有明显缩小城乡差距。2007—2012年间，农村每千人口床位数从2.00张上升到3.11张，每千人口卫生人员数从2.69人上升到3.41人，均有显著提高。但在这一期间，城市每千人口病床数和每千人口卫生人员数同样有显著提高，因此城乡公共卫生服务的绝对差距并没有缩小。根据国家统计局（2013）的资料推算，2007—2012年间，城乡每千人口医疗卫生机构床位数的差距从2.9张上升到3.77张，每千人口卫生技术人员的差距从3.75人升至5.14人。因此，消除城乡卫生资源之间的差距，仍需付出巨大的努力。

最后，基层医疗卫生机构能力建设滞后，基本卫生服务难以下沉到基层。据《中国卫生和计划生育统计年鉴（2013）》的数据，2012年医院的人员数493.7万人，人员经费3 899.7亿元，人均7.9万元。与此相比，乡镇卫生院

的人员数 120.5 万人，人员经费 497.1 亿元，人均仅 4.12 万元。由于基层医疗卫生机构营收能力显然不如大医院，导致基层卫生工作人员待遇难以保证，基层卫生工作人员的队伍建设进展缓慢。根据《国务院医改办关于全国基层医改政策落实情况督查工作的通报》（国医改办函〔2013〕57 号），大部分地区基层医疗卫生机构存在“招不来、留不下”以及骨干人才缺乏、流失等现象，空编与外聘并存。图 13-1 反映了 2010 年和 2012 年社区卫生服务中心和乡镇卫生院卫生技术人员中、高级专业技术资格人员所占比例的变动情况。2012 年，社区卫生服务中心中高级专业技术人员所占的比例与 2010 年相比都略有下降，高级专业技术人员占比只有 4.1%，远低于医院高级专业技术人员占的比例（9.8%），中级专业技术人员占的比例从 2010 年的 25.1% 降至 23.1%，尚接近医院中级专业技术人员的占比（24.7%）。乡镇卫生院的情况更糟，2012 年，高级专业技术人员占比还不到 1%，中级专业技术人员占比不到 1/7。这样的专业技术结构，使基本卫生服务很难真正下沉到基层。

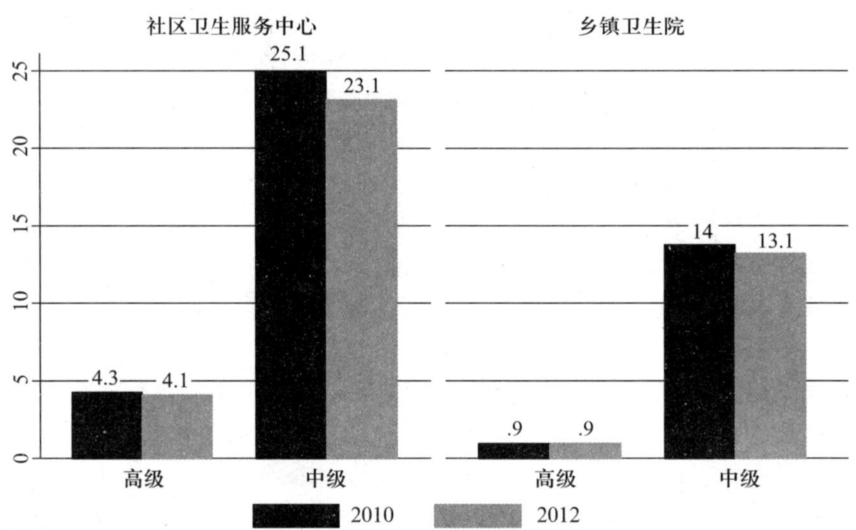

图 13-1　基层卫生机构中高级专业技术资格人员比例

数据来源：国家卫生和计划生育委员会（2013）。

五、我国公共卫生政策未来发展方向

应该看到，我国公共卫生政策的未来发展中面临着严峻的挑战。一方面，生态环境、食品药品安全、职业伤害、饮用水安全、雾霾之类的空气质量问题等对人民群众健康的影响更加突出。另一方面，随着人们生产生活和交往方式的改变，新发传染病以及传统烈性传染病大规模传染的可能性增大，慢性非传染性疾病和精神疾病对民众健康的威胁也日益加大。更重要的是，在互联网时代，民众对危及自身健康的公共卫生信息的敏感度越来越高，对大众健康有直接或潜在威胁的公共卫生事件或信息，在极短的时间内就会大范围传播，造成民愤，甚至引起大范围的恐慌。这种情况下，更要求政府加强公共卫生建设，提供更好的公共卫生服务，满足人民群众的健康需求。

首先，落实政府责任。政府应该在改善人民的卫生条件和健康素质方面发挥更大的作用，应该调整财政支出结构，完善公共卫生服务经费保障机制，加大对公共卫生的投入，真正重视公共卫生建设，更好地预防疾病。对提供公共卫生服务的各类机构尤其是提供基本卫生服务的基层卫生服务机构和专业公共卫生机构，政府财政要提高补助的力度，保证其基本建设经费、设备购置经费、人员经费和其承担公共卫生服务的业务经费。

其次，应该合理制定公共卫生规划，合理配置公共卫生资源，推进基本卫生服务的均等化。一方面，应切实贯彻“预防为主”的方针，大力推进公共卫生机构的能力建设。鉴于当前传染病控制的严峻形势，应当尽快建立健全传染病的监测、控制系统和突发公共卫生事件的应急机制，提高重大传染病、慢性病和职业病、地方病防治能力。另一方面，政府卫生投入应主要投向那些符合全社会成员共同利益的卫生服务领域，尤其是基本卫生服务，改变目前轻预防重医疗的财政补助格局。此外，鉴于城乡之间在卫生资源方面的巨大差距，国家应当建立和完善农村卫生专项转移支付制度，加大对农村公共卫生的投入力度，尽快解决贫困地区尤其是农村贫困地区的基本卫生服务问题，提高基本卫生服务对农村居民的可及性。

第三节　现阶段中国医疗服务体系与公共医疗服务政策

新中国成立后，我国在社会主义公有制和计划经济的条件下逐步建立了城乡公共医疗服务体系，为城乡居民提供了基本的医疗保障。在向市场经济转型的过程中，我国城乡的公共医疗服务体系也发生了很大的变化，一方面，改革带动了医疗服务能力和水平的提高，但另一方面又出现了大量新问题。进入新世纪以来，逐步明确了新时期医药卫生改革的基本方向，目前正在积极深化医药卫生体制改革，医疗保障、医疗服务等领域的综合改革正在稳步推进，本节将简要概括我国城乡医疗服务体系的发展变化情况，以及当前我国公共医疗服务政策的基本状况。

一、改革前的城乡医疗服务体系

在计划经济体制下，我国的城乡医疗服务体系是分割的，城市实行的是以公有制为依托的公共医疗体系，属于国家福利，而农村则是以集体经济为依托的合作医疗，属于集体福利。

1. 计划经济体制下的城市公共医疗体系

我国在计划经济体制下形成了依托公有制和计划经济体制的、较为完整的城市公共医疗服务体系。首先，从基本体制上看，城市公共医疗体系是以公有制为其特征，几乎所有医疗机构都是公有制单位，私人医疗机构几乎全部消失。这些公立医院又分为两类，一是由地方政府医疗行政机构直接管理的、面向所有居民的城市公共医院，二是由机关企事业单位管理的、为单位职工服务的职工医疗机构。其次，从经费来源上看，各类医院因其所属的管理单位的不同而有不同的财政拨款渠道，但在所有的医疗机构都以公共资金为其主要的资金来源，而当时的财政拨款都是按照政府的计划，按医疗机构的人员数量拨款，以及按计划进行医疗服务设施建设。这种模式最大的优点是依托政府、企事业单位公共资金的支持，医疗服务机构可以为居民提供低价的福利性医疗服务，再加上当时按照国家计划定价的药品生产体制，医疗服务和药品的价格都很低，普通居民能够支付一般的医疗服务，医疗服务的可及性较高。但其缺点在于：一方面是在国家和单位包办的体制下，医疗机构及其医务人员的利益与其服务质量没有直接挂钩，因此缺乏提高服务质量的动机；另一方面是这套体制严重依赖国家财政和单位的资金支持，自身缺乏自我生存和发展的能力，而在国家财力不足的情况下，医疗机构的条件长期得不到改善，其结果不仅影响了医疗技术的提高，而且还形成了长期难以解决的“就医难”问题。

2. 计划经济体制下的农村合作医疗制度

合作医疗是计划经济体制下我国农村医疗卫生服务的基本制度之一。它是在互助共济的基础上实行的一种集体福利性质的医疗保健制度。这套制度是20世纪50年代由农民自己创造的，60年代在政府的推动下在全国农村普及。合作医疗的具体做法是多种多样的，有的看病只交诊疗费，药费全免；有的医疗费实行部分减免；有的免收诊疗费，只收药费。筹资以农户个人为主，集体和政府在财力可能的情况下给予不同程度的补助，一般是农村集体经济组织的公益金出一部分，农民个人出一部分，也有的全部由群众集资，或全部由公益金负担。在组织管理方式上，则实行村办村管或乡办乡管（陈海峰，1985）。合作医疗制度使广大农村居民能够享受最基本的初级卫生保健，对保障广大农村居民的健康发挥了积极的作用。

二、市场化改革与城乡医疗服务体系的变化

20 世纪 80 年代以来，市场化改革削弱了城市公共医疗服务体系的福利性和公益性，而农村传统的合作医疗体系则趋于解体，这极大地影响了医疗服务的可及性和公平性。

1. 城市公共医疗服务体制改革

为了破除体制僵化的弊端，20 世纪 80 年代以来，政府对医疗机构进行了市场化和社会化改革。改革的措施主要包括以下四个方面：第一，放松政府对医疗机构的直接管理，使医疗服务机构逐步变成独立经营的实体。第二，发展医疗服务市场，促使医疗服务机构通过为居民提供医疗服务而获得经济补偿，由此降低对政府财政的依赖。第三，单位附属医院社会化，将各个单位内部的医疗服务机构改为面向全社会的社会化医疗服务机构，提升医疗服务资源的可及性。第四，允许各类组织和私人投资建立医疗服务机构，增大全社会的医疗服务供应。改革增强了城市医疗服务机构的活力，推动了医疗服务质量的提高。同时，医疗服务机构通过医疗服务收费而获得了经济补偿，对进一步提高医疗技术、改善医疗条件起到了积极的作用，使过去就医难的问题大大缓解。

但是，这些改革也带来了很大的负面影响。首先，由于政府对医疗机构财政投入减少了，医疗机构需要通过医疗服务特别是“以药养医”来获得经济补偿，这种做法直接促使了医疗机构将创收放到重要位置，影响了医疗服务的公益性和福利性。其次，在医护人员追求较高收入、医疗机构追求利润和药品价格不断上涨的共同作用下，全社会的医疗费用大幅度攀升，影响了医疗服务的可及性，许多城市居民因难以支付医疗费用而面临着新的“看病难、看病贵”问题。再次，由于大医院具有技术垄断地位，导致患者向大医院流动，提高了大医院的经济效益，使大医院有更好的条件吸引医学专业人才、购置大设备，进一步提高其技术水平，导致医疗资源向大医院、大城市（大医院都在大城市）集中，而基层便民的医疗服务却被弱化了。最后，在信息严重不对称的医疗服务领域，一些医院和医务人员在追求经济效益动机的促使下，出现了“小病大治”和乱收费等不规范的行为，加剧医患矛盾，影响社会稳定。

2. 农村医疗服务体系的变化

20 世纪 80 年代初农村实行家庭联产承包责任制后，原来的集体经济解体了，建立在集体经济基础上的合作医疗体制也随之解体。根据 1985 年的调查，全国实行合作医疗的行政村由过去的 90% 猛降为 5%（陈佳贵，2001）。政府在此时没有采取积极的措施阻止合作医疗的解体，并且在合作医疗解体后也没有采取其他行动来建立新的公共医疗服务体制，而是逐步退出农村医疗服务领

域，不再承担保障医疗服务的可及性的责任。

农村合作医疗的解体使农民医疗保障水平大为下降。农村合作医疗解体后，原有的合作医疗机构逐渐变为私人诊所，农村居民的医疗服务几乎完全变成了自费医疗。同时，公共医疗体系的解体还导致农村的医疗卫生设施长期无法改善，农村医疗卫生人员流失严重，导致农村医疗服务质量下降。由于农村医疗服务监控体制的松懈，导致伪劣药品泛滥，药价增长失控，医疗费用的攀升超出了农村居民实际收入的增长速度。上述这些因素大大加重了农民的看病负担，严重削弱了医疗服务的可及性，农村居民，尤其是经济落后地区的农村居民“看病难”成为一个普遍性的问题，并因此而导致因病致贫、因病返贫现象严重。

针对上述这些问题，政府出台了一系列补救措施，但总体上看其行动的力度仍不够，过去积累的问题仍未得到根本上的解决，老百姓对“看病难、看病贵”问题的反映仍然很强烈。2005 年 7 月，国务院发展研究中心社会发展研究部在一份研究报告中指出，“目前中国的医疗卫生体制改革基本上是不成功的”，医改的一些改革思路和做法都存在很大问题，导致医疗服务的公平性下降和卫生投入的宏观效率低下，而医疗卫生体制商业化、市场化的倾向则是完全错误的，违背了医疗卫生事业的基本规律。该报告激起了强烈的社会反响，使 20 世纪 90 年代以来的医改处于社会舆论的风口浪尖之上。

三、新医改与城乡医疗服务的统筹发展

为了扭转过去医疗卫生改革中出现的上述问题，近年来在构建社会主义和谐社会目标的指引下，政府决心加大医疗体制改革的步伐，重新确定了新的医改方向，启动了新一轮医药卫生事业改革。

1. 新医改确立的基本方向

2007 年党的十七大报告，2009 年中共中央、国务院《关于深化医药卫生体制改革的意见》（以下简称《意见》），2012 年党的十八大报告和《国务院关于印发“十二五”期间深化医药卫生体制改革规划暨实施方案的通知》，2013 年中共中央十八届三中全会上通过的《关于全面深化改革若干重大问题的决定》（以下简称《决定》），这一系列重要文件确立了新时期医药卫生改革的基本方向。这些方向可大体归结为如下几个方面：一是强调普惠性。改革的目标是建立健全覆盖城乡居民的基本医疗卫生制度，人人享有基本医疗卫生服务，这是医改的根本出发点和落脚点。二是注重公益性。医改要以保障人民健康为中心，坚持医药卫生事业为人民健康服务的宗旨，坚持公共医疗卫生的公益性质。三是突出均等化。改革要统筹城乡、区域发展，促进公平公正。

2. **新医改的重点领域及其进展**

就医疗服务而言，深化医药卫生体制改革涉及医疗保障、医疗服务、公共卫生、药品供应、监管体制等方面。不过，从城乡居民的角度看，直接影响医疗服务体验的主要有两大方面，一是如何确保公立医院的公益性，二是如何建立健全全民医保体系。

其一，落实政府办医责任，加大财政投入，确保公立医院的公益性。《意见》提出要坚持公立医院公益性质，改革公立医院补偿机制，实现医药分开，理顺医疗服务价格，破除"以药补医"。《决定》强调要加快公立医院改革，落实政府责任，取消以药补医，理顺医药价格，改革医保支付方式，建立科学补偿机制。

目前，公立医院的改革正在稳步推进。从改革重心看，破解公立医院改革难题的关键是抓住破除"以药补医"这个关键环节，进行利益格局调整。从改革进程看，现阶段的重点是县级公立医院改革。2012 年，国务院办公厅印发《关于县级公立医院综合改革试点的意见》（国办发〔2012〕33 号），开始了县级公立医院综合改革试点。2014 年 3 月，卫生计生委、财政部等 5 部委印发了《关于推进县级公立医院综合改革的意见》（国卫体改发〔2014〕12 号），要求每个县（市）办好 1—2 所县级公立医院，30 万人口以上的县（市）至少有一所医院达到二级甲等水平。与此同时，为了破除以药补医，该文件明确规定，第一，取消药品加成政策，县级公立医院补偿由服务收费、药品加成收入和政府补助三个渠道改为服务收费和政府补助两个渠道。第二，落实政府投入责任，由政府负责县级公立医院符合规划的基本建设及大型设备购置、符合国家规定的离退休人员费用、政策性亏损、承担公共卫生任务和紧急救治、支边、支农公共服务等支出。第三，改革药品集中采购办法，县级公立医院使用的药品，要依托省级药品集中采购平台，以省（区、市）为单位，开展集中招标采购，切实降低药品价格。第四，深化支付方式改革，开展医保付费总额控制，同时加快推进按病种、按人头付费等为主的付费方式改革。上述这些规定，将有助于控制公立医院的营利动机，提升公立医院的公益性。

其二，建立健全全民医保体系，有效减轻城乡居民个人医药费用负担。《意见》提出了"基本医疗保障制度全面覆盖城乡居民"的目标，要求坚持"广覆盖、保基本、可持续"的原则，建立城镇职工基本医疗保险、城镇居民基本医疗保险、新型农村合作医疗和城乡医疗救助制度，分别覆盖城镇就业人口、城镇非就业人口、农村人口和城乡困难人群。《决定》指出，要健全全民医保体系，加快健全重特大疾病医疗保险和救助制度，加快建立和完善以基本医疗保障为主体，其他多种形式补充医疗保险和商业健康保险为补充，覆盖城乡居民的多层次医疗保障体系。

目前，我国已基本实现“全民医保”的目标。除了原有的城镇职工基本医疗保险外，新型农村合作医疗、城镇居民基本医疗保险、医疗救助制度以及大病保险的发展令人瞩目。

（1）2003 年开始试点的新型农村合作医疗（以下简称新农合），实行个人缴费、集体扶持和政府资助相结合的筹资机制，主要补助参合农民的大额医疗费用和住院医疗费用。政府不断加大对新农合的资助力度，财政补助标准从 2003 年的每人每年 20 元提高到 2013 年的 280 元，2014 年进一步提高到人均 320 元。与此相对应，新农合的覆盖率也不断提高，截至 2012 年底，覆盖人数达到 8.03 亿人，参合率达到 98.3%（国家统计局，2013）。

（2）2007 年开始试点的城镇居民基本医疗保险，参照了新农合的制度模式，其筹资机制、筹资水平、财政补助标准、待遇水平等与新农合并无二致。截至 2012 年底，城镇居民基本医疗保险的参保人数已达到 2.7 亿人，超过了城镇职工基本医疗保险的参保人数。

（3）医疗救助的发展。2004 年建立了城市医疗救助制度和农村医疗救助制度，建立后发展迅速。在城市医疗救助方面，2008 年至 2012 年间，资助参加城镇居民基本医疗保险人数从 642.6 万人上升到 1 387.1 万人，救助支出从 29.7 亿元增加到 70.9 亿元。在农村医疗救助方面，2005 年至 2012 年间，资助参加新农合人数从 654.9 万人升至 4 490.4 万人，支出从 5.7 亿元增加到 132.9 亿元（国家统计局，2013）。2014 年 2 月 21 日颁布的《社会救助暂行办法》（国务院令第 649 号）对城乡医疗救助制度作出了统一规定。根据该暂行办法，医疗救助的对象包括低保家庭成员、特困供养人员以及县级以上人民政府规定的其他特殊困难人员等三类人群，救助采取以下两种方式，一是给救助对象参加新农合或城镇居民基本医疗保险的个人缴费部分给予补贴，二是对救助对象经基本医疗保险、大病保险和其他补充医疗保险支付后，个人及其家庭难以承担的符合规定的基本医疗自负费用，给予补助。

（4）城乡居民大病保险。开展城乡居民大病保险的目的，是用活城镇居民基本医疗保险和新农合的基金结余，减轻城乡居民大病医疗费用负担，防止因病致贫、因病返贫。2012 年 8 月，国家发改委等六部委发布《关于开展城乡居民大病保险工作的指导意见》（发改社会〔2012〕2605 号），正式启动了大病保险试点工作。2014 年 1 月底，《国务院医改办关于加快推进城乡居民大病保险工作的通知》（国医改办发〔2014〕1 号），要求在 2014 年全面推开城乡居民大病保险试点工作。根据目前的政策规定，城乡居民大病保险由政府主导、商业保险机构承办，其保障对象是城镇居民医保、新农合的参保人，所需资金从城镇居民医保基金、新农合基金中划出，个人不再额外缴费。大病保险所保的“大病”，不是按照病种区分的大病，而是会造成“灾难性医疗支出”的大病。这里的“灾难性医疗支出”，指的是一个家庭为治病所花的费用大于或等于扣除基本生活费（食品支出）后家庭剩余收入的40%，其具体判定标准是，个人年度累计负担的合规医疗费用超过当地上一年度城镇居民年人均可支配收入、农村居民年人均纯收入。城乡居民在患大病发生“灾难性医疗支出”的情况下，在享受城镇居民医保、新农合补偿后，其个人负担的合规医疗费用（包括非医保报销目录内的药品、治疗项目等），可按实际报销比例不低于50%的标准享受大病保险补偿。

四、医疗服务政策存在的主要问题及未来发展方向

为完善城乡居民的医疗服务体系，近期需要重点解决个人现金卫生支出占比偏高、基本医保保障水平偏低、基层公立医院能力建设滞后等几方面的突出问题。

第一，个人现金卫生支出占比偏高。改革前，在卫生总费用中，个人现金卫生支出约占2成。改革开放以来，在卫生总费用中个人现金卫生支出所占的比例（参见图13-2）急剧上升，从1978年的约20.4%上升到2001年的60.0%，然后急剧下降，2012年降至34.4%，仍远高于改革前的水平。导致这种状况的最重要因素，是包括社会医疗保险、商业医疗保险在内的社会卫生

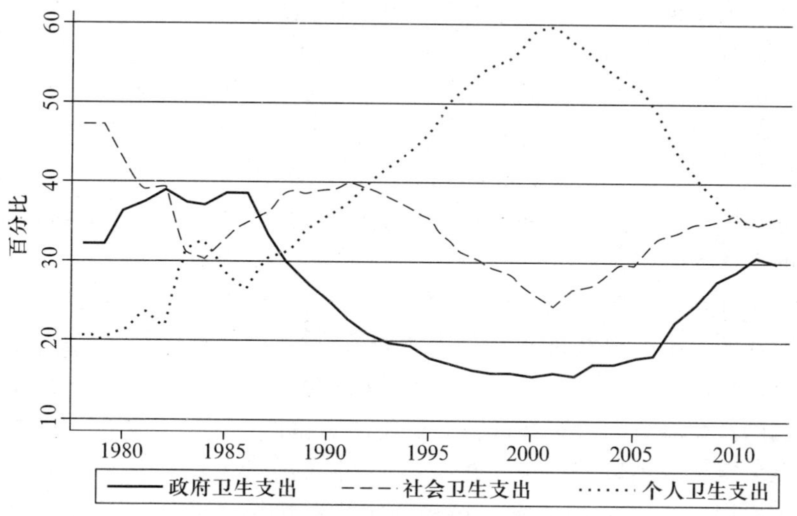

图13-2　我国卫生总费用的构成（1978—2012）

数据来源：国家统计局（2013）。

支出占卫生总费用的比例仍偏低。自2002年以后，得益于政府加大卫生投入，政府卫生支出占卫生总费用的比例一直在上升，2012年达到了30%，已接近1978年的水平（32.1%）。与此相比，社会卫生支出占的比例虽然自2002年起也一直在稳步提高，但2011年也只有34.7%，远低于1978年的47.4%。由于社会医疗保险、商业医疗保险等社会筹资机制发挥的作用仍较弱，导致“看病贵”问题迟迟得不到有效的解决。从这个角度看，在加大政府卫生投入的同时，如果能将社会筹资占的比重再提高约10个百分点，无疑将极大地减轻个人的医疗负担。

第二，基本医疗保障的水平偏低。我国现行的基本医保对基本医疗的保障力度不够，城镇居民基本医保和新农合均以保大病为主，对基本医疗的补偿极其有限。城镇职工基本医保虽然保的是“基本医疗”，但统筹基金却只支付在定点医院或定点药店发生的、起付线以上封顶线以下、符合基本药品目录和诊疗目录的医疗费用，使用范围太窄，且报销比例太低，基本医疗的名义报销比例只有55%，实际报销比例更低，这导致相当部分参保人员享受基本医疗保险的保障水平偏低，大大降低了基本医保的社会效果。另一方面，基本医保基金却大量结余。截至2012年底，城镇职工基本医疗保险、城镇居民基本医疗保险的累计结余高达7 644.5亿元，而当年的基金收入为6 938.7亿元，支出为5 543.6亿元（国家统计局，2013）。也就是说，按现在的待遇模式，这些结存资金足够支付近一年半的医保费用。如果能适当提高基本医疗待遇，不仅可以让基本医保惠及更多的参保人员，更可以提高基本医疗服务对参保人员的可及性，及时获得基本医疗服务，避免小病拖成大病，从而切实落实“预防为主”的方针，放大基本医保的保障效果，提高医保资金的社会效益。

第三，政府财政补助力度不够，以药养医问题突出，公立医院的公益性仍不够高。目前的状况是，公立医院虽是公立的，但财政补助却只占医院收入的很小部分。根据《中国卫生和计划生育统计年鉴2013》的数据，2012年政府财政补助占公立医院总收入的比例还不到15%，平均每所公立医院获得财政补助892.8万元，而药品加成则达673.7万元。换句话说，如果要取消以药补医，财政补助水平还得在现有基础上再提高75%。如果不加大政府财政补助力度，以药补医很难破除，即使取消了以药补医，也很难切断公立医院从患者身上牟利的利益链条，很难保证公立医院的公益性。因此，应进一步加大政府财政补助力度，取消以药补医，确保公立医院的公益性。为保障公立医院的公益性，应根据《决定》的要求，切实落实政府责任，提高政府对公立医院的财政支持力度，彻底跳出以药养医的窠臼，使公立医院更好地为患者谋利，而不是从患者身上牟利。

公立医院等医疗卫生机构回归公益性，是我国医药卫生体制改革经过30多年的改革探索后，尊重医药卫生事业基本规律、尊重人民群众现实需求的逻辑依归。当前，我国正处于全面建成小康社会的决定性阶段，工业化、城镇化快速发展，人口老龄化进程加快，面临的健康问题日趋复杂，不断发生的自然灾害、事故灾害及社会安全事件也对医疗卫生保障提出更高的要求。在这种形势下，更需要通过深化医药卫生体制改革，落实政府责任，加大财政对医药卫生事业的投入力度，保证医疗卫生机构的公益性，提升医疗卫生机构的服务能力，促使医疗卫生机构提供更多安全、有效、方便、价廉的医疗卫生服务，满足人民群众医疗不断增长的健康需求，提高国民的健康素质，早日实现中华民族伟大复兴的中国梦。

思考题

1. 如何理解公共医疗卫生政策与健康之间的关系？
2. 我国当前的公共卫生政策存在哪些问题？
3. 我国当前的基本医疗保障面临哪些挑战？
4. 如何理解以药补医与公立医院的公益性之间的关系？
5. 新医改对我国医疗卫生事业的发展有哪些影响？
6. 对过去30年我国城乡公共卫生与医疗服务体系的变化可以做出什么理论概括？

主要参考文献

国家统计局. 中国统计年鉴2013. 北京：中国统计出版社，2003.

国家卫生和计划生育委员会. 中国卫生和计划生育统计年鉴2013. 北京：中国协和医科大学出版社，2013.

当代中国丛书编辑部. 当代中国的卫生事业. 北京：中国社会科学出版社，1986.

郝模，等. 我国农村三级医疗预防保健网的焦点问题、作用机制和发展战略研究课题概述. 中国卫生资源，2000（6）.

陈佳贵. 中国社会保障发展报告（1997—2001）. 北京：社会科学文献出版社，2001.

国务院研究室课题组. 完善卫生经济政策. 北京：中国经济出版社，1996.

世界银行. 1993年世界发展报告：投资于健康. 北京：中国财政经济出版社，1993.

陈海峰. 中国卫生保健. 北京：人民卫生出版社，1985.

Peters D H, et al. Better Health Systems for India's Poor. Washington D C: The World Bank, 2002.

WHO (World Health Organization). The World Health Report, 1998. http://www.who.int.

第十四章　住房政策

合适的居住条件既是人们生活中必须满足的基本需要，同时也是一种不断发展着的需要。为每个人提供合适的居住条件是人类发展的基本要求之一。工业化社会以来，随着经济的发展，人们的住房条件在总体上不断改善。但在现代都市化的环境中，住房困难的情况也大量存在，即使在经济最发达的国家中也有很多无家可归者、住房拥挤和贫民窟现象。这种情况说明，仅靠市场机制难以完全解决城市住房问题。为此，各国普遍采用政府干预的方式来弥补市场机制在满足住房需要方面的不足。西方国家自进入工业化社会以后，随着城市居民住房困难逐渐加剧，各国政府逐渐开始采取公共行动以解决城市居民住房困难的问题。到第二次世界大战结束以后，各国加强了在住房方面的公共行动，并将住房政策包括在“福利国家”的社会政策体系中。新中国成立以后，我国建立社会主义制度下的城镇住房制度；改革开放以后，我国住房制度有比较大的改革。本章首先简要地阐述住房政策的基本含义、内容、形式及特点，然后介绍我国城镇住房制度的改革历程和当前我国住房政策的状况和存在的问题。

第一节　住房政策概述

经过近几十年的发展，各国在住房政策方面已经形成比较完整的理论与政策实践模式。本节主要介绍住房政策的基本含义，主要的内容及特点，以及主要的政策模式。

一、住房政策的基本含义及意义

1. 住房政策的基本含义

住房政策是社会政策的一个分支，是政府为解决居民住房问题而制定的政策。从广义上看，政府的住房政策涉及与住房有关的所有行动，包括调节住房供给与住房价格、公共住房的建设与分配以及与住房有关的税收、金融等方面的政策等。但从狭义上看，作为社会政策的住房政策重点是指政府为解决贫困者和中低收入家庭住房困难，保障他们基本的住房需要而制定的各种政策，因此住房政策又常被称为“住房保障政策”。

2. 住房政策的意义

住房政策在满足人们的住房需要、维持社会稳定方面具有举足轻重的作用。尤其是在现代社会中，政府的住房政策更不是可有可无的，而是政府必须要制定和执行的一项政策。布莱克莫尔（Blakemore，1998）曾提出四点依据来论证住房政策的重要性：第一，在所有的人类需要中，住房是最基本的需要之一。第二，住房应该是一个福利领域。虽然市场在住房分配中起到关键性的作用，是满足人们住房需要的最重要手段，但住房依然如同健康、社会保障、教育和社会福利服务等一样应该属于公共服务，因为如果没有政府的社会政策介入，就难以满足中低收入家庭的住房需要。第三，人们在住房方面的需要和对住房需要的定义都很复杂。人们的住房需要不能只是“头上有一片屋顶”就足够了，而是还要考虑住房的质量和人对住房的自主权利。因此在定义住房需要时应该包括质量和自主的要素。第四，住房与健康等其他多项福利议题密切相关。根据公共健康历史学家的研究，在19世纪和20世纪初，一些西方国家的住房政策与其他改善环境（例如，引进有效的卫生设施）的政策一道，极大地改善了人们的健康，促进了预期寿命的提高。这方面的成就比医学或卫生服务中的任何其他成就都更为突出。但迄今为止，世界各国住房困难的问题仍然严重存在。一方面，许多国家都在不同程度上存在着住房供应短缺的现象；另一方面，即使在住房供应总量并不短缺的国家和地区，也有许多人居住在潮湿寒冷、通风不好或取暖设施不好的住房里。因此，需要政府通过住房政策来解决住房问题。政府实施一定的住房政策除了满足人们的住房需要以外，还可以缓解各种社会矛盾，防止形成“贫民窟”，并为增进人民的健康作出贡献。

二、当代各国住房政策的内容、形式及特点

住房对人们的生存与发展以及社会稳定具有重要的意义，但社会中的某些成员，尤其是中低收入家庭的成员单凭自己的力量又难以满足住房需要，因而各国政府纷纷制定住房政策，以解决人们的住房问题，满足人们的住房需要。大体上来讲，这些住房政策在内容上一是表现为住房财政政策，二是表现为住房金融政策；在形式和特点上则依各国国情的不同而有所差异。

1. 住房财政政策

住房财政政策是指政府对建房、购房或租房给予财政补贴。这种政策有两种形式：

第一，政府直接介入住房供给并相应投入财政补贴。这种政策方式通常的做法是：首先，政府自己直接建造大量低租公房供住房困难户、低收入户居住。譬如，英国地方政府在1946年至1976年30年中，平均每年建造14.3万套公房，并从最初限于低收入困难户发展到向所有家庭开放。1945年至1980年，英国全国竣工住房1 000多万幢（套），半数是政府建的（孟晓苏，1998）。又如，新加坡1965年独立后，为了保障社会稳定并通过发展建筑业吸纳更多的劳动力就业以带动国民经济全面发展，进行了大规模的住房建设。这种住房建设以市场机制为基础，但政府对房地产市场进行了有效的干预控制（《上海市住房分配供应体系研究》课题组，1998）。其次，政府向房地产企业提供财政补贴，同时对建成住房的出租做出限制，获得公共资金补贴而建造的住房必须以“成本租金”出租给低收入家庭。譬如，联邦德国在第二次世界大战中大量住房毁于战火，为迅速建设大批新住房，政府向私营房地产商提供无息或低息贷款，条件是它们必须降低出租租金。再如，瑞典政府通过给予非营利公司、住房合作社等种种财政优惠，建造了占第二次世界大战后国内总建房量2/3的住宅（孟晓苏，1998）。

第二，政府向住房需要者提供财政补贴。这种政策通常有两种做法：一是用来补贴购买自住住房者的免税减税。例如，英国的住房政策规定，买房可在贷款利息、保障金及住房维护等方面享受一定的优惠。管理部门对申请人的收入水平、存款、家庭成员和住房条件等进行全面审查，获得批准的公民可享受政府提供的优惠条件和住房补助（远立，1997）。二是用来补贴租房者的现金补贴。例如，荷兰从1967年开始逐步减少政府对住房建设贴息的同时，为抵消以相等的比率提高房租对低收入家庭的冲击，政府引入房租补贴政策。瑞典在1968年将政府建房抵押贷款的利率提高到市场水平（不再用低息贷款补贴住房生产），同时扩大对各类困难人员的房租补贴。联邦德国于1956年就开始实行有限度的房租补贴，1970年通过立法扩大到所有家庭，补足每个家庭实际应付房租与“家庭能够承受的房租支出”之间的差距（孟晓苏，1998）。

2. 住房金融政策

住房金融政策亦是政府介入住房领域的一个重要手段。一些研究者（孟晓苏，1998）把世界各国的住房金融政策概括为如下四种主要模式：

第一，在国家有效控制之下的私营机构为主体的综合型模式。这种模式以美国为代表。其基本特征是：首先，在经办房地产金融业务的机构中，私营金融机构占主体地位。这些私营金融机构主要包括商业银行、互助储蓄银行、储蓄贷款协会、保险公司以及一些金融公司、信用社，等等。其次，联邦政府的住房金融管理机构对住房金融市场进行有效的调控。最后，在政府实施有效调控的同时也重视发挥私人资本的作用，私人资本活动与政府调节高度融合。

第二，公私机构互为补充的混合型模式。该模式以日本为代表。第二次世界大战后，日本政府设立了住房金融公库、住房金融公司等专门的住房金融机构，与兼营住房金融业务的私人金融机构相结合，形成了独特的私人兼营住房金融机构与政府专营住房金融机构互为补充的混合型模式。住房金融公库是日本政府为了向国民提供购建房贷款而成立的公营住房金融机构，是战后日本官方住房信贷的主要贷款机构。它行使政府住房金融职能，融通长期低息资金，依照日本政府的住房政策对购建住房者提供优惠长期低息贷款。

第三，政府全面直接控制的基金型模式。该模式以新加坡最为典型。新加坡自 1965 年独立以来，推行中央公积金制度，雇员可以用公积金购房。购房的款项，包括首期付款和从银行得到的贷款，都可以用公积金储蓄偿还，但不可用公积金支付房租。为了确保中央公积金制度的贯彻落实和顺利进行，新加坡设立了中央公积金局，作为政府专门的住房金融机构，配合作为政府机关的新加坡住房发展局，直接行使了政府住房金融职能。

第四，民间专营机构控制的互助型模式。该模式以英国最为典型。建房社团是英国住房金融业务的主要经办者，受政府特别保护，在执业前要事先向政府申请。作为专营住房金融业务的民间互助机构，英国建房社团所办理的住房金融业务占全国的 80% 以上，其他金融机构和一些地方政府也经办这一业务，但占的份额不多。英国对住房金融市场几乎没有政府管理，但政府有关这一方面的政策对市场有较大影响。

3. 各国住房政策改革的要点

综上可见，为了解决人们的住房问题，满足人们的住房需要，各国政府主要采取了住房补贴政策和住房金融政策两种手段。近年来，随着各国经济状况和人们对居住需要的变化，各国政府纷纷推出住房制度改革措施，其具体表现为：

第一，公房向私有化转变。大规模的公房建造，对缓解住房短缺矛盾起到了积极作用。但面对投入大量资金、沉重的房屋维修管理负担和财政补贴的困难，政府希望少建公房，鼓励私人建房和购房，并尽可能地将现有公房出售给住户。但这种做法的效果并不理想，主要原因是公共住房的低租金制度、社会福利制度以及居民的经济承受能力等方面的因素。

第二，住房补贴从补助建房向补助家庭购房的转变，即人们常说的从“补砖头”向“补人头”的转变（所谓“砖头”指建筑物，“人头”指住户）。政府对低收入家庭提供住房补贴，过去往往以建筑物为对象。建筑承包商和业主可以从“社会住宅”的项目开发中获得政府的补贴。现在改为根据家庭收入高低，直接给予低收入家庭补贴，如西欧的法国、荷兰等国。

第三，从广泛补贴向选择性补贴转变。政府对居民住房实行财政补贴，其资金来源于税收。高额税收必然增加纳税人的负担。因此政府改变住房政策，住房补贴开始从覆盖面很广转向有选择性的补贴，即只给中低收入家庭以住房补贴。

第四，从解决住房短缺——“房荒”为目标，转向提高居住质量，改善居住环境。许多国家都经历过大规模、低标准建造住房，解决短期住房紧缺的“房荒”问题。随着住房短缺问题得到缓解以及经济状况的改善，住房“量”的问题初步解决后，人们对居住质量要求越来越高，因此就有了提高居住水平、改善居住环境的“质”的需求（《上海市住房分配供应体系研究》课题组，1998）。

第五，在住房金融方面，共同的发展趋势是：贷款期限跨度大，有的10至25年，有的高达30年；贷款额度大，贷款额相当于房价的70%至80%，有的高达100%；贷款利率市场化和融资来源多元化，多数国家已允许专门性的住房银行、储蓄银行和非银行住房金融机构采取“批发”方式筹集资金来源（孟晓苏，1998）。

第二节 中国城镇住房政策的改革与发展

我国从20世纪50年代起就开始在城镇中实施公共住房政策，并逐步形成了一套在社会主义公有制和计划经济条件下的城市公共住房理论与实践模式。从20世纪70年代以来，随着我国经济体制改革，原来的住房政策逐渐显露出弊端，因此导致对城镇住房制度的重大改革。本节将简要介绍我国改革开放前的城镇住房政策，我国城镇住房政策改革的步骤，以及我国城镇住房的最新发展。

一、改革开放前中国的城镇住房政策及其问题

1. 改革开放前我国城镇住房政策的特点

新中国成立以来至改革开放之前，我国城镇的住房制度基本上是以低租金、福利制和实物分配为特征的。在这种制度之下，住房由国家和职工所在单位包下来投资建设；职工只需交纳低廉的房租即可获得住房的使用权；住房分配以实物分配、无偿分配为主；住房分配采用行政手段而不是经济手段（苗天青，1996；蔡德容，1996；冯宗容，2001）。

2. 改革开放前我国城镇住房政策中的问题

虽然这种住房制度对于解决城镇居民的住房问题作出了一定的贡献，但其弊端也是显而易见的。改革开放以前，我国城镇住房政策的弊端有以下一些方面：第一，住房投资不能回收，无法进行住房的简单再生产和扩大再生产。第二，房租远不及维修费用，造成大量住房失修失养，使危旧住房增多。第三，住房供给渠道狭窄，主要靠国家及职工所在单位供给。第四，住房建设与实际需要脱节，使住房严重短缺。第五，住房被排斥在个人消费支出之外，扭曲了消费结构。第六，助长了住房分配中的不正之风，使住房分配出现严重不合理。第七，刺激人们对住房的过高需求，助长了人们在住房问题上依靠国家和单位的心理，并把无偿分配住房视做社会主义制度的优越性。第八，人为地割断了住房生产、分配、交换、消费之间的内在经济联系，不利于住房再生产各个环节的良性循环。第九，使住宅业、房地产业得不到正常发展，不仅使住房生产部门没有自我改造和自我发展的能力，也严重妨碍房地产业、建筑业的发展；不仅不能使房地产业、建筑业形成支柱产业，还使之长期成为财政负担，妨碍城镇基础设施的发展，扭曲产业结构。第十，不利于调动广大城镇居民自己解决住房问题的积极性，使住房问题长期得不到解决。改革开放之前我国城镇住房政策中存在的这些弊端直接导致城镇居民的住房问题不仅难以得到根本的改善，甚至还更加严重。譬如，在此期间，城镇居民的人均居住面积就由新中国成立初期的4.5平方米下降到1978年的3.6平方米（蔡德容，1996；苗天青，1996）。

二、中国城镇住房政策改革的步骤

在这种背景下，至20世纪70年代末，我国的城镇住房制度已经到了非改不可的地步。如果以1980年邓小平关于住房改革问题的讲话作为我国城镇住房制度改革的开端的话，大体上来说，我国城镇住房制度改革经历了国家、企业、个人三者共同负担购买住房，提高租金，出售公房，住房公积金和安居工程，停止福利分房等阶段。

1. 第一阶段

第一个阶段从1980年至1985年，为国家、企业、个人三者共同负担购买住房的试点时期。为了解决城镇住房投资来源问题，住房制度改革首先从国家包干的住房投资体制开刀。1982年，国家正式批准常州、郑州、沙市、四平四市进行住房补贴出售试点，具体做法是国家、单位和个人各出资1/3购买住房。试点的四个城市共补贴出售住房1 797套，国家投入的1 400万元仅收回了270万元。1984年10月，国务院决定在全国扩大城市公有住房补贴出售试点，希望通过这种“三三制”的做法，收回一部分资金以解决住房投资的不足。但由于当时职工的收入过低，又无其他金融借贷等措施配套，即使是“三三制”，也很少有人能买得起，同时，由于国家和单位的补贴量大，资金不能实现自我循环，这一做法未能达到预期的效果。

2. 第二阶段

第二个阶段从1986年至1990年，是以提高住房租金为突破口进行住房体制改革的时期。随着改革的深入，提高房租在整个房改中的关键性地位已逐渐地显现出来。1986年1月，国务院成立了住房制度改革领导小组，同年烟台市提出“提租发券，空转起步”的提租改革方案。经过一年零四个月的准备，国务院正式批准从1987年8月1日起试行。1987年，唐山、蚌埠等城市也加入了房改试点的行列。此后，各地根据自身的条件，因地制宜地采取了多种提租形式推进房改，如小步提租，只提不补（即放慢提租的步伐，但不给予补贴）；提租发贴超标加租（即提高租金的同时给予一定补贴，变暗贴为明贴，同时对超标准住房部分不给予补贴）；新房新制度；收取租赁保证金以息补租；等等。

3. 第三阶段

第三个阶段从1991年至1993年，是以公房出售为重点、住房制度改革全面铺开的时期。1991年6月，国务院发出《关于继续积极稳妥地进行城镇住房制度改革的通知》，国务院办公厅转发了国务院住房制度改革领导小组《关于全面推进城镇住房制度改革的意见》。文件中对住房制度改革的目标、原则、有关政策、今后两年的总体部署等问题作了具体规定，提出城镇住房制度改革是经济体制改革的重要组成部分，要逐步实现住房商品化，发展房地产业，提出从改革公房低租金制度着手，将现行公房的实物福利分配制度逐步转变为货币工资分配制度，使住房这种特殊商品进入消费品市场，实现住房资金投入产出的良性循环。在国务院文件中，正式提出了住房商品化、分配货币化、租金市场化的改革方向。此后，各地响应中央号召，先后出台了城镇住房制度改革实施方案，住房制度改革由少数试点城市扩展到全国。各地在继续实施提租改革的同时，出售公房成为这一阶段的重点。

4. 第四阶段

第四个阶段从1994年至1997年，是建立住房公积金和开展安居工程、住房制度改革全面推进的时期。1994年7月，国务院发出了《国务院关于深化城镇住房制度改革的决定》，提出房改的根本目的是建立与社会主义市场经济体制相适应的新的城镇住房制度，并明确提出城镇住房制度改革的基本内容是：把住房建设投资由国家、单位统包的体制改革为国家、单位、个人三者合理负担的体制；把各单位建设、分配、维修、管理住房的体制改变为社会化、专业化运行的体制；把住房实物福利分配的方式改变为以按劳分配为主的货币工资分配方式；建立以中低收入家庭为对象、具有社会保障性质的经济适用住房供应体系和以高收入家庭为对象的商品房供应体系；建立住房公积金制度；发展住房金融和住房保险，建立政策性和商业性并存的住房信贷体系；建立规范化的房地产交易市场和发展社会化的房屋维修、管理市场，逐步实现住房资金投入产出的良性循环，促进房地产业和相关产业的发展。

5. 第五阶段

第五个阶段从1998年至21世纪初期，是切断实物分配的福利分房制度、住房制度改革进入攻坚阶段的时期。1998年7月，国务院颁布的《国务院关于进一步深化城镇住房制度改革加快住房建设的通知》明确指出：深化城镇住房制度改革的目标是停止住房实物分配，逐步实行住房分配货币化；建立和完善以经济适用住房为主的多层次城镇住房供应体系；发展住房金融，培育和规范住房交易市场。并明确提出1998年下半年开始停止住房实物分配。通知要求继续推进现有公有住房改革，按照《国务院关于深化城镇住房制度改革的决定》的规定，继续推进租金改革，要求进一步搞好现有公有住房出售工作，规范出售价格。从1998年下半年起，出售现有公有住房，原则上实行成本价，并与经济适用房价相衔接。对已购公有住房和经济适用房的上市交易实行准入制度。通过提租、出售等方式，把现有公有住房纳入新的住房制度之中。

三、我国城镇住房政策的最新发展

我国城镇住房政策改革从20世纪80年代开始，经历了上述五个阶段，其中形成了两个里程碑。一个里程碑是1994年颁布的《国务院关于深化城镇住房制度改革的决定》，在全国范围内确立了住房社会化、商品化的改革方向。主要内容是全面建立公积金制度、低价出售公有住房、将原安居工程转为经济适用房等。第二个里程碑是1998年颁布的《国务院关于进一步深化城镇住房制度改革加快住房建设的通知》，意义是停止福利分房，在制度上建立市场化住房体制，同时提出把住房产业培育成经济支柱产业。这几个阶段的住房制度改革的主要方向是建立我国市场经济条件下的住房建设与住房分配制度，改变过去严重依赖政府和单位的住房制度，建立市场化的住房供应制度。

经过改革，我国城镇房地产业有了长足的发展，住房供应大大增加，居民人均住房面积大幅度提高。因此，应该说我国的住房制度改革取得了可喜的成就。但另一方面，由于政府的福利性住房供应大幅度减少，导致城镇贫困者和低收入家庭的住房困难长期难以解决。尤其是近年来城镇房地产价格快速上升，使中低收入家庭的住房困难进一步凸显。虽然早在20世纪90年代的住房制度改革中就提出了建立城市廉租住房制度，以保障贫困者的基本住房需要，建设部等部门于2003年颁布了《城镇最低收入家庭廉租住房管理办法》、建设部与民政部于2005年7月7日颁布了《城镇最低收入家庭廉租住房申请、审核及退出管理办法》（2005年10月1日起施行），但总的看来，在解决中低收入家庭住房困难方面的效果不明显。

近年来，在和谐社会目标的指引下，政府的住房政策进一步转向通过公共行动来解决贫困者和中低收入家庭住房困难问题。2007年，国务院发布了《国务院关于解决城市低收入家庭住房困难的若干意见》（以下简称《若干意见》），2010年，住房和城乡建设部等7部门联合发布了《关于加快发展公共租赁住房的指导意见》（以下简称《指导意见》）。这两个文件可以说是我国城镇住房政策改革历程中的第三座里程碑。如果说前两个国务院文件开启和实现了住房体制顺利向市场体制转轨，此次《若干意见》和《指导意见》则通过“解困”这一保障类住房体制运作架构的细化，进一步完善了“政策+市场”的双轨模式，避免可能出现的单一“重市场”的住房体制发展趋向。

1.《若干意见》解决城市低收入家庭住房困难的政策要点

《若干意见》针对城市低收入家庭住房困难问题，提出了三个方面的解决方案。

第一，进一步建立健全城市廉租住房制度。

一是逐步扩大廉租住房制度的保障范围。《若干意见》指出，城市廉租住房制度是解决低收入家庭住房困难的主要途径。2007年底前，所有设区的城市要对符合规定住房困难条件、申请廉租住房租赁补贴的城市低保家庭基本做到应保尽保；2008年底前，所有县城要基本做到应保尽保。“十一五”期末，全国廉租住房制度保障范围要由城市最低收入住房困难家庭扩大到低收入住房困难家庭；2008年底前，东部地区和其他有条件的地区要将保障范围扩大到低收入住房困难家庭。

二是合理确定廉租住房保障对象和保障标准。《若干意见》规定，廉租住房保障对象的家庭收入标准和住房困难标准，由城市人民政府按照当地统计部门公布的家庭人均可支配收入和人均住房水平的一定比例，结合城市经济发展水平和住房价格水平确定。廉租住房保障面积标准，由城市人民政府根据当地家庭平均住房水平及财政承受能力等因素统筹研究确定。廉租住房保障对象的家庭收入标准、住房困难标准和保障面积标准实行动态管理，由城市人民政府每年向社会公布一次。

三是健全廉租住房保障方式。《若干意见》规定，城市廉租住房保障实行货币补贴和实物配租等方式相结合，主要通过发放租赁补贴，增强低收入家庭在市场上承租住房的能力。每平方米租赁补贴标准由城市人民政府根据当地经济发展水平、市场平均租金、保障对象的经济承受能力等因素确定。其中，对符合条件的城市低保家庭，可按当地的廉租住房保障面积标准和市场平均租金给予补贴。

四是多渠道增加廉租住房房源。《若干意见》要求，要采取政府新建、收购、改建以及鼓励社会捐赠等方式增加廉租住房供应。小户型租赁住房短缺和住房租金较高的地方，城市人民政府要加大廉租住房建设力度。新建廉租住房套型建筑面积控制在50平方米以内，主要在经济适用住房以及普通商品住房小区中配建，并在用地规划和土地出让条件中明确规定建成后由政府收回或回购；也可以考虑相对集中建设。积极发展住房租赁市场，鼓励房地产开发企业开发建设中小户型住房面向社会出租。

五是确保廉租住房保障资金来源。《若干意见》要求，地方各级人民政府要根据廉租住房工作的年度计划，切实落实廉租住房保障资金：一是地方财政要将廉租住房保障资金纳入年度预算安排。二是住房公积金增值收益在提取贷款风险准备金和管理费用之后全部用于廉租住房建设。三是土地出让净收益用于廉租住房保障资金的比例不得低于10%，各地还可根据实际情况进一步适当提高比例。四是廉租住房租金收入实行收支两条线管理，专项用于廉租住房的维护和管理。对中西部财政困难地区，通过中央预算内投资补助和中央财政廉租住房保障专项补助资金等方式给予支持。

第二，改进和规范经济适用住房制度。

一是规范经济适用住房供应对象。《若干意见》指出，经济适用住房供应对象为城市低收入住房困难家庭，并与廉租住房保障对象衔接。经济适用住房供应对象的家庭收入标准和住房困难标准，由城市人民政府确定，实行动态管理，每年向社会公布一次。低收入住房困难家庭要求购买经济适用住房的，由该家庭提出申请，有关单位按规定的程序进行审查，对符合标准的，纳入经济适用住房供应对象范围。过去享受过福利分房或购买过经济适用住房的家庭不得再购买经济适用住房。已经购买了经济适用住房的家庭又购买其他住房的，原经济适用住房由政府按规定回购。

二是合理确定经济适用住房标准。《若干意见》要求，经济适用住房套型标准根据经济发展水平和群众生活水平，建筑面积控制在60平方米左右。各地要根据实际情况，每年安排建设一定规模的经济适用住房。房价较高、住房结构性矛盾突出的城市，要增加经济适用住房供应。

三是严格经济适用住房上市交易管理。《若干意见》规定，经济适用住房属于政策性住房，购房人拥有有限产权。购买经济适用住房不满5年，不得直接上市交易，购房人因各种原因确需转让经济适用住房的，由政府按照原价格并考虑折旧和物价水平等因素进行回购。购买经济适用住房满5年，购房人可转让经济适用住房，但应按照届时同地段普通商品住房与经济适用住房差价的一定比例向政府交纳土地收益等价款。

四是加强单位集资合作建房管理。《若干意见》要求，单位集资合作建房只能由距离城区较远的独立工矿企业和住房困难户较多的企业，在符合城市规划前提下，经城市人民政府批准，并利用自用土地组织实施。单位集资合作建房纳入当地经济适用住房供应计划，其建设标准、供应对象、产权关系等均按照经济适用住房的有关规定执行。在优先满足本单位住房困难职工购买基础上房源仍有多余的，由城市人民政府统一向符合经济适用住房购买条件的家庭出售，或以成本价收购后用作廉租住房。各级国家机关一律不得搞单位集资合作建房；任何单位不得新征用或新购买土地搞集资合作建房；单位集资合作建房不得向非经济适用住房供应对象出售。

第三，逐步改善其他住房困难群体的居住条件。

一是加快集中成片棚户区的改造。《若干意见》要求，对集中成片的棚户区，城市人民政府要制定改造计划，因地制宜进行改造。棚户区改造要符合以下要求：困难住户的住房得到妥善解决；住房质量、小区环境、配套设施明显改善；困难家庭的负担控制在合理水平。

二是积极推进旧住宅区综合整治。《若干意见》规定，对可整治的旧住宅区要力戒大拆大建。要以改善低收入家庭居住环境和保护历史文化街区为宗旨，遵循政府组织、居民参与的原则，积极进行房屋维修养护、配套设施完善、环境整治和建筑节能改造。

三是多渠道改善农民工居住条件。《若干意见》规定，用工单位要向农民工提供符合基本卫生和安全条件的居住场所。农民工集中的开发区和工业园区，应按照集约用地的原则，集中建设向农民工出租的集体宿舍，但不得按商品住房出售。城中村改造时，要考虑农民工的居住需要，在符合城市规划和土地利用总体规划的前提下，集中建设向农民工出租的集体宿舍。有条件的地方，可比照经济适用住房建设的相关优惠政策，政府引导，市场运作，建设符合农民工特点的住房，以农民工可承受的合理租金向农民工出租。

2.《指导意见》解决城市中等偏下收入住房困难家庭住房问题的政策要点

第一，解决城市中等偏下收入住房困难家庭住房问题的基本原则。

一是政府组织，社会参与。各地区在加大政府对公共租赁住房投入的同时，要切实采取土地、财税、金融等支持政策，充分调动各类企业和其他机构投资和经营公共租赁住房的积极性。

二是因地制宜，分别决策。各地区要根据当地经济发展水平和市场小户型租赁住房供需情况等因素，合理确定公共租赁住房的供应规模和供应对象。商品住房价格较高、小户型租赁住房供应紧张的城市，应加大公共租赁住房建设力度。

三是统筹规划，分步实施。各地区要制订公共租赁住房发展规划和年度计划，并纳入2010—2012年保障性住房建设规划和“十二五”住房保障规划，分年度组织实施。

第二，公共租赁房的租赁管理。

一是公共租赁住房供应对象主要是城市中等偏下收入住房困难家庭。有条件的地区，可以将新就业职工和有稳定职业并在城市居住一定年限的外来务工人员纳入供应范围。公共租赁住房的供应范围和供应对象的收入线标准、住房困难条件，由市、县人民政府确定。已享受廉租住房实物配租和经济适用住房政策的家庭，不得承租公共租赁住房。

二是公共租赁住房租金水平，由市、县人民政府统筹考虑住房市场租金水平和供应对象的支付能力等因素合理确定，并按年度实行动态调整。符合廉租住房保障条件的家庭承租公共租赁住房的，可以申请廉租住房租赁补贴。

三是公共租赁住房出租人与承租人应当签订书面租赁合同。公共租赁住房租赁合同期限一般为3至5年，合同示范文本由省、自治区、直辖市住房城乡建设（住房保障）部门制订。承租人应当按照合同约定合理使用住房，及时缴纳租金和其他费用。租赁合同期满后承租人仍符合规定条件的，可以申请续租。

四是公共租赁住房只能用于承租人自住，不得出借、转租或闲置，也不得用于从事其他经营活动。承租人违反规定使用公共租赁住房的，应当责令退出。承租人购买、受赠、继承或者租赁其他住房的，应当退出。对承租人拖欠租金和其他费用的，可以通报其所在单位，从其工资收入中直接划扣。

第三，公共租赁房的房源筹集。

一是公共租赁住房房源通过新建、改建、收购、在市场上长期租赁住房等方式多渠道筹集。新建公共租赁住房以配建为主，也可以相对集中建设。要科学规划，合理布局，尽可能安排在交通便利、公共设施较为齐全的区域，同步做好小区内外市政配套设施建设。

二是在外来务工人员集中的开发区和工业园区，市、县人民政府应当按照集约用地的原则，统筹规划，引导各类投资主体建设公共租赁住房，面向用工单位或园区就业人员出租。

三是新建公共租赁住房主要满足基本居住需求，应符合安全卫生标准和节能环保要求，确保工程质量安全。成套建设的公共租赁住房，单套建筑面积要严格控制在60平方米以下。以集体宿舍形式建设的公共租赁住房，应认真落实宿舍建筑设计规范的有关规定。

3. 近年来我国城镇住房保障方面的新进展

近年来，为了落实保障和改善民生的政策目标，在中央政府的部署下，各级政府积极推动了城镇住房保障政策的发展，在保障性住房建设方面有较快的进展。首先，各级政策积极推动廉租住房的建设与分配，努力保障最困难家庭的基本住房需要。其次，各级政府积极推动公租房建设，努力扩大保障性住房的受益范围。2013年底以来，国家着力推进廉租房、经适房和公租房的“三房并轨”，使得公租房在住房保障中扮演更加重要的角色。最后，从住房保障投入方面看，从2009年以来，全国各级政府在“保障性安居工程支出”项目下的财政投入总量有很快的发展（见表14-1）。

表14-1 2009—2012年全国财政保障性住房支出情况 单位：亿元

	2009**	2010	2011	2012
保障性安居工程支出*	725.97	1 228.66	2 609.54	3 148.81
其中：廉租住房		689.64	840.28	596.85
沉陷区治理		7.33	7.38	8.49
棚户区改造		231.25	555.12	580.08
少数民族地区游牧民定居工程		37.3	32.28	47.3
农村危房改造		138.76	256.4	497.58
公共租赁住房		–	645.01	858.59
保障性住房租金补贴		–	–	25.45
其他保障性安居工程支出		124.38	273.09	534.47

*2009年和2010年相应的财政据算项目是“保障性住房支出”，2010年后改为保障性安居工程支出。

**2009年财政部《2009年全国财政支出决算表》中在“保障性住房支出”之下没有更细的支出项目。

资料来源：财政部预算司，相应年份的《全国财政决算表》，财政部预算司网站，http://yss.mof.gov.cn/。

从表14-1中的数据可看出，从2009年以后全国财政在保障性住房建设方面的投入有快速的增长。从2009年到2012年的三年间，全国各级财政在保障性住房方面的投入翻了两番多。其中，从2011年起对公共租赁房有了财政投入，并且到2012年，全国财政对公共租赁住房的投入成为了“保障性安居工程支出”中各个项目中财政投入最大的项目。所有这些数据都说明，我国的住房保障政策在近年里有了较大的发展，对缓解部分城市人群的住房困难正在发挥着积极的作用。

思考题

1. 如何理解住房政策的重要性？
2. 住房政策有哪些主要内容？
3. 简述我国城镇住房制度改革的历程。
4. 简述我国城镇住房政策的最新发展。

主要参考文献

《上海市住房分配供应体系研究》课题组．国外住房制度比较研究．科技导报，1998（11）.

王冰畅．论住宅社会政策理论．武汉大学学报：哲社版，1997（2）.

冯宗容．房改攻坚：住房保障制度的构建．四川大学学报：哲社版，2001（3）.

吴亚非，郭庆汉．住房制度改革的回顾与反思．社会科学动态，1999（11）.

张红，刘洪玉．中国住宅市场供给结构分析．首都经济贸易大学学报，1999（4）.

远立．英美日三国的住房保障制度．厂长经理日报，1997-10-31.

孟晓苏．住房政策的国际经验与启示．中国软科学，1998（7）.

苗天青．我国城镇住房体制改革的困境与出路．山西师范大学学报：社科版，1996（1）.

郭建波，杨永增，刘小松．我国住房政策的特点、问题及选择．中国房地产报，1999-01-01.

蔡德容．中国城镇住房制度改革研究．长沙：湖南出版社，1996.

阮煜琳．中国城镇居民住房水平改善，人均面积已超22平方米．中新社北京，2003-07-31．http://www.chinanews.com.cn.

Blakemore K. Social Policy：An Introduction. Philadelphia：Open University Press，1998.

第十五章　教育政策

人类的教育活动历史悠久。在当代社会中，随着知识在经济和社会发展中重要性的提高，教育对社会和个人的重要性也不断增强。对个人而言，当代人为了接受教育而投入了越来越多的时间和金钱，人们的职业选择、生涯成就和社会经济地位等方面都与其教育背景有关。对社会而言，教育不仅是文化传承和社会教化的重要途径，而且对一个国家的经济与社会发展起到关键性的作用。同时，在当代社会中，教育越来越成为一个巨大的行业，各国每年都将大量的财政资源投入这一领域。但另一方面，在当代各国教育仍然是一个稀缺的资源，人们受教育的机会仍然不均等，尤其是在发展中国家和贫困地区还有大量的人难以获得基本的教育。鉴于教育活动的重要性和教育资源的稀缺性，当代各国政府和民间都越来越重视如何更好地安排教育活动的运行方式。人们不仅关注本人和子女受教育的机会，同时也关注整个社会中教育机会的公平分配，以及教育活动的效率和社会经济效果等方面的问题。

在所有的社会经济活动中，教育活动是国家介入最早的领域之一。我国早在夏朝时期，当时的奴隶主国家就介入教育活动。在工业化社会以后，各国政府的大规模介入促使教育成为了一个公共活动的领域。这一方面大大扩展了教育活动的规模和领域，另一方面也使教育机会更加平等化。当代各国政府的教育政策都是整个公共政策中的重要领域之一。本章将主要介绍教育政策的基本内容和特点，以及我国教育政策的基本情况。

第一节　教育政策概述

教育是一项复杂的活动，它一方面涉及教学的内容和方法，另一方面涉及一个社会应该如何安排教育活动，以便使更多的人能够接受教育，并且提高教育活动效率和社会经济效益。从社会政策的视角看，政府的教育政策主要关注后一方面。在当代社会中各国政府都大规模地投入教育活动，使教育活动成为了一个重要的公共活动领域。在当代社会中政府的教育政策之所以是一项社会政策，主要是由于它涉及个人在接受教育方面的基本需要、基本权利和利益的问题。即教育政策的重要目标是通过国家的干预而更好地满足人们，尤其是低收入家庭受教育的基本需要和权利，并调节人们在教育方面的利益关系。当代各国政府教育政策的理论与实践有所不同，但都面临着一些基本的问题，如接受教育在多大程度上是公民的基本权利？政府和社会应该如何保障公民的这种基本权利？国家、社会与家庭在教育活动中各自应该承担什么样的责任？教育服务应该在多大程度上是一种公共产品？在教育资源的配置中市场机制与福利机制应该有什么样的关系？等等。而这些问题的背后则是教育公平、教育活动的效率以及教育的经济、政治和社会目标等基本的价值选择。本节将围绕这些问题对教育政策的基本含义、内容和特点加以概述。

一、教育政策的基本概念

1. 教育政策的含义

教育政策是社会政策的一个分支，与社会政策一样，研究者对教育政策的理解也众说纷纭。国内学者或相关文献对教育政策的定义主要有：

（1）教育政策是负有教育的法律或行政责任的组织及团体为了实现一定时期的教育目标和任务而规定的行动准则（成有信等，1993）。

（2）教育政策是一个政党或国家为实现一定时期的教育任务而制定的行为准则（袁振国，1996）。

（3）教育政策是一种有目的、有组织的动态发展过程，是政党政府等政治实体在一定历史时期，为实现一定的教育目标和任务而协调教育的内外关系所规定的行动依据和准则（孙绵涛，1997）。

（4）教育政策是国家和政党为实现教育目标而制定的行政准则（萧宗六，1997）。

（5）教育政策是有关教育的政治措施，是有关教育的权利和利益的具体体现（张新平，1999）。

（6）教育政策是教育领域一系列政策文本及其总和。它是关于教育利益的分配准则，是一个动态连续的主动选择的过程，在活动过程和利益分配方面具有不同于一般公共政策的特殊性（刘复兴，2002）。

综上所述，教育政策从静态看是调整教育关系的法律、法规、文件、措施的总和，表现为教育活动的依据和准则；从动态看是政策主体的教育活动过程和行为，这里的政策主体包括决策主体、执行主体和参与主体；从发展方向看，教育政策包含一系列的目标选择，试图达到某种教育目标或解决教育问题，但教育政策的根本目的是培养人、发展人和完善人；从实质看，教育政策是教育机会和利益的分配手段，本质上是一种在公平、效率、社会发展与社会稳定等价值和意识形态的支配下的公共选择。

2. 教育政策的实质和内容

教育政策作为一项社会政策，其实质是要通过政府的公共行动而维护教育公平和促进教育事业发展，以满足人们受教育的需要，尤其是中下层家庭受教育的需要，并以此提高全社会的人力资本，促进经济与社会发展。教育政策的内容主要包括国家在教育事业上的公共投入、建立公共教育服务体系，促进和规范各类教育机构的发展，通过各种制度保障人们的受教育权利，维护合理的教育结构，并且不断提高全社会的教育水平。

当代社会中教育政策是一个庞大的体系，从横向看，教育政策由教育目标、教育对象和教育手段三个要素构成。良好的教育政策应该教育目标明确，对象界限清晰且重点突出，手段有效可行。从纵向看，教育政策包括：一是某一单项教育政策，如我国的高校扩招政策、促进贫困地区基础教育发展的政策、中小学“减负”政策等；二是某一教育领域的政策的集合，如高等教育政策、职业教育政策；三是一个国家总体的教育政策的总和，它是有关教育发展总的原则性政策，反映了一定时期内国家对教育事业发展的总要求，规定了教育事业发展的方向与原则，这些总的原则性政策体现在宪法中有关教育的条款以及我国《教育法》《义务教育法》《面向21世纪教育振兴行动计划》等法律和政策文件中；四是元教育政策文本，即关于教育政策制定和实施的基本理念和方法论。

二、教育政策在当代社会中的重要性

教育政策在当代社会中的重要性从不同的角度可以有多种不同的分析，这里只简要分析它的两种作用。

1. 教育政策对个人的重要性

教育政策对个人的重要性主要表现在其对个人教育机会和教育权利的影响方面。教育能够改善穷人的困境，促进社会平等已成为各国的共识。但如果纯粹以市场机制去分配教育资源，则会导致教育机会的不平等，尤其是会使贫困家庭的孩子丧失教育机会，从而导致贫困的代际传递。因此需要通过政府的教育政策去弥补市场的不足。

2. 教育政策对社会的重要性

教育政策成为国家的重要职能之一，在现代社会中发挥越来越重要的作用。首先是导向作用。导向作用是指教育政策为教育事业的发展提出明确的目标和实现目标的途径。其次是协调作用，它包括两个方面。第一，现代社会中的政府面对的已不是单一或简单的社会问题，而是大量相互关联、相互制约的越来越具有复杂性和专业性的社会问题，教育问题往往与经济、政治和社会问题纠缠在一起，这就要求教育政策能协调教育系统和其他系统之间的关系。第二，教育的多样化正在成为现代教育的发展趋势，教育系统内部的问题也会越来越多样化和复杂化，从而需要教育政策来协调教育系统内部各要素之间的关系。

三、当代各国的教育体系

1. 发达国家的教育体系

经过多年的发展，发达国家已经形成比较庞大的教育体系。从教育的层次上看包括初级教育、中等教育和高等教育；从教育内容上看包括普通教育、职业教育、成人教育和特殊教育；从教育的正规化程度上看，又包括正规教育和非正规教育。在发达国家中各国的教育体制和教育政策既有共同点，也有不同的方面。

第一，各国都建立起了公共教育体系。所谓公共教育体系，是指由政府或其他公共部门举办的教育机构和教育活动。但是各个国家公共教育机构在整个教育机构中的重要性程度有所不同。有些国家几乎所有的学校都是公立学校，而另外一些国家则存在大量的私立学校。

第二，普及义务教育，教育经费由政府财政予以保障，而且义务教育年限一般较长，大多数发达国家义务教育年限在 10 年以上。例如，德国和比利时实行 12 年义务教育，荷兰、英国、以色列、新西兰等国家实行 11 年义务教育。

第三，发达国家根据本国的情况建立了包括各类教育在内的多样化的教育体系，除了普通教育以外，还有大量的职业教育、成人教育和特殊教育等，以满足各类人员对教育的不同需要。

第四，发达国家一般都实现了高等教育大众化。各国都通过公共高等教育机构以及政府及社会各界的奖学金制度而满足个人接受高等教育的需要。有的国家是通过政府举办公共高等教育机构而向所有人提供免费或低费的高等教育服务，而另外一些存在大量的私人教育机构的国家中，政府或其他组织则通过提供奖学金等制度来保证人们受教育的权利。

第五，近年来发达国家的非正规教育也蓬勃发展，已经形成了一个纵向上从基础教育到高等教育，横向上从普通教育、职业教育到成人教育的立体的终身学习网络。

2. 发展中国家的公共教育体系

在全球化日益加剧的形势下，发展中国家的公共教育与发达国家有着共同的发展趋势，如教育战略地位的确立、公共教育体系的建立、非正规教育的兴起以及努力构建终身学习体系等方面。但是由于发展中国家经济和社会发展水平落后，其公共教育体系有着自身的特点。

首先，基础教育薄弱，义务教育年限较发达国家短。联合国教科文组织《全民教育全球监测报告 2012》显示，在 123 个低收入国家和中低收入国家，大约 2 亿 15—24 岁青年人没有完成小学教育，即 1/5 的青年人小学没有毕业。另据统计，1999—2010 年，世界范围内的中等教育入学率提高了 25%，其中低收入国家增长了 78%，中低收入国家增长了 47%。但是，2010 年，低收入国家的初中教育毛入学率为 52%，高中教育毛入学率仅为 29%，分别低于世界平均水平 82% 和 59%，更远低于高收入国家的 104% 和 99%（李玉静、刘娇，2012）。

其次，城乡二元结构是发展中国家的普遍特点，二元社会结构对发展中国家的教育影响巨大。长期以来，各国政府教育政策的城市偏好，对发展中国家的教育造成严重后果，表现为：（1）二元结构使城乡教育的条件形成巨大差异。教育投资政策把农村教育的发展排斥在投资重点之外，农村教师合格率低，教学条件恶劣，而城市高质量的教师过剩，教学条件优越。（2）二元结构使社会两大部分对教育的需求差别悬殊。发展中国家的学校体制是城市化的，是西方正规学校的移植，这种学校是一种完全着眼于城市工业化社会的精英选拔式的学术机构。这种教育所传授的知识和技能不太适应农村经济和社会发展的需要。

第二节 我国教育政策的改革和发展

一、改革开放前的教育政策

新中国成立初期，具有临时宪法作用的《中国人民政治协商会议共同纲领》第 41 条规定，人民政府的文化教育工作，应以提高人民文化水平，培养国家建设人才，肃清封建的、买办的、法西斯主义的思想，发展为人民服务的思想为主要任务。这一规定成为当时制定教育政策的基本指针。

1949 年 12 月，教育部召开第一次全国教育工作会议，会议确定新民主主义教育的目的是为人民服务，首先为工农服务，为当前的革命斗争与建设服务。当时教育部的一项调查表明，工农出身的学生在被调查学生中的比例高等院校是 20.5%，普通高中是 31.3%，普通初中是 59%（金一鸣，2000）。为工农服务，为生产建设服务是新中国成立初期提出的教育方针，各级学校都把招收工农子弟作为重要任务，并采取了多种措施，例如，工农子女可降分录取；设立减免费名额，保证贫困的工农子女入学；在原有学校中增设儿童晚班和夜中学等班级，吸收白天需要劳动的工农子女以及失学的青少年。1950 年 12 月，政务院决定举办工农速成中学，以提高工农干部的文化水平，培养他们成为新的知识分子，适应建设事业的需要，入学对象是参加革命工作 3 年以上的工农干部或有 3 年以上工龄的产业工人。1955 年秋，工农速成中学因多种困难而停办。

1958 年 9 月，中共中央、国务院发布《关于教育工作的指示》，提出“教育为无产阶级政治服务，教育同生产劳动相结合”的教育工作方针，使教育政治化和工具性特点更加清晰。随后，全国各地的中小学校纷纷与工厂、农场和农业合作社结合，中小学生也都参加生产劳动；很多全日制学校实行勤工俭学，经常处于半工半读状态，教育质量迅速下滑。“文革”开始后，全国高等学校停止计划招生，直到 1970 年恢复招生，依据政治标准招收工农兵学员。自 1966 年开始，全国停止招收研究生达 12 年之久，停止选派留学生达 6 年之久，停止接受外国留学生达 7 年之久①。中小学学制从 12 年缩短为 10 年，课程内容严重政治化，教育品质下降。但是从数量上看，“文革”期间特别是后期，教育秩序得到恢复，中小学教育也有一定程度的增长，15 岁以上人口平均受教育年限增加 0.4 年左右。

二、我国教育政策改革

1. 基础教育政策

“文革”结束后，我国基础教育处于十分落后的状态，连五年制小学教育都尚未普及，每年产生大量文盲。1980 年，中共中央国务院发布《关于普及小学教育若干问题的决定》（中发〔1980〕84 号），其主要内容有：第一，全国应在 80 年代基本实现普及小学教育的历史任务，有条件的地区还可以进而普及初中教育。中小学学制，逐步改为十二年制。第二，普及小学教育，必须坚持“两条腿走路”的方针，以国家办学为主体，充分调动社队集体、厂矿企业等各方面办学的积极性。还要鼓励群众自筹经费办学。农村小学的校舍修建和课桌凳的购置，一般应由社队主要负责，国家酌情给以补助。第三，各地应当首先集中力量办好一批重点学校，创造经验，典型示范；并应切实办好公社中心小学，使之成为农村学校的骨干，起到以点带面的作用。第四，提高教

① 参见《“文化大革命”时期的教育》，http://media.open.com.cn/media_file/rm/fushi0703/zhongguojyjs/c/web/lesson/char15/j3.htm.

师待遇，稳定教师队伍。当时小学教师平均工资居于全国各行业之末，中学教师是倒数第二。决定要求改革中小学教师工资制度，实行中小学教龄津贴制度，以鼓励教师终生从事教育事业。上述“两条腿走路”的方针对后来的基础教育特别是城乡基础教育的不平衡产生了深远影响。

1985 年，中共中央发布《关于教育体制改革的决定》，规定基础教育管理权属于地方，实行“地方负责、分级管理”的原则，次年这一原则得到义务教育法的确认。“地方负责、分级管理”的原则导致农村义务教育在经费筹措、教师管理、校舍建设等方面都由基层政府全面负责。1994 年财政体制改革后，农村基层政府财力萎缩，农村基础教育的发展面临巨大困境。2001 年，国务院发布《关于基础教育改革与发展的决定》，确立基础教育优先发展战略，规定农村义务教育实行在国务院领导下，由地方政府负责、分级管理、以县为主的体制。县级人民政府对本地农村义务教育负有主要责任，乡镇人民政府承担相应的农村义务教育的办学责任。2006 年，国家修改了《义务教育法》，进一步强调了义务教育的公益性、统一性与强制性原则，规定县级以上人民政府及其教育行政部门应当促进学校均衡发展，缩小学校之间办学条件的差距，不得将学校分为重点学校和非重点学校。国家将义务教育全面纳入财政保障范围，义务教育经费由国务院和地方各级人民政府依法予以保障。经过多年的改革，基础教育的权责主体由基层政府向县级政府上移，投资主体由以民为主向以公为主转变，有效地改善了基础教育不均衡的状况。

2. 高等教育政策

1977 年 10 月，国务院批转教育部关于 1977 年高校招生的意见，恢复高校招生全国统一考试。1980 年 2 月，全国人大颁布了《中华人民共和国学位条例》。自此，我国高等教育走出“文革”的阴霾，重新步入正轨。1985 年，《中共中央关于教育体制改革的决定》把高等教育的目标定位为培养高级专门人才和发展科学技术文化，恢复了高等教育的本来面目。为实现这一目标，高等教育实行中央、省（自治区、直辖市）、中心城市三级办学的体制；要根据经济建设、社会发展和科技进步的需要调整高等教育结构和改革，加快财经、政法、管理等类薄弱系科和专业的发展，扶持新兴、边缘学科的成长；要扩大高等学校的办学自主权，赋予高校计划外招生、调整专业方向、制订教学计划和教学大纲等一系列自主权。

20 世纪 90 年代，随着社会主义市场经济体制的建立，我国高等教育的发展进入了一个崭新的历史时期。国家陆续颁布了《高等教育法》《面向 21 世纪教育振兴行动计划》《中共中央国务院关于深化教育改革全面推进素质教育的决定》等重要文件，进一步加快了高等教育改革的步伐。同时，西方发达国家高等教育大众化的理念逐步被人们接受，并很快转化为政府的教育政策，我国高等教育从“精英化”阶段迅速向“大众化”迈进，主要表现为高等教育的规模急剧扩大。1999年，全国高等学校共1 942所，本专科在校生718.91万人，高等教育毛入学率为10.5%。到2012年，高等学校增加到2 790所，各类高等教育总规模达到3 325万人，高等教育毛入学率达到30%。高等教育规模的迅速扩大，使高校人均教学经费有所下降，教学条件有所恶化，教师工作量过重，教学质量出现滑坡趋势。2002年，教育部决定依据“合格评估、优秀评估、随机性水平评估三种方案”，在全国范围内用5年时间对所有普通高校分批开展本科教学评估工作。教学评估使学校的办学指导思想进一步明确，教学条件得到进一步改善，管理水平得到进一步提高，师资队伍建设得到进一步加强，对于学校的教学、人才培养、教育质量的提高起到了非常重要的作用。

3. 职业教育政策

改革开放初期，我国职业教育发展迅速。1980年，教育部、国家劳动总局《关于中等教育结构改革的报告》提出了一系列促进中等教育的倾斜政策，有力地促进了职业教育的发展，到1985年，高中阶段中等专业学校、技工学校和农业职业高中的在校生分别比1980年增长了26.4%、9.1%和4.8倍，总人数达415.6万人（和震，2012）。1985年《中共中央关于教育体制改革的决定》提出“调整中等教育结构，大力发展职业技术教育”的方针，具体措施有：发展职业技术教育要以中等职业技术教育为重点，发挥中等专业学校的骨干作用，同时积极发展高等职业技术院校；改革劳动人事制度，实行“先培训，后就业”，各单位招工必须首先从各种职业技术学校毕业生中择优录取。学生从中学阶段开始分流，初中毕业生一部分升入普通高中，一部分接受高中阶段的职业技术教育，高中毕业生一部分升入普通大学，一部分接受高等职业技术教育；发展职业技术教育，要充分调动企事业单位和业务部门的积极性，并且鼓励集体、个人和其他社会力量办学。上述决定引领我国职业教育进入了长达10多年的繁荣发展期。

1991年《国务院关于大力发展职业技术教育的决定》提出职业教育发展主要走内涵发展的路子，要求采取多种措施加强师资队伍建设，提高办学质量，支持职校毕业生就业。1993年《中国教育改革和发展纲要》指出，职业技术教育和成人教育主要依靠行业、企业、事业单位办学和社会各方面联合办学。自此，职业教育的举办主体由政府办学为主向主要依靠社会力量办学转变。1996年，国家颁布实施《职业教育法》，该法确定了职业教育的法律地位，规定了政府、社会、企业、学校以及个人在职业教育中的权利义务。遗憾的是，《职业教育法》并没有为职业教育带来新的繁荣，反而由于经济市场化、政府支持力度下降和高校扩招等因素的影响，我国职业教育发展迅速滑坡，突出表现在生源减少，比例下降，资源流失，质量下降。

面对职业教育的严峻形势，2002 年至 2005 年，国务院连续召开三次全国职业教育工作会议，先后颁布《国务院关于大力推进职业教育改革与发展的决定》(2002)、国务院七部委《关于进一步加强职业教育工作的若干意见》(2004)、《国务院关于大力发展职业教育的决定》(2005)。《国务院关于大力发展职业教育的决定》提出“把发展职业教育作为经济社会发展的重要基础和教育工作的战略重点”，明确职业教育改革发展的目标是：进一步建立和完善适应社会主义市场经济体制，满足人民群众终身学习需要，与市场需求和劳动就业紧密结合，校企合作、工学结合，结构合理、形式多样，灵活开放、自主发展，有中国特色的现代职业教育体系。2006 年，财政部、教育部发布《关于完善中等职业教育贫困家庭学生资助体系的若干意见》，正式建立贫困家庭学生助学金制度、学费减免制度、助学贷款制度、延期支付学费制度。在中央政府的高度重视下，我国职业教育正在走出低俗，迈向健康发展的轨道。

4. 教育政策改革的成效

(1) 教育政策的理念回归公益性。从 20 世纪 80 年代中期开始，教育是否应该产业化就成为中国学界争论的热点之一。一种观点认为，教育应该产业化、市场化。我国教育之所以发展缓慢，是因为教育改革未能适应市场经济改革的步伐。另一种观点认为，教育不应该产业化、市场化。教育是一项崇高的事业，是社会公平的基础，教育产业化会扩大阶层差距，加剧社会不公。在持续多年的争论中，教育产业化的概念因误读、误导和误用发生了流变，几乎成了教育高收费、乱收费的代名词。从 2004 年开始，有关部门明显表示反对教育产业化，并出台一系列促进教育公平的政策。党的十七大明确提出，坚持教育的公益性质，为教育产业化的争论画上了句号。十七大还提出，教育是民族振兴的基石，教育公平是社会公平的重要基础。党的十八大提出，努力办好人民满意的教育。中央把教育提高到民族振兴的高度，明确了教育的公益性质和促进社会公平的功能，这些都是前所未有的。

(2) 义务教育的公平性和均等化明显改善。在很长时期内，中国的义务教育名不副实，最大问题是义务教育经费难以保障以及由此带来的严重的教育不平等。2005 年 12 月，国务院印发了《国务院关于深化农村义务教育经费保障机制改革的通知》(国发〔2005〕43 号)，召开了全国农村义务教育经费保障机制改革工作会议，对建立农村义务教育经费保障新机制进行了全面部署。2006 年修订后的《义务教育法》明确规定“实施义务教育，不收学费、杂费。国家建立义务教育经费保障机制，保证义务教育制度实施”。一系列的政策措施强化了政府对义务教育的责任，保障了适龄儿童接受义务教育的权利，有力地促进了义务教育的公平性和均等化。

（3）建立新的义务教育管理体制。我国义务教育的管理体制经历了一个发展变化的过程。《义务教育法》（1986）规定，“义务教育事业，在国务院领导下，实行地方负责，分级管理”。这一体制在当时激发了地方普及义务教育的积极性，加快了义务教育的发展步伐，为实现“普九”发挥过积极作用。2001年，为适应农村税费改革全面推进的新形势，国家把农村义务教育管理体制调整为“地方负责、分级管理、以县为主”。这一变化有利于确保教师工资按时发放和在县域内进行教育资源的有效配置。但在实行过程中由于存在着认识上的偏差，混淆了管理体制和投入体制，影响了政策的实施效果。新修订的《义务教育法》规定：“义务教育实行国务院领导，省、自治区、直辖市人民政府统筹规划实施，县级人民政府为主管理的体制。”这一新体制突出了两个特点：一是强调了省级政府的统筹作用，二是明确了管理以县为主。新体制的突出变化是强调省级统筹，加大省一级政府对义务教育的责任。

（4）国家高度重视西部地区“两基”工作。2004年，国家成立西部地区“两基”攻坚领导小组，同时实施《国家西部地区“两基”攻坚计划（2004—2007年）》。该计划主要目标是：从2004年到2007年，用四年时间帮助西部地区整体上实现“两基”目标，“两基”人口覆盖率达到85%以上，初中毛入学率达到90%以上，扫除600万文盲，青壮年文盲率下降到5%以下。主要措施有：实施“农村寄宿制学校建设工程”；实施“两免一补”，扶持西部农村地区家庭经济困难学生就学；实施农村中小学现代远程教育工程；大力加强西部农村地区教师队伍建设；深化教学改革、提高教育质量；加大教育对口支援力度；明确各级政府在“两基”攻坚中的责任。

（5）职业教育受到重视，发展职业教育成为教育工作的战略重点。长期以来，职业教育一直是我国教育事业的薄弱环节，发展不平衡，投入不足，办学条件比较差，办学机制以及人才培养的规模、结构、质量不能适应经济社会发展的需要。在此背景下，2002—2007年，国务院及其有关部门密集发布促进职业教育发展的专门文件①，其中既有职业教育发展的方针和目标，也有促

① 这些文件包括：《国务院关于大力推进职业教育改革与发展的决定》（2002），《国务院关于进一步加强农村教育工作的决定》（2003），教育部等7部门《关于进一步加强职业教育工作的若干意见》（2004），《国务院关于大力发展职业教育的决定》（2005），教育部《关于大力发展民办中等职业教育的意见》（2006），财政部、教育部《关于完善中等职业教育贫困家庭学生资助体系的若干意见》和《中等职业教育国家助学金管理暂行办法》（2006），《国务院关于建立健全普通本科高校、高等职业学校和中等职业学校家庭经济困难学生资助政策体系的意见》（2007）。

进职业教育发展的具体政策措施，特别是2005年，国家把发展职业教育作为经济社会发展的重要基础和教育工作的战略重点，这些在中国教育史上是非常罕见的。2014年，国务院印发《关于加快发展现代职业教育的决定》，以建设现代职业教育体系为突破口，对教育结构实施战略性调整，将把600多所“专升本”的地方本科院校逐步转型为现代职业教育，从而彻底改变我国的高等教育结构。

（6）农民工随迁子女入学难问题得到缓解。因户籍制度限制，农民工随迁子女就学问题长期得不到解决。2001年《关于基础教育改革与发展的决定》首次提出，“重视解决流动人口子女接受义务教育问题，以流入地区政府管理为主，以全日制公办中小学为主，采取多种形式，依法保障流动人口子女接受义务教育的权利”。此即农民工子女就学“两为主”政策。此后，《关于进一步加强农村教育工作的决定》《关于做好农民进城务工就业管理和服务工作的通知》《关于进一步做好进城务工就业农民子女义务教育工作的意见》重申了“两为主”政策，2006年，《国务院关于解决农民工问题的若干意见》进一步提出，“输入地政府要承担起农民工同住子女义务教育的责任，将农民工子女义务教育纳入当地教育发展规划，列入教育经费预算，以全日制公办中小学为主接收农民工子女入学”。同年新修订的《义务教育法》规定：“父母或者其他监护人在非户籍所在地工作或者居住的适龄儿童、少年，在其父母或者其他法定监护人工作或者居住地接受义务教育的，当地人民政府应当为其提供平等接受义务教育的条件”。“两为主”的政策体系有效缓解了农民工随迁子女的入学难问题。

第三节 现阶段中国教育政策分析

一、中国教育政策的现实问题

最近几年，我国教育政策发生了积极的变化，主要表现在义务教育投入增加，经费保障机制建立，职业教育和农民工子女教育受到重视，教育不平等状况有所改善。但是，我国教育体系仍存在不少问题，人均受教育水平仍然不高，从业人员平均受教育年限仍低于发达国家平均水平3年以上，创新型人才和高技能人才不足，杰出人才缺乏。城乡、区域、各级各类教育之间发展不平衡。实施素质教育尚未取得根本性突破，教师队伍的素质和水平需要进一步提高，人才培养模式需要进一步改进。教育投入与教育事业持续健康发展的需求有较大差距。

在基础教育方面，教育的公平性和均等化水平有待提高。近年来，西部各省份在“三个增长”（即预算内教育经费增长高于地方财政收入的增长，财政性教育经费支出逐年增长，平均教育事业费支出逐年增长）的压力下，不同程度地提高了对基础教育的投入比例，但是总体上看，西部基础教育还面临办学硬件差、师资队伍建设滞后、入学率偏低、辍学率高等问题。偏低的入学率和居高不下的辍学率造成了西部许多贫困地区陷入了没有学生上课、正常教学无法展开的尴尬境地。在教育理念回归公益性和公平性的背景下，学术界普遍认为，近年来，我国基础教育均等化程度有所提高。但实证研究表明，从1997年至2009年，基础教育服务总的不均等程度并没有缩小，反而呈现扩大的趋势；尽管区域间的不均等化程度有所下降，但区域内的不均等化程度仍然不断上升，并且城乡内部的不均等是影响最大的因子。

在高等教育方面，高等教育大众化以后，如何实现数量增长与质量保障之间的协调发展，如何科学调整高等教育结构、增加办学经费、完善就业机制、建立健全质量保证体系，如何应对世界高等教育大众化、国际化、市场化的趋势，是我们必须认真研究解决的重要课题。在高等教育管理方面，公民受教育权与平等权在招生过程中并没有得到充分体现，依法治校的理念也没有体现在行动中，许多对老师、学生的管理规定在实质上不合理，在程序上不合法。此外，创新型人才培养、高校的学风、教学质量、课程设置、公办与民办高校之间的不平等竞争等问题令人关注。民办高等教育面临更多问题，主要表现为：民办高校没有依法享受与公办高校同等的税收优惠；一些地方政府对民办高校疏于管理，存在对民办高校管理缺位、不到位和重审批、轻管理的现象；一些民办高校的内部管理体制不健全，董事会、理事会、董事长、理事长、校长职责不够明确，实行家族式管理，出资人一人说了算的情况比较普遍。绝大部分民办高校出资人投资学校的资产没有过户到学校的名下，违反民办教育促进法有关民办学校在续存期间学校应该享有法人财产权的规定。一些民办高校没有依法保障教师的工资和福利待遇，没有按照国家有关规定为教师缴纳社会保险，导致教师队伍在一定程度上存在不稳定的问题。

我国职业教育发展也存在诸多问题，主要有：职业教育发展不足，技能型人才的培养还不能很好地适应我国经济社会发展的需要；职业教育管理体制还不完善；中等职业教育与高等职业教育之间、职业教育与普通教育之间的沟通和衔接不够；专业设置和教学内容与实际需求和就业联系不够紧密，职业教育质量有待进一步提高；职业教育教师数量不足、水平有待提高；经费投入不足，学校办学条件难以满足教育教学的需要，职业教育基础能力有待进一步加强。[①] 此外，职业技术教育被看成是二流教育，高职院校招生是最后一批录取，生源的数量、质量不容乐观。

二、中国教育政策的未来发展

面对未来的发展，中国政府对教育政策正在做出调整。中共十八大报告中提出了“努力办好人民满意的教育”的重要目标，以及“办好学前教育，均衡发展九年义务教育，完善终身教育体系，建设学习型社会。大力促进教育公平，合理配置教育资源，重点向农村、边远、贫困、民族地区倾斜，支持特殊教育，提高家庭经济困难学生资助水平，积极推动农民工子女平等接受教育，让每个孩子都能成为有用之才。鼓励引导社会力量兴办教育”的政策纲要。2013年中共十八届三中全会的《决定》中进一步提出了“深化教育领域综合改革”的具体要求，其中包括“大力促进教育公平，健全家庭经济困难学生资助体系，构建利用信息化手段扩大优质教育资源覆盖面的有效机制，逐步缩小区域、城乡、校际差距。统筹城乡义务教育资源均衡配置，实行公办学校标准化建设和校长教师交流轮岗，不设重点学校重点班”等教育政策改革要点，以及在“推进考试招生制度改革”，“义务教育免试就近入学，试行学区制和九年一贯对口招生”，“健全政府补贴、政府购买服务、助学贷款、基金奖励、捐资激励等制度，鼓励社会力量兴办教育”等方面的具体要求。从总体上看，党的十八大和十八届三中全会重要文件将对我国教育政策的发展起到重要的引导作用。

从更加具体的层面上看，《国家中长期教育改革和发展规划纲要（2010—2020年）》指出我国未来教育工作的方针是，“把教育摆在优先发展的战略地位，把育人为本作为教育工作的根本要求，把改革创新作为教育发展的强大动力，把促进公平作为国家基本教育政策，把提高质量作为教育改革发展的核心任务”。概括地说就是，优先发展、育人为本、改革创新、促进公平、提高质量。

1. 维护教育公平，促进义务教育均衡发展

教育公平是社会公平的重要基础，其基本要求是保障公民依法享有受教育的权利，重点是促进义务教育均衡发展和扶持困难群体。一是筹规划学校布局，推进义务教育学校标准化建设。实施中小学校舍安全工程，集中开展危房

① 周济：《国务院关于职业教育改革与发展情况的报告》，http://www.chinanews.com/gn/news/2009/04-22/1659160.shtml。

改造、抗震加固，实现城乡中小学校舍安全达标；改造小学和初中薄弱学校，尽快使义务教育学校师资、教学仪器设备、图书、体育场地基本达标；改扩建劳务输出大省和特殊困难地区农村学校寄宿设施，改善农村学生特别是留守儿童寄宿条件，基本满足需要。二是加强义务教育教师队伍建设。继续实施农村义务教育学校教师特设岗位计划，吸引高校毕业生到农村从教；加强农村中小学薄弱学科教师队伍建设，重点培养和补充一批边远贫困地区和革命老区急需紧缺教师；对义务教育教师进行全员培训，组织校长研修培训；对专科学历以下小学教师进行学历提高教育，使全国小学教师学历逐步达到专科以上水平。

2. 建立现代大学制度，促进高等教育内涵式发展

所谓内涵式发展，就是以育人为根本的全面发展、以质量为生命的协调发展、以科研创新为中心的可持续发展；充分运用内外部资源，充分发掘潜力空间，充分优化资源配置，树品牌、创特色、讲效率，实现高等教育制度不断创新、结构不断优化、规模不断发展、质量不断提高。高等教育内涵式发展的前提是建立现代大学制度，为此要进行以下改革。一是建立政府与大学间的新型目标管理关系。在《高等教育法》和大学章程的框架约束之下，逐步建立起政府与学校间的“合约型”合作伙伴关系。二是建立和完善大学的治理结构。合理确定政府、社会参与大学管理的机制，实现政府宏观管理，加强社会中间组织建设，拓展大学理事会的功能。三是建立规范性的大学章程制度。要通过章程把大学的办学和管理行为纳入法治的轨道。要规范章程的要素和制定修改程序，使之成为学校管理与接受社会监督的基本依据。

3. 完善政策体系，构建现代职业教育体系

《国务院关于加快发展现代职业教育的决定》（国发〔2014〕19号）明确我国职业教育的发展目标是：到2020年，形成适应发展需求、产教深度融合、中职高职衔接、职普相互沟通，体现终身教育理念，具有中国特色、世界水平的现代职业教育体系。为实现这一目标，第一，政府要切实履行发展职业教育的职责。把职业教育纳入经济社会发展和产业发展规划，促使职业教育规模、专业设置与经济社会发展需求相适应。健全多渠道投入机制，加大职业教育投入。第二，以服务为宗旨，以就业为导向，推进教育教学改革，着力提高职业教育质量。制定职业学校基本办学标准，建立健全职业教育质量保障体系，吸收企业参加教育质量评估。第三，调动行业企业的积极性。建立健全政府主导、行业指导、企业参与的办学机制，制定促进校企合作办学法规，推进校企合作制度化。第四，加快发展面向农村的职业教育。把加强职业教育作为服务社会主义新农村建设的重要内容。加强基础教育、职业教育和成人教育统筹，促进农科教结合。第五，增强职业教育吸引力。推进学历证书和职业资格证书

"双证书"制度，推进职业学校专业课程内容和职业标准相衔接。提高技能型人才的社会地位和待遇。逐步实行中等职业教育免费制度，完善家庭经济困难学生资助政策。

4. 努力构建和完善终身学习体系

终身教育在世界范围内形成一种新的教育思潮始于20世纪60年代，我国在1993年《中国教育改革和发展纲要》中首次正式使用这一概念。1995年《教育法》规定，国家适应社会主义市场经济发展和社会进步的需要，推进教育改革，促进各级各类教育协调发展，建立和完善终身教育体系。《国家中长期教育改革和发展规划纲要（2010—2020年）》把"构建体系完备的终身教育"作为战略目标之一。未来我们的主要任务是：发展和规范教育培训服务，统筹扩大继续教育资源。鼓励学校、科研院所、企业等相关组织开展继续教育。加强城乡社区教育机构和网络建设，开发社区教育资源。大力发展现代远程教育，建设以卫星、电视和互联网等为载体的远程开放继续教育及公共服务平台，为学习者提供方便、灵活、个性化的学习条件。促进各级各类教育纵向衔接、横向沟通，提供多次选择机会，满足个人多样化的学习和发展需要。健全宽进严出的学习制度，办好开放大学，改革和完善高等教育自学考试制度。建立继续教育学分积累与转换制度，实现不同类型学习成果的互认和衔接。

思 考 题

1. 试述教育政策的基本含义和主要内容。
2. 在当代社会中政府实施教育政策有哪些重要的意义？
3. 简述当前我国教育体制的基本特点。
4. 简析现阶段我国教育领域中存在的主要问题及未来发展方向。

主要参考文献

成有信，等．教育政治学．南京：江苏教育出版社，1993．

褚宏启．教育政策学．北京：北京师范大学出版社，2011．

冯冬明．我国高等教育大众化进程中的公共政策选择．北京联合大学学报，2008（1）．

和震．职业教育政策研究．北京：高等教育出版社，2012．

金一鸣．中国社会主义教育的轨迹．上海：华东师范大学出版社，2000．

金一鸣．中国特色社会主义教育研究．济南：山东教育出版社，1998．

李玉静，刘娇．青年与技能：拉近教育和就业的距离——UNESCO《全民教育全球监测报告2012》解读．职业技术教育，2012（30）．

刘复兴．教育政策的四重视角．清华大学教育研究，2002（4）．

刘齐．内涵式发展：高等教育大众化阶段的必然选择．教育理论与实践，2013（27）．

马陆亭．从高等教育体制改革到现代大学制度建设．中国高等教育，2013（21）．

孙绵涛．教育政策学．武汉：武汉工业大学出版社，1997．

王根顺，张洁．西部基础教育存在的问题分析与对策思考．天津师范大学学报：基础教育版，2007（4）．

温娇秀，蒋洪．我国基础教育服务均等化水平的实证研究——基于双变量泰尔指数的分析．财政研究，2013（6）．

萧宗六．教育方针、教育政策与教育法规．人民教育，1997（11）．

杨东平．中国教育发展报告（2013）．北京：社会科学文献出版社，2013．

杨少松，周毅成．中国教育史稿．北京：教育科学出版社，1989．

袁振国．论中国教育政策的转变．广州：广东教育出版社，2000．

袁振国．教育政策学．南京：江苏教育出版社，1996．

张诗亚，周谊．中国教育战略问题．长沙：湖南教育出版社，1995．

张新平．简论教育政策的本质、特点及功能．江西教育科研，1999（1）．

第十六章　就业社会政策

所谓就业，是指具有劳动能力的社会成员获得职业，从事职业劳动，并从中获得报酬。就业是绝大多数个人和家庭获得收入的基本途径和谋生的基本手段，因此就业是社会成员的基本需要和基本权利。然而，在迄今为止的各个社会中，个人的就业都依赖于一定的条件。在传统的小农经济中，个人能否就业取决于是否具有一定的土地等生产资料；在现代社会化的大生产中，人们的就业主要取决于能否在社会中获得一个就业机会。但是在每个社会中都有一些人因各种原因而无法获得就业机会，尤其是在现代工业化社会中，失业问题经常威胁着许多人及其家庭的基本生计，并进而导致严重的社会问题。同时，在雇佣劳动制度下经常出现雇主与雇员之间的矛盾，甚至因此而引发严重的社会冲突和政治问题。为此，各国政府普遍重视劳动就业问题，普遍通过广泛的就业政策而推动就业岗位的增加，合理分配就业岗位，并保障社会成员的基本就业权利。就业问题是现阶段我国最主要的问题之一，它不仅仅是单纯的经济问题，而且还是一个重要的社会问题，直接关系到社会成员的社会权利，关系到我国国民经济的发展和社会的稳定。改革开放以来，中国传统的计划经济体制逐渐被打破，社会主义市场经济获得了迅速的发展，中国的劳动力市场也逐步培育起来。然而，在这种转型时期，中国的劳动就业也出现了许多问题，如新增劳动力就业难问题、传统产业职工下岗和失业问题、城市农民工问题等，这都影响了公民就业权利的保护和实现、影响了我国经济的发展与社会的稳定。在这种情况下，由政府主导的、调节劳动力市场的就业政策就显得愈加重要，并且具有了更为广泛的内容。本章主要介绍就业政策的基本含义，以及现阶段我国就业政策的基本内容和特点。

第一节　就业政策概述

在了解就业政策时，首先要明确什么是就业政策，以及采取就业政策的意义何在。在当代，各国政府都通过各种政策措施提高就业率，并加强对劳动者的就业保护，从而形成了多方面的就业政策行动。本节首先根据各国的情况介绍就业政策一般的含义、意义和内容。

一、就业社会政策的基本含义和意义

1. 就业政策的基本含义

就业社会政策，又称劳动就业政策，常简称为就业政策，是指政府或其他组织为劳动者提供就业机会、合理分配就业机会、解决失业问题和保护劳动者权利而采取的各种行动的总和。就业社会政策是社会政策体系的重要组成部分，其基本目标是满足劳动者就业的需要，维护与就业有关的各种合法权益，并关系到社会经济活动的稳定有效运行。就业社会政策实施的好坏，将不仅影响着广大劳动者的就业和收入状况，而且直接影响到整个国民经济的发展和社会的稳定。就业与经济发展密切相关，因此可以通过一定的经济政策去带动就业发展。例如通过适当的贸易、投资等方面的经济政策去促进就业。但是在就业问题上的社会政策与经济政策关键的不同点在于，经济政策的基本目标是促进经济增长和经济的平稳运行，而就业社会政策的主要目标是满足劳动者就业的需要和保护劳动者在就业方面的各种权益。

2. 就业政策的意义

在现代市场经济条件下，政府就业政策的实质是政府通过公共行动而对劳动力市场的干预。在市场经济制度下，就业岗位首先是由市场来配置的。但工业化社会以来各国的市场经济实践中未能充分保障每个有劳动能力和劳动意愿的人都获得和保持就业。或者说，仅靠市场难以完全解决失业问题。因此，从20世纪中叶开始，各国政府都在不同程度上通过一定的社会政策干预就业市场，从而形成了各国政府的劳动就业政策。

在关于市场条件下如何配置就业机会的问题有不同的理论观点。古典经济学和新古典经济学等经济学学派强调应该通过市场机制来分配就业机会。他们认为，在一个纯粹的市场经济条件下，劳动力的供求可以通过市场调节而达到平衡。当劳动力市场中供大于求时，劳动力价格会下降，于是会带动劳动力供应的下降和需求的增多，从而使劳动力供求关系恢复平衡，因此在一个运行良好的劳动力市场中，不会出现大规模的非自愿性失业问题。对此问题的另一极端的理论和实践是社会主义计划经济中对劳动力实施计划安置。这种理论认为在公有制和计划经济条件下，所有的就业岗位都可以由政府通过计划来提供和分配。政府可以并且应该保障每个劳动者的就业岗位。介于以上两种对立理论之间的是“市场机制+政府调节”的就业理论与政策实践。这派观点最初以凯恩斯主义经济学为代表。凯恩斯主义从分析市场经济条件下的失业现象入手，指出仅靠市场机制难以完全解决失业问题，因此提出了通过政府干预解决失业问题的政策主张。20世纪下半叶以来的实践表明，完全依赖市场机制和完全依赖政府计划的两个极端，都难以有效地满足劳动者的就业需要和社会经济的发展。而在市场机制基础上的政府适度干预是解决就业问题的最好办法。也就是说，在现代市场经济条件下，政府有必要通过适当的就业政策去弥补市场机制的不足，以更加有效地满足劳动者的就业需要。

采用什么样的就业政策，取决于如何看待劳动力。古典经济学，包括凯恩斯主义经济学，更多的是把劳动力当作商品来看待的，所以基本主张是通过市场来调节劳动力的供求和决定其价格。新古典经济学和凯恩斯主义经济学的不同是，凯恩斯主张通过宏观经济政策来促进经济稳定增长和充分就业；但是新古典经济学普遍认为宏观经济政策失效，恰恰是经济不稳定的因素。马克思主义则认为劳动力不是商品，根本就不应该实行市场调节。所以，在计划经济时期，政府对劳动力实行统一的调配。但是，根据英国经济社会学家卡尔·博兰尼（1957/1989）的理论，即使是市场经济的国家，劳动力的属性仍然是一种“虚拟商品”性质，而不是真正的商品。所以，在资本主义国家里，第二次世界大战以后的福利国家的主要成就，是凯恩斯的宏观经济学和国家福利政策以及各种行业工会联合会的三方合作关系的形成，以及他们对劳动力的“去商品化”。所谓劳动力的“去商品化”，根据丹麦社会福利理论家埃斯平-安德森的观点（1990）就是指不能让市场完全调节劳动力的价格和供求，而是由国家、政府和资本三方合作共同决定劳动力的供求和工资水平以及劳动条件。

二、就业社会政策的基本内容

就业社会政策的目标是要解决促进充分就业和就业公平，保护劳动安全和劳动卫生。围绕这一主题，就业社会政策也主要关注劳动者的就业机会及其权利保护，积极促进就业。一般来说，就业社会政策主要包括了以下一些基本内容：

1. 促进就业机会增多的社会政策

促进就业是就业社会政策的主要内容之一。在当前的情况下，世界各国的就业形势非常严峻，失业成为长期困扰各国社会经济发展的重要问题。为此，各国政府都在努力寻求促进就业的有效途径，国际劳工政策组织更是把实现“充分的、生产性的和自由选择的就业”作为其长期的就业政策总目标。

就业机会是社会中提供的就业岗位的可能性，就业机会的增多也就意味着将有更多的劳动力有可能实现就业。因此，促进就业机会的增多是各国政府就业工作的重要内容。许多国家都通过“增加公共投资和私人投资，创造就业机会”而实行积极的就业政策。促进就业机会增长的方式有很多，实行的比较多的主要有以下几种：第一是通过经济政策可以促进就业机会的增加。就业机会的增加首先取决于一定速度的经济增长。经济增长才能带动就业机会的增多，尤其是对于人口基数大、人口增长快的国家，更加应该保证一定程度的经济增长。但是单纯靠经济增长不能解决全部的就业问题。第二是政府通过兴建公共工程而增加就业岗位。这种政策大多是在社会中出现规模比较大的失业人群的情况下实行的。政府投资兴建公共工程一方面可以安置大量的失业人员，另一方面也能够为下一步的经济起飞创造条件。第三是积极培育劳动力市场，鼓励失业人员自谋职业和积极创业，从而不仅解决自身就业问题，还可以带动更多人的就业。为此，政府通过积极的干预措施，培育劳动力市场，并给予失业人员一些比较优惠的政策，为他们提供一个良好的创业环境。第四是政府提供就业培训和就业中介服务，提高失业者的劳动技能，促进劳动力供求双方的配对。

除了上述几种主要的方式以外，各国还采用其他各种方式增加就业机会，例如减轻雇主的负担，鼓励内部劳动力市场，放宽对劳动力流动的限制等。在残疾人就业领域，中国政府多年来通过征收残疾人就业保障金，鼓励机关、企业和事业单位按照本单位全部就业人口的1.5%集中安置残疾人就业，是一种值得尝试的增加就业机会的就业政策。

2. 合理分配就业机会的政策

就业社会政策的对象是社会中的所有劳动者，但劳动力具有异质性，有些劳动力在技术和能力等方面处于优势地位，有些则处于相对弱势的地位。因此就业社会政策必然要涉及社会的公平性问题，它不能只考虑部分劳动者的利益而忽视其他劳动者的利益。在市场经济条件下，单个的雇主一般只是从本组织效率的角度出发去选择雇用或解雇，而一般不会从全社会公共问题的角度去决定。因此，在就业竞争中比较弱势的个体和群体往往更容易失业和更难获得再就业。在这种情况下就需要政府通过适当的公共行动为这些比较弱势的个体和群体提供更多的帮助，以优先解决他们的就业问题。为此，各国在制定就业社会政策时往往会优先考虑这些处于弱势的人员，给予他们更多的政策优惠，努力解决他们的就业问题。例如政府通过公共工程计划、小额贷款项目以及扶贫开发项目来带动失业者和低收入者就业机会的增多。还有通过社会企业等就业新形式，增加残疾人和长期失业人员的就业机会。

3. 增强劳动者利用就业机会能力的政策

世界各国普遍存在的一种现象是，很多劳动者虽有劳动能力，但他们却不能够利用就业机会获得工作岗位，其中一个重要原因是他们缺乏利用就业机会的能力。劳动者利用就业机会能力的缺乏主要有两方面的原因：一是这些劳动者缺乏求职技巧，不懂得展现自己，获取用人单位的信任，从而无法实现就业；二是他们的劳动能力低下，满足不了现代社会中日益提高的对劳动力素质的要求。针对这种情况，各国普遍重视职业培训，投入必要的资源，并且制定了许多相应的法律法规，来规范和指导职业培训。如美国的《人力资源与发展训练法》《综合就业与训练法》《青年就业与发展计划法》《职业训练伙伴法》《职业机会与基本技术法》等。职业培训根据劳动者的不同层次主要分为三类，即职前培训、在职培训和失业培训。通过这些职业培训，促使劳动者的职业素质提高，从而使他们具有更强的就业能力，以更好地利用就业机会，实现就业。

4. 对劳动者的就业保护政策

就业活动关系到劳动者的切身利益，而且是他们的一项基本权利。要维持劳动关系，保证社会经济活动的正常运行，就必须对劳动者的权益进行保护。各国政府往往制定出相应的法律法规，使劳动权利更具神圣性、权威性，从而更好地保证劳动者的劳动权利。如我国《劳动法》第 1 条规定："为了保护劳动者的合法权益，调整劳动关系，建立和维护适应社会主义市场经济的劳动制度，促进经济发展和社会进步，根据宪法，制定本法。"这就从法律的高度明确了对劳动者合法权益的保护。就业保护方面的政策包括就业权利的保护（反对就业歧视）、劳动者获得基本工资和基本福利的权利以及在劳动场所基本的安全和健康等方面的保护。最近，为保护劳动者利益，各地政府都特别强调雇主与雇员之间必须签订劳动合同，为雇员缴纳社会保险金，同时提高了劳动者的最低工资标准，这些措施是就业保护政策中常见的举措。

5. 与劳动者就业有关的其他政策

除了专门的就业政策以外，还有许多其他的公共政策会对劳动者的就业产生影响。首先，政府的各项经济政策与就业问题密切相关。例如在产业政策方面通过促进劳动密集型产业的发展可以带动更多的就业；在投资政策和贸易政策方面可以通过促进出口贸易和吸引外资而带动国内就业；在企业政策方面可以通过鼓励发展中小企业的政策而吸收更多的劳动力就业。其次，政府在人口流动、人事制度、社会保障、教育等方面的政策也都直接或间接地影响到劳动者的就业。

三、现代社会中就业社会政策的不同模式

就业社会政策是与特定的经济、社会条件相联系的，由于各国的经济社会发展水平不同，而且在文化上也存在着差异，因此与之相应的就业社会政策也有所不同。由于发达国家与发展中国家在社会经济发展水平上存在的巨大差

异，它们的就业社会政策模式也明显不同。在我国和其他一些社会主义国家中曾经实行过政府包办就业的模式。在这种模式中，所有劳动者的就业都由政府直接安置，或在国家法律或法规的指导下通过集体经济来解决。在经济比较发达的市场经济国家，由于其社会经济的发展水平较高，与其相应的就业社会政策经过了长期的发展而逐步稳定，且较为完善。

经历了长期的工人运动，在第二次世界大战以后，世界上的大多数发达国家采取了一种积极的充分就业政策，这种积极政策主要有三个基本要素：为了更有效地利用现有技能而提供就业服务；为了促进人力资本而提供培训；直接创造就业（张彦、陈晓强，2002）。实施充分就业政策也就意味着必须为劳动者创造良好的条件，努力促进其就业。为此，在西方发达国家，为了这些政策的有效实施，它们大多加强本国的就业立法，建立较为完善的就业法律体系，保证就业工作的顺利开展。如美国从20世纪40年代起就注重就业立法，相继通过了《1945年就业法案》《1946年就业法案》《就业法》《雇工法》《合同法》《工会法》等，它们对规范美国劳动力市场，促进劳动者就业发挥了重要作用。积极创造就业机会是调节劳动力市场供过于求，实现充分就业的有效方式。例如在瑞典，国家通过两种形式促进充分就业，一是通过政府投资来调节社会对劳动力市场的总需求；二是由政府提供庇护性就业岗位（张彦、陈晓强，2002）。此外，实施充分就业政策也必须加强就业服务和保障。由于西方发达国家的社会经济发展水平较高，它们大多建立了较为完善的就业服务与保障体系，为劳动者提供就业信息、咨询、培训等服务以及对他们进行失业保险。

在资本全球化条件下，发达国家普遍打破了“二战”以后建立的充分就业的政策目标，走向了弹性、灵活就业。弹性、灵活就业被认为是适应后工业社会、经济全球化条件下的就业形式和目标，因为后工业社会的产业结构和组织结构更加平面、灵活，多实行项目制，而信息时代也提供了全球资本控制的灵活手段。但是弹性、灵活就业的实际后果是少数人可以成为全球自由链接的精英，广大普通劳工只能忍受临时、艰苦、缺乏劳动保护的非正式就业。弹性、灵活就业被美国社会学家亚历山达拉·波提斯（1987）描述为资本联合政府对劳工社会权益的变相剥夺。

发展中国家面临着工业化和城市化的过程，产业结构由第一产业转向第二产业、第三产业，就业结构也在不断调整。而且，发展中国家的卫生条件、教育普及程度以及劳动力的素质都不如发达国家，因此往往不太适合现代化需要。所以，发展中国家的就业形式面临着更大的挑战。发展中国家的劳动就业政策也经历了一个政府管制促进充分就业，到放松管制走向弹性、灵活就业的转变。甚至人们认为是自由主义经济学先搞垮了发展中国家的经济保护主义，然后才进一步扫清了发达国家资本在全球灵活积累、灵活剥夺劳工的道路。

面对全球化条件下弹性、灵活的就业形式，社会政策学者，如英国乔治和瓦尔丁（2004）、加拿大的米适拉（1999）等，都主张要建立新的超越民族国家的全球劳工最低标准，对资本进行管制，保护劳动者的就业权益和社会福利权益。

第二节 中国城市就业社会政策体系

我国是一个劳动力大国，解决就业问题一直是政府所面临的一个重要任务。从新中国成立之初起，政府就将解决就业问题放到重要的位置，并在计划经济时代形成了当时的就业制度。改革开放以后，我国基本的就业制度发生了重大的变化，在市场经济转型过程中逐渐形成了适应社会主义市场经济的就业政策体系。本节简要介绍和分析我国城市就业政策的历史和现状。

一、改革开放以前的城市就业政策

1. 改革开放前城市就业政策的基本情况

我国城市就业政策开始于新中国成立初期。当时我国面临着一次比较严峻的失业高峰期，旧中国遗留下了大量的失业人员等待就业。为此，我国政府采取的措施是把旧社会遗留下来的公职人员以及企业富余员工全部包下来，对失业者除了通过发展生产来吸收就业以外，还严格限制企业辞退职工，并鼓励自谋职业，以及通过以工代赈、生产自救、回乡生产和移民垦荒等途径来解决失业问题。到“一五”末期，旧政权时期遗留下来的约400万失业者基本上都已就业，基本上解决了失业问题（冯兰瑞、赵履宽，1982）。后来随着国民经济的恢复和发展，在全民所有制企业中逐渐形成了稳定就业制度，它对于当时我国经济的恢复发展和社会的稳定发挥了重要作用。从20世纪50年代后期起，我国逐渐实行高度集中的计划经济体制。在这个时期，中国集中精力进行社会主义工业化建设，政府的就业政策主要解决城市劳动力的就业问题。当时，全民所有制经济是我国最重要的经济成分，它在国民经济中占有主导地位，它的发展直接关系到我国经济建设的成功与否以及社会的稳定。因此，在计划经济时代，政府的就业政策主要集中在全民所有制企业中计划安置劳动力就业方面。在计划经济体制下，政府全面负责安置城市劳动力的就业，形成了“计划配置、统包就业、行政调配和城乡分割”的城市就业政策体系。当时的城市就业政策有两个方面的基本目标：一是试图通过计划安置的手段而达到劳动力的合理配置，从而保证城市工业化建设对劳动力的需要，尤其是全民所有制企业对各类劳动力的需要。二是通过计划安置手段保障城市劳动者的就业，以避免城市失业问题。同时，城市基层政府也积极发展集体企业，通过集体企业来辅助解决就业问题。

2. 改革开放前城市就业政策的主要特点

首先，改革开放以前我国城市就业政策最主要的特点是计划安置就业制度。由于我国长期实行的是高度集中的计划经济体制，统一编制计划是这种经济体制的主要特征，所以，在这种经济体制下我国的劳动就业制度也就带有了强烈的计划性特征。当时的城市劳动力安置计划是整个经济计划中的重要部分，政府以计划作为配置劳动力资源的基础性手段，对城镇劳动力的就业安置实行统一计划、统包就业，通过计划在地区间和部门间分配劳动力，以达到劳动力资源与配置的相对平衡。同时，当时的就业政策是政府通过行政手段把劳动力统一分配到企业，将劳动者与企业的劳动关系固定下来，以达到充分就业。其次，当时政府在城市中实行了充分就业的政策。所谓充分就业，是指一定时期中社会中的劳动力基本上都能获得就业，失业率降低到最低水平。我国计划经济时代的就业政策明显具有以充分就业为目标的特点。当时的理论认为，失业是资本主义制度的产物，而在社会主义制度下，通过公有制和计划经济体制可以从根本上解决失业问题。在实践上，政府对用人单位实行统一的劳动力配置计划，并且每年按照劳动力的数量而编制全民所有制单位招收职工的指令性计划，并通过发展集体所有制企业而吸纳城市劳动力就业。在城市某些行业劳动力不足时，从农村招收劳动力加以补充；而当城市有较多剩余劳动力时，则动员其到农村去从事农业生产。再次，当时的全民所有制企业中实行高度稳定的就业制度。所谓稳定就业，就是以固定工的形式把劳动者与企业的劳动关系固定下来，劳动者一旦进入某一个企业，便和企业达成了基本上是终身固定的关系（刘艾玉，1999）。在改革开放以前，我国的全民所有制企业实行的基本上就是这种稳定就业制度。劳动者一旦被全民所有制企业录用，便以国家职工的身份终身固定下来，不能自由流动。也即是说，在这种稳定就业制度下，企业和劳动者基本上没有自主权，他们都必须服从国家行政计划的安置。这种稳定就业制度是与我国当时实行的高度集中的计划经济体制相联系的，并且在特定的条件下发挥了积极作用。这种以政府行政计划配置为主的就业制度，在新中国成立初期这一特定历史条件下对于恢复和促进国民经济建设，加快工业化进程，扩大劳动就业以及保持社会稳定都发挥了重要作用。但是，随着我国经济社会的发展，这种稳定就业制度的弊端也日益明显。在这种制度下，由于企业与劳动者都没有自主权，企业中存在严重的“铁饭碗”现象，企业冗员过多，严重影响企业效率，并且存在隐性失业人口众多、劳动者的收入水平难以提高等问题。这些问题都极大地限制了企业和劳动者的积极性以及经济的发展，因此迫切需要对其进行改革。

二、城市就业制度的改革

1. 改革的背景

随着社会经济的发展，原来的计划安置就业的弊端逐渐地显露出来，越来越不适应时代的发展。因此从20世纪70年代后期起，我国开始了城市就业制度的改革。当时改革的主要背景有以下几个方面：第一，政府行政计划配置劳动力就业造成企业机构臃肿，大量冗员，企业普遍存在劳动力供过于求的现象，严重影响劳动生产率的提高。第二，原来的就业制度导致企业与劳动者缺乏自主性。企业无用工自主权，劳动者也无就业的选择权。而且固定工制使劳动者能进不能出，导致企业需要的人进不来，不需要的人又出不去，造成了劳动力资源的严重浪费。同时，就业终身制导致职工缺乏工作动力，工作效率也就提不上去。因此，这种就业制度严重影响了企业和职工的主动性、积极性和创造性，束缚了生产力的发展。第三，20世纪70年代末期，我国城市新增劳动力数量庞大，加上大量以前上山下乡的知识青年返城，造成了劳动力供求的严重失衡，导致我国又出现了一次城镇失业高峰期。在这种情况下，国家再也无力对这些劳动者进行统包就业，中国的城镇劳动就业制度已到了非改不可的地步。为此，“文化大革命”结束后，为解决严峻的就业问题，政府发动了对城市就业制度的改革。

2. 改革的主要阶段及内容

从总体上来说，对劳动就业制度的改革是分以下几个阶段逐步展开的：

就业制度改革的第一阶段重点推出了“三结合”的就业方针，即“在国家统筹规划和指导下，实行劳动部门介绍就业、自愿组织起来就业和自谋职业相结合”。“三结合”就业方针的实施是对计划经济体制下统包统配就业制度的重大突破，它拓宽了就业渠道，并开始把竞争机制引入劳动就业领域，提高了企业和劳动者的自主性。

就业制度改革的第二阶段开始触及固定工制度，推行劳动合同制。1986年，国务院出台了劳动制度改革的四个暂行规定，即《国营企业实行劳动合同制度暂行规定》《国营企业招用工人暂行规定》《国营企业辞退违规职工暂行规定》和《国营企业职工待业保险暂行规定》，这些暂行规定的核心内容就是要推行劳动合同制，即以劳动合同的形式明确劳动关系。劳动合同制开始实施的主要对象是用人单位的“新进人员”，也即是实行“老人老办法，新人新办法”，随着改革的深入才逐渐对规模庞大的原有固定工进行改革。劳动合同制的实行，逐步确立了劳动力与用人单位的双向选择机制，把企业与劳动者推向了市场，从市场的角度来认识就业问题。这就改变了过去劳动就业的“铁饭碗”观念，让企业和劳动者参与到市场竞争中来，从而有利于充分开发和利用劳动力资源，为经济发展注入活力。

城市就业制度改革的第三步是与深化国有企业改革紧密联系在一起的。1993年，党的十四届三中全会提出了以建立现代企业制度为主的国有企业改革方向。由于我国长期实行统包就业制度，国有企业机构臃肿，冗员过多，如何安排这些企业的富余人员也就成为了这时期就业政策的重点。当时在国有企业中实行的“下岗分流，减员增效和实施再就业工程”既是当时国有企业改革的重要工作，也是当时就业政策转型的重要特点之一。通过这些政策，使数以千万计的职工离开了原来的工作岗位，从而保障了国有企业改革的成功，但也引发了严重的下岗失业问题。为此，政府一方面通过再就业工程促进下岗职工重新获得就业，另一方面建立健全社会保障制度，为下岗职工提供基本的生活保障。1998年，中共中央、国务院发出《关于切实做好国有企业下岗职工基本生活保障和再就业工作的通知》（中发〔1998〕10号文件），强调要通过社会保险制度、下岗职工基本生活保障制度和城市居民最低生活保障制度（即“三条保障线”）来解决下岗失业职工的基本生活保障问题，并同时强调要通过分流安置、加强劳动力市场建设和再就业培训等方式促进下岗职工的再就业。进入新世纪以后，政府逐渐将下岗与失业并轨，以一定的方式使下岗职工脱离了原企业，使他们真正进入了劳动力市场。

从总体上看，我国通过再就业工程的实施有效地促进了下岗职工的再就业，使更多的下岗职工重新走上了工作岗位。但是，在下岗职工再就业过程中，仍存在着就业不稳定、就业条件下降、相对收入水平降低等问题。这是后来我国劳动就业中出现的更加隐蔽和严重的新问题。

三、当前中国城市的就业问题、就业制度及相关政策

1. 改革以后我国城市就业政策的基本要点

改革开放30多年以来，我国逐步建立起了社会主义市场经济体制，市场在资源配置中起基础性作用，政府则加强对经济的宏观调控。在这种情况下，中国城镇的就业制度也具有了明显的市场化特征，基本上形成了一种市场化就业制度。与传统的行政计划性就业制度不同，市场化就业制度强调了市场在劳动就业中的基础作用。其要点基本上包括如下方面：第一，市场配置就业。当前我国城镇劳动力实现就业的主要途径是在劳动力市场上竞争。劳动力市场基本上反映了一定时期劳动力供给状况，劳动者可以在市场上获得信息，通过与

其他劳动者的竞争实现就业。第二，政府的就业政策以促进就业为主，同时包括各种就业服务和劳动者权利保护。我国城镇就业形势严峻，城镇劳动力供给相当充足，特别是大学毕业生作为新增劳动力，对就业形成了相当大的压力。部分城镇家庭在就业方面仍存在较严重的困难，促进这些人员的再就业是我国城镇就业工作的主要内容之一。同时，为就业者提供法律保护，维护其合法权益，也是进入新世纪以来我国城市就业政策中的一个基本要点。

2. 当前我国城市就业问题与政府促进就业的政策

当前我国城镇面临着较大的就业压力。我国人口和劳动力的总量巨大，每年都需要大量的就业岗位，因此就业压力首先来自庞大的劳动力供给。其次，我国地区广泛，行业众多，劳动力供需的结构性失调问题也导致局部地区和行业的就业压力。经济结构调整和体制转型会在一定时期内产生大量的失业人员。最后，我国经济（尤其是制造业）的外贸依存度很高，因此受国际经济波动的影响很大。当国际经济发展遇到大的波动也会给我国的就业带来严重影响。例如在2008年美国次贷危机引发国际金融危机后，我国的实体经济受到较大冲击，直接引发了数以千万计的劳动者失去工作。近年来我国经济发展基本平稳，就业形势也比较平稳，但每年仍有4%以上的城镇失业率。

面对严峻的就业压力，我国政府实施积极的就业政策，努力促进就业。2007年，我国通过了《就业促进法》（2008年1月1日起实施），从国家法律的高度对促进就业问题做出了权威性的规定。2012年，中共十八大报告中提出了要“推动实现更高质量的就业”，“要贯彻劳动者自主就业、市场调节就业、政府促进就业和鼓励创业的方针，实施就业优先战略和更加积极的就业政策”。在就业政策的重点对象方面，提出了要“做好以高校毕业生为重点的青年就业工作和农村转移劳动力、城镇困难人员、退役军人就业工作”。在具体措施方面，提出了要“加强职业技能培训，提升劳动者就业创业能力，增强就业稳定性。健全人力资源市场，完善就业服务体系，增强失业保险对促进就业的作用”。

中共十八届三中全会上通过的《中共中央关于全面深化改革若干重大问题的决定》在“健全促进就业创业体制机制”的部分进一步对就业政策的改革和发展提出了要求，进一步强调了要“健全政府促进就业责任制度”。在具体的制度规范方面，提出了要“规范招人用人制度，消除城乡、行业、身份、性别等一切影响平等就业的制度障碍和就业歧视”，“完善扶持创业的优惠政策，形成政府激励创业、社会支持创业、劳动者勇于创业新机制”，“完善城乡均等的公共就业创业服务体系，构建劳动者终身职业培训体系”。同时还提到应“增强失业保险制度预防失业、促进就业功能，完善就业失业监测统计制度”。同时，《决定》再次强调了当前就业政策的重点是“促进以高校毕业生为重点的青年就业和农村转移劳动力、城镇困难人员、退役军人就业”，并用了较多的文字对促进高校毕业生就业做出了较具体的安排。

3. 保护劳动者合法权益与构建和谐劳动关系的政策

劳资关系是社会劳动中劳动者与用人单位之间的关系，作为劳动力需求的双方，它们之间的关系和谐与否直接关系到社会生产能否正常运行。在计划经济时代，我国的劳资关系基本上被政府行为掩盖了，劳动者与企业基本没有自主权，政府的行政命令在劳资关系中占有主导地位。改革开放以来，我国逐步建立了社会主义市场经济体制，劳动者的权益保护意识逐渐增强，劳动关系中的问题逐渐显露。在发展市场经济的同时，一些地方对劳动者权利保护工作有所松懈。一些地方政府为了招商引资而忽视甚至默许资本对劳动权益的侵犯；而一些地方和企业中的工会和职工代表大会制度也在企业改制、市场转型中作用弱化。

我国《劳动法》明确规定要保护劳动者的合法权益，以《劳动法》为主体，适合我国经济发展的劳动关系逐步确立。为调整劳资关系，保护劳动者合法权益，我国实行了劳动合同制度，依法确立劳动者与用人单位的关系，明确双方的权利与义务，以法律的形式加以保护。2008 年开始实施的新《劳动合同法》和《劳动争议调解仲裁法》，对劳动者的合法权益有了更明确的规定，使劳动者的权益保护得到了更为有力的保障。同时，我国建立了三方协调机制，由政府、工会和企业三方来协调劳动关系。

中共十八大报告中提出了要“健全劳动标准体系和劳动关系协调机制，加强劳动保障监察和争议调解仲裁，构建和谐劳动关系”。十八届三中全会《决定》中强调要“创新劳动关系协调机制，畅通职工表达合理诉求渠道”。这些都是当前我国构建和谐劳动关系的基本目标和重要指导原则。

4. 劳动安全保护和工伤保险政策

在现代社会中，从事一种职业必然会带来一些潜在的伤害，特别是在一些危险领域如建筑、采矿等，劳动者的工伤事故更是频繁地发生。劳动者的职业伤害主要有两种：一是由于突发性事故而导致的劳动者的伤残；二是由于职业本身的性质而产生的职业病。由于我国社会经济发展水平还比较低，某些生产技术还比较落后，所以劳动者在进行劳动时的工伤事故的发生率也比较高。工伤使劳动者的自身能力遭到了损害，它会降低或者使其完全丧失劳动能力，对于这类工伤人员，必须要进行保护。针对各种工伤事故和其他职业伤害，各国政府普遍采取工伤社会保险和其他各种措施对劳动者加以保护，中国也不例外。1996 年，我国发布了《企业工伤保险试行办法》，这是对企业职工的安全进行保护。2003 年 4 月 27 日，国务院发布了《工伤保险条例》，从 2004 年 1 月 1 日开始施行。此《条例》在 2010 年进行了重新修订。如今，我国的工伤保险逐渐地体系化、规范化，并且覆盖范围也扩大到了境内的所有企业。

总的说来，我国政府近年来在建立工伤保险与安全生产相结合的机制方面有了新的进展，这无疑给企业职工提供了一张职业安全保障网。但尽管如此，我国的安全生产制度和措施，以及工伤保险在具体的细节等方面还有待进一步的完善。

第三节 中国农村的劳动制度

在我国城乡二元经济结构中，农村与城市的经济体制和社会政策有很大的差异，政府在农村实施的就业政策也与城市有很大的差别。本节从历史回顾入手，简要介绍我国农村的劳动制度和政府在农村的就业政策。

一、我国农村集体经济时期的劳动制度

1. 农村土地制度对劳动制度的决定作用

长期以来，我国农村一直是以小农经济为主的生产方式，农民的生产劳动主要依赖于土地，土地制度对劳动制度起着决定性的作用。在封建社会的土地制度下，农民的就业机会和就业方式主要是依其是否拥有土地以及拥有土地的多少而定。掌握大量土地的地主可以通过出租土地而占有佃农的劳动成果。一般的农民可以在自己拥有的少量土地上耕种，而缺少土地的农户则不得不租用地主富农的土地，或在地主富农的土地上进行雇佣劳动。因此在当时，解决土地分配不平等是解决农村劳动就业问题的关键。为此，新中国一成立就开始了土地改革，通过没收地主富农的土地并将其平均分配给农民而解决广大农民劳动就业的问题。然而，土地改革运动并没有解决土地私有制的弊病。在土地私有制的条件下，一些农民即使分到了土地，也可能因各种原因而丧失土地，从而再次丧失在自己拥有的土地上实现就业的条件。为此，20 世纪 50 年代中期，我国政府对农业进行了社会主义改造，引导广大农民共同走上了合作化的道路，从而建立了社会主义集体所有制占绝对优势的农村集体经济。在这种集体经济体制下，所有的土地和其他大型生产资料都归集体所有，每个农民都是人民公社社员，并且都属于特定的集体经济组织，因此都有权利在集体的土地上耕种，并按照其劳动的数量而参加集体分配。

2. 农村集体劳动制度的长处与缺陷

这种制度最大的长处是它较为彻底地解决了农民就业的问题。虽然农民个

人失去了对土地的所有权，但他们作为集体经济组织的成员却获得了在集体土地上参加劳动和分配的权利，而这种权利一般是不会丧失的。只要集体经济还能够正常运作，农民就有基本的就业和收入的保障。虽然在农村集体经济时代，集体劳动制度一度发挥了积极作用，但它本身的弊端很快便显露出来了，主要表现就是滋生了平均主义思想，“干多干少一个样，干好干坏一个样”，形成了一种吃“大锅饭”的局面，这就严重影响了劳动者的生产积极性。劳动者积极性不高，干活懒散，具有较强的依赖心理，生产效率也就提不上去，这使我国农村长期处于困境之中，农村生产力发展缓慢。到了 20 世纪 70 年代末，正值劳动力增长的高峰期，集体经济时代的集体劳动制度再也无力维持。因此，在“文化大革命”结束以后，我国首先开始了农村的经济体制改革，并因此而导致农村的劳动就业制度发生根本性的变化。

二、农村经济体制改革及其对劳动制度的影响

1. 集体劳动制度的瓦解和家庭劳动制度的确立

中国农村改革的第一步是实行家庭联产承包责任制，其主要形式是包产到户和包干到户，家庭重新回到了生产经营的主体地位，这彻底打破了平均主义的集体劳动制度（袁志刚、方颖，1998）。农民有了生产经营自主权，生产成果直接与自己的经济利益挂钩，这极大地提高了劳动者的生产积极性。此外，与 20 世纪 50 年代初期以前的土地改革不同，家庭联产承包责任制没有使农村土地制度回到过去的土地私有制。农民只具有在其分配的土地上进行农业生产的使用权，而没有买卖土地和将土地另做他用的权利，因而避免了因土地自由买卖而带来的丧失土地的问题。因此，在这种土地制度的基础上，农民仍然具有基本的生产（就业）保障。

2. 经济多元化和非农产业的发展对农村劳动制度的影响

虽然改革后的土地制度仍然能够保障所有农户最基本的农业生产劳动，但由于我国许多农村人多地少，仅靠土地难以容纳众多的农村劳动力，并难以提高农户的收入水平，因此急需寻求新的出路。随着经济体制改革的进行，国家开始鼓励个体经济、私营经济的发展，这拓宽了农村劳动力的就业渠道。此外，在 20 世纪 80 年代，中国的乡镇企业异军突起，得到了迅速的发展，为大量处于隐性失业状态的农村剩余劳动力提供了比较好的就业出路。再有，随着改革开放的深入展开，我国对城乡劳动力流动的限制也逐步放宽。特别是 90 年代以来，大量农村劳动力涌入城市，在城市中获得就业机会。从农村向城市的劳动力流动为解决农村剩余劳动力就业的问题起到了关键性的作用。

三、目前中国农村的劳动就业问题及相关政策

1. 现阶段我国农村的就业问题

我国是一个人口大国，过去长期是以农村人口为主，农村劳动力数量庞大。但随着我国工业化和城市化的发展，大量的劳动力流入城市，城乡人口比例已经有了历史性的倒转。但农民的就业问题仍未完全解决。一方面，农业生产效率低下和农民收入偏低的问题仍长期存在。另一方面，随着城镇化的发展，失地农民的就业和保障问题需要加以妥善解决。再一方面，大量流入城市的农民在就业和生活的许多方面仍然面临着许多困难和问题，其社会融入仍面临着许多障碍。最后一方面，尽管在过去十年中城乡之间经济发展差距扩大的势头有所控制，但城乡之间在经济发展、就业、公共服务等方面仍存在制度性的差距，并导致城乡居民之间的不平等现象仍严重存在。

为此，从中央到地方各级政府近年来积极推动农民劳动就业的发展。其主要政策一是大力发展现代农业，吸纳农民就业；二是努力提高农民收入；三是促进城乡一体化和缩小城乡差距；四是加强对农民工的服务，促进农民工市民化。

中共十八大报告中对农村经济与社会发展及农民就业、收入等方面的相关政策提出了新的要求。其基本的政策目标是大力推动城乡一体化，提出了“城乡发展一体化是解决‘三农’问题的根本途径”。具体要求是“坚持工业反哺农业、城市支持农村和多予少取放活方针，加大强农惠农富农政策力度，让广大农民平等参与现代化进程、共同分享现代化成果”。在促进农业经济方面，提出了“加快发展现代农业，增强农业综合生产能力，确保国家粮食安全和重要农产品有效供给”。在提高农民收入方面，提出了“着力促进农民增收，保持农民收入持续较快增长”。在农村生产方式方面提出了要“坚持和完善农村基本经营制度……壮大集体经济实力，发展多种形式规模经营，构建集约化、专业化、组织化、社会化相结合的新型农业经营体系”。最后还特地强调要“加快完善城乡发展一体化体制机制，着力在城乡规划、基础设施、公共服务等方面推进一体化，促进城乡要素平等交换和公共资源均衡配置，形成以工促农、以城带乡、工农互惠、城乡一体的新型工农、城乡关系”。

中共十八届三中全会《决定》继续强调了要“健全城乡发展一体化体制机制”以及十八大报告中提出的多项原则，并对其加以了更加具体的安排。其中，在关于增加农民收入的方面专门强调了要“赋予农民更多财产权利”，包括积极发展农民股份合作，慎重稳妥推进农民住房财产权抵押、担保、转让，探索农民增加财产性收入渠道，以及建立农村产权流转交易市场等方面的

政策。同时还强调了要“鼓励农村发展合作经济”，“允许财政项目资金直接投向符合条件的合作社，允许财政补助形成的资产转交合作社持有和管护，允许合作社开展信用合作。鼓励和引导工商资本到农村发展适合企业化经营的现代种养业，向农业输入现代生产要素和经营模式”等方面的政策。最后，十八届三中全会《决定》还再次强调“推进城乡要素平等交换和公共资源均衡配置”，并做出了具体的规定。

2. 近年来农民工政策的发展

从20世纪90年代开始，我国农村剩余劳动力大规模向城镇转移。绝大部分进入城镇的农村劳动力在城市中获得了就业岗位，他们通过在城市中的就业而获得收入，改善了家庭的经济状况，还带动了农村消费的发展。但另一方面，从农村流入城市的劳动力在城市的就业和生活中仍然存在许多问题。农民工在城市中从事的职业大多具有临时性，非常不稳定，而且收入十分有限。更重要的是，他们基本上不能享受城市人的社会保障和福利待遇。

针对进城务工人员存在的这些问题，中央政府近年来出台了一些政策措施。2006年3月27日，国务院发布了《国务院关于解决农民工问题的若干意见》(以下简称《若干意见》)，这是中央政府提出的解决农民工问题的纲领性文件。《若干意见》指出，解决好农民工问题，不仅直接关系到维护社会公平正义、保持社会和谐稳定，而且是建设中国特色社会主义的战略任务。做好农民工工作的基本原则是公平对待，一视同仁，尊重和维护农民工的合法权益，消除对农民进城务工的歧视性规定和体制性障碍，使他们和城市职工享有同等的权利和义务。解决农民工问题的重点：一是落实农民工的平等权利，二是促进农民工的就业，三是为农民工提供社会保障和各种社会服务的社会政策。

在国务院《若干意见》指导下，近年来各级政府采取了一些积极有效的措施：一是逐渐放松对户籍制度的限制；二是改善对流入城市人口的管理和服务，保障他们在城市中应有的权益；三是给他们提供就业指导和其他就业服务，帮助他们在城市中更好地就业，同时也给他们提供一些保障措施，稳定他们的生活和情绪。但是从总体上看，由于一些体制上的原因，许多进城务工人员在就业和社会保障方面还不能享受与城市劳动者同等的权利和待遇。

随着我国城镇化发展速度的加快，进入城镇的农村劳动者将日益增多，如何将他们纳入城镇就业政策和其他社会政策的管理和服务，是我国中央政府和各个城市政府所面临的一个重要议题。进城务工人员在中国正在经历由一个获得了自由迁徙的权利走向获得有资格定居的公民社会权利的过程。社会政策的新变化，表明政府和社会都逐渐认识到农民工不应该是一种只能享受二等公民待遇的“候鸟”，而应该是一个自由、平等的现代公民。为此，中共十八届三中全会《决定》中提出了要“推进农业转移人口市民化，逐步把符合条件的农业转移人口转为城镇居民”，为推进这一进程指明了方向和注入了动力。而落实中央的这一要求则是目前和今后一段时间里摆在各级政府面前的一项重要任务。

思 考 题

1. 什么是劳动就业政策？有哪些重要特征？
2. 劳动就业政策有哪些类型？
3. 试述中国城市就业政策的发展阶段。
4. 中国城市就业面临的主要问题是什么？国家采取了哪些应对措施？你如何评价这些政策措施？
5. 中国当前农村的就业问题是什么？有什么解决的途径？

主要参考文献

孙光德，董克用. 社会保障概论. 北京：中国人民大学出版社，2000.

张彦，陈晓强. 劳动与就业. 北京：社会科学文献出版社，2002.

刘艾玉. 劳动社会学教程. 北京：北京大学出版社，1999.

袁志刚，方颖. 中国就业制度的变迁. 太原：山西经济出版社，1998.

李守经. 农村社会学. 北京：高等教育出版社，2000.

冯兰瑞，赵履宽. 中国城镇的就业和工资. 北京：人民出版社，1982.

博兰尼. 巨变：当代政治、经济的起源. 黄树民，石佳音，廖立文，译. 台北：远流出版事业股份有限公司，1989.

Esping – Andersen, Gosta. Three Worlds of Welfare Capitalism. Princeton: Princeton University Press, 1990.

波提斯. 非正式部门：界定、争议和其与国家发展的关系. 吴永毅，译. “国立”台湾大学建筑与城乡研究学报，1987，3（1）：179–194.

Vic George, Paul Wilding. 全球化与人类福利. 林万亿，周淑美，译. 台北：五南图书出版社股份有限公司，2004.

Mishra, Ramesh. Globalization and the Welfare State. Cheltenham, U K: Edward Elgar Publishing Inc, 1999.

周天勇. 农民工社保：避免中国世纪性的灾难. 中国城乡桥，2007（6）

中共中央国务院《关于切实做好国有企业下岗职工基本生活保障和再就业工作的通知》，中发〔1998〕10号.

中共中央国务院《关于进一步做好下岗失业再就业工作的通知》，中发〔2002〕12号.

第十七章　社会福利服务政策

在传统的农业社会，人们需要的服务种类和数量相对较少，大多数服务需求可以通过家庭自给自足和邻里互助的方式来满足。工业革命以后，工业化和城市化的生产与社会活动方式使人们的服务需求迅速增长，商业化的服务产业迅速发展。商业化的服务在满足人们的各种服务需求方面发挥了重要的作用，但是，商业化服务不能满足所有人的所有服务需要。因此，在当代市场经济条件下，需要政府或其他组织以公共投资和福利性的方式提供各种服务，满足人们对服务的需求。我国的社会福利服务可以大致分为企事业单位的福利性服务、社会福利服务机构和社区服务三大体系。本章首先介绍社会服务政策的基本概念及特征等，然后主要介绍和分析社会福利三大体系的基本情况。

第一节　社会福利服务政策概述

社会福利服务是政府向社会成员提供的重要服务。本节介绍分析社会福利服务政策的基本内容和特点。

一、社会福利服务政策的基本概念与特征

1. 社会福利服务政策的定义

社会福利服务，是指直接面向社会成员，尤其是社会中具有特殊需求的个人、家庭或群体而提供的福利性服务。社会福利服务包括的内容很多，既有针对普通居民的服务，也有针对各类群体的专门化服务。从服务方式上看，既有在社区中为居民提供的各种服务，也包括在各种“院舍”中对某些特殊困难者的集中服务。

2. 社会福利服务的重要性

当代各国的福利性服务政策行动主要是基于商业化服务的不足而设立的。商业化服务建立在使用者付费的基础上，它一般只对付费者提供服务，而那些无法付费的穷人难以获得基本的服务。商业化服务还会导致人们在获得的服务数量和质量上产生差别，一些困难家庭难以通过商业化方式获得最基本的服

务。因此，从保障社会成员获得基本服务的权利和促进社会公平的角度看，仅有商业化服务是远远不够的。另一方面，在日常生活中有一些人们共同需要的服务项目也不宜通过使用者个人付费的商业化方式来提供，例如绿化、环境、治安等各种公共服务设施和服务活动。这些服务往往需要集中的投资，而且常常不宜按照人们每次的使用量来收费，因此也不太适合于采用商业化服务方式。再有，在现实生活中有许多服务活动是为了解决社会问题和促进社会整合，例如，心理辅导与行为矫治、调节家庭与邻里关系等方面的服务，这些服务也不宜采用商业化的方式。因此在现实生活中，为了维持社会生活的有序和稳定、保障所有社会成员（尤其是低收入者）满足最基本的服务需求，需要政府和其他公共组织为社会成员提供各种福利性服务。

3. 社会福利服务政策的特征

社会福利服务的首要特征是其福利性。所谓“福利性”，在这里是与“商业化”相对的概念，是指按照非商业性的原则和方式来提供的服务。政府（或其他公共组织）向社会成员提供的服务从本质上讲是一种福利性的服务，尽管其福利性的程度不尽相同。从服务提供方的目标上看，其提供社会服务的目标不是直接为了营利，而是为了实现某种社会性的目标；从其运行方式上看，它们一般都有一定的公共资金或优惠政策的支持，因此可以免除或降低向服务对象的收费。

社会福利服务的第二特征是指针对个人的社会服务。在政府的公共服务体系中，有一类是专门直接针对个人的服务，其目标是直接满足个人或家庭对各种服务的需求，如为普通居民提供的便民服务以及养老服务、残疾人服务、特殊儿童服务等。因此在国外这类服务又被称为“个人服务”（Personal Services）。这类服务一般被称为社会福利服务，属于社会政策的领域。另外，在基层社区和企事业组织内部有一些公共服务设施，如各种便民利民的服务设施、文化娱乐设施等，直接为了满足个人和家庭的需要，因此一般也将它们包括在福利性服务的领域。但政府在城市交通、绿化、环境卫生、公共安全等方面的公共基础设施建设和服务在许多国家一般被纳入到公共政策的其他专门领域，而没有被纳入社会政策的范畴。

社会福利服务的第三特征在于它与社会救助是既相关又不同的服务。当今各国对“社会福利”概念的理解和使用存在着差异，在有些国家，“社会福利”的概念直接等同于社会救助。但是在大多数国家里，社会福利与社会救助仍是两个不同的概念。本章中所使用的社会福利服务不同于社会救助的概念。从实践模式上看，社会福利服务与社会救助项目有一定的交叉，一些社会福利服务项目包含有社会救济的因素。例如，我国城市中对社会孤老、孤儿等特殊对象提供的社会福利服务，以及农村“五保户”制度等都既属于社会福利服务，又具有社会救助的特点。但是，社会福利服务还包括一些并不具有社会救助特点的服务项目，因此二者在实践中并不完全重合，在概念上也不能等同。

二、社会福利服务政策的基本内容

社会福利服务政策主要包括以下基本内容：

1. 满足社会成员基本生活需求的服务体系

在当代各国，政府、企业和各类民间组织都在不同程度地为居民或员工提供一些日常生活方面的服务，以满足人们的基本生活需求。这方面的服务主要包括基本的衣食住行方面的便民利民服务。尽管对普通居民说来，大多数基本生活服务需求都可以从市场中得到满足，但通过福利性的服务方式提供一些最基本的社会服务可以加强生活服务体系的基本服务保障功能，在满足居民基本服务需求和提高居民生活质量方面可以起到更好的效果。同时，企业向职工提供福利性服务也可以起到方便职工生活、解除职工的后顾之忧、调动职工劳动积极性的作用。

2. 满足社会共同生活需要的服务体系

在人们的生活中有许多共同的服务需求，这些共同的需求可以以“公共产品”的方式来满足。所谓“公共产品”，是指在供给上具有“非竞争性”和在使用中具有“非排他性”的产品。非竞争性（Nonrival）是指使用者人数的增加所引起的产品边际成本趋近于零，即使用者的增加不会使产品的成本增高。非排他性（Nonexclusive）是指一种产品可以为多人同时使用，并且难以排斥任何人使用。对这类公共产品很难通过市场机制来实现最优配置，因而应该通过公共行动的方式来提供。从大的方面看，政府通过在市政建设、公共交通、治安、环境等方面的公共政策行动提供这一类的服务。此外，在社会福利服务层面上也有此类服务。例如在社区和企事业单位的社会福利服务体系中包含的居民生活环境治理、社区治安、生活小区绿化、公共阅览室以及一些文化娱乐设施等方面的服务就属于这一类的服务。

3. 针对特殊困难者的社会福利服务体系

在各个社会中，政府或其他组织都有一些针对特殊困难者的福利性服务，包括贫困者、老年人、残疾人、孤残儿童以及其他一些在生活中具有特殊困难和特殊需要的个人和家庭。这些人由于自身的特殊困难而比其他人需要更多的服务，但他们当中有很多人又因为经济条件的限制而比其他人更加难以利用商业化服务，因此需要政府或其他组织以福利性服务的方式给他们提供必要的生活服务，以解决他们的困难。

第二节　中国社会福利服务政策体系

我国历史上很早就有政府举办的针对贫民、孤老、孤儿和其他各种困难者的社会福利设施。新中国成立以后，从20世纪50年代初开始，政府就着手在改造旧中国留下来的社会福利设施的基础上，建立新的社会福利服务体系。经过几十年的努力，在城市和农村中都建立起了一套比较完整的社会福利服务体系。在计划经济时代，我国的社会福利服务体系主要依托当时的经济体制和社会管理体制，具有很强的国家福利、单位福利和农村集体福利的特点。改革开放以后，我国的社会福利服务体制也随之发生了很大的变化。概括起来看，我国的社会福利服务可以大致分为企事业单位的福利性服务、社会福利服务机构和社区服务三大体系。本节主要介绍这三大社会福利服务体系。此外，在我国农村还曾经有依托集体经济的农村社会福利体系，但改革后农村集体福利变化很大。目前农村"集体福利"的主要内容包括对"五保户"的一些服务和各种社会福利设施。在本书的有关部分将对这些做出相应的介绍。

一、企事业单位的福利性服务体系

新中国成立初期，我国就开始依托企事业单位建立社会福利服务体系。经过几十年的发展，我国企事业单位已有比较完善的社会福利服务体系，并在全社会的社会福利服务体系中占据重要的地位。改革开放以后，企事业单位的社会福利服务体系发生了很大的变化，但迄今为止，这套制度仍然在较大程度上保留并继续发挥着作用。

1. 计划经济时期国有企事业单位的福利性服务体系

在计划经济时代，我国国有企事业单位（全民所有制单位）按照国家的法规，依托单位的管理体制，建立起了一套比较完整的社会福利服务体系。这套体系是"职工福利"体系中的重要内容之一。所谓"职工福利"是指企事业单位向职工提供的各种福利事项的总和。当时的职工福利内容相当广泛，包括了各种福利津贴、住房福利、医疗福利、教育福利、各种福利性的服务设施及各种生活服务，以及家属福利（含儿童福利、妇女福利和遗属福利）等方面的内容。其中，在职工福利津贴方面有生活困难补助、上下班交通津贴、卫生洗理费、房贴、电贴以及某些单位的书报费津贴等；在生活福利设施方面有职工食堂、宿舍、托儿所、幼儿园、浴室、理发室、哺乳室、卫生室、图书室、阅览室、俱乐部、运动设施、娱乐设施，等等；此外，在一些大中型企业生活区内还建有医院、商店等服务机构。众多的服务机构集中在一起，使一个单位就像一个自成体系的社会，这种社会服务的格局被称为“企业办社会”。计划经济时代的职工福利体系是由中央政府及其职能部门制定政策规定。在管理体制上，企业的职工福利最初是由工会组织负责管理和实施，后来改为由企业直接管理，所需要的经费由企业按其职工工资总额的一定比例提取。

2. 国有企事业单位福利性服务体制的改革

计划经济时代的职工福利体系在为职工提供各种服务、满足职工对各种服务的需求、解除职工后顾之忧方面发挥了重要的作用，但“企业办社会”最大的缺点是给企事业单位背上了沉重的负担，使企业负责人难以集中精力搞好业务活动，影响了企业的效率。改革开放以后，我国的企事业单位对这种“企业办福利”的体制进行了改革。改革的主要方向是走“职工福利社会化”的道路，即企事业单位逐渐从社会福利服务的负担中解脱出来，将由企事业单位负责的社会福利服务项目逐渐转化为社会化的社会服务机构。

从 20 世纪 80 年代起，我国对企业福利制度进行了改革，主要是将企业职工福利与企业经营效益挂钩，以提高企业职工的生产积极性。此后，国有企事业单位的职工福利逐渐走上了社会化改革的道路。1982 年 1 月 2 日，中共中央、国务院发布的《关于国营企业进行全面整顿的决定》提到了国营企业生活福利工作要逐步实行企业化、社会化的问题。此后 20 多年的时间里，国有企事业单位的社会福利服务体系逐渐进行了社会化改革。其改革的方式主要有：一是通过内部的承包经营使职工福利设施与企事业单位的主业管理体系分离，并鼓励集体与个人共同参与办职工福利；二是推动单位福利设施逐渐向社会开放，逐渐走第三产业的道路；三是在以上两方面发展的基础上逐渐将单位内部的一些社会福利服务从原单位完全分离出去。

3. 当前企事业单位福利性服务体系的特点

经过 20 多年的改革，目前各类企事业单位的福利性服务体系已有很大的变化。首先，与计划经济时代相比，各类单位中的福利性服务都在不同程度上减少。20 世纪 90 年代中期以后，随着大批的国有企业破产和改制，企业原有的社会福利服务体系也随之终止或转制，而新建的外商投资企业和私营企业中的福利性服务水平相对较低，因此企事业单位的社会福利服务水平总体上降低了。其次，各类单位中原有的社会福利服务设施通过承包经营、对外开放和改制，已被不同程度地纳入社区服务体系或商业化服务体系中；最后，目前各类企事业单位仍然保留一定数量的福利性服务项目，但除了少数较大型的企事业单位仍然在一定程度上保留着原来的体制以外，其他企事业单位中的福利性服务项目主要根据本单位的实际需要而设立，而不再按照政府的统一规划和硬性要求设立。总之，经过改革后的企事业单位社会福利服务不再是整个社会福利服务体系的主体部分，但仍是其中重要的一部分，它在满足职工基本福利服务需求、保证企事业单位职工正常工作等方面仍发挥着重要的作用。

二、社会福利服务机构

每个社会都有一些特殊困难的人群，需要社会为他们提供特殊的服务。我国在民国时期就有政府办的养老所、育婴所、施医所、残废所、孤儿所、习艺所等，还有教会等民间组织办的孤儿院、安老院、医院、诊所等。但当时经济落后，社会动荡，社会福利事业发展缓慢。从新中国成立起，我国在接收和改造原有社会福利机构的基础上，开始建设新的社会福利服务机构体系。

经过几十年的发展，我国在城市中形成了一套由政府投资建设、政府直接管理的社会福利机构体系，在农村建立了依托集体经济的社会福利服务机构，为社会上困难老年人、残疾人、孤儿、精神病人提供了基本的福利性服务。由于这一系列的社会福利服务机构主要由各级政府的民政部门负责，因此又常被称为“民政福利”。

1. 社会福利服务机构建设的历史沿革

我国的社会福利服务机构建设起源于新中国成立初期。民政部门主办的福利事业在新中国成立初期是与社会救济联系在一起的，其任务是解决战争时期遗留下来的流亡人员和无依无靠人员的生活安置问题；20 世纪 50 年代末，这种福利事业便从社会救济中分离出来，形成自己的体系。1951 年，政府确定了改造和利用旧有福利设施、发展社会福利事业、健全对私立救济福利机构的管理和领导等发展社会福利服务事业的原则；政府通过接收、改造民国时期官办的救济院、习艺所等，以及地方民办的慈善堂、外国教会举办的慈善机构等，使之成为公共的福利机构；同时在城镇新设残老教养院、儿童教养院、精神病疗养院等福利设施，面向城市居民的民政福利事业开始形成。经过十几年的发展，至 1964 年全国有福利机构 1 054 个，收养 139 994 人（白益华、吴忠泽，1996）。此外，我国农村也从 20 世纪 50 年代起发展农村敬老院建设，主要收养生活不能自理的农村“五保”老人。从其性质上看，计划经济时代“民政福利”体制下的城市社会福利服务机构是政府主办的社会福利服务事业，主要包括老年人福利院、儿童福利院和精神病人福利院。其资金主要来源于政府的财政拨款。在管理体制上，它们一般由各地民政部门负责管理。其服务对象主要是收养“三无”（无劳动能力、无固定收入、无法定赡养人）状况的孤残老幼与精神病人，因为其服务对象有特殊的资格限定，因此受益者人数很少并呈下降趋势。到 1978 年，政府主办的社会福利机构已下降为 577 个，仅收养38 457人（白益华、吴忠泽，1996）。因此，从总体上看，计划经济时代的社会福利机构具有“补救式福利”的特征。

此外，我国的民政福利体系中还包括残疾人福利。有关内容将在本书第十九章关于残疾人的社会政策中介绍。

2. 社会福利服务机构的改革

经过几十年的发展，我国社会福利服务机构在对各类特殊困难人群提供福利性服务方面发挥了重要的作用。但是，随着我国人口老龄化的趋势，家庭小型化以及经济体制改革后人们工作生活节奏加快等原因，社会上对养老服务、孤儿和残疾人服务的需求迅速增大。另一方面，由于制度的原因，过去的社会福利服务机构存在服务面窄、资金困难、机构效率和服务水平低下等问题，难以满足日益增长的服务需求，因此需要对原有的社会福利服务体制进行改革。

社会福利服务体制的改革（简称“社会福利改革”）开始于20世纪90年代初期，其基本方向是走“社会福利社会化”的道路。社会福利社会化是指在政府倡导、组织、支持和必要的资助下，政府动员社会力量建设社会福利设施，开展社会福利服务，满足社会对福利服务的需求（易松国，2006），即将过去由政府包办的社会福利服务改为在政府宏观管理下，全社会共同兴办的社会福利事业。1993年8月30日，民政部制定了《社会福利事业发展规划》，该《规划》明确提出了我国社会福利事业发展的指导思想是“加快改革步伐，立足民政，面向社会，采取国家、集体、个人一起上”的方针。2000年2月27日，国务院办公厅转发民政部等11部委《关于加快实现社会福利社会化的意见》，这是中央政府关于社会福利改革的一个重要文件。该《意见》指明了推进社会福利社会化的必要性和紧迫性，提出了推进社会福利社会化的指导思想、目标和总体要求。按照该《意见》的精神，社会福利社会化改革的指导思想是要建立一套国家倡导资助，社会力量共同兴办的社会福利事业，以及与我国社会主义市场经济和社会发展相适应的社会福利管理体制与运行机制。其具体内容主要一是“投资主体多元化”，改变过去投资主体单一的状况，开辟国家、集体、社会组织、个人按比例共同负担社会福利资金的多元投资渠道。通过各种优惠政策吸引社会各界参与兴办社会福利事业，并且多渠道地筹集社会福利服务所需的资金；二是“服务对象公众化”，即社会福利服务机构服务对象不再局限于“三无”人员等特殊困难群体，而是要进一步向广大的社会公众开放，以满足更多人的服务需求；三是“运行机制市场化”，改变政府、集体包揽的做法，使福利机构成为自主经营、自负盈亏、自我约束、自我发展的法人实体。四是“服务方式多样化”，强调社会福利服务应包括居家服务、机构服务、社区服务以及单位福利机构的社会化等各种方式；五是“服务队伍专业化”，即通过各种方式提高社会福利服务人员的专业化水平。

社会福利社会化的目标是建立一个以家庭服务为基础，社区服务为依托，福利机构为补充，投资主体多元化，服务对象社会化，服务方式多样化，服务队伍专业化与志愿者相结合的社会福利发展格局。在推进社会福利社会化进程中，应坚持四个原则：立足国情，循序渐进，因势利导，因地制宜，分类指导；公平优先，兼顾效率，公平与效率相统一；权利与义务对等。

3. 社会福利服务机构的特点

我国社会福利机构具有以下几个特点：一是公益性。福利机构不以盈利为目的，享有国家的优惠政策，也可以接受社会的捐赠，但接受捐赠和获得的收益，只能用于章程规定的本身的事业发展和加强自身建设，提高服务水平，不能在出资人中分红。二是补缺性。我们现在的福利设施主要是提供基本的照料和养护。现在也在向医疗、康复、娱乐等领域发展。三是开放性。作为福利机构来讲，我们现在提出来投资主体多元化、服务对象公众化、运营机制市场化、服务内容多样化、服务队伍实行专业化和志愿者相结合，是一个开放性的过程。

目前我国的社会福利事业呈现出以下一些特点：

首先，从20世纪80年代以来，城乡社会福利服务机构的总体规模大幅度扩大，国家的福利事业获得了长足的发展。截至2013年第3季度，由民政部门管理的各类服务机构的基本情况见表17-1。

表17-1 2013年第3季度全国社会福利服务机构基本情况

（一）提供住宿的社会服务	单位	数量
社会服务床位数	万张	467.6
为老年人与残疾人提供服务床位数	万张	433.8
其中：收养单位中为老年人与残疾人提供收养服务	万张	386.2
社区留宿和日间照料服务床位数	万张	30.2
军休所户数	万户	17.4
为智障与精神病人提供收养服务床位数	万张	6.8
为儿童提供收养服务的床位数	万张	7.9
生活无着人员救助床位数	万张	10.3
其他收养服务床位数	万张	4.9
军供站床位数	万张	3.9

续表

（一）提供住宿的社会服务	单位	数量
收养性社会服务机构数	个	43 941
收养人数	万人	283.9
每千人口社会服务床位数	张/千人	3.5
每千老年人口养老床位数	张/千人	22.4
（二）不提供食宿的社会服务		
1. 儿童收养与救助		
孤儿数	万人	55.9
集中供养孤儿	万人	9.4
社会散居孤儿	万人	46.5
收养登记	件	12 695
涉外收养	件	2 050
流浪儿童救助	万人次	10.6
2. 为残疾人提供岗位的福利企业		
福利企业	个	19 043
福利企业中残疾人数	万人	56.4

资料来源：民政部《社会服务统计季报（2013 年 3 季度）》，民政部官方网站，http://files2.mca.gov.cn/cws/201310/20131022180855268.htm.

可以看出，目前我国的社会福利服务的规模比改革开放前有了很大的发展，而其中大部分是由民间社会服务组织提供的。

其次，形成了国办社会福利机构与社会各界办的社会福利机构并存的局面。现在的社会福利机构大体有三种：第一种是国家主办的，这种机构由国家投资，经过县级政府以上的编制管理部门登记为法人，由民政部门具体管理，是所谓的国办的社会福利机构；第二种是集体兴办的，由乡镇政府和农村的村民自治组织开办的，为农村“五保”老人提供保障服务的敬老院；第三种是社会力量兴办的，主要由社会力量投资，不以盈利为目的，享受国家的优惠政策，他们的所得收入按照章程用于自身的发展，不能分红，这是所谓民办的社会福利机构。国家兴办并管理的“国办”社会福利机构仍然长期存在，并发挥着作用。与此同时，社会各界举办的、多种所有制形式的社会福利机构发展很快。初步形成了多种所有制形式和多种投资渠道并存，社会各界共同兴办社会福利事业的局面。

再次，社会福利服务机构在专业化发展和规范化管理方面有很大的进展。1993 年 4 月 22 日，民政部发布《国家级福利院评定标准》，给民政部门主管的城市社会福利院的技术改造提供了规范与要求，也为社会力量创办福利院提供了技术标准，促进了全国社会福利院投资的规范化建设。1999 年 12 月 30 日，民政部发布《社会福利机构管理暂行办法》，这是社会福利机构进一步制度化的规范性政策文件，对社会福利机构的性质、宗旨、申办程序、开办条件和内部管理都做出了明确的规定，还对社会福利机构享受的优惠政策作了原则性的规定，为社会各界兴办社会福利事业提供了法规依据。与此同时，全国许多省级政府和城市地方政府也下发了鼓励民办社会福利机构和加强福利事业宏观管理的政策法规。

最后，在社会福利服务的经费来源方面，已经初步开辟福利资金社会化渠道政策，除了政府财政投入以外，还通过社会福利有奖募捐及鼓励社会捐赠等方面的政策而筹集社会资金。截至 2007 年，全国共发行福利彩票 2 423 亿元，筹集公益金 809 亿元，其中有 297 亿元由各地上交到中央财政，由中央财政安排主要用于社会保障的基金、社会福利事业的建设，残疾人事业、青少年课外活动场所建设，城乡的医疗救助，等等；其余 512 亿元由各地按照扶老、助残、救孤、济困发行宗旨，定向用于社会福利事业的建设和一些公益方面的活动（窦玉沛，2007）。近年来，我国福利彩票进一步扩大。2012 年中国福利彩票年销售达到 1 510. 3 亿元，同比增长 18. 2% 。全年筹集福彩公益金 449. 4 亿元，比上年增长 17. 6% 。全年民政系统共支出彩票公益金 159. 0 亿元，比上年增加 31. 1 亿元，其中包括：资助用于抚恤 5. 4 亿元，退役安置 0. 5 亿元，社会福利 92. 2 亿元，社会救助 24. 1 亿元，自然灾害救助 1. 3 亿元。而 2013 年福利彩票销售进一步发展，仅前三季度的销售额就达到了 1 280. 6 亿元。（民政部，2013）从上述数字看，我国社会福利服务经费来源多元化格局已经初步显现。

4. 社会福利服务机构存在的问题与发展方向

社会福利改革有力地促进了我国社会福利服务事业的发展，但目前各种福利服务机构的运行和发展中仍然存在着一些问题。首先，尽管过去十几年里政府已经为促进民办社会福利机构的发展制定了相应的优惠政策，但迄今为止政府对民办社会福利机构的实质性支持还不够。其主要表现是政府的社会福利事业经费仍然主要提供给国办的社会福利机构，而民办福利机构很难从政府获得较多的财政支持，以提高其服务质量和福利性水平。其次，目前大量的民办社会福利机构在规模效益、服务质量和管理水平等方面还存在差距。最后，目前农村社会福利服务的发展还比较缓慢，其制度化的资金保障机制还不够健全。

随着我国人口老龄化等方面的发展，在未来几十年里，我国民众对各类社会服务的实际需要将持续增长。因此，大力发展社会福利服务仍然是我国社会政策中的一个重要内容。在未来发展中，我国要推进社会福利由过去的选择型福利向适度普惠型转变，加快我国的社会福利事业发展，其重点一要扩大福利对象，二要扩展服务内容。其具体的行动应该包括：首先要通过进一步的体制改革理顺国办机构与民办机构之间的关系，进一步发展民办公助的社会福利服务体制；其次，要在进一步调动各种社会力量的同时，加大政府在此领域的资金投入，以提高社会福利服务的福利性水平，满足人民群众，尤其是各类困难群体的需要；再次，需要进一步改革国办的社会福利机构，以进一步提高其运行效率；最后，需要进一步提高各类社会福利机构的服务质量和专业化水平，以满足人们不断提高的服务需要。

三、城市社区服务体系

社区服务体系是指以各类社区服务设施为基础，以社区居民、驻区单位为服务对象，以满足社区居民公共服务和多样化生活服务需求为主要内容，政府引导支持，多方共同参与的服务网络及运行机制。社区服务体系是政府行使社会管理职能和提供公共服务的基础平台，是构建和谐社区的重要保障。做好社区服务工作对于提高居民生活质量、扩大就业、化解社会矛盾、促进和谐社会建设都具有重要意义。

1. 城市社区服务的历史发展

我国从 20 世纪 50 年代起在城市建立了街道—居委会体制的社区组织体系，为居民群众提供各种服务。在计划经济时代，城市街道—居委会体制是与单位制并列的又一重要的社会管理和社会福利服务体系。在当时的“国家福利”模式下，一方面政府通过社区组织去实施其社会福利服务计划；另一方面，街道、居委会也举办一些社会福利服务项目，为辖区内的居民提供各种服务。

但是，在计划经济时代，社会福利服务的资源主要分布在企事业单位，社区福利服务在规模、质量和制度化水平等方面都相对落后，在整个社会福利服务体系中处于次要的地位。改革开放以后，随着单位制的弱化和国家社会福利服务政策的改变，社区在社会福利服务体系中的重要性逐渐凸显出来。为适应新时期的要求，满足城市居民不断增长的服务需求，我国从 20 世纪 80 年代后半期开始在城市大力推动社区服务的发展。1986 年，民政部首次提出了要在城市中开展“社区服务”。1989 年 12 月 26 日全国人民代表大会通过的《中华人民共和国城市居民委员会组织法》明确规定“居民委员会应当开展便民利民的社区服务活动”。

进入20世纪90年代以后，中央和各地政府又进一步通过推动城市社区建设而推动社区服务事业的发展。在20世纪90年代，政府多个职能部门纷纷从自身业务的角度推动实施了社区就业、社区卫生、社区文化、体育、教育等各个领域的社会服务，各类非政府机构也依托社区开展其社会服务活动。尤其是近年来，民政部通过在各地实施的“星光计划”又进一步带动了社区服务的发展。

2. 城市社区建设

改革开放以后，随着单位制的弱化，我国城市中的“单位人”越来越多地转化为“社区人”，原来由企事业单位负责的社会管理和福利性社会服务的职能越来越多地需要由社区来承担。但是，我国的城市社区长期以来组织不健全、资源较少，难以承担此重任。为此，我国从20世纪80年代后半期开始，大力开展社区服务，20世纪90年代中期，在城市中推动社区建设，并在20世纪90年代后期将社区建设推向了高潮。2000年12月12日，经党中央、国务院同意，中共中央办公厅、国务院办公厅转发了《民政部关于在全国推进城市社区建设的意见》，要求各地区、各部门结合实际情况，认真贯彻执行。按照此文件中的界定，我国的城市“社区建设”，是指“在党和政府的领导下，依靠社区力量，利用社区资源，强化社区功能，解决社区问题，促进社区政治、经济、文化、环境协调和健康发展，不断提高社区成员生活水平和生活质量的过程”（民政部，2000）。2006年5月7日，国务院颁布《关于加强和改进社区服务工作的意见》，明确提出了加强和改进社区服务工作的指导思想、基本原则和主要任务。强调要大力推进公共服务体系建设，使政府公共服务覆盖到社区；充分发挥社区居委会在社区服务中的作用；培育社区服务民间组织，组织开展社区志愿服务活动；鼓励和支持各类组织、企业和个人开展社区服务；加强领导和政策指导，强化社区服务监管。

从实践上看，城市社区建设的基本目标可以概括为两个方面：一是通过社区组织体系建设加强城市社区的基层社会管理体系；二是在强化组织建设的基础上，通过大力发展社区服务满足城市居民日益提高的服务需求。通过十几年的努力，全国各个城市在社区建设方面都取得了很大的进展。首先，各个城市根据本地的实际情况重新划分了社区组织体系。到2006年底，全国共有社区居委会80 717个（戴宇，2007）。在此基础上，各个城市将社区组织体系建设作为社区建设的首要任务，经过组织建设的工作，各地形成了包括社区党组织、社区居民代表大会、社区居委会和社区议事会等组织的社区组织体系。其次，各地根据实际情况加强了社区组织的硬件设施和工作、服务条件的建设，以及社区工作者队伍的建设。最后，在社区组织体系和人员队伍建设的基础上，大力推动了社区服务活动。

3. 城市社区服务体系

社区服务是社区建设的重要环节。各个城市通过社区组织建设而大力促进了社区服务的发展。各个城市社区服务体系已包含了相当广泛的服务项目，其中主要包括服务于普通居民的日常生活服务、社区环境和绿化服务、社区治安服务、社区文化体育和社区教育服务、社区再就业服务、社区卫生服务以及社区扶贫帮困服务和针对老年人、残疾人、儿童与青少年、优抚对象和失业下岗人员等特殊群体的服务项目，同时还包括面向社区单位的社会化服务。

4. 城市社区服务的运行模式及存在的问题

20 世纪 80 年代中期以来，我国社区服务不断发展，取得了较大的成绩。一方面是社区服务设施建设步伐加快，设施数量不断增加，覆盖面不断扩大，促进了全国社区服务体系的建设与发展。截至 2012 年底，全国共有各类社区服务机构 20 万个，社区服务机构覆盖率 29.5%；其中，社区服务指导中心 809 个，社区服务中心 15 497 个，比上年增加 1 106 个，社区服务站 87 931 个，比上年增加 31 775 个，其他社区专项服务设施 9.6 万个，比上年增加 0.6 万个。城市社区服务中心（站）覆盖率 72.5%。城镇便民、利民服务网点 39.7 万个。社区志愿服务组织 9.3 万个（民政部，2013）。

另一方面，社区服务对象和内容不断拓展。社区服务的对象已从过去的老年人、残疾人、优抚对象等困难群体逐步扩展到全体社区居民；社区服务的内容也逐步延伸到就业服务、卫生和计划生育、社区治安、文化教育和体育、便民利民等领域。同时，新型社区服务机制初步建立。在基层政府和居委会主导和推动下，社会企事业单位、驻区单位、社会组织、社区居民共同参与社区服务的局面正在形成。社区服务方式、方法得到改进，方便快捷的生活服务圈开始出现，服务质量也进一步提高。再有，专业化服务和志愿服务相结合的社区服务人员队伍也在不断发展壮大。截至 2010 年底，全国共有社区居民委员会成员 43.9 万人，社区公共服务从业人员 105.9 万人。有 507.6 万社区居民成为社区志愿者，活跃在社区服务各领域，成为推动社区建设和社区服务的重要力量（国务院，2011）。

但是，我国社区服务总体上仍处于初级发展阶段，社区服务体系建设现状与构建社会主义和谐社会的要求还不相适应，与社区居民日益增长的服务需求还有不小的差距。比较突出的问题表现为：第一，社区作为构建和谐社会基本单元的功能还没有得到充分发挥，一些群众最关心、最直接、最现实的利益问题在社区层面还没有得到根本解决，社区卫生、就业、社会保障等工作需要进一步加强和改进，社区治安仍旧是群众高度关注的问题。第二，服务体系难以为社区健康发展提供有力支撑，多方参与机制还有待于进一步完善，社区服务设施数量不足，功能单一，总体水平不高。第三，社区服务体系建设和发展缺乏稳定的投入机制，投资主体不明确，资金总量不足，部分地方社区基本公共服务的必要支出得不到保障，社区服务基础设施建设资金缺口较大。第四，相关法律法规不健全，缺乏统筹规划和针对性、操作性强的政策措施。

当前，我国社区服务体系建设面临着一系列机遇和挑战。一方面，我国经济的持续快速发展和综合国力的迅速提高，为社区服务体系建设提供了坚实的物质保障；但另一方面，由于城镇化进程的加快和人民生活水平的提高，居民对社区服务提出更高、更新的要求，特别是面对城镇中2亿多流动人口，以及大量的退休职工、困难群众和下岗失业人员，社区服务的压力不断加大。我国要在2020年前全面建成小康社会，社区服务的发展对能否实现这一目标有重要的影响。加快完善社区服务体系已成为满足社区居民社区服务需求和促进社会和谐的紧迫任务。

5. 社区服务体系的发展

2011年12月20日，国务院下发了《社区服务体系建设规划（2011—2015年)》，该《规划》阐明我国社区服务体系建设与发展的指导思想和基本原则，明确“十二五”期间的主要发展目标和重点建设任务，提出社区服务体系建设与发展的方向和保障措施。

首先，“十二五”期间我国社区服务的指导思想是：“高举中国特色社会主义伟大旗帜，以邓小平理论和‘三个代表’重要思想为指导，深入贯彻落实科学发展观，大力推进社会主义核心价值体系建设，立足国情、加快发展，逐步建立面向全体社区居民，主体多元、设施配套、功能完善、内容丰富、队伍健全、机制合理的社区服务体系，把城乡社区建设成为管理有序、服务完善、文明祥和的社会生活共同体。”

其次，“十二五”期间我国社区服务的基本原则一是以人为本，服务居民；二是政府主导，社会参与；三是资源整合，共建共享；四是因地制宜，分类指导。

再次，“十二五”期间我国社区服务的发展目标是要从我国基本国情和经济社会发展现实出发，按照加强和创新社会管理的总体要求，进一步健全新型社区管理和服务体制，强化社区服务体系和信息化建设，到2015年初步建立起较为完善的社区服务设施、服务内容、服务队伍、服务网络和运行机制，农村社区服务试点工作有序推进。具体目标一是要合理配置社区服务设施。力争到“十二五”期末，社区服务设施综合覆盖率达到90%，每百户居民拥有的社区服务设施面积不低于20平方米，基本建成以社区综合服务设施为主体、各类专项服务设施相配套的综合性、多功能的社区服务设施网络。并且要积极推进社区服务信息化建设。二是要优化社区服务内容。推动社区公共服务广覆盖，建立公共服务、便民利民服务、志愿服务有效衔接的社区服务体系，实现居民群众生活舒适方便。力争到“十二五”期末，基本公共服务项目覆盖到所有社区。三是要壮大社区服务队伍。提高社区服务人员的专业化、职业化水平，大力推行社区志愿者注册登记制度。力争到“十二五”期末，新增社区服务从业人员200万人，每个社区至少拥有一名大学生或一名社会工作专业人员，80%以上的社区党员和30%以上的社区居民参与社区志愿服务活动，基本形成一支专业素质较高、服务能力较强、社区居民满意的社区服务队伍。四是要完善社区服务体制机制。完善社区服务体系建设的法律法规和政策，建立健全社区组织，着力理顺社区内外权责关系，健全政府部门之间的协调机制、政府与社区之间的协作机制、社区组织之间的互动机制，优化社区服务发展的制度环境。支持引导社区自治组织、各类社会组织、志愿者参与社区服务。力争到“十二五”期末，80%以上的社区居民委员会实行直接选举，每个社区拥有5个以上的社区社会组织，80%以上的驻区单位与社区签订共驻共建协议。基本建立多方参与、优势互补、利益协调、规范有序的社区服务运行机制。

该《规划》还提出了“十二五”期间我国社区服务建设的多项重点任务。一是要发展多层次、多样化的社区服务。包括积极推进公共服务覆盖到社区，大力发展便民利民服务，以及大力发展社区志愿服务。二是要完善社区服务设施网络，包括合理布局社区服务设施网络，完善社区服务设施功能，大力推进社区信息化建设。该《规划》还提出了要加强社区服务人才队伍建设，建立一支以社区党组织和社区自治组织成员为骨干，以社区专职工作人员为重点，以政府派驻人员、其他社区服务从业人员和社区志愿者为补充的社区服务人才队伍。具体任务包括制定社区服务人才队伍培养发展计划，充实壮大社区居民委员会干部队伍，积极推进社区服务人才队伍专业化、职业化，以及建立和健全社区服务人才培养制度。同时，该《规划》还提出了要推进社区服务体制机制创新，包括建立健全社区服务组织，理顺职责权限及相互关系等。该《规划》还提出了“十二五”期间我国社区建设的三项重点工程：一是社区公共服务设施建设工程，二是社区服务人才队伍建设工程，三是社区服务信息化建设工程。

在政策措施和组织保障方面，该《规划》提出，一是要加强社区服务法规制度建设和标准化建设。推动修订《中华人民共和国城市居民委员会组织法》，完善地方配套法规。二是要加大社区服务体系建设资金投入。三是要完善社区服务扶持政策。四是要健全领导体制和工作机制。五是要积极开展国内外合作与宣传。

该《规划》最后还提到要继续开展农村社区服务试点，加强资源整合，推进农村社区综合性公共服务设施建设，将就业、社会保障、卫生、计划生育、文化、体育、社会治安等基本公共服务向农村延伸，重点发展面向农村老年人、病残人员、妇女及未成年人等群体的照料、帮扶等服务，促进城乡基本公共服务均等化，把农业技术推广、动植物疫病防控和农产品质量监管等公共服务能力建设与农村社区建设结合起来。

最后，在 2012 年中共十八大报告中再次强调要“增强城乡社区服务功能”，在 2013 年中共十八届三中全会的《决定》中进一步提出城乡社区服务类社会组织在成立时直接依法申请登记等项重要的改革措施，这些重要的顶层政策方向将会对我国将来社区服务的发展起到重要的促进和导向作用。

思考题

1. 简述社会福利服务政策的基本含义和特征。
2. 试述当代各国社会福利服务政策的基本内容。
3. 简述我国“企业福利”和“民政福利”的改革及目前的基本情况。
4. 试述社会福利社会化的基本内容。
5. 简述现阶段我国城市中社区建设和社区服务的发展状况。

主要参考文献

民政部. 社会福利事业发展规划. 1993.

民政部. 国家级福利院评定标准. 1993.

民政部. 社会福利机构管理暂行办法. 1999.

中华人民共和国城市居民委员会组织法. 1989.

民政部等 11 部委. 关于加快实现社会福利社会化的意见. 2000.

民政部. 民政部关于在全国推进城市社区建设的意见. 2000.

国务院. 关于加强和改进社区服务工作的意见. 2006.

国务院. 社区服务体系建设规划（2011—2015 年）. 2011 年 12 月 20 日发布.

民政部. 2003 年民政事业统计快报. 民政部网站. http://www.mca.gov.cn.

民政部，国家计委，国家经贸委，教育部，财政部，劳动和社会保障部，国土资源部，建设部，外经贸部，卫生部，税务总局. 关于加快实现社会福利社会化的意见. 1999.

白益华，吴忠泽．社会福利．北京：中国社会出版社，1996．

阎青春．社会福利与弱势群体．北京：中国社会科学出版社，2002．

孙炳耀，常宗虎．中国社会福利概论．北京：中国社会出版社，2002．

易松国．社会福利社会化的理论与实践．北京：中国社会科学出版社，2006．

民政部副部长窦玉沛谈中国的社会福利社会化．中国网，2007－10－17．http://webcast.china.com.cn/webcast/created/1535/44_1_0101_desc.htm．

戴宇．居民满意度将成考核社会和谐首要指标．重庆晨报，2007－09－28．http://news3.xinhuanet.com/politics/2007 09/28/content_6804463.htm．

民政部．社会服务统计季报（2013 年 3 季度）．民政部官方网站．2013 年 10 月 22 日．http://files2.mca.gov.cn/cws/201310/20131022180855268.htm．

民政部．2012 年社会服务发展统计公报．民政部官方网站．2013 年 6 月 19 日．http://cws.mca.gov.cn/article/tjbg/201306/20130600474746.shtml．

第十八章　老年人社会服务政策

老年人通常指年龄超过某一界限的人，不同的国家和地区在不同的历史发展阶段对此有不同的规定。目前国际上一般将60岁或65岁定义为老年人的界限。一个国家或地区如果60岁及以上老年人口的比例在10%以上，或65岁及以上老年人口的比例在7%以上，就可以认为这个国家或地区进入了老龄社会。随着经济和社会的发展，越来越多的国家和地区步入老龄社会，这将给该国家或地区带来特有的老年人问题，需要制定各种政策，采取各种措施加以解决，以维护经济和社会的稳定和发展。本章主要阐述全球性人口老龄化的趋势和中国人口老龄化的进程及特点，在此基础上分析由人口老龄化引发的老年人问题及其对社会发展的影响；探讨老年人社会服务政策的基本含义和主要内容；论述中国的老年人问题和老年人社会服务政策。

第一节　人口老龄化与老年人社会服务政策概述

人口老龄化指的是在总人口中老年人口的比例不断提高，而其他年龄组人口的比例不断下降，人口平均年龄不断提高的趋势和过程。人口老龄化使老年人群体成为社会中一个数量庞大的群体，如何保障他们的基本生活，并为他们提供健康、娱乐和照顾服务等成为社会必须面对和解决的问题。为应对人口老龄化的挑战，世界各国和国际社会都制定了相应的政策，这些政策构成了老年人社会服务政策。

一、全球性的人口老龄化及中国人口老龄化的进程和特点

1. 全球性的人口老龄化趋势

人口老龄化是一个全球性现象，并且还处在一个不断加速的过程中。据联合国估计，2012年，全世界有8.1亿人口的年龄达到60岁或以上，预计这一数字在10年之内将达到10亿，到2050年再翻一番，达到20亿。2012年，世界每9个人中有1个老年人，预计到2050年，每5个人中有1个老年人。目前只有日本老龄人口的比例超过30%，到2050年，将有64个国家与日本一

样，成为老龄人口比例超过 30% 的国家（联合国人口基金与国际助老会，2012）。

老年人口本身也在高龄化。1950—2000 年间，世界 80 岁以上的高龄老人增加了 5 倍，以平均每年 3.3% 的速度增长，大大超过 60 岁以上人口的平均速度（2.2%）。1950 年，世界上有 0.14 亿高龄老人，占老年人总人口的 6.7%；2000 年，高龄老人的人数为 0.69 亿，大约占老年总人口的 1/9（11.4%）；2012 年高龄老人的数量达到 1.14 亿，大约占老年总人口的 14.1%；据估计到 2050 年，高龄老人的人数将达到约 4.02 亿，约占老年人总数的 1/5（19.8%）（徐勤，2004；联合国人口基金与国际助老会，2012）。

2. 中国人口老龄化的进程及特点

中国是世界上人口数量最多的国家。由于持续的生育率下降和平均期望寿命延长的共同作用，中国也成为了老年人口数量最多和增长最快的国家。进入 21 世纪，我国 60 岁及以上老年人口持续增长，2010 年达到 1.78 亿，约占总人口的 13.26%，其中，80 岁以上高龄老年人达到 2 098.8 万，占老年人口总数的 11.8%。到 21 世纪中叶将达到 4.87 亿，占总人口的 34%。未来几十年，中国人口年龄结构将从成年型转向老年型，并向高龄老年型发展（国家统计局，2013）。

中国人口老龄化及其发展过程表现出如下特点：第一，老年人口数量大。中国 60 岁以上老年人口约占世界老年人口总量的 20%，占亚洲老年人口的 1/2。第二，人口老龄化发展速度快。1982 年到 2000 年，中国人口的年平均增长率为 1.47%，老年人口则以 3.2% 的速度增长。预测 2010 年到 2050 年是中国人口老龄化速度最快的时期。第三，人口高龄化显著。中国 80 岁以上高龄老人每年以 5.4% 的速度增长，快于 60 岁以上老年人口 3.3% 的增长速度。2010 年，中国 80 岁以上老人已达 2 098.8 万，预测到 21 世纪中叶将达到 1 亿，届时每 4 个老年人中就有 1 个高龄老年人。第四，人口老龄化地区差异明显，差异主要表现在东部沿海地区比西部内陆地区更早进入人口老龄化阶段。第五，人口老龄化超前于经济社会发展，先期进入人口老龄化的国家和地区在进入人口老龄化阶段时，人均年收入一般为 1 万美元左右，而中国则不到 1 000 美元（中国老龄委，2002；国家统计局，2013）。

二、人口老龄化的问题

人的寿命延长和人口老龄化是经济发展和社会进步的结果，是人类历史发展的巨大成就的表现，但人口老龄化也会给老年人和社会带来很多的问题。老龄化的问题包括两个方面：第一个方面是指数量不断增长的老年人口本身所面临的问题；第二个方面是指人口老龄化对经济和社会发展所造成的负面影响问题。

1. 老龄化时代中老年人所面临的各种问题

人进入老年阶段后，生理状况会发生不同程度的变化，导致参与各种经济及社会活动的能力下降和收入水平的降低，有些甚至完全失去了收入来源，并且老年人患病的比例会增大，在高龄老人中生活不能自理的比例会越来越高。此外，由于退休、家庭变化和社会交往等方面的变化，使老年人在晚年的社会生活发生很大的变化，并进而使一些老年人陷入孤独的生活状况，甚至导致老年人的心理疾患。这些情况使得老年人在基本生存、健康、娱乐、照顾服务等方面面临一些特殊的需要和问题。概括起来看，老龄化时代的老年人问题主要包括：（1）老年人的经济供养问题，即如何从经济上保障老年人的基本生活；（2）老年人的医疗保健问题，即如何满足老年人基本的医疗保健需求；（3）老年人的照料服务问题，即如何满足日益增长的老年人对日常照料服务的需求；（4）老年人的精神文化生活问题，即如何创造环境和条件丰富老年人日常生活，提高老年人精神文化生活质量和心理健康水平；（5）老年人的权益保护问题，即如何在现实生活中保障老年人合法权益不受侵犯。

2. 人口老龄化对社会的影响

人口老龄化不仅给老年人带来各种问题，而且还将对一个国家和地区的经济和社会发展产生深远的影响。第一，人口老龄化使劳动力年龄人口在总人口中的比重下降，会导致劳动力供给不足，从而在一定程度上影响经济和社会的发展。第二，老年人口数量的相对增多会在不同程度上改变一个国家的消费结构，从而对经济发展产生一定的影响。第三，人口老龄化将对传统的家庭养老方式造成冲击。老年人口的日益增多，加上家庭的日益小型化和核心化，导致传统的家庭养老方式越来越不足以承担起抚养老年人的责任，必须进行社会化变革。第四，老年人数量和比例的增大会在一定程度上改变代际关系，并且可能对社会文化和政治等方面带来影响。第五，人口老龄化的快速发展会给老年社会服务体系和相关社会政策提出新挑战，要求我们加快社会政策的改革与发展。

三、老年人社会服务政策的基本含义与主要内容

1. 老年人社会服务政策的基本含义

供养老人和向老年人提供各种服务是每个社会都必须要解决的问题。在传统社会中，家庭在向老人提供各种服务方面发挥着主要的作用。在当代社会中，基于以下几个方面的实际情况，各个社会都普遍要求政府在提供老年服务

方面发挥更多的作用：一方面，老年人数量持续增多，老年期不断延长并在整个生命历程中比例提高，并且老年人各种需要不断增加，尤其是老年人对生活质量的要求越来越高；另一方面是家庭服务功能的相对弱化，不再能仅仅依靠家庭来为老年人提供服务，而市场机制在提供老年人服务方面也不够完善；再一方面是老年人对社会的影响增大，尤其是日益增多的老年人口对政治和政策制定过程产生着越来越大的影响。

鉴于上述这些情况，当代各国政府和其他社会组织在老人社会服务方面都发挥着越来越多的作用。面临老龄化时代的老年人问题，当代各国政府都积极地采取相应的政策措施，为老年人提供各种专门的社会服务。老年人社会服务政策指政府或其他社会组织为满足老年人在基本生活、日常照顾服务、医疗保健、维护合法权益等方面的基本需要，使老年人享有幸福愉快的晚年生活而向他们提供各种社会服务的政策。

2. 老年人社会服务政策的主要内容

为解决人口老龄化给经济和社会发展带来的巨大挑战，满足老年人在经济供养、医疗保健、生活照料和精神文化等方面日益增长的需求，实现老龄事业与经济社会协调发展，促进社会公平和稳定，老年人社会服务政策一般包括如下内容：

（1）有关老年人经济供养的政策：即由谁和如何为老年人提供维持其基本生活费用的政策，主要用来解决老年人基本生活保障的问题，使老年人能安度晚年。

（2）有关老年人医疗保健服务提供的政策：即由谁和如何为老年人提供医疗保健服务，以及由谁承担和如何承担老年人的医疗保健服务费用的政策，主要用来解决老年人的医疗保健问题，使老年人能“老有所医”。

（3）有关老年人的日常照顾服务的政策：即由谁和如何为老年人提供日常的照顾服务，以及由谁承担老年人日常照顾服务费用的政策，主要用来解决老年人的日常照顾服务问题，使老年人“老有所养”。

（4）有关丰富老年人精神文化生活的政策：即为老年人提供宽松、关爱的社会环境、充足的活动场所和活动设施，以及开展丰富多彩的文化娱乐活动的政策，使老年人“老有所乐、老有所学、老有所教、老有所为”。

（5）有关老年人权益保护的政策：即宣传、贯彻、执行涉及老年人权益保护的各项法律、法规，以切实保障老年人权益的各项政策，确保老年人的合法权益不受侵犯。

第二节 中国老年人问题与老年社会服务政策

我国历来具有爱老、尊老和子女赡养老人的优良传统，在长期的历史中，老年人在家庭、邻里和社区中得到了较好的照料。新中国成立以来，我国依托城市企事业单位和社区组织以及农村集体经济组织建立起了比较好的养老保障和老年人服务体系。但近年来随着经济与社会的转型，社会保障体系的变化，尤其是随着家庭小型化和独生子女家庭的增多，现有的老年人服务体系也面临着严重的挑战。为应对人口老龄化给经济和社会带来的冲击和挑战，加强对老年人的社会服务，维护老年人的合法权益，我国政府进一步加强了老年人工作，不断完善老年人社会服务政策。

一、我国老年人社会服务政策概况

1. 关于老年人社会服务政策和老龄工作的政策法规体系

我国于1996年10月颁布实施了《中华人民共和国老年人权益保障法》，并于2012年进行了新的修订。该法对老年人的赡养与抚养、社会保障、社会服务、社会优待、宜居环境、参与社会发展及法律责任等做出了明确的法律规定，各省、自治区、直辖市都制定了维护老年人合法权益的地方性法规。国家先后制定了《中国老龄工作七年发展纲要（1994—2000)》和《中国老龄事业发展“十五”计划纲要（2001—2005)》《中国老龄事业发展“十一五”规划(2006—2010)》《中国老龄事业发展“十二五”规划（2011—2015》《社会养老服务体系建设规划（2011—2015年)》和《国务院关于加快发展养老服务业的若干意见》（国发〔2013〕35号)，把老龄事业纳入国民经济和社会发展规划。2000年8月，我国发布了《中共中央、国务院关于加强老龄工作的决定》，确定了21世纪初老龄工作和老龄事业发展的指导思想、基本原则、目标任务。这些法律、计划和决定初步形成了具有中国特色的老年人服务政策和行动体系，为中国应对人口老龄化，解决中国老龄化时代的老年人问题提供了制度上的保证。

2. 老龄工作的组织体系和人员队伍建设

为了有效地实施老年服务政策行动，推动老龄工作的发展，我国建立了从中央到地方的老龄工作组织体系。这套组织体系包括了政府部门的老龄工作组织、企事业单位中的老龄工作机构，以及社区组织和各种非政府机构。在政府机构方面，中国的老龄工作涉及劳动、人事、民政、工会、老干部局等多个部门。为了统一管理和协调老龄工作，1982年，中央政府建立了“中国老龄问题全国委员会”的常设机构，随后在中央机构和地方都成立了老龄工作机构，专门负责老龄工作。

为了加强对全国老龄工作的领导和协调，国务院于1999年成立了全国老龄工作委员会，负责研究、制定老龄事业发展战略及重大政策，并指导和协调全国的老龄工作。此外，中央和地方政府的各个职能部门也从本部门业务工作的角度采取相应的政策行动，大力推动老龄工作的发展。例如，民政部门在全国范围内组织了旨在推动针对老年人社区服务的“星光计划”，并大力推动城乡老年福利服务的发展及其规范化建设；劳动和社会保障部门在建立城市养老社会保险制度方面做了大量的努力；卫生部门积极推动针对老年人的医疗卫生服务和老年医学发展；建设部门正在推动适合老年人的住房建筑设计和城市建设中的无障碍设计；教育部门推动老年教育；文化部门推动老年文化娱乐的发展。此外，人事部门、体育部门、计划生育部门、军队中的相关部门以及妇联、工会等机构都在不同程度上积极参与了为老年人提供社会服务的行动。

在政府的主导下，社会各界积极参与了向老年人提供社会服务的行动。首先，在许多大中型企事业单位和机关团体中仍然保留着老龄工作的专职机构，负责向本单位的离退休老人提供各种服务。其次，向社区中的老人提供专门的服务是现阶段城市社区组织的重要任务之一，在农村中的村民自治组织也负有向困难老年人提供服务的责任。最后，近年来在老年服务领域的非政府、非营利机构也在逐渐发展，他们在为老年人提供服务方面将发挥越来越多的作用。

除了政策法规和机构建设之外，我国各地正在形成专职人员和志愿服务者相结合的老龄工作人员队伍，并且老龄工作人员的素质正在加强。近年来，已经开始有受过社会工作专门训练的人员加入老龄工作者的队伍中，并且随着我国社会工作专业化的发展，将来加入老龄工作中的各类专业型服务人员将越来越多。同时，现有的老龄工作人员也通过在职培训提高其专业技能。这些变化将从根本上改变我国未来老龄工作的面貌。

3. 老年社会服务政策的重点领域

在当代社会中，老年人的需要越来越广泛，因此各国对老年人的服务内容也越来越广泛。在我国，随着经济与社会的发展和老年人对生活质量的要求越来越高，政府和社会各界为老年人提供的社会服务也越来越广泛，概括起来讲，我国老年服务政策行动的重点领域包括老年基本生活保障、老年医疗卫生服务、推动老年人就业及社会参与、老年教育及文化娱乐、老年心理及精神健康服务、维护老年人基本权益等方面。

二、养老问题与老年基本生活保障政策

1. 中国的养老问题

养老问题，包括经济供养和日常照顾服务，是老龄化时代中国政府需要面对和解决的首要的老年人问题。中国传统的养老方式是以家庭养老为基础的。新中国成立以来，我国《宪法》《婚姻法》《农村五保供养工作条例》《老年人权益保障法》等多部法律，都肯定了家庭养老的法律地位，其中2012年新修订通过的《老年人权益保障法》中明确规定“老年人养老以居家为基础，家庭成员应当尊重、关心和照料老年人”，“赡养人应当履行对老年人经济上供养、生活上照料和精神上慰藉的义务，照料老年人的特殊需要”。从社会发展来看，家庭养老不仅体现了代际经济上的互惠互助，更重要的是体现了供养双方精神上的互相慰藉，在家庭中，由于长期共同生活而形成的融洽的亲情关系，是任何其他社会关系所无法替代的，这是家庭养老的优点所在。但是，随着社会的工业化、现代化和城市化，人口流动的加剧，人的个人意识增强，传统大家庭的观念逐渐淡化，老年人的家庭地位发生了根本变化，目前家庭规模日趋缩小，核心家庭、空巢家庭、老年人家庭日益增多，传统的家庭养老已逐渐不适应人口老龄化发展的需要，传统的家庭养老已经遇到了前所未有的挑战(国务院，2011)。

2. 中国养老保障体系与相关社会政策

为应对社会的发展和人口老龄化给中国传统的家庭养老模式带来的挑战，保证老年人安度晚年，新修订的《老年人权益保障法》明确规定了国家建立多层次的社会保障体系，逐步提高对老年人的保障水平。

目前中国已经初步建立了包括城镇职工基本养老保险、城乡居民养老保险和机关事业单位离退休制度在内的基本养老保障体系。“十二五”期间及之后的一段时间，中国将加快推进养老保险制度建设，实现城乡居民养老保险制度全覆盖；进一步完善城镇职工基本养老保险制度，实现基础养老金全国统筹，做好城镇职工基本养老保险关系转移接续工作；推动机关事业单位养老保险制度改革；建立随工资增长、物价上涨等因素调整退休人员基本养老金待遇的正常机制。发展企业年金和职业年金。发挥商业保险补充性作用。

在老年社会救助方面，国家将不断加大老年社会救助力度，进一步完善城乡最低生活保障制度，在过去农村五保供养制度的基础上建立城乡特困人员供养制度；并根据经济社会发展水平，适时调整最低生活保障和特困人员供养标准；完善临时救助制度，保障因灾因病等支出性生活困难老年人的基本生活。

在老年社会福利方面，国家将完善老年社会福利制度，积极探索中国特色

社会福利的发展模式，发展适度普惠型的老年社会福利事业，研究制定政府为特殊困难老年人群购买服务的相关政策；进一步完善老年人优待办法，积极为老年人提供各种形式的照顾和优先、优待服务，逐步提高老年人的社会福利水平。有条件的地方可发放高龄老年人生活补贴和家庭经济困难的老年人养老服务补贴。

3. 中国老年家庭建设与相关社会政策

《中国老龄事业发展“十二五”规划（2011—2015)》专门对老年家庭建设政策做出了论述，是中国老年人社会服务政策的最新发展，主要包括以下方面：

改善老年人居住条件。引导开发老年宜居住宅和代际亲情住宅，鼓励家庭成员与老年人共同生活或就近居住。推动和扶持老年人家庭无障碍改造。

完善家庭养老支持政策。完善老年人口户籍迁移管理政策，为老年人随赡养人迁徙提供条件。健全家庭养老保障和照料服务扶持政策，完善农村计划生育家庭奖励扶助制度和计划生育家庭特别扶助制度，落实城镇独生子女父母年老奖励政策，建立奖励扶助金动态调整机制。

弘扬孝亲敬老传统美德。强化尊老敬老道德建设，提倡亲情互助，营造温馨和谐的家庭氛围，发挥家庭养老的基础作用。努力建设老年温馨家庭，提高老年人居家养老的幸福指数。

4. 中国养老服务体系与相关社会政策

新修订的《老年人权益保障法》提出，“国家建立和完善以居家为基础、社区为依托、机构为支撑的社会养老服务体系”。中国政府在《中国老龄事业发展“十二五”计划纲要》中确定了“重点发展居家养老服务，大力发展社区照料服务，统筹发展机构养老服务”的方针，争取创建中国特色的新型养老模式，保障老年人基本生活（国务院，2011)。

重点发展居家养老服务。居家养老服务是通过上门服务等形式为居家老人提供的养老服务，涵盖生活照料、家政服务、康复护理、医疗保健、精神慰藉等。对身体状况较好、生活基本能自理的老年人，居家养老服务主要提供家庭服务、老年食堂、法律服务等服务；对生活不能自理的高龄、独居、失能等老年人，居家养老服务可以提供家务劳动、家庭保健、辅具配置、送饭上门、无障碍改造、紧急呼叫和安全援助等服务。目前中国重点发展居家养老服务的具体措施如下：建立健全县（市、区）、乡镇（街道）和社区（村）三级服务网络，城市街道和社区基本实现居家养老服务网络全覆盖；农村社区也要加快建立包括老龄服务在内的社区综合服务设施和站点；加快居家养老服务信息系统建设，做好居家养老服务信息平台试点工作，并逐步扩大试点范围；培育发展居家养老服务中介组织，引导和支持社会力量开展居家养老服务；鼓励社会服务企业发挥自身优势，开发居家养老服务项目，创新服务模式；大力发展家庭服务业，并将养老服务特别是居家老年护理服务作为重点发展任务；积极拓展居家养老服务领域，实现从基本生活照料向医疗健康、辅具配置、精神慰藉、法律服务、紧急救援等方面延伸。

大力发展社区照料服务。社区养老服务是在社区开展的主要面向家庭日间暂时无人或者无力照护的社区老年人提供的养老服务。社区养老服务是居家养老服务的重要支撑，具有社区日间照料和居家养老支持两类功能。目前中国大力发展社区照料服务的具体措施如下：在城市，结合社区服务设施建设，把日间照料中心、托老所、星光老年之家、互助式社区养老服务中心等社区养老设施，纳入小区配套建设规划，增加养老设施网点，增强社区养老服务能力，打造居家养老服务平台，本着就近、就便和实用的原则，开展全托、日托、临托等多种形式的老年社区照料服务。倡议、引导多种形式的志愿活动及老年人互助服务，动员各类人群参与社区养老服务。在农村，结合城镇化发展和新农村建设，以乡镇敬老院为基础，建设日间照料和短期托养的养老床位，逐步向区域性养老服务中心转变，向留守老年人及其他有需要的老年人提供日间照料、短期托养、配餐等服务；以建制村和较大自然村为基点，依托村民自治和集体经济，积极探索农村互助养老新模式。

统筹发展机构养老服务。机构养老服务是通过专业养老机构开展的集中照料养老服务，养老服务机构可分为养护型、医护型和供养型三种类型。养护型和医护型养老机构主要为失能、半失能的老年人提供专门服务，包括生活照料服务、医疗护理、康复护理服务和紧急救援服务；供养型养老机构则主要为普通老年人提供集中生活照料等服务。目前中国统筹发展机构养老服务的政策是：按照统筹规划、合理布局的原则，加大财政投入和社会筹资力度，推进供养型、养护型、医护型养老机构建设。积极推进养老机构运营机制改革与完善，探索多元化、社会化的投资建设和管理模式。进一步完善和落实优惠政策，鼓励社会力量参与公办养老机构建设和运行管理。

优先发展护理康复服务。在规划、完善医疗卫生服务体系和社会养老服务体系中，加强老年护理院和康复医疗机构建设。政府重点投资兴建和鼓励社会资本兴办具有长期医疗护理、康复促进、临终关怀等功能的养老机构。地（市）级以上城市至少要有一所专业性养老护理机构。研究探索老年人长期护理制度，鼓励、引导商业保险公司开展长期护理保险业务。

切实加强养老服务行业监管。进一步完善养老机构行政管理的法律法规，建立养老机构准入、退出与监管制度，做好养老机构登记注册和日常检查、监督管理工作。寄宿制养老机构等关系老年人安全和健康的重要场所，要列入消防安全和卫生许可制度重点管理范围（参见国务院，2011a；2011b）。

5. 老年人生活环境及相关社会政策

《中国老龄事业发展“十二五”规划（2011—2015》提出全面推行城乡建设涉老工程技术标准规范、无障碍设施改造和新建小区老龄设施配套建设规划标准。相关的社会政策主要包括以下方面：

加快老年活动场所和便利化设施建设。在城乡规划建设中，充分考虑老年人需求，加强街道、社区“老年人生活圈”配套设施建设，着力改善老年人的生活环境。通过新建和资源整合，缓解老年生活基础设施不足的矛盾。利用公园、绿地、广场等公共空间，开辟老年人运动健身场所。

完善涉老工程建设技术标准体系和实施监督制度。按照适应老龄化的要求，对现行老龄设施工程建设技术标准规范进行全面梳理、审定、修订和完善，在规划、设计、施工、监理、验收等各个环节加强技术标准的实施与监督，形成有效规范的约束机制。

加快推进无障碍设施建设。突出高龄和失能老年人居家养老服务设施、环境的无障碍改造，推行无障碍进社区、进家庭。加快对居住小区、园林绿地、道路、建筑物等与老年人日常生活密切相关的设施无障碍改造步伐，方便老年人出行和参与社会生活。研究制定《无障碍环境建设条例》，继续开展全国无障碍建设城市创建工作。

推动建设老年友好型城市和老年宜居社区。创新老年型社会新思维，树立老年友好环境建设和家庭发展的新理念。研究编制建设老年友好型城市、老年宜居社区指南，发挥典型示范作用。

三、老年人医疗问题与老年人医疗服务政策

1. 中国老年人的医疗问题

老年人，尤其是高龄老年人，是各种疾病的高发人群。中国老年人 60 岁以后的寿命中有 3/4 时间生存在带有慢性疾病的状况之中，而且女性老年人的带病期较男性长，所占余寿的比重也大。高龄老年人多伴随着各种慢性疾病，其中心、脑血管，肿瘤，呼吸系统疾病是老年多发病，老年人比其他人需要更多的医疗保健和康复服务（卢元镇，1999）。根据 2010 年人口普查数据，中国人的平均预期寿命达到 74.8 岁，比 2000 年的 71.4 岁提高了 3.4 岁。与此同时，65 岁及以上年龄组的两周患病率和慢性病发病率也显著提高，两周患病率由 1998 年的 29.4% 增加到 2008 年的 46.6%，慢性病发病率由 1998 年的 51.8% 增加到 2008 年的 64.5%（张钧、郑晓瑛，2010）。人口老龄化时代的

中国老年人口的比例不断提高，老年人数量庞大，老年人的医疗和康复服务问题成为中国需要面对和解决的意义重大的老年人问题。

2. 中国对老年人的医疗服务与医疗保障政策

为应对社会的发展和人口老龄化给中国传统的城镇医疗保险和农村合作医疗模式带来的挑战，保证老年人“老有所医”，中国政府在《中国老龄事业发展“十五”计划纲要（2000—2005）》中明确提出了“初步建立以社区卫生服务为基础的老年医疗保健服务体系，努力满足老年人的基本医疗需求。做好健康教育和预防保健工作，提高老年人口健康水平”的目标。《中国老龄事业发展“十二五”规划（2011—2015）》提出了“健全老年人基本医疗保障体系，基层医疗卫生机构为辖区内65岁及以上老年人开展健康管理服务，普遍建立健康档案”的目标，其具体的政策措施如下：

完善基本医疗保险制度。进一步完善职工基本医疗保险、城镇居民基本医疗保险、新型农村合作医疗制度。逐步提高城镇居民医保和新农合人均筹资标准及保障水平，减轻老年人等参保人员的医疗费用负担。提高职工医保、城镇居民医保、新农合基金最高支付限额和政策范围内住院费用支付比例，全面推进门诊统筹。做好各项制度间的衔接，逐步提高统筹层次，加快实现医保关系转移接续和医疗费用异地就医结算。全面推进基本医疗费用即时结算，改革付费方式。积极发展商业健康保险，完善补充医疗保险制度。完善城乡医疗救助制度，着力解决贫困老年人的基本医疗保障问题。

推进老年医疗卫生服务网点和队伍建设。将老年医疗卫生服务纳入各地卫生事业发展规划，加强老年病医院、护理院、老年康复医院和综合医院老年病科建设，有条件的三级综合医院应当设立老年病科。基层医疗卫生机构积极开展老年人医疗、护理、卫生保健、健康监测等服务，为老年人提供居家康复护理服务。基层医疗卫生机构应加强人员队伍建设，切实提高开展老年人卫生服务的能力。

开展老年疾病预防工作。基层医疗卫生机构要为辖区内65岁及以上老年人开展健康管理服务，建立健康档案。组织老年人定期进行生活方式和健康状况评估，开展体格检查，及时发现健康风险因素，促进老年疾病早发现、早诊断和早治疗。开展老年疾病防控知识的宣传，做好老年人常见病、慢性病的健康指导和综合干预。

发展老年保健事业。广泛开展老年健康教育，普及保健知识，增强老年人运动健身和心理健康意识。注重老年精神关怀和心理慰藉，提供疾病预防、心理健康、自我保健及伤害预防、自救等健康指导和心理健康指导服务，重点关注高龄、空巢、患病等老年人的心理健康状况。鼓励为老年人家庭成员提供专项培训和支持，充分发挥家庭成员的精神关爱和心理支持作用。老年性痴呆、抑郁等精神疾病的早期识别率达到40%。

四、老年人的就业与社会参与

1. 中国老年人的就业与社会参与问题

目前中国人的预期寿命基本达到发达国家水平，而我国规定的退休年龄是男性60岁，女性更早，因此越来越多的老年人在退休以后还要生活相当长的时间，他们仍然有能力参与职业生活和社会生活。虽然很多老年人愿意享受退休后的清闲生活，但也有部分老人不愿意从社会中完全退出，仍然有就业的愿望或者希望更多地参与社会生活。但是面对激烈的就业竞争，许多老年人一旦退休就很难再有参与职业生活的机会，对他们来说，退休也就意味着从社会生活中退出。这不仅对老年人自身是一种就业与社会参与权利的丧失，而且对社会来说也是一种资源和人才的浪费，因为老年人的经验、知识和能力是社会的宝贵财富，如果能够加以有效利用，不仅能使老年人“老有所为”，实现自身的价值，而且还能为经济和社会的发展作出应有的贡献。

2. 中国帮助老年人社会参与的相关政策

为保障老年人就业和参与社会生活的权利，《中华人民共和国老年人权益保障法》第65条规定：“国家和社会应当重视、珍惜老年人的知识、技能、经验和优良品德，发挥老年人的专长和作用，保障老年人参与经济、政治、文化和社会生活。”第68条规定：“国家为老年人参与社会发展创造条件。根据社会需要和可能，鼓励老年人在自愿和量力的情况下，从事下列活动：（1）对青少年和儿童进行社会主义、爱国主义、集体主义和艰苦奋斗等优良传统教育；（2）传授文化和科技知识；（3）提供咨询服务；（4）依法参与科技开发和应用；（5）依法从事经营和生产活动；（6）参加志愿服务、兴办社会公益事业；（7）参与维护社会治安、协助调解民间纠纷；（8）参加其他社会活动。”第69条规定：“老年人参加劳动的合法收入受法律保护；任何单位和个人不得安排老年人从事危害其身心健康的劳动或者危险作业。”

为了解决我国职工退休过早的问题，2013年中共十八届三中全会通过的《中共中央关于全面深化改革若干重大问题的决定》中提出，要研究制定渐进式延迟退休年龄政策。《中国老龄事业发展“十二五”规划（2011　2015）》提出，国家注重开发老年人力资源，支持老年人以适当方式参与经济发展和社会公益活动；健全政策措施，搭建服务平台，支持广大离退休专业技术人员更好地发挥作用；重视发挥老年人在社区服务、关心教育下一代、调解邻里纠纷和家庭矛盾、维护社会治安等方面的积极作用；不断探索“老有所为”的新形式，积极做好“银龄行动”组织工作，广泛开展老年志愿服务活动，老年志愿者数量达到老年人口的10%以上。

五、老年人的教育和娱乐问题

1. 中国老年人精神文化生活

老年人的需求是多方面的，他们不仅要“老有所养、老有所医、老有所为、老有所教”，而且还需要“老有所学、老有所乐”。《中华人民共和国老年人权益保障法》第70条规定：“老年人有继续受教育的权利；国家发展老年教育，把老年教育纳入终身教育体系，鼓励社会办好各类老年学校；各级人民政府对老年教育应当加强领导，统一规划，加大投入。”第71条规定：“国家和社会采取措施，开展适合老年人的群众性文化、体育、娱乐活动，丰富老年人的精神文化生活。”但是，随着人口的老龄化，越来越多的人加入老年人的行列，现有的老年活动设施、老年文化建设、老年教育网络、老年教育活动远远不能满足老年人接受教育的需要，不足以达到目的。

2. 中国的老年人教育和娱乐服务体系及相关政策

为满足越来越多的老年人的教育及娱乐需求，《中国老龄事业发展“十二五”规划（2011—2015）》提出，政府要增加老年文化、教育和体育健身活动设施，进一步扩大各级各类老年大学（学校）办学规模，其具体政策措施如下：

加强老年教育工作。创新老年教育体制机制，探索老年教育新模式，丰富教学内容。加大对老年大学（学校）建设的财政投入，积极支持社会力量参与发展老年教育，扩大各级各类老年大学办学规模。充分发挥党支部、基层自治组织和老年群众组织的作用，做好新形势下老年思想教育工作。

加强老年文化工作。加强农村文化设施建设，完善城市社区文化设施。鼓励创作老年题材的文艺作品，增加老年公共文化产品供给。鼓励和支持各级广播电台、电视台积极开设专栏，加大老年文化传播和老龄工作宣传力度。支持老年群众组织开展各种文化娱乐活动，丰富老年人的精神文化生活。

加强老年体育健身工作。在城乡建设、旧城改造和社区建设中，要安排老年体育健身活动场所。加强老年体育组织建设，积极组织老年人参加全民健身活动。经常参加体育健身的老年人达到50%以上。

六、老年人的合法权益保护

1. 老年人的法律问题

随着社会从传统向现代的转变，老年人逐渐失去了在传统社会中的权威地位。在现代社会中，由于老年人在生理、经济和社会活动等方面的能力降低，使他们在许多方面都容易受到伤害。这些伤害既来自于社会也来自于家庭，包括人身伤害、财产纠纷、干涉老年人婚姻、住房纠纷、歧视、虐待甚至遗弃等。随着人口的老龄化，老年人已经成为一个数量庞大的社会群体，这些侵犯老年人权益的现象不仅会伤害老年人自身的生命财产安全，而且不利于整个社会的安全与稳定，因而成为中国社会需要应对和解决的社会问题。要解决这个问题，不能单纯地靠道德和习俗的力量，必须同时利用社会制度、法律、道德和社会习俗等各种手段动员全社会的力量来进行。

2. 保护老年人合法权益的服务体系及相关政策

为维护老年人合法权益，确保老年人合法权益不受侵犯，我国制定并颁布了《中华人民共和国老年人权益保障法》（1996 年颁布，2012 年修订），它一经颁布就成为老年人权利保护的有力武器。根据该法和《中国老龄事业发展“十二五”规划（2011—2015）》，当前中国保障老年人合法权益的政策行动要点如下：

继续加强老龄法制建设。推进老年人权益保障法制化进程，根据新修订的《老年人权益保障法》开展执法检查和普法教育，提高老年人权益保障法制化水平。

健全老年人维权机制。弘扬孝亲敬老美德，促进家庭和睦、代际和顺。加强弱势老年人社会保护工作，把高龄、孤独、空巢、失能和行为能力不健全的老年人列为社会维权服务重点对象。加强对养老机构服务质量的检查、监督，维护老年人的生活质量与生命尊严，杜绝歧视、虐待老年人现象。

做好老年人法律服务工作。拓展老年人维权法律援助渠道，扩大法律援助覆盖面。重点在涉及老年人医疗、保险、救助、赡养、住房、婚姻等方面，为老年人提供及时、便利、高效、优质的法律服务。加大对侵害老年人权益案件的处理力度，切实保障老年人的合法权益。

加强青少年尊老敬老的传统美德教育。在义务教育中，增加孝亲敬老教育内容，开展形式多样的尊老敬老社会实践活动，营造良好的尊老敬老文化环境。

思　考　题

1. 简述老龄化时代的老年人问题及其对经济和社会发展的影响。
2. 老年人社会服务政策的基本含义是什么？老年人社会服务政策有哪些基本内容？
3. 简述目前中国的养老问题与相关社会政策。

4. 简述目前中国老年人的医疗问题及医疗服务和医疗保障政策。

5. 简述目前中国保护老年人合法权益的服务体系与相关政策。

主要参考文献

国家统计局. 中国人口老龄化——事实与数据, 2013. http://www.unfpa.cn/zh/publication.

国务院. 中国老龄事业发展“十二五”规划. 2011a. http://www.mca.gov.cn/article/zwgk/fvfg/shflhshsw/201305/20130500460007.shtml.

国务院. 社会养老服务体系建设规划（2011—2015）. 2011b. http://www.mca.gov.cn/article/zwgk/jhgh/201112/20111200248420.shtml.

联合国人口基金与国际助老会. 二十一世纪人口老龄化：成就与挑战. 2012. http://www.unfpa.cn/zh/publication.

卢元镇. 中国的老年健康与老年体育. 山东体育学院学报, 1999（1）.

全国老龄委. 中国老龄事业发展状况. 全国老龄委网站, 2002. http://www.cnca.org.cn.

全国老龄委. 中国老龄事业发展“十一五”规划. 2006年8月16日印发. 中华网, http://www.china.com.cn/policy/txt/2006-12-12/content_7493018.htm.

全国老龄委办公室等10部委局. 关于全民推进居家养老服务工作的意见. 2008-01-29.

徐勤. 2002年世界人口老龄化动态. 全国老龄委网站, 2004. http://www.cnca.org.cn.

熊军. 我国人口老龄化的社会经济影响与战略选择. 武汉冶金管理学院学报, 2000（9）.

魏先铭. 老龄化是新世纪我国面临的严峻挑战. 北京行政学院学报, 2001（4）.

张钧, 郑晓瑛. 中国城乡老年健康及照料状况研究. 人口与发展, 2010（6）: 60-66.

第十九章　残疾人社会政策

残疾人在社会中通常处于弱势地位，维护残疾人的生存权、发展权和平等地参与政治、经济和社会生活的权利，是一项崇高的社会事业，体现了人类文明和进步。国际社会已经充分认识到残疾人的作用和残疾人事业的重要意义，认为理解、尊重和保障残疾人权益与发展残疾人事业是事关全球和平与发展的大事。本章主要探讨残疾人的概念、残疾人问题的实质、残疾人社会政策的基本含义和主要内容；分析目前中国残疾人的基本状况和残疾人社会政策的特点和发展概况；具体概述当前中国残疾人的教育、就业、康复医疗服务、权益保护和社会参与等社会政策的基本内容。

第一节　残疾人和残疾人社会政策概述

作为人类的一员，残疾人应该享有同其他人一样的权利和同等的机会，但是由于自身的缺陷和社会上一些物质的、文化的阻碍，他们常常无法平等地参与政治、经济和社会生活，因而在社会中处于不利地位，迫切需要国家和社会制定相应的法规和社会政策维护他们的生存权、发展权和平等地参与政治、经济和社会生活的权利，促进社会公平和稳定，实现残疾人事业与经济社会协调发展。

一、残疾人和残疾人问题

1. 残疾人的界定及残疾类别

根据《中华人民共和国残疾人保障法》，残疾人是指在心理、生理、人体结构上，某种组织、功能丧失或者不正常，全部或者部分丧失以正常方式从事某种活动能力的人。残疾人包括视力残疾、听力残疾、言语残疾、肢体残疾、智力残疾、精神残疾、多重残疾和其他残疾的人。根据世界卫生组织估计，各类残疾人约占世界总人口的10%（WHO，2006）。据2006年第二次全国残疾人抽样调查数据推算，中国当时有8 296万各类残疾人，占全国总人口的6.34%（国家统计局，2006）。据中国残疾人联合会公布的数据，2010年我国全国残疾人总数为 8 502 万人；各类残疾人的人数分别为：视力残疾 1 263 万人，听力残疾 2 054 万人，言语残疾 130 万人，肢体残疾 2 472 万人，智力残疾 568 万人，精神残疾 629 万人，多重残疾 1 386 万人；各残疾等级人数分别为：重度残疾 2 518 万人，中度和轻度残疾人 5 984 万人（中国残疾人联合会，2012）。

2. 残疾人问题的实质及表现

残疾人在政治、经济、文化、社会生活方面应该享有同其他公民平等的权利，这一观念已经在全世界得到公认，而且在世界各国，残疾人权利也普遍得到了法律的确认。但是在现实生活中，社会对残疾人平等公民权的漠视常常使残疾人处于不利的地位，法律赋予残疾人的平等的公民权利在现实中远远没有实现，这构成了每个国家和社会都必须正视并解决的残疾人问题。

单纯的生理缺陷和残疾并不必然构成其经济与社会活动的障碍，障碍的有无及程度是由残疾人与其生活环境之间的关系所决定的。当残疾人遭受到文化、物质或社会方面的阻碍，不能利用其他人可以利用的各种社会系统时，就产生了障碍。因此，障碍是指与其他人平等参加社会生活的机会的丧失或是这种机会受到限制。因此，残疾人问题的实质是部分残疾人因其身体的残疾而导致其平等的公民权利得不到实现，其具体表现为以下几个方面：（1）一些残疾人的基本生活得不到最起码的保障，威胁着残疾人的生存权；（2）一些残疾人难以享受与其他公民平等的受教育的权利，发展的权利受到严重剥夺；（3）许多残疾人的就业范围和选择的自由受到严格的限制，难以获得平等的就业机会；（4）部分残疾人缺乏医疗保障和必要的康复服务，由于自身的残疾和现实的障碍不能获得平等的社会参与机会；（5）在家庭、财产、社会参与等方面权益受侵害事件时有发生，残疾人的合法权益有时得不到有效的维护。

二、残疾人社会政策的基本内容

1. 残疾人社会政策的基本含义

由于残疾人在经济与社会生活中面临着各种特殊的障碍和困难，因此需要社会向他们提供特殊的保护和各种必要的服务，政府的残疾人社会政策则是代表社会而在此领域采取的公共行动。概括起来看，残疾人社会政策指政府或其他社会组织为满足残疾人在基本生活、日常照顾服务、医疗保健康复服务等方面的基本需要，维护残疾人的合法权益不受侵犯，使残疾人幸福愉快地参与社会生活而提供各种社会服务的政策。

2. 当代各国残疾人社会政策的主要内容

世界各国和国际社会有关残疾人的社会政策一般包括如下内容：

（1）有关残疾人基本生活保障的政策：即如何为残疾人提供维持其基本生活费用的政策，主要用来解决残疾人基本生活保障的问题，使残疾人不至于陷入生存危机。

（2）有关残疾人日常照顾服务的政策：即由谁和如何为残疾人提供日常的照顾服务，以及由谁承担残疾人日常照顾服务费用的政策，主要用来解决残疾人的日常照顾服务问题。

（3）有关残疾人医疗保健和康复服务的政策：即由什么机构和如何为残疾人提供医疗保健和康复服务，以及由谁承担和如何承担残疾人的医疗保健和康复服务费用的政策，主要用来解决残疾人的医疗保健和康复服务问题。

（4）有关残疾人教育的政策：即由什么机构和如何为残疾人提供平等的教育服务的政策，主要用来保证为残疾人提供平等的受教育的机会，使其能提高自身素质，增强平等参与社会生活的能力。

（5）有关促进残疾人就业的政策：即积极扶持、规范残疾人就业服务体系，加强残疾人职业培训，使失业登记的残疾人都能得到职业指导和职业培训，促进残疾人就业的政策。

（6）有关方便残疾人行动的基础设施和相关制度的建设：包括在城乡公共基础设施建设中的无障碍设计，适合残疾人的居住条件，在公共交通和公共文化娱乐设施服务中对残疾人的优惠，等等。

（7）有关丰富残疾人精神文化生活的政策：即为残疾人提供宽松、关爱的社会环境、充足的活动场所和活动设施，以及开展丰富多彩的文化娱乐活动的政策。

（8）有关残疾人权益保护的政策：即宣传、贯彻、执行涉及残疾人权益保护的各项法律、法规，以切实保障残疾人权益的各项政策，确保残疾人的合法权益不受侵犯。

第二节　我国残疾人社会政策发展概况

新中国成立后，中央政府一直比较关心和重视残疾人事业，把社会救济和残疾人保障事业摆在突出的位置，并先后制定了一系列法律、法规和政策，对残疾人群体的救济与保障给予确认和规范。《中华人民共和国宪法》《中华人民共和国劳动保险条例》《救济失业工人暂行办法》《国务院关于安置老弱病残干部的暂行办法》《军人抚恤优待条例》《刑法》《刑事诉讼法》《民法》

《民事诉讼法》《义务教育法》《婚姻法》等大约40部法律法规都含有残疾人权益保障的内容，特别是1990年颁布的《中华人民共和国残疾人保障法》（简称《残疾人保障法》），专门对保障残疾人的各项权益做出了明确的法律规定，这部法律经过修订已于2008年4月24日经第十一届全国人民代表大会常务委员会议审议通过，进一步完善了有关残疾人合法权益保障的规定。为了进一步促进残疾人事业的发展，中共中央、国务院2008年3月28日还专门出台了《关于促进残疾人事业发展的意见》（中发〔2008〕7号），不仅明确提出了促进残疾人事业发展的总体要求，而且从残疾预防、残疾人康复、教育、就业、保障、文化娱乐、社会参与、无障碍环境建设、权益维护等各方面对残疾人事业发展做出了具体的部署。

一、中国残疾人社会政策的基本特点

具体分析《残疾人保障法》和相关法律法规中有关残疾人权利保护的内容，可以看出，中国残疾人社会政策具有以下特点：

1. 政府、企事业单位、社区和家庭共同承担残疾人事业的责任

《残疾人保障法》第4、5条规定："国家采取辅助方法和扶持措施，对残疾人给予特别扶助，减轻或者消除残疾影响和外界障碍，保障残疾人权利的实现。县级以上人民政府应当将残疾人事业纳入国民经济和社会发展规划，加强领导，综合协调，并将残疾人事业经费列入财政预算，建立稳定的经费保障机制。各级人民政府和有关部门，应当密切联系残疾人，听取残疾人的意见，按照各自的职责，做好残疾人工作。"第7、8条规定："国家机关、社会团体、企业事业单位和城乡基层群众性自治组织，应当做好所属范围内的残疾人工作。中国残疾人联合会及其地方组织，代表残疾人的共同利益，维护残疾人的合法权益，团结教育残疾人，为残疾人服务。"第9条规定："残疾人的扶养人必须对残疾人履行扶养义务。残疾人的监护人必须履行监护职责，尊重被监护人的意愿，维护被监护人的合法权益。禁止对残疾人实施家庭暴力，禁止虐待、遗弃残疾人。"

2. 政府推动积极的残疾人福利事业

在确定家庭对残疾人的法定监护责任和社会为残疾人提供基本社会保障的基础上，政府实行和推动一种积极的残疾人福利事业，即以预防、康复、教育和就业促进为主的残疾人事业。《残疾人保障法》规定：国家保障残疾人享有康复服务的权利：国家有计划地开展残疾预防工作，加强对残疾预防工作的领导，宣传、普及母婴保健和预防残疾的知识，建立健全出生缺陷预防和早期发现、早期治疗机制，针对遗传、疾病、药物、事故、灾害、环境污染和其他致残因素，组织和动员社会力量，采取措施，预防残疾的发生，减轻残疾程度。各级人民政府和有关部门应当采取措施，为残疾人康复创造条件，建立和完善残疾人康复服务体系，并分阶段实施重点康复项目，帮助残疾人恢复或者补偿功能，增强其参与社会生活的能力。国家保障残疾人享有平等接受教育的权利：政府、社会、学校应当采取有效措施，解决残疾儿童、少年就学存在的实际困难，帮助其完成义务教育。国家保障残疾人劳动的权利：各级人民政府应当对残疾人劳动就业统筹规划，为残疾人创造劳动就业条件。

3. 动员全社会关心残疾人事业

国家保护残疾人的合法权益，号召社会尊重和关心残疾人，鼓励残疾人自力更生，帮助残疾人融入社会。《残疾人保障法》规定："全社会应当发扬人道主义精神，理解、尊重、关心、帮助残疾人，支持残疾人事业。国家鼓励社会组织和个人为残疾人提供捐助和服务。国家机关、社会团体、企业事业单位和城乡基层群众性自治组织，应当做好所属范围内的残疾人工作。从事残疾人工作的国家工作人员和其他人员，应当依法履行职责，努力为残疾人服务。残疾人的亲属、监护人应当鼓励和帮助残疾人增强自立能力。"

二、20 世纪 80 年代以来中国残疾人社会政策的发展概况

新中国的成立使苦难深重的残疾人走向新生活。改革开放，特别是中国残联成立 20 多年来，我国残疾人事业走过了不平凡的历程。国家为发展残疾人事业、改善残疾人状况采取了一系列重大措施。

1. 组织开展了两次全国残疾人抽样调查

1987 年，中国进行了首次全国残疾人抽样调查，摸清了残疾人数目和分布的基本状况，为政府制定一系列有关残疾人权益保护的法律、法规、政策和行动计划提供了参考。2006 年，中国进行了第二次全国残疾人抽样调查，摸清了当前中国残疾人的数目和分布的基本状况，以及从 1987 年到 2006 年中国残疾人数量和类型分布的变化情况，为调整残疾人社会政策以使其更好地为残疾人服务提供了准确的数据基础。

2. 在残疾人保障方面颁布了系列法规

1990 年颁布了《残疾人保障法》，2008 年对该法进行了修订，其中对残疾人的认定，残疾人的地位、义务、权利和保障，残疾人的康复、教育、劳动就业、文化生活、法律责任及组织机构等均作了明确规定。这为维护残疾人的合法权益，发展残疾人事业提供了重要的法律保障。此外，在《宪法》《民法》《刑法》《刑事诉讼法》《民事诉讼法》《义务教育法》《婚姻法》等法律法规中也有残疾人保障的内容。在行政法规层面，1994 年 8 月，国务院发布

了《残疾人教育条例》（目前正在修订过程中），有力地促进了残疾人教育的发展和残疾人平等的受教育权利的维护。2007 年 2 月，国务院颁布了《残疾人就业条例》，为促进残疾人就业、保障残疾人的劳动权利提供了法律保障。

3. 制定实施了残疾人事业的五个五年计划和残疾人扶贫攻坚计划

1988 年，国务院批转了国家计委等 16 个政府部门联合发布的《中国残疾人事业五年工作纲要》，成为中国政府关于残疾人事业的第一个系统的行动计划，并分别于 1991 年、1996 年、2001 年、2006 年和 2011 年发布了《中国残疾人事业“八五”计划纲要》《中国残疾人事业“九五”计划纲要》《中国残疾人事业“十五”计划纲要》《中国残疾人事业“十一五”计划纲要》和《中国残疾人事业“十二五”计划纲要》，有力地推动了中国残疾人事业的发展。

4. 设立了政府残疾人工作协调机构

为协调国务院有关残疾人事业方针、政策、法规、计划的制定与实施工作，协调解决残疾人工作中的重大问题，组织协调联合国有关残疾人事务在中国的重要活动，1993 年 9 月，在原联合国残疾人十年（1983—1992）中国组织委员会的基础上成立了国务院残疾人工作协调委员会，作为国务院的议事协调机构，体现了国家对残疾人工作的高度重视。

5. 建立新型、统一的残疾人组织

经国家法律确认、国务院批准，代表残疾人的共同利益，维护残疾人的合法权益的各类残疾人的全国性统一组织——中国残疾人联合会（简称中国残联）于 1988 年 3 月 15 日成立。中国残联成立 20 多年来，在保障残疾人的基本权利，促进残疾人在经济和社会活动中的平等参与等方面发挥了重要作用。

6. 签署了联合国《残疾人权利公约》

《残疾人权利公约》于 2006 年 12 月 13 日在第 61 届联合国大会正式获得通过。该公约是联合国通过的第一个内容全面的保护残疾人权利的公约，具有重要的历史意义。为向国际社会承诺全面落实公约的具体条款，切实保障残疾人权益，中国政府在开放签署的第一天就在公约上签字，成为公约的缔约国。《残疾人权利公约》已于 2008 年 5 月 3 日正式生效。

第三节　当前中国残疾人社会政策的基本内容

残疾人社会政策包括的内容相当广泛，其中最重要的是残疾人的教育、就业、康复、社会保障与扶贫、托养、权益保护与无障碍环境建设，本节对这几个方面分别展开论述。

一、残疾人教育政策

1. 有关保护残疾人受教育权利的基本法规

涉及保护残疾人受教育权利的法律法规有《宪法》《教育法》《义务教育法》《高等教育法》《职业教育法》《残疾人保障法》《残疾人教育条例》等。早在20年前，我国就对落实残疾人受教育权利做出了以下规定（参见国务院，1994）。

（1）职责：国家保障残疾人受教育的权利。国家、社会、学校和家庭对残疾儿童、少年实施义务教育。国家对接受义务教育的残疾学生免收学费，并根据实际情况减免杂费。国家设立助学金，帮助贫困残疾学生就学。

（2）发展方针：残疾人教育实行普及与提高相结合、以普及为重点的方针，着重发展义务教育和职业技术教育，积极开展学前教育，逐步发展高级中等以上教育。

（3）办学渠道：国家举办残疾人教育机构，并鼓励社会力量办学、捐资助学。

（4）成人教育：政府有关部门、残疾人所在单位和社会应当对残疾人开展扫除文盲、职业培训和其他成人教育，鼓励残疾人自学成才。

（5）师资：国家有计划地举办各级各类特殊教育师范院校、专业，在普通师范院校附设特殊教育班（部），培养、培训特殊教育师资。普通师范院校开设特殊教育课程或者讲授有关内容，使普通教师掌握必要的特殊教育知识。特殊教育教师和手语翻译，享受特殊教育津贴。

（6）辅助手段：政府有关部门应当组织和扶持盲文、手语的研究和应用，特殊教育教材的编写和出版，特殊教育教学用具及其他辅助用品的研制、生产和供应。所有这些规定都为“保障残疾人受教育的权利，发展残疾人教育事业”提供了法律依据。

2. 近年来落实残疾人教育政策的行动

根据《关于进一步加快特殊教育事业发展的意见》（国办发〔2009〕41号）和《中国残疾人事业“十二五”发展纲要》，为确保残疾人受教育的权利，我国政府近年来主要采取以下落实残疾人教育政策的行动：

（1）贯彻落实《残疾人教育条例》《关于进一步加快特殊教育事业发展的意见》，建立完善从学前教育到高等教育的残疾人教育体系，健全特殊教育保障机制，将特殊教育纳入国家教育督导制度和政府教育评价体系，保障残疾人受教育的权利。

（2）将残疾人义务教育纳入基本公共服务体系。继续完善以特殊教育学校为骨干、以随班就读和特教班为主体的残疾儿童少年义务教育体系，加快普及并提高适龄残疾儿童少年义务教育水平。采取社区教育、送教上门、跨区域招生、建立专门学校等形式对适龄重度肢体残疾、重度智力残疾、孤独症、脑瘫和多重残疾儿童少年实施义务教育。动员和组织农牧区适龄残疾儿童少年接受义务教育，推进区域内残疾儿童少年义务教育均衡发展。建立完善残疾儿童少年随班就读支持保障体系，依托有条件的教育机构设立特殊教育资源中心，辐射带动特殊教育学校和普通学校，提高随班就读质量。支持儿童福利机构特教班建设。

（3）建立多部门联动的0—6岁残疾儿童筛查、报告、转衔、早期康复教育、家长培训和师资培养的工作机制，鼓励和支持幼儿园、特教学校、残疾儿童康复和福利机构等实施残疾儿童学前康复教育。实施“阳光助学计划”，资助残疾儿童接受普惠性学前康复教育。逐步提高残疾儿童学前康复教育普及程度。重视0—3岁残疾儿童康复教育。帮助0—6岁残疾儿童家长及保育人员接受科学的康复教育指导。鼓励、扶持和规范社会力量兴办残疾儿童学前康复教育机构。

（4）普通高中、中等职业学校要创造条件招收残疾学生。鼓励和扶持特教学校开设高中部（班），支持特教高中、残疾人中等职业学校建设，改善办学条件。扩大残疾人中等职业学校招生规模，拓宽专业设置，改革培养模式，加快残疾人技能型人才培养。帮助农村残疾人和残疾人家庭子女接受职业教育。残疾人教育机构、职业培训机构、托养机构、残疾人扶贫基地等要承担扫除残疾人青壮年文盲的任务和职责，探索残疾人青壮年文盲扫盲工作机制和模式。

（5）普通高校要创造条件扩大招收残疾学生规模，为残疾学生学习、生活提供便利。要尊重少数民族的风俗习惯，为少数民族残疾学生创造良好学习生活环境。继续办好高等特殊教育学院（专业）。通过自学考试、远程教育等方式帮助更多的残疾人接受高等教育。完善盲、聋、重度肢体残疾等特殊考生招生、考试办法。聋人参加各类外语考试免试听力。

（6）加大特殊教育教师培训力度，提升特殊教育师资能力。高等师范院校普遍开设特殊教育课程，鼓励和支持高等师范院校和综合性院校举办特殊教育专业，加快特殊教育教师培养。根据国家规定落实并逐步提高特教津贴。此外，还有改善特殊教育学校办学条件，深化课程改革，完善教材建设，加强教学研究，不断提高特殊教育教学质量和水平，以及全面提高残疾学生思想道德、科学文化、身心健康素质和社会适应能力等方面的行动。

（7）全面实施残疾学生免费义务教育。对义务教育阶段残疾学生在“两免一补”基础上，针对残疾学生的特殊需要，进一步提高补助水平。逐步实施残疾学生高中阶段免费教育。普通高校全日制本专科在校生中家庭经济困难的残疾学生及残疾人家庭子女优先享受国家助学金。动员社会力量广泛开展各种形式的扶残助学活动。

（8）将手语、盲文研究与推广工作纳入国家语言文字工作规划，建立手语、盲文研究机构，规范、推广国家通用手语、通用盲文，提高手语、盲文的信息化水平。建立手语翻译员培训、认证、派遣服务制度。

二、残疾人就业政策

1. 残疾人就业政策的基本含义和意义

残疾人中许多是具有劳动能力的，通过劳动来获得收入是他们获得生活保障的有效途径，也是促进残疾人社会参与的有效方式。但在市场经济条件下，一些企业出于生产效率和商业利润的考虑而不愿意雇用残疾人，从而使残疾人的就业权利难以保障。为此，通过公共行动来保护残疾人的就业权利和促进他们的就业参与，是各国残疾人社会政策中的重要内容之一。

2. 我国关于保护残疾人就业权利的基本法规

涉及保护残疾人就业权利的基本法规有《宪法》（2004 年 3 月 14 日修正）、《残疾人保障法》（2008 年修正）、《残疾人就业条例》（2007 年 5 月 1 日起施行），所有这些法规都为“保障残疾人就业的权利”提供了法律依据。其规定主要涉及以下具体内容：

（1）国家保障残疾人劳动的权利。各级人民政府应当对残疾人劳动就业统筹规划，为残疾人创造劳动就业条件。

（2）残疾人劳动就业，实行集中与分散相结合的方针，采取优惠政策和扶持保护措施，通过多渠道、多层次、多种形式，使残疾人劳动就业逐步普及、稳定、合理。

（3）集中安排：国家和社会举办残疾人福利企业、工疗机构、按摩医疗机构和其他福利性企业事业组织，集中安排残疾人就业。集中使用残疾人的用人单位中从事全日制工作的残疾人职工，应当占本单位在职职工总数的 25% 以上。

（4）分散安排：国家推动各单位吸收残疾人就业，各级人民政府和有关部门应当做好组织、指导工作。机关、团体、企业事业组织、城乡集体经济组织，应当按不低于本单位在职职工总数 1.5% 的比例安排残疾人就业，并为其选择适当的工种和岗位。

（5）自谋职业：政府有关部门鼓励、帮助残疾人自愿组织起来从业或者个体开业。

（6）农村劳动：地方各级人民政府和农村基层组织，应当组织和扶持农村残疾人从事种植业、养殖业、手工业和其他形式的生产劳动。

(7) 优惠与扶持：国家对集中使用残疾人的用人单位依法给予税收优惠，并在生产、经营、技术、资金、物资、场地使用等方面给予扶持。对于申请从事个体工商业的残疾人，有关部门应当优先核发营业执照，并在场地、信贷等方面给予照顾。对于从事各类生产劳动的农村残疾人，有关部门应当在生产服务、技术指导、农用物资供应、农副产品收购和信贷等方面，给予帮助。

(8) 劳动保障：用人单位招用残疾人职工，应当依法与其签订劳动合同或者服务协议，并为其提供适合其身体状况的劳动条件和劳动保护，不得在晋职、晋级、评定职称、报酬、社会保险、生活福利等方面歧视残疾人职工。

(9) 免费就业服务：中国残疾人联合会及其地方组织所属的残疾人就业服务机构应当免费为残疾人就业提供下列服务：发布残疾人就业信息；组织开展残疾人职业培训；为残疾人提供职业心理咨询、职业适应评估、职业康复训练、求职定向指导、职业介绍等服务；为残疾人自主择业提供必要的帮助；为用人单位安排残疾人就业提供必要的支持。国家鼓励其他就业服务机构为残疾人就业提供免费服务。

3. 近年来落实残疾人就业政策的行动

为做好残疾人劳动就业工作，提高残疾人的就业率，维护残疾人的就业权利，随着残疾人事业的发展，我国逐步建立了规范、完备的残疾人就业政策体系，主要包括以下内容（参见国务院，2001；2006；2011）：

(1) 就业促进：多渠道、多层次、多形式促进残疾人就业。切实落实按比例就业政策，党政机关、人民团体、事业单位及国有企业带头安排残疾人，促进更多残疾人在各类用人单位按比例就业，逐步建立残疾人按比例就业岗位预留制度；政府开发的适合残疾人就业的公益性岗位，应优先安排残疾人就业；落实完善残疾人就业促进税收优惠政策，鼓励用人单位吸纳残疾人就业；通过资金扶持、小额贷款贴息、经营场所扶持、社会保险补贴、税收优惠等措施，扶持残疾人自主创业和灵活就业。以社区便民服务、社区公益性岗位、家庭服务、电子商务等多种形式促进残疾人社区就业和居家就业。落实高校残疾人毕业生就业扶持政策。加强对外来务工残疾人、女性残疾人和少数民族残疾人的职业培训和就业服务。落实对残疾人集中就业单位税收优惠和对从事个体经营的残疾人实施收费减免、税收扶持有关政策，完善残疾人就业保障金征收使用管理政策。编制残疾人集中就业单位专产专营和政府优先采购产品与服务目录。依托农村扶贫开发和统筹城乡就业政策，扶持农村残疾人开展种养业、家庭服务业和其他增收项目，有序组织农村残疾人转移就业。将残疾人就业纳入各级政府就业联动和督导工作。

（2）职业培训和能力建设：以就业为导向，鼓励各级各类特殊教育学校、职业学校及其他教育培训机构开展多层次残疾人职业教育培训，着力加强订单式培训、定向培训和定岗培训，强化实际操作技能训练和职业素质培养，着力提高培训后的就业率。建立残疾人职业培训补贴与培训质量、一次性就业率相衔接的机制。加强残疾人职业能力开发，建立健全残疾人职业技能人才奖励机制。举办全国残疾人职业技能竞赛，参加国际残疾人奥林匹克职业技能竞赛。全面实施《盲人医疗按摩管理办法》。组织好国家盲人医疗按摩人员资格考试，做好盲人医疗按摩人员执业资格和专业技术职称评审工作。扩建北京按摩医院。培养盲人医疗按摩人员。鼓励医疗机构录用盲人医疗按摩人员。帮助有执业资格的盲人开办医疗按摩所。制定盲人保健按摩管理办法，规范盲人保健按摩行业管理。培训盲人保健按摩人员并扶持就业。为听力言语残疾人提供培训，帮助听力言语残疾人就业。大力推进职业康复劳动项目，促进智力和精神残疾人辅助性就业。

（3）就业服务：各地公共就业服务机构和基层劳动就业社会保障公共服务平台免费为残疾人提供有针对性的职业介绍、职业指导等就业服务。将就业困难残疾人纳入就业援助范围，通过即时岗位援助、公益性岗位安置、社会保险补贴等政策，加大就业援助力度。结合公共就业人才服务专项活动，为残疾人提供专门服务。采取有效措施积极引导经营性人力资源服务机构履行社会责任，为残疾人提供优质、高效、贴心的就业服务。加强劳动保障监察，督促各类用人单位认真遵守国家促进残疾人就业的法律法规，禁止针对残疾人的就业歧视和违法雇佣残疾人，维护残疾人公平就业权利。实施残疾人就业服务能力建设工程。加强国家残疾人就业服务指导中心建设，制定残疾人职业技能鉴定辅助标准，完善残疾人职业技能鉴定办法。加快推进残疾人就业服务机构规范化建设，县级以上残疾人就业服务机构具备独立开展就业服务的条件，建立残疾人职业指导、职业信息分析、职业能力评估和劳动保障协理相结合的专业就业保障服务队伍，为用人单位提供适合残疾人的就业信息发布和推荐残疾人就业等支持性服务，免费为残疾人提供职业指导、职业适应评估、就业和失业登记、职业介绍等服务。依托基层残疾人专职委员队伍，培训残疾人就业服务与社保协理员。加强残疾人就业服务信息网建设，将其纳入公共就业人才服务信息网络系统。

三、残疾人康复服务

1. 残疾人康复服务的基本含义和内容

残疾人康复服务指使残疾人恢复或部分恢复其生理、心理和社会活动功能的各种服务。残疾人康复服务应该是一种全面性的康复服务，包括：医疗康复、教育康复、职业康复、社会康复。医疗康复指的是通过医疗手段使残疾人获得康复；教育康复指的是通过教育手段使残疾人获得康复；职业康复指的是通过职业技能培训和就业使残疾人获得康复；社会康复指的是通过为残疾人提供宽松的社会环境使残疾人全面参与社会生活而获得康复。

2. 我国的残疾人康复机构概要

残疾人康复机构指负责为残疾人提供各种康复服务的机构。目前中国的康复机构主要有以下几种：

(1) 专门的康复中心：指的是由政府建立的专门为残疾人提供康复服务的康复机构。

(2) 社区康复中心：指的是在基层政府的领导下设立的社区康复机构，依托社区组织和社区服务体系，使残疾人在社区活动中得到康复服务和训练。

(3) 企业：有残疾人的企业承担部分为残疾人提供康复服务和设施的责任。

(4) 特殊学校：为残疾人提供特殊教育的机构，在进行特殊教育的同时为残疾人提供康复服务。

(5) 家庭：家庭仍是残疾人康复活动的最重要的依托。

3. 近年来落实残疾人康复政策的行动

《残疾人保障法》规定，国家和社会有责任采取康复措施，帮助残疾人恢复或者补偿功能，增强其参与社会生活的能力。根据《中国残疾人事业“十二五”发展纲要》，我国主要采取如下的残疾人康复政策行动：

(1) 康复体系建设。以专业康复机构为骨干、社区为基础、家庭为依托，发挥医疗机构、城市社区卫生服务中心、村卫生室、特教学校、残疾人集中就业单位、残疾人福利机构等的作用，建立健全社会化的残疾人康复服务网络，全面开展医疗康复、教育康复、职业康复、社会康复，提供功能技能训练、辅助器具适配、心理辅导、康复转介、残疾预防、知识普及和咨询等康复服务。重点解决中西部地区、农牧区和贫困残疾人康复服务的可及性问题。

(2) 康复机构建设。加强省、市、县三级专业康复机构的规范化建设。制定康复机构和精神病患者康复机构的建设标准和服务规范。建设一批专业化骨干康复机构以及综合医院康复医学科和康复医院。扶持一批有条件的省、市级康复机构成为区域性康复技术资源中心，扶持一批社区康复站成为基层康复工作示范点。加强综合医院、精神专科医院康复医学科室建设，规范康复医学服务行为，开展康复医疗与训练、人员培训、技术指导、康复技术研究等工作。加强民政福利机构康复设施建设。

（3）社区康复设施建设。城市社区卫生服务中心、乡镇卫生院要根据康复服务需求设立康复室，配备适宜的康复设备和人员。建立示范性社区康复站。依托各级各类医疗、康复、教育机构，充分利用社区资源，加强社区康复服务能力建设，制定社区康复服务质量标准，开展规范化社区康复服务，实现康复进社区、服务到家庭，为残疾人提供基本康复服务。

（4）康复项目建设。实施0—6岁残疾儿童免费抢救性康复项目，建立残疾儿童抢救性康复救助制度，有条件的地区逐步扩大康复救助范围。实施白内障患者复明救治、盲人定向行走训练、低视力残疾人康复、聋儿听力语言康复、肢体残疾人矫治手术及康复训练、麻风畸残矫治手术及防护用品配置、智力残疾人康复训练与服务、精神病防治康复等国家重点康复工程。

（5）康复器具研发和生产。制定国家扶持辅助器具产业发展政策，研究完善辅助器具等残疾人专用品进口税收优惠政策。构建辅助器具适配体系，完善辅助器具标准，实施《残疾人辅助器具机构建设规范》，发挥国家和区域残疾人辅助器具资源中心的作用，加强各级残疾人辅助器具服务中心（站）建设，推广辅助器具评估适配等科学方法，推进辅助器具服务进社区、到家庭。加强国家康复器械质量监督检验中心建设，强化辅助器具质量监督检验工作。完善中国残疾人辅助器具服务网，办好中国国际康复博览会。

（6）康复医学发展。制定康复医学发展规划，加强康复医学学科建设，提高康复医学发展水平，不断提高康复服务质量。建立国家康复人才教育基地。实施康复人才培养"百千万"工程，使康复专业人才总量增加、结构合理、水平提高。逐步建立完善康复专业技术人员和技能人员职业资格评价体系和晋升体系。制定完善听力语言康复，脑瘫、智力残疾、孤独症儿童康复训练，精神病防治康复等技术标准。

四、残疾人社会保障和扶贫

1. 残疾人社会保障和扶贫的意义

由于自身的脆弱性和社会的偏见或歧视，残疾人比其他人有更大的可能性陷入贫困之中。第二次全国抽样调查数据显示，残疾人的生活状况和社会平均水平相比还存在不小的差距，总体收入水平还比较低，农村中有1 000万贫困残疾人尚未解决温饱，残疾人的贫困率远远高于总体贫困率，但是残疾人社会保障水平却相对较低，大多数个体从业残疾人没有参加基本养老保险，已经纳入最低生活保障和处于低保边缘的重度残疾人普遍存在生活困难（程凯，2007）。因此残疾人社会保障和扶贫比一般人的社会保障和扶贫有着更为重要的意义和紧迫性。

2. **近年来落实残疾人社会保障政策的行动**

为了提高残疾人的社会保障水平，保障残疾人的基本生活，减少他们陷入贫困的可能性，《中国残疾人事业“十二五”发展纲要》提出了以下行动计划（参见国务院，2011）：

（1）将残疾人普遍纳入覆盖城乡居民的社会保障体系并予以重点保障和特殊扶助，落实并完善针对残疾人特殊困难和需求的生活补助、护理补贴、社会保险补贴、生活救助等专项社会保障政策措施。

（2）将符合条件的残疾人全部纳入城乡最低生活保障制度，实现应保尽保；靠父母或兄弟姐妹供养的成年重度残疾人单独立户的，按规定纳入低保范围。提高对低收入残疾人的生活救助水平。地方可对符合条件的重度残疾人、一户多残、老残一体等困难残疾人家庭和低收入残疾人家庭给予临时救助。对城乡流浪乞讨生活无着的残疾人按规定给予及时救助和妥善安置。贯彻落实《关于优先解决城乡低收入残疾人家庭住房困难的通知》，将住房困难的城乡低收入残疾人家庭优先纳入基本住房保障范围。将符合条件的城乡贫困残疾人纳入医疗救助范围，逐步提高救助标准。开展残疾人康复救助，对贫困残疾人无法通过医疗保险和医疗救助渠道解决的康复费用予以补助。

（3）督促用人单位依法为残疾职工缴纳社会保险费，符合条件的残疾人按规定享受失业保险待遇。将残疾人纳入就业扶持和就业援助政策范围，对企业吸纳、灵活就业和公益性岗位安置的残疾人，按规定给予社会保险补贴。按规定落实城镇贫困残疾人个体工商户缴纳基本养老费补贴政策。支持符合条件的企业按规定为残疾职工办理补充养老保险和补充医疗保险。制定非公有制经济从业残疾人员、残疾农民工、被征地农村残疾人、灵活就业残疾人参加各类社会保险的优惠政策。对工（农）疗机构、辅助性工场等集中安置残疾人就业单位办理社会保险给予优惠政策。在城镇居民养老保险试点过程中按照自愿参保的原则将符合规定条件的残疾人纳入其中。落实贫困残疾人参加城镇居民基本医疗保险、新型农村合作医疗个人缴费部分的政府补贴政策。落实为重度残疾人等缴费困难群体参加新型农村社会养老保险代缴部分或全部最低标准保险费政策。

（4）建立贫困残疾人生活补助和重度残疾人护理补贴制度。有条件的地方开展一户多残、老残一体等困难残疾人生活补助试点和重度残疾人护理补贴试点。有条件的地方对重度残疾人适配基本型辅助器具、残疾人家庭环境无障碍建设和改造、日间照料、护理和居家服务给予政府补贴。制定落实残疾人生活用水、电、气、暖费用，挂号费、诊疗费，泊车费，盲人、聋人手机短信和宽带费用以及农村筹资筹劳等方面的优惠政策。研究制定无民事行为能力和限制民事行为能力残疾人财产信托、人身和财产保险等保护措施。

（5）落实《伤病残军人退役安置规定》，做好伤病残军人移交安置工作，逐步提高伤病残军人保障待遇。保障伤病残军人优先享受康复、教育、就业、扶贫及文化、体育等公共服务。

3. 近年来落实农村残疾人扶贫政策的行动

开展农村残疾人扶贫工作，是帮助农村残疾人摆脱贫困、解决温饱问题的重要手段，这方面的政策包括（参见国务院，2011）：

（1）贯彻落实《中国农村扶贫开发纲要（2011—2020）》，将贫困残疾人作为重点扶持群体纳入政府扶贫开发规划，统筹安排，同步实施，优先帮扶。完善贫困残疾人口的识别机制，将家庭年人均纯收入低于当地最低生活保障标准的农村贫困残疾人纳入农村低保范围，将有劳动能力的农村贫困残疾人纳入扶贫范围。帮助有劳动能力的贫困残疾人优先享受国家扶贫开发和惠农政策，做好农村低保制度和扶贫开发政策的有效衔接。

（2）继续开展残疾人康复扶贫。增加中央康复扶贫贷款贴息资金。加大康复扶贫贷款管理体制改革力度，健全担保体系，简化贷款程序，提高贷款扶持贫困残疾人户的到位率和扶贫效益。加强对扶持贫困残疾人的能人大户和扶贫基地的信贷支持。开展产业化扶贫，实施“阳光助残扶贫基地建设工程”，扶持创建一批农村残疾人扶贫基地，带动贫困残疾人农户发展生产、增加收入。

（3）加强对农村贫困残疾人的培训。为农村贫困残疾人开展实用技术培训，合理设置适合不同类别残疾人的培训项目，使经过培训的残疾人至少掌握1—2门实用增收技术。政府举办或补助的面向“三农”的培训机构和项目免费培训残疾人。

（4）在移民扶贫和农村危房改造工程中对农牧区贫困残疾人家庭住房建设和改造予以优先安排。继续使用国家彩票公益金支持“阳光安居工程”——中西部地区农村贫困残疾人家庭危房改造项目。

（5）加强基层残疾人扶贫服务社建设，依托农村金融机构、供销合作社、农民专业合作社、贫困村互助社、各种行业协会组织等农村社会化服务体系，为残疾人提供多种形式的生产生活服务。

（6）广泛开展“帮、包、带、扶”活动，动员城乡基层组织、干部、群众、志愿者结对帮扶农村贫困残疾人。

五、残疾人托养

1. 残疾人托养的含义

残疾人托养服务是政府和社会为有需要的残疾人提供的生活照料、康复护理、生活和职业能力培训、精神慰藉、安全保护等方面的服务，是帮助智力、精神和重度残疾人克服社会认知和参与能力以及自理能力方面的障碍，平等参与社会生活、减轻残疾人家庭负担，促进社会和谐稳定的有效手段。《国家基本公共服务体系“十二五”规划》（国发〔2012〕29号）明确提出了“建立健全以专业康复和托养服务机构为骨干、社区为基础、家庭为依托的社会化残疾人康复、托养服务体系”的目标，是残疾人社会政策的最新发展。

2. 残疾人托养政策

根据《关于加快发展残疾人托养服务的意见》（残联发〔2012〕16号），国家将采取以下政策行动推动残疾人托养服务的发展

（1）以智力、精神、重度残疾人为重点对象，组织开展托养服务需求调查，摸清底数，制定托养服务发展计划。

（2）建立健全以省级或省会城市托养服务机构为示范、设区的市和有条件的县托养服务机构为骨干、乡镇（街道）和社区日间照料为主体、居家托养服务为基础的残疾人托养服务体系。省级或省会城市、设区的市及有条件的县（市、区）建设一批残疾人托养服务骨干示范机构。引导支持社会组织和个人兴办非营利性残疾人托养服务机构。

（3）大力发展居家托养服务。通过政策和资金扶持，动员社会服务组织、志愿服务人员、家庭邻里等力量，依托社区和家庭，为更多居住在家并符合托养条件的残疾人提供生活照料、康复护理、生活和职业能力培训、精神慰藉、安全保护等方面的服务。

（4）坚持政府投入为主，鼓励通过社会募集等多种渠道筹措托养服务资金，逐步提高托养服务的补助标准，扩大受益面。

（5）制定实施残疾人托养服务机构建设标准和服务规范。加强行业管理，探索建立针对残疾人托养服务机构、提供残疾人居家托养服务的社会组织资助制度和服务质量监管制度。对规范达标的托养服务机构给予居民家庭水、电、气、暖费用同价优惠待遇。按照专职与志愿相结合的原则，加强托养服务队伍建设，培训管理和服务人员。

六、残疾人无障碍环境建设的行动

为了给残疾人提供无障碍环境，促进残疾人参与各种社会事务，我国政府和社会主要采取了如下行动（参见国务院，2011）：

1. 制定实施无障碍建设条例，依法开展无障碍建设

完善无障碍建设标准体系，新建、改建、扩建设施严格按照国家相关规范建设无障碍设施，加快推进既有道路、建筑物、居住小区、园林绿地特别是与

残疾人日常生活密切相关的已建设施无障碍改造。提高无障碍建设质量和水平，加强无障碍设施日常维护与管理。开展创建全国无障碍建设市、县、区工作。普及无障碍知识，加强宣传和推广。

2. 实施无障碍环境建设工程

将无障碍建设纳入社会主义新农村和城镇化建设内容，与公共服务设施同时规划、同时设计、同时施工、同时验收。航空、铁路及城市公共交通要加大无障碍建设和改造力度，公共交通工具要逐步完善无障碍设备配置，公共停车区要设置残疾人停车位。广泛开展残疾人家庭无障碍改造工作，有条件的地方要对贫困残疾人家庭无障碍改造提供补助。基本完成残疾人综合服务设施的无障碍改造。

3. 将信息无障碍纳入信息化相关规划，更加关注残疾人享受信息化成果、参与信息化建设进程

制定信息无障碍技术标准，推进通用产品、技术信息无障碍。推进互联网和手机、电脑、可视设备等信息无障碍实用技术、产品研发和推广，推动互联网网站无障碍设计。各级政府和有关部门采取无障碍方式发布政务信息。推动公共服务行业、公共场所、公共交通工具建立语音提示、屏显字幕、视觉引导等系统。推进聋人手机短信服务平台建设。推进药品和食品说明的信息无障碍。图书和声像资源数字化建设实现信息无障碍。

思　考　题

1. 残疾人问题的实质是什么，它具体表现在哪些方面？
2. 简述我国残疾人社会政策的发展概况和基本特点。
3. 当前我国如何保障残疾人平等的受教育权利？
4. 当前我国如何保障残疾人平等的就业权利？
5. 当前我国有关残疾人社会保障和扶贫的社会政策有哪些？
6. 当前我国如何促进残疾人无障碍环境建设？

主要参考文献

程凯．我国残疾人事业的回眸与展望．在山东大学的演讲稿，2007.

国家统计局．第二次全国残疾人抽样调查主要数据公报．国家统计局网站，2006.

国务院．中华人民共和国残疾人教育条例．1994.

国务院．中国残疾人事业“十五”计划纲要．2001.

国务院．中国残疾人事业“十一五”计划纲要．2006.

国务院. 中国残疾人事业“十二五”计划纲要. 2011.

教育部等. 关于进一步加快特殊教育事业发展的意见. 国务院网站, 2009. http://www.gov.cn/zwgk/2009-05/08/content_1308951.htm.

联合国. 关于残疾人的世界行动纲领. 中国残疾人联合会网站, 1982. http://www.cdpf.org.cn.

中国残联, 等. 关于加快发展残疾人托养服务的意见. 中国残疾人联合会网站, 2012. http://www.cdpf.org.cn/ggtz/content/2012-08/21/content_30408117.htm.

中国残疾人联合会. 2010年末全国残疾人总数及各类、不同残疾等级人数. 中国残联网站, 2012年6月26日. http://www.cdpf.org.cn/sytj/content/2012-06/26/content_30399867.htm.

WHO. Promoting Access to Healthcare Services for Persons with Disabilities. 世界卫生组织网站, 2006.

第二十章　保护妇女基本权益的社会政策

随着社会的发展和进步，男女平等的观念已成为国际社会普遍认同的观念。在联合国的大力推动下，在国际社会和各国政府与人民的共同努力下，妇女的经济和社会地位有了很大的提高。但是在全世界范围内，仍然存在着严重的男女不平等现象，要实现真正的男女平等，推进妇女事业的全面发展，还需要国际社会和各国政府做出长期艰苦的努力。

我国政府为提高妇女社会地位、促进妇女发展做出了巨大的努力，取得了巨大的成就。我国涉及解决妇女问题、保障妇女权益的法律包括《中华人民共和国婚姻法》《中华人民共和国宪法》《女职工劳动保护的规定》《中华人民共和国妇女权益保障法》等十几部法律和大量相关政策。

第一节　妇女问题与妇女社会政策概述

妇女问题是当今世界关注的焦点问题之一，妇女发展作为全球经济和社会发展的重要组成部分，受到国际社会的普遍重视，将妇女问题与全球政治、经济发展紧密相连成为国际社会的共识。在过去的几十年里，国际社会为解决妇女问题、促进妇女发展与进步达成了多项协议，制定保护妇女权益的强有力的社会政策，消除经济全球化进程对妇女产生的不利影响正逐步纳入各国政府的重要议程（全国妇联，2004）。

实行男女平等是我国的基本国策，男女平等的实现程度是衡量社会文明进步的重要标志。妇女占我国人口的半数，是经济社会发展的重要力量。在发展中维护妇女权益，在维权中促进妇女发展，是实现妇女解放的内在动力和重要途径。保障妇女权益、促进妇女发展、推动男女平等，对国家经济社会发展和中华民族文明进步具有重要意义（国务院，2011）。

我国政府高度重视对妇女权益的保障，实现男女平等的基本政策，先后颁布了一系列政策法规，形成了以《宪法》为基础，以《妇女权益保障法》为主体的较为完善的保护妇女权益、促进男女平等的政策法规体系。但是，社会上还存在重男轻女、歧视妇女的观念，社会生活中实际存在着男女不平等的现象，妇女在发展过程中还没有完全得到与男子同等的社会环境与社会条件。因此，改善妇女生存和发展的社会环境，维护妇女的合法权益，在法律和政策层面真正实现男女性别平等，既是社会发展的迫切需要，也是妇女发展的现实要求。

一、妇女问题的实质与表现

1. 妇女问题的实质

所谓妇女问题，是指妇女因其性别而在经济、政治、社会和家庭生活中遇到的各种特殊障碍，并因此而导致她们在个人和家庭生活质量，以及在教育、就业、收入和社会政治参与等方面普遍低于男性的问题。妇女问题的实质是男女性别的不平等，即由于社会制度和文化等方面的因素导致妇女在政治、经济、文化、社会和家庭生活等方面没有享有与男子平等的权利或机会，妇女在各个方面都处于不利的地位。妇女地位相对低下是一个全世界普遍存在的现象。通过长期的努力，当代各国妇女地位已经大大提高，但是，由于在社会制度和文化中的一些根深蒂固的因素，各国妇女地位低下的问题仍未能完全消除，妇女在经济与社会生活中获得平等权利的目标尚未完全达到。

2. 妇女问题的表现

虽然当代妇女问题深入社会生活的每一个领域，但它最集中地表现在家庭、就业、教育和政治与社会参与四个方面，它们分别构成家庭中的妇女问题、就业中的妇女问题、教育中的妇女问题和政治与社会参与中的妇女问题（参见国务院，2001、2011）。

（1）家庭中的妇女问题指家庭中的男女地位不平等问题，其具体的表现是在一些家庭中妇女不能获得与男性平等的决策权、处理自己事务（包括婚姻）的自主权、生命健康权（尤其是女婴）、受教育权和财产继承权，并且有一些家庭中妇女常常是家庭暴力的受害者。

（2）就业中的妇女问题指就业中的男女不平等问题，其具体的表现是妇女不能获得与男性平等的劳动权利，在求职、薪酬、福利、晋升、辞退、劳动保护方面遭受性别歧视。

（3）教育中的妇女问题指在教育方面的男女不平等问题，其具体的表现是妇女不能获得与男性平等的受教育的权利，妇女的受教育年限低于男性，女童比男童有更高的辍学率，这种现象在贫困地区的农村尤为严重。

（4）政治与社会参与中的妇女问题指在政治与社会参与中的男女不平等问题，其具体的表现是妇女没有获得与男性平等的管理国家事务、管理经济和文化事业、管理社会事务的权利和机会，妇女在各级领导岗位中的比例远远低于男性。

二、当代妇女社会政策的基本内容

1. 妇女社会政策的含义和意义

妇女社会政策是指政府或其他社会组织保障妇女的合法权益（包括依法享有的特殊权益），消除对妇女的性别歧视，促进男女平等，充分发挥妇女在经济和社会发展中的作用政策的总称。妇女社会政策主要有两种形式：一是通过制定和实施相关的法规防止在经济、政治和社会生活各个方面对女性的歧视；二是由政府或其他组织向妇女提供福利性社会服务，以满足妇女的基本需要。

妇女社会政策具有以下几方面的意义。首先，两性之间的平等是当代社会追求的基本价值目标之一，而政府保护妇女的社会政策行动是达到这一目标的重要手段之一。其次，由于性别的不平等和妇女在经济与社会生活中遇到的特殊障碍是源于社会制度和文化中的一些深层次因素，要克服这些不利因素仅靠个人的努力和市场的力量都是不够的，因此需要通过政府干预和公共行动的方式来抑制或消除这些因素。再次，妇女本身生理方面的原因导致她们在就业、健康、社会保障等方面具有比男性更多的需要，因此要求政府在社会福利计划中包含专门针对妇女的社会服务项目。最后，政府向妇女提供的社会保护和各种福利性服务的基本目标是促进妇女发展。因此，政府在此方面的社会政策不应该只是简单地向妇女提供福利帮助，而应该注重采取积极的社会保护行动，即通过公共行动来消除限制妇女发展的不利因素，促进妇女的自强自立，并增强妇女在各个方面的能力。对广大妇女本身来说，应该积极地利用政府和社会提供的各种机会和帮助而提升自己的能力，而不应该只是消极地依赖政府的福利待遇。

2. 妇女社会政策的行动领域

为保护妇女在政治、经济、文化、社会和家庭生活等方面享有与男子平等的权利以及妇女依法享有的特殊权益，逐步消除对妇女的性别歧视，国际社会和世界各国保护妇女的社会政策一般包含以下行动领域（王淑贤，1996；国务院，2001；国务院，2011）：

（1）经济领域：保障妇女获得平等的就业机会和分享经济资源的权利，提高妇女的经济地位。

（2）政治领域：保障妇女的各项政治权利，提高妇女参与国家和社会事务管理及决策的水平。

（3）教育领域：保障妇女获得平等的受教育机会，普遍提高妇女受教育程度和终身教育水平。

（4）卫生领域：保障妇女享有基本的卫生保健服务，提高妇女的健康水平和预期寿命。

（5）法律领域：保障妇女获得平等的法律保护，维护妇女的合法权益。

（6）社会文化领域：优化妇女发展的社会环境和生态环境，提高妇女生活质量，促进妇女事业的持续发展。

第二节 我国妇女社会政策的发展概况

新中国成立以来，我国政府为维护妇女权益，制定了一系列法律、法规、政策措施和具体的行动计划，改善了我国妇女生存与发展的社会环境，维护了妇女的合法权益，极大地促进了妇女问题的解决和妇女的发展。

一、我国妇女社会政策的历史发展

中华人民共和国的成立，标志着我国妇女获得了历史性的解放。我国政府十分重视对妇女权益的保障，实行男女平等的基本政策，具体体现在政治、经济（如财产和就业）、文化教育和家庭中的平等。1949 年 9 月通过的《中国人民政治协商会议共同纲领》指出："中华人民共和国废除束缚妇女的封建制度。妇女在政治的、经济的、文化教育的、社会生活的各方面，均有与男子平等的权利。实行男女婚姻自由。"这种男女平等的政策体现在随后颁布的一系列法律法规之中，包括新中国第一部法律——《中华人民共和国婚姻法》（1950 年 4 月通过）、《中华人民共和国选举法》（1953 年颁布）、第一部《中华人民共和国宪法》（1954 年 9 月通过）。从 1950 年《婚姻法》颁布到 1977 年间，中央人民政府法制委员会、最高人民法院、司法部、内务部等国家领导机关制定或做出了一系列婚姻家庭方面的规范性文件和司法解释，其中包括大量保护妇女权益的具体规定（杜厚琪等，1995）。

1978 年中国共产党十一届三中全会以后，随着改革开放，我国妇女事业进入了一个新时期。我国先后颁布了《中华人民共和国婚姻法》（1980 年 9 月通过，2001 年 4 月修正）、《中华人民共和国宪法》（1982 年 12 月通过，2004 年 3 月修正）、《中华人民共和国继承法》（1985 年 4 月通过）、《中华人民共和国义务教育法》（1986 年 4 月通过，2006 年 6 月修订）、《中华人民共和国未成年人保护法》（1991 年 9 月通过，2012 年 10 月修正）、《中华人民共和国妇女权益保障法》（1992 年 4 月通过，2005 年 8 月修正）、《中华人民共和国母婴保健法》(1994 年 10 月通过，2009 年 8 月修正)、《中华人民共和国劳动法》(1994 年 7 月通过，2009 年 8 月修正) 等十几部法律，包括了大量保护妇女权益的具体规定，形成了以《宪法》为基础，以《妇女权益保障法》为主体，包括国家各种基本法律、单行法律法规、地方性法规和政府各部门行政法规在内的一整套保护妇女权益和促进男女平等的法律体系。

2005 年 8 月，第十届全国人民代表大会常务委员会第十七次会议对《妇女权益保障法》进行了修正，将男女平等基本国策写进了总则，明确了妇女权益保障法的执法主体，强化了政府部门的责任，规范了妇联的职能和作用，提出了人大代表中女候选人的比例，明确禁止了对妇女的家庭暴力和性骚扰，并对妇女的劳动和社会保障权、农村妇女的土地承包权及财产权等作了重要的补充。除此之外，国务院及所属部委颁布一批保护妇女权益的行政法规，地方人大和政府也制定了一批关于婚姻家庭、计划生育等方面的地方性法规和规章。这些法律法规的颁布实施，成为保障妇女在政治、经济、文化、社会和家庭生活等各方面享有与男子平等的权利的有力武器。

新中国成立以后，特别是改革开放以来，我国广泛参与国际妇女维权行动，先后签署了联合国《消除对妇女一切形式歧视公约》和国际劳工组织的《男女工人同工同酬公约》等一系列重要国际公约和国际文件，并于 1995 年 9 月在北京成功举办了第四次世界妇女大会。为了履行我国对国际社会的承诺，国务院先后制定了《中国妇女发展纲要 (1995—2000)》《中国妇女发展纲要 (2001—2010)》和《中国妇女发展纲要 (2011—2020)》，将妇女发展规划纳入国家的整体规划，有力地促进了我国妇女事业的发展。

我国在促进妇女发展和男女平等方面取得了重大进展。妇女享有社会保障的程度普遍提高，贫困妇女状况进一步改善；妇女参政水平不断提高，社会参与意识进一步增强；妇女受教育水平稳步提高，男女受教育差距进一步缩小；妇女健康水平明显提高，人均预期寿命进一步延长；保障妇女权益的立法、执法力度持续加大，妇女权益进一步得到保障；男女平等基本国策进一步深入人心，妇女发展的社会环境进一步改善 (国务院，2011)。

二、我国妇女社会政策的基本特点

在社会的发展过程中，在我国特有的政治、经济、社会和历史文化条件下，我国保护妇女基本权益的政策形成了自己的特点。

1. 政府对妇女的保护政策主要通过“权益保护”的方式来贯彻：先通过立法确立妇女应该享有的与男性平等的各项权益及女性具有的特殊权益，然后在此基础上制定贯彻法律的实施细则，通过立法、执法和监督检查，以法律的方式确保妇女的基本权益。

2. 全面保护妇女在各个方面的平等地位和权利，既保护妇女在家庭中的平等地位和权利，包括在婚姻关系、家庭财产等方面的平等地位和权利，也保护妇女平等参与社会事务的权利，包括平等的就业权、受教育权、参与政治活动和公共事务的权利。

3. 我国保护妇女权益的政策经历了从计划体制下的行政命令式向市场经济体制下的法律保护和社会行动方式的转变。在计划经济时代，保护妇女的政策主要体现在计划经济制度中各项规定和行政命令中，通过社会政治和经济组织（如城市企事业单位和农村集体组织）来贯彻。改革开放后，我国逐渐由计划经济体制向市场经济体制转变，原有的组织功能发生了较大的变化，对妇女的保护逐渐转变为在法律框架下主要通过有组织的社会行动来实行。

4. 我国的《妇女权益保障法》，规定妇女在政治、经济、文化、社会和家庭生活等方面享有与男子平等的权利以及相应的保障措施，集中体现了我国政府保护妇女社会政策的基本要点。这些政策要点在前述先后制定的三个《中国妇女发展纲要》中得到了集中的体现。

第三节 我国妇女社会政策的基本内容

如前所述，我国已形成了一整套保护妇女权益和促进男女平等的法律体系，其内容涉及妇女的政治、经济、文化教育、劳动就业、婚姻家庭、人身权利等方面权益的维护。下面我们对妇女在就业、教育、卫生保健、婚姻家庭四方面的社会政策展开论述。

一、促进妇女就业的政策

1. 妇女就业问题

妇女就业问题指妇女在就业机会、就业收入、职业晋升、劳动条件和福利待遇方面受到歧视和与男性不平等待遇问题。从全世界范围看，妇女就业问题是工业化社会中的特殊问题。新中国成立以后，我国逐渐建立了男女就业机会平等、同工同酬和向女职工提供特殊劳动保护和福利待遇的制度。改革开放以来，我国逐渐由计划经济转向市场经济，在这个过程中原来对妇女的社会保护体制出现了越来越多的漏洞，我国妇女在就业方面的问题日益凸显并严重起来，表现为妇女就业难、下岗失业多、再就业难，在收入、晋升、福利上受歧视等（全国妇联、国家统计局，2001）。为此，政府在此领域中加强了社会政策立法和相应的公共行动。

2. 保护妇女就业机会政策的发展

妇女享有与男子平等的劳动权利和就业机会是新中国成立以来的一项基本国策。早在1952年，政务院就发布了《关于劳动就业问题的决定》，提出对于在旧社会受到歧视而找不到工作的妇女，根据需要尽可能地吸收她们工作。这是新中国关于妇女就业问题的最早政策规定。1963年，劳动部发布了《关于城市中需要就业的劳动力的安置意见》明确规定，“从城市需要就业的劳动力的实际情况出发，凡是既可以由男的，也可以由妇女承担的工作，都应尽量录用妇女”。并且对录用妇女较多的单位给予一定的政策优惠。

改革开放以后，1988年，国务院发布了《女职工劳动保护的规定》，这是我国第一部综合性的女职工劳动保护法规。其中规定，“凡适合妇女从事劳动的单位，不得拒绝招收女职工”；“不得在女工怀孕期、产期、哺乳期降低其基本工资，或者解除劳动合同”。2012年发布的《女职工劳动保护特别规定》(2012) 明确作出用人单位应当遵守女职工禁忌从事的劳动范围的规定，并以附录的形式明确规定了女职工禁忌从事的劳动范围。

1992年《妇女权益保障法》规定，“不得以性别为由拒绝录用妇女或提高对妇女的录用标准”；“不得以结婚、怀孕、产假、哺乳等为由，辞退女职工或者单方面解除劳动合同”。在此之前，劳动部办公厅在1990年还发布了一个《劳动部办公厅对〈关于外商投资企业女职工在怀孕、产期、哺乳期间内结束、终止劳动合同问题的请示〉的复函》。2005年通过的《妇女权益保障法》修正案规定，在签订或者解除劳动（聘用）合同或者有关服务协议时对处于怀孕、生育等特殊时期的女职工给予特殊保护。

1994年颁布的《劳动法》规定，“劳动者就业，不因民族、种族、性别、宗教信仰不同而受歧视”，“妇女享有与男子平等的就业权利。在录用职工时，除国家规定的不适合妇女的工种或者岗位外，不得以性别为由拒绝录用妇女或者提高对妇女的录用标准”，“女职工在孕期、产期、哺乳期内的”，用人单位不得单方面与其解除劳动合同。

2011年颁布的《中国妇女发展纲要（2011—2020）》强调，保障妇女平等享有劳动权利，消除就业性别歧视。除法律规定不适合女性的工种和岗位外，任何单位在录用人员时不得以性别或变相以性别为由拒绝录用女性或提高女性录用标准，不得在劳动合同中规定或以其他方式变相限制女性结婚、生育。

3. 保护妇女劳动条件政策的发展

早在新中国成立初期就开始制订《中华人民共和国女工保护条例》，但直到1979年才发布。在此之前对女职工劳动保护的规定散见在许多文件中。改革开放以后，1988年，国务院颁布了《女职工劳动保护规定》，这是我国第一部综合性的女职工劳动保护专门法规，对于减少和解决女职工在劳动中因生理特点造成的特殊困难、保障女职工的身心健康发挥了重要作用。该法规对女职工的劳动条件作了系统的规定，内容涉及禁止安排各种女职工禁忌从事的劳动，女职工月经期、流产后、怀孕期、哺乳期的休假和劳动保护等各方面。第11条明确规定："女职工比较多的单位应当按照国家有关规定，以自办或者联办的形式，逐步建立女职工卫生室、孕妇休息室、哺乳室、托儿所、幼儿园等设施，并妥善解决女职工在生理卫生、哺乳、照料婴儿方面的困难。"之后我国又陆续颁布了《企业职工生育保险试行办法》《女职工禁忌劳动范围的规定》《女职工保健工作规定》等法律法规和规章，形成了较为完善的女职工劳动保护法律体系。

1992年颁布的《妇女权益保障法》中强调了妇女劳动保护的内容，规定"任何单位均应根据妇女的特点，依法保护妇女在工作和劳动时的安全和健康，不得安排不适合妇女从事的工作和劳动。妇女在经期、孕期、产期、哺乳期受特殊保护"。1994年颁布的《劳动法》中有专门涉及女职工和未成年工特殊保护的一章，具体规定了不适合妇女从事的工作、在妇女"四期"中不得安排的工作。

进入新世纪后，我国在此方面的政策继续发展。2001年发布了《中国妇女发展纲要（2001—2010）》，强调要"进一步落实女职工劳动保护政策，为女职工提供必要的工作和劳动条件，解决女职工在劳动和工作中因生理特点造成的特殊困难"。《中国妇女发展纲要（2011—2020）》指出，将女职工特殊劳动保护作为劳动保障监察和劳动安全监督的重要内容。加强女职工劳动保护，禁止安排女职工从事禁忌劳动范围的劳动，减少女职工职业病的发生。不断完善女职工劳动保护法律法规。

2012年4月，国务院颁布《女职工劳动保护特别规定》，制定该法规的目的是为减少和解决女职工在劳动中因生理特点造成的特殊困难，保护女职工健康。《女职工劳动保护特别规定》规定了用人单位应当遵守女职工禁忌从事的劳动范围，并在附录中详细规定了女职工在经期、孕期、哺乳期等禁忌从事的劳动范围。该法律为女职工孕产期劳动权益提供了最重要的两种保护，一是保护"三期"女职工的经济利益，即"三期"的基本工资待遇不得降低；二是保护"三期"女职工的休假权益，即休假时间不得压缩。

4. 男女同工同酬政策

中华人民共和国自成立以来一贯执行男女同工同酬政策。在计划经济时代，同工同酬既包括在城镇职工中男女同工同酬，也包括在农村集体经济中的劳动者男女同工同酬；在市场经济时代，同工同酬主要指在城镇就业的职工中实施男女同工同酬。《妇女权益保障法》规定："实行男女同工同酬。在分配住房和享受福利待遇方面男女平等。"《中国妇女发展纲要（2001—2010）》将同工同酬的原则进一步细化，并延伸到了在资本和技术收益方面的男女平等权利："保障妇女享有与男子平等参与资本、技术等生产要素的分配权。保障多元化分配形式中的男女同工同酬，同工种、同类别从业人员中女性工资与男性工资相同。缩小男女收入差距。"《中国妇女发展纲要（2011—2020）》强调："全面落实男女同工同酬。建立健全科学合理的工资收入分配制度，对从事相同工作、付出等量劳动、取得相同劳绩的劳动者，用人单位要支付同等劳动报酬。"

5. 妇女就业保护的机制

在执行各项有关妇女就业的法律、法规和政策，保护妇女就业权益的过程中，我国形成了有中国特色的妇女就业保护机制：国务院妇女儿童工作委员会负责妇女权益的总体规划和协调工作，全国妇女联合会与各级劳动和社会保障部门具体负责妇女就业权利的保护工作。在城镇，国家机关和各企事业单位已形成工会、女工委员会、劳动仲裁委员会等监督女职工劳动保护和权益维护的基层组织和网络，负责监督各类组织的运行，及时发现侵犯妇女就业权益的现象，切实维护妇女就业权益。在农村，在计划经济时代，主要靠集体统一安排妇女参加劳动，并基本上实行同工同酬政策，保护妇女就业权益，但没有特殊的劳动保护；在市场经济时代，主要靠落实家庭联产承包责任制，维护妇女就业权益。

6. 妇女就业保护政策中的问题与发展方向

尽管经过几十年的发展，我国目前已经形成了维护妇女就业权益的系统的法律、法规、政策体系和完善的组织体系与保护机制，但是，在对妇女就业保护政策中仍然存在不少问题。目前妇女就业保护政策中的困难和问题的深层次原因主要在于：一是男女不平等的意识深深地植根于社会文化之中，不是短期内能消除的；二是在市场经济的激烈竞争中，追求生产效率和商业利润的目标严重冲击了男女平等的社会目标；三是由于相关的法律条款仍然不够详细，尤其是对违法者的惩处规定不够，并且普遍存在执法不严的情况；四是许多妇女本身还没有树立起足够的平等就业权利意识，运用法律武器进行自我保护的自觉意识和行动还不够。

二、保护妇女受教育权利的政策

1. 保护妇女受教育权利的重要意义

妇女受教育状况是其就业状况的基础，而妇女的受教育和就业状况又是其政治、经济和家庭地位的基础，保护妇女平等的受教育的权利是维护妇女享有平等的政治、经济、社会参与权利和平等的家庭地位的关键。保护妇女受教育的平等权利也是充分发挥妇女的能动性、创造性和巨大的聪明才智，促进经济和社会可持续发展的基础。

2. 保护妇女和女童受教育权利的目标

新中国成立以来，尤其是改革开放以来，我国政府采取各种措施大力发展教育，普及九年制义务教育，坚持男女具有平等的受教育权利的政策，有力地保护了妇女和女童的受教育权利。从总体上看，在教育方面的男女平等已经达到较高的水平。

当前我国保护妇女受教育权利政策的具体行动主要体现在《中国妇女发展纲要（2011—2020）》中。其中明确提出了保护妇女受教育权利的主要目标：（1）教育工作全面贯彻性别平等原则。（2）学前三年毛入园率达到70%，女童平等接受学前教育。（3）九年义务教育巩固率达到95%，女童平等接受九年义务教育，消除女童辍学现象。（4）高中阶段教育毛入学率达到90%，女性平等接受高中阶段教育。（5）高等教育毛入学率达到40%，女性平等接受高等教育，高等学校在校生中男女比例保持均衡。（6）高等学校女性学课程普及程度提高。（7）提高女性接受职业学校教育和职业培训的比例。（8）主要劳动年龄人口中女性平均受教育年限达到11.2年。（9）女性青壮年文盲率控制在2%以下。（10）性别平等原则和理念在各级各类教育课程标准与教学过程中得到充分体现。

3. 保护妇女和女童受教育权利的法规和措施

我国涉及保护妇女和女童受教育权利的法规有《教育法》《义务教育法》《高等教育法》《职业教育法》和《妇女权益保障法》，内容主要涉及以下几个方面（参见国务院，2011）：（1）国家保障妇女享有与男子平等的文化教育权利。学校和有关部门应当执行国家有关规定，保障妇女在入学、升学、毕业分配、授予学位、派出留学等方面享有与男子平等的权利。（2）学校应当根据女性青少年的特点，在教育、管理、设施等方面采取措施，保障女性青少年身心健康发展。（3）父母或者其他监护人必须履行保障适龄女性儿童少年接受义务教育的义务。除因疾病或者其他特殊情况经当地人民政府批准的以外，对不送适龄女性儿童少年入学的父母或者其他监护人，由当地人民政府予以批评教育，并采取有效措施，责令其送适龄女性儿童少年入学。（4）政府、社会、学校应针对适龄女性儿童少年就学存在的实际困难，采取有效措施，保证适龄女性儿童少年完成当地规定的义务教育年限。（5）各级人民政府必须依照规定把扫除妇女中的文盲、半文盲工作，纳入扫盲和扫盲后继续教育规划，采取符合妇女特点的组织形式和工作方法，组织、监督有关部门具体实施。(6) 各级人民政府和有关部门应当采取措施，组织妇女接受职业教育和技术培训。(7) 教育部门应改革女童教育内容，编写适合女童的教育读本和教育资料。(8) 鼓励社会力量帮助妇女扫盲和女童入学。

4. 妇女受教育权利保护方面存在的问题

从总体上看，我国男女之间在教育机会平等方面已取得明显的成就，这一方面是保护妇女受教育权利政策的结果，另一方面是教育普及、经济发展、家长对子女教育的重视和家庭中子女减少的共同结果。但是，目前在局部地区和部分群体中，女性的教育仍然存在一些问题，主要表现在：首先，部分经济比较落后的地区，尤其是老、少、边、穷地区仍是女性教育的薄弱环节。在这些地区，由于教育资源仍然不够和教育成本高、收益低，导致许多农户牺牲女童的受教育机会。其次，女性扫盲教育和扫盲后的巩固率尚待提高。最后，在流动人口中女性受教育程度相对偏低。这些情况都说明，两性之间在受教育机会方面还没有达到完全的平等，保护女性受教育权利，促进女性教育的发展，尤其是贫困地区女童教育的发展仍是我们面临的重要任务。

三、妇女卫生保健政策

妇女的健康是指身体、精神和社会等方面的完全健康状态，而不仅仅指没有疾病或不虚弱。妇女的健康除涉及她们的身心等生理因素外，还受妇女生活的社会、政治和经济环境的影响。

1. 妇女卫生保健的历史状况

自新中国成立以来，我国政府采取了有力的行动提高妇女保健工作的水平，极大地提高了广大妇女的健康水平。新中国成立初期，我国医疗卫生系统采取行动，改造旧产房，推广新法接生，在比较短的时期内使母婴死亡率明显下降。与此同时，国家组织医务人员到农村、牧区、少数民族和边远地区为妇女病和性病等患者免费治疗，大大缓解了一些疾病对妇女身体健康的严重影响。20 世纪 50 年代中期起，政府和企业普遍设立和改善了针对女工的卫生设施，并向女职工提供必要的妇女卫生服务；在农村逐渐建立了合作医疗制度，并积极推广新法接生和妇幼保健等方面的知识。从 20 世纪 70 年代开始，在全国大中城市先后开展了对女职工和市民的妇女病普查普治工作，每 3 年左右进行一次，使妇女常见病，特别是恶性肿瘤的发病率逐年下降。改革开放以来，我国推行少生优生和一对夫妇只生一个孩子的人口政策，并大力推广以避孕为主的计划生育政策，给妇女保健提供了良好的条件（严仁英，1995）。

1986 年以前，我国对妇女卫生保健的法规只局限于政府机关和企事业单位的职工，主要针对国有企事业单位的女职工。1986 年，卫生部发布《妇幼卫生工作条例》，第一次对妇女保健做出了系统的规划，该《条例》提出妇女保健的任务如下：（1）推广科学接生，实行孕产妇系统管理，做好围产期保健工作，提高住院分娩率，提高产科质量，防治妊娠并发症，降低孕产妇和围产儿死亡率。在边远地区、少数民族地区继续普及新法接生。（2）积极防治妇女常见病、多发病，调查分析发病因素，制定防治措施，降低发病率，提高治愈率。（3）做好妇女经、孕、产、哺乳、更年期的卫生保健。不仅如此，该《条例》还对妇女保健机构的建设、基层组织和队伍建设提出了明确的规定。

1994 年 10 月，我国颁布了《母婴保健法》（1995 年 6 月 1 日实施），对妇女婚前保健、孕产期保健和母婴保健的行政管理与法律责任作出了明确的规定，将妇女保健工作推向了法制化的轨道，促进了妇女保健工作水平的提高。为使《母婴保健法》得以有效的执行，2001 年 6 月 20 日，国务院颁布实施《母婴保健法实施办法》，对妇女保健工作作出了更具体的可操作性的规定。

2. 妇女卫生保健的主要目标

根据《中国妇女发展纲要（2011—2020）》，现阶段我国妇女卫生保健政策的主要目标有以下几个方面：（1）妇女在整个生命周期享有良好的基本医疗卫生服务，妇女的人均预期寿命延长。（2）孕产妇死亡率控制在 20/10 万以下。逐步缩小城乡区域差距，降低流动人口孕产妇死亡率。（3）妇女常见病定期筛查率达到 80% 以上。提高宫颈癌和乳腺癌的早诊早治率，降低死亡率。（4）妇女艾滋病感染率和性病感染率得到控制。（5）降低孕产妇中重度贫血患病率。（6）提高妇女心理健康知识和精神疾病预防知识知晓率。（7）保障妇女享有避孕节育知情选择权，减少非意愿妊娠，降低人工流产率。（8）提高妇女经常参加体育锻炼的人数比例。

3. 妇女卫生保健政策的基本内容

经过几十年的发展，尤其是改革开放以来 30 多年的发展，我国已经形成以《母婴保健法》为主，以《妇幼卫生工作条例》和《母婴保健法实施办法》为辅的比较完备的关于妇女卫生保健的政策法规体系，具体来说，主要包括以下基本内容（参见国务院，2011）：

（1）加大妇幼卫生工作力度。优化卫生资源配置，增加农村和边远地区妇幼卫生经费投入。加强各级妇幼保健机构建设，坚持妇幼保健机构的公益性质，健全妇幼卫生服务网络，完善基层妇幼卫生服务体系，为妇女提供均等化的保健服务。加快妇幼卫生人才培养，加强妇幼保健机构人员配备。加大执法监督力度，严肃查处危害妇女健康的非法行为。

（2）加强妇女健康相关科学技术研究。充分依靠科技进步，统筹和优化科技资源配置，组织跨部门、跨地区、跨学科协同攻关，加强对妇女健康主要影响因素及干预措施等的研究；鼓励自主创新，促进成果转化，推广促进妇女健康的新技术和适宜技术。

（3）提高妇女生殖健康服务水平。针对妇女生理特点，大力普及生殖健康知识，提高妇女自我保健意识和能力。提供规范的青春期、育龄期、孕产期、更年期和老年期妇女生殖保健服务，有针对性地解决妇女特殊生理时期的健康问题。保障孕产妇安全分娩。

（4）加大妇女常见病防治力度。普及妇女常见病防治知识，建立妇女常见病定期筛查制度。加大专项资金投入，扩大宫颈癌、乳腺癌检查覆盖范围。加强基层妇幼卫生人员和计划生育服务提供者的卫生保健专业知识与服务能力培训。提高医疗保健机构宫颈癌、乳腺癌诊治能力，对贫困、重症患者治疗按规定给予补助。预防和控制艾滋病、性病传播。

（5）提高妇女营养水平。大力开展健康和营养知识的宣传普及和教育，提倡科学、合理的膳食结构和习惯。为孕前、孕产期和哺乳期妇女等重点人群提供有针对性的营养指导和干预。预防和治疗孕产妇贫血。加强对营养强化食品生产和流通的监管。

（6）提高妇女精神卫生服务水平。建立覆盖城乡、功能完善的精神卫生防治和康复服务网络。针对妇女生理和心理特点，开展咨询和服务。加强精神卫生专业机构和医疗保健机构人员精神卫生知识培训。开展妇女产后抑郁症预防、早期发现及干预。

（7）加强流动妇女卫生保健服务。完善流动妇女管理机制和保障制度，逐步实现流动妇女享有与流入地妇女同等的卫生保健服务。加大对流动妇女卫生保健知识的宣传力度。

（8）引导和鼓励妇女参加经常性体育锻炼。加强对妇女体育健身活动的科学指导，提高妇女健身意识。积极发展城乡社区体育，鼓励妇女参与全民健身运动。加强对老年妇女、残疾妇女体育活动的指导和服务。

四、婚姻家庭政策

1. 保护妇女婚姻家庭权利的意义

对妇女婚姻家庭领域内的权益进行特殊保护，是我国的一贯政策。千百年来“三从四德、夫权至上”的传统观念不可能在短时间内消除，封建糟粕仍然阻碍着妇女婚姻家庭权益的实现，妇女在婚姻家庭中常常遇到较为严重的问题，如妇女遭受家庭暴力，对子女的监护权受侵害，以及妇女在婚姻家庭中的财产权益受到侵犯等问题。农村妇女在婚姻家庭权益方面受到的侵害更为严重。因而，需要对女性在婚姻家庭领域内的权益进行特殊保护。为此，政府在此领域中加强了社会政策立法和相应的公共行动，以保障妇女在婚姻家庭中的合法权益。

2. 保护妇女婚姻家庭权利的基本法规

我国保障妇女婚姻家庭权益的法律主要有《妇女权益保障法》《婚姻法》。婚姻法调整人们的婚姻关系和家庭关系。婚姻关系包括婚姻的成立、婚姻的效力和婚姻的解除等；家庭关系包括夫妻之间、父母子女之间以及其他家庭成员之间的权利义务关系等。《婚姻法》所调整的婚姻关系和家庭关系，又包括人身关系和财产关系两个方面的内容。《妇女权益保障法》侧重从妇女权益方面规定婚姻家庭权益的保障。

根据我国妇女权益和婚姻家庭法律法规的相关规定，我国妇女享有如下婚姻家庭权益：(1) 平等的婚姻家庭权利：国家保障妇女享有与男子平等的婚姻家庭权利。(2) 婚姻自主权：国家保护妇女的婚姻自主权。禁止干涉妇女的结婚、离婚自由。(3) 特殊保护：妇女在经期、孕期、产期、哺乳期受特殊保护。女方在怀孕期间、分娩后一年内或中止妊娠后六个月内，男方不得提出离婚。(4) 财产权：妇女对依照法律规定的夫妻共同财产享有与其配偶平等的占有、使用、收益和处分的权利。国家保障妇女享有与男子平等的财产权利。在婚姻、家庭共有财产关系中，不得侵害妇女依法享有的权益。(5) 监护权：父母双方对未成年子女享有平等的监护权。父亲死亡、丧失行为能力或者有其他情形不能担任未成年子女的监护人的，母亲的监护权任何人不得干涉。(6) 生育自由权：妇女有按照国家规定生育子女的权利，也有不生育的自由。(7) 禁止对妇女实施家庭暴力。国家采取措施，预防和制止家庭暴力。公安、民政、司法行政等部门以及城乡基层群众性自治组织、社会团体，应当在各自的职责范围内预防和制止家庭暴力，依法为受害妇女提供救助。

思 考 题

1. 试述妇女问题的实质及表现。
2. 简述妇女社会政策的基本内容。
3. 我国妇女社会政策的特点是什么？
4. 简述我国妇女就业政策的主要内容。
5. 试述我国在保护妇女和女童受教育权利方面的具体法规和措施。
6. 简述现阶段我国妇女卫生保健政策的基本内容。
7. 保护妇女婚姻家庭权利的法律法规有哪些？

主要参考文献

中华人民共和国婚姻法. 1950.

中华人民共和国婚姻法. 1980.

中华人民共和国宪法. 1982.

中华人民共和国宪法. 2004.

中华人民共和国妇女权益保障法. 1992.

中华人民共和国妇女权益保障法. 2005.

中华人民共和国母婴保健法. 1994.

国务院. 中华人民共和国母婴保健法实施办法. 2001.

中华人民共和国母婴保健法. 2009.

国务院. 女职工劳动保护的规定. 1988.

国务院. 女职工劳动保护特别规定. 2012.

国务院. 中国妇女发展纲要（1995—2000）. 1995.

国务院. 中国妇女发展纲要（2001—2010）. 2001.

国务院. 中国妇女发展纲要（2011—2020）. 2011.

卫生部. 妇幼卫生工作条例. 1986.

全国妇联. 联合国推进妇女发展的进程. 2004. 中国妇女网，http://www.women.org.cn.

王淑贤. 《行动纲领》中 12 个重大关切领域简介. 妇女研究论丛，1996（2）.

杜厚琪，等. 保护妇女权益的国际法体系和中国的实施成效. 思想战线，1995（5）.

国务院新闻办公室. 中国妇女的状况白皮书（2005）. 人民网，http://www.people.com.cn.

国务院新闻办公室. 中国人权发展 50 年白皮书（2000）. 人民网，http://www.People.com.cn.

全国妇联，国家统计局. 第二期中国妇女社会地位抽样调查主要数据报告，2001. 中国妇女网，http://www.women.org.cn.

国务院妇女儿童工作委员会. 《中国妇女发展纲要（1995—2000）》终期监测评估报告. 2001 年 9 月发布. 国务院妇女儿童工作委员会网站，http://www.nwccw.gov.cn.

严仁英. 中国妇女保健工作的回顾与前瞻. 中华预防医学杂志，1995（9）.

关于家庭暴力问题的透视. 中国妇女网，www.women.org.cn.2006-11-08.

第二十一章　未成年人保护和儿童福利政策

按照联合国《儿童权利公约》的规定，儿童一般指18岁以下的人（联合国，1989）。儿童是世界的未来，关爱和保护儿童是人类的天性，儿童理应得到家庭和社会最好的关怀和呵护。但不幸的是，并非所有的儿童都能得到他们所渴望的爱，得到他们应该得到的营养、医疗、教育、保护和发展。如何制定政策，采取什么行动改善儿童生活状况，为儿童的成长和生存创造一个良好的环境，已成为世界发展面临的重大课题。本章论述儿童问题的表现、儿童社会政策的基本含义和主要内容；介绍中国未成年人保护政策体系和中国的儿童福利政策。

第一节　儿童问题与儿童社会政策概述

尽管联合国和世界各国为改善儿童健康状况和保护儿童生存权利做出了不懈的努力，但是，战争、饥饿、失学、疾病和虐待依然威胁着儿童的生存和发展。世界各国仍然存在着严重的影响儿童生存和发展的贫困、疾病、生存环境恶化、教育剥夺、非法童工、虐待儿童等问题（UNICEF，2014），需要国际社会和各国政府制定强有力的未成年人保护和儿童福利政策，并为此付出艰苦的努力加以彻底解决，为儿童的健康成长营造良好的自然环境、社会环境和制度环境。

一、当代世界的儿童问题

1. 世界儿童问题概述

2012年，全世界共有22.13亿18岁以下的人口，占全球人口的31.4%，其中5岁以下的人口6.52亿，占全球人口的9.3%，占18岁以下人口的29.5%。全球每年还有大约1.4亿儿童诞生（UNICEF，2014）。在全球范围内，儿童问题主要表现在以下几个方面：

（1）儿童的基本生活条件缺乏保障问题。主要是儿童贫困和基本医疗卫生服务缺乏问题。据世界银行统计，2010 年，全球 1/5 的人口生活在绝对贫困之中，其家庭成员平均每天生活费不到 1.25 美元；2008—2012 年，全世界 5 岁以下儿童体重不足者占 15%，发育迟缓者高达 25%（UNICEF，2014；世界银行，2013）。2012 年，全球 23% 的儿童得不到政府免费的免疫注射，5 岁以下的幼儿死亡率高达 4.8%（UNICEF，2014）。

（2）儿童生存环境恶化问题。与成年人相比，儿童在环境危险面前更加脆弱。他们正在长身体的时候，吃的食物、呼吸的空气和喝的水数量同其体重之比比成年人要大。他们的免疫、生殖、消化和神经系统都在发育生长中，他们容易接触地面，地面有灰尘和有害化学物质。另外，由于他们母亲的不良嗜好，有些儿童在出生之前就面临危险。2011 年，全球 11% 的儿童仍在饮用没有净化的饮用水，这个比例在农村地区高达 19%；据联合国儿童基金会报道，2014 年，每天全球有 1 400 名 5 岁以下儿童因缺乏安全饮用水、环境卫生及个人卫生设施而死亡（UNICEF，2014；2014a）。让儿童有一个健康卫生的环境应该成为国际社会和各国政府必须解决的重要问题。

（3）儿童受教育机会受剥夺问题。受教育是一项基本人权，对于减少贫困和童工以及促进民主、和平和发展至关重要。然而由于贫困和缺乏教育服务，据估计，2008—2012 年全世界 50% 的适龄儿童不能接受学前教育。所有儿童中有 25% 没有完成基本读写能力所需的最低限度的 5 年学校教育。在全球范围内，15—25 岁的青年中，仍有约 10.5% 的人缺乏基本的读写能力，在撒哈拉以南非洲地区，这个比例高达 30%（UNICEF，2014）。

（4）虐待儿童与侵害儿童的犯罪问题。全世界各地都有许多儿童生活在各种特别困难的处境之中，如在国内流离失所或者被逐出本国成为难民；受包括辐射与危险化学物品在内的种种自然灾害与人为灾害的影响；许多儿童是种族主义、种族歧视、仇外心理和其他各种歧视的受害者；此外，全世界各地都在不同程度上存在着贩卖和走私儿童、对儿童的人身和性侵害、绑架以及其他恶劣形式的对儿童的经济剥削，同时，对妇女和儿童的家庭暴力和性暴力依然是严重的问题（UNICEF，2014）。

（5）非法童工问题。童工问题是当今文明社会最严重的儿童问题之一，据联合国儿童基金会《世界儿童状况报告 2014》，全世界 5 岁到 14 岁之间的少年儿童中大约有 15%（男性儿童约为 16%，女性儿童约为 14%）被迫参加工作，为生存而陷入并非他们所能承受的沉重劳动，这种劳动可能对他们的身体和智力造成伤害（UNICEF，2014）。

（6）其他损害儿童基本权益和儿童身心健康问题。战争和地区冲突是造成儿童死亡的重要原因。此外，各种社会弊病也随时威胁着儿童的生命和安全。据估计，2012 年全世界共有 330 万儿童是艾滋病毒携带者，有 1 780 万儿童因为艾滋病而成为孤儿，而数以百万计感染了艾滋病毒的儿童和青年生活在艾滋病的污名之下，无法得到适当的咨询、照顾和支持（UNICEF，2014）。

2. 中国的儿童问题

2010 人口普查数据显示，中国 18 岁以下的儿童 29 967 万，5 岁以下的儿童 9 026.5 万，分别占总人口的 22.5% 和 6.8%。由于中国政府一贯注重改善儿童的基本生活和医疗卫生条件，随着经济和社会的发展，中国儿童生存与发展的状况有了极大的改善。但是受经济社会发展水平制约，中国的儿童问题还没有得到彻底的解决，儿童发展还面临许多困难和问题，具体表现如下：

（1）儿童的基本生活条件缺乏保障问题，即儿童贫困和基本卫生服务缺乏问题。据世界银行估计，2009 年，中国有 11.8% 的人口生活在绝对贫困之中，其家庭成员平均每天生活费不到 1.25 美元（世界银行，2013）；2008—2012 年，由于营养不良，中国仍有 4% 的 5 岁以下儿童体重不足，10% 的发育迟缓；有 3% 的家庭还不能够食用加碘的盐；2012 年，仍有 1.4% 的 5 岁以下幼儿因各种原因而夭折（UNICEF，2014）。

（2）儿童生存环境不良问题。到 2011 年，仍有 8% 的人口不能饮用经过改进的干净饮用水，这个比例在城市地区为 2%，在农村地区为 15%；高达 35% 的人口不能享用充足的公共卫生设施，这个比例在城市为 26%，在农村为 44%（UNICEF，2014）。缺乏干净的饮用水和充足的公共卫生设施严重地影响了中国儿童的健康成长。

（3）儿童的教育剥夺问题。一是学前教育的参与率仍然偏低，2008—2012 年，学前教育的登记入学率只有约 61.5%，也就是说，仍然有接近 40% 的适龄儿童不能接受必要的学前教育。二是虽然小学适龄儿童净入学率有了很大的提高，2008—2012 年平均达到 100%，但仍有很多儿童不能上到五年级，初级中学的入学率和完成率仍有待提高（UNICEF，2014）。

（4）流动人口中的儿童问题。随着社会发展及现代化和城镇化水平提高，大量的农村人口转移到城市成为城市中的流动人口，2010 年第六次人口普查显示，中国的流动人口总量为 2.21 亿人，占总人口的 16.2%。据估算，全国有农村留守儿童 6 102.6 万，占农村儿童 37.7%，占全国儿童 21.88%；城乡流动儿童 3 581 万，其中户口性质为农业户口的流动儿童为 2 877 万，占总数的 80.4%。这是一个庞大的群体，受制度和体制的影响，流动人口家庭中的儿童享受教育、医疗卫生等各项服务的平等权利常常不能得到保障。城市外来人口子女上学难问题和留守儿童的教育和权利保护问题一直是人们比较关注的问题（全国妇联课题组，2013）。

（5）儿童中的艾滋病蔓延问题。中国艾滋病病毒携带者和艾滋病患者中的儿童数量呈上升趋势。据估计，2011 年中国艾滋病病毒携带者已经达到了 780 万，其中妇女和青少年占相当比例，很多儿童通过母婴传播而成为艾滋病毒携带者。由于很多感染艾滋病毒的人生活在贫困家庭中，艾滋病儿童与艾滋病家庭中的儿童不仅面临着医疗费用的巨大负担，而且在社会中也成为被歧视的对象（UNICEF，2013）。

（6）侵害儿童权益问题。虽然中国政府注重维护儿童的各项权益，但现实生活中侵害儿童权益的违法犯罪行为时有发生，主要表现为：溺弃、虐待儿童，其中溺弃和虐待女婴和残疾儿童更为严重；女孩不能享受与男孩平等的受教育权利，受教育权利被严重剥夺；拐卖儿童；对儿童的性侵害；剥削儿童等（国务院，2011）。

二、儿童社会政策概述

1. 儿童社会政策的基本含义

儿童社会政策指的是政府或其他社会组织为儿童提供健康的生存环境，保护儿童的身心健康，保障儿童的合法权益，促进儿童全面发展和充分参与社会、文化、教育生活以及他们个人成长与福利所必需的其他活动的政策。

2. 儿童社会政策的主要内容

为保护儿童免遭忽视、虐待和剥削，即保障儿童拥有基本人权，儿童的生存、发展和充分参与社会、文化、教育生活以及他们个人成长与福利所必需的其他活动的权利，国际社会和世界各国保护儿童的社会政策一般包含以下内容（参见国务院，2011）：（1）关于儿童的健康与营养的政策。其目的是提高儿童的营养水平，保障儿童的基本生活；改善儿童卫生保健服务，提高儿童健康水平。（2）关于儿童的教育政策。其目的在于保障儿童受教育权利，提高儿童受教育水平。（3）关于保护儿童合法权益的政策。其目的在于依法保障儿童生存权、发展权、受保护权和参与权，依法打击侵害儿童合法权益的违法犯罪行为；预防和控制未成年人犯罪，在诉讼中依法维护未成年人的合法权益；保障未成年人参加诉讼和辩护的权利。（4）关于为儿童提供健康的生存环境的政策。其目的是改善儿童生存和发展环境，尊重并鼓励儿童积极参与社会活动。

第二节　中国的未成年人保护政策体系

《中华人民共和国未成年人保护法》所界定的“未成年人”是未满 18 岁

的人，这等同于联合国所界定的“儿童”概念。未成年人是一个特殊群体，他们正处于从无知到有知、从不成熟到成熟的转变时期，心理上比较脆弱，容易受到外界的诱惑和伤害。保护未成年人，为他们的健康成长创造一个良好的外部环境，不仅关系到每一个孩子、每一个家庭、每一所学校，而且关系到整个民族的未来。目前，中国已经逐渐形成了比较完备的未成年人保护法规和政策体系，现介绍如下。

一、中国保护未成年人的有关法规

1. 保护未成年人的基本原则

《未成年人保护法》和《中国儿童发展纲要（2011—2020）》确立了中国保护未成年人的五项基本原则（国务院，2011）：

（1）依法保护原则。在儿童身心发展的全过程，依法保障儿童合法权利，促进儿童全面健康成长。

（2）儿童优先原则。在制定法律法规、政策规划和配置公共资源等方面优先考虑儿童的利益和需求。

（3）儿童最大利益原则。从儿童身心发展特点和利益出发处理与儿童相关的具体事务，保障儿童利益最大化。

（4）儿童平等发展原则。创造公平社会环境，确保儿童不因户籍、地域、性别、民族、信仰、受教育状况、身体状况和家庭财产状况受到任何歧视，所有儿童享有平等的权利与机会。

（5）儿童参与原则。鼓励并支持儿童参与家庭、文化和社会生活，创造有利于儿童参与的社会环境，畅通儿童意见表达渠道，重视、吸收儿童意见。

2. 未成年人保护的法规

《未成年人保护法》《预防未成年人犯罪法》《禁止使用童工规定》《未成年工特殊保护规定》是专门保护未成年人的法律和规定，加上《婚姻法》《劳动法》《继承法》《刑法》《义务教育法》《母婴保健法》等法律中对未成年人或儿童保护的规定，中国形成了未成年人保护的比较完备的法律体系。

（1）《未成年人保护法》是未成年人保护的最基本的法律，1991 年 9 月 4 日通过，1992 年 1 月 1 日起施行，2006 年 12 月 29 日第十届全国人民代表大会常务委员会第二十五次会议第一次修订，2012 年 10 月 26 日第十一届全国人民代表大会常务委员会第 29 次会议第二次修订。它的宗旨是保护未成年人的身心健康，保障未成年人的合法权益，促进未成年人在品德、智力、体质等方面全面发展。它规定了未成年人保护应遵循的原则、未成年人保护的基本方式、侵害未成年人权益的法律责任，为未成年人保护提供了法律保证。

（2）《预防未成年人犯罪法》1999 年 6 月 28 日通过，1999 年 11 月 1 日起施行，2012 年 10 月 26 日第十一届全国人民代表大会常务委员会第 29 次会议修订。它的宗旨是保障未成年人身心健康，培养未成年人良好品行，有效地预防未成年人犯罪。它规定了各级政府预防未成年人犯罪的职责和原则、预防未成年人犯罪的教育、对未成年人不良行为的预防、对未成年人严重不良行为的矫治、未成年人对犯罪的自我防范、对未成年人重新犯罪的预防以及相关的法律责任，为预防未成年人犯罪提供了指南。

（3）《禁止使用童工规定》1991 年 4 月 15 日由国务院发布实施，其新版于 2002 年 10 月 1 日颁布实施。其宗旨是保护少年、儿童的身心健康，促进义务教育。它规定：禁止国家机关、社会团体、企业事业单位和个体工商户、农户、城镇居民使用童工；禁止各种职业介绍机构以及其他单位和个人为未满 16 周岁的少年、儿童介绍职业。

（4）《未成年工特殊保护规定》1994 年 12 月 9 日由劳动部颁布，于 1995 年 1 月 1 日起施行，其宗旨是维护未成年工的合法权益，保护其在生产劳动中的健康。它规定了用人单位不得安排未成年工从事的劳动范围及相关的责任。

（5）《婚姻法》《劳动法》《继承法》《刑法》《义务教育法》《母婴保健法》等法律都对未成年人作出了相应的保护规定及相关责任。

3. 中国未成年人保护政策体系的基本内容

为保护未成年人的身心健康和未成年人的合法权益不受侵犯，在有关未成年人保护的各项法律法规的基础上，中国逐渐形成了未成年人保护的政策体系，其基本内容如下（参见国务院，2011）：（1）完善有关未成年人的立法，强化执法。依法打击侵害未成年人合法权益的违法犯罪行为，有效保障儿童权益。（2）未成年人司法保护政策。预防和控制未成年人犯罪；保障未成年人参加诉讼和辩护的权利；在诉讼中依法维护未成年人的合法权益。（3）法律宣传与服务政策。包括通过宣传教育和为未成年人提供法律服务，动员全社会重视和保护未成年人权益，以及设立面向未成年人的法律援助机构，完善法律援助体系和网络，为未成年人提供多种形式的法律援助服务的政策等。

二、中国未成年人保护的基本方式

《未成年人保护法》规定了中国未成年人保护的四种基本方式：

1. 家庭保护

《未成年人保护法》规定，父母和其他监护人对未成年人有以下职责和义务：

（1）对未成年人的监护职责和抚养义务，禁止对未成年人实施家庭暴力，禁止虐待、遗弃未成年人，禁止溺婴和其他残害婴儿的行为，不得歧视女性未成年人或者有残疾的未成年人。

（2）尊重未成年人接受教育的权利，必须使适龄未成年人依法入学接受并完成义务教育，不得使接受义务教育的未成年人辍学。

（3）关注未成年人的生理、心理状况和行为习惯，引导未成年人进行有益身心健康的活动，预防和制止未成年人吸烟、酗酒、流浪、沉迷网络以及赌博、吸毒、卖淫等行为。

（4）尊重未成年人的独立人格，根据未成年人的年龄和智力发展状况，在做出与未成年人权益有关的决定时告知其本人，并听取他们的意见。

（5）不得允许或者迫使未成年人结婚，不得为未成年人订立婚约。

（6）父母因外出务工或者其他原因不能履行对未成年人监护职责的，应当委托有监护能力的其他成年人代为监护。

2. 学校保护

《未成年人保护法》规定，学校对未成年人有以下职责和义务：

（1）尊重未成年学生受教育的权利，关心、爱护学生，对品行有缺点、学习有困难的学生，应当耐心教育、帮助，不得歧视，不得违反法律和国家规定开除未成年学生。

（2）尊重未成年人的人格尊严，不得对未成年人实施体罚、变相体罚或者其他侮辱人格尊严的行为。

（3）建立安全制度，加强对未成年人的安全教育，采取措施保障未成年人的人身安全，不得在危及未成年人人身安全、健康的校舍和其他设施、场所中进行教育教学活动。

（4）制定应对各种灾害、传染性疾病、食物中毒、意外伤害等突发事件的预案，配备相应设施并进行必要的演练，增强未成年人的自我保护意识和能力。

（5）根据未成年学生身心发展的特点，对他们进行社会生活指导、心理健康辅导和青春期教育。

3. 社会保护

《未成年人保护法》规定，社会对未成年人有以下职责和义务：

（1）各级人民政府应当保障未成年人受教育的权利，并采取措施保障家庭经济困难的、残疾的和流动人口中的未成年人等接受义务教育。

（2）禁止任何组织、个人制作或者向未成年人出售、出租或者以其他方式传播淫秽、暴力、凶杀、恐怖、赌博等毒害未成年人的图书、报刊、音像制品、电子出版物以及网络信息等。

（3）中小学校园周边不得设置营业性歌舞娱乐场所、互联网上网服务营业场所等不适宜未成年人活动的场所。营业性歌舞娱乐场所、互联网上网服务营业场所等不适宜未成年人活动的场所，不得允许未成年人进入，经营者应当在显著位置设置未成年人禁入标志；对难以判明是否已成年的，应当要求其出示身份证件。

（4）禁止向未成年人出售烟酒，经营者应当在显著位置设置不向未成年人出售烟酒的标志；对难以判明是否已成年的，应当要求其出示身份证件。任何人不得在中小学校、幼儿园、托儿所的教室、寝室、活动室和其他未成年人集中活动的场所吸烟、饮酒。

（5）任何组织或者个人不得招用未满16周岁的未成年人（国家另有规定的除外），并对16—18岁就业的未成年人实行特殊保护。

（6）保护未成年人的隐私权和通信自由权：不得披露未成年人的个人隐私；对未成年人的信件，任何组织和个人不得隐匿、毁弃或私自开拆。

（7）县级以上人民政府及其民政部门应当根据需要设立救助场所，对流浪乞讨等生活无着未成年人实施救助，承担临时监护责任；对孤儿、无法查明其父母或者其他监护人的以及其他生活无着的未成年人，由民政部门设立的儿童福利机构收留抚养。

（8）为未成年人提供必要的卫生保健条件，做好预防疾病工作；对儿童实行预防接种证制度，积极防治儿童常见病、多发病，加强对传染病防治工作的监督管理。

（9）保护未成年人的智力成果和荣誉权不受侵犯。

4. 司法保护

《未成年人保护法》规定，执法机关对未成年人有以下职责和义务：

（1）公安机关、人民检察院、人民法院办理未成年人犯罪案件和涉及未成年人权益保护案件，应当照顾未成年人身心发展特点，尊重他们的人格尊严，保障他们的合法权益，并根据需要设立专门机构或者指定专人办理。

（2）人民法院审理继承案件，应当依法保护未成年人的继承权和受遗赠权。人民法院审理离婚案件，涉及未成年子女抚养问题的，应当听取有表达意愿能力的未成年子女的意见，根据保障子女权益的原则和双方具体情况依法处理。

（3）父母或者其他监护人不履行监护职责或者侵害被监护的未成年人的合法权益，经教育不改的，人民法院可以根据有关人员或者有关单位的申请，撤销其监护人的资格，依法另行指定监护人。被撤销监护资格的父母应当依法继续负担抚养费用。

(4) 对违法犯罪的未成年人，实行教育、感化、挽救的方针，坚持教育为主、惩罚为辅的原则。对违法犯罪的未成年人，应当依法从轻、减轻或者免除处罚。

(5) 讯问、审判未成年犯罪嫌疑人、被告人，询问未成年证人、被害人，应当依照刑事诉讼法的规定通知其法定代理人或者其他人员到场。公安机关、人民检察院、人民法院办理未成年人遭受性侵害的刑事案件，应当保护被害人的名誉。

(6) 对羁押、服刑的未成年人，应当与成年人分别关押。羁押、服刑的未成年人没有完成义务教育的，应当对其进行义务教育。解除羁押、服刑期满的未成年人的复学、升学、就业不受歧视。

(7) 对未成年人犯罪案件，新闻报道、影视节目、公开出版物、网络等不得披露该未成年人的姓名、住所、照片、图像以及可能推断出该未成年人的资料。

第三节 中国儿童福利政策

新中国成立以来，中国政府不仅关注保护儿童或未成年人的合法权益不受侵犯，而且十分注重发展儿童福利事业，为中国儿童的生存和健康成长提供了良好的物质条件和社会环境，有力地维护了儿童的生存权、受教育权、发展权和参与社会的权利，促进了儿童福利的提高。目前，虽然经济和社会发展水平还相对落后，但从总体上看，我国儿童事业已有较好的发展，并逐渐走向法制化和社会化，而且中国儿童福利事业已经纳入社会发展总体布局中。可以期望，随着经济和社会发展水平的提高，中国的儿童福利事业将会有更大的发展。

一、中国儿童福利的基本内容

儿童福利是由国家或社会为立法范围内的所有儿童普遍提供旨在保证其正常生活和尽可能全面健康发展的资金与服务的社会政策和社会事业。儿童福利可分为广义与狭义两种（参见陆士桢等，2003）：

1. 广义的儿童福利

广义的儿童福利是指政府和社会为了儿童的健康成长而提供的各种社会服务和举办的各种社会事业，主要包括：（1）儿童健康服务：母婴保健计划和行动、儿童计划免疫、儿童医院等；（2）儿童照料和学前教育：托儿所、幼儿园等；（3）儿童文化娱乐设施：儿童公园、儿童阅览室、儿童剧场、儿童娱乐中心以及社区中的儿童娱乐场所等；（4）儿童社会优惠和专项服务：儿童使用公共设施的免费和低费等。

2. 狭义的儿童福利

狭义的儿童福利是指政府和社会对特殊儿童提供的特殊保护和特殊服务，包括：（1）对孤儿、弃婴（包括残疾儿童）的收养制度，包括家庭收养、家庭寄养，以及社会收养（儿童福利院和儿童村等）；（2）儿童家庭补助：对低收入者家庭中的儿童提供特殊津贴；（3）残疾儿童的特殊教育政策：设立特殊教育学校，包括聋哑学校、弱智学校、盲童学校等。（4）对流浪儿童的救助和保护。

3. 当代中国儿童福利事业的发展

新中国成立以来，中国儿童福利事业经历了一个从以特殊儿童的救济和收养为主，到促进所有儿童全面发展的发展历程。

（1）中国一直高度重视残疾儿童的保护，努力为残疾儿童的生存和发展创造良好条件（有关内容可见本书第十九章）。

（2）中国政府和社会各界高度重视儿童的健康和保健。从20世纪50年代开始在全国推广免疫活动，于1978年开始在全国范围内普及儿童计划免疫工作，于20世纪80年代统一了儿童免疫程序，实行预防接种证制度，使计划免疫得到进一步发展。目前中国已建立了符合国情的妇幼卫生服务体系，初步建立了遍布于城乡的三级医疗预防保健网，向广大儿童提供卫生保健和计划免疫服务。

（3）中国重视不断改善儿童的营养状况。新中国成立初期，政府在部分地区发放婴儿食品；20世纪60年代、70年代推广科学膳食制度；80年代开发辅助食品；90年代促进母乳喂养、优化膳食模式。儿童营养状况逐步提高，由食物缺乏引起的严重营养不良和维生素A缺乏症在中国已很少见。

（4）中国政府一直把儿童教育（包括残疾儿童、被遗弃儿童和因贫困而失学的儿童的教育问题）置于整个教育事业发展的优先地位。在政府和全社会的共同努力下，近年来，中国的儿童教育事业有了很大发展，正在逐步普及学前教育，基本实现九年制义务教育，许多指标优先于其他发展中国家，有的接近发达国家水平。

二、中国儿童福利政策概况

1. 中国儿童福利的理念基础

中国当代儿童福利的理念基础有四个来源，它们共同决定了当代中国的儿童福利观，进而影响中国政府的儿童福利政策和社会大众对儿童福利的期望与评价，影响着中国社会的儿童福利行为。

（1）重视“慈幼”的中国传统儿童福利理念。中国古代的儿童福利思想，可以追溯到大约3 000年前，《易经》中“蒙以养正”，《礼运・大同篇》的“幼有所长”、“幼吾幼以及人之幼”以及《周礼》中“慈幼”的论述都清晰地表达了一种儿童福利的思想，这里既有对儿童成长发展客观规律的尊重，又有对儿童的特别体恤和关爱的朴素人道主义理念；同时又蕴含着受中国传统文化家族、团体观念制约的视儿童为事业延伸而寄予厚望的文化痕迹（陆士桢，1997）。

（2）建立在历史唯物主义基础之上的马克思主义的儿童观。马克思主义认为，儿童是未来社会物质生产的主力，教育对于物质生产具有特别重要的意义。社会主义就是要造就千百万全面发展的一代新的建设者。

（3）儿童的社会观。儿童不再被视为父母的私人财产，而被视为具有社会意义的活的生命；对儿童的教养保护，不再是个别家庭的责任，而是整个国家的责任，对儿童的关注不再仅仅是对不幸儿童的救济，而是促进一切儿童健康全面发展的社会事业（参见联合国，1989）。

（4）儿童权利观。从权利的角度看待儿童福利是儿童福利观的现代发展，这体现在联合国1959年《儿童权利宣言》和1989年《儿童权利公约》中。儿童应该受到关怀、爱护和了解；儿童应该有足够的营养和医疗照顾；儿童应该有法定的免费教育，应有全面的康乐和游戏的权利；儿童应该有自己的姓名和国籍；如果有伤残，儿童应该受到妥善的照顾；如果有灾难，儿童应该获得优先救济；儿童应该有发展潜能、成为社会有用之才的权利等。

2. 近年来中国儿童福利的纲领性文件

1990年8月29日，中国政府签署了联合国《儿童权利公约》。1991年12月29日，全国人民代表大会常务委员会决定批准中国加入《儿童权利公约》，该公约于1992年4月2日对中国生效（国务院妇女儿童工作委员会，2004）。为履行承诺，中国分别在1992年、2001年和2011年制定了《90年代中国儿童发展规划纲要》《中国儿童发展纲要（2001—2010）》和《中国儿童发展纲要（2011—2020）》三个关于儿童福利的纲领性文件，有力地促进了中国儿童福利事业的发展。

3. 现阶段中国儿童福利政策的基本内容

《中国儿童发展纲要（2011—2020）》规定了现阶段中国儿童福利政策的基本内容（国务院，2011）。

（1）完善覆盖城乡儿童的基本医疗卫生制度，提高儿童身心健康水平。①加大妇幼卫生经费投入，优化卫生资源配置，增加农村和边远地区妇幼卫生经费投入，促进儿童基本医疗卫生服务的公平性和可及性。②加强妇幼卫生服务体系建设，省、市、县均设置1所政府举办、标准化的妇幼保健机构；加强县、乡、村三级妇幼卫生服务网络建设，完善基层妇幼卫生服务体系。③加强儿童保健服务和管理，推进儿童医疗保健科室标准化建设，开展新生儿保健、生长发育监测、营养与喂养指导、早期综合发展、心理行为发育评估与指导等服务。④逐步扩展国家基本公共卫生服务项目中的儿童保健服务内容。⑤完善出生缺陷防治体系，落实出生缺陷三级防治措施，提高婚前医学检查率、孕期出生缺陷发现率和新生儿疾病筛查、诊断和治疗。⑥加强儿童疾病防治，扩大国家免疫规划范围，加强疫苗冷链系统建设和维护，规范预防接种行为。⑦构建儿童心理健康公共服务网络，儿童医院、精神专科医院和有条件的妇幼保健机构设儿童心理科（门诊），配备专科医师；学校设心理咨询室，配备专职心理健康教育教师。

（2）促进基本公共教育服务均等化，保障儿童享有更高质量的教育。①坚持基本公共教育的公益性和普惠性，加快建立城乡一体化的教育发展保障机制和基本公共教育服务体系，均衡配置教师、设备、图书、校舍等资源，加快推进义务教育学校标准化建设，完善教师交流制度，缩小办学条件、师资水平、教育质量上的差距。②积极开展0—3岁儿童科学育儿指导，积极发展公益性普惠性的儿童综合发展指导机构；加快发展3—6岁儿童学前教育，落实各级政府发展学前教育的责任，将学前教育发展纳入城镇建设规划和社会主义新农村建设规划；重点发展农村学前教育。每个乡镇至少办好一所公办中心幼儿园，大村独立建园，小村设分园或联合办园，人口分散地区提供灵活多样的学前教育服务，配备专职巡回指导教师，逐步完善县、乡、村三级学前教育网络；采取有效措施，努力解决流动儿童入园问题；建立学前教育资助制度，资助家庭经济困难儿童、孤儿和残疾儿童接受普惠性学前教育；因地制宜发展残疾儿童学前教育，鼓励特殊教育学校、残疾人康复机构举办接收残疾儿童的幼儿园。③确保受人口流动影响儿童平等接受义务教育，坚持以流入地政府管理为主、以全日制公办中小学为主解决流动儿童就学问题；制定实施流动儿童义务教育后在流入地参加升学考试的办法；加快农村寄宿制学校建设，优先满足留守儿童住宿需求。④保障特殊困难儿童接受义务教育权利。落实孤儿、残疾儿童、贫困儿童就学资助政策。加快发展特殊教育，基本实现市（地）和30万人口以上、残疾儿童较多的县（市）建立1所特殊教育学校；扩大残疾儿童随班就读、普通学校特教班和寄宿制残疾学生的规模，提高残疾儿童受教育水平。⑤为流浪儿童、有严重不良行为和违法犯罪行为的儿童平等接受义务教育创造条件。

（3）扩大儿童福利范围，建立和完善适度普惠的儿童福利体系。①保障儿童基本医疗，在城镇居民基本医疗保险和新型农村合作医疗制度框架内完善儿童基本医疗保障，逐步提高儿童医疗保障水平，减轻患病儿童家庭医疗费用负担。②提高儿童医疗救助水平，加大对大病儿童和贫困家庭儿童的医疗救助；对贫困家庭儿童、孤儿、残疾儿童参加城镇居民基本医疗保险及新型农村合作医疗个人缴纳部分按规定予以补贴。③探索对儿童实施营养干预和补助的方法，改善儿童营养状况。逐步提高农村义务教育寄宿制学校家庭经济困难学生生活补助标准，扩大补助范围。④建立健全孤儿保障制度，落实孤儿社会保障政策，满足孤儿生活、教育、医疗康复、住房等方面的需求；帮助有劳动能力的适龄孤儿就业。⑤建立受艾滋病影响儿童和服刑人员未成年子女的替代养护制度，为受艾滋病影响儿童和服刑人员未成年子女的生活、教育、医疗、公平就业提供制度保障。⑥完善孤儿养育和服务模式。加强儿童福利机构建设，全面提高儿童福利机构的管理服务水平。探索适合孤儿身心发育的养育模式，完善孤儿收养制度，规范家庭寄养，鼓励社会助养；建立和完善家庭寄养和亲属监护养育的监督、支持和评估体系，提高家庭寄养孤儿和亲属监护养育孤儿的养育质量。⑦建立完善残疾儿童康复救助制度和服务体系，建立0—6岁残疾儿童登记制度，对贫困家庭残疾儿童基本康复需求按规定给予补贴；优先开展残疾儿童抢救性治疗和康复，提高残疾儿童康复机构服务专业化水平；以专业康复机构为骨干、社区为基础、家庭为依托建立残疾儿童康复服务体系，加强残疾儿童康复转介服务，开展多层次职业培训和实用技术培训，增强残疾儿童生活自理能力、社会适应能力和平等参与社会生活的能力。⑧加强流浪儿童救助保护工作，完善流浪儿童救助保护网络体系，健全流浪儿童生活、教育、管理、返乡保障制度，对流浪儿童开展教育、医疗服务、心理辅导、行为矫治和技能培训；提高流浪儿童救助保护工作专业化和社会化水平，鼓励并支持社会力量保护和救助流浪儿童；探索建立流浪儿童早期预防干预机制。⑨建立和完善流动儿童和留守儿童服务机制，积极稳妥推进户籍制度和社会保障制度改革，逐步将流动人口纳入当地经济社会发展规划；健全农村留守儿童服务机制，加强对留守儿童心理、情感和行为的指导，提高留守儿童家长的监护意识和责任。

（4）提高儿童工作社会化服务水平，创建儿童友好型社会环境。①将家庭教育指导服务纳入城乡公共服务体系，普遍建立各级家庭教育指导机构，城市社区和行政村建立家长学校或家庭教育指导服务点。②建立家庭教育从业人员培训和指导服务机构准入等制度，培养合格的专兼职家庭教育工作队伍。③加大公共财政对家庭教育指导服务体系建设的投入，鼓励和支持社会力量参与家庭教育工作；开展家庭教育指导和宣传实践活动，多渠道、多形式持续普及家庭教育知识，确保儿童家长每年至少接受两次家庭教育指导服务，参加两次家庭教育实践活动。④强化城乡社区儿童服务功能，建立以社区为基础的儿童保护工作运行机制，充分挖掘和合理利用社区资源，动员学校、幼儿园、医院等机构和社会团体、志愿者参与儿童保护；整合社区资源建设儿童活动场所，配备专兼职工作人员，提高运行能力，为儿童及其家庭提供服务。⑤加强儿童社会工作队伍建设，强化对儿童工作人员的社会工作能力培训，积极发挥社会工作专业人员在为儿童提供服务、维护儿童权益方面的作用。

（5）完善保护儿童的法规体系和保护机制，依法保护儿童合法权益。①继续完善保护儿童的法律体系，推进儿童福利、学前教育、家庭教育等立法进程；清理、修改、废止与保护儿童权利不相适应的法规政策；增强保护儿童相关法律法规的可操作性。②加强执法监督，明确执法主体，强化法律责任，定期开展专项执法检查；加强对执法人员儿童权益保护知识和技能培训，增强儿童权益保护观念，提高执法水平。③消除对女童的歧视，宣传性别平等观念，增强全社会性别平等意识；建立有利于女孩及其家庭的利益导向机制，提高农村生育女孩家庭的经济社会地位；加大对利用 B 超等进行非医学需要的胎儿性别鉴定和选择性别人工终止妊娠行为的打击力度。④建立完善儿童监护监督制度，提高儿童父母和其他监护人的责任意识，完善并落实不履行监护职责或严重侵害被监护儿童权益的父母或其他监护人资格撤销的法律制度。⑤保护儿童人身权利，加强社会治安综合治理，严厉打击强奸、拐卖、绑架、虐待、遗弃等侵害儿童人身权利的违法犯罪行为和组织、胁迫、诱骗儿童犯罪的刑事犯罪；严厉打击利用儿童进行扒窃、乞讨、卖艺、卖淫等违法犯罪行为；保护儿童免遭一切形式的性侵犯；建立受暴力伤害儿童问题的预防、强制报告、反应、紧急救助和治疗辅导工作机制；整合资源，探索建立儿童庇护中心。⑥完善具有严重不良行为儿童的矫治制度，建立家庭、学校、社会共同参与的运作机制，对有不良行为的儿童实施早期介入、有效干预和行为矫治。

思　考　题

1. 当前中国儿童问题主要表现在哪几个方面？其突出的特点是什么？
2. 简述儿童社会政策的基本含义和主要内容。
3. 简述中国未成年人保护的基本原则和基本方式。
4. 简述中国未成年人保护政策体系的基本内容。
5. 什么是儿童福利？儿童福利包括哪些基本内容？

6. 简述当前中国儿童福利政策的基本内容。

主要参考文献

国务院妇女儿童工作委员会. 联合国《儿童权利公约》知识问答. 国务院妇女儿童工作委员会网站. 2004.

国务院. 中国儿童发展纲要（2011—2020）. 2011 年 8 月 8 日公布. 国务院妇女儿童工作委员会网站. 2011.

联合国. 儿童权利公约. 1989 年联合国大会第 44/45 号决议通过. 国务院妇女儿童工作委员会网站. 1989.

陆士桢，等. 简论儿童福利和儿童福利政策. 中国青年政治学院学报，2003（1）.

陆士桢. 简论中国儿童福利. 华中师范大学学报：哲社版，1997（6）.

全国妇联课题组. 我国农村留守儿童、城乡流动儿童状况研究报告. 人民网，2013，http://acwf.people.com.cn/n/2013/0510/c99013-21437965.html.

世界银行. World Development Report 2007: Development and the Next Generation. 世界银行网站. 2007.

世界银行. World Development Indicators 2013. 世界银行网站，2013，http://wdi.worldbank.org/table/2.8.

UNICEF. The State of The World's Children 2013. 联合国儿童基金会网站. 2013.

UNICEF. The State of The World's Children 2014. 联合国儿童基金会网站. 2014.

UNICEF. 世界水日：全球最贫困人口最缺乏安全饮用水——联合国儿童基金会. 联合国儿童基金会网站，2014a，http://www.unicef.org/chinese/media/media_72899.html.

第二十二章　反贫困社会政策

贫困问题一直是人类普遍关注的社会问题，人类向贫困宣战的历史从古至今从未间断。社会发展至今，人类已经拥有了高度发达的生产力和丰富的物质财富。然而，在经济总量增长和人们平均生活水平不断提高的同时，社会中的贫困问题却日益突出，成为大家所关注的社会问题，如何缓解贫困仍是摆在当代各国面前的一个重大课题。在当代社会中，缓解贫困仍然通过两种基本途径：一是通过发展市场经济，不断增大社会财富的总量，以创造缓解贫困的物质基础；二是通过更加公平的分配，使社会中的弱势人群能够获得合理的份额。前者是经济政策的议题，而后者主要是社会政策的议题。在当代各国，政府在缓解贫困方面的社会政策是整个社会反贫困行动体系中的重要组成部分。本章主要介绍当代社会中反贫困的社会政策行动的基本内容和特点，并简要分析现阶段我国政府反贫困行动的基本情况。

第一节　贫困理论和反贫困政策概述

解决贫困问题的诉求很早就有，但从全世界范围看，对贫困问题的系统研究却始自19世纪的英国。经过一百多年的发展，学界已形成许多有关贫困问题的理论。随着经济的发展和社会的各种复杂变化，当代各国的贫困问题也越来越复杂。相应地，各国关于贫困问题的研究也越来越深入。今天的贫困研究建立在经济全球化、社会不平等、制度转型等社会经济背景之上，并且已成为一个包含多种理论的学科群体。本节从分析贫困基本概念入手，主要介绍当代社会关于贫困问题研究的基本内容和特点，以及反贫困社会政策的基本要点。

一、贫困的概念

1. 贫困概念的基本含义

贫困研究与反贫困政策的第一步是界定贫困的概念。由于贫困是一个复杂的经济和社会现象，对贫困概念的界定也比较复杂。研究者从不同的角度分析了贫困的概念。世界银行和联合国开发计划署等机构在总结了各种观点的基础上，对贫困概念做出了比较权威的定义。世界银行指出："当某些人、某些家庭或某些群体没有足够的资源去获取他们那个社会公认的，一般都能享受到的饮食、生活条件、舒适和参加某些活动的机会，就是处于贫困状态。"（World Bank，1981）世界银行在其报告里还指出，贫困者是指缺少达到最低生活水准的能力的人，其中所指的生活水准不仅包括家庭收入、人均支出，还包括社会福利的内容，如医疗保险、识字能力及公共财产资源的获得情况。联合国开发计划署2001年的《人类发展报告》中有关贫困的定义更具广泛性和多元性。在上述报告中，人类贫困指的是缺乏人类发展最基本的机会和选择——长寿、健康、体面的生活、自由、社会地位、自尊和他人的尊重。减少人类贫困不仅要增加收入，还应该增强贫困人口的资产基础（包括资金、人力、社会资产、文化资产和环境资产），改善教育和卫生条件，消除性别、民族、年龄和残疾等原因造成的不利影响，防止这些因素加剧贫困，避免贫困人口无法参与经济发展过程（联合国开发计划署，2001）。

2. 绝对贫困与相对贫困

贫困的概念可以进一步划分为绝对贫困与相对贫困。绝对贫困是指获得的实际收入水平、拥有的消费资料和得到的服务达不到维持其基本的生存需要的最低量。相对贫困则是指收入虽能达到或超过维持生存和基本发展的需要，但与同期社会经济发展水平、人均收入和普通居民平均生活水平相比较仍是处于较低的生活水准。因此，相对贫困在很大程度上反映了社会分配不平等的状况。随着社会成员整体生活水平的提高，社会福利的发展，社会流动和社会结构重组，相对贫困的理论意义和政策意义不断提升。无论发达国家还是发展中国家，都有过或正在从解决绝对贫困问题走向解决相对贫困问题的过程。英国的布思（Booth，1903）和朗特里（Rowntree，1901）在19世纪末20世纪初开始研究贫困问题时，主要采用绝对贫困概念。他们认为，贫困与非贫困的分界线是生存需要线或生理需要线，或者最低限度生活水平线，当个人或家庭的经济状况低于生存线时，被认为是贫困。其中，朗特里曾按照绝对贫困的概念对某城市的贫困现象作了实际的测量，得出维持基本生存所需要的现金额，以此作为他划分贫困的标准。按照这一标准，可以假设随经济的发展和社会财富的增加，贫困问题应该得到解决。不言而喻，这一假设是一个静止的观点。在朗特里初次对贫困问题进行研究之后的几十年里，社会财富明显增加了，但贫困现象不仅在不发达国家及地区中依旧存在，而且也并没有因为经济的高速增长而在已经富裕起来的国家中消失。这一问题的实质是，随着社会平均富裕程度的提高，社会成员的需要也发生了变化，因此无论在理论上还是在政策实践上都不能只以生理温饱为界定贫困的标准。

斯密（Smith，1913）较早表达了相对贫困的思想。他认为，如果一个人缺少必需的物质资源，那么他是穷人；如果一个人按他所在国的风俗习惯，没有达到一个体面人应该过的那种生活水平，那么他仍然可能被认为是穷人。英国学者汤森（Townsend，1979）在研究了英国贫困群体以后指出，贫困问题的解决不能停留在基本需要的满足上，一个社会性的人和他们的家庭没有资源，不能参加一般人认为正常的社会活动，便是相对贫困。按照汤森相对贫困的观点，被社会排斥的弱势群体，如低收入家庭、老人、少数民族、单亲家庭、伤残人士、长期患病者，都生活在贫困中。汤森用剥夺（Deprivation）来形容相对贫困群体的困境，强调他们被剥夺了参加正常社会生活的权利。相对贫困显然因为与参照群体比较而得出结果，它常常反映社会公平问题。一些国家把低于平均收入某个百分比的人口归为相对贫困之列。经济合作与发展组织（OECD，1976）曾提议，相对贫困是指那些收入相对较少的人士，通常是低于收入的某一个百分比之下的家庭，被归入贫困社会群体；这个标准会因为国民收入的增长而提高。相对贫困概念的应用使得社会可以根据经济发展的变动来让贫困人士分享经济发展的成果。相对贫困概念的政策含义使得消除贫困成为一个国家、一个地区、一个社会为了社会公平进行长期奋斗的目标。

二、贫困研究的理论

19世纪以来，研究者从各种不同的角度展开了对贫困问题的理论研究，提出了各种各样的理论。其中较有影响的有以下一些理论：

1. 关于贫困的结构理论

在早期贫困研究中，布思和朗特里将结构分析用于贫困研究。布思最早在绝对贫困概念的基础上制定贫困线标准，并以此促使英国在20世纪初一系列有关养老金、失业补助和最低工资的法令的通过（Englander，1998）。朗特里进一步丰富了布思的贫困线概念（Rowntree，1901）。结构取向的贫困研究认为，贫困不在于贫困者本身的无技能或缺乏动机，而是社会力（Social Forces）作用的结果（Ferge & Millar，1987）。

2. 马克思主义与当代冲突学派关于贫困的理论

马克思主义关于贫困问题的理论要点是，贫困是由不平等的社会制度造成的，只有改变这样的社会制度才能消除贫困。马克思认为，在资本主义生产方式的条件下，导致贫困的根本原因在于生产资料的不平等占有。生产资料的占有者榨取了工人阶级所创造的剩余价值，因而出现了贫困。除此而外，马克思还提出资本和贫困的关系，资本的增长使得工人阶级的生活资料相对缩减。工人阶级的贫困不是由于社会财富的不足，而主要归因于在资本主义的生产方式下，工人阶级在经济过程中处于被剥夺的地位。他们只能通过彻底改变资本主义制度才能解决贫困问题。群体间利益的争夺是遭遇不平等和贫困现象的根源，这是冲突学派的贫困观。

3. 功能主义关于贫困的理论观点

功能学派认为，社会中的任何现象的存在，必定有其存在的原因或者称为社会功能，不平等现象或贫困现象也是如此（Ritzer，1996）。功能主义贫困观的基本视角是，贫困问题的存在乃社会功能之需要。社会不平等是由社会发展的价值目标和功能需要共同决定的（Davis & Moore，1996）。

4. 贫困文化理论

刘易斯（Lewis，1968）首先提出了贫困文化（Poverty Culture）的概念。他指出，贫困文化是一个特定的概念标签，是一个拥有自己的结构与理性的社会亚文化。就贫困文化形成的条件而言，刘易斯有三种解释：贫困文化最可能产生在急遽变动社会中的低级阶层之中；当阶层化的社会与经济体系崩溃或被其他制度取代时，容易发生贫困文化；贫困文化可能形成于一定的社会情况中，如低技术工人持续很高的失业与低度就业率、低薪资、非组织，低经济地位被视为个人无能或卑劣的结果，等等。布迪厄（Bourdieu，1983）以那些社会上没有体面生活的穷人为例，认为穷人的窘迫往往源于他们没有选择；而没有选择的主要原因之一是穷人在市场竞争中缺乏必要的文化资本。

5. 社会排斥与社会融入理论

在20世纪90年代以后，社会排斥与社会融入理论兴起。该理论强调从参与的角度研究贫困问题，给贫困问题的解决提供了新的思考路径。因为社会参与的程度不同而使社会成员处于社会的中心或者边缘的位置。贫困的社会成员在某个社会向度上，因为被社会所排斥而具有边缘性。该理论认为，贫困是具有社会公民身份的社会成员对于社会活动参与不足造成的，他们在劳动力市场、社会服务和社会关系等方面存在参与不足而被边缘化的问题（Gordon，et al.，2000）。解决贫困问题的根本就是要促进他们多方面的社会融入，形成积极的社会参与（彭华民，2007）。

6. 新贫困问题研究

新贫困问题的研究产生于20世纪后期。西方的新贫困的出现，主要和以下几个因素有关：苏联解体，东欧剧变，社会主义阵营的瓦解；欧洲政治经济一体化阵营欧盟的形成；世界经济的全球化与国际市场细分，南北差别的扩大；经济结构变迁，劳动力、资金等从第一产业部门和第二产业部门向第三产业部门转化；意识形态和社会福利政策的变化，等等。为了将在这些背景下出现的贫困与原有贫困相区别，学者们将此定义为新贫困（Silverman &

Yanowitch，2000）。研究发现，一些社会主义国家在社会经济转型中，贫富的差别也加大了，新贫困问题比较突出。

7. 贫困研究的其他理论观点

在贫困问题的研究中，还有其他各种理论观点。后结构主义理论（Poststructuralism）主要着眼于个人之外的结构因素对个人成就的影响，如职业特征、工业特征、劳力市场部门和阶级特性的影响（Ritzer，1986）。帝瑞格和皮尔（Deringer & Piore，1971）的二元市场理论是对于贫困的另一种解释。他们认为劳动力市场是结构性的。不同的劳动力市场提供不同特性的工作。贫困者因为自身的能力和其他社会因素，只能进入次要市场，这样的就业机会和工作并不能解决贫困者的贫困问题。

区域劳力市场理论假设：劳动力市场中，个人获得各种机会不仅受制于本人的知识和能力以及家庭、社区，也受地方性劳力市场、区域经济社会的影响。居住的区域不同，人们面临的机会结构不同，贫困问题因为这样一个背景，同一个政策会发生不同的效果。区域的经济增长并不一定有利于区域的居民，因为区域经济增长所带来的新工作机会可能不适合或不利于现住居民（Wilson，1987）。

三、反贫困政策的基本原则

1. 反贫困政策的一般含义

反贫困社会政策的核心是，国家承担责任，建立起社会福利制度安排，以资源再分配的方式救济贫困者。狭义上的反贫困政策，是指根据政府设定的贫困线，给那些生活在贫困线下的家庭提供社会救济。狭义上的反贫困政策的对象明确，救济人数数量相对较少。从广义上看，反贫困政策还包括促进区域经济发展和积极促进就业的政策，这些政策能够降低贫困发生率；通过社会保险等措施预防贫困；提供教育培训和医疗卫生服务而提升贫困者能力等多方面政策也属于广义的反贫困政策体系的内容。在一定意义上来讲，和社会安全网有关的社会政策都具有反贫困的意义，因为社会安全网的建立目的主要在于保护社会成员的安全和福祉。

2. 确定救助对象

反贫困政策制定的一个基本问题是合理确定救助的对象。救助对象的范围既不能太大，也不能过小。救助对象范围的大小是由贫困线的高低决定的，因此确定救助范围事实上就是如何划定贫困线的问题。贫困线主要由各国和地区的政府确定。世界各地有各种各样划定贫困线的方法（参见表22-1）。政府的贫困线制定并非完全依据贫困人群的实际状况，而是还要根据执政党的目标、社会福利资源的多寡、社会再分配的原则、社会各个利益群体对公共资源的分配愿望等因素来确定的。贫困状况经常处于变化之中，而政府划定的贫困线却相对稳定，因此贫困者的实际规模常常不完全等于政府划定的贫困线以下的人数。

表 22-1 贫困线测量方法

时间	国家（地区）、机构、研究者	贫困划定方法和贫困线
1901/1903 年	布思（Booth）/朗特里（Rowntree）	生理需要满足
1961 年	奥珊丝撍（Orshansky）/美国农业部	超过 1/3 开支用于食品的住户
1979 年	汤森（Townsend）	相对剥夺指标（Relative Deprivation Indicators）
1979 年	国际劳工组织（ILO）	基本需要满足法（Basic Needs）
	欧共体（EC）	将贫困线定于家庭开支中位数的 60%
1997 年	莫泰基和梁成安	收入少于中位数一半的为穷人（香港贫困研究）
1993 年	世界银行（World Bank）	一人一天 1 美元生活费为贫困线
2008 年	世界银行	将国际贫困标准从每天生活费 1 美元提升至 1.25 美元
1993 年	布瑞德休（Bradshaw）	预算标准法（Budget Standards）
2001 年	黄洪、李剑明	入息替代法（香港贫困研究）
2002 年	世界银行/英国海外发展署（DFID）	参与式贫困测定（中国农村调查）

3. 确定合理的救助水平

对社会中的贫困者应该救助到什么水平，是反贫困政策的又一重要议题。一般情况下，确定救助水平时应该考虑以下几个因素：一是要能够维持最低生活标准；二是低水平救助原则，即贫困者所得不能高于劳动者最低工资所得，以免损害社会成员的工作意愿；三是补充原则，指贫困救助应该先考虑救助对象的资产、工作能力、扶养义务后，再决定是否给予救助，以及救助到什么程度；四是家庭单位原则，指救助应该考虑家庭成员、家庭结构等因素，以家庭为救助单位。

4. 促进就业与提供救助结合的原则

在贫困人群中，有一部分是有劳动能力的但没有就业，有一部分有工作但也是贫困的。有工作的贫困者与低收入者的含义不一样。有工作的贫困者是以家庭为分析单位，而低收入者可以是以个人为分析单位。基于权利和责任相关联的原则，对于有工作的和有劳动能力的贫困者，反贫困政策的重点在于帮助他们就业，促使他们自力更生解决贫困问题，而不是依赖社会福利。因此，反贫困的政策要提倡社会救助政策与就业政策的结合。

四、反贫困政策体系及行动模式

1. 各国社会福利模式及其反贫困的特点

各个国家在反贫困政策的制定中，形成不同的社会福利模式。其中比较著名的有俾斯麦模式、贝弗里奇模式和瑞典模式。俾斯麦模式强调用强制性的社会保险制度来代替济贫法体系的社会政策。贝弗里奇模式是一个建立社会安全网的模式，强调将选择性的社会福利扩大为普遍性的社会福利模式，每一个国民都有权利享受社会安全网的庇护，不仅仅是为了消除贫困，而是要把社会福利提供给每一个公民。瑞典模式基于国家的混合经济制度、积极的劳动力市场政策、中间道路的意识形态，国民保险法既体现了福利的普遍性原则，也结合了个人贡献和福利相关的选择性原则。在保障每个社会成员的基本需要满足的基础上，贫困问题的解决就容易多了。

各国的社会福利模式与贫困问题有明显的关联。一般说来，在实行制度化的、普遍性的福利模式，并且福利体系比较完整的国家，由于国家通过高税收政策对个人的收入进行了严格的再分配，分配比较平均，因此贫困的人口一般较少。例如，瑞典模式下的瑞典、挪威等国的贫困人口比例较小。相比之下，在自由主义意识形态下的福利制度国家，例如美国、澳大利亚等国的贫困人口比例就相对较大。

2. 社会救助和发展型援助

世界各国的反贫困政策基本上是从两个方面展开的：一是社会救助；二是各种发展援助。社会救助是针对贫困者的低收入和低生活水平的状况，直接对穷人提供营养、基本的卫生和教育保障以及其他生活补助，以满足贫困者的基本需要。由于发达国家的经济实力雄厚，贫困人口的比例相对较小，因而实行了较普遍的社会救助，为社会中的弱者、失去劳动能力和遭受意外困难的人提供基本生活保障。相比之下，发展中国家由于受经济能力和庞大的贫困人口的双重限制，对贫困人口的社会救助的范围一般比发达国家小得多，一般都以极端贫困人口为主要对象，并且一般只是满足他们最低限度的生活需要。

社会救助是反贫困政策体系中的最重要组成部分，它有利于在短期内迅速改善贫困者的物质生活状况，但是，如果被救济者过分依赖于救济，也会产生一些不利的影响：一是造成被救济者的自卑和依赖心理；二是使政府背上沉重的财政负担，拖累经济发展。西方福利国家在实施了几十年的社会救助制度后，因经济增长的停滞、失业率上升、社会福利开支庞大、财政困难而不得不大幅度削减各种社会服务和生活补贴。因此，在制定反贫困政策时，除了社会救助之外，还需要强调增强贫困者自身的发展能力，通过发展援助政策来消除贫困问题。

发展援助是以特定的贫困群体或贫困区域为对象，提供他们所缺少的生产要素（如资本、技术、管理经验等），促使他们利用当地的资源条件，依靠自身的努力来发展经济，以提高生活水平和摆脱贫困。发展援助政策的目标是要从根本上消除贫困，其核心是针对贫困者生活环境中的致贫因素，通过改变这些致贫因素而消除贫困。根据援助对象的不同，发展援助政策又可分为贫困群体的发展援助和区域开发援助。贫困群体发展援助政策的对象是由某些共同的问题而导致贫困的群体。通过帮助这类贫困群体解决所面临的问题，增强他们自身的发展能力。我国从 20 世纪 90 年代以来在城市中开展的针对失业下岗人员的促进就业行动就属于这一类的反贫困行动。区域开发援助政策的对象是贫困人口和他们相对集中居住的社区。通过帮助贫困地区的经济社会发展，从根本上改变区域发展不平衡问题，改变他们的贫困落后状况。我国从 20 世纪 80 年代以来在贫困地区农村中开展的扶贫开发行动就属于这一类。此外，各国政府一方面为贫困地区提供大量的财政援助，另一方面也制定各种优惠政策鼓励私人投资，以促进贫困地区的就业，包括促进妇女的就业，以提高贫困农户的收入水平。

第二节　我国农村反贫困政策

一、我国农村的贫困问题及其特点

1. 我国农村的贫困标准与贫困规模

中国是一个发展中国家，经济不太发达，农村尤其不发达。这一基本国情决定了目前和较长的一个时期内我国的贫困标准还只能是一个低水平的贫困标准。中国农村贫困标准的计算方法是：（1）综合国际和国内最低限度的营养标准，中国采用 2 100 大卡热量作为农村人口贫困的必需的营养标准。（2）用最低收入农户的食品消费清单和食品价格确定达到人体最低营养标准所需的最低食物支出，作为食物贫困线。（3）计算出收入处于食品贫困线的人口的非食物支出（包括最低的衣着、住房、燃料、交通等必需的非食品支出费用），作为非食品贫困线。(4)用食品贫困线(约60%)与非食品贫困线(40%)相加得到贫困人口的扶持标准。经测算,1985年中国农村贫困人口的扶持标准为206元/年,此后根据物价指数变动逐年调整。到1990年这一标准相当于300元/年,1999年为625元/年。此后,贫困标准随物价逐步提高,2008年达到780元/年。2011年,中央政府决定将农民人均纯收入2 300元(2010年不变价)作为新的国家扶贫标准。中国制定的农村贫困标准是帮助最贫困的人解决基本生存问题的标准,但与世界银行制定的每人每天1.25美元(生活费支出)的贫困标准相比仍有很大的差距。

按照上述标准,我国在20世纪70年代末农村改革开始时有2.5亿贫困人口,到20世纪80年代中期,由于农村改革带动了农村经济发展,农村贫困人口减少了一半,还有1.25亿人。经过从80年代中期开始的大规模扶贫开发行动,到1993年底我国农村贫困人口又减少了一半左右,还剩下8 000万人。经过"八七扶贫攻坚计划"的努力,到2000年底,我国农村中尚未解决温饱的贫困人口还剩下3 000万人左右。到2008年,政府扶贫部门公布的农村贫困人口为1 400多万人。2011年底,由于扶贫标准的大幅度提高,农村贫困人口规模也相应增加到1.22亿人。经过两年后,这一数字又降低到了8 249万人(国家统计局,2014)。

2. 我国农村贫困问题的特点

我国农村贫困问题的特点之一是贫困的区域分布集中,并且在地区之间的差别较大。从20世纪80年代初期以来,在经济增长较快的沿海和中部地区的农村中,贫困率大幅度降低,而剩下的贫困人口大部分集中在西部省份。我国农村贫困问题的特点之二是贫困问题的人口和社会特征突出。具体表现在农村中儿童的失学率高,贫困人口传染病和地方病的发病率高,婴儿死亡率和产妇死亡率高,残疾人及其家庭的贫困发生率高,他们在贫困人口中的比例在上升(世界银行,2001)。

二、我国农村反贫困政策及行动

从20世纪80年代以来,我国在农村中开展了大规模的反贫困行动。其内容主要包括在针对贫困地区的扶贫开发行动和在一般乡村中对贫困户的社会救助。

1. 我国贫困地区扶贫开发行动概况

从20世纪50年代初期开始,我国政府便把保证绝大多数人免于饥馑作为主要的政策目标。农村改革以前,农民的基本生活主要依靠基层的集体经济组织和平均化的分配制度得到保障,在因自然灾害等原因而导致集体生产不足的情况下,则由国家提供必要的社会救助。这种制度安排成功地使大多数人口在总的生产水平很低的条件下获得了最基本的生活保障，有效地防止了因收入分配不均而可能出现的更大规模的绝对贫困人口。20 世纪 70 年代末农村开始的改革和 80 年代初人民公社体制的瓦解，使农村的生活保障制度发生根本性的变化。许多基础条件较好的农村在改革后经济迅速发展，农民的生活水平很快提高。但中西部自然条件和经济基础薄弱的农村地区则长期难以发展，贫困问题依然严重，需要政府的扶持。

概括而言，改革开放后中国农村扶贫开发的历史进程可分为三个阶段：

第一阶段是从 1978 年到 1985 年。我国农村经济体制改革，推行家庭联产承包责任制，大幅度提高农产品价格，激发和调动了广大农民的生产积极性，农产品量大幅度增加，农民收入迅速提高，大大缓解了农村的贫困问题，全国农村处于温饱线以下的贫困人口平均每年减少 1 768 万人，贫困发生率从 30. 7% 下降到了 14. 8% 。第二阶段是从 1986 年到 1993 年。这个时期中国的反贫困行动进入了一个新的历史阶段。反贫困政策由以往主要靠单纯的社会救助，变为以增强贫困地区和贫困人口自身生产能力的开发援助为核心；反贫困的组织和传递系统也从以民政机构为主转变为以专设的国务院贫困地区经济开发领导小组及其下属机构为主，形成了 27 个国家部委参加的广泛的反贫困组织体系。1986 年，国家把扶贫开发作为一项主要内容列入了“七五”国民经济发展计划。针对一些地区发展缓慢、一部分群众生产生活条件非常困难的情况，政府决定在全国范围内开展有计划、有组织、大规模的扶贫开发。为此，国务院成立专门工作机构，安排专项资金，制定专门的优惠政策，并对传统的救济式扶贫进行彻底改革，确定了开发式扶贫的方针。到 1993 年底，全国农村没有解决温饱的贫困人口平均每年减少 640 万人，贫困发生率由 14. 8% 下降到 8. 87% 。第三阶段是以 1994 年 3 月《国家八七扶贫攻坚计划》的公布实施为标志。该计划明确要求集中人力、物力、财力，用 7 年左右的时间，基本解决 8 000 万农村贫困人口的温饱问题，由此，中国的扶贫开发进入了最艰难的攻坚阶段。1995 年，国家把扶贫开发作为一项主要内容列入了“八五”国民经济发展计划。1996 年 9 月，党中央、国务院联合召开了中央扶贫开发工作会议，作出了关于尽快解决农村贫困人口温饱问题的决定，1999 年 6 月，国务院再次召开会议，作出关于进一步加强扶贫开发工作的决定。

经过积极努力，我国扶贫开发工作解决了 2 亿多农村贫困人口的温饱问题。农村贫困发生率从 1978 年的 30. 7% 下降到 2000 年度的 3% 左右，国定贫困县农民人均纯收入从 1985 年的 206 元提高到了 2000 年的 1 337 元。贫困地区人口增长率下降到 11% 以下，办学条件明显改善，适龄儿童辍学率下降到 7% 以下；98% 的乡有了卫生院，缺医少药状况得到缓解（国务院扶贫开发领导小组办公室，2000）。

从20世纪80年代中期开始的农村扶贫开发行动在其最初的阶段比较重视贫困地区的经济增长，并且强调通过区域经济开发来带动农户摆脱贫困。这一战略取得了收效，但另一方面也导致在贫困地区中出现了贫富的分化，在总体经济发展的同时，一些最边远的乡村和最贫困农户仍然受益较少，并且在经济上逐步解决温饱的同时，贫困地区农村中教育、医疗卫生等社会事业的落后严重影响着经济与社会的持续发展。为了在20世纪末基本解决中国的绝对贫困问题，并在贫困地区形成持续发展的能力，我国政府从20世纪90年代中期起，根据其他发展中国家的反贫困经验和本国学者的建议，及时调整了反贫困政策。在继续强调物质救济和区域发展援助的基础上，加强了直接面向农户的反贫困行动，将反贫困行动向最边远和最困难的家庭延伸，并加强了对贫困地区的教育和卫生等社会服务事业的援助。

进入新世纪后，我国继续开展贫困地区的扶贫开发工作。一方面，扶贫开发工作向最困难的地区和人群延伸，帮助他们摆脱贫困，增强自身发展能力；另一方面也继续向已经脱贫的地区继续提供援助，以帮助他们形成可持续发展的能力，防止脱贫后的返贫。近年来，国家还通过免除农业税、增大对贫困地区教育和卫生事业的投入等政策，进一步加强了贫困地区脱贫和持续发展的能力。

2. 农村社会救助基本情况

在计划经济时期，我国农村依托集体经济建立了以“五保户”制度为主的农村社会救助体系。在当时，这套制度在防止贫困方面发挥了重要作用。农村经济体制改革以后，“五保户”制度也发生了一些变化，但农村社会救助在总体上仍得到了加强。国务院1994年颁布的《农村五保供养工作条例》，使得农村的五保供养工作进一步制度化。近年来，农村社会救助工作又取得新的进展。2003年，国务院有关部门发布了《关于实施农村医疗救助的意见》，建立了农村医疗救助制度，缓解了农村贫困家庭就医难的问题；2006年，国务院颁布了新修订的《农村五保供养条例》，稳固了农村五保供养制度；2007年，国务院发布通知，要求在全国建立农村最低生活保障制度，为农民建立起了更加有效的社会安全网。

3. 目前农村主要反贫困政策议题

尽管我国的扶贫开发行动已经取得了巨大的成就，但目前的扶贫开发工作仍然存在很多的困难。首先，20世纪90年代以来农村经济发展的相对缓慢影响了农村反贫困效果，尤其是一些贫困地区由于地理和资源条件的限制，不能与整个国民经济高速增长的进程同步，农民收入增长停滞，贫困问题长期难以解决。其次，在部分已经初步解决了温饱问题的地区，其经济基础条件依然比较薄弱，部分贫困人口在脱贫以后又出现返贫现象。再有，大部分地区已经基本解决温饱问题以后，剩下尚未脱贫的贫困地区大都处在资源严重贫乏和自然条件相当恶劣的偏僻地区，扶贫工作的难度增大。此外，在贫困地区初步解决了温饱问题以后，如何形成经济的自我持续发展的能力，如何促进教育、医疗等方面的社会服务和社会发展，如何防止农村内部贫富差距的扩大和相对贫困，以及如何促进环境、资源、经济、人口和社会等各个方面的协调发展，形成长期可持续发展模式的问题。最后，如何将扶贫开发与社会救助更加有效地结合起来，进一步加强和完善农村社会救助体系，使其更好地发挥反贫困的作用等问题是下一步我国农村反贫困政策要解决的重要议题。

第三节 我国城市反贫困政策

一、我国城市贫困问题及其变化

1. 我国城市贫困问题的历史发展

在半殖民地半封建时期，由于帝国主义入侵、封建专制统治和资本主义剥削，以及旧政权的腐败等原因，使得我国城乡中经济发展严重受阻，城市中，失业、贫困和疾病丛生，各种社会问题相当严重。1949 年新中国建立以后的最初几年中，我国的城市贫困问题严重。当时城市中的贫困是由两类原因所致：一是由于资本家的剥削而导致的城市工人阶级的贫困；二是由旧社会遗留下来的难民、灾民、游民、乞丐和失业者等构成的城市贫困者。在 20 世纪 50 年代中期以后的社会主义改造和社会主义建设时期，在前一阶段的贫困问题解决以后，城市中无依无靠的孤老残幼以及在城市社会主义改造过程中形成的新的低收入者构成了新的城市贫困者。在计划经济时期，由于经济体制的僵化、指导思想的失误和闭关自守等因素，我国经济发展缓慢，城乡居民的收入和生活水平长期得不到改善，城市居民的实际生活状况总体上也一直处于较低的水平。但由于当时在城市中实行了充分就业、基本生活保障等政策，城市人的平均收入和生活水平高于农村，并且城市居民的收入和实际生活水平也相对比较平等，因此当时的城市贫困问题不太突出。并且，当时政府一直认为工业化时代城市中的失业和贫困问题是资本主义制度的产物，社会主义制度的建立可以从根本上解决贫困问题。在新社会中有了先进的社会主义制度，人人都可以有就业的机会，并且能够取得按劳分配的收入，再加上建立了基本的社会保障制度，可以逐步走上消除贫困和共同富裕的道路。因此过去我国理论界和政府的社会政策体系中对社会主义条件下的城市贫困问题都重视不够，在政策文献中也一直没有“城市贫困”的概念。

2. 改革开放以来的城市贫困问题

然而从20世纪80年代以来，由于经济制度的转型和各种经济和社会政策的变化，导致城市人口在收入和实际生活水平上发生了较大的分化。在城市经济快速发展、居民平均收入和生活水平大大提高的同时，城市中部分企业出现了经济效益滑坡甚至企业破产的现象，因此而导致一部分企业职工的失业、下岗或收入不足，进而导致城市中部分家庭陷入贫困。另一方面，由于城市社会保障制度的变化，使其对部分低收入者的保护程度降低，从而使他们的生活更加艰难。总而言之，在经济制度的转型和经济总量增长的同时，城市中的贫困问题日益突出，引起了政府及社会各界的高度重视。从20世纪90年代中期起，有关城市贫困问题的研究越来越多，各级政府相应的反贫困措施也逐步加强。

二、我国城市反贫困政策演变

目前的城市贫困问题不仅对部分城市居民的生活造成了很大的困难，而且对改革开放和社会经济发展产生着巨大的负面影响。为此，从20世纪90年代中期起，我国政府开展了大规模的城市反贫困行动。

1. 我国城市反贫困行动的基本目标和原则

城市反贫困行动的基本目标是要通过实施有效的经济和社会政策去缓解贫困，并逐步创造最终消除贫困的经济和社会条件。从近期目标上看，首先要采取有效的行动去帮助贫困者摆脱各种困难，恢复正常的就业和收入，并逐步增强贫困者自身的能力以应付未来市场经济中的各种挑战。从长远的角度上讲，最终要通过发展经济和实行更为公平的分配制度，以及逐步铲除滋生贫困的经济、社会和文化的土壤，以最终达到消除贫困的目标。

在我国社会主义市场经济条件下实施城市反贫困行动，首先要遵循公平正义的原则，关照每一个社会成员的基本生活，为所有的贫困者提供基本的生活保障。其次，按照社会公平的原则，兼顾社会各阶层的利益，对在经济和社会转型中利益受到损失的群体提供必要的补偿，使所有社会成员都能相对公平地分享经济与社会发展的成果。再次，坚持效率原则，有效地使用各种资源，使有限的资源发挥更大的社会效益。注重鼓励和帮助贫困者通过调动自身的潜能去克服困难，而不只是依赖政府和社会的福利救助。最后，城市反贫困行动与改革开放、发展经济和维护社会稳定的目标相一致，通过反贫困行动，一方面促进经济发展，另一方面提高社会成员的凝聚力，促进社会整合和社会稳定。

2. 城市反贫困行动内容和组织体系

世界各国尤其是大多数发展中国家都采取了多种反贫困手段，归纳各国反贫困的主要途径有：一是为贫困者提供就业机会，二是为贫困者提供基本保障，三是为贫困者提供各种社会服务。我国城市中反贫困行动体系也包含了这几个方面的内容。具体看，我国城市中反贫困政策包括以下一些系列的行动：就业服务系列。包括为失业人员提供就业信息、介绍就业、提供就业培训和促进非正规就业等。社会保险系列。包括建立和发展社会养老保险、失业保险和医疗保险，以及工伤、生育等方面的社会保险，防止人们因各种风险事件而陷入贫困。社会救助系列。包括建立最低生活保障制度、医疗救助制度、住房救助制度、教育救助制度、法律援助制度等，以及鼓励社区、社会工作机构和其他社会组织及个人参与提供补充性社会救助和服务。慈善事业。政府鼓励发展慈善事业，鼓励社会捐赠，通过各种方式筹集民间资金而补充社会救助和社会福利项目，其中重点是帮助贫困者和各类特殊困难群体。全社会扶贫帮困行动。包括动员机关团体、企业、社区、各种民间组织以及社会成员共同投入扶贫帮困行动，广泛动员志愿者参加服务，扶贫到户。

总而言之，目前我国城市中已初步建立起了反贫困行动体系。尽管其中一些项目行动还处于发展和完善阶段，在覆盖面、经费来源、制度化水平、项目间的协调以及组织管理等方面还存在许多不足，但这套体系的建立表明，我国城市近年来的反贫困行动已经从过去临时性的措施逐步走向建立制度化的反贫困政策体系。体系中各类政策在反贫困行动中具有不同的功效，就业政策系列是积极的反贫困行动，社会保险系列的目标是预防贫困，社会救助系列则是直接针对贫困者的“最后保障线”，而其他系列的行动则从各个方面起到专门性或补充性的作用。

3. 最低生活保障制度的地位与作用

在上述城市反贫困行动体系中，城市居民最低生活保障制度是基本“安全网”，起着不可替代的托底作用，它最能体现政府在反贫困体系中的社会政策行动，并且也是近年来发展最快的政府行动。

我国的城市最低生活保障制度是具有中国特色的城市社会救助体系中重要的和基础性的制度。改革开放以后，随着企业困难职工和下岗失业人员的增多，城市贫困问题变得越来越复杂化，原有的社会救济制度已不能有效地发挥反贫困的作用。因此，从20世纪90年代早期开始，一些城市中试行面向所有贫困者的最低生活保障制度，并在20世纪90年代后期普及全国。近年来，在中央政府的推动和各个城市地方政府的努力下，最低生活保障制度迅速发展。2014年1月，全国有2 048.7万人领取低保救济金。城市居民最低生活保障制度为保障城市贫困家庭的基本生活，缓解城市贫困起到了重要的作用。

我国城市居民最低生活保障制度的重要意义体现在以下几个方面：首先，

最低生活保障制度是政府为所有的贫困者提供的基本生活保障，它为保障基本的民生构筑了坚实的制度基础，体现了社会主义国家政府为老百姓承担的基本义务。其次，最低生活保障制度担当着为所有居民提供基本生活安全网的作用。在我国社会保险体系的覆盖面尚不全面的条件下，这套制度的重要意义尤为突出。再次，通过为所有社会成员，尤其是为困难企业职工和失业人员提供基本生活保障，最低生活保障制度为经济体制改革提供了有力的保障作用，这种作用尤其是在20世纪90年代后期和新世纪初期国有企业改革和市场经济转型的过程中发挥了重要的作用。最后，通过向所有城市贫困者提供基本生活保障，最低生活保障制度在维护社会公平、体现社会关照方面发挥了重要的作用，并最终在维护社会稳定、培育社会主义道德和体现社会主义制度优越性方面发挥着重要的作用。

三、我国城市反贫困政策的未来

1. 未来我国城市贫困问题特点预测

在过去30多年，城市反贫困行动取得了初步的成效，但贫困问题仍将长期存在。尤其是在经济全球化的冲击下，在局部地区还可能更加严重，并对经济与社会各个方面产生更大的影响。同时随着过去转型期贫困的特点逐步消失以后，我国城市贫困问题的特点还可能发生许多新的变化。例如，我国城市贫困可能长期化和稳固化，贫困问题的结构化和人口学特征可能进一步突出，城市中外来人口的贫困问题将产生更大的影响，可能会出现城市贫困的区位化趋势，并且可能出现更加严重的社会排斥现象，从而使贫困问题更加复杂。在主要的致贫原因方面，也可能从原来以下岗失业为主变为因缺乏机会与缺乏能力和动机并存。同时，贫困可能与其他社会问题更复杂地交织在一起，给社会带来持续性的负面影响。

2. 加强城市反贫困行动的政策要点

由于以上原因，未来我国城市贫困问题很可能会更加复杂。因此，未来长期反贫困行动应该建立在更加积极的反贫困目标框架下。其中最主要的方向应该有：确定以增能为导向的积极的长期反贫困行动目标，建立社会政策与社会工作并行的积极反贫困体系。下一步应重点加强以下一些领域的行动：第一，要正确认识城市贫困问题。根据世界其他国家的经验，城市贫困问题会长期存在。因此，应设计城市扶贫的长期政策，避免政策的短视。第二，长期性的城市反贫困行动依赖于一个广泛、有效的社会保障制度。因此，从长远的观点看，应该加大力度完善社会保障体系。其中尤其是在养老、医疗失业等方面的社会保障对反贫困行动尤为重要。其中重点是强化为贫困者提供医疗救助资金和服务，以便为城市居民提供基本的生活保障。第三，要进一步完善城市居民最低生活保障制度。将来应该将工作的重点放到提高低保制度的内部运行效率和外部社会效益，进一步改善低保制度的管理体系，建立制度化的公共资金支持制度，并注重提高社会救助资金使用的质量和效果。第四，要进一步重视对贫困者的能力培养。包括通过经济和社会的手段加强贫困家庭的资产建设、通过更好的教育培训服务而增大贫困者的人力资本，并通过邻里互助、社区建设等途径培育贫困居民的社会资本，以增强贫困者自我脱贫的能力。通过建立统一的和更加有效的管理体制而逐渐将各种专门的反贫困行动整合起来，逐渐形成城市反贫困行动的综合体系，以使城市反贫困行动的范围更加合理，目标更加明确，效果更好。

第四节 我国综合性社会救助体系的建设与发展

为了更好地开展缓解贫困的工作，更加有效地帮助贫困家庭克服各种困难，我国进入新世纪以来，在原有的最低生活保障制度的基础上陆续建立和完善了医疗救助、住房救助、教育救助、流浪乞讨人员救助、受灾人员救助、法律援助等一系列社会救助项目。迄今为止已初步形成较为完善的综合性社会救助体系，为城乡贫困家庭提供着综合性的救助服务。我国现行社会救助制度体系的主要内容体现在 2014 年发布的《社会救助暂行办法》中。

一、我国社会救助法规的基本原则和内容

我国第一部统筹各项社会救助制度的行政法规《社会救助暂行办法》于 2014 年 5 月 1 日起开始施行。这是中国社会救助政策发展新阶段的标志，也是中国社会政策发展新阶段的里程碑。该办法将最低生活保障、特困人员供养、受灾人员救助、医疗救助、教育救助、住房救助、就业救助和临时救助等八项制度以及社会力量参与救助整合为一体，使中国社会救助制度真正成为一项托底线、救急难、保民生的基础性制度安排。

《社会救助暂行办法》共有十三章七十条。该法规规定社会救助与其他社会保障制度相衔接，社会救助水平与经济社会发展水平相适应；社会救助工作遵循公开、公平、公正、及时的原则；在行政管理体系上，民政部门统筹全国社会救助体系建设。民政、卫生计生、教育、住房城乡建设、人力资源社会保障等部门，按照各自职责负责相应的社会救助管理工作。国家承担对社会成员的最低生活保障的责任，对共同生活的家庭成员人均收入低于当地最低生活保障标准，且符合当地最低生活保障家庭财产状况规定的家庭，国家给予最低生

活保障。最低生活保障标准实行差异性标准，由省、自治区、直辖市或者设区的市级人民政府按照当地居民生活必需的费用确定、公布，并根据当地经济社会发展水平和物价变动情况适时调整。最低生活保障家庭收入状况、财产状况的认定办法，由省、自治区、直辖市或者设区的市级人民政府按照国家有关规定制定。

二、社会工作介入社会救助

《社会救助暂行办法》是第一部将社会工作写入国家法律法规的政策。它具有里程碑意义：社会工作介入社会救助领域，为实现社会工作以人为本、助人自助的价值理念和服务民生的职业目标提供了法律保障；社会工作的介入可以健全需要发现机制，使贫困对象的社会救助需要得到更为准确、全面、科学地判定；社会工作介入可健全服务承接机制，推动和发展为救助对象提供服务的社会服务机构；社会工作介入可建立健全服务转介机制，根据救助对象的不同需要，由社会工作者及时报告并转介给有关政府部门和专业服务机构；社会工作介入可建立健全救助社会工作，现金救助与服务救助并重，使社会工作方法有效地运用到社会救助工作中。

新出台的社会救助法规规定各级政府要积极支持社会救助社会工作的开展，发挥社会工作服务机构和社会工作者作用，为社会救助对象提供社会融入、能力提升、心理疏导等专业服务。在中国政府积极推动政府购买服务的大环境下，政府还会将社会救助中的具体服务事项通过委托、承包、采购等方式，向社会力量购买服务。社会工作者可以通过政府购买服务获得更多的资源和支持，有效地帮助贫困者脱离贫困，开始全新的生活。

思　考　题

1. 如何理解“贫困”“绝对贫困”与“相对贫困”的含义？
2. 对贫困问题有哪些主要的理论解释？
3. 当代各国有哪些主要的反贫困措施？
4. 简述现阶段我国农村贫困问题特点以及农村反贫困政策的要点。
5. 简述我国城市贫困问题特点以及城市反贫困政策发展。
6. 《社会救助暂行办法》的社会意义是什么？

主要参考文献

世界银行. 1990年世界发展报告. 北京：中国财政经济出版社，1993.

联合国开发计划署. 人类发展报告. 北京：中国财政经济出版社，2001.

朱玲. 转型国家贫困问题的政治经济学讨论. 管理世界，1998 (6).

国家统计局. 中华人民共和国2013年国民经济和社会发展统计公报. 2014年2月24日. 中央政府门户网站，http://www.gov.cn/gzdt/2014-02/24/content_2619733.htm.

李小云. 反贫困中的制度创新：有关贫困社区及群体的参与问题. 中国贫困地区，1998 (6).

彭华民. 社会排斥与社会融合：一个欧盟社会政策的分析路径. 南开学报，2005 (1).

彭华民. 福利三角中的社会排斥. 上海：上海人民出版社，2007.

国务院扶贫开发领导小组办公室. 中国扶贫开发的伟大历史进程，2000. http://www.people.com.cn/GB/channel1/10/20001016/273206.html. 2014-04-26.

民政部. 2002年民政事业发展统计报告. 2002，http://www.china.com.cn/chinese/2003/May/329491.htm,2014-04-26.

世界银行国别报告. 中国战胜农村贫困. 北京：中国财政经济出版社，2001.

朱庆芳. 城镇贫困群体的特点及原因. 中国党政干部论坛，2002 (4).

民政部. 2003年11月份民政事业统计. http://www.mca.gov.cn/article/zwgk/tzl/200711/20071100004067.shtml. 2014-04-26.

全国总工会低保调研课题组. 关于城市居民最低生活保障制度运行状况的调研报告. 2002. 中国网，http://www.china.org.cn. 2008-12-21.

洪大用. 改革以来的中国城市扶贫. 中国人民大学学报，2003 (1).

尚晓援，张秀兰，周武光，李海燕. 中国社会救助体系改革. 2003. http://www.dibao.org/llyj/info-5084.shtml. 2014-04-26.

Booth C. Life and Labour of the People in London. London: Macmillan, 1903.

Rowntree B S. Poverty: A Study of Town Life. London: Macmillan, 1901.

Rein M. Problems in the Definition and Measurement of Poverty//Townsend P. ed. The Concept of Poverty: Working Papers on Methods of Investigation and Life-styles of the Poor in Different Countries. London: Heinemann Educational, 1970.

Smith A. An Inquiry into the Nature and Causes of the Wealth of Nations. London: George Routledge and Sons, 1913.

Townsend P. Poverty in the United Kingdom: A Survey of Household Resources and Standards of Living. London: Allen Lane, 1979.

OECD. Public Expenditure on Income Maintenance and Programmes. In Studies on Resource Allocation No 3. Paris, 1976.

World Bank. World Development Report. New York: Oxford University Press, 1981.

World Bank. World Bank Policy Research Bulletin. Washington D C: World Bank, Office of the Research Administrator.

Lewis O. The Culture of Poverty//Moynihan P D, ed. On Understanding Poverty. New York: Basic Books, 1968.

Silverman B, Yanowitch M. New Rich, New Poor, New Russia: Winners and Losers on the Russian Road to Capitalism. New York: Sharpe, 2000.

Englander D. Poverty and Poor Law Reform in Britain: From Chadwick to Booth, 1834—1914. London: Addison Wesley Longman, 1998.

Ferge Z, Miller S M. Dynamics of Deprivation. Hants: Gower, 1987.

Ritzer G. Sociological Theory. New York: McGraw-Hill Companies, 1996.

Davis K , Moore W. Some Principles of Stratification//Levine R F, ed. Social Class and Stratification: Classic Statements and Theoretical Debates. Lanham Md: Rowman & Littlefield Publishers, 1996.

Ritzer G. Social Problems. New York: Random House, 1986.

Deringer P B, Piore M J. Internal Labor Markets and Manpower Analysis. Lexington, Mass: Health Lexington Books, 1971.

Wilson W J. The Truly Disadvantaged: The Inner City, the Underclass, and Public Policy. Chicago: The University of Chicago Press, 1987.

Bourdieu P. The Forms of Capital//John G R, ed. Handbook of Theory and Research for the Sociology of Education. Westport, C T: Greenwood Press, 1983.

Gordon D, et al. Poverty and Social Exclusion in Britain. York: Joseph Rowntree Foundation, 2000.

Beveridge W. Social Insurance and Allied Services. Report by Sir William Beveridge. London: Her Majesty's Stationary Office, 1958.

后　　记

经过近半年的努力，各位作者克服各种困难挤出宝贵的时间完成了本教材第三版的修订工作。作为主编，我首先向各位作者的辛勤劳动表示感谢！本书在各章作者分别进行了修订以后，由主编对全书各章进行了统稿和进一步修订。本书是编写组的集体成果，它凝聚了各位作者共同的努力，而其中可能的错误则应该主要由主编负责。

本次修订版的作者队伍在第二版的基础上基本没有变化，他们是：

关信平（南开大学）：第1、5、6、7、9、10、17章。

陈树强（中国青年政治学院）：第2、3、8、14章。

程胜利（山东大学）：第18、19、21章。

葛忠明（山东大学）：第4、16章。

徐道稳（深圳大学）：第12、15章。

彭华民（南京大学）：第22章。

郑飞北（南开大学）：第11、13章

向德平（华中师范大学）：第20章。

在本书交稿之际，我们要感谢中国社会工作教育协会和高等教育出版社为本书的编写工作所提供的帮助和支持，尤其是要感谢高等教育出版社对我们修订工作的支持和帮助。此外，要感谢主编和各位作者所在单位的领导和同事对我们的支持，要感谢学术界的各位同仁和朋友们的鼓励和支持，还要感谢我的多位博士生和硕士生在查找和整理资料等方面所提供的帮助。没有大家的支持，本教材很难在这么短的时间里完成修订工作。

希望本书的读者，尤其是使用本教材的教师和学生们能够继续给我们多提宝贵的意见，以使我们将来能不断地充实和完善这部教材。

关信平

2014年7月13日